Städtebau und Stadtpolitik

Studien 37
zur Frankfurter Geschichte

Im Auftrag des Frankfurter Vereins für Geschichte und Landeskunde
in Verbindung mit der Frankfurter Historischen Kommission
herausgegeben von Wolfgang Klötzer und Dieter Rebentisch

Städtebau und Stadtpolitik im Wilhelminischen Frankfurt

Eine Sozialgeschichte

Von Jörg R. Köhler

1995 Verlag Waldemar Kramer Frankfurt am Main

Gedruckt mit Unterstützung der Stadt Frankfurt am Main
Institut für Stadtgeschichte

Für Uli

Die Deutsche Bibliothek – CIP-Einheitsaufnahme

Köhler, Jörg R.:
Städtebau und Stadtpolitik im Wilhelminischen Frankfurt :
eine Sozialgeschichte / von Jörg R. Köhler. – Frankfurt am
Main : Kramer, 1995
(Studien zur Frankfurter Geschichte ; 37)
ISBN 3-7829-0457-5
NE: GT

Anschrift des Autors:
Dr. Jörg R. Köhler, Eberstädter Straße 20, 64367 Mühltal

Schriftleitung:
Ltd. Archivdirektor i.R. Prof. Dr. Wolfgang Klötzer,
Karmelitergasse 5 (Institut für Stadtgeschichte), 60311 Frankfurt am Main

Umschlagtitel: Westendplanung 1898, aus Mag. Akte T 974/I

D 17

Auslieferung für den Buchhandel:
Verlag Waldemar Kramer, Frankfurt am Main
ISBN 3-7829-0457-5

Druck von W. Kramer & Co. Druckerei-GmbH in Frankfurt am Main

Inhalt

1. Einleitung:

Städtebau und Stadtpolitik im Wilhelminischen Frankfurt

Städtebauliches Planen begründete Frankfurts Entwicklung zur modernen Großstadt[1]. Am Anfang stand die Einteilung des gesamten Stadtgebietes in unterschiedliche Bereiche der Bebauung und Nutzung. Der sich abzeichnende Bedeutungswandel von Stadt wurde dadurch forciert. In einigen wenigen Jahren hatte Frankfurts Magistrat unter Oberbürgermeister FRANZ ADICKES (1891 bis 1912) den gesamten Stadtraum mit veränderten und neuen Bebauungsplänen versorgt. Grundlage für die räumliche Neuordnung war eine Planungskonzeption, die die gesamte Stadt im Blickfeld hatte.

Auch unter ADICKES' Amtsvorgängern war das Stadtbürgertum[2] darum bemüht, der Stadt ein Profil zu geben, denn die reichszentrale Bedeutung als Börsenplatz war ihr durch die Verlagerung nach Berlin im Zuge der Reichsgründung 1871 genommen worden. Doch mit dem Gedanken, daß Frankfurt am Main in absehbarer Zukunft auch Industriestadt werden könnte, wollte man sich nicht näher beschäftigen. Seit den 1870er Jahren hatten Bevölkerungswachstum und Industrialisierung dem räumlichen und sozialen Stadtgefüge Frankfurts einen Wandel aufgezwungen, der kommunalen Handlungsbedarf heraufbeschwor. Soziale Gefahren galt es abzuwehren, den Rahmen von urbanem Lebensstil zu sichern. Die Zeit der unbeschwerten „unpolitischen Politik"[3] der städtischen Bürgerschaft sollte der Vergangenheit angehören. In der wilhelminisch-städtischen Gesellschaft waren Fortschritt[4] und Modernisierung neue Ordnungsbegriffe der Kommunalpolitik, aber auch in der alltäglichen Lebensführung des Stadtbewohners.

1 S. GERD ALBERS, Vom Fluchtlinienplan zum Stadtentwicklungsplan, in: Archiv für Kommunalwissenschaften Nr. 6, 1967, S.192–211, hier S. 199ff.; LEONARDO BENEVOLO, Die sozialen Ursprünge des modernen Städtebaus, (Bauwelt Fundamente 29), Gütersloh 1971, S. 9 und GIORGO PICCINATO, Städtebau in Deutschland 1871–1914, (Bauwelt Fundamente Bd. 62, Braunschweig, Wiesbaden 1983, S. 41 und 142.

2 Mit Stadtbürgertum ist hier der Rechtsverband der Hausväter gemeint, der aufgrund des zuerkannten Bürgerrechts Anspruch auf seine priviligierte Stellung in der Stadt erhob. Gemeinhin begründete dieses Selbstverständnis die städtische Honoratiorengesellschaft.

3 Den Begriff verwendet J. J. SHEEHAN und umschreibt Kommunalpolitik im Sinne von Honoratiorenverwaltung im Gegensatz zu der dann einsetzenden Leistungsverwaltung. Ders., Liberalism and the City ..., in: Past and Present, 51, 1971, S. 116–137.

4 Zum Begriff Fortschritt als „Perspektivbegriff" der Geschichte s. REINHART KOSELLECK, „Fortschritt" in: Geschichtliche Grundbegriffe. Historisches Lexikon zur politisch-sozialen Sprache in Deutschland, Bd. 1, 1972, S. 351–423, hier S. 412ff.

Vorliegende Arbeit geht der Frage nach, wie Stadtplanung und Städtebau[5] in der lokalen Öffentlichkeit Frankfurts thematisiert wurden, d.h. städtebauliche Leistungen der Kommune interessieren hier nicht in ihrer verwaltungsbürokratischen, sondern in ihrer gesellschaftspolitischen Dimension. Es soll untersucht werden, ob und inwieweit städtebauliche Planungsfragen zu Themen der Stadtpolitik wurden, weil sich in den Stadtteilen Interessengruppen bildeten, die sich zu einzelnen Planungsprojekten zu Wort meldeten. Im Zentrum der Betrachtung wird also stehen, wie und warum sich Bürger in ihrem Stadtteil zu kollektiven Handlungsweisen aufgerufen sahen, auf die kommunale Stadtplanung Einfluß zu nehmen.

In diesem Kapitel, das mehr oder minder einen Vorblick auf die vorliegende Untersuchung geben soll, werden folgende Themenschwerpunkte erläutert: Zunächst bedarf es einer Darstellung des Spannungsverhältnisses von „Stadtpolitik" und „Bürgerbeteiligung" im Frankfurt des Kaiserreichs. Die Zusammenführung dieser zwei Begriffsinhalte bedarf auch deshalb der Erörterung, da die autoritäre Herrschaftspolitik der Wilhelminischen Ära die Möglichkeit der Bürgerbeteiligung in Fragen des Städtebaus gemeinhin kaum vermuten läßt. Vom politischen Selbstverständnis des städtischen Bürgertums wird genauso gesprochen werden müssen, wie vom Selbstverständnis des Oberbürgermeisters, der die kommunalpolitischen Geschicke Frankfurts über 20 Jahre gelenkt hat. Adickes' gesellschaftspolitische und städtebauliche Vorstellungen und Absichten darzulegen heißt gleichzeitig, einen Einblick zu bekommen in die zeitgenössischen Argumentationsweisen und Denkgewohnheiten. Wir erfahren, wie soziale und räumliche Probleme des Städtebaus theoretisch aufgearbeitet wurden. Es bleibt nicht aus, daß die Thematik „Städtebau und Stadtpolitik" Fragen der methodischen Vorgehensweise evoziert. Ihnen soll am Ende dieses Kapitels Raum gewährt werden.

1.1. Stadtpolitik und Bürgerbeteiligung

Am Anfang von Stadtwachstum und Verstädterung standen die Existenznöte der auf dem Lande Arbeitenden. Sie lösten die allgemeinen Wanderungsbewegungen nach den Städten aus; in die Industriearbeit hatten sie ihre Hoffnungen gesetzt. In der Stadt verursachte diese neue Arbeits- und Betriebsorganisation jedoch nicht nur räumliche, sondern auch soziale Probleme. Mit dem Vordringen der Industrialisierung in die Stadt veränderte sich das Stadtleben an sich. Neue Lebens- und Kommunikationsverhältnisse entstanden, die unter dem Einfluß des demographischen, öko-

5 „Städtebau" meint dem Wortsinn nach die räumlich-physische Entwicklung einer Stadt. „Stadtplanung" hingegen trägt dazu bei, die bauliche Umwelt einer Stadt eben nach planerischen Gesichtspunkten zu gestalten.

nomischen und gesellschaftlichen Wandels auch sozio-kulturelle Werte und Normen veränderte. Die Menschen wurden einerseits mehr und mehr ihrer herkömmlichen Bindungen entledigt, der Prozeß der Individualisierung und der gesellschaftlichen Differenzierung auf diese Weise forciert, andererseits wuchs aber auch das Bedürfnis nach veränderter, kollektiver Einbindung in die sich modernisierende Gesellschaft.

Bürger und Bewohner Frankfurts suchten in ihrer Stadt des Wandels das Beständige im Raum-Zeit-Gefüge der alltäglichen Lebensbewältigung und die Technik der Stadtplanung sollte vorgeben, was eines Tages räumliche Wirklichkeit werden sollte. Die Simulation möglicher räumlicher Gegebenheiten war gleichbedeutend mit der Rationalisierung von Stadtentwicklung und erwuchs fast ausschließlich ordnungspolitischer Motive. In dieser diffusen Gemengelage von Bedürfnissen, Vorstellungen und Ansprüchen fanden sich dann unter Umständen die unterschiedlichen Interessen von Grundstückseigentümer, Bewohner und Gemeindeverwaltung im Stadtplan wieder.

Den Bewohnern ging es letztendlich um die „Lesbarkeit" ihrer alltäglich genutzten Lebensräume, die durch den wirtschaftlichen und sozialen Wandel in ihrem Bestand gestört waren. Ambivalenzen und Doppeldeutigkeiten[6] in Verhalten und Bedürfnisartikulation lassen sich auf diese Weise erklären. So gaben sich z.B. Frankfurts Stadthonoratioren fortschrittlich, wenn es ihnen zum eigenen Vorteil gereichte; dagegen fanden sie für den im Zuge von Industrialisierung und Binnenwanderung neu Zugereisten, dem potentiellen zukünftigen Einwohner also, kaum Interesse. Dies deshalb, weil dieser in den meisten Fällen noch kein Steuerzahler war, für das städtische Gemeinwohl also noch kein Leistungsfaktor darstellte. Doch der Ausbau des lokalen Straßenbahnnetzes veränderte Lebens- und Arbeitsgewohnheiten im Verstädterungsprozeß zweier Jahrzehnte (1890–1910). Die Beziehung von Raumüberwindung und Zeiterfordernis wurde nicht mehr länger nach der Schnelligkeit der Pferdebahnen, sondern nach der Geschwindigkeit der elektrischen Straßenbahn neu definiert. Der verkehrstechnische Fortschritt war im Interesse aller Stadtbewohner, nicht aber seine gesellschaftlichen Begleiterscheinungen, die den Niedergang der städtischen Honoratiorengesellschaft begünstigen sollte.

Gesellschaftlicher Wandel erlegte dem Stadtbewohner Verhaltensänderungen auf. Neuordnung des Stadtraums bzw. sein Umbau wurde ihm dann zum Problem, wenn sein in alltäglicher Erfahrung gewonnenes Bild von Stadt[7] gestört oder gar in

[6] James J. Sheehan in Anlehnung an David Blackbourn: S. J. J. Sheehan, Wie bürgerlich war der deutsche Liberalismus? in: Liberalismus im 19. Jahrhundert, hrsg. v. D. Langewiesche, Göttingen 1988, S. 28–44, hier S. 42.

[7] Zur Bedeutung der visuellen Wahrnehmung des Stadtraumes grundlegend Kevin Lynch, Das Bild der Stadt (Bauwelt Fundamente 16), Gütersloh u.a. 1968. In der gegenständlichen Wahrnehmung sind es nach K. Lynch die Elemente *Wege, Grenzlinien, Bereiche, Brennpunkte und Merkzeichen,* die die Vorstellung des Städters prägen, ebd. S. 60ff.

Frage gestellt war. Identitätskrisen blieben demjenigen erspart, der den Fortschrittsglauben für die Antriebskraft von gesellschaftlicher Entwicklung schlechthin ansah. Jedenfalls haben modernisierungsorientierte Kommunalpolitker im Verbund mit lokalen Zeitungen der liberalen Richtung in starkem Maße zu diesem Verständnis beigetragen[8]. Von ihnen ist mit der rapiden Durchsetzung der Industriegesellschaft – gegen Ende des 19. Jahrhunderts – im Namen des technisch-ökonomischen Fortschritts versucht worden, die Themen der Kommunalpolitik zu bestimmen. Diese spiegelten häufig nichts anderes wider als *gespannte Erwartungen*, die sich von den täglichen Erfahrungen im Stadtraum unterschieden[9]. Der Glaube an den Fortschritt war es, der die Diskrepanz von Erfahrung und Erwartung insofern ertragen ließ, weil man von der zukünftigen Machbarkeit und Beherrschbarkeit des Modernisierungsprozesses überzeugt war[10].

Doch diese im Namen des technisch-ökonomischen Fortschritts formulierten Erwartungen sind zunächst nichts anderes als Ansprüche, die in der *lokalen Öffentlichkeit*[11] angemeldet wurden. Denn auch diejenigen, die sich allein aus dem Streben nach *Erhaltung der Angepaßtheit*[12] um öffentliche Artikulation bemühten, weil sie sich in ihrer alltäglichen Lebensführung verunsichert fühlten, suchten und fanden Wege des *kollektiven Handelns* entweder über die Petition oder über den stadt-

8 Ein Beispiel für viele an dieser Stelle: 1908 setzten sich die Handelskammer Frankfurt und liberale Kreise Sachsenhausens und Bockenheims dafür ein, daß ihre örtliche Güterabfertigung und Postzustellung nicht mehr unter der Anschrift *Frankfurt-Sachsenhausen* bzw. *Frankfurt-Bockenheim*, sondern unter *Frankfurt-Süd* und *Frankfurt-West* abzuwickeln sei. Industrieunternehmer und Kaufleute befürchteten wirtschaftliche Einbußen, weil Handelspartner an den Bezeichnungen Frankfurt-Sachsenhausen und Frankfurt-Bockenheim nicht die *unmittelbare Nähe* zu Frankfurt a. M. ausmachen könnten. Zunächst verwahrte sich die Kaiserliche Oberpost-Direktion entschieden gegen diese Absicht; zwei Jahre später gab sie dem Drängen dieser Stadtbewohner nach. – S. den aufwendigen Schriftverkehr dazu in: Mag.Akt. T 1470, Bl. 29ff. Vgl. Mitteilungen der Handelskammer Frankfurt a. M., 32. Jg., Nr. 3, 1909, S. 78f. und 33. Jg., Nr.1/2, März 1910, S. 122.

9 Reinhart Koselleck hat die beiden Begriffe wie *„Erwartung"* und *„Erfahrung"* zu zwei im Zusammenhang stehenden Schlüsselbegriffen von historischer Entwicklung erklärt. S. ders.: Erfahrungsraum und Erwartungshorizont – zwei historische Kategorien, in: Ders., Vergangene Zukunft, Frankfurt a. M. (2. Auflage) 1984, S. 349–375, insb. S. 369.

10 Ebd., S. 366f.

11 Zum Begriff s. Henning Dunkelmann, Lokale Öffentlichkeit. Schriften des deutschen Instituts für Urbanistik, Bd. 51, Stuttgart u.a. 1975, S. 28f.

12 Nach Maturana ist die Individualität des Menschen sozial und deshalb sprachlich begründet. Dessen vorrangiges Bedürfnis sei die Aufrechterhaltung der *Angepaßtheit* an gesellschaftliche Gegebenenheiten. Er zieht daraus den folgenschweren Schluß, daß *jede Gesellschaft konservativ in bezug auf ihre gesellschaftliche Organisation und in bezug auf die charakteristischen Merkmale ihrer Mitglieder sei.* S. Humberto R. Maturana, Biologie der Sozialität, in: Der Diskurs des Radikalen Konstruktivismus, hrsg. v. S. J. Schmidt, Frankfurt a. M. 1988, S. 287–302, hier S. 291–294.

teilbezogenen Bezirksverein[13]. Auch deren Stellungnahmen zielten darauf ab, Ansprüche gegenüber anderen Sichtweisen anzumelden, in der Hoffnung, sie in Realität durchgesetzt zu sehen.

Der ersehnte wirtschaftliche Fortschritt machte schnellere und bessere Kommunikationsmittel erforderlich. Da die Investitionen für Verkehrsinfrastruktur dem industriellen Aufschwung nachhinkten, zog die Bedürfnisartikulation immer weitere Kreise. Der fordernd-appellative Tonfall herrschte in diesen Petitionen meist vor. So auch in der des Bockenheimer Bürgervereins von 1909, in der er glaubte, den Magistrat auf eine dringend erforderliche Straßenbahn-Verbindung aufmerksam machen zu müssen[14]: *Die zu Tausenden zählenden, in Frankfurt beschäftigten Angestellten, Beamten und Arbeiter sowie die gesamte gewerbliche Bevölkerung ersuchen städtische Behörden, wie in anderen Stadtteilen auch, den Ringbetrieb über die Adalbertstraße und Frankfurter Straße (Leipziger Straße) einzuführen.*

Eines wird hier deutlich: Wenn gesellschaftliche Gruppen Einfluß zu nehmen suchen auf planerische und politische Entscheidungen, dann auch deshalb, weil sie die institutionalisierten Wege für unzureichend halten und sich jenseits dieser vorgegebenen Wege Mobilisierungseffekte versprechen. Es muß also nicht unbedingt über eine Petition das Ziel angestrebt sein, eigene Planungsziele durchzusetzen. Vielmehr ist davon auszugehen, daß weitreichende Krisenerfahrungen das Entstehen sozialer Bewegungen begünstigten. Diese sozialen Bewegungen, hier Bezirksvereine, sind in Frankfurt fast ausnahmslos in der Wilhelminischen Ära entstanden. Sie haben die allgemeinen, städtischen Problemlagen aufgegriffen, waren sensibel für gesamtstädtische Krisenerfahrungen, haben diese kulturell bewertet und soziale und räumliche Gegebenheiten und Verhältnisse umgedeutet oder gar neu definiert.

Nicht also lokale Parteivereine waren die eigentlichen Träger des städtisch-öffentliche Lebens, sondern die Bezirksvereine. Hier fand man sich unabhängig von Beruf und Stand in seiner Freizeit und war um Mitgestaltung des eigenen räumlichen und gesellschaftlichen Wohnumfeldes bemüht. In wessen Interesse agierten diese stadtteilbezogenen Vereine? Es besteht kein Zweifel darüber, daß die Bezirksvereine Organisationen des Bürgertums darstellten. Hier arbeitete mit, wer sich in gesicherter beruf-

13 Bereits das öffentliche Artikulieren von Vorstellungen über Stadt und Stadtentwicklung soll in dieser Arbeit in besonderem Maße berücksichtigt werden. Denn *(d)ie Fähigkeit, etwas explizit, öffentlich zu machen, zu veröffentlichen, gegenständlich, sichtbar, in Worten faßbar, ja offiziell werden zu lassen, was bislang wegen fehlender objektiver oder kollektiver Existenz auf der Ebene individueller bzw. serieller Erfahrung verblieb – Ängste, Nöte, Beklemmungen, Hoffnungen und Ungewißheiten –, stellt eine außergewöhnliche gesellschaftliche Macht dar ...* Pierre Bourdieu, Sozialer Raum und Klassen, Frankfurt a. M. 1985, S. 19. Zur Petition im Sinne von *politischer Artikulation und Beteiligung* s. P. Steinbach, Einleitung in: Ders. (Hrsg.), Probleme politischer Partizipation im Modernisierungsprozeß, Stuttgart 1982, S. 7–22, hier S. 10f.

14 Resolution vom 25.11.1909, Mag.Akt. R 1727, 37. S. auch: Bericht über die Verhandlungen d. Stadtverordneten-Versammlung (StVV), Nr. 1014, v. 7.12.1909, S. 1368.

licher wie familiärer Lebenslage befand – also Hauseigentümer und Gewerbetreibende, die ihr persönliches Votum in Fragen des Städtebaus an den Gesichtspunkt der Kapitalverwertung knüpften. Gemeinsam ist den Mitgliedern die Wertschätzung von Erfolg und Leistung aufgrund von Fleiß und Strebsamkeit im beruflichen Fortkommen. Doch selten lassen sich ökonomische und soziokulturelle Interessen klar voneinander scheiden. Die Bezirksvereine wirkten eben auch über das Eigeninteresse ihrer Mitglieder hinaus kulturell wertbildend und hatten dadurch gehörigen Anteil am Prozeß der „Urbanisierung“[15].

Wie gesagt, die städtische Kultur und Politik wurde vom Bürgertum[16] bestimmt, also von größeren Kauf- und Handelsleuten, von Industrienternehmern, Ingenieuren, Architekten, Rechtsanwälten, Ärzten, Journalisten, Hochschul- und Schullehrern. Sie gaben die Bedingungen der neuen industriewirtschaftlichen Arbeitsproduktivität vor[17]. Das Bürgermodell war aber weder auf einen „Stand“ noch vorherrschend auf eine „Klasse“ zu beschränken, so daß auch die unzähligen kleineren Handwerker, Kaufleute und Angestellte zu den Randgruppen des Bürgertums gerechnet werden können, zumal gerade sie so manchen Bezirksverein dominierten[18].

Und doch: Die Wilhelminische Gesellschaft war eine Klassengesellschaft auch wenn auf diese Weise die sozialen und autoritären Rahmenbedingungen des Kaiserreichs keineswegs hinreichend erklärt sind. Der Staat hat zwar versucht, klassenbildend Einfluß zu nehmen (Stichwort: Zensuswahlrecht bei Kommunalwahlen in Frankfurt und anderswo), doch vernachlässigt der Klassenbegriff sozio-kulturelle Aspekte, die sich den ökonomischen Unterschieden überlagerten[19]. Viel wichtiger für vorliegende Untersuchung ist der Aspekt, daß das *Konzept der bürgerlichen Verbesserung bzw. die Integration nichtbürgerliche Kreise* in der Wilhelminischen Lebensform von Bürgerlichkeit stets präsent war.

[15] Urbanisierung kann auch als ein Aspekt des allgemeinen Modernisierungsprozesses aufgefaßt werden. S. Horst Matzerath, Lokalgeschichte, Stadtgeschichte, Historische Urbanisierungsforschung?, in: Geschichte und Gesellschaft, 15. Jg., 1989, S. 62–88, hier S. 66.

[16] Das Bürgertum als Sozialformation wird von der deutschen Geschichtsforschung eher eng gefaßt. Nach dieser Begriffsbestimmung ist u.a. Besitz, Bildung, die Distanz zur Handarbeit, die rationale Lebensgestaltung und kritische Distanz gegenüber Traditionen und Autoritäten maßgeblich. Dazu s. J. Kocka, Bürgertum und Bürgerlichkeit als Probleme der deutschen Geschichte vom späten 18. zum frühen 20. Jahrhundert, in: ders. (Hrsg.), Bürger und Bürgerlichkeit im 19. Jahrhundert, Göttingen 1987, S. 21–63, hier S. 31 und Thomas Nipperdey, Deutsche Geschichte 1866–1918, Bd. I, Arbeitswelt und Bürgergeist, München 1990, S. 393.

[17] Hartmut Zwahr, Konstitution der Bourgeoisie im Verhältnis zur Arbeiterklasse. Ein deutsch-polnischer Vergleich., in: Bürgertum im 19. Jahrhundert, hrsg. v. J. Kocka, Bd. 2, 1988, S. 149–186, hier S. 151.

[18] Dazu Näheres in Kapitel 5.

[19] Zu Klassenbegriff und Klassengesellschaft s. u.a. Thomas Nipperdey, Deutsche Geschichte, Bd. 1, Arbeitswelt und Bürgergeist, München 1990, S. 414–427.

Vorliegende Arbeit geht von der These aus, daß die institutionalisierten Wege der Bürgerbeteiligung in einer vom räumlichen wie sozialen Wandel geprägten Stadt als defizitär angesehen wurden. Das „städtische Bürgertum", hier verstanden als offene Sozialformation, die alle Gruppierungen des bürgerlichen Lagers einbezieht, nutzte zwei Möglichkeiten, um seine Vorstellungen und Vorschläge artikulieren zu können, zum einen das traditionelle Mittel der Petition und zum anderen das Mittel des Bezirksvereins, eine soziale Organisation neueren Typs. Beide Formen der öffentlichen Artikulation von kollektiven Interessen sollen in dieser Arbeit ausgeleuchtet werden. Eines ist jedoch hierbei wichtig zu bedenken: Bürgerbeteiligung wurde nicht angestrebt, weil das Recht auf Mitsprache an sich eingefordert werden sollte, sondern weil man die alltägliche Verkehrskommunikation im Stadtraum gesichert haben wollte.

Die Petition war ein Kommunikationsmittel, auf das bürgerliche Kräfte zurückgriffen, um so ihre Bedürfnisartikulation eher spontan den städtischen Entscheidungsträgern zukommen zu lassen. Sie als traditionell ständisches Mittel der Partizipation abzutun, hieße, die Augen vor der historischen Realität verschließen.

Gewiß, nicht immer wird die Unterschrift ohne politischen Druck einflußreicher Interessenvertreter stattgefunden haben, aber es ist nicht anzunehmen, daß politische Manipulation und Erpressung die Regel waren. Die Initiatoren von Petitionen sind bildungs- und wirtschaftsbürgerlichen Kreisen zuzuordnen, so daß der Charakter der Bürgerlichkeit nicht in Frage gestellt werden kann. Geht man von den Unterschriften aus, so hat sich der Rahmen zum Kleinbürgertum, ja bis zur Arbeiterschaft hin geöffnet. Nicht alle, die eine Petition unterstützten, konnten Mitglied in einem Bezirksverein werden. Diese auf den Stadtteil bezogene Interessenvertretung war eine gänzlich bürgerliche Einrichtung, denn sie machte die Möglichkeit der Mitarbeit in der Regel vom Wahlrecht abhängig.

Bezirksvereine entstanden wie gesagt fast ausnahmslos zu Beginn der Hochindustrialisierung. Stadtpolitik erwuchs mehr und mehr dem Privatbereich und wurde zur öffentlichen Angelegenheit; hier fand Bewußtseinsbildung statt. Ihre Initiatoren erhoben indirekt Anspruch auf Mitarbeit in kommunalen Fragen. Die Unterscheidung von politisch und unpolitisch aufzufassender Verwaltungsarbeit wurde hinfällig, weil sich die „private Öffentlichkeit" als eine Formation verstand, die auf städtische und quasi-staatliche Körperschaften, wie es der Magistrat zumindest vom obrigkeitsstaatlichen Verständnis her sein sollte, Einfluß zu nehmen trachtete. Der Verein war hier die ideale Organisationsform und gleichzeitig trug er zur Stabilisierung bürgerlicher Herrschaft bei; der Bezirksverein war schlichtweg der Ort der kollektiven Identitätsfindung. Ein Blick auf die Mitgliedslisten macht deutlich, daß die Mitglieder keinesfalls nur den beiden Großgruppen des Bürgertums, nämlich dem Wirtschafts- und Bildungsbürgertum zuzurechnen sind, sondern nach der Berufsangabe weit in das Kleinbürgertum hineinreichen.

Der Bezirksverein war Kristallisationspunkt für fortschrittliche als auch konservative Kräfte. In den Vereinssitzungen wurde eben auch um *Bedeutung und*

Relevanz des bürgerlichen Weltbildes[20] im allgemeinen gestritten, und diese Auseinandersetzungen haben zur „Politisierung" der städtischen Einwohner beigetragen. Das Aufeinandertreffen von Beharrungs- und Fortschrittskräften trat u.a. deutlich zutage, als der Magistrat die Stadtverordneten um Zustimmung zur Eingemeindung Bockenheims 1895 ersuchte. Nur durch die Unterstützung der staatlichen Aufsichtsbehörde konnte er sich gegenüber den Stadthonoratioren durchsetzen. Gewiß, auch das kommunale Handlungsfeld war durchzogen von latenter obrigkeitsstaatlicher Autorität und doch soll mit vorliegender Arbeit den örtlichen Gegebenheiten mehr Respekt gezollt sein, indem eben Stadtpolitik nicht vorschnell als Abziehbild nationaler Verhältnisse angesehen wird. Es sollte nicht unberücksichtigt bleiben, daß das kommunale Handlungsfeld von Stadtpolitik von zwei polar entgegengesetzten Auffassungen von Selbstverwaltung geprägt wurde. Die eine war die Perspektive des Obrigkeitsstaates, die andere die des städtischen Bürgertums, das für politische Reformen und freiheitliche Grundwerte eintrat[21].

Die obrigkeitsstaatliche Perspektive ging vom Gesichtspunkt der Verwaltung kommunaler Aufgaben aus. Nach der Reichsverfassung von 1871 war die Regelung der Kommunalverfassung den Ländern überlassen worden; für die ehemalige Freie Stadt Frankfurt galt also seit ihrer Annektierung durch Preußen (1866) die preußische Städteordnung von 1853, die für ihre Gemeinden und Städte die Form der Magistratsverfassung vorsah. Frankfurts Gemeindefassung wurde 1867 oktroyiert.

Die Stadtrepublik Frankfurt mit ihrer oligarchisch-ständischen Stadtordnung war damit zerstört. Das Bürgerrecht war nun gebunden an die preußische Staatsbürgerschaft sowie daran, Einwohner eines Stadtbezirks zu sein. Als unabdingbare Voraussetzung galt ferner Hauseigentum oder Gewerbebetrieb oder ein Einkommen von mindestens 700 Gulden (= 1.200 M.) jährlich. Dieser hohe Zensus trug dazu bei, daß lediglich etwa ein Drittel bis Hälfte derjenigen Männer, die das Reichstagswahlrecht besaßen, sich an der Kommunalwahl beteiligen konnte.

Das eingeschränkte Wahlrecht war selbst um die Jahrhundertwende noch in vielen Ländern Europas üblich[22], d.h. eine spezifisch deutsche Angelegenheit war es keineswegs. Dem obrigkeitsstaatlich sanktionierten Wahlrecht stand das Selbstverständnis des städischen Bürgertums entgegen. Dieses dominierte die Meinungsbildung der lokalen Öffentlichkeit und sah in der Stadt ein Gemeinwesen, das ursprünglich autonom gegenüber anderen Herrschaftsansprüchen war. Dem staats-

20 JAMES J. SHEEHAN, Wie bürgerlich..., Göttingen 1988, S.43; vgl. RICHARD J. EVANS, Tod in Hamburg. Stadt, Gesellschaft und Politik in den Cholera-Jahren 1830–1910, Hamburg 1990, S. 78.

21 MANFRED HETTLING, Bürgertum und Liberalismus im deutschen Kaiserreich, in: liberal, 33. Jg., 1991, S. 62–69, hier S. 68.

22 S. RICHARD J. EVANS, Tod in Hamburg. Stadt, Gesellschaft und Politik in den Cholera-Jahren 1830–1910, Hamburg 1990, S. 78.

bürokratischen Denken und Handeln begegnete es mit obrigkeitskritischem Selbstbewußtsein. Wie sollte dies auch anders sein; war man doch an der Formulierung der eigenen Gemeindeverfassung nicht beteiligt gewesen.

Über diese beiden Legitimationsmuster von Selbstverwaltung spannten sich nun die unterschiedlichsten Interessenlagen, die sich, grob gesagt, in einem polaren Kräftefeld eingebunden sahen: Einerseits das Festhalten an tradierten Gegebenheiten und die ausdrückliche Ablehnung von Veränderung und Modernisierung, andererseits aber die vielfältigen und von den unterschiedlichsten Wohnquartieren ausgehenden Forderungen nach Straßenbau, Pflasterung und Straßenbahn-Anschluß, die an den Magistrat und Stadtverordneten-Versammlung herangetragen wurden. Und, um die Komplexität noch zu erhöhen – beide scheinbar gegensätzlichen Kräfte können in ein und derselben Person auftreten – wobei wir wieder bei der Widersprüchlichkeit des Individuums in seinem Handeln angelangt wären. Kurzum: Der Städter forderte einerseits Investitionen im Straßenbau und im Bereich der öffentlichen Infrastruktur, damit er seine alltäglichen Lebensverhältnisse bewältigen konnte, d.h. Massenkommunikation war gefragt; andererseits wollte er die Vorteile der ruhigen Wohnlage nicht missen, d.h. Ablehnung jeglicher verkehrsaufschließender Maßnahmen war gleichfalls angesagt. In diesem „circulus vitiosus" waren die Verantwortlichen dann schnell ausgemacht – Oberbürgermeister ADICKES und sein Magistrat. Wer war dieser ADICKES?[23]

1.2. Adickes' gesellschaftspolitisches Selbstverständnis

ADICKES hat mit seinem Amtsantritt am 11.1.1891 keine klare städtebauliche Konzeption vorgelegt, an der sein Planungshandeln gemessen werden könnte[24]. Sein Selbstverständnis als Stadtplaner hat sich vielmehr über die praktische Arbeit ergeben. Seine ersten Erfahrungen hatte er in Dortmund und Hamburg-Altona gesammelt, wo er sich als ausgebildeter Jurist vorherrschend den städtebaulichen Problemen gewidmet hat[25]. In Altona sorgte er in der Position des Oberbürgermeisters

23 Zu Biographie und Einschätzung seiner Frankfurter Zeit s. FRANZ ADICKES. Sein Leben und sein Werk, Frankfurt 1929; WOLFGANG KLÖTZER, FRANZ ADICKES, in: Männer der deutschen Verwaltung, Köln und Berlin 1963, S. 245–259; ders., FRANZ ADICKES. Frankfurter Oberbürgermeister 1891–1912, in: Deutsche Führungsschichten der Neuzeit, Bd. 13, Büdinger Forschungen zur Sozialgeschichte, hrsg. v. K. SCHWABE, Boppard 1981, S. 39–56; RAINER KOCH, FRANZ ADICKES, in: Geistesgeschichte im Spiegel einer Stadt. Frankfurt am Main und seine großen Persönlichkeiten, hrsg. v. GÜNTHER BÖHME, Frankfurt a. M. 1986, S. 101–121, und HERMANN MEINERT, FRANZ ADICKES. In: Neue deutsche Biographie, 1. Bd., hrsg. von der Historischen Kommission bei der Bayerischen Akademie der Wissenschaften, Berlin 1953, S. 67f.

24 Vgl. A. VARRENTRAPP, Drei Oberbürgermeister ..., 1915, S. 15.

25 In Dortmund wurde der 1846 geborene ADICKES 1873 zum Beigeordneten (2. Bürgermeister) gewählt. 1877 ging er nach Altona, wo er 1883 das Amt des Oberbürgermeisters übernahm und bis zu seinem Wechsel nach Frankfurt beibehielt.

(1883–1890) für die Neuordnung der Hafenanlagen, um so Altonas wirtschaftliche Eigenständigkeit als Hafenstadt neben Hamburg zu sichern. Erste Versuche, den Stadtraum nach Nutzungen umzugestalten, machte er in Altona. Als er 1890 in Frankfurt am Main erwartet wurde, stand er im Ruf eines Städtebauers.

Nach Adickes war es an der Zeit, dem wirtschaftlichen und sozialen Wandel im Stadtraum Rechnung zu tragen. Wer dem nicht nachginge, provoziere den *Umsturzgedanken* der unbemittelten *Volksmassen*[26]. Andererseits sah Adickes die moralische Ordnung der Gesellschaft im Prozeß der Modernisierung als gefährdet an. Es gelte deshalb, die Gestaltung der äußeren städtischen Lebensbedingungen nach rationalen Gesichtspunkten anzustreben[27]. Für Adickes stellt die Methode der empirischen Bestandsanalyse die Grundlage des städtebaulichen Planens dar[28]. Der Politik weist er hierbei den Rang zu, eine Erfahrungswissenschaft zu sein, die die *gesetzmäßige Entwicklung* der gesellschaftspolischen Zusammenhänge zu erforschen und so die *Grenzen menschlicher Einwirkungen* abzustecken habe[29]. Es sei die vordringlichste Aufgabe staatlicher und kommunaler Instanzen, *die wirtschaftliche Entwicklung im allgemeinen Interesse zu beeinflussen und Schäden zu hindern oder zu beseitigen*[30].

Doch beläßt es Adickes nicht dabei, die Stadt vorrangig nach ihrer wirtschaftlichen Funktionsbedeutung zu bestimmen, vielmehr weist er ihr auch *geistige* Aufgaben zu[31]; verleugnet jedoch nicht, daß dem Konflikt zwischen den Privateigentümern an Grund und Boden und den unbemittelten Volksmassen zentrale Aufmerksamkeit geschenkt werden müsse. Für ihn erweisen sich die materiellen Verhälnissen als vorrangig gegenüber immateriellen Werten und Konventionen.

Der Sozialdarwinismus[32], der die gesellschaftspolitischen Ansichten der Wilhelminischen Ära in starkem Maße beeinflußte, hat auch Adickes' Denken geprägt. Den »Kampf ums Dasein« soweit zu reduzieren, daß ein Ausgleich der unterschiedli-

26 F. Adickes, Die unterschiedliche Behandlung der Bauordnungen für das Innere, die Aussenbezirke und die Umgebung von Städten, in: Deutsche Vierteljahrsschrift für öffentliche Gesundheitspflege, Bd. XXVI, H. 1., 1893, (Sonderdruck) S. 5–19, hier S. 11.

27 Vgl. F. Adickes, Besprechung über das Erbbaurecht, in: Bericht des Vereins f. Förderung des Arbeiterwohnungswesens, Geschäftsbericht für das Jahr 1900, Frankfurt 1901, S.28 und ders., Die Wohnungsfrage und die städtische Verwaltungen in: Die Förderung des Arbeiterwohnungswesens, Frankfurt 1900, S. 28.

28 S. F. Adickes, Die kleinen Wohnungen in Städten, ihre Beschaffung und Verbesserung, in: Deutsche Vierteljahrsschrift f. öffentliche Gesundheitspflege Bd. 33, 1901, S. 180.

29 F. Adickes, Die sozialen Aufgaben der Städte, in: Deutsche Volksstimme, 14. Jg., 1903, S. 607–613, S. 659–666 und S. 732–741, hier S. 738.

30 Ebd., S. 739.

31 Ebd., S. 612.

32 Dazu H. U. Wehler, Sozialdarwinismus im expandierenden Industriestaat, in: FS f. F. Fischer zum 65. Geburtstag, hrsg. v. I. Geiss und B. J. Wendt, Deutschland in der Weltpolitik des 19. u. 20. Jahrhundert, Düsseldorf 1973, S. 133–142.

chen Klassenlagen bei gleichzeitiger Integration der proletarischen Wohnbevölkerung erreicht wird, war sein Hauptanliegen[33] für Frankfurt. Dazu bedürfe es eines *vollständige(n) System(s) städtischer Sozialpolitik*[34]. Er selbst verstand sich als ein Sozialreformer mit gesamtgesellschaftlicher Zielsetzung im Handlungsrahmen der Kommune[35], der sich allerdings von sozialistischen Bestrebungen der Arbeiterbewegung distanzierte, auch wenn er deren Errungenschaften würdigte[36]. Bedenkenswert erscheint, daß ADICKES, trotz vielfacher Versuche, im positiven Sinne nicht definieren konnte, was er unter Sozialpolitik verstand. In seinen deutlichen Abgrenzungsbemühungen sozialdemokratischen Positionen gegenüber, kommt es in der programmatischen Schrift *Die sozialen Aufgaben der Städte* zu keiner klaren Aussage.

ADICKES' politische Zielperspektive war es, die Umgestaltung und Neuordnung der Stadt freizumachen von poltischem Disput, weil er rationale Entscheidungen nur verhindern würde. Sicher, die geistigen Grundlagen für seinen Idealtypus von Kommune als *neutralem* Friedensbezirk lassen sich schnell bei L. v. STEIN ausmachen. Kommunalpolitik birgt demnach in ihrer Begrifflichkeit die Paradoxie, daß etwas politisch Erklärtes unpolitisch sein soll. So nimmt es nicht wunder, daß ADICKES nie von Kommunalpolitik, sondern stets von *Stadtverwaltung* sprach.

Der allgemeine gesellschaftliche Konsens war nach ADICKES gefährdet durch den Grundkonflikt zwischen den Eigentümern von Grund und Boden und der Wohnbevölkerung[37]. Erstere würden eben den Boden nach wirtschaftlichen Gesichtspunkten verwerten, als Konsequenz würde sich der Bau von *Mietkasernen* dem Leitbild der *offenen Bauweise* entgegenstellen und in hygienisch nicht zu verantwortender Art und Weise Verdichtungsräume schaffen. Die Zusammenhänge des privatwirtschaftlichen Wohnungsbaus und ihre sozialpolitischen Folgen für den öffentlichrechtlichen Bereich seien noch nicht angemessen erforscht und deshalb noch nicht erkannt. Der Hinweis auf seine *vorläufige Skizze*[38] zu dieser Problematik spiegelt sein Selbstverständnis wider: *Die Gesamtheit unseres Bürgertums* habe noch zu wenig *Kunde* von den Vorteilen staatlicher bzw. kommunaler Eingriffe in privatrechtliche Verhältnisse[39].

33 F. ADICKES, Die sozialen Aufgaben der Städte, 1903, S. 612.

34 Ebd., S. 613. Diese Äußerung legt den Schluß nahe, ADICKES mit den Kathedersozialisten in Verbindung zu bringen. Im weiteren Verlauf sollte deutlich werden, warum dies nicht zutreffend erscheint.

35 Ebd., 659ff. Vgl. W. HOFMANN, Staat und kommunale Selbstverwaltung in Deutschland 1867–1914 in: K. JESERICH, H. POHL, G. C. v. UNRUH (Hrsg.), Deutsche Verwaltungsgeschichte Bd. 3, 1984, S. 585.

36 F. ADICKES, Die sozialen Aufgaben ..., 1903, S. 665.

37 F. ADICKES, Umlegung und Zonenenteignung ..., 1893, S. 430; ders., Die unterschiedliche Behandlung der Bauordnungen für das Innere, die Außenbezirke und die Umgebung v. Städten, Braunschweig 1893, S. 10.

38 Er verweist auf den Artikel „Stadterweiterungen" in: CONRADTS Handwörterbuch der Staatswissenschaften, Bd. V, 1893/94, S. 847–851, zitiert nach: Ders., Umlegung u. Zonenenteignung ..., 1893, S. 430.

39 F. ADICKES, Die Wohnungsfrage und die städtische Verwaltung, 1900, S. 26.

Adickes war der Ansicht, daß *dieses System (das Spiel der freien Kräfte) nicht haltbar (sei)*[40]; doch es könne nicht darum gehen, das Privateigentum als gesellschaftspolitische Konvention und Institution in Frage zu stellen, sondern im Gegenteil: man müsse zu seiner Sicherung und Stabilisierung beitragen. Der Kommunalverwaltung komme die Aufgabe zu, die Systembedingungen zu sichern, damit die *Entfaltung eine(r) allseitig gesunde(n) private(n) Tätigkeit*[41] ermöglicht werde. Als Gegenleistung weist er den Privateigentümern an Grund und Boden die Rolle zu, den allgemeinen politischen Konsens zwecks Stabilisierung der städtischen Lebensform zu schaffen. Dem Bürgertum teilt er die Aufgabe zu, Wohnstandards zu definieren, um über das Vorleben entsprechender Verhaltensnormen auf proletarische Wertsetztungen sozialintegrativ wirken zu können[42].

Denn *(w)ir wissen ..., daß die Arbeiter bisher sehr wenig Bedürfnis nach besseren Wohnungen empfinden. Es ist mehrfach schon hervorgehoben worden ..., daß die Schwierigkeit gerade darin liegt, daß der Arbeiter sich immer mit der Wohnung am ersten einschränkt. Es ist hervorgehoben worden, daß er, um Vergnügungen, um politische Versammlungen mitmachen zu können, andererseits auch, um einen Arbeitsverdienst für die Frau zu ermöglichen, es vorzieht, eine teure Wohnung, eine beschränkte Wohnung im Inneren der Stadt zu haben, als weiter draußen hinaus eine Wohnung, die bequem, gesund und für das Familienleben zuträglich ist. Es ist also ganz außerordentlich schwer, die weiträumige Bebauung auszudehnen, wenn man mit den Arbeiterwohnungen anfangen wollte*[43].

Die Sehnsucht des Bürgertums nach dem Einzelhaus, um auf diese Weise dem Mietkasernen-System zu entkommen, sei groß. Deshalb sei, wie noch ausgeführt werden wird, der Ausbau des institutionellen Rechtsrahmens dringend erforderlich, damit moderne Siedlungsformen zur Konvention werden können. Dies würde *anfeuernd auch auf die demnächst folgende soziale Schicht wirken und (würde) so allmählich weitere Kreise ziehen*[44]. Sicher, diese Gedanken waren nicht neu. Sie waren schon in den 1860er Jahren von dem Liberalen Julius Faucher formuliert worden. Adickes hat sich in seinen Schriften mehrfach auf ihn bezogen[45].

Adickes sah sich auch in der Rolle des städtebaulichen Sozialreformers, der als Vermittler zwischen den Interessengruppen auftritt. Seine Aufsätze leben von einem

40 F. Adickes Besprechung über das Erbbaurecht. 1901, S. 55.

41 F. Adickes, Die Wohnungsfrage ..., 1900, S. 28.

42 Ebd., S. 32 und ders., Die kleinen Wohnungen in Städten ..., 1901, S. 191f.

43 Ebd., S. 191.

44 Ebd. S. 192.

45 F. Adickes, Die Wohnungsfrage ..., S. 28f. und ders., Die Notwendigkeit ..., 1895, S. 4ff.. Vgl. G. Fehl, Berlin wird Weltstadt: Wohnungnot und Villenkolonien. Eine Begegnung mit Julius Faucher, seinem Filter-Modell und seiner Wohnungsreformbewegung um 1866 in: Juan Rodrigues-Lores/G. Fehl, Hrsg., Städtebaureform 1865–1900. Von Licht, Luft und Ordnung in der Stadt der Gründerzeit (Bd. 5 I der Reihe: Stadt – Planung – Geschichte), Hamburg 1985, S. 101–152.

starken aufklärerischen Impetus, der die Ausweitung der kommunalen Planungskompetenzen[46] erbringen und gleichzeitig deren Anerkennung zur gesellschaftlichen Konvention erheben sollte.

Die gesellschaftliche Ordnung sollte sich seiner Ansicht nach auf der Grundlage des allgemeinen Konsenses aufbauen[47]. Im Vermitteln zwischen Interessengruppen und den unbemittelten Bevölkerungsgruppen soll das Prinzip der Gerechtigkeit, das nach liberalem Verständnis rational definiert wurde, maßgeblich sein. Nach diesem Verständnis trug er zur Entfaltung von bürokratischer Herrschaft bei. Sie ist die moderne Variante, die traditionale Herrschaftsbeziehungen ablöst. Vor dem Hintergrund der sich durchsetzenden industriekapitalistischen Verkehrsformen drängt sie einerseits überkommene Privilegien zurück und erweitert andererseits den politischen Rahmen für Demokratisierung[48].

Gegenstand der vorliegenden Untersuchung ist das Frankfurt des Kaiserreichs, einer Zeit des Umbruchs zwischen Tradition und Moderne. Diese Epoche ist durchwoben von einer Vielfalt sich überschneidenden und überlagernden Krisen der Identität auf nationaler wie auf lokaler Ebene[49]. Zunehmende Arbeitsteilung und Segmentierung des Stadtraumes trugen zur Urbanisierung[50] des großstädtischen Lebens bei und veränderten somit die Themen der Stadtpolitik.

1.3. Das Einzelhaus am Stadtrand in ordnungspolitischer Absicht

Unter dem Schlagwort vom *Mietkasernen-System*[51] bot das Mietshaus den Wohnungsreformern Ende des 19. Jahrhunderts genug Möglichkeiten der Kritik. Neben dem gesundheitspolitischen Aspekt und dem Wunsch, daß mehr Menschen sich ein Haus leisten sollten, sah Adickes in ihm ein Spekulationsobjekt ersten Ranges, das auch die hohen Raten an räumlicher Mobiltät verursacht habe[52]. *Das Kasernen-*

46 Vgl. Dorothea Berger-Thimme, Boden- und Wohnungsreform in Deutschland 1873–1918. Zur Genese staatlicher Intervention im Bereich von Wohnungs- und Siedlungswesen, Frankfurt a. M. u. Bern 1976, S. 215.

47 G. Piccinato spricht von Schaffung von bürgerlicher Identität. S. ders., Die Rolle der Stadtplanung beim Aufbau der kapitalistischen Stadt in: G. Fehl u. Juan Rodriguez-Lores (Hrsg.), Städtebau um die Jahrhundertwende (Schriftenreihe: Politik und Planung Bd. 10), Köln, Stuttgart u.a. 1980, S. 28–35, hier S. 33.

48 Wolfgang Schluchter, Aspekte bürokratischer Herrschaft, München 1972, S. 74.

49 J. J. Sheehan, Der deutsche Liberalismus. Von den Anfängen im 18. Jahrhundert bis zum 1. Weltkrieg, München 1983, S. 278ff und S. 291f.

50 S. Wolfgang R. Krabbe, Die deutsche Stadt im 19. und 20. Jahrhundert, Göttingen 1989, S. 69 und Jürgen Reulecke, Geschichte der Urbanisierung in Deutschland, Frankfurt a. M. 1985, S. 11. Vgl. Horst Matzerath, Urbanisierung in Preussen 1815–1914, Stuttgart 1985.

51 Der Städtevergleich ergibt, daß Frankfurt 1890 lediglich 11,7% an Mietkasernen aufzuweisen hatte, Berlin: 42,4% (1885). Vgl. P. Hirsch, Kommunale Wohnungspolitik, Berlin 1906, S. 25.

52 F. Adickes, Die Förderung des Baus kleiner Wohnungen ..., 1901, S. 278.

system macht den Erwerb eines eigenen Herdes – der immer noch Goldes wert ist – dem größten Teile der Bewohner unmöglich, und es ist ein wahres Wort, daß der Insasse einer Miethskaserne, der durch dieselbe einen erheblichen Teil seiner persönlichen Freiheit eingebüßt hat, für die Begriffe von Eigentum und Freiheit in ihrer wahren sittlichen Bedeutung nur geringes Verständnis zu zeigen geneigt sein wird.[53]

ADICKES verstand sich demnach auch als Erzieher in gesellschaftlicher und kultureller Hinsicht[54]. Wie aber läßt sich nach dem Selbstverständnis ADICKES' Freiheit und Eigentum gesellschaftspolitisch fördern? Seine Antwort war hier eindeutig. Er ging davon aus, daß die Kommune über eine aktive Infrastrukturpolitik und entsprechende Eingriffe in das Baurecht zur Senkung der Grundrente insbesondere in den Erschließungsgebieten des Stadtrandes beitragen könnte. Denn das *Ideal der Wohnungsgestaltung im Stadterweiterungsgebiete* soll für alle Schichten der Gesellschaft gelten: Das Kleinhaus für den Arbeiter, das Bürgerhaus für das mittlere Bürgertum und die Villa für die Wohlhabenden[55]. Vorbild war ihm hier die englische Form des Bauens. Dort hatte sich das zweigeschosssige Doppelhaus mit Vorgärten und teilweise Gartenbauland im Innern des Baublocks durchgesetzt. In dieser Wohnform sah ADICKES eine Möglichkeit, zum Ausgleich polarer gesellschaftlicher Konflikte beizutragen. Das Kleinhaus an der Peripherie der Großstadt, Symbol für Freiheit und Ausdruck von gesitteter Kultur, sollte zum neuen Leitbild des kommunalen Städtebaus werden. Denn, so fragt er zuversichtlich, *(i)st es in der Tat in Deutschland unmöglich, was doch in England, sogar in der Millionenstadt London möglich ist, daß die Stadterweiterung in gesunder Weise in die Breite, statt in ungesunder Weise in die Höhe geht?*[56] Wie erklärt sich das idealistisch-aufklärerische Pathos in ADICKES' Selbstverständnis?

Grundsätzlich gilt, daß Stadtplanung zukünftige Entwicklungen in die Gegenwart zu projizieren sucht. Im Lichte der Gegenwart erscheinen sie dann wie Ideale. ADICKES' Leitlinie der *offenen Bauweise* kam hier eine zweifache Aufgabe zu, zum einen die Ausweitung der Planungskompetenzen anzustreben, zum anderen die moderne Großstadt mit neuen Inhalten und Werten zu definieren, die dem Wildwuchs von Stadtentwicklung ein Ende bereiten sollten. Dem zuvor als naturgesetzlich angenommenen Prozeß von Stadtentwicklung wurde nun seine Machbarkeit nachgesagt. Städtebau offenbarte sich in seiner politischen Dimension, weil er als von Menschen initiiert und vollzogen angesehen wurde.

53 F. ADICKES, Die Notwendigkeit ... 1895, S. 9.

54 G. FEHL, Stadtbaukunst contra Stadtplanung, Zur Auseinandersetzung C. SITTES mit R. BAUMEISTER, Stadtbauwelt 65, 1980, S. 37ff. Im Vergleich dazu J. BRIX, der die Rezeption BAUMEISTERS durch C. SITTE positiv bewertet. Dazu: J. BRIX, Aus der Geschichte des Städtebaus in den letzten 100 Jahren, Berlin 1912, S. 22.

55 F. ADICKES, Stadterweiterung ..., 1911, S. 785.

56 F. ADICKES, Die unterschiedliche Behandlung ... 1893, S. 9.

Doch nicht gestalterisch-ästhetische Gesichtspunkte von Städtebau standen im Vordergrund, als es darum ging, die moderne Großstadt stadtplanerisch anzulegen, sondern über infrastrukturelle Investitionen sollten neue Stadträume für den Siedlungsbau erschlossen werden oder durch Eingemeindungen in den Prozeß der Urbanisierung eingebunden werden: *Mit diesen Vorortbahnen steht die Eingemeindungsfrage für größere Städte in sehr nahem Zusammenhange. Die Benutzung von Vorortbahnen für Arbeiterwohnungen stößt ja namentlich deshalb oft auf Schwierigkeiten, weil die kleinen Gemeinden Armen- und Schullasten fürchten. Das würde durch die Eingemeindung beseitigt werden. Die Eingemeindung gewährt außerdem aber die Möglichkeit, die Bebauungspläne von vornherein so aufzustellen, daß die Vorortbahnen darin einen Teil des ganzen Bebauungsplanes und gewissermaßen das Rückgrat desselben bilden, daß die Straßen geplant und angelegt werden im Hinblick auf die Bahnhöfe, die an schnellfahrenden Vorortbahnen angelegt werden müssen. Insofern hängt die Eingemeindungsfrage auch mit der Wohnungsfrage zusammen*[57].

Adickes hatte allerdings auch die Widersprüchlichkeit seiner städtebaulichen Planungsbestrebungen erkannt. Ihm war bewußt, daß weitreichende Maßnahmen im Bereich der Verkehrsinfrastrukur seinen bodenpolitischen Absichten, nämlich restriktiv auf die Grundrente zu wirken, entgegenlaufen konnte[58]. Er folgte hierbei der These Rudolf Eberstadts[59], der die Grundrenten-Entwicklung nicht, wie bis dahin angenommen, von den zentralen Gunstlagen verursacht sah, die sich im weiteren Verlauf in Richtung Außenstädte ausdehnten, sondern umgekehrt, die Grundrentenentwicklung würden von den außenstädtischen Gunstlagen bestimmt, weil dort der Überbauung von Grund und Boden keine baurechtliche Beschränkung auferlegt sei[60]. Eberstadt erklärt also Mietkasernen-System und Stadtentwicklung aus dem Zusammenwirken von Ökonomie und baurechtlicher Duldung durch die kommunalen Verwaltungen.

Adickes bedauerte, daß der Magistrat Frankfurts 1884 eine undifferenzierte Bauordnung für die ganze Stadt erlassen hatte[61]. In der baurechtlichen Intervention sah er eine Möglichkeit, die weiträumige Bauweise zu fördern, indem eben in den außenstädtischen Bereichen die Bauausnutzung niedriger angesetzt werde als in der Innenstadt[62]. Er schlug deshalb vor, die Stadterweiterungsgebiete *in verschiedene,*

57 F. Adickes, Die kleinen Wohnungen ..., 1901, S. 181. Ähnlich in der Argumentation in ders., Förderung des Baues kleiner Wohnungen ..., 1901, S. 281.

58 F. Adickes, Die kleinen Wohnungen ..., 1901, S. 181f.

59 Adickes verweist mehrfach auf ihn, u.a. in: ders., Die Notwendigkeit ..., 1895, S. 9 und ders., „Stadterweiterung", 1911, S. 781. Vgl. auch ders., Die Wohnungsfrage, 1900, S. 25. Im September 1899 führten beide ein Gespräch über die Wohnungsfrage. Zum anderen war Eberstadt an der öffentlichen Diskussion über die Staffelbauordnung interessiert. STAF. Mag.Akt. T862/I.

60 R. Eberstadt, Bauordnung und Volkswirtschaft, Berlin 1909, S. 9.

61 F. Adickes Die unterschiedliche Behandlung ... 1893, S. 15.

62 Dazu ausführlich: Ebd., S. 7ff. und ders., Die Notwendigkeit ..., 1895, S. 3ff..

nach der bereits vorhandenen Höhe des Bodenwertes voneinander abgesonderte Gebietsteile oder Zonen[63] einzuteilen. Dieser Formulierung ist jeglicher idealistischer Impetus genommen, wie er in manchen seiner Schriften enthalten ist. Doch räumt er lediglich ein, den verbal kritisierten Entwicklungsstand zum Ausgangspunkt seiner Stadtentwicklungspolitik zu machen. Die Kontrolle der städtischen Bodenwertbildung, könne mit einer Zonenplanung, die unmittelbar auf das Bauland Einfluß nehme, verbunden werden. Zwei Planungsziele wären miteinander verknüpft, wenn der Stadtraum nach Aktivitäten getrennt und gleichzeitig Wohnquartiere für die unterschiedlichsten Bedürfnisse nach dem Prinzip der offenen Bauweise geschaffen werde[64]. Industrieförderung ist hierbei integrierender Bestandteil seiner Stadtplanung. Dies glaubte er durch Straßenbau, Umlegung und Zusammenlegung von Grundstücken und durch Verkehrsinfrastruktur, die ihrerseits zur weiteren Erschließung beitragen würden, zu erreichen[65]. Die Mittel, die ihm hierfür zur Verfügung stünden, könnten den politischen Gegebenheiten entsprechend angepaßt werden, wobei er hier die baurechtlichen Mittel als erstes ins Auge faßte.

Daß steuerpolitische Instrumente während ADICKES' Amtszeit ungenutzt blieben, hat er sehr bedauert[66]. Da er in diesem Bereich kaum die Möglichkeit sah, neue Finanzquellen zu erschließen – prinzipielle Regelungen hatte sich traditionsgemäß der Staat vorbehalten – versuchte er, kommunale Kompetenzerweiterungen auf städtebau-rechtlichem Gebiet zu erreichen.

Doch nicht die staatlichen Aufsichtsbehörden sollten die kommunale Stadtplanung erschweren, sondern der private Grundstücks- und Hauseigentümer. Grundstücksspekulation und hohe Bodenpreise arbeiteten der Leitlinie der *weiträumigen* und *offenen Bauweise* entgegen, und zwar nicht nur aus ökonomischen Gründen. Denn den Planungsidealen der *offenen Bauweise* und Kleinhaus-Siedlungen an der großstädtischen Peripherie standen kaum zu überwindende Traditionen im Weg. Im deutschen Rechtsdenken wurde seit dem 18. Jahrhundert dem städtischen Privateigentum an Grund und Boden Vorrang eingeräumt. Die Sozialbindung von Privateigentum war so gut wie unbekannt. Dieses Denken in Verbindung mit ökonomischen Interessen hatte auf die *geschlossene Bauweise* gesetzt, was die höchstmögliche Bauausnutzung von Grund und Boden bedeutete. In ihr sah ADICKES den *wahren Feind* seiner Planungsziele[67].

63 F. ADICKES, Die unterschiedliche Behandlung ... 1893, S. 15.

64 G. FEHL u. J. RODRIGUEZ-LORES, Aufstieg und Fall der Zonenplanung, Stadtbauwelt 73, 1982, S. 45f.

65 FRANZ ADICKES, Die Wohnungsfrage.., 1900, S. 21 und ders., Förderung des Baues ..., 1901, S. 280f.

66 1893 war er noch sehr optimistisch und nahm an, das preussische Kommunalabgabengesetz könne auch stadtentwicklungspolitisch genutzt werden, so in: Die Wohnungsfrage, 1900, S. 24. 1900 legimiert er die Verlagerung seiner politischen Perspektive auf den Bebauungsplan eben mit den staatlichen Versäumnissen, über finanztechnische Intervention entsprechend wirksam zu werden. Ebd., S. 24f.

67 FRANZ ADICKES, Die unterschiedliche Behandlung ..., 1893, S. 9.

Werte und Normen lassen sich nicht von heute auf morgen verändern und schon gar nicht planen. Dieser Weg war ADICKES zu ungewiß und entsprach eben nicht dem Zeitgeist. Er war von der kurzfristigen städtebaulichen Machbarkeit räumlicher Gegebenheiten überzeugt. Ihm schien der autoritäre Weg erfolgversprechender, nämlich über die staatliche Einwilligung die städtebaulichen Planungsinstrumente an die Hand zu bekommen[68], um dann adäquat ausgestattet, an die Realisierung seiner Planungsvorstellungen zu gehen. Deshalb war ADICKES' Hauptaugenmerk unmittelbar nach Amtsantritt darauf gerichtet, den Kanon der magistralen Interventionsmittel im Baurecht und im Bereich des Bebauungsplanes samt Umlegungs-, Zusammenlegungs- und Enteignungsrechten in den kommunalen Kompetenzbereich zu verlagern[69]. Der Stadtverwaltung rationale Planungsinstrumente zu verschaffen war sein Ziel, um wohnungs- und ordnungspolitisch wirken zu können[70].

ADICKES' Entwürfe für Frankfurts räumliche Neuordnung waren darauf gerichtet, die traditionelle Handelsstadt in eine Industriestadt zu verwandeln. Im Namen des Fortschritts sollten zukünftige Entwicklungen bedacht werden, zumal zu lange mit der städtebaulichen Anpassung von Frankfurts Stadtraum an die sich wandelnden wirtschaftlichen und sozialen Gegebenheiten gewartet wurde.

1.4. Methodische Gesichtspunkte

Hauptsächliche Quelle für vorliegende Untersuchung waren die Magistratsakten. Sie wurden nach Petitionen und Bittschriften sowohl organisierter als auch unorganisierter Gruppen, Stellungnahmen von Bezirksvereinen, die sich als Interessenvertretung eines jeweiligen Stadtteils verstanden, und Zeitungsartikeln durchgesehen. Es versteht sich von selbst, daß nach der Quantität des überlieferten Materials im Einzelfall die Themen der Stadtpolitik rekonstruiert wurden, um dann anhand der gedruckten Stadtverordneten-Protokolle ihre öffentliche Relevanz und Resonanz ausmachen zu können. Durch diese Methode war am ehesten gewährleistet, sowohl die „öffentliche Meinungsbildung“ als auch das „kollektive Handeln“ zu erfassen.

68 ADICKES' Rechtsentwürfe von 1893/94 und 1901/03 in Sachen „Umlegung“ und „zonaler Enteignung“ waren in Zusammenarbeit mit der preussischen Regierung entstanden. Das Scheitern seines Vorhabens begründete ADICKES mit der Interessenidentität von Grundstückseigentümern und der „privatrechtlichen“ Rechtsprechung. S. ERICH ADICKES, F. ADICKES als Mensch in: F. ADICKES. Sein Leben und sein Werk Frankfurt a.M. 1929, S.178. S. dazu auch Näheres in Kapitel 5.

69 Mit der Zonenenteignung verfolgte ADICKES das zweifache Ziel, einerseits *zweckmäßige Baugrundstücke neben den neuangelegten Straßen und Plätzen* parzellieren zu können und andererseits so eine *rationelle Regelung der Deckung der für die neuen Straßenanlagen aufzuwendenden Ausgaben* gefunden zu haben. S. F. ADICKES, Umlegung und Zonenenteignung ... 1893, S. 454.

70 F. ADICKES, Besprechung ... 1901, S. 26; ders., Die Wohnungsfrage ..., 1900, S. 29.

Petitionen, Stellungnahmen, wie überhaupt alle Äußerungen, die in Schriftform überliefert sind, werden hier als Textdokumente aufgefaßt, die für die sprachliche Aneignung von Gesellschaft stehen[71], will sagen: über die Sprache selbst schaffen wir unsere Vorstellung von Wirklichkeit, und diese Vorstellungen sind es dann, die vorgeben, was Wirklichkeit ist. Auch in Fragen des Städtebaus stützt sich der Mensch auf seine Erfahrungen und Vorstellungen, oder allgemeiner: er deutet seinen alltäglichen Lebenszusammenhang und legt ihn sich zurecht[72]. Deshalb werden artikulierte Ansprüche in dieser Arbeit nicht nur als bewußtseinsverarbeitendes Moment des sozialen Daseins verstanden, eben weil sie selbst zur Realisierung des Daseins beitragen. So sind z.B. Petitionen in ihrer inhaltlichen Aussage und Schreibdiktion nicht bloßer Ausdruck von sozialen Werten und Normen, sondern sie vermitteln auch eine Art und Weise der Weltaneignung und -auslegung vor dem Hintergrund einer sich wandelnden Gesellschaft. Die Denkgewohnheiten, Bewußtseinsformen und Weltanschauungen, d.h. die sog. „dritte Ebene"[73] (nach Ökonomie und Gesellschaft) ist es, die als Teil des Seins aufgefaßt wird.

Ein fast lapidar anmutendes Beispiel, das für viele steht und die Art und Weise von urbaner Bürgerlichkeit im Wilhelminischen Frankfurt repräsentiert – ein Aufruf des Bezirksvereins Nordwest: *Wir müssen uns selbst helfen ... Es gibt keine andere Hilfe, als daß wir die angeregte Trambahn erhalten. Wir müssen sie haben, denn sie ist eine Notwendigkeit für diese Stadtteile, ein unumgängliches Bedürfnis. Sie wird die Verkehrsverhältnisse der genannten Stadtteile und deren wirtschaftliche Lage ganz entschieden verbessern*[74].

Dieser Aufruf ist Folge der offenkundigen Diskrepanz zwischen dem „Erleben" des Stadtraumes und den „Erwartungen", die man an ihn richtet und welche Forderungen sich daraus ergeben. Neben der inhaltlichen Seite, nämlich der Bedürfnisartikulation nach einem Verkehrsanschluß, offenbart sich in der Rhetorik das Machtpotential dieses Aufrufs. Erfahrungen werden sprachlich *konstruiert* und geordnet und

71 Dieser Gedankengang findet sich heute in verschiedenen erkenntnistheoretischen Wissenschaftspositionen, sei es bei den „Radikalen Konstruktivisten" (u.a. Maturana), den Diskurstheoretikern im Bereich der Literaturwissenschaft oder bei P. Bourdieu, der Sprache als Medium der Durchsetzung der legitimen Sicht von *sozialer Welt* ansieht. Allen gemeinsam ist, daß Prozesse der Sinnproduktion über Sprache geschieht oder wie R. Barthes nach Benveniste sagt: *Die Sprache ist das Gesellschaftliche selbst*, ders., Leçon/Lektion. Antrittsvorlesung im Collège de France, Frankfurt a. M. 1980, S. 45.

72 Nach Christian Meier, Notizen zum Verhältnis von Makro- und Mikrogeschichte, in: Teil und Ganzes, hrsg. von Karl Acham und W. Schulze, München 1990 (Beiträge zur Historik Bd. 6), S. 111–140, hier S. 113.

73 Peter Schöttler, Mentalitäten, Ideologien, Diskurse. Zur sozialgeschichtlichen Thematisierung der „dritten Ebene". in: Alltagsgeschichte. Zur Rekonstruktion historischer Erfahrungen und Lebensweisen, hrsg. v. Alf Lüdke, Frankfurt a. M. und New York 1989, S. 85–136.

74 Mitteilungen des West- und Nordwestlichen Bezirksvereins zu Frankfurt a. M., Nr. 9, 1893, S. 9.

über diese *Explizierungs- und Klassifizierungsarbeit*[75] wird Macht ausgeübt, entweder um den Erhalt alltäglicher Lebenszusammenhänge zu sichern oder diese zu verändern. Daß hierbei die Ökonomie als auch Bildungs- und Statusfragen das Machtpotential entscheidend beeinflussen, soll keineswegs verkannt, aber auch nicht vorschnell angenommen werden.

An dieser Stelle kann schon festgehalten werden, daß verschiedene Sichtweisen über Frankfurts städtebauliche Entwicklung in der lokalen Öffentlichkeit aufeinanderstießen. Die unterschiedlichsten Interessen fanden hier ihren Ausdruck und jede einzelne Interessengruppierung war um Durchsetzung der eigenen Perspektive auf Kosten anderer bestrebt. Sicher, es mag auf den ersten Blick für problematisch gehalten werden, diese Fragestellung für die Epoche des Wilhelminischen Obrigkeitsstaates zu wählen, aber gerade darin lag auch etwas Herausforderndes.

Meine Absicht ist es, den Entstehungsprozeß der modernen Gesellschaft entlang der Stadtentwicklung einer werdenden Großstadt nachzuzeichnen, indem ich, wie gesagt, die Ansprüche und Forderungen von Bewohnern, Interessengruppen, Parteivereinen und insbesondere den stadtteilbezogenen Bezirksvereinen in Fragen des kommunalen Städtebaus in den Mittelpunkt der Betrachtung stelle. Wie sich Städtebau gesellschaftlich-kommunikativ entwickelte, soll Thema dieser Arbeit sein, was auch heißt, – eine „Sozialgeschichte des Städtebaus" in Aussicht zu stellen.

1.5. Zum Aufbau der Arbeit

Im nun folgenden zweiten Kapitel soll das gesellschaftliche, wirtschaftliche und politische Innenleben der Stadt Frankfurt a.M. der wilhelminischen Ära dargestellt werden. Die Wohnverhältnisse und Siedlungsstrukturen, aber auch die sozialen Gegebenheiten der Stadtpolitik werden dargelegt, um so die Rahmenbedingungen für Stadtplanung und Stadtentwicklung, wie sie um 1890 bestanden haben, in Form einer Bestandsanalyse abzustecken. Gleichzeitig kann auf diese Weise deutlich werden, warum der stadtpolitische Handlungsbereich von den Zeitgenossen mehr und mehr wie ein Korsett empfunden wurde. Dieser Gesichtspunkt ist unter Umständen dann von Bedeutung, wenn in der unzureichenden Demokratisierung der städtischen Gesellschaft der Grund zu sehen ist, warum nicht über die lokalen Parteivereine, sondern über die stadtteilbezogenen Bezirksvereine Mitsprache angestrebt wurde.

Im dritten Kapitel wird der Frage nachgegangen, wie die Einführung der Zonen-Bauordnung 1891 von der lokalen Öffentlichkeit aufgenommen wurde und welche städtebaulichen Folgen im allgemeinen daraus erwuchsen. Hat sie z.B. zur Moder-

[75] Pierre Bourdieu, Sozialer Raum und Klassen, Frankfurt a. M. 1985, S. 19.

nisierung des Stadtlebens beigetragen? Daran anschließend – im vierten Kapitel – wird der „Bebauungsplan" als Planungsinstrument des Städtebaus in den Mittelpunkt der Betrachtung gerückt. Am Beispiel des Ringstraßen-Projekts soll das zeitgenössische Verständnis von Straßen- und Verkehrsplanung erarbeitet werden. Gleichzeitig soll der Funktionswandel der Straße vom Erlebnis- zum Verkehrsraum aufgezeigt werden. Mit dem fünften Kapitel wenden wir uns ausführlich einzelnen Stadtteilen und ihren Bezirksvereinen zu. Im fünften Kapitel sind es: Der Nordwesten, Sachsenhausen und die südwestliche Außenstadt, im sechsten Kapitel das Ostend. Die Industriepolitik des Magistrats soll hier näher untersucht werden, wobei auch der verwaltungsorganisatorischen Dimension von Industriepolitik besondere Aufmerksamkeit zukommen soll.

Im siebten Kapitel wird die Stadtpolitik aus der Sicht der Vorortgemeinden, die um ihre Eingemeindung in den Stadtverband Frankfurt nachgesucht hatten, dargelegt. Welche städtebaulichen Erwartungen formuliert wurden und wie sie in Erfahrung umgewandelt wurden, soll dort angesprochen werden. Während noch die Eingemeindung Bockenheims 1895 zum großen stadtpolitischen Thema wurde, das die Bürger in zwei Lager zu teilen schien, gaben die Eingemeindungen von 1900 nur wenig Anlaß für einen Disput in der lokalen Öffentlichkeit, obwohl mit der Eingemeindung Seckbachs im besonderen eine neue Planungsqualität zum Tragen kam. Tatsächlich hatte sich ADICKES mit dem landwirtschaftlich geprägten Seckbach viel vorgenommen. Wohnungs- und industriefördernde Planungsziele wurden für diesen neuen Stadtteil Frankfurts formuliert – doch vieles blieb hier Entwurf. Den Abschluß dieses Kapitels bildet die Eingemeindung des Landkreises Frankfurt a.M. (1910). Sie ist in dieser Arbeit auch deshalb von Interesse, weil es sich hier anbietet, die gesellschaftspolitischen Aspekte von Verstädterung und Urbanisierung freizulegen.

Der Altstadt bleibt das achte Kapitel vorbehalten. Im traditionellen Zentrum Frankfurts sollte der eigentliche „Stadtumbau" stattfinden. Durch flächendeckenden Häuserabriß sollte dieser engwinklige Stadtteil in den Prozeß der Citybildung einbezogen werden. Wie dieses „Unternehmen" in der lokalen Öffentlichkeit behandelt wurde, wird in diesem Kapitel zur Sprache kommen.

Eines werden alle Kapitel gemeinsam haben – in allen soll einem ganzen Bündel von Fragen nachgegangen werden, nämlich: Wie Bürger und Stadtteilbewohner den Planungsabsichten des Magistrats gegenüber eingestellt waren – insbesondere im Bereich der Straßen- und Verkehrsplanung; ob Vertrauen oder Mißtrauen die Grundlage der öffentlichen Auseinandersetzungen war und welche Rolle hierbei die lokale Presse spielte; inwieweit unterschiedliche Vorstellungen bei Magistrat und Stadtteilbewohnern vorherrschten, welche strategischen und taktischen Mittel auf beiden Seiten angewendet wurden, um die eigene Erwartungshaltung städtebaulich realisiert zu sehen. Welche Interessenverflechtungen und konfrontationen den öffentlichen Dialog bestimmten, kurz: wie Stadtplanung und Städtebau in der lokalen Öffentlichkeit schlechthin thematisiert und entschieden und welche Formen der politischen Artikulation und Beteiligung unter den verfassungrechtlich eingeschränkten Rahmenbedingungen gesucht wurden.

Das letzte, also das neunte Kapitel widmet sich zunächst den wohnungspolitischen Begleiterscheinungen des Wilhelminischen Städtebaus, um dann ein abschließendes Resümee über die vorliegende Arbeit zu ziehen. Der methodische Ansatz soll dort rückblickend mit dem Thema im Gesamtzusammenhang betrachtet werden. Ein Bild des Wilhelminischen Frankfurt sollte in dieser Arbeit wie durch ein Brennglas eingefangen, gleichzeitig aber auch Frankfurts Großstadtbildung nachgezeichnet sein. Inwieweit die Arbeit diesem Anspruch gerecht wurde, soll hier eine mögliche Antwort finden.

2. Am Anfang der modernen Stadtplanung steht die Krisenerfahrung

Erst gegen Ende des 19. Jahrhunderts versuchten Kommunen in Prozesse wie Industrialisierung, Bevölkerungswachstum und Verdichtung von Stadträumen planend einzugreifen. Zuvor bestimmten private Baugesellschaften die räumliche Entwicklung der Städte. Die Sorge um den Bestand des Stadtraumes und seiner Sozialordnung erwuchs den tagtäglich gemachten Erfahrungen. Den Alltag erfuhren Frankfurts Stadtbewohner auf unterschiedliche Art und Weise, wobei Einkommensverhältnisse und die soziale Einbindung in die Gesellschaft, sei es im Beruf oder Wohnumfeld, eine entscheidende Rolle spielten. Die gesellschaftlichen Ungleichheiten in der Lebensbewältigung von Arbeiten und Wohnen im Stadtraum sollen in diesem Kapitel thematisiert werden, denn sie bildeten ja auch das materielle Substrat für städtebauliches Planen. Durchaus im Sinne einer Zustandsskizze gilt es also, ein Stadtbild zu zeichnen, das die räumlichen Eigenheiten Frankfurts mit den wirtschaftlichen, gesellschaftlichen und politischen Gegebenheiten in den Zusammenhang stellt. Städtebauliches Planen war deshalb kein leichtes Unterfangen, weil die räumliche Mobilität die Bestandsanalyse erschwerte.

2.1. Sicherung des Lebensunterhalts als Motiv der Stadtwanderung

Es soll zunächst anhand von Bevölkerungswachstum und Wanderungsbewegungen der Prozeß der zunehmenden Auffächerung und Differenzierung[1] sozialer und wirtschaftlicher Zusammenhänge im Raumgefüge der Stadt aufgezeigt werden. Ganz allgemein gilt für das Wilhelminische Deutschland, daß die „relative Überbevölkerung“ Wanderungsbewegungen motivierte. Sie gründeten in dem existenziellen menschlichen Bestreben, den persönlichen und familiären Lebensunterhalt zu sichern[2]. Für die Städte bedeutete dies: Verdichtung und hohe Fluktuationen im Stadtraum oder zumindest in einzelnen Stadtteilen. Mitte der 1870er Jahre hatte Frankfurt gut 100.000 Einwohner, war also erst nach der Reichsgründung zur Großstadt geworden. 1890 waren es bereits 180.000. Bis 1910 sollte sich die Zahl der Ein-

1 Georg Simmel, Die Arbeitsteilung als Ursache für das Auseinandertreten der subjektiven und objektiven Kultur (1900), in: ders., Schriften zur Soziologie, hrsg. von J. J. Dahme und O. Rammstedt, Frankfurt a. M. 1983, S. 95–130; ders., Über sociale Differenzierung, Leipzig 1890, besonders S. 124.

2 Dieses Erklärungsmuster folgt der historisch-soziologischen Wanderungstheorie W. Köllmanns, in: ders., Versuch des Entwurfs einer historisch-soziologischen Wanderungstheorie in: Soziale Bewegungen und politische Verfassung, hrsg. v. U. Engelhardt, Stuttgart 1976, S. 264.

wohner mehr als verdoppeln und stieg auf über 400.000 an; allerdings wurde dieses enorme Bevölkerungswachstum[3] auch durch Eingemeindungen begünstigt[4]. Frankfurt am Main zählte zu den überdurchschnittlich wachsenden Städten, auch wenn das Statistische Amt Frankfurts die Entwicklung der eigenen Stadt herunterzuspielen suchte[5]. Der preußischen Staatsverwaltung sollte jedenfalls kein Anlaß geboten werden, ordnungspolitisch intervenieren zu müssen, d.h. Frankfurts Bevölkerungswachstum war keinesfalls wirtschaftspolitisch motiviert gewesen[6]. Wanderungen am Beginn des Industriezeitalters fanden in Etappen statt[7], so daß Klein- und Mittelstädte wie Offenbach, Hanau, Würzburg, Kassel, Darmstadt, Marburg, Gießen, Mainz u.a. häufig Zwischenstationen im Migrationsprozeß bildeten[8]. Ein *Kommen und Gehen der in der Stadt Arbeit suchenden Bevölkerung, die teils aus der nächsten Umgebung, teils weiterher zuströmt und die Stadt bald wieder verläßt*[9], war in Frankfurt zu Beginn der 1890er Jahre zu beobachten. Grob gesagt gab es drei hauptsächliche Wanderungsgruppen: die Saisonarbeiter vom Land, die Ungelernten, die heute hier, morgen dort anzutreffen waren und die qualifizierten Arbeitskräfte, die ihren berufliche Werdegang zu planen suchten[10]. 1907 galt Frankfurt für jeden dritten Bewohner als Zwischenstation[11]. Insbesonders Schlafgänger und Zimmermieter waren hochmobil. Für stadtplanerische Überlegungen ist ja auch die Wanderungs-

[3] Sicher, manche von der Großindustrie geprägten Großstädte wie Charlottenburg, Dortmund, Duisburg und Essen übertrafen Frankfurt a. M. Aber wenn wir uns auf großstädtische Handels- und Dienstleistungsstädte beschränken wie z.B. Bremen, Dresden, Hamburg, Hannover, Köln, Königsberg und Stuttgart, dann nimmt Frankfurt eine führende Position ein. Mit einer Wachstumsrate von 130% (1890–1910) lag Frankfurt a. M. zwar hinter anderen Großstädten wie Nürnberg (134%), Düsseldorf (148%) und Hamburg (187%) zurück, aber doch vor Berlin (30%), Bremen (73%), Dresden (98%), Köln (83%), Leipzig (100) und Stuttgart (105%). Zahlenvergleich erstellt nach: Hans J. Teuteberg und Clemens Wischermann, Wohnalltag in Deutschland 1850–1941, Münster 1985, S. 59 und Stat. Handbuch, 1907, S. 26 und Stat. Handbuch, 1928, S. 51.

[4] Dazu Näheres in Kapitel 7.

[5] So in: Beiträge zur Stat. 1. Heft, 1. Teil, 1892, S. 13

[6] Zu den Motiven der Migration s. R. Heberle und F. Meyer, Die Großstädte im Strom der Binnenwanderung, Leipzig 1937; Elisabeth Pfeil, Großstadtforschung, 1972, S. 137ff.; D. Langewiesche, Mobilität in deutschen Mittel- und Großstädten. Aspekte der Binnenwanderung im 19. und 20. Jahrhundert., Stuttgart 1979, S. 70–93, 74ff. und Walter Dean Kamphoefner, Soziale und demographische Strukturen der Zuwanderung in deutschen Großstädten des späten 19. Jahrhunders, in: Hans Jürgen Teuteberg (Hrsg.), Urbanisierung im 19. und 20. Jahrhundert, Köln und Wien 1983, S. 95–116. Zur zeitgenössischen statistischen Erfassung der Wanderungsbewegungen s. Beiträge zur Stat. 2. H, Die Bewegung der Bevölkerung im Jahre 1891, 1893, S. 29–64.

[7] D. Langewiesche, Wanderungsbewegungen in der Hochindustrialisierungsperiode. Regionale, interstädtische und innerstädtische Mobilität in Deutschland 1880–1914 in: VSWG 64, 1977, S. 1–40, hier S. 39 und zu den Frankfurter Verhältnissen im Detail in: Beiträge zur Stat., 3. H., 1901, S. 6, 10f. und 11.H., 1919, S. 21.

[8] Vgl. Erg. Bl. 4, 1895, S. 8ff.

[9] So Heinrich Bleicher, in: Beiträge zur Stat., 2. H. 1. Teil, 1893, S. 59.

[10] Nach Thomas Nipperdey, Deutsche Geschichte, Bd. 1, München 1990, S. 295f.

[11] W. Köllmann gibt für 1907 folgende Prozentzahlen an: 37,6% Ortsgebürtige, 30,3% Nahwanderer und 29,5% Fernwanderer, s. ders., Industrialisierung, Binnenwanderung und soziale Frage, 1974, S. 118.

bewegung an sich kaum von Interesse. Wichtige Hinweise vermag jedoch die innerstädtische Mobilität zu geben. Über 20.000 Familien zogen in Frankfurt jährlich um, bei den Einzelpersonen sind es gar über 70.000, davon waren mehr als die Hälfte Männer. Die Hälfte der weiblichen Wanderer ist hierbei dem Berufsfeld der Dienstboten zuzurechnen[12]. Hat man in der Forschung bis vor kurzem vorwiegend auf die Wanderungsgewinne unter Vernachlässigung des Wanderungsvolumens geachtet[13], so mag unter der gegebenen Themenstellung hier der Hinweis auf Frankfurts hohes Wanderungsvolumen genügen[14].

Ein prägendes Merkmal der Binnenwanderung[15] war zur Zeit der Hochindustrialisierung wie gesagt die Einzelwanderung. Es war der jüngere männliche Arbeiter ohne qualifizierte Ausbildung, meist unverheiratet, der in Frankfurt ein Auskommen suchte. Waren Einzelwanderer regional hochmobil, so konnte dies nicht für Familien festgestellt werden. Für sie gilt eher die regionale Immobilität zugunsten einer *innerörtlich hochgradigen Mobiltität*[16]. Die Einkommensverhältnisse der mobilen Bevölkerungsschichten sind als ärmlich zu bezeichnen. Ihrer Herkunft nach sind sie der pauperisierten Unterschicht zuzurechnen, die ohne Berufsausbildung und Vermögenswerte auch anfällig waren für häufige Wechsel des Arbeitsplatzes[17]. Waren es 1893 in Frankfurt z.B. 54.175 gemeldete Zuzüge, so wurden davon lediglich 2.490 als steuerpflichtig erfaßt[18]. Die Mobilitätskennziffer[19] war

12 Vgl. die Zahlenangaben in: Beiträge zur Stat., 11. H., 1919, S. 169.

13 D. LANGEWIESCHE hat hier wichtige Grundlagenforschung betrieben, s. auch seine Kritik am methodischen Vorgehen in: Mobilität in deutschen Mittel- und Großstädten, in: Arbeiter im Industrialisierungsprozeß , hrsg. v. W. CONZE und U. ENGELHARDT 1979, S. 70–93, hier S. 72.

14 Dazu näher bei D. LANGEWIESCHE, Wanderungsbewegungen ..., 1977, S. 15ff., bes. S. 17. *Danach bestand fast 40% des Wanderungsvolumens dieses Jahres, das ebenfalls ca. 54% der mittleren Jahresbevölkerung ausmachte, aus ein- bis mehrfach zu- und abgewanderten Personen.*

15 *Binnenwanderung war Wanderung zu den Arbeitsplätzen. Ihr Ausmaß wurde deshalb vom konjunkturell bestimmten Arbeitsplatzangebot gesteuert.* So DIETER LANGEWIESCHE, Mobilität in deutschen Mittel- und Großstädten ..., 1979, S. 74.

16 Vgl. D. LANGEWIESCHE, 1977, S. 28f. LANGEWIESCHE hat für 1893 das Verhältnis von Einzel- u. Familienwanderung in Prozentzahlen errechnet: Einzelwanderung 94% und Familienwanderung 6%; ebd., S. 27. Vgl. das zeitgenössische statistische Material in: Beiträge zur Stat., 2. H., 1893, S. 37 und 44f.

17 Nach HEILWIG SCHOMERUS, Saisonarbeit und Fluktuation in: Arbeiter im Industrialisierungsprozeß. Herkunft, Lage und Verhalten, hrsg. v. W. CONZE u. U. ENGELHARDT, Stuttgart 1979. Die entgegengesetzte Sichtweise findet sich bei WALTERDEAN KAMPHOEFNER, Soziale und demographische Strukturen ..., 1983, S. 109f., der kaum einen Zusammenhang zwischen hohem Wanderungsumschlag und Arbeiterbezirken sieht.

18 Über mehrere Jahre sind Angaben vergleichbar, Graphisch-statistischen Atlas, Tab. zu Tafel 3, 1903.

19 Die Mobilitätskennziffer wird folgendermaßen errechnet: Wanderungsfälle oder Umzugsfälle je 1.000 der mittleren Bevölkerung und gibt deshalb den Mobilitätsgrad an. In Frankfurt war die Mobilitätskennziffer außergewöhnlich hoch. Sie schwankte in den Jahren 1883 bis 1901 zwischen 576 und 504, sank zwischenzeitlich auf Werte unter 500 ab, nach der Jahrhundertwende pendelte sie sich auf Werte knapp unter 450 ein, um dann gegen Ende der Wilhelminischen Ära bei etwa 400 anzukommen. Vgl. Abbildung 3 bei D. Langewiesche 1977, S. 15 mit den Angaben im Stat. Handbuch, 1907, S. 26 und S. 58; ab 1907 s. Stat. Handbuch, 1928, S. 51 und S. 93, die diese Berechnungen ermöglichten.

hierbei bei den einkommensschwachen Bevölkerungsgruppen höher als bei einkommensstarken. Nach Berufsgruppen spezifiziert, ergibt sich eine hohe Mobilität in den Berufen der *häuslichen Dienste* und der Lohnarbeit[20].

Die Fremdzuwanderung pauperisisierter Bevölkerungsgruppen hat die Stadtteile in ihrer Sozialstruktur genauso geprägt wie die innerörtliche Mobilität der Frankfurter Wohnbevölkerung. Während jene in ihrer Wanderung vom Kriterium der „Erreichbarkeit" im Hinblick auf Arbeit und Wohnen bestimmt wurden, konnte sich die seßhafte Wohnbevölkerung von der Qualität des Wohnumfeldes in bewußter Distanzierung von Armut, Rauch und Schmutz leiten lassen – sofern dies das jeweilige Einkommen zuließ.

Hohe Mobilität war damals kaum ein Merkmal der *Chancenwanderung zur Verbesserung der sozialen Position;* viel eher war sie die Folge der zunehmenden Industrialisierung und der sich rasch wandelnden Arbeitsmarktverhältnisse[21]. Der Anteil der „Hochmobilen"[22] war groß, sie werden deshalb heute gerne als „Flugsand" des beginnenden Industriezeitalters angesehen. Es war üblich, daß viele im Winter die Stadt verließen, um auf dem Lande zu arbeiten, weil zu dieser Jahreszeit der Frankfurter Arbeitsmarkt eben eine gesicherte Lebensführung nicht ermöglichte[23].

2.2 Die Suche nach einer angemessenen Wohnung

Es sei nun der Versuch gemacht, die zugezogenen Einzelwanderer von 1891 und den innerstädtischen Wohnungswechsel, vor dem Hintergrund des stadtteilbezogenen Wohnungsmarktes von 1890 zu beleuchten, um die Dynamik des Verstädterungsprozesses durch die Optik eines Jahres erfassen zu können.

Zunächst zur Einteilung der Stadtbezirke: Bis 1891 war Frankfurt nach den Stadtteilen „Altstadt", „Neustadt" (zusammen: Innenstadt) und der „Gemarkung" aufgeteilt. Letztere war mit der rechtsmainischen Außenstadt identisch, mit Ausnahme Bornheims, 1877 eingemeindet, und dem linksmainischen altstädtischen

[20] Zur Aufenthaltsdauer einzelner Berufszweige in Frankfurt s. Beiträge zur Stat., 2. H., 1893, S. 57f. Zur Mobilität von Dienstboten ebd., S. 31f. Vgl. D. Langewiesche 1979, Tab. 7 und Tab. 8, S. 90. Daß die Wanderungsbewegung durchaus schichtspezifisch ausfiel, läßt sich auch an den Familienwanderungen ablesen: Von den 1.407 erfaßten zugezogenen Familien (1891) verdienten mehr als die Hälfte der Haushaltsvorstände weniger als 900 M. im Jahr. Vgl. Beiträge zur Stat., 2. H., 1893, S. 33f.

[21] So D. Langewiesche, 1977, S. 7 und ders., 1979, S. 82.

[22] Die Fluktuation in den Industriebetrieben war relativ hoch: Von 1.296 Arbeitern, die 1880 bei der Firma Hoechst arbeiteten, hatten 543 (42%) im Zeitraum von zwei Jahren ihren Arbeitsplatz wieder verlassen. S. Wilhelm Grandhomme, Die Theerfarben-Fabriken der AG Farbwerke vorm. Lucius & Brüning zu Höchst in sanitärer und socialer Beziehung, 1883, S. 50.

[23] S. Kommentar des Statistischen Amtes Frankfurts zu diesem Thema in: Beiträge zur Stat. 1. H., 2. T., 1895, S. 60.

Bezirk Sachsenhausens und dessen Gemarkung, dem sog. „Äußeren Sachsenhausen". Das Stadtwachstum der 1880er Jahre machte jedoch eine Neueinteilung bzw. detailierte Einteilung der „Gemarkung" erforderlich. Diese wurde 1890 in die Gebiete: Südwestliche Außenstadt, westliche Außenstadt, nordwestliche Außenstadt, nördliche Außenstadt, nord-östliche Außenstadt, östliche Außenstadt, Bornheim, Inneres und Äußeres Sachsenhausen umbenannt[24].

Der Frankfurter Wohnungsmarkt wuchs im Jahrzehnt 1880/90 um ein Fünftel auf 37.218 Wohnungen an. Rein quantitativ gab es in der Altstadt, der nördlichen und der nordöstlichen Außenstadt vergleichsweise die meisten Wohnungen[25]. Obwohl sich der Wohnungsmarkt schon in den 1880er Jahren in die Außenstädte verlagerte[26], größere Gewerbebetriebe ebenfalls dort ihre Standortvorteile ausgemacht hatten, strebte der Hauptbevölkerungsstrom in die Innenstadt[27], weil hier immer noch das Zentrum des städtischen Wirtschaftslebens gesehen wurde. In der Disproportionalität von 5.600 vorhandenen altstädtischen Wohnungen (1890) und den mehr als 6.600 Zugewanderten, – Familien aber auch die Dienstboten sind hier nicht miterfaßt – sind Motive auszumachen, warum es ökonomisch interessant wurde, größere Wohnungen in kleinere zu teilen, um dann irgendwann auch noch auf engstem Raum Platz zu schaffen für zusätzliche Schlafstellen.

Der Schlafgänger mietete sich lediglich eine Bettstelle, aber kein Zimmer, wie der Zimmermieter. Beide Formen des Wohnens waren nicht immer klar voneinander zu trennen. Auch bei Wohnungserhebungen war es schwierig, das Ausmaß dieser sozialhygienisch und sozialpolitisch unerwünschten Wohnform zu erfassen. Zeitgenossen gingen davon aus, daß mit den offiziellen Verlautbarungen die realen Verhältnisse eher beschönigt wurden, d.h. die Zahlenangaben sind nur mit Vorbehalt auszuwerten[28].

Doch unumstritten ist, daß Schlafgänger vorwiegend junge Männer aber auch Verheiratete waren, die auf dem Lande lebten, lediglich zum Geldverdienen nach Frankfurt kamen und entweder wochends oder gar erst nach dem Ende der Sommermonate nach Hause fuhren.

1890 finden wir die Schlafgänger in den gemischt genutzten Stadtteilen wie Altstadt und dem Ostend. Über die östliche Neustadt soll sich das *System der Schlaf-*

[24] Näheres zu dieser Einteilung s. Beiträge zur Stat., 1. H., 1. T., 1892, S. 6f.

[25] 1890 gab es in der Altstadt 5.600 Wohnungen, in der nördlichen Außenstadt 4.450, in der nordöstlichen Außenstadt 4.700. Vgl. Beiträge zur Stat., 1892, 1. H., 1. T., Tab. 7, S. VII und Tab. 21, S. XXV und 2. H., 1893, S. 37 und S. 64.

[26] Auf das gesamte Stadtgebiet bezogen, nahm der Wohnungsbestand zwischen 1880/90 um 19,3% zu. In den außenstädtischen Bezirken lagen die Wachstumsraten zwischen 25% (Äußeres Sachsenhausen) und 42% (Nordwestliche Außenstadt). Ebd.

[27] Von den ca. 28.000 Zugewanderten kam etwa die Hälfte zuerst in die innenstädtischen Stadtteile; 11.000 fanden in den außenstädtischen Stadtteilen ihre Arbeitsplätze. Ebd.

[28] Das gilt z.B. auch für die Angaben bei E. GRANSCHE und F. ROTHENBACHER, 1988, S. 75 und H. J. TEUTEBERG und C. WISCHERMANN, Wohnalltag, 1985, S. 317.

stellen nach dem Nordosten und Osten ausgeweitet haben, wobei das Auftreten in Bornheim besonders auffällig erscheint. Neben diesem eher kleinbürgerlich geprägten Stadtteil war auch das vom Kleinhandwerk und -handel dominierte Innere Sachsenhausen eine bevorzugte Adresse für Schlafgänger[29]. In der westlichen Innenstadt überwog hingegen die Anzahl der Zimmermieter gegenüber den Schlafgängern[30]. Die zeitgenössische Einschätzung war, daß Zimmervermietung nicht wohnungsmarktpolitisch bedingt war[31]. Dagegen sei es Aufgabe der Kommune, dafür zu sorgen, daß das *System der Schlafstellen*, das sich vorherrschend unter Arbeitern durchgesetzt habe, wohnungspolitisch *möglichst zu vermeiden*[32].

Das wohnumfeldbewußte Bürgertum war jedenfalls bestrebt, sich von dieser Einwohnerschaft abzugrenzen; zumindest im Westen Frankfurts und im Äußeren Sachsenhausen gab es so gut wie keine Schlafgänger. Was von ihnen im allgemeinen 1895 gehalten wurde, belegt die Verwendung einer Begriffsbestimmung aus den 1840er Jahren. Danach gehören zu ihnen[33] *unverheiratete Knechte, Gesellen, Handlanger, die den Tag über aus arbeiten, und des Abends bloß zum Schlafen in Herbergen und andere Mietshäuser gehen, wo sie oft zu mehreren in einer Kammer auch zuweilen zu mehreren in einem Bette schlafen.*

Sog. übervölkerte Wohnungen wurden gesundheitspolitisch in den 1880er Jahren zum Problem, doch ist dies keineswegs dem Schlafstellenwesen in erster Linie zuzurechnen. Im Verhältnis zu der Gesamtzahl der Wohnungen oder Haushalte des jeweiligen Stadtteils traten sie im Inneren Sachsenhausen (20,9% der Haushalte im Jahr 1880 bzw. 22,5% der Haushalte im Jahr 1885) und in Bornheim (21,6% bzw. 24,6%) noch häufiger auf als in der Altstadt (14,6% bzw. 17%). In den außenstädtischen Stadtteilen Frankfurts lag der Anteil unter 5%. Selbst in der Sachsenhäuser Gemarkung, d.h. im Äußeren Sachsenhausen waren 16,2% aller hier befindlichen Wohnungen überbevölkert. Der Anteil dieser Wohnungen betrug in der Neustadt etwa zehn Prozent[34].

Die Nachfrage nach einer Wohnung war in der Altstadt am größten, weil hier die Chance am ehesten gegeben war, wenigstens kurzfristig Arbeit finden zu kön-

29 1890 hatten etwa 12% aller altstädtischen Haushalte Schlafgängern eine Bettstelle gewährt. Auf die gesamte Stadt bezogen waren es 6,2% der Haushalte. Nach: Mag.Akt. R 1531, 111.

30 Jeder dritte Haushalt hatte dort Zimmer vermietet, nur 4% der Haushalte hatten auch Schlafgänger. Nach: Beiträge zur Stat., 1. H., 2. T., 1895, S. 128. Vgl. Tabellen 14 und 15 in: Beiträge zur Stat., 1. H., 2. T., 1895, S. XXIVff.

31 Dies nimmt man deshalb an, weil auch in den Neubaugebieten der 1880er Jahre die Zimmervermietung besonders zahlreich war. Ebd., S. 128.

32 S. Sozialpolitisches Centralblatt Nr. 35 v. 29.8.1892, S. 437.

33 Die Begriffsbestimmung geht auf die 1840er Jahre zurück. Beiträge zur Stat. 1. H., 2. T., 1895, S. 103.

34 S. Beiträge zur Stat., Bd. 4, H. 2, 1882, S. 114, S. 120 und S. 158 und Bd. 5, H. 2, 1890, S. 82; vgl. einzelne Straßen in: Bd. 5, H. 3, 1890, S. 162f.. Elisabeth Gransche u. Franz Rothenbacher, Wohnbedingungen in der 2. Hälfte des 19. Jhts., 1861–1910, in: Geschichte und Gesellschaft 14, 1988, S. 64–95, hier S. 78. Vgl. H. J. Teuteberg u. C. Wischermann, 1985, S. 132.

nen. Die Folge: eine sozialhygienisch kaum zu verantwortende Verdichtung dieses Stadtteils und das, obwohl sich der Bedeutungsverlust der Altstadt als Wohngebiet seit Mitte der 1870er Jahre in der steten Abnahme der Wohnbevölkerung in absoluten Zahlen, verursacht durch innerstädtische Mobilität, deutlich ausdrückte[35].

Drei Komponenten sollten städtisches Wohnen zum Thema der Frankfurter Stadtpolitik machen wie anderswo auch in den Großstädten des Deutschen Reiches: Die sog. *Überfüllung*, die Wohnqualität in hygienischer Hinsicht und die zu hohen Mieten[36]. Die zeitgenössische Kritik an der zunehmenden Verdichtung konzentrierte sich in erster Linie auf die Wohneinheit. Nach dem Kriterium der „Behausungsdichte" war es die „Belegungsdichte", die in das Blickfeld von Kommunalmedizienern und Wohnungsreformern geriet. Lediglich aus pragmatischen Gründen hatte der Deutsche Verein für öffentliche Gesundheitspflege den Wohnraum je Erwachsenen auf 10 cbm, je Kind auf 5 cbm als wohnungspolitischen Orientierungswert ausgegeben. Demnach war rein rechnerisch möglich, daß 5 Erwachsene und 5 Kinder in einem Wohnraum von 25 qm, bei einer Höhe von 3 m, gemeinsam leben konnten[37].

Doch nicht selten fanden Kommunalbeamte für die kaum zu verantwortenden altstädtischen Wohnverhältnisse noch beschwichtigende Worte, oder man war versucht, der Misere noch etwas Positives abzugewinnen. So wurde der Altstadt z.B. die bevölkerungspolitische Aufgabe zugewiesen, die Wanderungsströme von außen zunächst aufzunehmen, um dann später den seßhaft gewordenen Anteil auf die anderen Stadtteile Frankfurts über städtebauliche bzw. wohnungsbauliche Maßnahmen zu verteilen[38].

Während der altstädtische Wohnungsmarkt im Zeitraum von 10 Jahren (1880/90) lediglich um 2,3% zunahm, expandierte er in allen außenstädtischen Stadtteilen, mit Ausnahme des östlichen, überdurchschnittlich. Der hohe Zustrom an Bevölkerung im gesamten Innenstadt-Bereich läßt erkennen, warum die öffentliche Debatte über Möglichkeiten der städtebaulichen Intervention unmittelbar bevorstand. Ist es

35 S. Beiträge zur Stat., 4. Bd., 1. H., 1882, S. 3.

36 Nach dem Sozial-Ausschuß waren es: *Wohnungsüberfüllung, Überwuchern des Schlafgängerwesens, Vertreibung großer Teile der Bevölkerung in die Hof- und Hinterwohnungen, überhohe Mieten mit der Tendenz zu fortgesetzter Steigerung.* S. StVV-Akten Nr. 1.943, Bericht vom 12.9.1905, S. 8. Heute können wir nur wenig mit diesen Maßeinheiten anfangen; das gilt auch für den Gesichtspunkt der „Wohndichte" nach cbm. S. dazu S. Brander, 1984, S. 96ff. und E. Gransche und F. Roethenbacher, 1988, S. 89f.

37 Nach Franz Adler, 1904, S. 34. Ähnlich in der Beurteilung Wilhelm Morgenroth, Wohnungsüberfüllung und ihre Bekämpfung in deutschen Städten, München 1914 nach H. J. Teuteberg u. C. Wischermann, a.a.O., 1985, S. 131f. C. Wischermann, in: Teuteberg 1985, S. 171. Der Belegungsdichte-Ziffer kann ebenfalls nur wenig Relevanz beigemessen werden, weil sie nur in Beziehung zur Wohnungsgröße Aussagekraft gewinnt. Sie bewegte sich sowohl für das Jahr 1890 als auch für 1905 zwischen 4,2 und 5,6 im allgemeinen. Vgl. Stat. Beschr. 1. H., 1. T., 1892 , Tab. 19, S. XXIII; Tab. 21, S. XXV und Stat. Handbuch, 1907, S. 14 und S. 30.

38 Vgl. Beiträge zur Stat., 2. H., 1893, S. 64.

hier das Thema des Stadtumbaus, so weisen die Zahlenangaben für den Südwesten, aber auch die der anderen außenstädtischen Stadtteile, auf deutliche Defizite der städtebaulichen Erschließung bzw. wohnungsbaulichen Investitionen hin.

Aber auch der Anteil der innerstädtischen Mobilität gab zu erkennen, daß die Tage des städtebaulichen Wildwuchses gezählt waren. Etwa 1/4 bis 1/3 der Einwohner war in den 1890er Jahren jährlich innerstädtisch mobil[39]. Diese Art der Wanderung trat in starkem Maße als Familienwanderung auf. Die Wohnungsmobilität war in allen Großstädten des Wilhelminischen Reiches recht hoch. Zog in Berlin, München und Altona binnen Jahresfrist jeder dritte Haushalt (1885) wieder um, war es in Frankfurt jeder vierte Haushalt[40].

1885 war die Mobilität von Familien in Bornheim am auffälligsten (30% der Haushalte waren innerhalb eines Jahres mobil). Das Statistische Amt begründete sie mit den unsicheren Erwerbsverhältnissen der Bewohner. Tatsächlich waren 3/4 der Bornheimer Haushalte innerhalb von 5 Jahren umgezogen[41]. In der Häufigkeit der Umzüge folgte dann die Altstadt (27% der Haushalte).

Für 1885 wurde festgestellt, daß selbst die innerstädtische Wohnungsmobilität in starkem Umfang von den pauperisierten Unterschichten getragen wurde[42]. Sie drängten sich in die altstädtischen Bezirke Frankfurts (Altstadt, Bornheim, Inneres Sachsenhausen) in der Hoffnung, dort Unterschlupf finden zu können. Die Altstadt war Umschlagplatz für Arbeitssuchende. Deshalb war deren Wohnungsmobilität oft auf diese Stadtteile beschränkt, sie zogen also gerade in die nächste Straße, am Wohnumfeld jedoch veränderte sich nichts[43].

2.3. Gewerbe- und Industrieproduktion in den einzelnen Stadtteilen

Frankfurt am Main wurde im Deutschen Reich als wohlhabende Stadt angesehen, ihre tatsächliche Wirtschaftsleistung verdankte sie in den 1870er und 1880er Jahren der handwerklichen Gewerbeproduktion und dem Handel. Von den fast 13.000 Gewerbebetrieben und Handelsgeschäften (1890) wurden lediglich 6.900 zur Zahlung von Gewerbesteuer herangezogen. Frankfurts Wohlhabenheit beschränkt sich – zumindest nach der Gewerbesteuer-Erhebung von 1891/92 – auf 120 *Großindu-*

39 Bei ca. 8000 Haushalten (1891) bei einer Haushaltsgröße von 4–5 Personen gerechnet und einer Gesamtbevölkerung um die 200.000 mögen es 1891 eben 40.000 Personen gewesen sein. Nach den Zahlenangaben in: Beiträge zur Stat. 11. H., 1919, S. 166. Innerstädtische Mobilität ist für die Jahre 1891–1893 gut erforscht, s. Beiträge zur Stat. 2. H., 1893, S. 62ff. und Tab. 33, S. XLII; Beiträge zur Stat. 1. H., 2. T. 1895, S. 117ff. und Tab. 25, S. XLIV.

40 S. Beiträge zur. Stat., 2. H., 1893 S. 63.

41 Beiträge zur Stat. Bd. 5, H. 3, 1890, S. 132.

42 Ca. 30% der Umzüge kann ihnen zugeschrieben werden. Ebd., S. 151.

43 Vgl. Beiträge zur Stat., 1. H. 2. T., 1895, Tab. 25, S. XLV.

strielle und 2.390 *Großkaufleute*, die 4.390 steuerzahlenden Kleinhändler hingegen stehen wohl kaum dafür[44]. Die Geschäftsstandorte von Großunternehmern und -kaufleuten näher betrachtet, mag uns einen Einblick in die Wohlhabenheit einzelner Stadtteile geben. Die westliche Neustadt war die eindeutig bevorzugte Geschäftsadresse von Bankiers, Kaufleuten und Unternehmern, nur wenige Kleinhändler fanden hier ihre Geschäftsgrundlage. Im allgemeinen gilt, daß sich die meisten gewerblichen Unternehmer und Geschäftsinhaber zu Beginn der 1890er Jahre noch am Zentrum der Stadt – der Altstadt und der Neustadt orientierten. Und doch ist eines unverkennbar: Während Bankiers, Unternehmer und Großkaufleute ihre Geschäftsstandorte bevorzugt in der westlichen Innenstadt (Altstadt und westliche Neustadt) sahen, bildete sich für Kleinunternehmer und Kleinhändler eher die Achse: Altstadt – östliche Neustadt – nordöstliche Außenstadt[45]. Im bevorzugten Wohngebiet des Westends war an Gewerbeansiedlung kaum zu denken, im Südwesten hingegen stand die Erschließung für Industrieunternehmen unmittelbar bevor.

1890 kann von eigentlichen Industrieansiedlungen im Frankfurter Stadtgebiet kaum gesprochen werden. Noch bestimmten Alleinbetriebe[46] bzw. kleingewerblich organisierte Beschäftigtenbetriebe[47] den Arbeitsmarkt wie das Straßenbild der Frankfurter Stadtteile. 1890 gab es über 28.000 im produzierenden Gewerbe Beschäftigte; 14.500 waren es im Bereich Handel und Verkehr[48].

Der vergleichsweise hohe Anteil an wirtschaftlicher Aktivität in der Altstadt, – nach Betriebseinheiten und Beschäftigten beurteilt – fand keinesfalls seinen äquivalenten Ausdruck in einer hohen Steuerleistung. Sie lag vielmehr weit unter dem, was die Gewerbetreibenden der westlichen Neustadt aufzubringen vermochten. Selbst der nördliche und nördöstliche Innenstadt-Bereich erwiesen sich als finanzkräftiger als das traditionelle Zentrum Frankfurts. Auch diese Pro-Kopf-Steuerleistung sollte als ein wichtiger Gradmesser von Wohlhabenheit angesehen werden, denn auch auf diese Weise werden Hinweise auf das Sozialprofil eines Stadtteils gegeben. Auffällig ist die Diskrepanz zwischen der Anzahl der Betriebe und der zur

44 Für die Gewerbesteuer-Zensiten gab es im Wilhelminischen Frankfurt a.M. drei Steuergruppen: Die Steuergruppe A I war den Großunternehmen, die Steuergruppe A II den wohlhabenden Kaufleuten und die Gruppe B I dem Kleinhandel zugeordnet worden. Vgl. D. Crew, Bochum. Sozialgeschichte einer Industriestadt 1860–1914, Frankfurt a. M. u.a. 1980.

45 S. Beiträge zur Stat., 1. H., 1. T., 1892, S. 156ff. und Tab. 34, S. LVI.

46 Als Alleinbetriebe galten Betriebe, die *ohne Beihilfe von Mitinhabern, Gehilfen und Motoren* arbeiteten. Vgl. Erg. Bl. 6, 1895, S. 2.

47 Hierunter fallen Einzelhandelsgeschäfte aber auch kleinere Produktionsstätten. Zu der Beziehung von Kleinhandel und Handwerk s. H.-G. Haupt, Kleinhändler und Arbeiter in Bremen zwischen 1890–1914, in: Archiv für Sozialgeschichte XXII, 1982, S. 95–132, hier S. 99f. S. auch: Geoffrey Crossick, The Petite Bourgeoisie in 19th Century Europe: Problems and Research, in: K. Tenfelde (Hrsg.), Arbeiter und Arbeiterbewegung im Vergleich, 1986, S. 227–277 und ders., Shopkeepers and Master Artisans in 19th. Century Europe, London 1984, S. 227–277.

48 Vgl. Beiträge zur Stat., 1. H., 1. T., 1892, S. 156ff. und Tab. 34, S. LVI.

Gewerbesteuer veranschlagten gerade dort, wo der Kleinhandel dominierte – nämlich in der Altstadt, der östlichen Neustadt und dem Ostend, aber auch in Bornheim und in Sachsenhausen. Die von der Binnenwanderung weniger tangierten Stadtteile, wie die westliche Neustadt, nördliche, südwestliche und nordwestliche Außenstadt erwiesen sich als steuerpolitisch kalkulierbarer, weil hier die Fluktuationen geringer waren.

Die Fabrik[49] stellt die Produktionsform des zentralisierten Großbetriebes dar, die mit zunehmendem Raumbedarf die Funktionalisierung und Differenzierung und damit die Entmischung des Stadtraumes notwendig werden läßt. Zeitgenossen verstanden hierunter hingegen eine Organisationsform der Produktion, *bei welcher ein Unternehmer regelmäßig eine größere Zahl von Arbeitern außerhalb ihrer Wohnung in eigener Betriebsstätte beschäftigt(e)*[50].

In der zeitgenössischen Definition kommt klar zum Ausdruck, warum für die 1880er Jahre von einer Industrialisierung im Stadtraum Frankfurts kaum gesprochen werden kann. Um diesen Prozeß aber zu fördern, gründeten Unternehmer Frankfurts 1881 die Elektrotechnische Gesellschaft, um *die Entwicklung und Förderung der technischen Anwendung der Elektrizität und die Fortbildung ihrer Kenntnis durch Nutzbarmachung der technischen Einrichtungen und Erfahrungen für die Wissenschaft*[51] zu unterstützen. Im gleichen Atemzug klagten sie über Frankfurts Defizite als Industriestadt, insbesondere über die unzulängliche Ausstattung des Arbeitsmarktes mit entsprechenden Arbeitskräften. 1891 war die Elektrotechnische Ausstellung nach Frankfurt geholt worden, um auch auf diese Weise zur Industrieförderung in der Öffentlicheit beizutragen[52]. Im letzten Jahrzehnt des vorigen Jahrhunderts erbrachte die Elektrifizierung von Produktionsstätten, Haushalten, Straßenbeleuchtung und Straßenbahn diesem Gewerbezweig die Bedeutung eines wirtschaftlichen Leitsektors[53].

Regelrechte Neugründungen von Fabriken im Stadtraum Frankfurt auch im Sinne von Neuansiedlung hat es fast nur entlang der Mainzer Landstraße und der anschließenden südwestlichen Außenstadt gegeben[54]. Frankfurts eigentliche Industrialisierung begann mit der Übernahme maschineller Produktionformen in handwerklichen Betrieben. Hatten 1895 im Deutschen Reich 4,5% aller Gewerbebetriebe

49 Zur Entwicklung des Fabrikwesens im Verlauf der Industrialisierung s. *Wolfgang* Ruppert, Die Fabrik, Geschichte von Arbeit und Industrialisierung in Deutschland, München 1983.

50 So K. Bücher in: Handbuch f. Staatswissenschaften, Bd. 4, 1900, S. 383.

51 Geschichte der Handelskammer Frankfurt a. M., 1908, S. 1249.

52 Näheres zur Öffentlichkeitsarbeit von Frankfurts Industriellen zur Zeit der Hochindustrialisierung s.: Die zweite Industrielle Revolution. Frankfurt und die Elektrizität 1800–1914, Frankfurt1981, S. 125ff.

53 Vgl. V. Rödel, Fabrikarchitektur ..., 1986, S. 30f.

54 Ebd., S. 131 und S. 581.

Kraftmaschinen eingesetzt, so waren es in Frankfurt lediglich 2,6 Prozent. 509 *Hauptbetriebe* verfügten in diesem Jahr über 550 Motoren mit einer Leistung von 12.281 Pferdestärken. Die 595 Motoren, die 1890 in der Herstellung von Massengütern eingesetzt wurden, verteilten sich auf 347 Grundstücke. 217 Motoren kamen in der Alt- und Neustadt, 148 in Sachsenhausen zum Einsatz, wo die Großbrauereien ansässig waren. Die verbleibenden verteilten sich auf die einzelnen Stadtteile wie folgt: Ostend (55), Südwest (51), Nordend (46), Nordwest (27), Nordost (24), Westend (14) und Bornheim (13)[55]. Daß 1890 gut ein Drittel der Kraftmaschinen im Innenstadtbereich Anwendung fanden, spricht eher für deren klein- und mittelgewerblichen Gebrauch als für die zentralisierte Produktionsform der Fabrik.

Da die Modernisierung eines Handwerksbetriebes bis zu 10 Beschäftigen üblich war, wurden nunmehr alle diejenigen Gewerbebetriebe der Fabrikorganisation zugeordnet, die über 10 Beschäftigte aufwiesen[56]. Als industrieller Großbetrieb galt jedes Unternehmen mit mehr als 50 Arbeitskräften. Die Anzahl der Großbetriebe von 64 (1875) hat sich bis 1890 fast verdoppelt; bis 1907 sollte sie auf 345 ansteigen[57], d.h. auch dieser Vergleich markiert Frankfurts Industrialisierung im Sinne von Durchsetzung des Fabriksystems eher in die Ära von Oberbürgermeister Adickes.

Es kann hier festgehalten werden, daß sich vor der Jahrhundertwende die Fabrikarbeit im Vergleich zur klein- bzw. mittelbetrieblich-handwerklichen Produktions- und Arbeitsorganisation[58] keineswegs durchgesetzt hatte[59]. 397 Fabriken stehen 12.253 klein- und mittelgewerbliche Handwerksunternehmungen gegenüber. Dies spiegelt auch Frankfurts Arbeitsmarktlage mit gut 14.000 Fabrikarbeitern und fast doppelt so vielen handwerklich Beschäftigten wider – Dienstboten und Heimarbeit ausgenommen.

Und doch waren Anzeichen der industrialisierten Fabrikproduktion nicht zu übersehen, denn die südwestliche Außenstadt[60] war schon vor 1890 als Industriestandort Frankfurts ausgemacht worden. Noch bevor Adickes die entsprechenden städtebaulichen Maßnahmen trifft, hatte sich diese Gegend bereits als Gunstlage für Industrieansiedlungen entwickelt. Die 33 Fabriken mit ihren 1.627 Arbeitern verein-

55 Nach Beiträge zur Stat., 1. H., 1. T., 1892, S. 132.

56 Zur Einteilung im einzelnen s. W. Conze, 1976, S. 623. Als Kleinbetrieb und Handwerk galten alle Alleinbetriebe und Betriebe mit bis zu 5 Beschäftigten – so die Einteilung noch gegen Ende des 19. Jahrhunderts. Als Mittelbetriebe wurden alle Unternehmen mit 6–50 Beschäftigten angesehen und als Großbetrieb galten alle diejenigen, die mehr als 51 Beschäftigte aufweisen konnten.

57 S. Erg. Bl. 6, 1895, S. 6 und die Angaben für 1907 in: Stat. Handbuch, 1928, S. 363.

58 In Anlehnung an Karl Heinrich Kaufhold soll hier „Handwerk" als eine Betriebsform verstanden werden, die gewerbliche Tätigkeit in wirtschaftlicher Selbständigkeit vollzieht. Nach: Friedrich Lenger, Sozialgeschichte der deutschen Handwerker seit 1800, Frankfurt a. M. 1988, S. 10.

59 Vgl. Beiträge zur Stat., 1892, Tab. 33, S. XLVI und Beiträge zur Stat., 1895, Tab. 21, S. XXXVI.

60 Ebd.

ten 68,9% der Wirtschaftsleistung dieses Stadtteils auf sich. Die handwerkliche Betriebsorganisation (193 Handwerke mit 734 Beschäftigten) lag gegenüber den bisher besprochenen Stadtteilen weit zurück. Lediglich in der westlichen Außenstadt sind die handwerklichen Wirtschaftsaktivitäten noch geringer (183 Betriebe mit 452 Beschäftigten). Frankfurts Wirtschafts- und Sozialraum befand sich in einer Phase des Wandels und Umbruchs. Dafür zeugen auch die fünf landwirtschaftlichen Betriebe mit 126 Beschäftigten und die sieben Gärtnereien mit 36 Arbeitern. Obwohl Straßenbau und die technische Infrastruktur im Südwesten Frankfurts noch unzureichend ausgebaut waren, haben transporttechnische und deshalb auch unternehmenspolitische Überlegungen den Ausschlag gegeben – die Nähe zum 1888 eröffneten Hauptbahnhof war maßgeblich – sich hier für den Industriestandort zu entscheiden. In keiner anderen Gegend Frankfurts konnte die Nachfrage nach großräumigen Grundstücken besser befriedigt werden als hier.

In der nördlichen Außenstadt befanden sich mit 72 Fabriken die meisten der 397 in diesem Stadtteil Frankfurts. 43 Bauunternehmen, 15 Schriftgießereien und Buchdruckereien und über 1.600 Arbeitern dominierten hier den Arbeitsmarkt von knapp 2.000 Fabrik-Arbeitsplätzen. Auch die 883 Handwerksbetriebe mit den 1.477 Beschäftigten wurden vom Baugewerbe angeführt. Und doch herrschte die Tendenz zur kleingewerblichen Betriebs- und Arbeitsorganisation vor. Dieses Bild ist noch ausgeprägter in der nordöstlichen Außenstadt. Auf 1.167 Handwerksbetriebe kamen 1.072 Arbeitskräfte. Die unterschiedlichsten Gewerbezweige waren hier anzutreffen.

Die geringste Wirtschaftsaktivität war in Bornheim anzutreffen. Drei Maschinenfabriken mit 82, eine Textilfabrik mit 126und ein Bauunternehmen mit 42 Arbeitkräften umfaßt die gesamte „Fabrikproduktion“ dieses altstädtischen, erst 1877 eingemeindeten Stadtteil Frankfurts. Die kleingewerbliche Wirtschaftsstruktur mit 522 Betriebseinheiten und lediglich 468 Arbeitskräften spricht für eine wirtschaftlich starke Durchmischung dieses Stadtteils. Bornheim hat für den eigenen Arbeitsmarkt der Industrieproduktion keine Rolle gespielt; den fanden sie in Bockenheim.

Im südlich des Mains gelegenen Alt-Sachsenhausen hatten sich schon im frühen 19. Jahrhundert Industriebetriebe angesiedelt, die auch noch um 1890 hier ihren Standort hatten. Besondere Bedeutung kam dem Maschinenbau (4 Betriebe, 451 Beschäftigte), einer Weberei mit 116 und 5 Bauunternehmen mit 155 Arbeitskräften zu. Damit erweist sich die Fabrikproduktion im inneren Sachsenhausen für einen altstädtischen Bereich als recht zentralisiert, wenn wir seine Entwicklung mit der der Altstadt vergleichen. Die eher kleingewerbliche Struktur der handwerklichen Produktion erbrachte Wirtschaftsleistungen, die fast 50% höher lag als die Bornheims. 245 der 400 landwirtschaftlichen Betriebe Frankfurts prägten die gemischtwirtschaftliche Struktur Sachsenhausens. Südlich des altstädtischen inneren Sachsenhausens fand die Industrie Ansiedlungsmöglichkeiten entlang der Mörfelder Landstraße und auf dem Mühlberg, dem sog. Äußeren Sachsenhausen. Neben dem

Industriegebiet entlang der Mainzer Landstraße und nordöstlich davon, dem südwestlichen Stadtteil Frankfurts und der östlichen Außenstadt, hatte sich hier bis 1890 ein wirtschaftlicher Aktivraum entwickelt, der andere räumliche Nutzungen erschwerte. Außer den gut ein Dutzend Brauereien mit annähernd 700 Arbeitskräften, waren es aber auch Fabriken der chemischen, Metall-, Maschinen-, Papier- und Lederindustrie, die hier mit dem Baugewerbe den Arbeitsmarkt bestimmen.

Halten wir fest: Insgesamt ist gegen Ende des 19. Jahrhunderts eine *Ballung zentralisierter Großproduktion* unverkennbar, die W. Fischer aus arbeitsmarkt-politischer Sicht als *Versammlungen von Handwerksstätten*[61] bezeichnet hat. Zu einer ähnlichen Bewertung kam schon vorher Hans W. Geisler in seiner Dissertation über *Die Bedeutung der Industrialisierung von Frankfurt a.M. für den Handwerkerstand*, in der er Frankfurts Wirtschaftsstruktur als eine *gemischte, d.h. teils handwerklich abgeleitete*[62] interpretiert. Daraus folgt, daß das Handwerk nicht als eine durch die Industrialisierung verursachte niedergehende Betriebs- und Produktionsform angesehen werden muß. Vielmehr kann diese Betriebsform in ihrer *Fortbildung des Handwerks zum Kleingewerbe*[63] aufgefaßt werden, die in der Phase der Hochindustrialisierung am wirtschaftlichen Wachstumsprozeß entscheidenden Anteil hatte[64]. Wir können den gesamtstädtischen Industrialisierungsprozeß Frankfurts zu Beginn der Wilhelminischen Ära wie folgt zusammenfassen: Die erste Phase der Industrialisierung (1875-1890) war geprägt von einer Ausweitung kleinerer Betriebseinheiten, die zum Teil den Vorteil maschineller Kraftquellen nutzten. Die Entwicklung des Beschäftigtenstandes hat aber gezeigt, daß traditionelle d.h. handarbeitend und handwerklich produzierende Arbeitsformen vorherrschten. Dies bewirkte zunächst ein stärker dezentral strukturiertes Wachstum der Frankfurter Wirtschaft. Sicherlich haben die Fabrikgründungen bzw. -ansiedlungen bis 1890 den Stadtbehörden die Entscheidung in Fragen der Standortbestimmung abgenommen, doch sollten die mit Maschinen produzierenden Großunternehmen mit ihrem enormen Raumbedarf und ihren Kapazitätsausweitungen, besonders im Hinblick auf das Arbeitskräftepotential, erst unter Oberbürgermeister Adickes die entsprechenden Ansiedlungsmöglichkeiten städtebaulich zugewiesen bekommen[65].

61 Wolfram Fischer, Wirtschaft und Gesellschaft im Zeitalter der Industrialisierung, Göttingen 1972, S. 242–257, hier S. 251f.. Vgl. Friedrich Lenger, Sozialgeschichte der deutschen Handwerker seit 1800, Frankfurt a. M. 1988, S. 49f. und S. 217.

62 Frankfurt a. M. 1926, S. 34.

63 C. J. Fuchs nach: W. Conze 1976, S. 616.

64 Ebd.

65 Zur Industriepolitik s. Kapitel 6.

2.4. Handwerk und Kleinhandel in den einzelnen Stadtteilen oder: Zur räumlichen Beziehung von Betrieb und Wohnungshaushalt

Wie gesagt: Noch 1875 wurde die Altstadt als das Zentrum des wirtschaftlichen Lebens[66] angesehen. 1.525, das sind 83,4% aller selbständigen altstädtischen Geschäftsinhaber, hatten ihre Arbeitsräume noch im familiären Haushalt integriert. Der gesamtstädtische Anteil der Gewerbetreibenden, die diese Trennung von Arbeits- und Wohnbereich[67] noch nicht vollzogen hatten betrug immerhin noch 70%. Tatsächlich war die Einheit von Arbeit und Wohnen immer noch vorherrschend. Im Verlaufe von 15 Jahren bis 1890 hat sich daran nichts Wesentliches geändert. So schreibt Ph. Stein in den 1890er Jahren am Beispiel des Schneidergewerbes: *In den kleinen Geschäften spielt sich der ganze Geschäftsbetrieb und zum Teil noch die Haushaltung in einem und demselben Raume ab. Die Werkstatt ist Empfangs- und Anprobezimmer, sie ist Zuschneide-, Näh- und Bügelraum. Auf dem Bügelherd wird gekocht. In der Werkstatt werden die Mahlzeiten eingenommen, und ist der Tag zu Ende, so dient sie als Schlafraum*[68].

Die zeitgenössische Statistik (1890) kam zu folgendem Ergebnis[69]: *75% aller Gewerbebetriebe werden im gleichen Hause ausgeübt, wo der Betriebsleiter wohnt, für Industrie und Gewerbe im engeren Sinne beträgt dieser Prozentsatz 80, beim Handel und Verkehr 70.*

Wann hat sich aber durch den Einfluß der Industrialisierung ein Wandel vollzogen? Verfolgt man die Lebens- und Arbeitsweise der Handwerksberufe wie Schuhmacher und Schneider, aber auch von Fabrikanten, der Berufe des sozialen und Bildungsbereichs und des Verkehrsgewerbes[70], so zeigt sich, daß der Anteil der gewerblich genutzten Wohnungen in den Stadtteilen: Altstadt – Neustadt – Inneres Sachsenhausen und Gemarkung[71] nicht unerheblich war: Fast jeder sechste Haushalt der Altstadt hatte die gewerbliche Produktion noch mit dem Wohnen zu verbinden gesucht, in der Neustadt aber – und dies mag erstaunen – war noch fast jeder vierte Haushalt mit der gewerblichen Arbeit verflochten. Hier mögen einer-

66 Beiträge zur Stat. Bd. 3, 5. Heft, 1879, S. 267.

67 Ebd., S. 289.

68 Ph. Stein, Zur Lage der Arbeiter ..., 1896, S. 46.

69 Beiträge zur Stat. 1. H., 1. T., 1892, S. 130; vgl. Beiträge zur Stat. 1. H., 2. T., 1895, S. 135.

70 Hier ist das Arbeiten zum Haushalt in Beziehung gebracht. Es sind die Berufe zusammengestellt, die vorherrschend Hausarbeit verrichteten. Unter der Gruppierung „gewerbliche Produktion" und „Sozialberufe" sind die Arbeitenden der Berufsgruppen Bekleidung, Reinigung, Gewerbe allg., Fabrikanten, Makler, Sozialberufe und Bildungsberufe zusammengefaßt. Erstellt nach: Beiträge zur Stat., 3. Bd., 5. H., 1879, S. 276 und S. 288f. und 11. H., 1919, S. 62 und S. 102.

71 Gemeint ist das Stadtgebiet zwischen Innenstadt und Stadtgrenze.

seits wirtschaftlichen Notwendigkeiten für diese Arbeits- und Lebensweise anzuführen sein, andererseits sollten kulturell tradierte Werthaltungen nicht unterschätzt werden; es kann jedenfalls festgehalten werden, daß das Handwerk in seiner Entwicklung zwischen Tradition und Modernität zu sehen ist[72].

Und wie waren die Verhältnisse im Handel? Da der Handel in noch stärkerem Maße als die gewerbliche Produktion auf „Erreichbarkeit"[73] sprich Zentralität angewiesen war – weil in erster Linie hier Gelegenheit für Neuankömmlinge gegeben war, als Auslaufer Arbeit und deshalb auch eine Schlafstelle zu bekommen –, erwartet man hier einen größeren Grad an räumlicher Verflechtung: Im Durchschnitt hatten 1890 noch fast zwei Drittel aller Handelskaufleute ihr Geschäft am Wohnort. Der Anteil der Handelsgeschäfte, wo die räumliche Trennung von Geschäft und Wohnen am weitesten entwickelt war, ist erwartungsgemäß in der westlichen Neustadt. Hier hatte nur noch jedes dritte Handelsgeschäft seinen Standort am Wohnsitz des Geschäftsinhabers. Ähnlich ist die Entwicklung in der nördlichen Neustadt gewesen. In der Altstadt, wo bei weitem noch die meisten Handelsgeschäfte ansässig waren, lag der Grad der Ausdifferenzierung immerhin schon höher als im städtischen Durchschnitt. Im Vergleich zu 1875 hat sich hier der Prozeß der räumlichen Trennung von Arbeit und Wohnen fast 25% auf annähernd 50% weiter entwickelt. Dagegen ist er im gesamten Ostteil der Stadt noch nicht recht in Gang gekommen[74]. Die kleineren Kaufleute und Ladenbesitzer mit geringem Einkommen waren wirtschaftlich gezwungen, Arbeit und Wohnen als Einheit beizubehalten. Auch sie – wie viele Handwerker – sind zur Randgruppe des Bürgertums zu zählen.

Sicher, wer in Wohlstand lebt, zieht weniger um als andere: Diejenigen Haushalte jedenfalls, die über fünf Jahre an ihrer Wohnung festhielten, waren am häufigsten in den bevorzugten Wohnvierteln anzutreffen[75]. Andererseits sollte deshalb nicht der Schluß gezogen werden, daß hauptsächlich einkommensschwache Bevölkerungskreise die soziale und räumliche Nutzung der Stadtteile beeinflußt haben. Baugesellschaften waren dabei, in den Außenbezirken Frankfurts Siedlungsräume zu erschließen, und zwar fast ausnahmslos für wohlhabende Stadtbewohner, die im Zuge des wirtschaftlichen Fortschritts und sozialen Wandels eben in der Lage waren, Wohn- und Lebensstil in freier Verfügung definieren zu können. So kann es nicht verwundern, wenn von den 36.984 Haushalten (1890) zwei Drittel ihren Wohnsitz von 1885

72 S. Thomas Nipperdey, Deutsche Geschichte, Bd. 1, 1990, S. 256.

73 Erreichbarkeiten und Distanzen bilden meist keine absoluten Werte, sondern sollten als situations- bzw. kulturabhängig interpretiert werden, so G. Wolfgang Heinze, Verkehr schafft Verkehr, in: Berichte ... 23. Jg., 1979, S. 9–32, hier S. 31.

74 Beiträge zur Stat. 11. H., 1919, S. 62 und S. 102.

75 Vgl. ebd., S. 180f.

verlassen hatten[76]. Neue städtische Gunst- und Ungunstlagen wurden von den einkommensstärkeren Bevölkerungsgruppen mittelbar benannt – über den Preis von Grund und Boden[77].

2.5. *Die Wohnbevölkerung in den einzelnen Stadtteilen*

Wie haben sich die Kriterien „Erreichbarkeit" und „Wohnqualität" in ihrer scheinbar widersprüchlichen Beziehung räumlich manifestiert? Die aufkommende Industriearbeit hat die Erreichbarkeiten in den Stadtteilen über die Neudefinition von Raumnutzungen verändert. So haben Gesichtspunkte der Wohnumfeldgestaltung (Wohnqualität) ebenfalls auf die räumliche Abgrenzung von baulichen Gunst- und Ungunstlagen Einfluß zu nehmen gesucht[78]. „Erreichbarkeiten" bestimmen aber auch die räumliche und zeitliche Organisation des Tagesablaufs eines jeden Stadtbewohners[79]. Ohne Frage kommt ihnen existenzielle Bedeutung zu. „Wohnqualität" hingegen ist oft Wunsch und Vorstellung und ihre reale Umsetzung ist abhängig von den entsprechenden finanziellen Mitteln.

Wohnen war immer auch klassenspezifisch geprägt: groß- und kleinbürgerlich oder proletarisch. Wer es sich leisten konnte, lebte in Villa oder Landhaus, die großräumige Wohnung im bürgerlichen Miethaus oder Kleinhaus war dem mittleren Bürgertum vorbehalten, die kleinen Wohnungen mit einem heizbaren Zimmer waren von den ungelernten Arbeitern und anderen Bewohnern mit geringem Einkommen nachgesucht.

76 Vgl. Beiträge zur Stat. 2. H., 1. T., 1895, Tab. 22, S. XXXVII.

77 In vorliegender Arbeit wird zu diesem Sachverhalt dem Erklärungsansatz von Bruno Fritzsche gefolgt: Der Bodenpreis wird von der Grundrente bestimmt. Sie erweist sich im wesentlichen als eine „Lagerente", ... *wobei jene Grundstücke, welche die größte Erreichbarkeit aufweisen, das heißt in aller Regel die zentralen Lagen, die höchsten Preise realisieren. Die Höhe der Grundrente in Funktion der Zentrumsentfernung läßt sich sowohl theoretisch wie empirisch nachweisen, sie nimmt dabei die Form einer gegen das Zentrum hin ansteigenden Exponentialkurve an. Diese Gesetzmäßigkeit des Bodenmarktes erklärt sehr gut die Verdrängung der Wohnbevölkerung aus der Innenstadt, vornehmlich durch Dienstleistungsunternehmungen mit hohem Zentralitätsbedarf. Charakteristischerweise setzt dieser Prozeß um die Jahrhundertwende ein, dann nämlich, als die öffentlichen Massenverkehrsmittel die Erreichbarkeit des Zentrums schlagartig erhöhen und damit die realisierbare Grundrente vervielfachen.* Bruno Fritzsche, Mechanismen der sozialen Segregation, in H. J. Teuteberg, 1985, S. 155–168, hier S. 159.

78 Zur Entwicklung von Gunst- und Ungunstlagen s. B. Fritzsche, Mechanismen der sozialen Segregation, in: H. J. Teuteberg, 1985, S. 158ff. und grundlegend L. Wirth, in: K. Schmals, 1983, S. 351.

79 Der Begriff der „opportunity structure", wie er von Theodore Hershbergs und anderen amerikanischen Historikern an der Entwicklung amerikanischer Städte abgelesen wurde, ist meineserachtens auf deutsche Verhältnisse nicht übertragbar. Im Wilhelminischen Frankfurt a.M. waren es eben nicht allein *the nature of available jobs, housing, transortation, and the like* die zur Bestimmung von Wohnort-Präferenzen verhalfen. Theodore Hershberg (Hrsg.), Philadelphia. Work, Space, Family and Group Experience in the 19th Century, New York und Oxford 1981, S. 123.

Während die Einwohner mit geringem Einkommen in der Hochindustrialisierungsphase kaum vor der Wahl standen, zwischen den sich widerssprechenden Kriterien von „Zentrumsnähe" und „Wohnqualität"[80] zu entscheiden – der Faktor Zeit machte bei einem langen Arbeitstag den Gesichtspunkt der Erreichbarkeit unter Hintanstellung des Aspektes Wohnqualität zur dominanten Größe – hatten einkommensstärkere Schichten die Möglichkeit, nach dem *Grad der Beliebtheit eines Stadtgebiets als Wohngegend nach der Siedlungdichte, dem Bodenwert, den Mietpreisen, der verkehrsgünstigen und gesunden Lage, dem Prestige sowie nach ästhetischen Überlegungen und dem Fehlen von Ärgernissen wie Lärm, Rauch und Schmutz*[81] zu entscheiden.

Von den über 30.600 Haushalten (1893) verdienten ca. 20.800 (68%) weniger als M. 1.800 im Jahr. Handwerker, Kleinladenbesitzer und Arbeiter kommen über diesen Jahresverdienst nicht hinaus. Bei einer Familie mit zwei Kindern wäre eine Drei-Zimmer-Wohnung wünschenswert gewesen; die konnte um 1890 aber gut M. 500 im Jahr kosten[82].

Nicht einmal jeder dritte Haushalt Frankfurts konnte auf ein Einkommen zurückgreifen, das ihm möglich gemacht hätte, in seiner Lebensgestaltung auf „Wohnqualität" zu achten. Die einkommenschwächsten Berufsgruppen finden wir im Baugewerbe – hier erreicht nur jeder dritte Haushalt ein Einkommen über 900 M. Noch schlimmer waren die Verhältnisse bei Dienern und Auslaufern, ganz zu schweigen von den Tagelöhnern; sie stellten die Berufsgruppe der „Ärmsten". Doch sie waren in ihrer wirtschaftlichen Not nicht allein. Etwa die Hälfte der Einwohnerschaft Frankfurts des ausgehenden 19. Jahrhunderts lebte in ärmlichen Verhältnissen.

Wo fanden aber die einkommensschwachen Familien eine Wohnung? Die meisten Kleinstwohnungen gab es 1890 in den altstädtischen Wohnquartieren (Altstadt und Inneres Sachsenhausen) und in Bornheim. Bei hoher Nachfrage hatte sich hier ein vergleichsweise hoher Mietpreis ergeben: 320 bis 330 M. Jahresmiete für eine Zweizimmerwohnung in der Altstadt. Die Mietpreise für die Dreizimmerwohnungen in der Altstadt lagen bereits 1890 unter dem städtischen Durchschnitt von ca. M.450. Preiswerter waren auch hier die Wohnungen Bornheims, Bockenheims und des

80 B. Fritzsche stellt diese zwei Kategorien in den Vordergrund. Vgl. ders., Das Quartier als Lebensraum in: W. Conze und U. Engelhardt (Hrsg.), Arbeiterexistenz im 19. Jahrhundert, 1981, S. 92–113; ders., in: H. J. Teuteberg, 1985, S. 155–165.

81 Louis Wirth, Urbanität als Lebensform, in: Klaus M. Schmals (Hrsg.), Stadt und Gesellschaft. Reihe Stadt- und Regionalsoziologie Bd. 1/2, München 1983, S. 341–358, hier S. 351.

82 Nach einer Untersuchung kosteten 1890 eine Ein-Zimmer-Wohnung M. 255,– im Jahr, eine 2-Zimmer-Wohnung ca. M. 364,–, eine 3-Zimmer-Wohnung M. 526,–, eine Vierzimmer-Wohnung ca. M. 754,– und eine 5-Zimmer-Wohnung M. 1.250,–. S. Beiträge zur Stat., 1. H., 1. T., 1892, S. 35.

Inneren Sachsenhausens. Der Südwesten mit seiner neuen, gemischt entwickelten Siedlungsstruktur lag mit seinem Zinsniveau oberhalb der Durchschnittsmiete[83].

Frankfurt war eine Handelsstadt: Immerhin 70% der Haushalte, die vom Warenhandel lebten, verdienten zwischen 1.800 und 6.000 M.. Im Bankwesen waren die Verhältnisse noch günstiger: Nur jeder vierte Haushalt lag unter der Einkommensgrenze von 1.800 M. Keine andere Berufsgruppe konnte so viele Gutverdienende aufweisen, denn 40% der Bankiers hatten mehr als 6.000 M. zur Verfügung.

Aber wer konnte sich im Wilhelminischen Frankfurt leisten, seinen Wohnstandort bevorzugt unter dem Gesichtspunkt der „Wohnqualität" zu wählen? Großkaufleute und Unternehmer machten jedenfalls den Anfang; sie zogen seit den 1870er Jahren mehr und mehr in die außenstädtischen Stadtteile des Westens, Nordwestens und des Nordends. Das wohlhabende Bürgertum gab neue städtische Gunstlagen in offener Bauweise vor, wo das produzierende Gewerbe nichts zu suchen hatte. Das Einfamilienhaus in Stadtrandlage löste die innerstädtische Villa in verdichteter Wohnlage ab.

Wirtschaftsbürgerliche Kreise aber auch alteingesessene ständisch orientierte Großgrundbesitzer veränderten die Kriterien der Wohnqualität und trugen so zum Wandel des sozialen Gefüges einzelner Stadtteile bei. Beide hatten unzweideutig dafür gesorgt, daß sich die räumliche Distanz von Wohnen und Arbeiten durchsetzen sollte[84], doch nur erstere agierten nach dem bürgerlichen Leistungsprinzip, waren für Modernisierung und Fortschritt. Sie gaben die marktwirtschaftlichen Arbeitsbedingungen vor, aber auch die exklusiven Lebensstandards. Letzteres hatten sie mit den an überkommenen Werten festhaltenden Stadthonoratioren gemein. Großbürgerliches Wohnen fand sich im Westen Frankfurts[85]; hier waren die Mieten am höchsten, und dies keinesfalls leidvoll, denn Absonderung und Segregation waren gewünscht und verlangten ihren Preis.

Die wohlhabensten Bürger hatten ihren Wohnort also im Westen und Nordwesten der Stadt – zwischen Mainufer und Eschersheimer Landstraße – ausgemacht. Herrschaftliche Häuser mit einem hohen Anteil an Dienstpersonal war hier die Regel. Der Anteil mit 53% bzw. 55% aller Haushalte war in diesen exklusiven Wohngegenden am höchsten. Ganz allgemein galt für die Wilhelminische Ära: Der Dienstboten-Haushalt steht für Sozialprestige und Bürgerlichkeit in Wohn- und Lebensgestaltung. Wenn man bedenkt, daß jeder fünfte Haushalt Frankfurts 1890 auf Dienstboten angewiesen war, dann nehmen sich die folgenden Stadtteile in ihrem Sozialprestige eher bescheiden aus: Altstadt 8%, Nordosten 17%, Bornheim 3%, Alt-

83 Vgl. die Angaben in: Beiträge zur Stat., 11. H., 1919, S. 108.

84 S. Beiträge zur Stat., 1. H., 1. T., 1892, Tab. 32, S. XLV und Beiträge 1. H., 2. T., 1895, Tab. 21, S. XXXVI.

85 Vgl. Beiträge zur Stat., 11. H., 1919, S. 108 und Erg. Bl. 5, 1895, S. 13 und S. 33.

Sachsenhausen 8% und Äußeres Sachsenhausen 16%. Im aufkommenden Industrie- und Bahnhofsviertel betrug der Anteil der Dienstboten-Haushalte immerhin 30%, im Nordend 37% und im Ostend 34 Prozent[86].

Auch die gymnasiale Schulbildung muß als ein wichtiger Faktor angesehen werden, der das Sozialprestige eines Stadtteils prägte. Wenn wir die Anteile der Kinder, die 1900 in ihrem Stadtteil die städtischen *höheren Schulen* besuchten, miteinander vergleichen, dann bestätigt sich das bisher gezeichnete Bild[87]: Der prozentuale Anteil der Gymnasiasten ist im Westend und Nordwesten Frankfurts mit 60% bzw. 57% am höchsten. Dann folgen Nordend (30%) und westliche Neustadt (25%), der Südwesten (17%), der Nordosten und das Ostend (ca.12%), Bockenheim (15), nördliche Neustadt(14%) und das Äußere Sachsenhausen (7%). Am niedrigsten ist der Anteil an Gymnasiasten in der Altstadt (5%), im Inneren Sachsenhausen (4%) und in Bornheim (2%).

Das wohlhabende Bildungs- und Wirtschaftsbürgertum hatte also sein Wohnumfeld im Westen der Stadt ausgemacht, kaum anderswo. Das mittlere Bürgertum dagegen in der nördlichen und östlichen Außenstadt. Ganz allgemein kann gesagt werden: Gelernte Arbeiter, Bürger mit mittlerem Einkommen und die aufkommende Gruppe der kaufmännischen Angestellten finden Wohnungen in den außenstädtischen Bezirken Frankfurts unter Ausschluß des Westends und des Nordwestens. Deren Lebenslage und Wohnverhältnisse waren den bürgerlichen Werten und Normen angepaßt und glichen sich mehr und mehr an. So wie der Stadtraum nach unterschiedlichen Aufgaben und Nutzungen dann aufgeteilt wurde[88], so strebte man auch die Aufteilung der Wohnung nach Wohn-, Eß- und Arbeitszimmer an.

„Erreichbarkeit" und „Wohnqualität", so wurde hier ausgeführt, tragen zur Charakteristik von Stadträumen entscheidend bei. Während „Erreichbarkeit" durch ökonomisches Denken und Handeln zur Zeitfrage geworden war und allein deshalb dem Zentrum einer Stadt neue Standortpräferenzen zugewiesen wurden, wandelten sich aber auch Ansprüche in Lebens- und Wohngestaltung.

Sicher, als weitere Gesichtspunkte, die das Ansehen und Wohlhabenheit eines Stadtteils aber auch Wohnungsinhabers bestimmen, können die Größe der Wohnung und, für die damalige Zeit wichtig, die Ausstattung mit Bad und anderen technischen Einrichtungen geltend gemacht werden[89]. Es bleibt sich fast gleich, welche dieser Aspekte man näher betrachtet – es stellt sich stets das gleiche Bild ein: die exklusiven Wohnverhältnisse sind im Westen und Nordwesten Frankfurts anzutreffen.

86 Die Innenstadt also Alt- und Neustadt zusammen weist 14% auf. Der relativ geringe Anteil zeigt auch auf diese Weise an, daß die Innenstadt als Wohnviertel abgenommen hat. Nach Beiträge zur Stat., 1. H., 2. T., 1895, S. 125.

87 S. Beiträge zur Stat. 5. H., Die Schülerzählung vom 30.11.1900, 1903, S. 8f.

88 Siehe dazu das folgende Kapitel.

89 Vgl. Beiträge zur Stat., 1. H., 2. T., 1895, Tab. 16, S. XXVII.

Die Angestellten bildeten eine bürgerliche *Zwischenschicht oder Klasse*[90] und hatten 1890 ihren Wohnort bevorzugt in Nähe der Arbeitsstätte. Unternehmer kümmerten sich fürsorglich um ihre leitenden Angestellten. Nicht selten traten sie als Bauherren von Angestellten-Wohnungen in unmittelbarer Nachbarschaft zu ihren Fabriken in Erscheinung. Der Südwesten und das Äußere Sachsenhausen können als Wohnstandorte für die Angestellten deshalb nicht überraschen. Hatte sich das wohlhabende Bürgertum das Gebiet im Westen und Nordwesten Frankfurts zu seinem Wohngebiet erklärt, waren es für die neue Berufsgruppe der Angestellten der Norden und Osten der Stadt. Hier eiferten sie in bescheidener Ausstattung den bürgerlichen Wohnansprüchen nach. Der Abgrenzungswille gegenüber den Arbeitern war unter den Angestellten entsprechend ausgeprägt.

Und die Arbeiter? Ihr Hauptaugenmerk richtete sich auf die Existenzsicherung. Das unterschied sie vom Bürger in erster Linie: das gesicherte Einkommen, so daß eine selbstbestimmte und rationale Wohn- und Lebensgestaltung kaum möglich waren. So wundert es nicht, daß eindeutige Wohnstandorte kaum auszumachen sind. Auf der einen Seite gab es diejenigen Arbeiter, die der Arbeit in den Südwesten und das Äußere Sachsenhausen folgten und dort Wohnung fanden. Auf der anderen Seite gab es aber auch ehemalige Kleinhandwerker wie z.B. in Bornheim, die mit einem Kleinhaus versorgt, ihren Wohnort nicht aufgeben wollten; deshalb pendelten sie bevorzugt zwischen Bockenheims Fabriken und Bornheim. Aber auch andere Arbeiter zog es nach Bornheim, denn hier war der Anteil der Zwei-Zimmer-Wohnungen überdurchschnittlich hoch und in keinem anderen Stadtteil waren die Mieten so billig wie hier (ca. 200-260 M.). Neben fehlender Erreichbarkeit, d.h. technischer Infrastruktur, dürfte die sanierungsbedürftige Wohnsubstanz den Mietpreis ausgemacht haben. Bockenheim mit seinen weiten Arealen für gewerbliche bzw. industrielle Nutzung lag in der Mietzins-Gestaltung in der Kategorie Bornheims. Arbeiter wohnten in verdichteten Wohnbereichen, also auch in der Altstadt und im inneren Sachsenhausen. Die Arbeiter fanden in Frankfurt weder klar abgegrenzte Wohnbereiche vor, noch war ihnen danach, sie anzulegen. Dies auch deshalb nicht, weil sie für sich keine homogene Klasse bildeten. Zu groß waren die Unterschiede zwischen den qualifizierten und den ungelernten Arbeitern. Die Arbeiter setzten auf Fortschritt und Modernisierung und das verband sie wiederum mit dem Bürgertum. Klassenschranken waren nicht zu übersehen, aber sie waren durchlässig, so daß der Gesichtspunkt der „Verbürgerlichung" nicht außer acht gelassen werden sollte. Doch dazu mehr im weiteren Verlauf der Arbeit.

In diesem Abschnitt war angestrebt, eine Zustandsskizze des materiellen Substrats zu geben, das Stadtplanung und Städtebau unter Oberbürgermeister Adickes in ihrer sozialen und gesellschaftlichen Dimension bedingte und in ihren Rahmen-

90 Nach Thomas Nipperdey, Deutsche Geschichte Bd. 1, 1990, S. 774–381, hier S. 774.

bedingungen erst verständlich macht. Gegen Ende des 19. Jahrhunderts war Frankfurt in den Anfängen, eine industriell geprägte Großstadt zu werden. Noch herrschten kleingewerbliche Produktionsformen vor, was natürlich entsprechenden Niederschlag fand in der sozialen Zusammensetzung seiner Wohnbevölkerung. Die Honoratioren der Stadt, aber auch seine aufstrebenden Wirtschaftsbürger hatten sich zwar einerseits von den mittellosen Bewohnern räumlich wie sozial abzugrenzen versucht, doch hatten sie andererseits ihre hegemoniale Anspruchshaltung auf die ganze Stadt bezogen. *Universalität und Exklusivität standen in einem kompensatorischen Verhältnis zueinander*[91] so daß sich dadurch Ambivalenzen[92], aber auch vielfältige Verbindungslinien auftaten zwischen Klein-, Großhandel und zwischen Klein- und Großproduktion und analog dazu: zwischen Klein-, Großbürgertum und Arbeiterschaft[93]. Letztendlich kann gesagt werden: Frankfurts Stadtteile waren mit Ausnahme des Westends, des Nordwestens und der Neustadt mehr oder minder heterogen zusammengesetzt. Wie sich dies in der Stadtpolitik des Wilhelminischen Frankfurt manifestierte, soll nun zum Thema gemacht werden.

2.6. Honoratioren, Bürger und deren Parteivereine geben die Themen der Stadtpolitik vor

1895 wurde dem Arbeiter-Turnverein die bisher genehmigte Benutzung einer städtischen Turnhalle untersagt. ADICKES rechtfertigte dieses Verbot damit, daß dieser Verein ein Glied der *sozialdemokratischen Propaganda* darstelle; die Tätigkeit politischer Organisationen in städtischen Räumen jedoch untersagt sei. Bei Erörterung des Sachverhalts in der Stadtverordneten-Versammlung[94] wurde deutlich, daß von seiten der Aufsichtsbehörde politischer Druck auf ADICKES ausgeübt worden war. Hierin sahen fortschritts-liberale Stadtverordnete eine ungerechtfertigte Einmischung in lokale Angelegenheiten – der Regierungspräsident hatte ADICKES um Aufklärung in der

[91] Ebd., S. 394.

[92] Zu den Ambivalenzen des Bürgertums: DAVID BLACKBOURN/GEOFF ELEY, Mythen deutscher Geschichtsschreibung, Frankfurt a. M. u.a. 1980 und JAMES J. SHEEHAN, Wie bürgerlich war ..., 1988, S. 43.

[93] S. VERNON L. LIDTKE, Burghers, Workers and Problems of Class Relationships 1870 to 1914: Germany in Comparative Perspective in: Arbeiter und Bürger im 19. Jahrhundert. Varianten ihres Verhältnisses im europäischen Vergleich, hrsg. v. J. KOCKA unter Mitarbeit von E. MÜLLER-LUCKNER, München 1986, S. 29–46, hier S. 40f. Zum Kleinbürgertum: DAVID BLACKBOURN, Between resignation and volatility: the German petite bourgeoisie in the nineteenth century, in: Shopkeepers and Master Artisans in Nineteenth-Century Europe, hrsg. v. G. CROSSICK u. H.-G. HAUPT, London u. New York, 1984, S. 35–61; zum Kleinhandel s. die Einleitung von CROSSICK/HAUPT desselben Bandes, S. 3–34. Vgl. BERTHOLD FRANKE, Die Kleinbürger. Begriff, Ideologie, Politik, Frankfurt a. M. und New York 1988.

[94] Mitt.Prot.StVV., Nr. 24 vom 2.1.95, S. 10f. Vgl. Mitt.Prot.StVV., Nr. 779 vom 2.7.1901, S. 390ff.

Frage der Turnhallennutzung gebeten und dadurch erst den öffentlichen Konflikt ausgelöst – und lehnten die Kontrolle durch staatliche Instanzen auf das entschiedenste ab. Während aus dem nationalliberalen Parteiverein zurückhaltende Zustimmung zu vernehmen war, bestritten liberale Demokraten die sozialdemokratische Propaganda des Turnvereins. ADICKES wies zwar strikt von sich, die Entscheidung des Magistrats als Eindämmungspolitik sozialdemokratischen Einflusses aufzufassen, doch sparte er nicht mit Worten, die darauf abzielten, das *Kommunalleben* von politischem Einfluß freizuhalten[95]. Dabei muß es verwundern, warum er es in diesem Fall für opportun hielt, mit rhetorischen Mitteln vom eigentlichen politischen Anliegen abzulenken. Denn ADICKES' Haltung in Fragen der kommunalen Wahlrechtsreform war allzu bekannt: Er lehnte sie ab, weil sie allein der sozialdemokratischen Partei zugute gekommen wäre[96]. Politisches Ziel der sozialdemokratischen Partei sei die Revolutionierung der bürgerlichen Gesellschaftsordnung in einer von der Arbeiterklasse beherrschten Klassengesellschaft. Doch da es ADICKES' Programm war, soziale Ungleichheiten wie Klassenkonflikte schlechthin mit politischen Mitteln zu harmonisieren, er also das Handlungsfeld der Kommune idealtypisch als *neutralen Friedensbezirk* definierte, waren bald unzureichende rechtspolitische Mittel der Kommune ausgemacht: Eine von Bürgern angestrebte Wahlrechtsreform würde in jedem Fall die staatliche Intervention heraufbeschwören. Der Schutz der städtischen Bürgerschaft, der eben durch das Zensuswahlrecht bei einer Wählerschaft von etwa 17.000 (1895) gewährleistet sei, könne nicht mehr garantiert werden, da der preussische Staat unter Umständen die Einführung des Klassenwahlrechts der Stadt Frankfurt a.M. oktroyieren könne. Dieser Wahlmodus entspräche jedoch noch viel weniger dem Interesse der städtischen Bürgerschaft[97]. Während sich die demokratisch gesinnten Kommunalpolitiker und die ihnen nahestehenden Zeitungen von den *sozialistenfeindlichen Gedanken* ihres Oberbürgermeisters distanzierten[98], wußte man sich jedoch sehr schnell einig in der ablehnenden Haltung gegenüber dem Klassenwahlrecht. Mit dem „Turnhallenverbot" war das kommunale Konfliktthema „Wahlrechtsreform" damit, zumindest für eine gewisse Zeit, abgehandelt – die Furcht vor der staatlichen Intervention tat ihr übriges.

Die Argumentationsstrategie ADICKES', das liberal gesinnte Stadtparlament gegen eine Wahlrechtsreform zu gewinnen, hatte Erfolg. Der Schutz der bürgerschaftlichen Freiheitsrechte hatte Vorrang vor der Demokratisierung der städtischen Gesellschaft. Auch als sich nach mehreren vergeblichen Versuchen innerhalb der Stadtver-

95 Mitt.Prot.StVV., Nr. 24 vom 2.1.1895, S. 10.

96 Laut Aussage des sozialdemokratischen Stadtverordneten QUARCK in: Mitt.Prot.StVV., Nr. 231 vom 26.2.01., S. 120.

97 Ebd., S. 120f.

98 Kleine Presse, Nr. 48, v. 26.2.01, S. 2. Vgl. auch J. ROTHENBERGER, 1926, S. 125.

ordneten-Versammlung 1904 eine Mehrheit für die Reduzierung des Wahlzensus' von M.1.200 Jahreslohn auf M.900 fand, verweigerte der Magistrat seine Zustimmung und pochte auf seine Vorrechte, die ihm das Gemeinde-Verfassungs-Gesetz (GVG) von 1867 garantierte. Zur Sache selbst äußerte er sich folgendermaßen: *Zu solchem Vorgehen liegt nach der Überzeugung des Magistrats umso weniger Grund vor, als in Folge der wesentlichen Erhöhung der Löhne, namentlich in den letzten Jahren, eine erhebliche Erweiterung des Wahlrechts sich bereits tatsächlich vollzogen hat und fortgesetzt weiter vollzieht*[99].

Diese Argumentation kann nicht überraschen, wenn man ADICKES' gesellschaftspolitisches Selbstverständnis berücksichtigt – nach ihm galt es, die städtische Gesellschaft im Zuge von Binnenwanderung und Industrialisierung zu zivilisieren.

ADICKES nutzte in der Frage der Wahlrechtsreform die Uneinigkeit unter den Stadtverordneten, deren Arbeit hauptsächlich von den drei liberalen Parteivereinen von National- und Fortschrittsliberalen und den Demokraten getragen wurde. Waren die Nationalliberalen verstärkt für die Sicherung der tradierten Stadtbürgerrechte eingetreten, so galt es den liberalen Demokraten – zumindest nach ihrer programmatischen Zielsetzung – gerade diese überkommenen Verhältnisse der Stadtbürgerschaft zugunsten einer offenen Sozialformation des städtischen Bürgertums abzubauen. Zwischen diesen beiden polaren Positionen bewegten sich die Fortschrittsliberalen; eine eindeutige Grundhaltung war also nicht zu erwarten, zumal zwischen programmatischem Anspruch und praktischer kommunaler Arbeit große Unterschiede bestanden. Hinzu kommt, daß die kommunale Tätigkeit als persönliche und ehrenamtliche Gemeinschaftsleistung eines Stadthonoratioren angesehen wurde[100], so daß sich Ambivalenzen insbesondere unter den Liberalen unweigerlich ergeben mußten. Was ADICKES zum Vorteil gereichte, seine politischen Vorstellungen zu verwirklichen, zumal nie Einigkeit darüber Bestand, wie Gemeindearbeit im Detail aufzufassen sei. War sie als Verwalten kommunaler Angelegenheiten oder im Wortsinne als Kommunalpolitik zu verstehen?

[99] Zitiert nach S. WOLF, Liberalismus in ..., 1987, S. 104.

[100] Zur Doppeldeutigkeit des deutschen liberalen Bürgertums, d.h. seinem universalen Anspruchsdenken und der Parteilichkeit der bürgerlichen Praxis s. D. BLACKBOURN, Wie es eigentlich nicht gewesen, in: ders. und G. ELEY, Mythen deutscher Geschichtsschreibung, Frankfurt a. M. 1980, S. 127 und neuerdings: JAMES J. SHEEHAN, Wie bürgerlich war der deutsche Liberalismus? in: Liberalismus im 19. Jahrhundert, Göttingen 1988, S. 28–44. SHEEHAN sieht nicht im „Zweikampf" fortschrittlicher und reaktionärer Kräfte den Grund für das *Versagen* des deutschen Liberalismus in der Auseinandersetzung um die Ausweitung demokratischer Kommunikationsverhältnisse, sondern in der *liberalen Sicht von Gesellschaft und Kultur.* Letztendlich hätten die „Belastungen" und Konflikte *über Bedeutung und Relevanz des bürgerlichen Weltbildes* schlechthin im Mittelpunkt gestanden, die Ausdruck der Spannung innerhalb des Bürgertums seien zwischen *Universalität und Einschränkung, zwischen dem Wunsch, ein für alle Menschen gültiges Wertesystem zu proklamieren, und der Neigung, diese Werte nur mit denjenigen zu identifizieren, die bestimmten gesellschaftlichen und moralischen Ansprüchen genügen* (S. 43).

Zunächst muß davon ausgegangen werden, daß Wilhelminische Stadtpolitik keinesfalls als Variante nationaler Verhältnisse angesehen werden kann[101]. Hinzu kommt, daß sich zwei grundverschiedene Sichtweisen von „Selbstverwaltung"[102] gegenüberstanden – die des staatlichen Obrigkeitsstaates und die des städtischen Bürgertums[103].

2.7. Konfliktfeld „Selbstverwaltung" – Die Perspektive des städtischen Bürgertums und die des Obrigkeitsstaates

Die obrigkeitsstaatliche Perspektive definierte „Selbstverwaltung" vom Gesichtspunkt der kommunalen Verwaltung aus. Für die ehemalige Reichsstadt Frankfurt a.M. galt seit 1867 die preussische Städteordnung von 1853, die die Magistratsverfassung[104] favorisierte. Damit war angestrebt, die Stadtverordnetenversammlung zum reinen Beschlußorgan abzuwerten, um eben politische Auseinandersetzungen und Konflikte in der Gemeindeverwaltung erst gar nicht aufkommen zu lassen. Deshalb wurde dem Magistrat das Zustimmungsrecht zu allen Beschlüssen der Stadtverordneten-Versammlung zugestanden. Es wird deutlich, daß die preußische Städteordnung in praxi auf eine Magistratsherrschaft aus war. Da der Oberbürgermeister Frankfurts auf zwölf Jahre ernannt wurde – das der Stadtverordneten-Versammlung eingeräumte Vorschlagsrecht von drei Bewerbern ändert daran nichts –, lag es nahe, den Magistrat als Ortsobrigkeit des Staates anzusehen.

Mit der Reichsgründung 1871 hatte sich für Frankfurt am Main kommunalrechtlich nichts geändert, denn die Regelung der kommunalen Verfassung wurde den einzelnen Ländern zugewiesen, d.h. die preußische Städteordnung von 1853 galt weiterhin. Danach hatte der Magistrat die staatlich übertragene (delegierte) obrigkeitliche Führung des Gemeinwesens Stadt auszuführen. Doch der preussische Staat hatte insbesondere im Bereich der Finanzverwaltung seinen Städten freie Hand gelassen. Das Kommunalabgabengesetz (1893) erweiterte ihnen bei bestimmten Steuern den Erhebungsspielraum[105]. Als „eigenen Wirkungskreis" der Kommunalpolitik sah man

[101] So jedenfalls James J. Sheehan, in seinem Appell von 1971; s. ders., Liberalism and the City in 19th Century Germany, in: Past and Present, Nr. 51, 1971, S. 116–137.

[102] Dazu s. Wolfgang R. Krabbe, Die deutsche Stadt im 19. und 20. Jahrhundert, Göttingen 1989, S. 10ff.

[103] Dieter Langewiesche, „Staat" und „Kommune". Zum Wandel der Staatsaufgaben in Deutschland im 19. Jahrhundert, in: Historische Zeitschrift, Bd. 248, 1989, S. 621–635.

[104] Zur preussischen Magistratsverfassung im allgemeinen s. W. R. Krabbe, Der Bürgermeister in der preussischen Magistratsverfassung, in: Die alte Stadt, 1984, S. 41–47 und für Frankfurt a. M. im besonderen s. F. Adler, Soziale Gliederung ..., 1906, S. 127f.

[105] S. Verw.Ber.Mag. 1894/95, S. VI und Stat. Handbuch, 1907, S. 282. Allg. dazu s. W. R. Krabbe, Die deutsche Stadt im 19. und 20. Jahrhundert, Göttingen 1989, S. 157ff.

die traditionellen Aufgaben der städtischen Vermögensverwaltung und das Armenwesen an. Vermehrte Aktivitäten trugen zur Expansion der Verwaltungsbereiche Hoch- und Tiefbau[106] bei. Zum „übertragenen Wirkungskreis“ gehörten aber auch die Schul- und Polizeiverwaltung inklusive Baupolizei. Und weil hier der städtische Steuerzahler in erster Linie gefordert war, empfanden diese die „Übertragung“ als Last.

Der Magistrat hatte seine Verwaltungsarbeit in kollegialer Zusammenarbeit zu erledigen. Die Beschlußfassung des Magistrats erfolgte nach Stimmenmehrheit, bei Stimmengleichheit war dem Oberbürgermeister die Entscheidung zugewiesen. Die Geschäftsverteilung der Magistratsarbeit oblag dem Oberbürgermeister; innerhalb der einzelnen Fach-Dezernate wurde den Stadträten durchaus freie Hand zugestanden[107]. Welches Magistratsmitglied Vorlagen gegenüber den Stadtverordneten zu legitimieren hatte, oblag der Entscheidung des Oberbürgermeisters. Wenn es die Verwaltungsarbeit erforderte, konnte der Magistrat seine exekutiven Aufgaben an Deputationen übertragen, – sie bestanden meist aus Mitgliedern der Stadtverordnetenversammlung und des Magistrats, sog. gemischte Kommissionen –, die ihm jedoch zugeordnet waren. Die Zusammensetzung der „gemischten Deputationen“ sollte das Spektrum der in der Stadtverordneten-Versammlung vertretenen Wahlvereine widerspiegeln, d.h. der Gedanke der Repräsentativität ist hier nicht ganz abwegig[108].

Wurden Magistratsvorlagen in der Stadtverordneten-Versammlung abschlägig beschieden, konnte die Einsetzung eines zusätzlichen Ausschusses („Kommission“ oder „Deputation“) verlangt werden[109]. Über Ministerialverfügung, der sog. „Instruktion für die Stadt-Magisträte“, haben staatliche Aufsichtsbehörden immer wieder versucht, die Stellung des Oberbürgermeisters innerhalb des Magistrats-Kollegiums im Sinne eines „Magistratsdirigenten“ aufzuwerten[110]. Tatsächlich hat er mit der Übertragung von Geschäftsordnungs-, Revisions-, Veto- und Dienstaufsichtskompetenz an seiner Vorrangstellung im Magistratskollegium keinen Zweifel gelassen. Ob jedoch ein ständiger Kontakt des Oberbürgermeisters zum Polizeipräsiden-

[106] Je ein Viertel von 600 Bediensteten (1905) arbeitete in der Finanzverwaltung und im Hoch- und Tiefbauamt. Angaben nach: F. Adler, 1906, S. 123. Vgl. dazu die Magistrats- bzw. Verwaltungsberichte des Magistrats: Bericht des Magistrates, die Verwaltung und den Stand der Gemeinde-Angelegenheiten ... betreffend (Verw.Ber.Mag.) der einzelnen Jahrgänge, u.a. die Auflistung der erörterten Sachthemen nach den Verwaltungsbereichen. Ebd., 1893/94, S. 2 und ebda., 1903/04, S. 3; s. auch Bernd Wunder, Geschichte der Bürokratie in Deutschland, Frankfurt am Main 1986, S. 85f.

[107] W. R. Krabbe, 1984, S. 45.

[108] Vgl. Wolfgang Hofmann, Preuss. Stadtverordneten-Versammlungen als Repräsentativ-Organe, in: Die deutsche Stadt im Industriezeitalter, hrsg. v. J. Reulecke, Wuppertal 1978, S. 31–56, hier S. 41f.

[109] F. Adler, 1906, S. 128.

[110] Ebd., S. 127ff. und W. R. Krabbe, 1984, S. 43ff..

ten, dem Oberpräsidenten und dem Regierungspräsidenten tatsächlich bestand, bedarf noch der genaueren Untersuchung[111].

Sowohl das Stadtbürgertum, also die Honoratioren der Stadt, die sich auf ihre verbrieften Bürger- und Privilegienrechte beriefen, als auch das aufstrebende städtische Bürgertum[112], aufgrund von persönlichem Arbeitseinsatz und Wirtschaftsleistung in der zweiten Hälfte des 19. Jahrhunderts als politikfähig angesehen, legten die Gemeindeverfassung zu ihren Gunsten aus. Für sie war die Stadt ein Gemeinwesen, das ursprünglich autonom gegenüber anderen Herrschaftsansprüchen war. Danach konnten die beiden kommunalen Körperschaften von Magistrat und Stadtverordneten-Versammlung nicht anders denn als gleichberechtigte Beratungs- und Beschlußorgane verstanden werden, die nebeneinander eine Einheit in der politischen Willensbildung darstellen[113]. Damit diese Einheit gewährleistet sei, schrieb die Gemeindeverfassung vor, daß mindestens die Hälfte aller Stadtverordneten Hauseigentümer sein müßten – ein politisches Zugeständnis an die Stadthonoratioren.

Die wesentliche Aufgabe der Stadtverordneten-Versammlung bestand jedenfalls darin, die Gemeindearbeit des Magistrats zu kontrollieren. Das Hauptaugenmerk lag hierbei auf dem jährlich auszuarbeitenden Haushaltsplan, der ihm im Entwurf vom Oberbürgermeister vorgelegt wurde.

Die Stadtverordneten konnten, sofern nicht der „übertragene Wirkungskreis" der Magistratstätigkeit tangiert war, auf eigene Initiative hin Vorlagen machen, allerdings war der Erfolg, unabhängig von einer möglichen Stimmenmehrheit im Stadtparlament, immer von der Zustimmung des Magistrats abhängig. Im Falle der Uneinigkeit zwischen Magistrat und Stadtverordneten-Versammlung wurde, wie schon erwähnt, meist eine „gemischte Kommission" gebildet, gelang auch ihr nicht, den Konsens der beiden Gemeindeinstitutionen herzustellen, schaltete sich der staatliche „Bezirksausschuß" ein, dem nun seinerseits die Entscheidungsbefugnis zufiel[114].

Zwei Tage vor Verhandlung in der Stadtverordneten-Versammlung waren die Themen den Mitgliedern mitzuteilen, zum anderen bestand die Verpflichtung der Veröffentlichung an die Zeitungsverlage durch den Vorsitzenden der Stadtverordneten-Versammlung. Beschlußfähigkeit war nur gegeben, wenn die Hälfte der Mitglieder anwesend war[115]. Vertreter des Magistrats mußten stets anwesend sein und auf Ver-

111 Siegbert Wolf geht von der Annahme des ständigen Kontaktes aus; Belege hierfür gibt er jedoch nicht. Vgl. ders., 1987, S. 96. Selbst die Häufigkeit des Kontaktes mag noch nicht Hinweis genug sein, um Genaues über die Qualität einer kommunikativen Verbindung sagen zu können.

112 Zur Bürgertums-Forschung s. Bericht von Manfred Hettling in: Informationen zur modernen Stadtgeschichte H. 1, 1991, S. 8–14, insbesondere hierzu S. 12.

113 W. R. Krabbe, 1984, S. 47.

114 F. Adler, 1906, S. 120f. und S. Wolf, 1987, S. 95f.

115 Nach dem Gemeindeverfassungs-Gesetz von 1867 bestand das Stadtparlament aus 54 Abgeordeten; mit den Eingemeindungen 1900 erhöhte sich die Anzahl auf 64, 1910 dann auf 71. S. dazu F. Adler, 1906, S. 109.

langen dessen Entwürfe bzw. Handlungsweisen erläutern. Magistrats-Vorlagen wurden in der Regel zunächst an die Fachausschüsse der Stadtverordneten-Versammlung übergeben, die nach Ausarbeitung eines Berichtes dann im Stadtparlament erörtert wurden. Der Stadtverordnete war auf sechs Jahre gewählt und ungebunden in seiner Handlungsweise gegenüber dem Wähler. Die Kontinuität der Stadtverordneten-Arbeit war vom Staat insofern erschwert worden, als alle zwei Jahre ein Drittel aller Stadtverordneten in sog. Stadtverordneten-Ergänzungswahlen gewählt wurde.

2.8. Die lokalen Parteivereine und ihr Verständnis von Stadtpolitik

Nach einem Polizeibericht[116] aus dem Jahre 1885 war die Gründung des Nationalliberalen Wahlvereines deshalb erfolgt, weil nationalliberal gesinnte Bürger das kommunalpolitische Leben in Frankfurt am Main aktivieren wollten. Es sei die Pflicht einer politischen Partei, *sich mit den berechtigten Wünschen der Bevölkerung bekannt zu machen, um dieselben eventuell vertreten zu können*[117] – so die Gründungsväter. Entsprechend dieser Haltung sahen sie sich veranlaßt, kompetente Bürger für die Gemeindearbeit zu gewinnen. Kompetente Bürger waren nach dem Verständnis dieses Parteivereins Industrielle und Akademiker[118]. In der Stadtverordneten-Versammlung sahen sie sich meist in der Position, Vorrechte der Bürgerschaft zu verteidigen[119]. Für den Bereich der Stadtplanung hat diese Partei qualifizierte Fachvertreter wie Bau-Ingenieure und Architekten gewinnen können, und ist den Magistratsvorlagen mehrmals mit eigenen Vorschlägen entgegengetreten[120]. Doch insgesamt gewährten die Nationalliberalen Oberbürgermeister ADICKES einen unvergleichlich großen Vertrauensvorschuß[121]. Sie verstanden Kommunalpolitik als unpolitische Verwaltungsarbeit. Planungsvorschläge auszuarbeiten, fiel ihrer Ansicht nach nicht in das Aufgabenfeld der Stadtverordneten[122]. Selbst der aktiven Infrastrukturpolitk ADICKES' gegenüber nahmen sie eine eher reservierte bis skeptische Haltung ein, denn die kommunalpolitische Förderung von Bevölkerungswachstum stellte die traditionellen Bürgerrechte im Sinne eines eingeschränkten Wahlrechts in

116 Bericht über Versammlung der Nationalliberalen v. 8.12.1885, HStA Wiesbaden Abt. 407, 160.

117 Ebd., vgl. THOMAS NIPPERDEY, Die Organisation der deutschen Parteien vor 1918, Düsseldorf 1961 und ders., Interessenverbände und Parteien in Deutschland vor dem 1. Weltkrieg, in, ders., Gesellschaft, Kultur, Theorie, Göttingen 1976, S. 320–337.

118 J. J. SHEEHAN, 1983, S. 280f.. Vgl. Mitgliederverzeichnisse einzelner Jahrgänge der Mitt.Prot.StVV bis 1907. Ab 1908 s. Bericht über die Verhandlungen d. StVV.

119 J. J. SHEEHAN, 1983, S. 278; J. ROLLING, 1979, S. 52 und ders., 1980, S. 171.

120 U.a. s. Mitt.Prot.StVV Nr. 336, v. 9.5.93, S. 170 und STA Ffm. StVV Nr. 508, 45 und Nr. 487, 82–719, 156. Vgl. SHEEHAN, 1971, S. 123.

121 S. u.a.die Aussage des Nationalliberalen LASCAULX in: Bericht über die Verhandlungen d. StVV, Nr. 213, v. 23.3.09, S. 447.

122 Ebd.

Frage[123]. Da sich die Haltung der Nationalliberalen in der Wahlrechtsfrage mit der von ADICKES deckte, waren gute Voraussetzungen für eine engere, jedoch informelle Zusammenarbeit geschaffen, so daß sie sogar im Sinne der Magistratspolitik Öffentlichkeitsarbeit übernahmen[124].

Wurde die Kommune von den Nationalliberalen eher im Sinne von STEIN und HARDENBERG als politisch abgeleitetes Element des Staates angesehen, so beanspruchten die Fortschrittsliberalen eine Stärkung der kommunalen Autonomie insbesondere in wirtschaftlicher Hinsicht. Die bürgerliche Gesellschaftsordnung sahen sie in erster Linie durch eine marktwirtschaftlich ausgerichtete Wirtschaftspolitik gewährleistet.

In Parteiversammlungen[125] besprachen sie bevorzugt die kommunalen Haushaltspläne und die finanzpolitisch relevanten Projekte des Städtebaus, aber häufig noch wichtiger waren ihnen nationale Themen[126]. In ihrer politischen Mittelstellung zwischen Demokraten und Nationalliberalen galten sie häufig als das Zünglein an der Waage und standen deshalb oft im Zentrum polemisch geführter Kritik[127]. Forderten die Fortschritts-Liberalen einerseits aus pragmatischer Erwägung heraus die Sicherung der kommunale Autonomie gegenüber staatlichen Instanzen, war es ihnen andererseits möglich, Stillschweigen gegenüber ADICKES zu wahren, wenn er über die Androhung staatlicher Intervention den Status quo zu beschwören suchte[128].

Die Mitglieder dieses liberalen Parteivereins rekrutierten sich aus dem Wirtschafts- und Bildungsbürgertum[129]. Galten die Nationalliberalen als Konservative im liberalen Spektrum der Frankfurter Stadtverordneten-Versammlung, so hielten die Fortschrittler zwischen ihnen und dem stärksten liberalen Flügel, den Demokraten, die Mittelstellung, was sich, wie schon dargelegt, auch in der Uneinigkeit in Wahlrechtsfragen widerspiegelte[130]. Ähnlich den Nationalliberalen legitimierten Fortschrittsliberale[131] kommunale Tätigkeit als unpolitisch zu verstehende Verwaltungsarbeit[132].

[123] Bericht über die Verhandlungen d. StVV, Nr. 1023, 11.10.10, S. 1321.

[124] So z.B. bei der versuchten Einführung des Umlegungsgesetzes 1901 s. SAF Mag.Akt.T 1120/I, 57.

[125] Nach ROLLING sollen ihre Versammlungen meist schwach besucht gewesen sein, wenn es um lokale Fragestellungen ging; s. ders., 1979, S. 53.

[126] Vgl. Bericht über eine öffentliche Versammlung der Fortschrittspartei in: Kleine Presse Nr. 89, v. 17.4.01, S. 5

[127] Kleine Presse Nr. 45, 27.2.1911, S. 3.

[128] Vgl. u.a. seine Aussage Mitt.Prot.StVVl, Nr. 231, v. 26.2.1901, S. 120.

[129] S. HStA Wiesbaden Abt. 407/100,150, J. ROLLING, 1979, S. 10f. und S. 51–59; grundlegend zur Organisation der liberalen Parteien s. S. WOLF, 1987, S. 35–95.

[130] S. WOLF, 1987, S. 98–109 und J. ROLLING, 1980, S. 171f.

[131] Fusion freisiniger Vereinigungen in Fortschrittliche Volkspartei (1910).

[132] Kleine Presse Nr. 45, v. 22.2.1911, S. 3. (Bericht über Parteiversammlung in Sachsenhausen).

Bis zum Ende der Wilhelminischen Epoche wollte sowohl der nationalliberale Verein als auch der Verein der Fortschritts-Liberalen aus machtsichernden Überlegungen heraus zur Demokratisierung der bürgerlichen Gesellschaft kaum beitragen. Auch wenn einzelne Parteimitglieder hie und da Aktionen der Wahlrechtsreform unterstützten, so lebten sie in erster Linie die Autonomie des Stadtbürgers bei eingeschränktem Wahl- und Bürgerrecht vor, die Idee der allgemeinen freiheitlichen Grundwerte blieb im besten Fall Lippenbekenntnis. In diesem bewußten Abgrenzungsversuch[133] gegenüber anderen gesellschaftspolitischen Zielvorstellungen, wie etwa denen der demokratisch orientierten Liberalen und denen der Sozialdemokraten, die eben diese Idee der freiheitlichen Grundwerte zur Plattform ihres politischen Selbstverständnisses erklärten, war gerade die politische Dimension von Kommunalverwaltung freigelegt worden.

Die dritte liberale Kraft, die die Arbeit in der Stadtverordneten-Versammlung prägte, war der Verein der Demokraten. Er stellte zwischen 1880 und 1906 die größte liberale Gruppierung[134]; von Fraktion kann noch keine Rede sein, da sich der Stadtverordnete, zumindest im organisatorischen Sinne, noch zu sehr als Mitglied einer Honoratiorenpartei verstand. Und doch: Dieser Verein bemühte sich noch am ehesten um die politische Integration aller Stadtbewohner, also auch der der Arbeiter, aber eben nach liberal-demokratischer Anschauung[135]. Er sorgte dafür, daß in den kommunalen Wahlprogrammen die politische und soziale Gleichstellung der städtischen Wohnbevölkerung zur zentralen Forderung erhoben wurde. Dies hat ihn zur mitgliederstärksten, lokalen Vereinigung werden lassen[136]. Die Parteiveranstaltungen der Demokraten fanden in der Bevölkerung bevorzugte Anziehungskraft. Die zunehmende Politisierung im liberalen Lager ging insbesondere auf ihre zunehmende Basisarbeit zurück. Mit den Sozialdemokraten stellten sie in der Ära ADICKES die politisch aktivsten Vereine in der kommunalen Öffentlichkeit. Die sozialpoli-

[133] Zur gesellschaftspolitischen Bedeutung von Abgrenzung bzw. von „Distinktion" in der politischen Auseinandersetzung s. P. Bourdieu, 1985, S. 21f.

[134] J. ROLLING, 1980, S. 176 und Geschichte der Frankfurter Zeitung, hrsg. v. Verlag der Frankfurter Zeitung, Ffm. 1911, S. 631.

[135] So forderten die Demokraten die Umwandlung des Zensuswahlrechtes in das Dreiklassenwahlrecht und schlossen sich damit den Sozialdemokraten an. S. Kleine Presse Nr. 50, v. 28.2.01, S. 6. Die Reform hätte zwar noch nicht das allgemeine, gleiche Wahlrecht gebracht, aber eine Ausweitung des Wahlrechts auch auf die Arbeiter. Vgl. auch die Haltung des Stadtrates K. FLESCH, Kommunale Wohnungspolitik und kommunales Wahlrecht, in: Soziale Praxis, Nr. 17, v. 23.1.1896, S. 460ff. S. auch E. ENGELBERG, Das Verhältnis zwischen kleinbürgerlicher Demokratie und Sozialdemokratie in den 80er Jahren des 19. Jahrhunders, in: Innenpolitische Probleme des Birsmarckreiches, hrsg. v. O. PFLANZE, München, Wien 1983, S. 25–46. Siegbert WOLF sieht in SONNEMANN, FLESCH, RÖSSLER zusammen mit dem Sozialdemokraten QUARCK die Sozialreformer mit Einfluß, s. ders., 1987, S. 45.

[136] Der Demokratische Verein war die mitgliederstärkste liberale Vereinigung Frankfurts um die Jahrhundertwende (1895 ca. 570 Mitglieder). Unter ihnen waren Wohlhabende, aber auch Lehrer, Meister und Einzelhandelskaufleute. Jüdische Mitglieder hatten oft Führungspositionen inne. S. J. ROLLING, 1979, S. 59; ders., 1980, S. 171 und S. WOLF, 1987, S. 35–51.

tisch gegründete Arbeit der liberalen Demokraten zielte darauf ab, die unterschiedlichsten gesellschaftlichen Großgruppen in einer bürgerlichen Gesellschaft zusammenzuschließen. Ihr Wählerreservoir reichte deshalb vom Kleinbürgertum bis zur Elite in Wirtschaft und Bildung.

Der Demokratische Verein empfand sich eingebunden in die institutionalisierte Kommunalpolitik, auch wenn er nicht selten mit der magistralen Informationspolitik haderte[137]. Stets verteidigte er die selbstverwaltenden Handlungsräume gegenüber Angriffen und Vorwürfen aus der Bevölkerung. Wenn es die Sache zuließ, stellte man sich auch vor den Oberbürgermeister[138].

2.9. Bedrohung und Wandel der „Stadtpolitik" durch die Sozialdemokraten

Als die Sozialdemokraten erstmals für die Stadtverordneten-Ergänzungswahl 1896 kandidierten, richteten sie gleichzeitig an die preussische Regierung eine Petition, in der um Senkung des Wahlzensus von M. 1.200 Jahreseinkommen auf M. 900 nachgesucht wurde, hierbei beriefen sie sich auf den Gedanken der Repräsentation. Die Zusammensetzung der Stadverordnteten-Versammlung habe eigentlich die städtische Gesellschaft widerzuspiegeln und deshalb frage man an, ob denn die 51 Hausbesitzer und die vielen Kaufleute unter den 61 Stadtverordneten diesem Anspruch gerecht würden. Ihrer Ansicht nach gäbe das Frankfurter Stadtparlament keineswegs *ein richtiges Bild der öffentlichen Meinung*[139] wieder. In der geltenden Gemeindeverfassung sahen die *Sozialdemokraten Organisationen* geschützt, die um *Erhaltung und Erweiterung des Privilegs und Profits der besitzenden Klassen*[140] bemüht seien. Der sozialdemokratischen Propaganda mittels eigener Presseorgane käme hierbei besondere Bedeutung zu, um Wahlbeschränkungen aufzubrechen. *Korruption, Bürokratie und Schlamperei* der selbstverwaltenden Organe der Kommunen seien aufzudecken und an die Öffentlichkeit heranzubringen. Der sozialdemokratische Kommunalpolitiker müsse sich für den Abbau indirekter Steuern einsetzen; Ausgaben für Straßenbau und *Sicherung des Eigentums* solle Sache von Grund- und Hausbesitzern sein.

137 Wenig Wirkung zeigte der Antrag von 18 demokratischen Stadtverordneten in der Sitzung v. 8.1.01. S. dort Nr. 34, S. 21ff.

138 Nach eigenem Selbstverständnis: ... dem *wir doch selbst die Leitung unserer Angelegenheiten in die Hand gelegt haben.* S. Kleine Presse Nr. 34, v. 8.1.01, S. 21.

139 Zitiert nach VOLKER EICHLER, Sozialistische Arbeiterbewegung in Frankfurt a. M. 1878–1895, Frankfurt a. M. 1983, S. 381. Ein Vergleich mit anderen Städten zeigt, daß die politische Zusammensetzung der Stadtparlamente fast überall von den Liberalen dominiert wurde. Vgl. dazu SHEEHAN 1983, S. 270.

140 Die hier dargelegten kommunalpolitischen Leitlinien sind von einer parteiinternen *Konferenz der Gemeindevertreter in Hessen-Nassau* am 23.10.1905, in: Volksstimme Nr. 254 v. 30.10.05, aufgestellt worden. S. HStA Wi Abt. 407/43, Bd. 3, 81ff.

Die Verwaltung müsse für die Kommunalisierung von Gas- und Elektrizitätswerken eintreten, um ihre Selbständigkeit auch in Zukunft gewährleisten zu können[141].

Die Verkehrsinfrastruktur, d.h. der Ausbau des Straßenbahn-Verkehrsnetzes war den Sozialdemokraten auch aus wahlstrategischen Gründen wichtig. Mit der Verkehrsanbindung der städtischen Vororte erhofften sie sich die politische Stärkung der städtischen Arbeiterbewegung. Um dies zu erreichen, gaben die Regionalvertreter der Partei ihrem sozialpolitisch ausgerichteten Leitprogramm einen wohnungsbaupolitischen Schwerpunkt (1905). Die Verbesserung der städtischen Kommunikationsstrukturen war das Hauptanliegen der SPD. Daß dies dann auch bildungspolitische Aspekte tangierte, veranlaßte sie, insbesondere in Schulfragen, z.B. im Streit um die Simultanschule, aktiv Stellung zu nehmen.

In Frankfurt a.M. hat sich der „reformistische" Kurs der Partei um Dr. QUARCK politisch durchsetzen können, der auf Sozialintegration der arbeitenden Klasse aus war[142]. Die Abkehr vom Revolutionsprogramm verhalf den Sozialdemokraten nicht nur, die überkommenen Strukturen der kommunalen Politik durch das Propagieren von neuen Inhalten zur Reform zu zwingen, sondern bewirkte ebenfalls den Wandel in der Organisation von Gemeindearbeit. Dies wurde zwar auch von einzelnen liberalen Kräften als Notwendigkeit erkannt, doch von den traditionellen Vereinen der lokalen Honoratiorenschaft lange verhindert. Die Sozialdemokraten führten den traditionellen Parteien vor, wie Kommunalpolitik im aufkommenden Industriezeitalter parteiorganisatorisch bewältigt werden könnte, indem sie für den Berufspolitiker eintraten und über einen regelmäßigeren Informationsaustausch und die gegenseitige Beratung die Kommunikationsstrukturen zwischen Magistrat und Stadtverordneten-Versammlung zu rationalisieren suchte.

Noch bei Amtsantritt von Oberbürgermeister ADICKES schien es, als ob das Stadtparlament den Liberalen vorbehalten bliebe, denn noch waren Nationalliberale, Fortschrittsliberale und Demokraten unter sich. Mit dem ersten sozialdemokratischen Stadtverordneten (1900) begann die Ausdifferenzierung der kommunalpolitschen Parteienlandschaft, denn nur ein Jahr vor dem zunächst bescheidenen Erfolg der Sozialdemokratie kam auch die Mittelstandspartei, eine kleinbürgerlich-konservative Partei, ins Stadtparlament. Doch diese Partei lebte in erster Linie von den Wechselfällen der Tagespolitik. Sie gab vor, die Rechte des *kleinen Mannes* und dessen bescheidenes Privateigentum zu verteidigen, sprach die wirtschaftlich gefährdeten Handwerker und die in wirtschaftliche Not geratenen Kleinhändler an, konnte aber kaum auf Stammwähler bauen. Die Sozialdemokratie hingegen steigerte von Wahl

[141] Ebd.. Zum Gedanken des „Munizipalsozialismus" s. WOLFGANG R. Krabbe, Munizipalsozialismus und Interventionsstaat, in: Geschichte in Wissenschaft und Unterricht 5/1979, S. 265–283.

[142] V. EICHLER, 1983, S. 381 und allgemein: A. v. SALDERN, 1984, S. 202.

zu Wahl ihre Erfolge. 1911 bestand das Stadtparlament etwa aus zwei Dritteln Liberalen und einem Drittel Sozialdemokraten[143].

Ohne Frage: Durch den zunehmenden Erfolg der Sozialdemokraten, sahen sich die Liberalen in die Verteidigung gedrängt. Aus der beginnenden sozialdemokratischen Fraktionsbildung glaubten diese zunächst politisches Kapital schlagen zu können[144]. Für sie war es weiterhin ausgemachte Sache, daß die Parteizugehörigkeit keine Entscheidungshilfe für den Stadtverordneten darstellt, weil der Sachentscheidung Vorrang eingeräumt werden müsse.

Das Festhalten am Alten führte die lokalen Parteivereine des Liberalismus nach 1900 in eine Krise. Parteiinterne Reformen wurden nur unwillig angegangen, was die liberalen Machtpositionen zusätzlich gefährdete. So mancher ehemals aktive Parteipolitiker zog sich zurück in seinen Stadtteil und pflegte dort die Vereinstätigkeit[145], u.a. im Bezirksverein. Andere besannen sich auf die ursprünglichen Ideen der kommunalen Selbstverwaltung; der ehemals hochgehaltene Leitsatz des unpolitischen Verwaltens kommunaler Angelegenheiten kam ihnen nun gerade recht[146]. Das „Gemeinwohl", Ziel jeglicher kommunalen Tätigkeit, wurde selbst nun Thema kommunalpolitischer Auseinandersetzungen und die Liberalen beanpruchten für sich, dieses Leitprinzip am ehesten einlösen zu können und es verkam mehr und mehr zur ideologisch-rhetorischen Waffe.

Feindbilder zwischen den beiden Lagern des Liberalismus und der Sozialdemokratie wurden aufgebaut. Die Liberalen sagten den Sozialdemokraten nach, sie wollten die bürgerliche Gesellschaft zugunsten einer wie auch immer gefärbten proletarischen Klassenherrschaft beseitigen[147]. Deshalb galt es für sie, *eine Erschütterung der gesunden Weiterentwicklung Frankfurts*[148] abzuwenden. Zur Kommunalwahl 1906 gaben sie sich zweckoptimistisch: *Wenn man die Liste der freiheitlichen Kandidaten betrachtet, so findet man, daß sie den verschiedenen Erwerbsständen gerecht wird, und daß vor allem der „Mittelstand" ausgiebig vertreten ist. Dem Beruf nach sind aufgestellt: fünf Kaufleute, ein Bäckermeister, ein Schreinermeister, ein Bürstenmachermeister, ein Versicherungsbeamter, zwei Lehrer, zwei Architekten, zwei Ingenieure, ein Vertreter der Beamtenschaft, ein Arzt, zwei Rechtsanwälte, ein Bankier, ein Fabrikant, ein*

143 Genauere Angaben s. bei J. Rolling, 1980, S. 176; W. Klötzer, 1973, S. 164 und Geschichte der Frankfurter Zeitung, hrsg. v. Verlag der Frankfurter Zeitung, Frankfurt a. M. 1911, S. 631.

144 S. Kleine Presse Nr. 259, v. 4.11.06, S. 1.

145 J. J. Sheehan, 1983, S. 274.

146 Manfred Hettling, Bürgertum und Liberalismus im deutschen Kaiserreich, in: liberal, Jg. 33, 1991, S. 62–69, hier S. 68. S. auch D. Blackbourn, Widersprüche bürgerlicher Politik, in: G. Eley und D. Blackbourn, 1980, S. 106–122 und J. J. Sheehan, 1988, S. 43. Zum ursprünglichen liberalen Modell von bürgerlicher Gesellschaft s. L. Gall, Liberalismus und bürgerliche Gesellschaft: Zu Charakter und Entwicklung der liberalen Bewegung in Deutschland, in: Historische Zeitschrift Bd. 220, 1975, S. 324–356.

147 Vgl. u.a. Kleine Presse Nr. 50 v. 28.2.01, S. 6.

148 Zitiert nach S. Wolf, 1987, S. 159.

Lohnkutscher. Sämtliche Kandidaten stehen mitten im Berufs- und Erwerbsleben. Sie treten dafür ein, daß Frankfurt seine führende Stellung in Handel und Industrie in Ehren behauptet, sie wissen aber auch aus eigener Erfahrung, wo den Mittelstand und den kleinen Mann der Schuh drückt. Sämtliche Kandidaten stehen auf dem Boden einer liberalen Weltanschauung, die jeder Klassenherrschaft und jeder religiösen Intoleranz von Grund aus feind ist … Nicht eine einseitige Parteiherrschaft soll auf dem Rathaus eingerichtet werden, herrschen soll dort der gesunde liberale Geist, der Frankfurt groß gemacht hat[149].

Die Beschwörung der bürgerlichen Gesellschaft nach liberalem Verständnis ist nicht zu überhören. Kein Wunder, daß zwischen Liberalen und Sozialdemokraten Mißtrauen und Feindseligkeit aufkam. Statt den Prozeß der Demokratisierung voranzutreiben, blockierten sich die zwei Hauptströmungen der kommunalen Politik. Und gerade in diesem Klima der scheinbar „blockierten Demokratisierung"[150] war das Aufweichen homogener Kulturen[151] und der Prozeß der Fundamentalpolitisierung[152] am ehesten gegeben. Die SPD bewertete ihrerseits die liberale Gemeindepolitik als Klassenherrschaft, die im Rahmen der bestehenden Rechtsordnung nicht aufzuheben sei und verstand ihre praktische Gemeindearbeit als ein Beseitigen *vielfache(r) Mißstände*[153].

Sicher, die Sozialdemokraten standen den Liberalen in der rhetorisch und insbesondere polemisch geführten Auseinandersetzung nichts nach. Inhaltlich setzte sich die SPD für allumfassende sozialpolitische Reformen im Bereich Arbeit und Wohnen, Bildung und ärztlicher Versorgung ein[154]. Themen der Finanz- und Schulpolitik folgten zwar in ihrer Prioritätenliste, doch überschätzte sie auch nicht ihre Möglichkeiten. Der Vorwurf, sie habe kein kommunalpolitisches Konzept entwickelt, weil sie davon ausgegangen sei, daß nach dem zu erwartenden Zusammenbruch des industrie-kapitalistischen Wirtschaftssystems ihr ohnehin die politische Zukunft bevorstünde, gehört bislang zum Gemeinplatz einer eher theoretisch-programmatischen Betrachtungsweise, entspricht aber keineswegs den lokalen Verhältnissen des Wilhelminischen Frankfurt[155]. Im kommunalpolitischen Alltag war sie aktiv um Reformen bemüht, die auf die Zustimmung von Arbeitern aber auch die kleinbürgerlicher Kreise abzielte[156]. Damit versuchte sie in das Wählerreservoir der libera-

149 Kleine Presse Nr. 264, v.10.11.06, S. 3.

150 Kleine Presse Nr. 293, v.14.12.01, S. 6 und Nr. 39, v. 15.2.01, S. 3. Vgl. S. Wolf, S. 153. Zum Begriff der blockierten Demokratisierung s. D. Langewiesche, 1988, S. 201.

151 H. Preuss, 1906, S. 373f.

152 J. Rolling, 1980, S. 173 und D. Langewiesche, 1988, S. 133.

153 A. Baumann in einer Wählerversammlung im Oktober 1894, zitiert nach V. Eichler 1983, S. 379.

154 V. Eichler, 1983, S. 378.

155 Dazu s. bei Adelheid Saldern, SPD und Kommunalpolitik im Deutschen Reich, in: Archiv f. Kommunalwissenschaften, 23. Jg., 2. Hjbd., 1984, S. 193–214.

156 Ihr Ziel war häufig eine „volkstümlich" angelegte Politik, s. V. Eichler, 1983, S. 379.

len Demokraten einzubrechen. Festgeschriebene und detailliert angelegte kommunalpolitisch orientierte Wahlprogramme hatten die Sozialdemokraten nicht erstellt, das taten aber auch die anderen Parteien nicht. Das vorrangige politische Ziel der Sozialdemokraten war immer: Das Gemeindewahlrecht zu demokratisieren und den autonomen Handlungsspielraum der Kommune auszuweiten. So setzten sie sich dafür ein, daß die Verfügungsgewalt der örtlichen Polizei an die kommunalen Körperschaften übergeben werde[157]. Stadtwachstum und Industrialisierung schufen der SPD Frankfurts ein wachsendes Wählerreservoir aber auch einen zunehmenden Stamm an Mitgliedern. Konnte sie 1890 lediglich 214 Mitglieder[158] aufweisen, so waren es 1914 bereits 11.333.

Im Laufe der zunehmenden „Politisierung" der kommunalen Verwaltungsarbeit, – im Sinne von zunehmendem Informationsaustausch und innerstädtischer Kommunikation, aber auch in politikinhaltlicher Hinsicht, denn Industrialisierung und Bevölkerungswachstum brachten die „Daseinsvorsorge"[159] in die Kommune, bildeten sich drei Richtungen der parteilich organisierten Kommunalpolitik aus: die sozialdemokratische, die liberale und die konservativ-mittelständische. Letztere ist in diesem Kapitel nicht berücksichtigt worden, zum einen, weil mittelständisch-konservative Politik im Wilhelminischen Frankfurt zu politikentscheidender Bedeutung nicht heranwuchs, zum anderen, weil deren Aktionsfeld in erster Linie in den Bezirksvereinen angesiedelt war, wie weiter unten noch zu zeigen sein wird.

Verstädterung bzw. Urbanisierung ging mit der Demokratisierung von Kommunalpolitik einher. Das Ansteigen der Wahlberechtigten von 13.034 (1891/92) auf 66.934 (1914) – die Einwohnerzahl stieg einschließlich der Eingemeindungen von 180.020 (1890) auf 444.900 (1914) – trug auch zu einem Wandel in der Zusammensetzung der Stadtverordneten-Versammlung bei[160]. Waren es 1891 noch 25 Abgeordnete aus dem Wirtschafts-, 22 aus dem Bildungs- und 9 aus dem Kleinbürgertum von insgesamt 57 Stadtverordneten, die sich um die Belange der Kommune bemühten, so nahm 1912 der Anteil der beiden einkommenstärksten Gruppierungen – Wirtschaftsbürgertum (27) und Bildungsbürgertum (19) – zusammengenommen in relativer Größenordnung (bei insgesamt nun 71 Stadtverordneten) zugunsten von

157 HStA Wi 407/42.

158 D. Schneider, 100 Jahre SPD, 1969, S. 52. Die Mitgliederentwicklung im Detail s. V. Eichler, 1983, S. 250. Zur Parteiorganisation der Frankfurter SPD um die Jahrhundertwende s. ders., 1983, S. 245ff. Die Vernachlässigung der Stadtteil- und Wohnbezirksebene als Begründung für eine vergleichsweise schwache Mitgliederentwicklung vor der Jahrhundertwende anzusehen, mag nicht unbedingt überzeugen, denn warum soll hier etwas von der SPD erwartet werden, was bei anderen Parteien auch nicht vorzufinden war. S. ders., S. 251.

159 Dazu s. W. R. Krabbe, 1989, S. 110ff.

160 Eine Verfünffachung der Wahlberechtigten ging mit einem Bevölkerungswachstum – die Eingemeindungen mitberücksichtigt – von etwa 150% einher. S. Verwaltungsbericht des Magistrats für 1892/93, S. 10f. und Stat. Handbuch, 1928, S. 450. Vgl. S. Wolf, 1987, S. 130.

Kleinbürgertum (19) und Arbeiterschaft (5) ab[161]. Mehr und mehr zogen sich Kreise der wirtschaftsbürgerlichen und bildungsbürgerlichen Elite aus der Kommunalpolitik zurück, und die Berufe des Handwerks, der Industrieproduktion und des Kleinhandels traten an ihre Stelle. Veränderungen hatten sich damit zwar angekündigt, aber noch kein struktureller Wandel.

2.10. „Städtebau" aus Sicht des „städtischen Bürgertums" und der Bewohner des Stadtteils

Alle Einwohner gehörten zur Stadtgemeinde, aber die politische Willensbildung war gebunden an die preussische Staatsbürgerschaft und das Bürgerrecht[162]. Politikfähig war, wer Wohnung, eigenes Haus oder Gewerbebetrieb in einem Frankfurter Stadtteil hatte oder ein Jahreseinkommen von M. 1.200 nachweisen konnte. 1890/91 war fast jeder dritte männliche Einwohner über 24 Jahren, der einen eigenen Haushalt führte, wahlberechtigt. Dieser Stadtdurchschnitt galt auch im großen und ganzen für die (neustädtische) Innenstadt, das Äußere Sachsenhausen und die nordöstliche Außenstadt. In der westlichen, nordwestlichen, nördlichen und östlichen Außenstadt war bereits jeder zweite Haushalt wahlberechtigt; diese Stadtteile waren also die einkommensstärksten Frankfurts. Im altstädtischen Teil Sachsenhausens war hingegen bloß jeder vierte Haushalt, im traditionellen Zentrum Frankfurts sogar nur jeder fünfte wahlberechtigt, so auch in Bornheim[163]. Eines zeigen diese Angaben deutlich: Das Stadtwachstum brachte einkommensbessere Einwohner in die Außenstädte; die der traditionellen Wohngebiete wie Altstadt, Alt-Sachsenhausen und Bornheim hingegen kämpften um ihre Identität. Doch tiefgreifende Krisenerfahrungen besitzen eine Mobilitäts- und Schubkraft, wie sie für die Bildung von sozialen Bewegungen nötig sind. Gerade in den traditionellen Stadtteilen Frankfurts war der Bedarf nach einem stadtteilbezogenen Bezirksverein[164], der sich um die städtebaulichen und infrastrukturellen Belange vor Ort kümmerte, am größten.

Sicher, das Leben auf der Straße, wo tagtäglich eine Menge von Menschen umherläuft, zur Arbeit geht und von der Arbeit nach Hause kommt, also in ein Netz von alltäglichen Verrichtungen eingebunden ist, dieses Leben, das allen Städtern gemein-

[161] Zahlen sind anhand der Mitglieder-Verzeichnisse der Stadtverordneten-Versammlung zusammengestellt. S. Mitt.Prot.StVV., Jg. 1891 und 1912. Vgl. Angaben bei W. Steitz und W. R. Krabbe, 1985, S. 425.

[162] S. Beiträge zur Stat., 1. H., 2. T., 1895, S. 69f. und F. Adler, 1906, S. 105f.

[163] Nach: Beiträge zur Statistik 1. H., 2. T., 1895, Tab. 19, S. XXXII und Tab. 36, S. LXV. Vgl. auch: Ebd., S. 79.

[164] Nach dem preussischen Gemeinde-Verfassungsgesetz von 1867 sollten die Mitglieder von Bezirksvereinen ehrenamtlich und unabhängig von Religion und Weltanschauung oder Parteizugehörigkeit für die Interessen ihres Wohnbezirks eintreten. Sie stellten das Reservoir für die zu wählenden Stadtverordneten ihres Stadtteils dar, die ihrer Tätigkeit nach unpolitischem Selbstverständis nachzugehen hatten.

sam ist, fand nicht unbdingt das Hauptinteresse der lokalen Parteivereine. Das Deuten und Hinweisen auf stadträumlichen Gegebenheiten, kurz: das Öffentlichmachen von unzureichenden Verkehrswegen und Straßen blieb den Bezirksvereinen überlassen oder einzelnen Personen, die mithilfe der Petition[165] Kollektivaktionen initiierten. Ein wesentlicher Unterschied allerdings bestand zwischen den beiden Kommunikationsmedien: Die Bezirksvereine legten Wert auf wahlberechtigte Mitglieder, das Medium der Petition dagegen war allen Einwohnern offen[166].

Wirtschaftlicher Fortschritt und industrieller Aufschwung machten schnellere und bessere Kommunikationsmöglichkeiten erforderlich. Da die kommunalen Investitionen für Straßenbau den innerstädtischen Kommunikationsverhältnissen nachhinkten, zogen Beschwerden über unzureichende Straßenverhältnisse immer weitere Kreise. Petition und Bezirksverein wurden zum Medium der Krisenbewältigung. Auf diesem Wege wurden kollektive Identitätsmuster angelegt und der Prozeß der Demokratisierung forciert, und zwar über das bloße Artikulieren von Ansprüchen und Forderungen; die Rhetorik offenbarte hierbei Erwartungen und Krisenerfahrung in der alltäglichen Lebensbewältigung zugleich. Ein Beispiel: 1884 beklagten Bewohner des Wohnumfeldes der Berger Straße, *wozu namentlich auch ganz Bornheim gehört,* in einer Petition die unzureichenden Straßenverhältnisse in ihrem Stadtteil. Man verwies auf eine Verkehrszählung des Jahres 1876, die für die Berger Straße die zweithöchste Frequenz im außenstädtischen Bereich erbracht haben soll. Danach haben 987 Arbeiter täglich die Bergerstraße passiert; in der Bockenheimer Landstraße hätte man dagegen nur 572 Fußgänger auf dem Weg zur Arbeit gezählt. Die Petenten versprachen sich infrastrukturelle Besserung entweder durch Anbindung ihrer Straße an die Zeil oder durch die Verbreiterung der Vilbelergasse. Im geheimen hofften sie auf die Verbreiterung ihrer Gasse zu einer Straße, zumal dies auch für den gesamten Stadtverkehr von Vorteil sei[167]. Die Bewältigung alltäglicher Lebenszusammenhänge war Hauptmotiv für diese und viele andere öffentliche Äußerungen.

Das Medium „Petition", gemeinhin als ein traditionelles Mittel des Appells angesehen, kann als quasi-institutionelle Form der politischen Artikulation und Aktion angesehen werden[168]. Sicher, es sind Unterschiede zu berücksichtigen im Hinblick auf Motiv und Interesse derjenigen, die auf gesellschaftlich relevante Erfahrungsdefizite aufmerksam machen. So sind z.B. Grundstücks- und Hauseigentümer von planerischen Überlegungen oder gar städtebauwirksamen Entscheidungen der

165 H. Best, 1982, S. 118. Die Petition, die als Partizipationsform keineswegs ausdrücklich verfassungsmäßig verankert war, aber in seiner herrschaftssichernden Komponente erkannt und deshalb auf informellem Wege rechtliche Zustimmung fand, gewährt Einblick in politische Bewußtseins- und Verhaltensformen der unterschiedlichsten Gesellschaftsgruppen.

166 Einzelheiten zu den Bezirksvereinen s. insbesondere in Kapitel 5.

167 StVV-Akten Nr. 541, 116ff.

168 J. Raschke, 1985, S. 278.

Gemeindevertretung ganz anders tangiert, als Mieter und einkommensschwache Bevölkerungskreise. Eigentum begünstigt eben auch Machtpositionen. Es kann deshalb nicht verwundern, wenn Geschäftsinhaber, Hausbesitzer und Eigentümer von Produktionsstätten am häufigsten als Erstunterzeichner von Petitionen auftraten; man kann sogar davon ausgehen, daß sie auch in den meisten Fällen die Initiatoren solcher Aktionen waren. Eigentümer von Handwerksbetrieben und Einzelhandelsgeschäften wandten sich auf diese Weise an den Magistrat oder Stadtverordneten-Versammlung mit der Bitte, diese mögen sich für bessere „Erreichbarkeiten" einsetzen, denn mit Stadtwachstum und zunehmender Industrialisierung würden räumliche Entfernungen in ihrer zeitlichen Alltagsbewältigung immer lebensnotwendiger angesehen werden müssen[169], und dies betraf alle Einwohner und nicht nur den Stadtbürger.

Deshalb soll hier auch das „Bürgertum" als offene Sozialformation in seiner heterogenen Zusammensetzung von wirtschaftlich Selbständigen in Handwerk und Handel, der freien Berufe wie Künstler, Unternehmer und Kapitalrentner, aber auch der wirtschaftlich Unselbständigen wie Beamte, Akademiker und ausgebildete Angestellte aufgefaßt sein[170]. Einerseits lebte in ihm das Bewußtsein der überkommenen Stadtbürgerschaft, andererseits sprengten Wirtschafts- und Stadtwachstum tradierte Werte und Normen und es entwickelte sich allmählich ein Verständnis von Bürgertum, das unabhängig von rechtlichen Unterschieden, aber auch gerade deswegen, zum Träger des Demokratisierungsprozesses wurde[171].

Sicher, über die Petition war Teilnahme an Planungsprozessen nicht zu erlangen, zumal nicht-organisierte oder unzureichend organisierte Bedürfnisartikulation immer in Gefahr war, in der Erkenntnis der individuellen Ohnmacht zu enden. Dagegen war der mögliche Erfolg oder gar die bloße Beachtung eher zu erzielen, wenn ein Verein auftrat. Tatsächlich wurde die Relevanz der stadtteilbezogenen Vereinsarbeit im Wilhelminischen Frankfurt innerhalb weniger Jahre erkannt. Nach der Jahrhunderwende, also mit zunehmender Politisierung der kommunalen Arbeit, wurde der Institution „Bezirksverein" die Aufgabe zugewiesen, organisierte Interessenvertretung eines Stadtteils zu sein. In einer Sitzung der Stadtverordneten-Versammlung[172] kam es sogar soweit, daß die Bezirksvereine für Versäumnisse im Bereich der infrastrukturellen Daseinsvorsorge verantwortlich gemacht wurden.

[169] S. Sozialpolitisches Centralblatt Nr. 45, 7.8.93.

[170] Zum Thema Bürgertum als Gegenstandt der Forschung mit methodologischen Hinweisen s. M. Rainer Lepsius, Bürgertum als Gegenstand der Sozialgeschichte, in: Sozialgeschichte in Deutschland Bd. IV, hrsg. v. W. Schieder u. V. Sellin, Göttingen 1987, S. 61–80, hier 61f. Desweiteren: Ders., Zur Soziologie des Bürgertums un der Bürgerlichkeit, in: J. Kocka, 1987, S. 79–100.

[171] M. R. Lepsius in: W. Schieder/V. Sellin, S. 69 und bürgerliche Gesellschaft als Kultur in ihrer dialektischen Ausformung von Identität und Distinktion s. Wolfgang Kaschuba, Deutsche Bürgerlichkeit nach 1800. Kultur als symbolische Praxis, in: Bürgertum im 19. Jahrhundert, hrsg. v. Jürgen Kocka, unter Mitarbeit v. U. Frevert, Bd. 3, München 1988, S. 9–44, hier S. 18.

[172] Bericht über die Verhandlungen d. StVV, Nr. 1226 vom 6.12.1910, S. 1525f.

Wie die kommunalen Entscheidungsträger, hatten auch die Bezirksvereine zur Absicherung ihrer Forderungen gern das Schlagwort vom „Allgemeinwohl" verwandt. Damit trugen sie zur zwiespältigen Ideologiebildung insoweit bei, als sie für ihre Mitglieder vorgaben, Gesamtinteressen zu formulieren, die in der Außenbeziehung jedoch meist als Sonderinteresse anzusehen waren[173]. Der Verein repräsentiert somit den Wunsch nach Willensbildung und Mitgestaltung[174], d.h. letztlich nach Integration in die bürgerliche Gesellschaft[175].

Seit den 1880er Jahren hatten sich Vereine in loser Verbindung zu den örtlichen Parteiorganisationen[176] einen kommunalpolitischen Handlungsspielraum geschaffen, so daß sie nicht zu Unrecht als Strukturprinzip der bürgerlichen Gesellschaft[177] angesehen wurden. Sie leisteten den entscheidenden Beitrag zur „Fundamentaldemokratisierung"[178] in einer sich entwickelnden Industriegesellschaft. Dem Bezirksverein muß aber auch das Attribut des Elitebildners angeheftet werden, wie auch noch zu zeigen sein wird[179].

Da die vorliegende Arbeit der Frage nachgeht, wie und warum die Bezirksvereine der Stadtteile Themen des Städtebaus und der Stadtplanung zu ihrem Anliegen zu machen suchten, ist die perspektivische Einstellung nochmals vergrößert, denn wir wechseln von der Gesamtansicht Stadt auf das einzelne Wohnquartier über. Aber auch das irrationale Element wird freigelegt, weil von den Bewohnern das unmittelbare, überschaubare Wohnumfeld und die Nachbarschaft zunächst einmal emotional bewertet werden, und Appellen und Forderungen ist es eigen, daß sie auch Empfindungen widerspiegeln.

Nicht nur die sozialstrukturelle Zusammensetzung eines Viertels wird an der Arbeit eines Bezirksvereins abzulesen sein, indem man Petitionen, Schriften und Rechenschaftsberichte der Vereine nach dem Gesichtspunkt der Fachkundigkeit

[173] G. Schulz, Über Entstehung und Formen von Interessengruppen in Deutschland seit Beginn der Industrialisierung, in: Interessenverbände, hrsg. v. H. J. Varain, Köln 1973, S. 25–54, hier. S. 28. Der Bockenheimer Bezirksverein gab 1913 eine Resolution heraus, *von Bürgern aller Stände* verabschiedet, s. StA Ffm. StVV 867, 62.

[174] K. Tenfelde, 1976, S. 51f.

[175] Zum Aspekt der Verbürgerlichung s. K. Tenfelde, 1982, S. 122; s. auch: J. Mooser, 1984, S. 229; J. Kocka, 1987, S. 42ff.; ders., 1988, Bd. 1., Einleitung, S. 11–78, insbes. S. 32–39; Th. Nipperdey, 1976, S. 190; ders., 1987, S. 143ff.; H. U. Wehler, Wie bürgerlich..., 1987, S. 243–280; M. Rainer Lepsius, Zur Soziologie des Bürgertums und der Bürgerlichkeit, in: J. Kocka, 1987, S. 79–100, 82; H.-G. Haupt, Kleine und große Bürger in Deutschland und Frankreich am Ende des 19. Jahrhunderts, in: Bürgertum ..., hrsg. v. J. Kocka, Bd. 2, München 1988, S. 252–275, hier S. 269 und Utz Haltern, Bürgerliche Gesellschaft, Darmstadt 1985.

[176] Zur Beziehung zwischen Parteien und Bezirksvereinen s. J. J. Sheehan, 1978, S. 237. Vgl. G. Schulz, a.a.O., S. 33 und Th. Nipperdey, Die Organisationen, 1976, S. 281.

[177] K. Tenfelde 1984, S. 110 und ders. Erinnerungsarbeit... 1982, S. 119.

[178] K. Tenfelde 1984, S. 111 und P. Steinbach, 1982, S. 10ff.

[179] K. Tenfelde, 1984, S. 110–114. Vgl. H. J. Siewert, 1984, S. 159f. und S. 175; Blackbourn 1980, S. 95; H. Dunckelmann, 1975, S. 177; Th. Nipperdey, Die Organisationen, 1976, S. 281 und G. Schulz, 1973, S. 33.

sprich: Rationalität beurteilt, sondern es wird auch erkennbar, inwieweit Stadtteilinteressen und -bedürfnisse in die städtebauliche Planung eingegangen sind. Der jeweilige Erfolg wird aber auch vom Grad der Organisation abhängig gewesen sein. Damit im Zusammenhang steht auch die Frage, inwieweit sich Stadtverordnete aus den Bezirksvereinen rekrutierten und inwieweit die Tendenz der zunehmenden Politisierung daran festzustellen ist. Welche Themen im Mittelpunkt standen, welche Tendenzen sichtbar, welche Bereiche unter Umständen herausgestellt oder gar ausgespart wurden, welche eigentlichen Handlungsmotive sich dahinter verbargen, welche soziale Stellung und welche Reputation den Agierenden zukam, – all das soll näher untersucht werden. Das Hauptaugenmerk soll aber auf die kollektiven Interessen, also z.B. auf die Petitionen gerichtet sein, die *Aufschluß über die Verbindung von Lebenslage, subjektiver Befindlichkeit und politischer Artikulation zu geben*[180] wissen.

[180] P. Steinbach, 1982, S. 11.

3. Die Staffel-Bauordnung und Frankfurts räumliche Neuordnung

ADICKES verstand Städtebau als „handlungsbezogene Disziplin", der es darum geht, räumliche Erfahrungen zu systematisieren[1]. Zwei Planungsinstrumente sollten hierbei ineinandergreifen – der *Fluchtlinienplan*[2] und die Bauordnung[3].

Mit dem Fluchtlinienplan, er kann als Vorläufer des heutigen Bebauungsplanes angesehen werden, war den Kommunen lediglich der Zugriff auf die in den Straßenraum fallenden Grundstücksflächen gewährt, d.h. sie konnten keinen Einfluß nehmen auf die Gestaltung und Bebauung jenseits der Fluchtlinie. Tatsächlich war Straßenplanung im Wortsinne Fluchtlinienplanung und sorgte auf diese Weise für den Grundriß der Stadt[4]. Für den Aufriß hingegen stellte die Bauordnung die Rahmenbedingungen. Über den Erlaß von Sicherheitsvorschriften für die Nutzung von Hofraumflächen, Gebäudehöhe und -abständen und der Feuersicherheit von Treppen und Decken soll städtisches Wohnen und Leben gewährleistet sein[5]. Aus Sicht des Städtebauers könnte man sagen, daß die Bauordnung als Planungsinstrument gegenüber dem Fluchtlinienplan den Vorteil hat, daß sie klar in ihrer Aussage und ihren Bestimmungen ist und keine alternativen Entwicklungen offenhält[6].

Die ersten Praktiker und Theoretiker des wissenschaftlich begründeten Städtebaus versuchten auf unterschiedlichsten Wegen die negativen Begleiterscheinungen des Urbanisierungsprozesses planerisch zu kanalisieren. Ganz allgemein kann gesagt werden: Die einen verstanden Städtebau im wohnungspolitischen Sinne, ihr Haupt-

1 G. ALBERS, Entwicklungslinien ..., 1975, S. 84.

2 Der preussische Staat übertrug 1875 seinen städtischen Gemeinden das Recht, Straßenplanungen in eigener Regie vorzunehmen. Dazu s. H. CROON, Staat und Städte... in: G. FEHL/J. RODRIGUEZ-LORES (Hrsg)., Stadterweiterungen 1800–1875, Hamburg 1983, S. 55–80.

3 Zur städtebaulichen Bedeutung der Bauordnung im Wilhelminischen Deutschland s. G. PICCINATO, Städtebau in Deutschland 1871–1914, Genese einer wissenschaftlichen Disziplin, Braunschweig und Wiesbaden 1983, S. 103.

4 Stefan FISCH hat anhand der Münchener Stadtplanung unter Oberbaurat RETTIG, ab 1893, die Definition von Bebauungsplan nachgewiesen, wie sie auch für ADICKES maßgeblich war. Er (RETTIG, J. R. K.) *unterschied grundsätzlich das endgültig-detaillierte Einzelprojekt in Form eines rechtsgültigen Alignement- oder Baulinienplans (oder, in heutiger Terminologie, eines Bebauungsplans) von dem nur die Verwaltung bindenden ... Stadterweiterungsprojekt oder Gesamtplan oder Generalbaulinienplan.* STEFAN FISCH, Stadtplanung im 19. Jahrhundert. Das Beispiel München bis zur Ära TH. FISCHER, München 1988, S. 215.

5 So die Ansicht zeitgenössischer Liberaler. S. dazu H. BECHTEL bei HELLMUT WOLLMANN, Städtebaurecht und privates Grundeigentum, in: Kommunalpolitik, hrsg. v. H. G. WEHLING, Hamburg 1975, S. 193f.

6 G. PICCINATO, a.a.O., 1983, S. 104.

vertreter war RUDOLF EBERSTADT, andere eher im Sinne von Stadtplanung, hierzu ist sowohl der technizistische als auch der gestalterisch-künstlerische Ansatz zu zählen. ADICKES jedenfalls verstand sich als Stadtplaner und stützte sich in seinem Planungsdenken auf R. BAUMEISTER und J. STÜBBEN[7]. Doch zu neu waren die Erkenntnisse der Wissenschaft „Städtebau", als daß sich schon klar und eindeutig formulierte Positionen gegenübergestanden hätten. Ein Hauptunterschied bestand allerdings darin, daß EBERSTADT[8] den Bebauungsplan als hauptsächliches städtebauliches Instrument angesehen hat, wohingegen BAUMEISTER[9] und STÜBBEN[10] den Planungsschwerpunkt auf die Bauordnung legten. Daß sich der Kommunalpolitiker ADICKES zunächst darum bemühte, über das Planungsinstrument der Bauordnung in die gemischte und verdichtete Struktur des Stadtraumes einzugreifen, erscheint naheliegend. Hauptmotiv war hierbei, wie schon erwähnt, die Sicherung der gesellschaftlichen Ordnung, die durch die Folgen von Industrialisierung und Bevölkerungswachstum in hygienischer Hinsicht gefährdet erschien[11]. Die Ursache der allgemeinen Wohnungsnot sah ADICKES in einem ganzen Bündel von aufeinander einwirkenden Faktoren, nämlich den zu teuren Baukosten, die Bauwillige vom Bauen abhielten, in zu hohen Grundstückspreisen und Erschließungskosten, in der großen Nachfrage

7 G. FEHL teilt sie in drei Gruppen ein: Stadtplanung, Wohnungsbau und Stadtbaukunst. S. ders., Stadtbaukunst contra Stadtplanung in: Stadtbauwelt 65, 1980, S. 37f. Vgl. G. ALBERS, Wandel und Kontinuität im deutschen Städtebau, Stadtbauwelt 57, 1978, S. 14ff. Als der wichtigste Vertreter von Stadtbaukunst wird C. SITTE angesehen, insbesondere mit seiner Monographie: Der Städtebau nach seinen künstlerischen Grundsätzen, 1889. Doch Hinweise auf ihn finden sich in ADICKES' Schriften nicht. Zu C. SITTES Selbstverständnis von Stadtbaukunst s. G. FEHL, C. SITTE als *Volkserzieher.* Anmerkungen zum deterministischen Denken in der Stadtbaukunst des 19. Jahrhunderts, in: ders. u. J. RODRIGUEZ-LORES, Städtebau um die Jahrhundertwende, Köln, Stuttgart, Berlin u.a. 1980. S. 172–221.

8 R. EBERSTADT, Bauordnung und Volkswirtschaft, Berlin 1909, S. 8f.; ders., Grundsätze der städtischen Bodenpolitik, in: Jahrbuch f. Gesetzgebung, Verwaltung und Volkswirtschaft im Deutschen Reich, 17. Jg., 1893, S. 235–251, bes. S. 236f.; ders., Die Spekulation im neuzeitlichen Städtebau, Jena 1907, S. 142f.

9 R. BAUMEISTER, Die Erleichterung und Vereinfachung der baupolizeilichen Vorschriften für kleine Wohnungen, in: Bericht des Vereins f. Förderung des Arbeiterwohnungsweses, Frankfurt a. M. 1901, S. 35–45; ders., Bauordnung und Wohnungsfrage. Berlin 1912; ders., Die Abstufung von Bauordnungen f. den Stadtkern, Außenbezirk und Vororte, in: Centralblatt der Bauverwaltung, Berlin 1892 (Bd. 12).

10 Josef STÜBBEN, Stadtbauplan und Stadtbauordnung in besonderer Rücksicht auf die Ermöglichung guter und billiger kleiner Wohnungen, in: Technisches Gemeindeblatt, Nr. 18 u. 19, 1898, S. 273ff und S. 294ff.; ders., Die neue Baupolizeiordnung für die Berliner Vororte v. 5.12.1892, in: Blätter f. soziale Praxis, 1. Jg., v. 25.1.1893, S. 29ff.; ders., Über den Zusammenhang zwischen Bebauungsplan und Bauordnung, Berlin 1909 und ders., Die Bedeutung der Bauordnungen und Bebauungspläne für das Wohnungswesen, Göttingen 1902. Vgl. G. PICCINATO, 1983, S. 103ff.

11 Den gesundheitspolitischen Aspekt von Stadtplanung findet man ausgearbeitet bei: HEIDE BERNDT, Hygienbewegung des 19. Jahrhunderts als vergessenes Thema von Stadt- und Architektursoziologie, in: Die alte Stadt, 14. Jg., 1987, S. 140–163; MARIANNE RODENSTEIN, Mehr Licht ..., Frankfurt a. M. 1988 und J. Rodgriguez-Lores, Stadthygiene und Städtebau. Zur Dialektik von Ordnung und Unordnung in den Auseinandersetzungen des Deut. Vereins f. öffentliche Gesundheitspflege 1861–1901, in: ders. / G. FEHL, 1985, S. 19–58.

nach Wohnraum, die sich im Verbund mit Grundstücksspekulation und unzureichend genutzter baurechtlicher Steuerungsmöglichkeiten in der in allen Städten Deutschlands feststellbaren Wohnungsnot widerspiegelten[12]. Mithilfe einer gestaffelten Bauordnung sollte Frankfurts Stadtraum baurechtlich in unterschiedliche Nutzungsräume eingeteilt werden, aber damit nicht genug: ADICKES' planerische Antwort auf Verdichtung und Ballung war die *weiträumige Bebauung*[13]. Die Progagierung des Leitbildes der *weiträumigen* oder *offenen Bauweise* wurde von R. BAUMEISTER und J. STÜBBEN als städtebauliches Mittel gegen das *Mietskasernen-System* empfohlen[14].

Doch Frankfurts städtebauliche Erschließung mithilfe des Fluchtlinienplans soll in Kapitel 4 zum Thema gemacht werden. In diesem Kapitel steht die zu Beginn der 1890er Jahre eingeführte Staffel-Bauorndung im Mittelpunkt der Betrachtung. Hat sie zur Modernisierung des städtischen Lebens beigetragen? Wie diese baurechtliche Innovation in der lokalen Öffentlichkeit zum Thema der Stadtpolitik gemacht wurde, welche Interessen und Bedürfnisse sich artikulierten und inwieweit sie kollektive Handlungsweisen motivierte, welche Fronten sich warum in den Debatten abzeichneten und welche sozialen Folgen sie zeitigte, all das soll im folgenden dargelegt werden.

3.1. Die Bauordnung als Mittel der städtebaulichen Modernisierung

Die Bauordnung von 1884 hatte den gesamten Stadtraum Frankfurts baurechtlich als Einheit aufgefaßt. In praktischer Konsequenz hieß das: ein Gewerbeunternehmen konnte sich überall ansiedeln, auch in unmittelbarer Nachbarschaft zu den Wohnquartieren. Und die Anzahl der Unternehmen wuchs, die industrielle Produktionsverfahren anzuwenden suchten. Sie waren dann in die Rolle des Ruhestörers gedrängt, wenn Lärm und Luftverschmutzung in den engen Stadtvierteln die Wohnbevölkerung belästigte. Eine ganze Reihe von Beschwerdebriefen und Petitionen erging in den 1880er und 1890er Jahren an Magistrat und Stadtverordneten-Versammlung, um ein Verbot der gewerblichen Produktion im Stadtgebiet zu erwirken[15]. Die räumliche Trennung von Lebensbereichen wie Wohnen und Arbeiten

12 F. ADICKES, Die Wohnungsfrage und die städtischen Verwaltungen, in: Die Förderung des Arbeiterwohnungswesens, Frankfurt a. M. 1900, S. 27f.

13 F. ADICKES, „Stadterweiterungen“, in: Handwörterbuch d. Staatswissenschaften 7. Bd., 3. Aufl., Jena 1911, S. 780–794, hier S. 784. Dieser Aufsatz ist eine veränderte und erweiterte Fassung seines Beitrages: Die Notwendigkeit weiträumiger Bebauung ... (1895).

14 Dazu s. R. BAUMEISTER, Stadterweiterungen in technischer, baupolizeilicher und wirtschaftlicher Beziehung, Berlin 1876, S. 80f.; J. STÜBBEN, Handbuch der Architektur, Stuttgart 1907, S. 9ff.; F. ADICKES, Die unterschiedliche Behandlung der Bauordnungen für das Innere, die Außenbezirke und die Umgebung von Städten, Braunschweig 1893. Vgl. GERHARD FEHL/JUAN RODRIGUEZ-LORES, Aufstieg und Fall der Zonenplanung, in: Stadtbauwelt 73, 1982, S. 45ff und G. PICCINATO, 1983, S. 65ff.

15 S. Mag.Akt T 278, 67f. und T 1025, 15ff und 75.

wurde von immer mehr Stadtbewohnern als eine unabdingbare Voraussetzung für urbanes Wohnen angesehen.

Der Tiefbau-Ausschuß berichtete am 15.11.1890 an den Magistrat[16], daß es im Interesse der Allgemeinheit erforderlich sei, den Stadtraum nach unterschiedlich zu nutzenden Bezirken einzuteilen, um den vielfältigen Aktivitäten im Stadtraum, aber auch den verschiedenen Wohnbedürfnissen der Bewohner gerecht werden zu können. Auf keinen Fall sollten industrielle Produktionsstätten das städtische Wohnen gefährden, ein striktes Verbot dieser Anlagen in qualitativ gehobenen Wohnvierteln deshalb rechtlich abgesichert werden. Es wird hervorgehoben, daß eine enge Beziehung zwischen Bauordnungsrecht und Bebauungsplan als städtbaulich günstig angesehen wird und zukünftige Planungsüberlegungen dies nicht ignorieren dürften. Hierbei war in erster Linie daran gedacht, das städtebauliche Leitbild der *offenen Bauweise* baurechtlich zur Geltung kommen zu lassen. Es galt, den Aufriß der Stadt nach bestimmten Kriterien zu ordnen, das bereits Entstandene zu schützen, wobei hier in erster Linie an das Charakteristische der Villenviertel gedacht war[17]. Die Bewertung der einzelnen Stadtteile erfolgte deshalb zunächst nach der Qualtität des Wohnumfeldes. Damit waren der Nordwesten, das gesamte Westend, als einzelne Straße wurde lediglich die Bürgerstraße genannt, der Röderberg im Osten, einzelne Areale im Äußeren Sachsenhausen entlang des Schaumainkais und der Forsthausstraße, das Gebiet zwischen Mörfelder- und Darmstädter Landstraße und der Mühlberg als Villenviertel ausgewiesen, zumal geographische und klimatologische Gegebenheiten diese Gebiete begünstigten. Diese Vorgehensweise kannte man bereits seit den 1870er Jahren oder genauer: Seit R. Baumeisters grundlegender und vielgerühmten Publikation[18] aus dem Jahre 1876.

Die Baudeputation machte sich diese Planungsprämissen zu eigen[19]. Doch noch galten die Vorschriften der Bauordnung von 1884. Innerhalb weniger Jahre hatte sie

[16] Dort heißt es: *Das allgemeine Interesse einer großen Stadt fordert abgesonderte charakteristische Bezirke, worin die Nachbarn gleichartige Zwecke mit ihren Bauten verfolgen und jeder vor Störungen möglichst sichergestellt ist. Es muß daher das Bestreben vorhanden sein, bei weiterer Ausdehnung der städtischen Bebauungspläne bzw. des Baugeländes diesem Aussichtspunkt Rechnung zu tragen. Man muß den Bürgern die Gelegenheit und Möglichkeit bieten, zu wohnen wie es ihm die Mittel erlauben ohne daß sie durch das Getöse und den Rauch von Fabriken oder sonstigen gewerblichen Betrieben gestört werden; weshalb Anlagen dieser Art von den sog. Villenvierteln auszuschließen sein dürften ...* Mag.Akt. T 693/I, 29ff.

[17] Kriterien hierbei waren: Hohe, freie Lage, Aussicht aufs Gebirge oder ins Maintal, Nähe des Waldes oder des Mainflusses, und die bereits vorhandene Bebauung, so daß folgende Stadtteile bzw. Straßen für die Villenbebauung vorgeschlagen wurden:
A. In der Gemarkung: a. der Nordwesten, b. das Westend und als Einzelstraße vermerkt, die Bürgerstraße c. der Röderberg im Ostend
B. Sachsenhäuser Gemarkung: a. Schaumainkai und Forsthausstraße; b. das Areal zwischen Mörfelder- und Darmstädter Landstraße und c. Gebiet Mühlberg. Ebd., 30f.

[18] R. Baumeister, Stadterweitung in technischer, baupolizeilicher und wirtschaftlicher Beziehung, Berlin 1876.

[19] S. Bericht der Baudeputation v. 3.2.1891 und 16.4.1891, Mag.Akt. T 692/III.

sich in ihren städtebaulichen Nachteilen offenbart: der Bautyp des fünfstöckigen Hauses der Innenstadt schien sich in allen Stadtteilen durchzusetzen und selbst in den weniger besiedelten Stadtgegenden wurde das verdichtete Wohnen in Vorder- und Hinterhäusern auf engstem Raum kopiert[20].

Nach langwierigen Vorverhandlungen zwischen städtischem Gesundheitsrat[21], dem Frankfurter Architekten- u. Ingenieur-Verein[22], dem Verein der verschiedenen Baugewerke, dem Reichsministerium für öffentliche Arbeiten, der preußischen Bezirksregierung in Wiesbaden und dem Magistrat kam es am 20.6.1891 zur Vorlage eines *Entwurfes einer Polizei-Verordnung betr. das Bauen in der Außenstadt* in der Stadtverordneten-Versammlung. Der Entwurf war von einer wenige Wochen vorher gebildeten sog. *gemischten Kommission*, zusammengesetzt aus Mitgliedern des Magistrats und der Stadtverordneten-Versammlung, erarbeitet worden. Diese neue Verordnung[23] sah vor, daß in der Außenstadt, dem Stadtgebiet also im Anschluß an die Innenstadt, *strengere Vorschriften* des Bauens zu gelten hätten als im Zentrum Frankfurts. Das *wertvollste Grundstück in der engbebauten Altstadt* sollte nicht mehr länger dem *durchaus geringwertige(n) Feldgrundstück* gleichgesetzt werden. Die *Gleichstellung* von städtischem Grund und Boden entspreche nicht den unterschiedlichen Wohnbedürfnissen. Der Kommissions-Bericht fordert zwar die Differenzierung des Stadtraumes, räumt aber gleichzeitig ein, daß die außenstädtischen Wohnungen aufgrund der niedrigeren Grundrentenerwartung keineswegs schlechter seien, *ja sie mögen insofern noch besser sein, als sie unmittelbar an noch freies Feld stoßen*[24]. Die gesamtstädtische Gleichbehandlung von Grund und Boden, wie sie in der Bauordnung von 1884 angestrebt wurde, begünstige lediglich die Grundstückseigentümer und schaffe langfristig altstädtische Verhältnisse der Wohn- und Bebauungsdichte in den anderen Stadtteilen. In der Altstadt selbst könnten dagegen die *hygienischen Anforderungen immer nur mit steter Rücksichtnahme auf den einmal vorhandenen hohen Grundstückswert zur Anwendung gelangen*[25].

Die Bauordnung von 1884 hatte wie gesagt das fünfstöckige Gebäude gesamtstädtisch zugelassen, eine Grundflächenzahl (GFZ) von 0,75 war gestattet, weil man auf diese Weise glaubte, Mietpreissenkungen am ehesten erreichen zu können. Nach heutigen Anforderungen für Wohngebiete liegt die Grundflächenzahl bei 0,4, in

20 Zur wohnungspolitischen und rechtlichen Bedeutung dieser Bauordnung s. W. BANGERT, 1937, S. 34ff.; K. FLESCH, Die Wohnungsverhältnisse in Frankfurt a. M. 1886, S. 61 und WOLF-E. SCHULZ-KLEESSEN, Die Frankfurter Zonenbauordnung von 1891 als Steuerungsinstrument. Soziale und politische Hintergründe in: J. RODRIGUEZ-LORES und G. FEHL, (Hrsg.), Städtebaureform 1865–1900, Teil 2, 1985, S. 315–342, hier 334f.

21 Mag.Akt. T 693/I, 56f.

22 Mag.Akt. T 693/II.

23 Mag.Akt T 693/I, 91 und HStA Wi. Abt. 407/503.

24 Bericht des Mag. an StVV 1891/92 (Verwaltungsbericht), 1892, S. X.

25 Ebd.

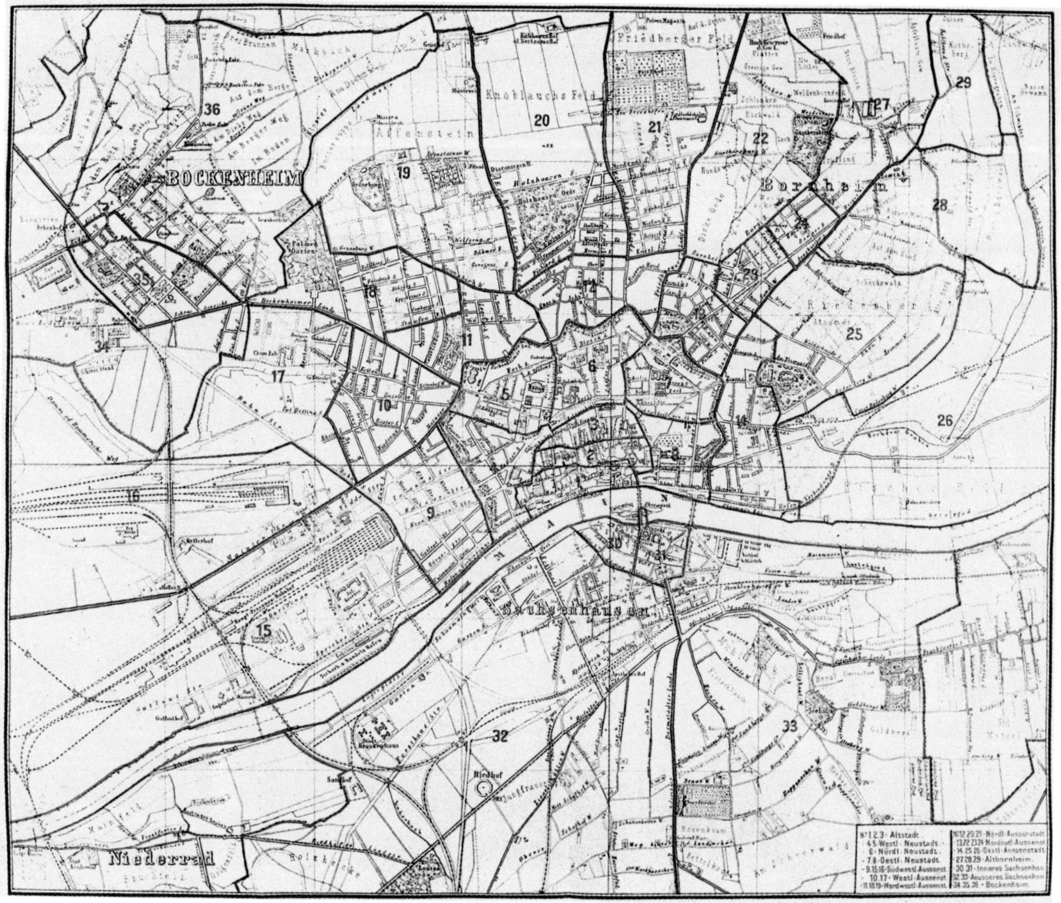

Abb. 1 „Eintheilung der Stadt Frankfurt a. M. in 36 statistische Bezirke", ca. 1895, Institut für Stadtgeschichte, Mag. Akte 493 I

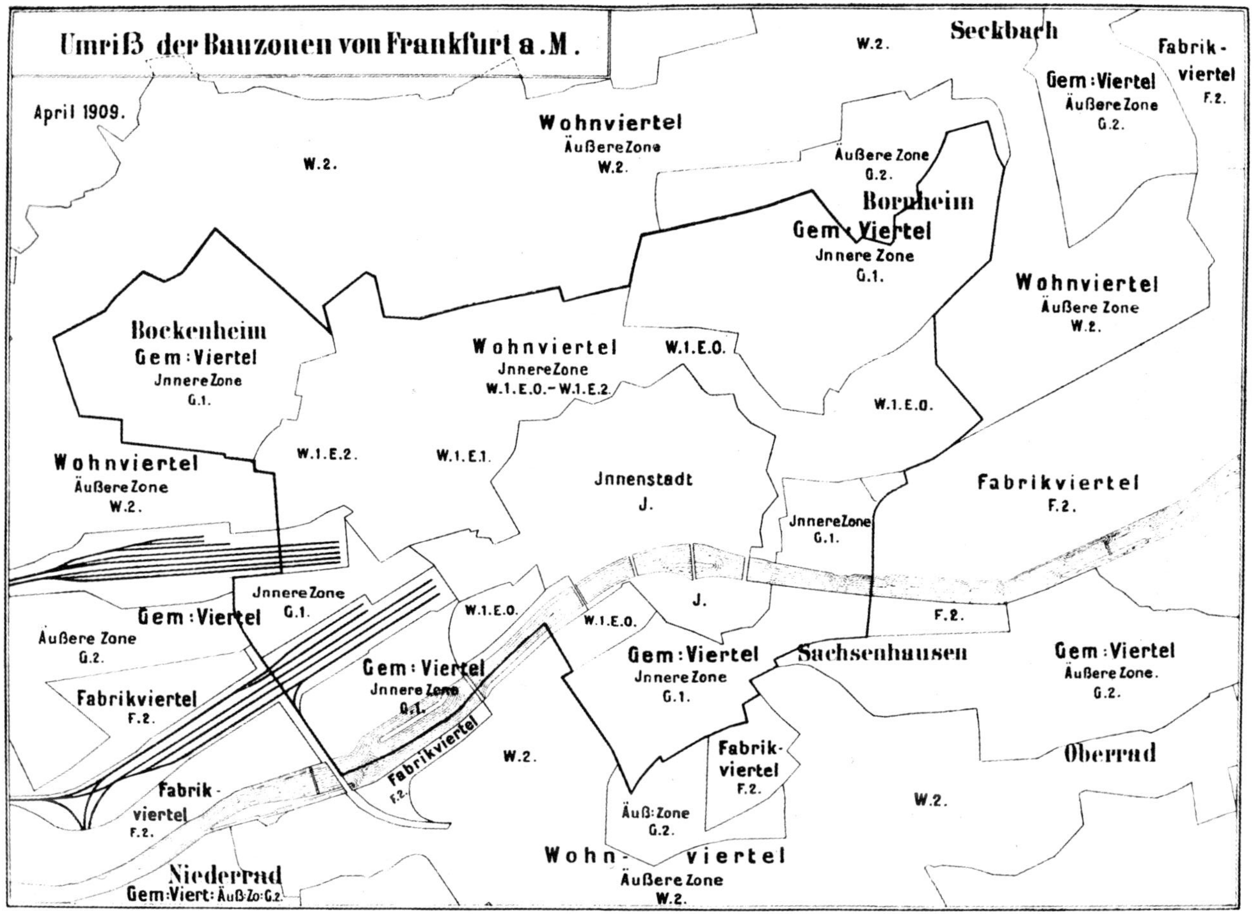

Abb. 2 Bauzonen 1909, Beiträge zur Statistik der Stadt Frankfurt a. M., NF. 6, 1909, S. 83

Industriegebieten bei 0,8. Planungsziel der Bauordnung von 1884 war, Stadtentwicklung nach dem Prinzip der Vereinheitlichung zu ordnen, sie war also gegen den städtebaulichen Wildwuchs und seinen kaum auszumachenden Einfluß auf die Mietpreise gerichtet[26]. Doch bis 1890 hatten sich die stadträumlichen Verhältnisse kaum zum Vorteil entwickelt, im Gegenteil: Haus- und Grundeigentümer profitierten von den baurechtlichen Rahmenbedingungen, und ökonomische Verwertungsinteressen von Grund und Boden bedrohten den Bestand der bevorzugten Wohngebiete. Der städtebauliche Mißerfolg zwang also zum Umdenken und zum Handeln.

Die neue Bauordnung von 1891 ging deshalb vom Grundprinzip der unterschiedlich zu nutzenden und deshalb auch unterschiedlich zu bebauenden Stadträume aus. Sie differenziert diese aber nicht nur nach Außenstadt und Innenstadt, vielmehr wurde das gesamte Stadtgebiet jenseits der Innenstadt nach dem Gesichtspunkt der *zonalen Nutzung* in die Bereiche des Wohnens, der Industrieproduktion und der kleingewerblichen Produktion mit der Wohnmöglichkeit in unmittelbarer Nachbarschaft eingeteilt. Die drei Zonen *(Wohn-, Industrie- und gemischte Viertel)* wurden dann nochmals in sich in einen äußeren und inneren Bereich in Nutzungsvarianten eingeteilt; daher dann die spätere Bezeichnung der *Staffel-Bauordnung*[27]. Für den Stadtkern, d.h. die Altstadt unter Einschluß der südwestlichen Innenstadt bis zum 1888 eröffneten Hauptbahnhof und Alt-Sachsenhausens, wurde 1897 eine gesonderte Bauordnung erlassen[28].

Weil die Bestimmungen der Bauordnung von 1884 *die Frankfurter Außenstadt als … Gartenstadt zu zerstören*[29] drohte, war also ein Umdenken im Planungshan-

[26] W. Bangert, 1937, S. 35.

[27] Ursprünglich wurde sie Zonen-Bauordnung genannt, bald aber als Staffelbauordnung bezeichnet. Dazu s. J. Stübben, 1896 und G. Fehl/J. Rodriguez-Lores, Aufstieg und Fall …, 1982, S. 448.

[28] Nach Magistrats-Antrag vom 13.3.1896. S. Mitt.Prot.StVV., Nr. 255 vom 24.3.1896, S. 188ff. Hauptbestreben dieser Bauordung war es, *Verbesserung der gesundheitlichen Verhältnisse* unter *tunlicher Schonung der berechtigten Interessen des Grundbesitzes* zu erreichen. S. Verwaltungsbericht 1895/96, 1896, S. 184. Bei der Formulierung des Entwurfs hatte sich der Magistrat auf die fachwissenschaftlichen Empfehlungen R. Baumeisters gestützt. S. Schreiben der Baudeputation an Magistrat vom 10.4.93. in: Mag.Akt T 692/III und Mitt.Prot.StVV., Nr. 255, 24.3.1896, S. 189f. Besondere Berücksichtigung fand die Normale Bauordnung (Berlin), aber auch die Regelungen von Leipzig und Altona, die auf Besserung der Wohnverhältnisse durch baurechtliche Festlegung von Gebäudehöhe, Hofraum und Gebäudeabstand abzielten. Dem Arch.- und Ing.Verein kam es im Schreiben an Magistrat vom 6.2.1892 darauf an, die Bebauungsfähigkeit der Innenstadt präziser zu fassen als bisher, sprach sich aber gegen verschärfende Baubestimmungen aus, s. Mag.Akt. T 692/III. Zur Innenstadt-Bauordnung s. auch Mitt.Prot.StVV., Nr. 255 vom 26.3.1896, S. 188–253.

[29] Kleine Presse v. 26.6.1891, zitiert nach: HStA. Wi., Abt. 407/503. Der Bezirksverein Nordwest kündigte bereits 1890 an, daß er in der Öffentlichkeit für die Wiedereinführung des Bauwichs und die stärkere Einschränkung der Bauausnutzung eintreten wolle. Die Bestimmungen der Bauordnung v. 1884 wurden mitverantwortlich gemacht, daß das Villenviertel in seiner Wohnqualität in Frage gestellt war. S. Mitteilungen des Bezirksvereins Nordwest, Nr. 5, 1890, S. 3. Auch in Mitteilungen Nr. 7, 1892, S. 2. Der Bezirksverein Sachsenhausen kritisierte die dicht geschlossenen Straßenzüge, die die 1884er Bauordnung begünstigt haben soll und zählt ihr gegenüber die Vorteile der Staffelbauordnung auf: größere Hofflächen, Beschränkung von Geschoßflächenzahl und Gebäudehöhe. S. Bericht des Bezirksvereins Sachsenhausen 1897, 1898, S. 9.

deln nötig geworden oder anders ausgedrückt: es wurde mehr und mehr anerkannt, daß der Industrie Ansiedlungsflächen nach planerischen Gesichtspunkten zugestanden werden müßte. Bisher hatte man Industrieunternehmen mehr oder minder an die Vororte verwiesen, nun waren Siedlungsflächen für industrielle Nutzung im Stadtraum Frankfurts bereitzustellen. Die Ausweisung von Industriegebieten im rechtsmainischen Südwesten der Stadt, westlich der Galluswarte, mit der Mainzer Landstraße als Hauptverkehrsstraße, ein zweites Industriegebiet im Osten zwischen Main und Röderberg und ein drittes im Äußeren Sachsenhausen, macht deutlich, daß neben dem Schutz bürgerlicher Wohnkultur nun auch die Industrieförderung Eingang fand in großstädtisches Planungsdenken. Der Entwurf von 1891 war als *Ergänzung* der Bauordnung von 1884 angesehen worden, d.h. die neuen Bestimmungen sollten zunächst probeweise zur baurechtlichen Anwendung kommen.

Nach Jahren des verdichteten Bauens wurde der Bauwich zu einer zentralen Größe der neuen Bauordnung[30]. In sieben Unterpunkten versuchte man bis ins kleinste die Variationen der Gebäudeabstände je nach Wohnlage festzulegen; So sind z.B. die Bestimmungen für die *gemischten Viertel* nach *Gebäudehöhe und Anzahl der Wohngeschosse ..., Zugänglichkeit und Stellung der Hintergebäude ... Hofraum* (Art. 5–7) dezidiert dargelegt, um sich dann den *verunstaltende(n) Anlagen, Stallungen und dergl. im allgemeinen* (Art.8) *und den einzelnen Bautypen und ihrer Beschaffenheit zuzuwenden* (Art.9–12). Einer der wichtigsten Vollzugsbestimmungen war der Art. 13, denn er regelte die *Dispens*-Bestimmungen[31].

Die Wiedereinführung des Bauwichs entsprach der wieder populär gewordenen offenen Bauweise in den Wohngebieten[32], ebenfalls die Einschränkungen im Bereich der Hinterhof-Bebauung bei gleichzeitiger Erleichterung für den Bau von Einfamilienhäusern. Für den gesamten Bereich der Frankfurter Außenstadt war die 4-stöckige Bebauung das Maximum, die Angaben über die Freiflächengestaltung bzw. Wohndichte staffelte sich nach verschiedenen Abstufungen. Die Geschoßzahl eines Gebäudes bzw. dessen Höhe richtete sich nun nach der Straßenbreite[33]. Hier wurde die Bauordnung in funktionale Beziehung zum Bebauungsplan gebracht, wie überhaupt diese Staffel-Bauordnung eine sehr starke Verschränkung von Baurecht und Stadtbauplan herzustellen versuchte. Der Fluchtlinienplan oder, wenn auf Stadtteile zugeschnitten, der Generalbaulinienplan, sollte den *einigermaßen einheitlichen*

30 Mag.Akt. T 693/I.

31 Vgl. A. Weiland, Die Frankfurter Zonenbauordnung von 1891 – eine fortschrittliche Bauordnung? in: J. Rodriguez-Lores u. G. Fehl (Hrsg.), Städtebaureform 1865–1900, Bd. 2, 1985, S. 343–388.

32 Zu den Bestimmungen im einzelnen: Mitt.Prot.StVV., Nr. 500 vom 30.6.1891, S. 228.

33 Bei einer Gebäudehöhe von 10 m mußte die Straßenbreite 8 m mindestens betragen. Bei 13 m – Straßenbreite von 8–9 m, bei 14 m Gebäudehöhe – 9–10 m Straßenbreite, bei 16 m Höhe – 10–13 m Breite, bei 18 m – 13–16 m, bei 20 m Höhe – 16 m, s. Mag.Akt. T 692/III.

Charakter der einzelnen Stadtteile ermöglichen[34]. Leitbild war hierbei wie gesagt die offene Bauweise. Ihr galt die städtebauliche Förderung und deshalb die entsprechende baurechtliche Vergünstigung[35].

3.2. Die Staffel-Bauordnung in der öffentlichen Auseinandersetzung

Die Reform des Baurechts war nicht ohne staatliche Aktivität zustande gekommen. Noch in der Zeit von Oberbürgermeister MIQUEL hatte das königliche Polizeipräsidium beim Frankfurter Magistrat um ein Gutachten *betr. die enge Bebauung der Grundstücke in hiesiger Stadt*[36] nachgefragt. Der Frankfurter Gesundheitsrat trat deshalb zusammen und schloß sich den Empfehlungen des Tiefbau-Ausschusses an, das Stadtgebiet baurechtlich nach gestaffelten Zonen einzuteilen[37].

Zur Frage der rechtlichen Zuständigkeit: Baurechtsfragen gehörten ursprünglich in den Bereich der Baupolizei und damit fielen sie in das staatliche Aufgabenfeld. Da vor Ort besser einzuschätzen, wurde den Gemeinden angetragen, sog. Ortsstatute in staatlicher Absprache zu erlassen. Damit waren sie dem „übertragenen Wirkungskreis" der Gemeindearbeit zuzuordnen, zumal ja auch kommunale Rechte im Bereich der Fluchtlinien-Planung immer tangiert waren. Jedoch – und das war den Stadtverordneten ein Dorn im Auge – fiel das staatlich verordnete Baurecht in das Exekutivrecht des Oberbürgermeisters[38]. Noch 1888 war ein preußischer Ministererlaß ergangen, der die Übergabe baurechtlicher Kompetenzen an Magistratsmitglieder bzw. Baudeputationen verbot und eindeutig die Verantwortung dem Oberbürgermeister zuwies. Erst durch die Entscheidung des Oberverwaltungsgerichts v. 8.7.1890 wurde dem Magistrat das Recht eingeräumt, städtebauliche und baurechtliche Aufgaben einer Baudeputation übertragen zu können[39]. Auf diese Weise waren

34 Erster Bericht der gem. Alignements- und Bauordnungs-Kommission v. 30.6.91, Druckfassung S. 4, Mag.Akt. T693/I, 91ff. Vgl. hierzu auch: Frankfurter Zeitung, Nr. 176 v. 25.6.1891, in: HStA Wi., Abt. 407/503.

35 Mitt.Prot.StVV., Nr. 500 vom 30.6.1891, S. 229. Die Bauordnung vom 13.10.91, erstmals revidiert zum 4.1.1894, wurde nochmals 1897 überarbeitet. Veränderungen gegenüber 1891: Bei einer Gebäudehöhe von 10,5 m mußte Straßenbreite 8 m betragen. Dies kam einer Ermäßigung gleich; für die anderen Maßeinheiten traten eher Verschärfungen ein. Verwaltungsbericht 1897/98, 1898, S. 226f.. S. auch Mitt.Prot.StVV., Nr. 483, vom 22.6.1897, S. 273f.

36 Verwaltungsbericht 1890/91, S. 293 und Referat v. MIQUEL 1886, 1887, S. 15.

37 Schon 1889 war um Abänderung der Art. 10 und 32 von Seiten der städtischen Baupolizei nachgefragt und die Einführung der offenen Bauweise in einzelnen Stadtteilen empfohlen worden. Vgl. Mag.Akt. T 693/I.

38 G. ALBERS, Wandel und Kontinuität ..., 1978, S. 428; R. HARTOG, Stadterweiterungen, 1962, S. 82ff.; G. PICCINATO 1983, S. 103–113; W. KANTZOW, Stadtentwicklung und Bodeneigentum, Diss. Gießen, 1979, S. 221. Zu den Frankfurter Verhältnissen: Die hygienischen Einrichtungen Frankfurts, bearbeitet unter Mitwirkung v. BEHNKE, LINDLEY und SPIESS, Ffm. 1888.

39 StA Ffm. StVV-Akten Nr. 1547.

wenigstens einige wenige Stadtverordnete an der Ausarbeitung von Baubestimmungen beteiligt, die Institution der Stadtverordneten-Versammlung an sich war jedoch weiterhin von der Mitsprache ausgeschlossen.

Doch eines sollte an dem Urteil des Gerichts deutlich geworden sein: Man war mehr und mehr geneigt, dem durch Industrialisierung und Verstädterung bewirkten kommunikativen Wandel realpolitisch Rechnung zu tragen. Nur bei strenger Auslegung ihres Aufgabenfeldes, konnte sich die ADICKES-Administration den Forderungen der Stadtverordneten nach mehr Mitsprache widersetzen. Daß sie es versuchte, heißt noch lange nicht, daß es kommunalpolitisch opportun war[40].

3.3. Hauseigentümer und Bauunternehmer wehren sich

Am 12.2.1891 stellte der Stadtverordnete und Architekt SEEGER den Antrag auf Revision der Bauordnung von 1884, betont aber, daß *auch das bauende Publikum ... mit Recht eine bestimmtere Fassung des größten Teils der Vorschriften (verlange)*[41]. Oberbürgermeister ADICKES teilte daraufhin mit, daß die Magistrats-Kommission mit diesem Sachverhalt beschäftigt, vorerst aber mit einer Regelung noch nicht zu rechnen sei. Im übrigen habe er Verständnis für die Sorgen von Architekten und Bauherren. Dann – nachdem die Debatte auszuufern drohte – gab er den Stadtverordneten zu verstehen, *daß die Bauordnung als Polizeiverordnung zu ändern beabsichtigt sei, zu welcher der Stadtverordneten-Versammlung ein Zustimmungsrecht nicht zustehe*[42]. Die Stadtverordneten wollten diese einschränkende Auslegung des Gemeindeverfassungs-Gesetztes nicht ohne weiteres hinnehmen und beantragten Überprüfung durch den Rechts-Ausschuß.

Unabhängig vom Streit um Mitspracherechte bleibt festzuhalten, daß ADICKES aus strategischen Gründen den eigentlichen Stand der Vorarbeiten verschwieg. Denn die Lobby der Haus- und Grundstückseigentümer im Stadtparlament war groß und privatwirtschaftliche Verwertungsinteressen verstellten den Stadtverordneten nicht selten den Blick für den Gesamtzusammenhang von städtebaulicher Planung. Ein zuviel an Information hätte dazu beigetragen, die Grundstücksspekulation anzufachen, und genau der galt es, ADICKES entgegenzuarbeiten, wenn städtebauliches Planen nicht auch noch mit zusätzlichen finanziellen Unwägbarkeiten rechnen

40 Der Vorwurf gegenüber Magistrat, die Stadtverordenten-Versammlung nicht genügend in die öffentliche Entscheidungsfindung eingebunden zu haben, gehörte jedenfalls zur Rhetorik der lokalen Auseinandersetzungen. Dazu s. Blätter f. soziale Praxis, Nr. 30 vom 26.7.1893, S. 35. S. auch Mitt.Prot.StVV., Nr. 446 vom 13.7.1893, S. 218.

41 Mitt.Prot.StVV., Nr. 119, v. 17.2.91, S. 50.

42 Ebd.

wollte[43]. Doch ADICKES' Verschwiegenheit weckte andererseits wieder Hoffnungen in der Frankfurter Wohnbevölkerung, denn, gestützt auf Äußerungen bekannter Städtebauer wie z.B. STÜBBEN glaubte man, in der Bauordnung das Allheilmittel gegen die städtische Wohnungsnot ausgemacht zu haben[44]. ADICKES trat diesen Erwartungen entschieden entgegen, auch um bei eventuellem Mißerfolg nicht gänzlich die Legitimationsgrundlage für eine abgestufte Bauordnung entzogen zu bekommen. Eine restriktivere Bauordnung werde zwar unweigerlich Wertsteigerungen von Grund und Boden erschweren, nicht aber die Wohnungsnot beseitigen. Die Bauordnung könne zur Besserung der Wohnqualität beitragen, keineswegs aber die Entwicklung der Mietpreise beeinflussen. Doch dies überzeugte Frankfurts Öffentlichkeit keineswegs, zu neu und unerforscht war noch das Beziehungsgeflecht von Immobilienmarkt, Mietpreisgestaltung und Baukonjunktur, kurz: es herrschte große Unklarheit und Unsicherheit über Bedeutung und mögliche Auswirkungen der Staffel-Bauordnung.

Aufklärungsarbeit war zu leisten und hier fand die ADICKES-Administration Unterstützung in den vielen Frankfurter Lokalzeitungen, besonders durch die liberale Frankfurter Zeitung (FZ). ADICKES war eben auch Stratege. Er war darum bemüht, die *Zeitungs-Öffentlichkeit* für sein Anliegen zu gewinnen, also wandte er sich an die Frankfurter Zeitung, da seiner Meinung nach *sehr verkehrte Ansichten im Publikum verbreitet*[45] seien, denen er entgegenzutreten beabsichtige. War diese erste Information der FZ im allgemeinen gehalten, so folgte tags darauf ein gründlich ausgearbeiteter Sachbericht, der sich im Detail mit den Bestimmungen des Bauwichs, der Geschoßflächen- und der Grundflächenzahl auseinandersetzte[46], doch war der Schreiber sichtlich darum bemüht, keine eigene Stellungnahme abzugeben. Am 27. Juni folgten nun die anderen wichtigen Zeitungen Frankfurts wie die Kleine Presse, ein lokaler Ableger der Frankfurter Zeitung, der Frankfurter Generalanzeiger und das Frankfurter Journal[47].

43 Vgl. B. SCHILLING und J. STÜBBEN, Die Bauordnung, in: Neue Untersuchungen über die Wohnungsfrage, in: Schriften d. Vereins f. Sozalpolitik XLV, Bd. 1, Leipzig 1901, S. 198.

44 Ebd., S. 198f. und Debatte bei einer Versammlung des Demokratischen Vereins s. Bericht in: Kleine Presse Nr. 55, 6.3.1901, S. 6. Weiter: J. STÜBBEN, Die Bedeutung der Bauordnungen und Bebauungspläne für das Wohnungswesen, Göttingen 1902. Dort stellt er den Zusammenhang zwischen Bauordnung und Wohnungfrage her: *Die Wohnungfrage ist deshalb im wesenlichen keineswegs eine Baukostenfrage, sondern,* wie R. BAUMEISTER mit Recht sagt, *vorzugsweise eine Bodenfrage oder – wenn ein neues Schlagwort gestattet wird – eine Bauordnungsfrage.* Zitiert nach: H. J. TEUTEBERG u. C. WISCHERMANN, Wohnungsalltag ..., 1985, S. 165.

45 Zitiert nach Frankfurter Zeitung Nr. 176 v. 25.6.91 s. HStA Wi. Abt. 407/503. Es ist wahrscheinlich, daß der Stadtverordnete Dr. GEIGER, der dem Fortschrittsverein angehörte, legitimiert war, den Bericht an die Presse weiterzugeben. Es war nicht selten der Fall, daß hierbei die demokratisch-liberale Frankfurter Zeitung und die Kleine Presse zuerst bedacht wurden.

46 FZ Nr. 177 v. 26.6.91 nach: HStA Wi., Abt. 407/503.

47 S. HStA Wi. Abt. 407/503.

Das nationalliberal orientierte Frankfurter Journal identifizierte sich am stärksten mit dem Entwurfs-Papier; es war ja auch von einer nationalliberal dominierten *gemischten Kommission* erstellt worden. Lediglich gegen Ende des langen, zweispaltigen Artikels begnügt man sich mit dem vorsichtigen Hinweis, daß die Vorlage *in den Kreisen der Grundbesitzer und Bauunternehmer auf Widerspruch zu stoßen scheine*[48] und macht auf die bevorstehende öffentliche Veranstaltung des Kaufmännischen Vereins aufmerksam, die eigens wegen dieser zu verabschiedenden Staffel-Bauordnung organisiert wurde.

Der bevorzugt von Konservativen gelesene General-Anzeiger dagegen konnte mit seiner Kritik nicht hinter dem Berg halten: *Wie aus der Pistole geschossen, erscheint plötzlich auf der Bildfläche ein neues Baustatut, das, wie man annimmt, schon in den nächsten Tagen den Gegenstand einer Vorlage an die Stadtverordneten- Versammlung bilden soll. Die Sache wurde seither ganz im Geheimen und in aller Eile betrieben und scheint es auf eine große Überraschung für die hiesige Bürgerschaft abgesehen. Nach allem, was trotzdem bis jetzt von dieser neuen Vorlage in die Öffentlichkeit gedrungen, wird das neue Statut zu einer förmlichen Revolution im hiesigen Bauwesen führen und eine einschneidende Veränderung aller hiesigen Grundstücksverhältnisse im Gefolge haben*[49].

Die Redaktion des General-Anzeigers sieht in der Auseinandersetzung um die neue Bauordnung die Konfliktursache in dem Abwägen zwischen Privat- und Gemeinwohl-Interesse. Die vorhergehende Bauordnung von 1884 wurde als *unklar und unpräzise* in ihren Bestimmungen bewertet, sie habe den eigentlichen *Kriegszustand zwischen den Baubehörden und dem Baupublikum* verursacht. Diesem Zustand ein *Ende zu machen*, sei im Interesse der *Baulustigen*. Doch mit dem neuen Entwurf *habe man das Kind mit dem Bade aus(ge)schütte(t)*. Die Bürgerschaft sei zuwenig zu diesem Sachverhalt gehört worden, so daß den kommunalen Institutionen die Legitimation fehle.

Während sich die konservative Presse offen gegen die Magistratspolitik ausspricht, bemüht sich die demokratisch-liberale – Frankfurter Zeitung und deren lokaler Ableger, die Kleine Presse – um zurückhaltend-sachliche Darstellung des Entwurfs und Wiedergabe unterschiedlicher Stellungnahmen. Gerade über diese Methode der Informationspolitik haben diese beiden Zeitungen zur Ausweitung der Öffentlichkeitsarbeit beigetragen. Nach dem Grundsatz, alles zu publizieren, was zur Demokratisierung der städtischen Gesellschaft beiträgt, wurden zahlreiche Leserbriefe abgedruckt[50].

48 Ebd., Frankfurter Journal Nr. 469, v. 27.6.91.

49 General-Anzeiger, Nr. 148 v. 27.6.91, zitiert nach HStA Wi. Abt. 407/503.

50 Kleine Presse Nr. 149, v. 28.6.91, nach: HStA Wi. Abt. 407/503.

Eine Protest-Versammlung vom 27.6.1891, organisiert vom Kaufmännischen Verein[51], wurde nach Einschätzung des General-Anzeigers mit ca. 180 Interessenten als schwach, nach der der Kleinen Presse als gut besucht bewertet. Während diese zurückhaltend berichtet, überwiegt bei jener der konfliktfreudige Sprachstil. Die Redner des Abends waren sowohl Hauseigentümer als auch Bauunternehmer. Die vom Magistrat vorgetragene Begründung der Bauordnung aus sozialpolitischer Absicht wurde an diesem Abend in das Gegenteil verkehrt, indem man vorgab, die neuen Bestimmungen wären nicht nur für die Grund- und Hausbesitzer von Nachteil, sondern auch für die kleinen Leute, also die Mieter. Diese Argumentationsstrategie offenbart eindeutig ihren rhetorischen Charakter: Denn Stadthonoratioren waren als Fürsprecher für Tagelöhner und ungelernte Arbeiter bislang nicht aufgefallen; nun befürchteten sie gar deren Wegzug. Oder sprachen sie hier als Vermieter und sorgten sich um ihre Mieteinahmen?

Der offensiven Stadtpolitik des Magistrats trat man also mit Skepsis entgegen, weil Bauherrn, Vertreter der Gewerke und Hauseigentümer in der Vergangenheit gewohnt waren, daß die Kommunalpolitik ihren Interessen zu entsprechen habe. Die Teilnehmer besagter Versammlung jedenfalls traten für das Beibehalten des 5-stöckigen Wohnhauses ein, weil in den obersten Stockwerken der billige Wohnraum für die einkommensschwächeren Bevölkerungskreise vorhanden wäre. Während ein Redner dem Magistrat die Legitimation absprach, da er sich hier in staatliche Kompetenzgebiete eingemischt habe, glaubte ein anderer betonen zu müssen, daß die Stadtverordneten die Vorlage in ihrer kommunalpolitischen Tragweite gar nicht erkannt hätten. Die Einwände beschränkten sich auf den Hinweis, daß die Grundstückseigentümer in ihren Rechten, die einkommensschwache Wohnbevölkerung dagegen durch die ausstehende Erhöhung der Wohnungsmieten geschädigt würden.

Der Protest gegen die neue Staffel-Bauordnung war vielfältig; unterschiedliche Initiativen meldeten sich zu Wort; doch eine wirksame Koordination fand kaum statt. Die angestrebte baurechtliche Innovation rief zwar breiten und lautstarken Widerstand hervor, aber der Organisationsgrad des Protests war zu gering. Jedenfalls wurde eine weitere, ähnliche Veranstaltung im August 1891 von anderen Personen aus der Interessengruppierung von Haus- und Grundstückseigentümern, Bauunter-

[51] General-Anzeiger Nr. 150, v. 30.6.91 und Kleine Presse, Nr. 150 v. 30.6.91, s. HStA Wi., Abt. 407/503. Auf der Versammlung übernahmen die Herren Dr. WAGNER, SCHMIDT-DIEHLER, FUNK, HETTLER und J. FISCHER die Verantwortung für eine Resolution. Der Kaufmann FUNK war Stadtverordneter des Fortschrittsvereins, HETTLER sollte wenige Jahre später Stadtverordneter der kleinbürgerlich-konservativen Mittelstandspartei sein. Die liberale Frankfurter Zeitung und Kleine Presse hielten ihn für politisch *reaktionär.*

nehmern und Architekten vorbereitet und durchgeführt[52]. Ein Architekt ließ seine Zuhörer wissen, daß *nur durch eine Massenpetition ... Druck auf den Magistrat aus(zu)üben* sei. Nun versuchte man, die am 4. Juli 1891 von der Stadtverordneten-Versammlung und dem Magistrat verabschiedete Verordnung über Einschaltung staatlicher Instanzen zu torpedieren, indem eine entsprechende Petition an die *königliche Regierung* gerichtet wurde. In mindestens vier Punkten sah man die kommunale Kompetenz des Magistrats überschritten: 1. habe man nicht die preußische Regierung um Erlaß dieser unzulässigerweise verabschiedeten Bauordnung nachgesucht, 2. stünde sie deshalb im Widerspruch zur Bauordnung von 1884, 3. sei diese nicht explizit für rechtsungültig erklärt worden und daher bestünden nun zwei unterschiedliche Bauordnungen und 4. ohne entsprechende Regelung der Entschädigungsfrage sei das Privatrecht des Grundstückseigentümers verletzt worden. Diese Resolution wurde von den Anwesenden einstimmig angenommen und als Petition weitergeleitet. Die Versammlungsteilnehmer rief man dazu auf, bei den im Baugewerbe Beschäftigten um Unterschrift nachzusuchen und mitzuhelfen, daß bald weitere öffentliche Veranstaltungen dieser Art organisiert werden sollten. Die nächstfolgende Protest-Versammlung war bereits für den darauffolgenden Tag in Sachsenhausen angekündigt[53].

Der lokalpolitische Konflikt um die Staffel-Bauordnung spitzte sich zu, als folgende Zuschrift von Bauarbeitern an die sozialdemokratische Volksstimme erging und dort veröffentlicht wurde[54]: *Ein hiesiges größeres Baugeschäft (Alois Müller), machte am letzten Samstag seinen Arbeitern die keineswegs freudige Mitteilung, daß es von jetzt ab nur noch 35 Pfg. statt 40 Pfg. die Stunde bezahle. Als Ursache wurde das neue Baustatut angegeben, mit dem Bemerken, daß er, Alois Müller, den Schaden nicht tragen könne. Er stellte auch in sichere Aussicht, daß die übrigen Bauhandwerker, die er noch beschäftigt, in aller Kürze das gleiche Schicksal haben würden. Verschiedene andere Baugeschäfte sind bereits seinem Beispiel gefolgt. Wohin soll das führen?*

Die Sozialdemokraten Frankfurts taten sich schwer, eine eindeutige Argumentationsgrundlage zu finden. Ihrer Zeitung, der Frankfurter Volksstimme[55], war in den ersten sechs Wochen der öffentlichen Auseinandersetzung nichts zu diesem Thema zu entnehmen; dann aber kam es zum Abdruck einer anonymen *Zuschrift*, die in der Argumentationslinie mit der des General-Anzeigers in etwa übereinstimmte. Es

52 General-Anzeiger Nr. 186, vom 11.8.1891, in: Mag.Akt. T 693/I, 118a. Ebenso in : HStA Wi., Abt. 407/503. Diese Veranstaltung wurde geleitet von einem Herrn SCHENK, L. GOLDSCHMIDT. An der Debatte beteiligten sich noch Herr SCHWENNHAGEN, der Architekt JAKOBI, Prof. ZEHFUSS und der Bauunternehmer BALZER, der Mitglied des Fortschrittvereins war und wenige Jahre später Stadtverordneter wurde.

53 Ebd.

54 Frankfurter Volksstimme Nr. 185, vom August 1891, nach HStA Wi. Abt. 407/503.

55 Mitt.Prot.StVV., Nr. 185 vom 10.8.1891 und Nr. 191 v. 16.8.1891, nach HStA Wi. Abt. 407/503.

wird eine zu erwartende Verteuerung von Baugrundstücken prophezeit, die weiten Bevölkerungskreisen das Bauen unmöglich mache, da Grund und Boden für immer weniger Menschen ökonomisch erschwinglich bliebe. Andererseits müsse der bauende Mittelstand mit der Verringerung des Mietzinses wegen mangelnder Nachfrage rechnen, so daß mittelfristig die Lahmlegung der Bautätigkeit zu erwarten sei. Die Folge wäre, daß *hunderte von Arbeitern* entlassen werden müßten.

Wenige Tage später distanzierte sich die Redaktion von dieser negativen Einschätzung; nun begrüßt sie die einschränkenden Auflagen der Staffel-Bauordnung[56]: Das Festhalten am Leitbild der offenen Bauweise lohne sich, das hätten die gemeinnützigen Baugesellschaften bereits bestätigt. Der Autor des Artikels richtete einen allgemeinen Appell an die Gemeindeverwaltung, durch entsprechende Infrastrukturpolitik, d.h. durch Ausbau des Straßenbahn-Netzes, dazu beizutragen, daß sich dieses Leitbild verwirklichen lasse. Der Artikel schließt mit folgenden Überlegungen: *Und damit kommen wir zur prinzipiellen Beurteilung des neuen Status: Wer Verstaatlichung des Grund und Bodens fordert, tut das nicht aus Neid, aus Mißgunst gegen die Grundeingtümer, sondern weil er annimmt, daß eben nur die Verstaatlichung eine Benutzung des Grund und Bodens im allgemeinen Interesse ermögliche. Das neue Statut beschränkt die Willkür der Einzel-Eigentümer im allgemeinen Interesse; es zwingt den Einzelnen, sich mit der Bebauung und der Benutzung seines Terrains der Allgemeinheit unterzuordnen ... So ist es gewiß noch lange kein sozialistisches Statut; aber immerhin fehlt ihm nicht der Tropfen sozialistischen Öls, ohne den eine kommunale Einrichtung eben so wenig einen Fortschritt darstellen kann als eine politische ohne den bekannten Tropfen demokratischen Öls. Und deswegen verdient das Baustatut die Anerkennung auch seitens der Arbeiter ebenso, wie seiner Zeit die Errichtung des gewerblichen Schiedsgerichts und hernach die Fortbildungssschule ihre Anerkennung gefunden hat*[57].

Eines wird hier ganz deutlich: Industrialisierung und Verstädterung sind dabei, das Aufgabenfeld von Kommunalpolitik neu zu bestimmen. Wir stehen am Anfang der sich herausbildenden Leistungsverwaltung, die der modernen Gesellschaft Fortschritt und Wohlfahrt versprach. Dies wiederum beflügelte die Sozialisten und nährte deren Hoffnung, daß das Gemeinwesen „Stadt" eines Tagen munizipalsozialistisch geführt werden könnte.

Einigen Wirbel sollte dann die überarbeitete Fassung auslösen, die 1893 ohne kommunale Mitarbeit der Stadtverordneten im Anzeigeblatt veröffentlicht wurde[58]. Die Stadtverordneten WELB, C. STEINBRINCK und J. HARTMANN und fünf weitere Personen richteten eine Petition an den Bezirksausschuß[59]. ADICKES wird hierin nachgesagt, er habe *aus eigener Machtvollkommenheit* politisch gehandelt und bitten des-

56 Frankfurter Volksstimme Nr. 191 v. 16.8.1891.

57 Ebd.

58 Nach Mag. Akt. T 693/I, 191ff.

59 Ebd., 193–198, hier 198. Vgl. E. SCHULZ-KLEESEN, 1985, S. 350f.

halb um Aufhebung der revidierten Verordnung. Tatsächlich hatten Magistrat und städtische Baupolizei[60] eine Lösung ohne die Stadtverordneten gesucht. Auch auf die Proteste der Stadtverordneten-Versammlung hin, folgte der Magistrat seiner autoritären Handlungsstrategie und forderte den Bezirks-Ausschuß auf, die offizielle Beschwerde der Stadtverordneten zurückzuweisen, da *eine im Allgemeinen wohltätig wirkende und der Gesamtheit der Bewohner zu Gute kommende Verordnung außer Kraft zu setzten* nicht geduldet werden dürfe. Auf die Kritik in der Form, antwortet man inhaltlich. Der Magistrat war sich sehr sicher und empfahl der Kontrollinstanz, sie möge die *Beschwerdeführer* auf die Dispens-Möglichkeit im Konfliktfall hinweisen – womit der Willkür das Wort geredet war. Der Bezirksausschuß folgte dieser Empfehlung.

Dieser Vorfall zeigt in bezeichnender Art und Weise, wie Konflikte der Stadtpolitik zur Zeit von Oberbürgermeister ADICKES zu lösen versucht wurden: In der Methode autoritär-konservativ, auch wenn in der Sache die fortschrittlich-moderne Grundposition von ADICKES kaum zu leugnen ist. Worum ging es bei der Revision?

Nach der revidierten Fassung war vorgesehen, die *Benutzung* von neu angesiedelten Industrieanlagen dann zu untersagen, wenn in der innneren Zone nicht mindestens 20m, in der äußeren Zone der Außenstadt keine 40 m Bauabstand bestünden. Grundbesitzer, Bauunternehmer, Baugewerke und der Archikten- und Ingenieur-Verein ließen nichts unversucht, um ihre grundsätzlichen Vorbehalte gegen das neue, stadträumlich differenzierte Baurecht vorzutragen. Sie befürchteten die Schließung sämtliche(r) gewerbliche(r) Anlagen in Wohn- und gemischten Vierteln[61]. Diese Rhetorik war selbstverständlich vielseitig einsetzbar, so z.B. auch, um dem Magistrat industriefeindliches Verhalten nachzusagen[62], obwohl mit der Staffel-Bauordnung genau das Gegenteil beabsichtigt war – nämlich die Gewerbe- und Industrieförderung. Die verschärfenden Bestimmungen sollten jedenfalls nicht für bereits bestehende Industrieanlagen zur Anwendung kommen.

Der fortschrittsliberale Stadtverordnete Dr. GEIGER räumte zwar ein, daß die Petition voll von Übertreibungen sei, forderte aber den Magistrat auf, die Vorwürfe *sorgfältig* zu prüfen. Wichtiger war ihm aber, die Vorgehensweise des Magistrats kritisch zu beleuchten. Auch wenn dieser das Recht habe, Verordnungen ohne Einbeziehung der Stadtverordneten zu erlassen, so hielt er jeglichen Alleingang für politisch unopportun, zumal die ursprüngliche Verordnung gemeinsam verabschiedet worden sei: *Es sei bereits früher, und zwar mit vollem Recht, in der Versammlung darauf hingewiesen worden, daß es nicht korrekt erscheint, derartige weitgreifende Änderungen einseitig vorzunehmen, umsoweniger, als auf gemeinschaftlichen Beschluß ein gemischter*

60 Mag.Akt. T 693/I, 201ff.

61 StVV.Akt., Nr. 527, 27–351, 240. Vgl. auch die Petition vom Bauunternehmer F. RICHARD, in: Mag.Akt. T 693/I, 216.

62 Mitt.Prot.StVV., Nr. 514, v. 22.8.93, S. 248f.

Ausschuß zur Beratung der Bauordnung und der Fluchtlinienpläne eingesetzt sei, der noch bestehe, so daß es gewiß ein Leichtes gewesen wäre, wenigstens diesen Ausschuß zu hören und sich zu unterrichten, welche Gesichtspunkte bei den Technikern und Juristen desselben als maßgebend erachtet werden[63].

Der Magistratsvertreter in der Stadtverordneten-Sitzung, Bürgermeister HEUSSENSTAMM, rechtfertigte die Vorgehensweise des Magistrats ohne sich jedoch auf eine Auseinandersetzung einzulassen.

Der demokratisch gesinnte Stadtverordnete SONNEMANN gab vor, die Stadtentwicklungspolitik ADICKES' gutzuheißen, er hoffe aber, daß die Zusammenarbeit zwischen den beiden Institutionen der Gemeindepolitik wieder besser werde[64]. Ohne Frage hatte SONNEMANN die Handlungsweise ADICKES' in ihrer Ursächlichkeit nicht erkannt. Denn noch vor Inkrafttreten der Zonen-Bauordnung von 1891 hatte dieser in der Stadtverordneten-Versammlung den Antrag auf Konstituierung eines Gemischten Ausschusses gestellt, der sich allein mit Fragen der Bodenvorratspolitik beschäftigen sollte[65]. Vordringliche An- und Verkäufe von Grundstücken hätten dann aufgrund entsprechender städtebaulicher Prämissen, möglichst unter Ausschaltung der preistreibenden Grundstücksspekulation, ohne Rücksprache mit der Stadtverordneten-Versammlung vollzogen werden können. Doch die Stadtverordneten reagierten kleinmütig. Sie wollten in dem Vorschlag den Versuch erkannt haben, ihre Rechte einzuschränken. So lehnten sie ADICKES' Antrag ab. Auch ein wiederholter Anlauf über den Stadtverordneten DRILL scheiterte[66]. Die Vertrauensbeziehung zwischen Magistrat und Stadtverordneten-Versammlung war gestört. Kein Wunder, denn ADICKES ließ keine Gelegenheit aus, um die Stadtverordneten-Versammlung auf ihr eingeschränktes Mitspracherecht in Bauordnungs-Fragen hinzuweisen[67].

Doch ADICKES hielt an seinen verwaltungsorganisatorischen Plänen fest. Nun suchte er, die bereits bestehende gemischte Kommission *Revision der Bebauungspläne und Bauordnung* für die vorbereitenden Planungsaufgaben zu gewinnen, was ihm auch gelang. Die Verzahnung der beiden städtebaulichen Instrumente Bauordnung und Bebauungsplan wird hier offensichtlich. Die Staffelbauordnung kann deshalb durchaus im Sinne einer sich in Anfängen befindlichen vorbereitenden Bauleitplanung verstanden werden, wobei der Bebauungsplan als das Medium angesehen werden könnte, das ihr Verbindlichkeit zukommen läßt.

63 Ebd., S. 249. Vgl. die Kritik im allgemeinen in: Blätter für soziale Praxis, Nr. 30 vom 26.7.93, S. 35. 6 Jahre später stellt sich GEIGER auf den Standpunkt des Magistrats, indem er den Bereich der Bauordnungsfragen allein in dessen Kompetenz verlegt. Mitt.Prot.StVV., Nr. 20 v. 3.1.99, S. 13.

64 Ebd.

65 Mitt.Prot.StVV., Nr. 329 v. 21.4.91, nach: StVV.Akt., Nr. 849.

66 Mitt.Prot.StVV., Nr. 590, v.21.7.91 nach: StVV.Akt., Nr. 849.

67 Mitt.Prot.StVV., Nr. 483 vom 22.6.97, S. 27.

Zu Beginn seiner Frankfurter Amtszeit versuchte ADICKES, Politik im Alleingang zu betreiben. Auch wenn sein Durchsetzungspotential groß war, so hatten ihn die stadtpolitischen Auseinandersetzungen in wenigen Wochen eines besseren belehren müssen. ADICKES zeigte sich versöhnlich und forderte im Mai 1891 die Mitglieder der gemischten Kommission auf, zum Thema „Baurecht" in eine Generaldebatte zu treten, weil er nicht vorhabe, die Staffel-Bauordnung gegen die Stadtverordneten-Versammlung durchzusetzen[68]. In gleicher Sitzung – bestehend aus: 9 Stadtverordneten, 5 Stadträten, 2 Stadtbauräten und dem Oberbürgermeister, meldete der Fortschrittsliberale DR. GEIGER Bedenken an[69]: Die Rechte der privaten Grundstückseigentümer stünden der Differenzierung des Stadtraumes nach Aktivitäten wie Fabrikarbeit (Fabrikviertel), Kleingewerbe-Produktion (gemischtes Viertel) und Wohnen (Wohnviertel) entgegen und deshalb sei die Zustimmung der Kommissionsmitglieder *im Allgemeinen ohne praktischen Wert.* Um die zu erwartenden Nachteile der privaten Grundstückseigentümer abzuschwächen, schlug er vor, *größere Baublöcke* zu schaffen und *bestimmte Stadtbezirke der Außenstadt für die verschiedenartige Bebauung als Wohn-, Fabrik- und gemischte Viertel, staffel- oder zonenförmig unter Berücksichtigung der Entfernung von der Stadt, mit verschiedenen Vorschriften zu regeln und dabei besonders auf erweiterte Wiedereinführung des Bauwichs, auf anderweitige Bestimmung der Gebäudehöhe und der freizulassenden Hoffläche Rücksicht zu nehmen*[70].

Einen Tag vor den Sommerferien, am 30.6.1891, gibt die *gemischte Alignements- und Bauordnungs-Kommission*[71] einen Bericht zur *Abänderung der Bauordnung* in der Stadtverordneten-Versammlung und betont, daß sowohl Magistrat als auch Kommissionsmitglieder mit den Inhalten des Entwurfs einverstanden seien, *vor Erlaß dieser Polizei-Verordnung sich aber des Einverständnisses der Stadtverordneten zu versichern wünscht(en)*[72]. Der Hausbesitzer-Lobby im Stadtparlament vorzutragen, daß der Schutz des *villenartig bebauten Grundstücks*, aber auch die Ermöglichung der Fabrikproduktion unter Wahrung der *Interessen der minderbegüterten Teile der Bevölkerung* als Motive für die Staffel-Bauordnung anzusehen seien, hatte seine Wirkung nicht verfehlt[73]. Grundlegende Kriterien für den Entwurf der Staffelbauordnung

68 Teilnehmer der gemischten Kommission neben ADICKES waren: die Stadträte OVEN, VARRENTRAPP, MATTI, ZITELMANN, SEIDEL, die Stadtverordneten AMBROSIUS, GEIGER, HARTHERZ, KIRCHHEIM, MÜLLER-SCHERLENZKY, SEEGER, STEINBRINCK, STERN, WELB, und die beiden Stadt-Bauräte BEUTEL und BEHNKE; Mag.Akt. T 918/II, 1ff.

69 Ebd., 2f. und Mag.Akt. T 693/I, 56f.

70 Mag.Akt. T 918/II, 4f. 1907 hat die Baupolizei zu den Baublöcken kritisch Stellung genommen: *Wenn nicht die Baublöcke genau nach den Gebäuden, die nach den vorgeschlagenen Bestimmungen künftig errichtet werden können, zugeschnitten werden, ist die ganze Maßregel völlig wertlos.* Mag.Akt. T 693/II, 185.

71 Mitt.Prot.StVV., Nr. 500 vom 30.6.1891, S. 225ff. Die Kommission war auf Wunsch des Magistrats gebildet worden. Dazu s. Mitt.Prot.StVV., Nr. 327 vom 21.4.91, S. 158.

72 Mitt.Prot.StVV., Nr. 500, vom 30.6.91, S. 225.

73 Ebd., S. 227.

seien die Anforderungen der *Gerechtigkeit und Gesundheitspflege* gewesen, eine Intervention in die Entwicklung der Grundrenten-Erwartungen der einzelnen Stadtteile sei keineswegs angestrebt gewesen, vielmehr seien sie nun nach rationalen Planungsgesichtspunkten rechtlich sanktioniert worden[74].

Der Magistrat legte großen Wert auf die fachliche Unterstützung und Begutachtung seiner baurechtlichen und städtebaulich wirksamen Entscheidungen durch den Architekten- und Ingenieur-Verein. Bei Einführung der Staffel-Bauordnung 1891 hatte der Magistrat sein Handeln auch dadurch abzusichern gesucht, indem er auf entsprechende Empfehlungen von Gesundheitsrat und Architekten- und Ingenieur-Verein hinwies. Erst die Information eines Vereinsmitglieds an die Presse, der Architekt v. Hoven sei zwei Tage vor Veröffentlichung von Bürgermeister Varrentrapp um ein Gutachten über den Entwurf der Staffel-Bauordnung gebeten worden, gab der öffentlichen Debatte noch zusätzlichen Zündstoff. Denn von Hoven erklärte wenige Wochen später, daß er sich außerstande gesehen habe, in so kurzer Zeit ein fachlich fundiertes Gutachten zu erstellen. Doch mußte er kleinlaut zugeben, daß die Vereinsmitglieder Neer, Ritter und er dann doch aufgrund politischen Drucks die Flucht nach vorn ergriffen und *nach einigen kleinen Änderungen und Zusätzen ihre private Zustimmung erteilt hätten*[75].

Aber auch die Rechtsprechung war aufgerufen, Stellung zu nehmen. Sie sollte der Magistratspolitik Rückendeckung gewähren; denn das Oberverwaltungsgericht bestätigte, *daß es kein Gesetz gibt, wonach jeder Eigentümer eines Grundstücks dieses in seinem ganzen Umfange und nach seinem Gutdünken zu bebauen berechtigt ist, und daß es der Polizeibehörde unbenommen ist, gerade in dieser Richtung je nach den Umständen in das Recht der Baufreiheit des Einzelnen einzugreifen*[76].

Adickes baurechtliche Bestrebungen stellten den Versuch dar, dem Bevölkerungs- und Städtewachstum ein Ordnungsschema[77] zu geben. Sowohl 1884 als auch 1891 ging es darum, den Grundstückseigentümern in ihren vielfältigen Nutzungsinteressen gleiche Rechte bzw. Profitchancen einzuräumen. Waren die Profitchancen 1884 noch auf den gesamten Stadtraum als Einheit bezogen, waren sie nun nach rationalen Gesichtspunkten auf unterschiedlich zu nutzende Zonen aufgeteilt. Die neue Bauordnung von 1891 war auch als Appell an Haus- und Grundstückseigentümer gedacht, deren sozialpolitisches Bewußtsein zu überprüfen, um zunehmende Klas-

[74] Schon 1877 hatte die Baudeputation dem Magistrat geraten, für Industrieanlagen ein eigenes Gebiet vorzusehen. Vgl. dazu Mag.Akt. T 262, 5ff.. Theoretische Grundlagen s. bei A. Spiethoff, 1934, S. 134.

[75] Leserbrief an Kleine Presse, Nr. 179 vom 2.8.1891 s. HStA Wi. Abt. 407/503 und STA Ffm.; Mag.Akt. T 717, Anlage 6.

[76] Zitiert nach W. Bangert, 1937, S. 51.

[77] Diesen Begriff verwendet Piccinato für den Städtebau des Deutschen Kaiserreichs überhaupt. Ders., 1983, S. 81.

sengegensätze auf dem Wege von Reformen zu entschärfen[78]. Doch sie sahen in dem neuen gestaffelten Baurecht einen Angriff auf die freiheitlichen Rechte des Privateigentums. ADICKES wollte den klassenspezifischen Wohnbedürfnissen und Produktionsbedingungen gerecht werden, die Grundrenten-Erwartungen rationalisieren, die Erwartungsunsicherheit, die in der Phase der Frühindustrialisierung eintrat, abbauen und die industriekapitalistische Wirtschaftsordnung stabilisieren. Stadtentwicklung sollte unter Vorgabe bürgerlicher Wertsetzungen ermöglicht werden. Die einschränkenden Bestimmungen für Bauten mithilfe genau festgelegter Ausnutzungskapazitäten im Hinblick auf Grenzabstand (Bauwich), Grundflächenzahl (Hoffläche) und Geschoßflächenzahl (Gebäudehöhe) sollten dazu beitragen, urbane Wohn- und Lebensformen zu schützen und zu begünstigen. Doch kleinmütiges Eigentumsdenken stellte sich dem entgegen.

3.4. Die „betroffene Öffentlichkeit" zeigt sich hilflos

Das Bemühen des Magistrats, den Planungsprozeß vom Entwurf der neuen Staffelbauordnung (Bekanntgabe am 25.6.1891) bis zur Verabschiedung durch die kommunalen Institutionen (4.7.1891) möglichst kurz zu halten, um nicht die öffentliche Diskussion und damit die Grundstücksspekulation zusätzlich anzuregen, führte zur Verabschiedung unmittelbar vor den Sommerferien 1891. Dies vergrößerte ungewollt die Verwirrung und Rechtsunsicherheit bei Grundstückseigentümern, Bauwilligen und Wohnungsmietern, insbesonders dann, wenn sich entsprechende Objekte im Grenzbereich der einzelnen Zonen befanden und die private Interessenlage nicht mit der nun definierten Flächennutzung übereinstimmte. So verwahrten sich Bewohner von Einfamilienhäusern in der Mainzer Landstraße und angrenzenden Nebenstraßen in einem Schreiben gegen die Ausweisung ihrer Straße als zum Fabrikviertel gehörend und baten den Magistrat um Rücknahme dieser Entscheidung[79]. Politisch wirksamer waren jedoch diejenigen Beschwerden, die in Form einer Petition an den Bezirksausschuß in Wiesbaden gingen, wie die der Süddeutschen Immobilien Gesellschaft[80] im Juli 1891. Sie war in ihren Projektierungen davon ausgegangen, zwischen Mainluststraße, Untermainquai, Scharnhorst- und Gutleutstraße, das nach der neuen Verfügung dem Wohnviertel zugeordnet war, die An-

[78] F. ADICKES, Die unterschiedliche Behandlung der Bauordnungen ... 1893, S. 10f.und 14; ERICH KABEL, Baufreiheit und Raumordnung, Ravensburg 1949, S. 102 sieht seine Motive ähnlich verwurzelt. ADICKES *versuchte ... geschickt, das Bürgertum an einer empfindlichen Stelle, der Sorge um den Aufbruch der besitzlosen, im stillen schon brodelnden Massen, zu packen.*

[79] Schreiben vom 1.7.91, Mag.Akt. T 693/I, 115a.

[80] Mag.Akt. T 717; T 693/II und T 694. Vgl. dazu WOLF-E. SCHULZ-KLEESSEN, 1985, S. 332f.

siedlung von Industrieanlagen vorzubereiten. Sie bewertete die Handhabung der neuen Bauordnung als unzulässige Einschränkung des privaten Baurechts, forderte daher nicht die Rücknahme der Entscheidung, sondern erwartete den *Dispens* für dieses Areal. Dem wurde entsprochen, weil sich der Magistrat in diesem Fall auf einen Rechtsstreit nicht einlassen wollte. Die Erfolge einiger weniger, die sich sofort gegen die Zonenbauordnung wehrten, beflügelte diejenigen, die ihren Protest bisher noch nicht formuliert hatten. Nun wurden gedruckte Petitionen in den Wohnvierteln zur Unterschrift vorgelegt. Die Strategie der betroffenen Berufsgruppen wie Architekten, Bauunternehmer und Haus- und Grundstücksbesitzer war, über Massenpetitionen Druck auf den Magistrat auszuüben[81]. Die sozialpolitische Dimension dieses Konfliktes wurde offensichtlich, als der Bauunternehmer BALZER seine Arbeiter einzeln in sein Büro kommen ließ und deren Verbleib in seinem Unternehmen von der Unterschrift abhängig machte[82]. Der Disput in der Frage des Baurechts hatte sich zu einem Arbeitskampf im Baugewerbe ausgeweitet.

Die Bauarbeiter organisierten ihrerseits eine öffentliche Versammlung, um über *die Lage der Maurer am hiesigen Platze und das neue Baustatut*[83] zu beraten. Dort wurde die Politik des Magistrat gutgeheißen und insbesondere die Vorteile für den Wohnungsbau hervorgehoben. Doch im Laufe der Diskussion wurde diese Sicht nicht mehr einhellig geteilt. Die drohende Arbeitslosigkeit, durch diese Verordnung angeblich begünstigt, verlange eine eher zurückhaltende Stellungnahme. Im übrigen habe man schon seit Jahren um arbeitsplatzsichernde Maßnahmen der Gemeindeverwaltung nachgefragt, bislang sei aber nichts geschehen. Ein Maurer rief seine Arbeitskollegen dazu auf, sich nicht im Konflikt um die neue Bauordnung von den Protestgruppen einnehmen zu lassen.

Bei der Vorstellung der neuen Bauordnung in der Stadtverordneten-Versammlung hatte ADICKES die Vorteile für die Industrie in den Vordergrund gerückt[84]. Industriebetriebe könnten mit einer finanziellen Entlastung bei den Erschließungskosten rechnen, da die Kosten für Wasser- und Energieanschluß vermindert, und die für die Straßenherstellung erleichtert würden. Hierin mögen auch Gründe zu suchen sein, warum Industrie-Proteste in größerem Ausmaß nicht stattgefunden haben. Lediglich in einem Fall hielt sich das Gerücht, die Sachsenhäuser Brauereien hätten die Ausweitung des Fabrikviertels zwischen Grethenweg, Darmstädter Landstraße, Hainer Weg bis Wendelsweg mehr oder minder steuerpolitisch erzwungen[85].

81 Mag.Akt. T 693/I, 120. In einer öffentlichen Versammlung vertrat der Architekt JACOBI diese Ansicht.

82 Ebd., 123f.

83 Generalanzeiger Nr. 190 v. 15.8.91, s. Mag.Akt. T 693/I, 118c.

84 Mitt.Prot.StVV., Nr. 500 v. 30.6.91, S. 227.

85 Mag Akt. T 1015.

Der Bezirksausschuß sah sich aufgrund der zahlreichen Beschwerden[86] veranlaßt, für die Baugesuche, die vor dem 4.7.91 beantragt wurden, die Bestimmungen der Bauordnung von 1884 gelten zu lassen. Am 12. Oktober 1891 mußte er sogar wegen formaler Publikationsfehler die Bauordnung für rechtsungültig erklären, worauf der Magistrat sie nochmals am 13.10.91 veröffentlichte[87].

Verdichtungsräume über die Regulierung von Gebäudehöhe, baulicher Grundstücksausnutzung und Wohndichte aufzulockern, ging nicht ohne soziale Härten ab. Wenn SIMON RAVENSTEIN das neue Leitbild der *offenen Bauweise* in seinen Vorzügen darzustellen wußte[88], versäumte er es aber nicht, andererseits die Handhabung der neuen Bauordnung zu hinterfragen: *Seitdem die Hygieniker sich vornehmlich mit der Wohnungsfrage der Minderbemittelten beschäftigen, ist ein wahrer Krieg gegen die Dachwohnungen ausgebrochen. Sie sollen, wo sie vorhanden sind, beseitigt, wo Neubauten entstehen, soll das Dachgeschoß zu Wohnzwecken nicht mehr benutzt werden*[89]. Gemäß der gesundheitspolitisch begründeten Leitlinie, über baurechtliche Intervention *Licht und Luft* den eng bebauten Stadtteilen zukommen zu lassen, wandte man sich nun mit besonderer Aufmerksamkeit den Dachgeschoß-Wohnungen, den Teilwohnungen und den Wohnungen in den Nebenbauten der Hinterhöfe zu. Da viele Hauseigentümer ihre großräumigen Wohnungen in kleinere umbauen ließen, um so eine höhere Rendite zu erreichen, ging die Kommunalverwaltung nun mit besonderer Härte gegen festgestellte Verstöße vor. Dies galt selbstverständlich auch für den Bereich der Innenstadt, für die ja 1896 eine Bauordnung erlassen wurde.

Die wohnungspolitische Zielsetzung der kommunalen Behörden, die Mansarden nicht länger als Wohnraum gelten zu lassen, rief die Frankfurter Ortsgruppe des Deutsch-Evangelischen Frauenbundes[90] auf den Plan. Da Dachgeschosse nicht mehr als Wohnraum anerkannt waren, setzte es sich mehr und mehr durch, diese Räume nun den Dienstboten zu überlassen. Der Frauenbund beschuldigte die kommunalen Entscheidungsträger, auf bürokratischem Wege die Zerstörung großfamili-

86 Allein 31 Einzelbeschwerden nach Mag.Akt. T 694. S. auch T 693/I. Der Architekt GUSTAV ADOLPH BÖCKEL war mit folgender Begründung erfolgreich: *Erörternd zu meinem Baugesuch Erlenstraße lege ich Hochlöbl. Magistrat angeschlossen ein Krankheitsattest des mich behandelnden Arztes bei. Die Krankheit erstreckte sich meist auf Kopf und Stimme, so daß ich nicht denken, nicht schreiben noch lesen konnte. Sie würden also einsehen, daß ich den öffentlichen Angelegenheiten durchaus fern bleiben mußte. Ich bitte Sie deshalb wiederholt dringend mir die nachgesuchte Erlaubnis zum Bauen nach dem Statut von 1884 zu erteilen.* Mag.Akt. T 695.

87 Verwaltungsbericht 1891/92, S. XII.

88 Aus dem Gewirre der engen Gassen strebt man hinaus in Feld und Wald und atmet die reinere Luft, die uns entgegenströmt. Dieses Gefühl soll sich auch in der ganzen Bauweise ausdrücken. Immer lichter, immer freier wird es um uns, in uns, je mehr wir hinausstreben. Von der hohen Mietkaserne gelangen wir endlich zu dem hübsch gepflegten Gärtchen, in dessen Mitte das liebe Häuschen mit seinem Familienglücke steht. S. RAVENSTEIN in: Zeitschrift f. Wohnungswesen 5. H., 1907, Mag.Akt. T 790, 33b.

89 Ebd., 13.

90 Petition an StVV v. 11.12.09, Mag.Akt. T 796/II.

ärer Lebenszusammenhänge herbeigeführt zu haben. Er forderte sie deshalb auf, den Ausbau der Dachkammern zu Wohnungen wieder zuzulassen, damit sie wieder anderweitig vermietet werden und die Dienstboten wieder ihren traditionellen Platz im herrschaftlichen Wohnbereich einnehmen könnten[91].

Um die Jahrhundertwende sandte ein Bewohner des Nordends einen Bericht über eine Räumungsklage an den Generalanzeiger[92], der diesen dann auch, ohne die redaktionelle Verantwortung übernehmen zu wollen, als Leserbrief unter der Rubrik *Sprechsaal* abdruckte. Die Baupolizei begründete ihre Klage mit unzulässiger Verwendung von Holz bei Deckenkonstruktion und Treppe und mangelhafter sanitärer Einrichtungen in dem viergeschossigen Haus, wobei die drei Obergeschosse mit je zwei Wohnungen lediglich mit Etagentoilette ausgestattet waren. Der Betroffene hält die Gegebenheiten des Hauses für *nicht so schlimm* und stellt nun die Behauptung auf, daß, wollte die Baupolizei alle vergleichbaren Wohnungen in Frankfurt ebenfalls verbieten lassen, so müßten für die meisten Stadtbewohner Baracken errichtet werden, um sie nicht obdachlos werden zu lassen. Er appellierte an die Polizei, die Wohnungsnot nicht künstlich zu vergrößern[93].

Ein weiterer Fall: Das Anwesen Herbartstraße 17 mit seinen vier Wohnungen à vier Zimmer, 1886/87 gebaut, wurde 1892 in den drei Obergeschossen aufgeteilt, mit zusätzlichen Trennwänden versehen, wodurch sechs Zweizimmerwohnungen entstanden. Da die unbebaute Fläche des Grundstücks nur 87,55 qm betrug, wurde nach Art. 7, Ziff. 2 der Staffel-Bauordnung für alle sieben Wohnungen des Hauses eine Freifläche von 210 qm verlangt, d.h. die Umgestaltung der Wohnungen in ihren ursprünglichen Zustand verfügt[94].

1901 kam es zu einem Gesuch von Bewohnern zweier Hinterhäuser des Anwesens der Mainzer Landstraße 151/53, die aufgrund einer erlassenen Verfügung aus dem Jahre 1898 um den Bestand ihrer 16 Wohnungen bangten. Nach den Bestimmungen der Staffel-Bauordnung mußte der Wohnungsbestand um die Hälfte reduziert werden, d.h. ein Hinterhaus war zu räumen. Die Frist auf Räumung wurde bereits zweimal verschoben, zum 1.7.1901 wurde sie nun verlangt. Der Vermieter, gleichzeitig Firmeninhaber des Geschäfts im Erdgeschoß, hatte den sieben Mietern gekündigt, worauf diese ihr Gesuch an den Magistrat richteten. Die Wohnungsnot sei so groß, daß sie nicht in der Lage wären, auch nicht in anderen Stadtteilen Frankfurts, zu einem ähnlichen Mietzins entsprechende Ersatzwohungen zu finden. Die angebotenen Drei- und Vierzimmerwohnungen in der Mainzer Landstraße, am Güterplatz, Hafen- und Niddastraße hätten alle zwischen 700 und 900 M. Miete (jährlich) gekostet. Aber auch Wohnungsangebote der außenstädtischen Bezirke, ja selbst die der

91 Bericht über die Verhandlungen d. StVV, Nr. 36 vom 11.1.1910.
92 Mag.Akt. T 790.
93 Ebd.
94 Mag.Akt. T 788/I, 100.

Nachbarorte wie Niederrad werden aufgezählt, um dann die eigenen Wohnungen, die zwar nicht groß, aber *genügend hoch, hell und luftig* seien, in ihren Vorzügen darzustellen. Die Dreizimmerwohnungen sollen 450–500 M. Miete gekostet haben. Die Mieter geben vor, daß ihre Wohnungen den Intentionen der städtischen Behörden und den *Bestrebungen nach Schaffung gesunder Wohnungen und Wohnviertel* entsprächen und eher sogar in besserem Zustand sich befänden als so manche Altstadtwohnung. Die Bewohner, ausnahmslos Arbeiter von Gewerbebetrieben des Industriegebietes im Südwesten Frankfurts[95], stellten alle ihre familiäre Situation, Wohnungsgröße, Beruf und Arbeitgeber ausführlich dar, um den Magistrat von der Ernsthaftigkeit ihres Anliegens zu überzeugen: *Man sieht, daß wir ... alle ein dringendes Interesse daran haben, in der Gegend der Mainzer Landstraße zu verbleiben, für den Maschinisten Küppers ist es Notwendigkeit, da er häufig nachts in die Fabrik geholt wird ... Müßten wir diese Wohnungen verlassen, so wäre das nach jeder Richtung hin für uns ein schwerer Nachteil und, wenn auch dem Buchstaben des Gesetzes damit Genüge geschähe, so käme doch, wie mit Sicherheit zu erwarten, das merkwürdige Resultat heraus, daß aus gesundheitlichen Gründen die Bewohner gesunder Wohnungen gezwungen würden, diese mit weniger gesunden zu vertauschen.*[96]

Die Baudeputation riet dem Magistrat, den gewünschten Dispens nicht zu erteilen, da er eine weitere Befristung *mit der Autorität der Baupolizei nicht vereinbar (halte)*[97]. Die Petenten hatten dieses Gesuch angestrebt, nachdem nach Magistrats-Beschluß vom 26.5.1900 bzw. 12.5.03 die erschwerenden Bestimmungen über die Errichtung von Doppelwohnungen und Hinterwohnungen, die seit der verschärften Staffel-Bauordnung von 1897 die Proteste der Öffentlichkeit hervorriefen, wieder zurückgenommen wurden. Erst die allgemeine Revision der Bauordnung sollte die Aussetzung rückgängig machen[98].

Aber auch die Geschäftswelt blieb von den baupolizeilichen Bestimmungen der Zonen-Bauordnung nicht verschont. Wegen Rauchbelästigungen in Wohnvierteln wurden mehrere Produktionsstätten aufgefordert, den gesundheitspolizeilichen Bestimmungen nachzukommen. Die Baupolizei rechtfertige ihre Verfügung damit, daß es ihre Aufgabe sei, für *öffentliche Ruhe, Sicherheit und Ordnung,* aber auch für entsprechende *Gefahrenabwehr* zu sorgen. Nach Bericht der Kleinen Presse[99] basierte die Begründung der Bauaufsicht auf Rechtsvorschriften des Allgemeinen

[95] Es sind angegeben die Unternehmen: Kleyer'sche Fabrik (Adler Fahrradwerke), Herz'sche Schuhfabrik, Staatsbahn, Eisfabrik E. Motsch, Fabrik Busch und Cramer & Fränkel. Alle mit Standort in Mainzer Landstraße, Höchster Straße oder Beethovenstraße. Ebd.

[96] Ebd.

[97] Schreiben an Magistrat v. 25.6.01, Mag.Akt. T 788/I, 106. Vgl. auch Mag.Akt. T 788/II, 49. Hier wird die rigide Räumungspraxis des Magistrat kritisiert.

[98] Mag.Akt. T 693/II, 144.

[99] S. die vielen Beschwerden, Mag.Akt. T 694–717 und T 892–893. S. auch Kleine Presse, Nr. 163 vom 15.7.06, S. 1.

Preussischen Landrechtes, worauf der Beklagte auf die Unzulässigkeit der vorgetragenen Begründung hingewiesen haben soll: *Nach erfolgloser Beschwerde erhob* REXROTH *(der Beschuldigte, J.R.K.) Klage beim Oberverwaltungsgericht und führte u.a. aus, für Frankfurt gelte das Allgemeine Landrecht nicht, es fehle daher der polizeilichen Verfügung die gesetzliche Stütze. Von einer Gefährdung der Gesundheit durch den Rauch könne nicht die Rede sein. Das Räuchern geschehe auch nur jährlich vom Oktober bis zum April und zwar während dieser Zeit nur 1 bis 1 ½ Stunden. Das Oberverwaltungsgericht beschloß in seinem letzten Termin, ein Gutachten des Kgl. Regierungs- und Medizinalrats und des Gewerberats einzuholen, welche die Anlagen an Ort und Stelle besichtigten und u.a. feststellten, daß der Rauchgeruch von der Räuchereianlage auf den benachbarten Grundstücken deutlich wahrnehmbar sei und in Wohnungen und Werkstätten eindringe. Durch den Rauch würden nicht nur die Bewohner belästigt, sondern auch gesundheitlich geschädigt; der Rauch sei geeignet, die Schleimhäute zu reizen und die Augen zur Entzündung zu bringen*[100].

Der Metzgermeister reichte daraufhin drei Atteste von Frankfurter Ärzten ein, die die Unbedenklichkeit der Anlage damit zu begründen suchten, daß bislang kein Mensch durch sie krank geworden sei. Das Oberverwaltungsgericht war von seiner eingenommen Position nicht mehr abzubringen, stützte sein Urteil auf die von ihm bestellten Gutachten und wies die Klage ab.

Die dargestellten Fälle zeigen, wie zu Beginn der Moderne die zunehmende Verrechtlichung eine Phase der Verunsicherung durchlief. Dies galt für alle Beteiligten, sowohl für den einzelnen Stadtbewohner als auch für die kommunalen bzw. staatlichen Aufsichtsbehörden. Dies wird auch an folgendem Beispiel deutlich: 1905 wehrten sich 28 wohlsituierte Bewohner, die dem Wirtschafts- und Bildungsbürgertum zuzurechnen sind, gegen vorgeblich nicht genehmigte 19 Holzschuppen der Firma Kleyer[101]. Dort sollen tags als auch nachts Motorenversuche Lärm und Abgase verursacht haben. In Mainlust-, Bürger-, Windmühl- und Gutleutstraße sowie am Untermainkai sei dies als unangenehm und störend empfunden worden. Nach dem Bekanntwerden dieser Beschwerde, beantragte die Firma nachträglich die Baugenehmigung, die aber nicht erteilt wurde. Es wurde vielmehr von der Baupolizei der Abriß verlangt. Da er innerhalb Jahresfrist nicht erfolgte, beschwerte man sich ein weiteres Mal, diesmal mit der fordernden Bitte, der Magistrat möge doch in väterlicher Fürsorge eine entsprechende Entscheidung treffen[102]. Die Baupolizei empfahl

[100] Kleine Presse, Nr. 163 vom 15.7.1906, S. 1.

[101] Mag.Akt. T 788/II, 25a.

[102] Ebd., 25b. Dort wird ausgeführt: *Die Motoren verursachen bei An- und Abfahrt, Probe und Reparatur überaus laute kanonenschußartige Explosionsgeräusche, welche in Verbindung mit den dabei erzeugten übelriechenden Öl- und Benzin-Dämpfen nicht nur die allgemeine Ruhe … erheblich stören, sondern auch die Gesundheit. Die Unterzeichner bezeichnen sich als Inhaber teurer Wohnungen und Besitzer von Häusern in vornehmer Lage, die sich in ihrem Besitz geschädigt fühlen.* Die Petenten weisen sich mit den folgenden Berufen aus: Konsul, Privatier, Architekt, Arzt, Meister, Kaufmann, Inspektor, Fabrikant, Bankier, Justizrat, Direktor und Schauspieler.

daraufhin dem Magistrat, die Beschwerde zurückzuweisen, zumal sie der sachlichen Argumentation entbehre. Hier wäre bestenfalls auf Art. 11 der Bauordnung[103] zurückzugreifen, der aber keineswegs den vorgetragenen Sachverhalt rechtlich stütze.

Der unzulängliche Umgang der Wohnbevölkerung mit den Rechtsvorschriften ist – dies zeigen die Konfliktfälle – auf Unerfahrenheit zurückzuführen. Die Behörden ihrerseits aber fühlten sich keineswegs aufgerufen, den Bittstellern die entsprechende aufklärende Rechtshilfe zu gewähren, sondern reagierten formal und deshalb machtpolitisch, indem sie die Beschwerden meist als unbegründet zurückwiesen[104].

Sicher, die Mieter hatten keine starke Interessenvertretung aufzuweisen. Der Mieterverein, erst wenige Jahre zuvor von bildungsbürgerlichen Kreisen ins Leben gerufen, hatte nur wenig Mitglieder, und aus der einkommensschwachen Wohnbevölkerung kam noch zu wenig Resonanz, als daß hier unmittelbar und konkret hätte Hilfestellung gegeben werden können. So beschränkte er sich auf öffentliche Verlautbarungen, die zwar Gehör, aber wenig Wirkung zeitigen sollten. Jedenfalls bemängelte der Frankfurter Mieterverein die Auswirkungen der Staffel-Bauordnung. Er räumte ein, daß es sicherlich erstrebenswert sei, das Leitbild der offenen Bauweise, d.h. den Bau von Einzel- und Doppelhausbauten in der Außenstadt zu fördern, doch sei man in der Formulierung der einschränkenden Baubestimmungen zu weit gegangen. Denn nun würden überhaupt keine kleinen Wohnungen mehr gebaut. Er forderte deshalb die baldige Reform der Bauordnung[105].

Bis zur allgemeinen Anerkennung dieser in die Privatrechte eingreifenden Baubestimmungen war viel Aufklärungsarbeit der Medien, Interessenverbände, Sozialreformer und Kommunalpolitiker nötig. Unsicherheiten in der Handhabung, ja gar Willkür konnte selbst die Baupolizei nicht leugnen, die zugestehen mußte, daß die wohnungsbaupolitische Intervention noch der normativen Grundlegung bedürfe[106].

103 *Für kleinere Gebäude mit nur einem Obergeschoß und für Einfamilienhäuser kann in Erleichterung gegen die Vorschriften des Art. 29 der Bauordnung vom 15. Juli 1884 eine bis auf 1 Meter verminderte Treppenbreite von der Baupolizei-Behörde zugelassen werden.* Ebd.

104 Bericht Baupolizei an Magistrat v. 3.4.1906, ebd., 25c.

105 In einer Petition (1898) fordert der Mieterverein die Revision der Staffelbauordnung, wobei vorgeschlagen wurde, das Prinzip der Verpachtung von städtischem Grund und Boden mit in die Verordnung einzubeziehen. S. Verwaltungsbericht 1898/99, S. XIIff. und Frankfurter Mieterverein, Das Wohnungselend und seine Abhilfe in Frankfurt a. M., 1898, S. 37f., teilweise abgedruckt bei: H. J. Teuteberg und C. Wischermann, Wohnalltag ..., 1985, S. 165.

106 Schreiben der Baudeputation an Adickes v. 10.2.1898, Mag.Akt. T 796/I.

Nachdem der Magistrat seine baurechtlichen Vorstellungen innerhalb von drei Jahren erfolgreich durchgesetzt hatte und in der „Planungsöffentlichkeit" die Berechtigung dieser innovativen Verordnung zumindest nach rationalen Gesichtspunkten erkannt wurde, ließ die Gegenwehr nach. Nach 10 Jahren Erfahrung mit der Staffel-Bauordnung machte sich Ernüchterung breit. Selbst der liberaldemokratische Stadtrat Dr. Karl Flesch[107] mußte 1901 eingestehen, daß man die Wirksamkeit dieser Verordnung als Mittel gegen die Wohnungsnot überschätzt habe. Sie wäre ohne Erfolg geblieben, da die Grundrenten-Erwartungen die Grundstückspreise in die Höhe getrieben hätten. Andererseits habe sie aber auch durch die in die private Baufreiheit eingreifenden Bestimmungen die Bautätigkeit erschwert, so daß die großen Bauprojekte in erster Linie auf das Bahnhofsviertel beschränkt geblieben wären.

Kleine Wohnungen zu bauen, war weiterhin unpopulär, da die Bauherren es vorzogen, lieber weniger haftende Mieter in großräumigen Wohnungen zu haben als umgekehrt, zumal die städtisch-bürgerliche Wohnkultur an der großräumigen Wohnung mit mehr als drei Zimmern ausgerichtet war. Andererseits trat infolge des Urbanisierungsprozesses eine zunehmende Nachfrage nach Wohnungen[108] mit ein bis drei Zimmern auf, die ihrerseits mietpreissteigernd wirkte. Folge war, daß mehr und mehr Teilwohnungen aus den großräumigen Wohnungen entstanden. Solange das Bevölkerungwachstum anhielt, solange ging es den Hauseigentümern wirtschaftlich gut. Lautstark beschworen sie ihre Nöte im Falle, daß der Prozeß der Verstädterung ein Ende fände[109].

Die Debatte um die Bauordnung 1909/10, also die Revision der Bauordnung von 1891, war auf die allgemeine konjunkturelle Baukrise zurückzuführen. Dies fand gewichtige Bestätigung auf seiten der Bauunternehmer und Stadtverordneten Lönholdt und Seeger, indem sie die grundsätzliche Bedeutung der Staffel-Bauordnung keineswegs länger infragestellten[110]. Sie machten vielmehr auf den städtebaulichen Wandel im Verlauf von knapp 20 Jahren des Bestehens dieses Baurechts aufmerksam und forderten die Anpassung der Rechtsverhältnisse an die neuen Realitäten und die *zu erwartende Entwicklung*[111]. Mit dem Antrag wollten sie den Magistrat ermutigen, die Arbeit an einer Reform der Bauordnung aufzunehmen und ließen wissen, daß sie im *feste(n) Vertrauen* sind, der Magistrat möge die Stadtverordneten-Ver-

[107] Bericht über Versammlung des Demokratischen Vereins s. Kleine Presse Nr. 55, v. 6.3.01, S. 6.

[108] Vgl. dazu die Angaben des Statistischen Amtes über die zwischen 1880 und 1890 *nutzbar gewordenen Wohnungen* in: Beiträge zur Stat., 1. H., 1. T., 1892, Tab. 10, S. XI.

[109] Bericht über Versammlung des Demokratischen Vereins s. Kleine Presse Nr. 55, v. 6.3.01, S. 6.

[110] Antrag Lönholdt und Co., s. Mitt.Prot.StVV., Nr. 894 vom 28.10.1909, S. 1184; Resolution und Vorschläge des Arch.-und Ing.-Vereins vom 26.2.1910 s. Mag.Akt. T 693/III, 88ff. und Bewertung durch Baupolizei vom 1.9.1911 s. ebd., 193f.. Zur Bautätigkeit seit 1900 s. Mag.Akt. T 740, 19f.

[111] Mitt.Prot.StVV. Nr. 894 v. 28.10.09. S. 1184f. S. auch den Bericht von Julius Lönholdt, Die Reform der Bauordnung, in: Die Mainbrücke, Nr. 46 vom 13.11.1909, S. 576f., Mag.Akt. T 693/III, 30a.

sammlung an der Arbeit partizipieren lassen, auch wenn sie darauf keinen Anspruch habe[112].

Lediglich Magistratsmitglieder rechtfertigten das Festhalten an der bestehenden Bauordnung von 1891 und ihren geringfügig veränderten späteren Fassungen. Alle politischen Parteien der Stadtverordneten-Versammlung, außer der SPD[113], erachteten die Reform für notwendig. Die liberalen Demokraten, die 1891 auf ihre offene Unterstützung der Bauordnungspolitik ADICKES' noch stolz waren, gaben nun vor, *daß die bestehende Bauordnung ... vollständig versagt*[114] habe, sowohl in wohnungs- als auch bodenpolitsicher Hinsicht. Dagegen kritisierte der Stadtverordnete FRANZE das Selbstverständnis derjenigen, die die Bauordnung als ein *für alle Zeiten ...* gesetztes Schema sehen würden und erklärte, daß die gegebenen Verhältnisse den Wandel im Rechtsdenken bewirken müßten[115].

Waren es Wohnungsnot und Bodenspekulation, die den Innovationsschub im Baurecht 1891 bewirkten, so wandelten sich die Verhältnisse bis Ende der Wilhelminischen Epoche durch die einschneidende Wirtschaftskrise im Baugewerbe zwischen 1907 und 1909. Die *Frankfurter Volksstimme*[116] sprach sich gegen die Revision der Bauordnung aus, weil sie in ihr die Intention glaubte ausgemacht zu haben, daß hier die grundsätzliche Position der ursprünglichen Staffel-Bauordnung von 1891 aufgegeben würde. Die zu erwartenden Eingemeindungen von Orten des Landkreises hätten das *Profitinteresse der Bodenspekulanten* geweckt, das über die Bauordnungs-Reform ein Wiederaufleben des Leitbildes der baulichen Verdichtung anstrebe. Zusätzliche Verdachtsmomente gegen den Magistrat ergaben sich, nachdem bekannt geworden war, daß ein Ministerial-Erlaß die Direktive erteilt habe, die Erleichterung der wirtschaftlichen Verhältnisse im Wohnungsbau bei der Überarbeitung der Bauordnung zu berücksichtigen[117]. Die Empfehlungen des Frankfurter Architekten- und Ingenieur-Vereins, der diesmal – 1891 war er kurz vor der Veröffentlichung um Begutachtung gebeten worden – in Eigeninitiative vorstellig wurde, stimmten in der Tendenz der Aussage mit denen des Ministerial-Erlasses und des Stadtverordneten FRANZE fast überein. Seine *Leitsätze* orientierten sich an GOECKES Planungsprämissen, die vom Bautyp und nicht von der Bauzone ausgingen. Der Verein wünschte sich eine *individuellere Ausgestaltung* des Weichbildes und fügte an: *Bebauungsplan, Zoneneinteilung und Bauordnung müßten sich in mannigfacher Gliederung viel mehr den tatsächlichen örtlichen Bedürfnissen und wirtschaftlichen Verhältnissen der Bevölke-*

112 Ebd., 33; Mitt.Prot.StVV. Nr. 894 v. 28.10.09, S. 1184ff. und Volksstimme (1. Beilage), Nr. 150 v. 26.10.1909.

113 Der Stadtverordnete HÜTTMANN plädiert für Beibehaltung der Bestimmungen von 1891 bzw. 1897 s. Mitt.Prot.StVV., Nr. 428 vom 10.5.1910, S. 820.

114 So der Stadtverordnete Dr. BUCK s. Mitt.Prot.StVV. Nr. 894 v. 28.10.09, S. 1190.

115 Ebd., S. 1191.

116 1. Beilage zu Nr. 150 vom 26.10.1909 und 1. Beilage zu Nr. 284 vom 6.12.1909, Mag.Akt. T 693/III.

117 Mag.Akt. T 693/III, 89.

rung anpassen[118]. Die städtische Baupolizei folgte in großen Zügen den Vorschlägen dieses Interessenverbandes, hielt sich jedoch mit einer Bewertung zurück, um dann die Neuerungen salomonisch mit der noch gültigen Fassung in den Zusammenhang zu stellen, nämlich: *Die Grundsätze der bisherigen Bauordnung, daß in den Außenstadtteilen möglichst weiträumige Bebauung stattfindet, und nach der Innenstadt zu den bereits feststehenden Bodenpreisen entsprechend eine stärkere Ausnutzung des Bodens gestattet wird*[119]. Geringfügige Veränderungen der Bauzonen und die stärkere Verdichtung durch Erleichterung der Bauwich- und der Geschoßflächen-Bestimmungen wurden nun vorgenommen bzw. gestattet. Doch die einschneidenste Veränderung sollte den Dachwohnungen zukommen. War zuvor ein Verbot aus gesundheits- und wohnungspolitischen Gründen als notwendig erachtet worden, so galt nun letzteres weiterhin, doch mit umgekehrtem Vorzeichen, d.h. weil der Wohnungsmarkt bei billigen Wohnungen leergefegt war, genehmigte man diesen lange verpönten Wohnungstyp als ordnungspolitische Notwendigkeit[120]. Stadtrat Dr. Luppe wurde vom Magistrat die Aufgabe übertragen, die *neue Bauordnung* in der Frankfurter Zeitung[121] vorzustellen, bevor sie in der Stadtverordneten-Versammlung zur Debatte stand. Er preist sie als ein Werk, das unter *erheblicher Mitwirkung aller beteiligten Kreise* zustande kam und zählt die einzelnen Interessengruppen der Reihe nach auf: *Haus- und Grundbesitzervereine, Gärtnervereinigungen, Immobilienmakler, Bauunternehmer, Architekten, Vertreter von privaten und gemeinnützigen Gesellschaften aller Art sowie Wohnungsreformer*[122]. Im Kern, so Luppe, habe sie Erleichterungen im Kleinstwohnungsbau vorgesehen[123]. Nachdem er alle wesentlichen Punkte ausführlichst dargelegt hat, stellt er ihren Erfolg der Zukunft anheim. Von der Planungs-Euphorie von 1891 war nichts mehr geblieben.

Im Gegensatz zu 1891, als die Revision der Bauordnung einen Sturmlauf der Entrüstung entfachte, ist 1910 keine außergewöhnliche Reaktion aus der städtischen Öffentlichkeit zu vernehmen. Diesmal keine Protestversammlung und keine Leserbriefe. Sicher sind hier verschiedene sich überschneidende Gründe anzuführen: Zum einen hatte der Prozeß der zunehmenden Bürokratisierung die Einbindung und Integration der betroffenen Interessengruppen und das entsprechende Verständnis für Kompromisse gefördert. Zum anderen hatten sich die hoch gesteckten Erwartungen,

118 Resolution und Leitsätze vom 26.2.1910, Ebd., 88–91. S. auch G. Fehl, Englischer Arbeiterwohnungsbau ..., 1981, S. 279ff.

119 Nachdem hauptsächlich Bauherren die verschiedenen Bauordnungen der Ära Adickes in ihrer lähmenden Wirkung auf die private Bautätigkeit kritisiert hatten, waren Bauerleichterungen im Jahre 1910 angezeigt. Nun wurde 2/3 der Vorgärtenbreite zum Straßenraum hinzugerechnet, so daß nun eine stärkere Grundflächenausnutzung möglich gemacht wurde. Mag.Akt. T 693/II, 105 und T 693/III, 193f.

120 Ebd.

121 Vom 3.5.1910, s. IHK Nr. 890.

122 Ebd.

123 Er stellt dies beispielhaft dar: In Seckbach seien nach bestehendem Baurecht für 140 qm Wohnungsfläche eine Grundstücksfläche von 700 qm erforderlich, nach der *Neuordnung* nur mehr 467.

die der Staffel-Bauordnung als städtebaulichem Instrument entgegengebracht wurden, nicht erfüllt und die zunehmende Ernüchterung bewirkt. Und letztendlich hatte sich die Diskrepanz zwischen den zukunftsorientierten, aber idealen Planungszielen der kommunalen Entscheidungsträger und den die tradiert-materiellen Interessen der Grundstücks- und Hausbesitzer verteidigenden Privatrechte zugunsten eines der Moderne entlehnten Sozialstaatsverständnisses eher verringert. Der sozialdemokratische Stadtverordnete HÜTTMANN hatte diesen Aspekt im Auge, wenn auch in negativer Rhetorik verpackt, wenn er davon spricht, daß ADICKES' politische Kraft *erlahmt* sei[124]. In Wirklichkeit war durch den industriekapitalistischen Wandel eine moderne Gesellschaft entstanden, die ADICKES' Planungsziele inzwischen eingeholt hatte[125].

Die Stadtverordneten-Versammlung war 1910 an einer inhaltlichen Debatte der Reform der Bauordnung kaum interessiert. Auch beklagten die Stadtverordneten, trotz zahlreicher Beteiligung von Interessengruppen und der Mitarbeit von einzelnen Mitgliedern der Stadtverordneten-Versammlung, nicht angemessen in die vorbereitende Planungsarbeit einbezogen worden zu sein[126]. Während sich der Magistrat zum wiederholten Mal als politisch unbeweglich zeigt – er ließ die Stadtverordneten wissen, daß die Vorlage lediglich zu deren Kenntnis diene –, stellt der Demokrat WEDEL fest, daß der Magistrat, in diesem Fall aus Furcht vor Machtverlust, von seinem ehemals an den Tag gelegten Politikverständnis abgewichen sei[127].

In vielen Städten Deutschlands[128] und Europas wurde die Frankfurter Staffel-Bauordnung bzw. Zonen-Bauordnung zum Vorbild für eine fortschrittliche Städtebaupolitik, was nicht daran hinderte, sie in Zeiten der Baukrise als deren Verursacher anzuprangern. Die Grundstücks- und Hausbesitzer brauchten die Bauordnung als *Sündenbock* – wie die *Frankfurter Volksstimme* schrieb –, damit wenigsten bei der Erstellung von Bebauungsplänen ihren Interessen Rechnung getragen werde. Der Magistrat seinerseits kam ihnen entgegen, bemühte sich, das Vertrauen derjenigen zurückzugewinnen, die nach seinem Politikverständnis die Planungsöffentlichkeit ausmachten – der Bürger Frankfurts.

124 Bericht über die Verhandlungen d. StVV, Nr. 428 vom 10.5.1910, S. 821. Vgl. auch seine Aussage zur Bauordnung in Bockenheim. Hier versucht er nachzuweisen, daß nicht die Bauordnung Hauptursache des Bautiefs sei. S. Bericht über die Verhandlungen d. StVV Nr. 1056 v. 21.12.09, S. 1436. Zur Bauzonen-Debatte von 1900 s. Mitt.Prot.StVV., Nr. 743 vom 7.7.1900, S. 312f.

125 Stadtrat LUPPE: *Dinge, die sich eingelebt haben, gegen die selbst die Polizei nichts ausrichten konnte, haben wir nun als gegebene Tatsache hingenommen.* Zitiert nach dem Stadtverordneten HÜTTMANN, s. Bericht über die Verhandlungen d. StVV Nr. 428 vom 10.5.1910, S. 821.

126 Auch dazu der Abgeordnete HÜTTMANN: *Zunächst glaube ich, ist entschieden zu tadeln, daß die Stadtverordnetenversammlung zu den Vorarbeiten nicht herangezogen worden ist. Man hat in einer größeren Sitzung, an der die verschiedensten Interessengruppen teilgenommen haben, inoffiziell auch einige Stadtverordnete herangezogen, aber offiziell hat die Stadtverordnetenversammlung an der Beratung der Sache nicht teilgenommen.* Nach: Ebda., S. 820.

127 Ebd, S. 822ff.

128 Karl TRIMBORN und OTTO THISSEN, Die Tätigkeit der Gemeinden auf sozialem Gebiete, Köln 1900, S. 52.

4. Die Straße als visueller Erlebnisraum und kommunikativer Verkehrsbereich

Stadtplanung entbehrte jeglicher politischen Dimension – so das Selbstverständnis im Kaisereich[1]. Aber: Kommunale Stadtplaner gaben vor, das Planungshandeln am „Allgemeinwohl"[2] auszurichten, bei der Planung von Fluchtlinien zukünftige gesellschaftliche Entwicklungen und Handlungen aus gegenwärtigen räumlichen und sozialen Verhältnissen zu antizipieren, also agierten sie gesellschaftspolitisch[3]. Hinzu kommt, daß das Fluchtlinien-Gesetz der planungsbetroffenen Wohnbevölkerung das Recht einräumte, auf die Gestaltung der jeweiligen Detailpläne Einfluß zu nehmen. Ganz allgemein heißt es nach Art.1 des Preußischen Fluchtlinien-Gesetzes (1875), daß Straßentrassierungen *vom Gemeindevorstande im Einverständisse mit der Gemeinde, bezüglich deren Vertretung, dem öffentlichen Bedürfnisse entsprechend unter Zustimmung der Ortspolizeibehörde festzusetzen sind*[4].

Immerhin war den Gemeindeverwaltungen nach *erfolgter Zustimmung* durch die Aufsichtsbehörde die Offenlegung von Bebauungsplänen *zu Jedermanns Einsicht* auferlegt worden. Innerhalb einer Frist von vier Wochen waren Einwendungen bei Magistrat oder Stadtverordneten-Versammlung schriftlich vorzubringen. Kam die Einigung zwischen Einwendern und Gemeindevertretung nicht zustande, mußte der Kreisausschuß zur Beschlußfassung eingeschaltet werden[5].

In planungsinhaltlicher Hinsicht gibt sich das *Fluchtliniengesetz* recht unverbindlich. Jedenfalls sollte das *Bedürfnis der näheren Zukunft* Umfang und Zielsetzung

1 Zum politischen Verständnis von Stadtplanung s. Gerd Albers, Über das Wesen ..., Stadtbauwelt 21, 1969, S. 10–14; ders., Entwicklungslinien ..., 1975, S. 47; ders., Wandel und Kontinuität ..., 1978, S. 428.

2 Zum zeitgenössischen Selbstverständnis s. u.a. Mitt.Prot.StVV., Nr. 617 vom 30.8.1892, S. 270 und Mitt.Prot.StVV., Nr. 67 vom 22.1.1895, S. 33.

3 Das planende Element, ein Kind der Moderne, setzte sich durch, weil politische Entscheidungen nach rationalen Kriterien gefunden werden sollten. Die *Tendenz der rationalen Expansion* steht für die Moderne schlechthin. S. S.N. Eisenstadt, Tradition ..., 1979, S. 254. Im wissenschaftlichen Städtebau wurde der Planungsbegriff um 1910 rezipiert. Dazu G. Albers, Über das Wesen der räumlichen Planung, Stadtbauwelt 21, 1969, S. 10f.. Zum Planungs-Begriff im allgemeinen s. Helmut Klages, Planung – Entwicklung – Entscheidung: Wird die Geschichte herstellbar? in: Historische Zeitschrift Bd. 226, 1978, S. 529.

4 S. Gesetz betr. die Anlegung und Veränderung von Straßen und Plätzen in Städten und ländlichen Ortschaften, vom 2.7.1875 (S. 19); zitiert nach Mag.Akt. T 1014/I, 22ff. Vgl. Vortrag des Magistrats an die StVV vom 18.11.1910: *Erlaß von neuen Ortsstatuten nebst Polizei-Verordnung auf Grund des Gesetzes vom 2.7.1875, betr. die Anlegung v. Straßen und Plätzen, nach Mag.Akt. T 1016/III, 22.*

5 Mag.Akt. T 1014/I,22f.

der Planung bestimmen[6]. Bei der Erstellung dieser Pläne sei auf *die Förderung des Verkehrs* und deshalb auf die *genügende Breite der Straßen* zu achten.

Adickes nahm diese Vorgaben beim Wort. Die vollständige Überarbeitung bzw. Neuerstellung von Bebauungsplänen stand mit seiner Amtsübernahme in Frankfurt a.M. an. Eine *gemischte Kommission* wurde deshalb geschaffen[7]. Schon die Namensgebung dieses Fachausschusses war Programm: *Revision der Bebauungspläne und Bauordnung.* Seine Arbeit sollte dann aber die *gemischte Alignements- und Bau-Kommission* übernehmen.

In diesem Kapitel soll dargelegt werden, welche Bedeutung dem Planungselement „Straße" bei der funktionalen Gliederung von Stadträumen zukam. Hierbei wird deutlich werden, daß die Adickes-Administration nach gesamtstädtischen Planungskriterien vorging. Reale Planungseinheit war der Stadtteil, dessen räumliche und soziale Gegebenheiten maßgeblich waren für dessen Straßennetz, das ihm überzogen wurde. Am Beispiel des Ringstraßen-Projekts, das in Teilausführung in den 1890er Jahren im neu angelegten nordöstlichen Stadtteil auf dem Gelände der sog. Dicken Oede zur Ausführung kam, soll das Wilhelminische Selbstverständnis von Straßen- und Verkehrsplanung herausgearbeitet werden. Nach Sichtbeziehungen das Straßennetz zu gestalten, mußte in Widerspruch zu seiner funktionalen Bedeutung als Verkehrsraum treten. Doch die unterschiedlichsten gesellschaftlichen Erwartungen waren geweckt und den vielfältigsten Bedürfnis-Artikulationen der Rahmen geschaffen. Die Straße hatte nun wenigstens zwei Aufgaben zu erfüllen: sie war nicht länger nur Erlebnisraum, der dem Wohnbereich angeschlossen war, sondern wurde immer wichtiger als reiner Verkehrsraum. Welche Ambivalenzen hierbei auftraten, soll gegen Ende dieses Kapitels eine Antwort finden, bevor wir uns dann ausführlich einzelnen Stadtteilen in Kapitel 5 zuwenden.

4.1. Fluchtlinien-Planung nach einem „einheitlichen Grundplan": Das Beispiel der Ring-Promenade in der nordöstlichen Außenstadt

Noch bevor es in der Stadtverordneten-Versammlung zur Kenntnisnahme der Staffelbauordnung im Juli 1891 kam, trug Adickes seine gesamtstädtischen Planungsziele für den Zeitraum von 25 Jahren vor: *Die Stadterweiterung müsse in einheitlichem Sinne und in der Auffassung geplant werden, daß Frankfurt bei normaler Fortentwick-*

[6] Ebd. Vgl. Paul Alexander-Katz, Über preussisches Fluchtlinienrecht, Berlin 1908 (Städtebauliche Vorträge, Bd. 1, H. VII); J. Stübben, Der Stadterweiterungsplan, 1901, S. 156ff. und Artikel „Bebauungsplan" in: Handwörterbuch der Kommunalwissenschaft, Bd. 2, 1922, S. 326ff.

[7] Teilnehmer neben Adickes waren: die Stadträte Matti, Oven, Seidel, Varrentrapp und Zitelmann und die beiden Stadt-Bauräte Beutel und Behnke. Aus der Stadtverordneten-Versammlung wurden benannt: Ambrosius, Geiger, Hartherz, Kirchheim, Müller-Scherlensky, Seeger, Steinbrinck, Stern und Welb; fast ausnahmslos Vertreter der national- oder fortschrittsliberalen Parteivereine.

lung in 25 Jahren 400.000 Einwohner zählen könne, für die große Zahl der Bevölkerung müssen die Verkehrszüge bemessen, es muß für frische Luft gesorgt werden, bequeme schattige Straßen müssen um und in die Stadt führen, freie Plätze müssen angelegt, auch darf die Schönheit der Straßenbilder nicht vernachlässigt werden[8].

Wenn Stadtentwicklung planerisch beeinflußt werden sollte, dann über einen gesamtstädtischen „Grundplan"[9], dessen Planungsgrundlage der Stadtteil war. Detailpläne wurden also nachrangig nach den übergeordneten Prämissen erarbeitet[10]. Städtebaulich gewachsene Brennpunkte und Grenzlinien galt es zu berücksichtigen, wie z.B. den Hauptbahnhof (1888) und Westhafen (1886), die bereits Entwicklungskerne für die industrielle Nutzung darstellten. Planungsvorgaben bildeten auch die bereits vorhandenen Straßenzüge. Das räumliche Stadtwachstum hatte sich sternartig entlang der Ausfallstraßen Mainzer-, Eschersheimer-, Eckenheimer- und Friedberger-, Hanauer- und Darmstädter Landstraße in radialer Form vollzogen[11]. Darüber hatten sich wie „Grenzlinien" die Schienenwege der Eisenbahn gelegt: Die Main-Weser-Bahn, die den Nordwesten Frankfurts durchschneidend im Hauptbahnhof mündete; die Hessische Ludwigsbahn und die Main-Neckar-Bahn, die von Südwesten her dort ebenfalls angebunden waren und die Frankfurt-Bebraer-Bahn, die sowohl den Hauptbahnhof als auch den Sachsenhausener Südbahnhof – damals noch nach seiner Linienführung Frankfurt-Bebraer-Bahnhof genannt – in umständlicher Trassenführung anfuhr. Der Hanauer Bahnhof, Frankfurts Ostbahnhof, nahm dagegen den Verkehr von Osten kommend auf, der ebenfalls mit großem Raumbedarf an den Hauptbahnhof weitergeführt wurde. Frankfurt war in seiner Stadtentwicklung nach drei Richtungen hin gehindert, so daß sein Stadtwachstum nur in nordwestlich-nördlich-nordöstlicher Richtung Platz greifen konnte. Noch unter Oberbürgermeister MIQUEL war versucht worden, sich über das Ausmaß der Bautätigeit ein genaues Bild zu machen[12]. Planungsziel war: die bevorzugten Wohngebiete Frankfurts in ihrem Bestand zu sichern und gewerbliche Ansiedlungen dort auf rechtlichem Wege zu verhindern.

[8] Mag.Akt. T 918/II, 6b.

[9] Dieser Plan ist durchaus – wie in Kapitel 3 bereits erwähnt – mit dem „General-Baulinienplan" zu vergleichen, der für die Stadtplaner der Gemeindeverwaltung den maßgeblichen Gesamtplan ausmacht, nicht aber den einzelnen rechtsgültigen „Alignementsplan", der Bestimmungen im Detail festlegt. Zur Terminologie s. STEFAN FISCH, Stadtplanung im 19. Jahrhundert ..., München 1988, S. 215.

[10] S. Mag.Akt. T 918/II, 6ff. und Mitt.Prot.StVV., Nr. 93 vom 7.2.1893, S. 38. Zu ADICKES Verständnis von Stadtentwicklung s. auch in: Beiträge zur Stat. 2. T., 1. H., 1895, S. 88f.

[11] Zum stadtgeographischen Aspekt von Stadtentwicklung s. P. SCHÖLLER, Prinzipien und Probleme ungeplanter Städtebildung ..., 1974, S. 75–113, hier S. 79; MICHAEL R. G. CONZEN, Zur Morphologie der englischen Stadt ..., in: H. JÄGER, 1978, S. 1–48. Vgl. Beiträge zur Stat. H. 6, 1909, S. 77. Auch W. GLEYS phänomenologische Beschreibung legt nahe, den „städtischen Grundplan" Frankfurts als radial-konzentrisch anzusehen. S. ders., Grundriß und Wachstum der Stadt Frankfurt a. M., ..., 1936.

[12] Die Bebauung wurde nach Straßen, Anzahl der Gebäude, Villen, kleine Wohngebäude und Mietshäuser zusammengestellt. S. Verzeichnis der für villenartige Bebauung vorgesehenen Straßen. Straßenbauamt, Abt. Tiefbauamt, Anlage zum Schreiben v. 15.11.1890. Mag.Akt. T 693/I, 35.

Dieser Planungsprämisse entsprechend legten Stadtbaurat BEUTEL[13] und die *gemischte Alignements- und Bau-Kommission*[14] Berichte vor. Neue Fluchtlinienpläne im Sinne von „Generalbaulinienplan“ waren für die Stadtteile ausgearbeitet worden, die entweder durch das städtebauliche Wachstum in ihrer Wohnqualität gefährdet waren, – dies galt für den Nordwesten und Westen[15] – oder wo die private Bautätigkeit dabei war, eine „Gunstlage“ auszumachen – wie bereits im Nordosten[16] der Stadt geschehen.

Praktisch das ganze außenstädtische Frankfurt im Ansschluß an die Innenstadt wurde planerisch mit einem Netz von Fluchtlinien-Plänen und groß geschnittenen Baublöcken[17] überzogen. Als Kriterien der Erschließung galten *Zweckmäßigkeit, Anforderungen des Verkehrs, der Gesundheit und der Schönheit.* Die ADICKES-Administration machte es sich zur Pflicht, den Stadtraum zu vermessen und ihn nach prozental errechnetem Verteilerschlüssel den unterschiedlichen Nutzungen zuzuweisen[18]. Städtebau sollte planerisch rational gegründet sein.

Die neuen Straßen hatten ihren Trassenverlauf nach dem Gesichtspunkt des vorgestellten Panoramablicks erhalten: So z.B. die Hauptstraßen des Westens und Nordwestens in der Linienführung Dom – Taunus. Die Stadt sollte also mit der Landschaft zu einer Einheit zusammengeführt werden und keinen Gegensatz bilden. Nun

13 Beutel-Bericht vom 23.3.1892, s. Mag.Akt. T 980/I.

14 Nach Antrag des Magistrat wurde eine „gemischte Kommission“ im April 1891 gebildet. Der erste Bericht erfolgte ein knappes Jahr später am 1.4.1892. Magistratsmitglieder der Kommission waren ADICKES, v. OVEN, SEIDEL, VARRENTRAPP und ZITELMANN. Kurze Zeit später schieden v. OVEN und ZITELMANN aus; für sie kamen MATTI und MÜLLER-SCHERLENZKY. Aus der Stadtverordneten-Versammlung waren es die Herren: E. AMBROSIUS. E. HARTHERZ, KIRCHHEIM, G. SEEGER, THEODOR STERN und CHR. WELB, ebd. Vgl. Mitt.Prot.StVV., Nr.289 vom 14.4.1892, S. 143.

15 Noch zwei Jahre zuvor, also 1888, war geplant, im Äußeren Sachsenhausen Frankfurts zukünftiges und eigentliches Villenviertel anzulegen, weil das Westend durch die Eröffnung des Zentralbahnhofs (Hauptbahnhof) nur eingeschränkt als Villenviertel in Frage käme. Wohlhabende und reiche Mitbürger suchten nach Platz für Einfamilienhäuser. LINDLEY schlug deshalb die Erschließung des Sachsenhäuser Bergs vor. Dieses Gebiet sollte städtebauliche Alternative zum Westend werden. S. Mag. Akt. T 928/I.

16 *... das Gebiet zwischen Friedberger Landstraße und Günthersburgpark, weil hier durch die beabsichtigte Bebauung der sog. Dicken Oede durch eine Privatgesellschaft für die Zukunft eine Abänderung des bestehenden Alignements unmöglich gemacht worden wäre.* Mag.Akt. T 980/I.

17 Da die Straßenbaukosten an neu anzulegenden Straßen anhand der Grundstückslänge entlang der Straßenfront errechnet wurden, waren die Grundstückseigentümer an schmalen, tief geschnittenen Grundstücksflächen interessiert. ADICKES wollte dem entgegenarbeiten und folgte hier den städtebaulichen Empfehlungen J. STÜBBENS, Städtebau, 1907, S. 56ff.

18 *Dementsprechend sei der neue Bebauungsplan für die Dicke Oede entworfen, eine Hauptstraße von 41 m Breite, mit einer platzartigen Verbreiterung von 130 m Länge und 80 m Breite, führe von der Friedberger Landstraße zum Günthersburg-Park, eine 50 m breite Ringstraße von der Höhenstraße auf die Miquelstraße; der Ausblick auf die Luther-Kirche und auf die alte Bornheimer Kirche ...* So ADICKES in der Sitzung der gemischten Kommission v. 2.5.1891, Mag.Akt. T 918/II, 6. Stadtrat BEUTEL stellte seinen Bebauungsplan selbstlobend vor, weil er in seinem Plan gegenüber dem voraufgegangen einen geringeren Prozentsatz für Straßentrassierungen vorgesehen hatte: von 36,2% auf 28,7% Straßen- bzw. Platzanteil. BEUTEL-Bericht, Teil 2, S. 33, Mag.Akt. T 980/I. S. auch Mitt.Prot.StVV., Nr. 289 vom 14.4.1892, S. 144.

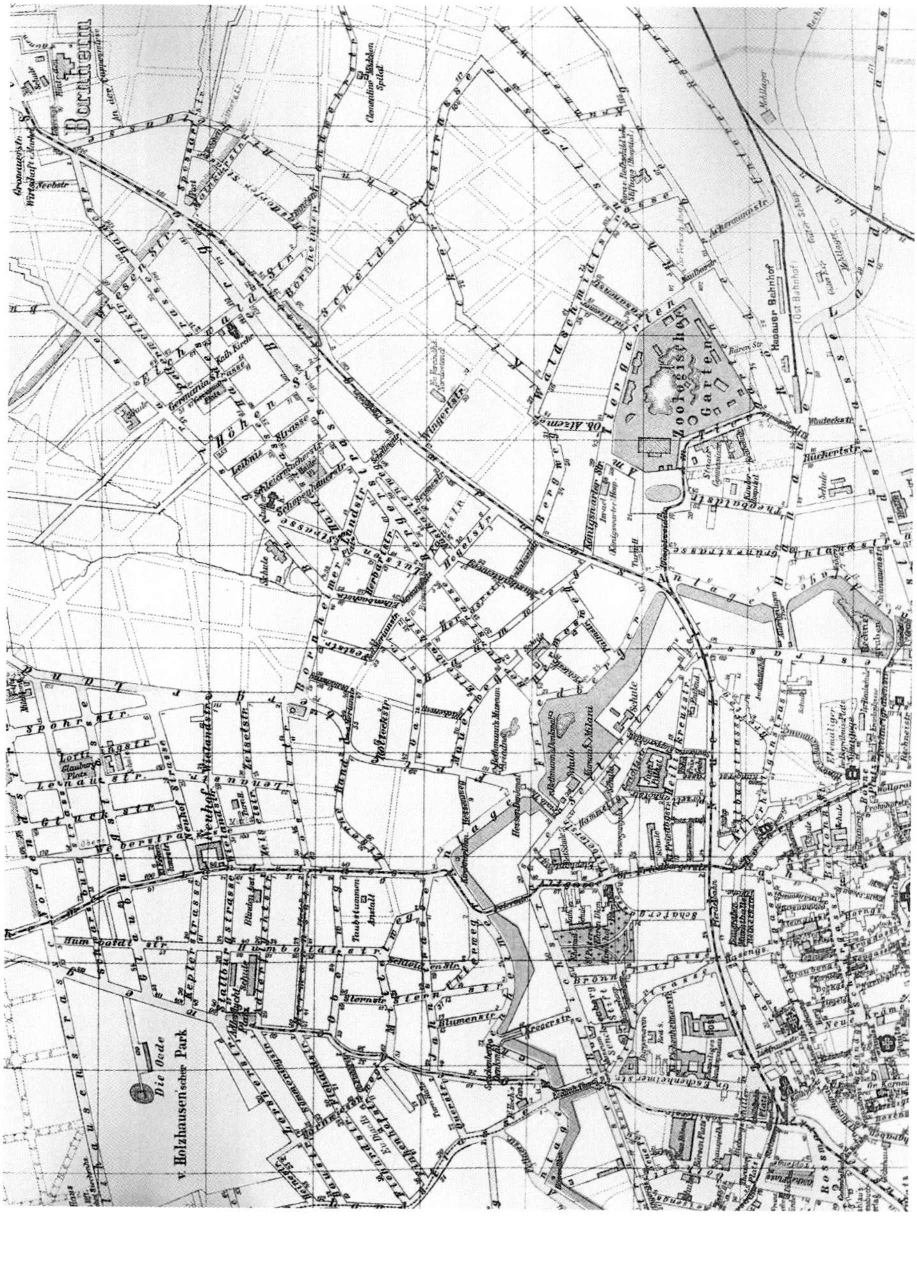

Abb. 3 Der Frankfurter Nordosten, Ausschnitt aus dem Straßenplan von Frankfurt a. M. 1 : 10000, 1892

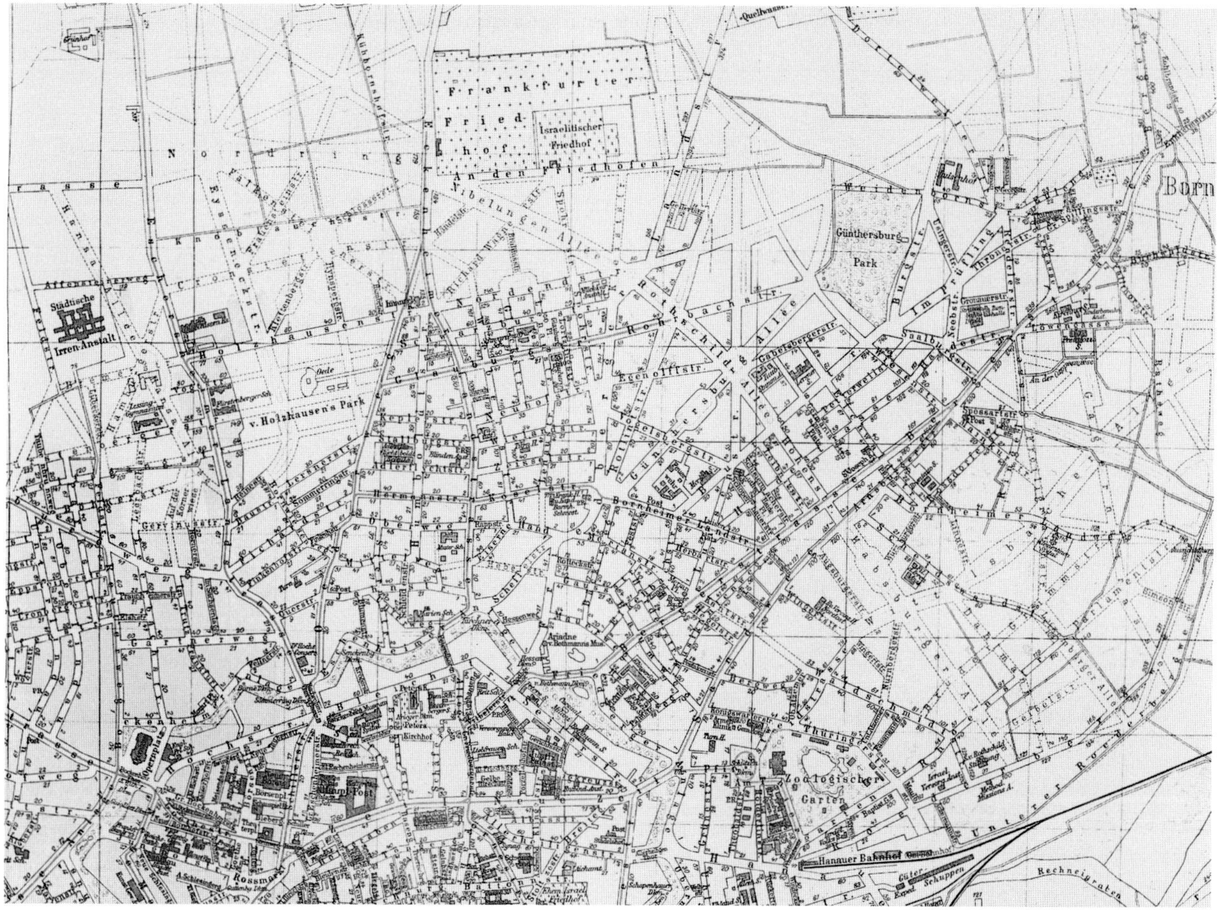

Abb. 4 Der Frankfurter Nordosten, Ausschnitt aus dem Straßenplan von Frankfurt a. M. 1 : 12500, 1903

Abb. 5 Günthersburgallee, Ansichtskarte, um 1905, Institut für Stadtgeschichte

Abb. 6 Günthersburgallee, Ansichtskarte, um 1905, Institut für Stadtgeschichte

Abb. 7 Rothschildallee, Ansichtskarte, um 1907, Institut für Stadtgeschichte

Abb. 8 Rothschildallee, Ansichtskarte, um 1907, Institut für Stadtgeschichte

Abb. 9 Hallgartenstraße, Nordend-Block der AG für kleine Wohnungen (1899/1907) im Bau, Photographie, Institut für Stadtgeschichte

Abb. 10 Der Nordend-Block nach der Fertigstellung 1907, Photographie, Institut für Stadtgeschichte

galt es noch, die Stadtteile von der westlichen bis zur östlichen Außenstadt verkehrstechnisch miteinander zu verbinden. Diese Aufgabe war breiten und schattigen Promenaden zugedacht, die den nordwestlich gelegenen Grüneburgpark mit seinem Pendant im Nordosten, dem Günthersburgpark, ringförmig zusammenbinden sollte[19]. Die Promenaden entsprächen dem Bedürfnis des städtischen Bürgertums, das gerne spazieren gehe[20]. *Im Allgemeinen werden sowohl die Anforderungen des Verkehrs als diejenigen der Gesundheitspflege und Schönheit zu berücksichtigen sein. Es werden danach breite Straßen und Plätze in genügender Zahl vorzusehen und die Projekte zugleich so zu gestalten sein, daß die neu sich bildenden außenstädtischen Bezirke durch leistungsfähige, auch für Trambahnen geeignete Straßen mit der Innenstadt und durch eine groß angelegte Ringstraße unter sich verbunden werden. Somit tunlich wird dabei zugleich darauf zu achten sein, daß hervorragende Bauwerke zur Geltung gelangen und schöne Aussichten, insbesondere nach dem Taunus nicht verbaut, sondern offen gehalten und mit den Anlagen selbst in anmutende Verbindung gebracht werden.*

Die Trassenführung des östlichen Halbrings der Ringstraße wurde festgelegt. Ihr Verlauf begann am nördlichen Ende des Röderbergwegs über die Dicke Oede entlang des Friedhofs im Nordend mit weiterem Verlauf am Palmengarten, Mainzer Landstraße, Bahnstraße, Bahnhofsvorplatz, bis zur Wilhelmsbrücke, so daß ein konzentrischer Kreis parallel zur Innenstadt-Promenade entstünde.

Mit dem Planungsvollzug sollte im Nordosten umgehend begonnen werden, denn hier fanden sich gemeinsame Erschließungsinteressen von Stadtverwaltung und privater Terraingesellschaft. Noch 1889 hatte Oberbürgermeister MIQUEL die Zusammenarbeit mit der Frankfurter Terrain-Actien-Gesellschaft (J. GIDEON) abgelehnt. Dieses Unternehmen hatte den Magistrat um Straßeneinteilung und gemeinsame Projektierung der sog. Dicken Oede, dem Gebiet zwischen Friedberger Landstraße und Günthersburgpark bzw. der späteren Burgstraße, nachgesucht[21]. Das Gelände gehörte noch wenige Jahre zuvor dem Freiherrn MAYER CARL VON ROTHSCHILD.

Das Tiefbauamt, von den Planungsabsichten der privaten Baugesellschaft informiert, hatte seinerzeit dem Magistrat nahegelegt, sich aufgrund mangelnden „öffentlichen Bedürfnisses" von diesem Projekt zu distanzieren. Die zwei Haupteigentümer an Grund und Boden dort – besagte Baugesellschaft und die Stadt – schätzten

19 Beutel-Bericht S. 3ff., Mag.Akt. T 980/I. Vgl. auch die jährlichen Verwaltungsberichte des Magistrats, besonders die des Tiefbauamtes der Jahre 1892/93, S. 119. Das Ringstraßen-Projekt war bereits unter Oberbürgermeister MIQUEL geplant worden. S. Mitt.Prot.StVV., Nr. 93 v. 7.2.93, S. 37. Für das Ringstraßen-Projekt standen viele andere Großstädte Pate, z.B. STÜBBENS Kölner Ringstraßen-Projekt. Dazu P. BREITLING, The Role of the Competition in the Genesis of Urban Planning: Germany and Austria in the 19th C., in: A. SUTCLIFFE, 1980, S. 31–54. Als Großstadt-Vorbilder wurden angesehen: Paris, London, Berlin und Wien.

20 Mitt.Prot.StVV., Nr. 289 vom 14.4.92, S. 144.

21 Schreiben vom 20.3.1889, Mag.Akt. T 956.

die zukünftige Entwicklung Frankfurts vollkommen unterschiedlich ein. Das Bauen auf dem Areal der Dicken Oede war zwar nicht unmöglich, weil ein Jahr zuvor ein entsprechender Fluchtlinienplan verabschiedet wurde[22], doch war das Planungsverständnis und -handeln des Magistrats unter Oberbürgermeister MIQUEL von der kleinschrittigen Erschließung nach Straßenzügen bestimmt gewesen. Die stadtteilbezogene Planung und darüber hinaus, das Stadtwachstum nach *einheitlichen Gesichtspunkten* anzulegen, lehnte MIQUEL ab. Entsprechend diesem Selbstverständnis teilte man der Baugesellschaft mit, daß es zum einen nicht dem *Interesse der Stadt* entspräche, ganze Stadtteile zu erschließen, zum anderen die „Aufschließung" des Nordostens zur Zeit nicht anstehe[23].

ADICKES war da eben ganz anderer Ansicht: In der Bauaktivität der Terrain-Gesellschaft sah er den hinreichenden Grund, die Bebauungspläne schleunigst den wachsenden Ansprüchen der modernen Großstadt anzupassen, weil, wie er später sagte, *für die Zukunft eine Abänderung des bestehenden Alignements unmöglich gemacht worden wäre*[24]. Im Gegensatz zur Empfehlung des Tiefbauamtes von 1889 heißt es nun 3 Jahre später: *Entsprechend der großen Ausdehnung, welche die Stadt nimmt, erscheint es unerläßlich, für große neue, der Erholung und dem Spaziergang der Erwachsenen und Kinder dienende Promenaden Sorge zu tragen.*[25]

Ausgangspunkt für die Anlage des nordöstlichen Straßennetzes war die Verkehrsführung in radialer Ausrichtung mit Anbindung an die Innenstadt. Neu trassiert wurden deshalb die Straßenzüge: Rotlintstraße als Parallele zur Friedberger Landstraße, die Günthersburg-Allee, die Verlängerung der Luisenstraße, die alle von der projektierten Ring-Promenade, der Rothschild-Allee in Anbindung an Nibelungen-Allee im Norden und in Fortsetzung der Höhenstraße im Osten, geschnitten wird. Als *Teilungsstraßen* wurden drei weitere Straßenzüge bezeichnet: Vogelsberg-, Egenolffstraße- und Rohrbachstraße, weil sie in erster Linie als stadtteilbezogene Verkehrslinien gedacht waren. Sie kreuzten die Hauptverkehrsstraßen in west-östlicher Richtung. Als strahlenförmiger Verkehrsknotenpunkt war der Schnittpunkt der beiden Alleen angesehen worden. Die großzügigen Straßenanlagen waren durch Verzicht auf Vorgartenbebauung – mit Ausnahme der Alleen – ermöglicht worden[26]. Die Ausweisung dieses Stadtteils als *gemischtes Viertel*, d.h. für kleingewerbliche Produktionsstätten neben dem Wohnen zulässig, kam einer Umwidmung der Flä-

22 Den Alignementsplan für diesen Stadtraum hatte der Magistrat unter Oberbürgermeister MIQUEL 1888 aufgestellt.

23 Die Stadt selbst war Eigentümer von 33 ha Ackerland in dieser Gegend, s. Schreiben des Tiefbauamtes an Magistrat, Mag.Akte T 956.

24 Mitt.Prot.StVV., Nr. 289 vom 14.4.1892, S. 143.

25 Ebd., S. 144.

26 Der Fluchtlinienplan von 1889 hatte überall Vorgärten vorgeschrieben gehabt.

chennutzung gleich[27]. Um den Wohncharakter zu gewährleisten, hatte der Magistrat die Baumbepflanzung zumindest auf einer Straßenseite vorgesehen. Bei Aufstellung des neuen Fluchtlinienplans hatte man sich an französische Planungsvorlieben angelehnt[28]. Das Straßennetz des Fluchtlinienplanes von 1889 hatte sich noch stärker am kleinfächig, rombusförmigen Rechteck als Grundraster für die Gevierte orientiert, so daß noch mehr Straßen den Nordosten überzogen hätten als beim neuen Planentwurf[29]. Tiefe Baublöcke zu schneiden, war Leitmaxime der neuen Planung und ermöglichte zusätzliche 24.800 qm Baufläche. Diese Planungskomponente kam, wenn auch in diesem Stadtteil nicht der Fall, so doch aber den Interessen der Grundstückseigentümer entgegen, was Bedenken im Hinblick auf Straßenbreiten nebensächlich erscheinen ließ. Allein diese zusätzlich ermöglichte Baufläche war dem Magistrat Legitimation genug, um die Bebauungspläne für den Nordosten neu festzulegen und der Stadtverordneten-Versammlung zur Verabschiedung vorzulegen.

Mit dem neuen Planungsvorschlag galt es dem Magistrat, den verkehrsinfrastrukturellen Gesichtspunkt mit dem ästhetischen zu verbinden. Auch hier wurden Straßenführungen auf Brennpunkte ausgerichtet und zwar nach dem Gesichtspunkt des Panoramablicks: die Rotlintstraße (24 Meter Breite) auf die St. Michael-Kirche, die Luisenstraße (24 Meter Breite; später M.-Luther-Straße) auf die Lutherkirche, die auch für die Vogelsbergstraße (18 m Breite) zum optischen Raumabschluß gedacht war. Der Straßenverlauf der Egenolffstraße war mit Blickrichtung Bornheimer Kirche (Bethanienkirche) trassiert, ebenfalls die Rohrbachstraße[30]. Um die räumliche Weite von einem Ende der Rotlintstraße zum anderen Ende noch zu bestärken, hat man sie in der Mitte allmählich in konkav geschwunger Form verbreitert, so daß ein Mittelperron mit Grünbepflanzung möglich wurde.

Adickes hatte den Promenaden-Alleen vor dem Platz als gestaltendes Element von Freiflächen eindeutig den Vorzug gegeben. Plätze galten ihm als ungewünschte Konsequenz von Straßenkreuzungen wie z.B. an der Kreuzung Bornheimer und Friedberger Landstraße, wo eben die zusätzliche Anbindung von Rotlintstraße und Günthersburg-Allee eine weiträumigere Platzanlage erforderlich machten. Doch die Platzanlage in der Mitte der Günthersburg-Allee war allein aus ästhetischen Gründen geplant. Hier wollte man der 50 Meter breiten Allee das Geradlinig-Geometrische nehmen. Deshalb war ein Platz mit Grünbepflanzung von 130 Meter Länge und

27 *In allen diesen Straßen sind Vorgärten nicht vorgesehen, weil man annahm, daß bei dem baulichen Charakter dieser Gegend und den voraussichtlich dort niederlassenden Bevölkerungsklassen eine gute Pflege von Vorgärten nicht zu erwarten sei, so* im Beutel-Bericht, Mag.Akt. T 980/I.

28 S. dazu J. Stübben, 1907, S. 60f.

29 Vom städtischen Eigentum über 32,98 ha fielen nach dem alten Plan 36,2% Straßenfläche an, nach dem Entwurf von 1892 lediglich 28,7%. S. Beutel-Bericht, Mag.Akt. T 980/I.

30 Bei einer Straßenbreite von 24 Metern kamen 10 m auf den Fahrverkehr und 7 m auf Fußwege. Die restlichen 7 Meter waren für möglichen Straßenbahnverkehr gedacht. Die Straßenbreite von 18 m war deshalb bestimmt worden, um entsprechend der neuen Staffen-Bauordnung die Höhe der Bebauung auf 18 m zu ermöglichen. Ebd.

75 Meter Breite geplant. Der Platz der am Kreuzungspunkt der beiden Alleen – Günthersburg- und Rothschild-Allee – zwangsweise entstand, war *als Kinderspielplatz in Aussicht genommen.* Die Ring-Promenade war generell auf 50 Meter Breite trassiert, mit jeweils 6 Meter Vorgartenfläche. In der Mitte verlief der Promenadenweg mit Grünbepflanzung mit einer Breite von gut 20 Metern, daran anschließend ein 5 Meter breiter Reitweg auf einer Seite der Fahrbahnbereiche; für Straßen- und Trambahnverkehr waren 20 Meter vorgesehen. Mit dem asymetrischen Straßenprofil unter *Hervorhebung der Baumpflanzungen* wollte man die *Einförmigkeit und Gleichmäßigkeit* des Straßenbildes vermeiden.

Die Günthersburg-Allee war auf 30 Meter bis Anbindung an die Rothschild-Allee geplant, danach 42 Meter bis zum Park. Auch hier war Vorgarten-Bebauung (jeweils 6 m) vorgesehen. Da Straßenbahn-Anschluß nicht vorgesehen war, genügte hier eine Fahrbahnbreite von 15 Meter. Mittlere Promenadenwege von 8 bzw. 20 Meter Breite sollten hier dem *Bedürfnis* nach *Erholung und dem Spaziergang* entgegenkommen[31].

Der heutige Einwand, die Wilhelminischen Kommunalpolitiker und deren Stadtplaner hätten keinen Unterschied gemacht zwischen Verkehrs- und Wohnstraße geht auf Th. Goecke zurück[32], ist aber, wie oben dargelegt, nicht ganz berechtigt. Wenn auch der Verkehrsinfrastruktur Priorität zugekommen ist, so ist die Abstufung der Straßen aber nicht unberücksichtigt geblieben, wenn man die Kategorie der sog. Teilungsstraße bedenkt.

Der Vollzug dieser Planung konnte deshalb vergleichsweise schnell durchgeführt werden, weil noch vor der Genehmigung durch die Stadtverordneten-Versammlung eine Vereinbarung zwischen Magistrat und Terrain-Actien-Gesellschaft zustande kam, in der die entschädigungslose Abtretung aller im Eigentum der Gesellschaft befindlichen Grundstücksteile festgelegt wurde, wenn sie in die trassierten Straßenräume fielen. Die Versorgung und Finanzierung ihrer Grundstücke mit technischer Infrastruktur hatte die Baugesellschaft selbst zu übernehmen.

Die *gemischte Alignements- und Bau-Kommission* empfahl den Stadtverordneten, den Fluchtlinienplan für die sog. Dicke Oede anzunehmen, obwohl der Bericht nicht verschweigt, daß finanzielle Bedenken bei den Kommissions-Verhandlungen erhoben wurden[33].

31 Ebd. und Mitt.Prot.StVV., Nr. 289 vom 14.4.1892, S. 144.

32 Th. Goecke, Verkehrsstraße und Wohnstraße, in: Preussische Jahrbücher, Bd. 73, 1893. Vgl. W. Bangert, 1937, S. 43.

33 Mitt.Prot.StVV., Nr. 289 vom 14.4.1892, S. 145. Für den östlicher gelegenen 23. und 24. Bezirk zwischen Burg- und Sandweg und Wiesen- und Hegelstraße wurde noch zur Zeit des Oberbürgermeisters Miquel ein Bebauungsplan erstellt. Hauptverkehrsstraße ist hier die Berger Straße die als Verbindung zwischen östlicher Innenstadt und Bornheim anzusehen ist. Die Luisenstraße wurde zwischen 1890 und 1894/95 erschlossen.

Ein Jahr danach, waren die Erdarbeiten in dem neuen Siedlungsgebiet bereits abgeschlossen, die Anlage eines der *stattlichsten Straßenzüge der Stadt*[34] für das Etatjahr 1894/95 angesagt. Es sollten Jahre der Verhandlungen folgen, die über Zusammenlegungen zersplittertem Grundstückseigentums optimale Bauausnutzung und Bebauung ermöglichen sollten. Der endliche Planungsvollzug begann um die Jahrhundertwende.

Die eigentlichen Konflikte traten auf, als der Ausbau der Ring-Promenade in der nördlichen Außenstadt anstand. War im Nordosten ein vollkommen neuer Siedlungsbereich bei übersichtlichen Eigentumsverhältnissen an Grund und Boden zu erschließen, so hatte sich im Norden seit den 1880er Jahren die private Bautätigkeit enorm entwickelt – Kleinbetriebe und Wohnungen waren hier bereits in großer Anzahl vorhanden. 1893, als die den gesamtstädtischen Einheitsplan ergänzenden Bebauungspläne für die nördliche und östliche Außenstadt der Stadtverordneten-Versammlung vorgelegt wurden, erhoben sich die ersten Stimmen des Protests. Die privaten Grundstückseigentümer und Hausbesitzer glaubten sich durch die breiten Straßen-Trassierungen über die Maßen geschädigt[35]. Das Fluchtliniengesetz hatte insofern die Grundstückseigentümer in die Verantwortung genommen, als diejenigen Grundstücksteile, die über die „Fluchtlinie" hinaus in den trassierten Straßenraum fielen, kostenlos abzutreten waren. Desweiteren mußten sie die Erschließungskosten selber tragen. Die Behörden gingen davon aus, daß die Straßen-Erschließung ohnehin die Grundrenten-Erwartung des anliegenden Grundstücks heben würde und daher diese Art der Sozialbindung von Privateigentum gerechtfertigt sei.

Hinzu kommt, daß ADICKES' neue städtebaulichen Planungsvorstellungen die Bodenspekulation um ein zusätzliches anfachte. Unter Zeitdruck wurden also die Bebauungspläne für das Nordend dem „einheitlichen Grundplan" angepaßt[36]. Hauptanstoß der öffentlichen Kritik war die äußere Ring-Promenade, die auf 50 bis 60 Meter Breite trassiert war. Neben Fuß- und Reitweg waren Trambahngleise und der vierspurige Wagenverkehr vorgesehen, ein zusätzlicher Mittelperron von 20 Meter sollte bepflanzt werden[37].

In kürzester Zeit waren alle Stadtteile mit neuen Straßenplanungen versorgt worden, eine zu kurze Zeit, um auch den staatlichen Aufsichtsbehörden den Planungswandel nachvollziehbar mitteilen zu können. So war es kein Wunder, daß sich der

34 Verwaltungsbericht 1893/94, 1894, S. 138. Vgl. Verwaltungsbericht 1892/93, S. 119.

35 Mitt.Prot.StVV., Nr. 93 vom 7.2.1893, S. 37f.

36 Verwaltungsbericht 1892/93, 1893, S. 119. Der Fluchtlinienplan für das Nordend wurde am 5.1.1893 offengelegt. Planungsrelevante Einwände kamen von Freiherr von HOLZHAUSEN und ALBERT KATZENSTEIN, die erheblichen Grundbesitz im Nordend hatten. Auf dem Verhandlungswege einigte man sich. Der Magistrat arbeitete die Alternativvorschläge der beiden in die Bebauungspläne ein, so daß mit den entsprechenden Änderungen der Fluchtlinienplan im Sommer 1895 festgestellt wurde. S. Mitt.Prot.StVV., Nr. 487 vom 25.6.1895, S. 265f.

37 S. Mitt.Prot.StVV., Nr. 93 vom 7.2.1893, S. 37.

Provinzialrat, die erste staatliche Kontrollinstanz, bei den ersten Einsprüchen auf die Seite der Einwender stellte[38]. Ihm erschienen die Straßenplanungen für das Nordend *über das unbedingt Notwendige hinausgegangen*[39]. Daraufhin sah sich der Magistrat aufgefordert, auf die Ringstraßen-Projekte anderer deutscher Großstädte wie Köln, München, Hamburg, Aachen und Mainz zu verweisen, um die eigenen Planungen in ein besseres Licht zu rücken. Die Einwender hatten insbesondere die spitzwinkligen Baublöcke an den Enden der Diagonalstraßen[40] moniert, da dort keine günstige Bebauung möglich sei. ADICKES jedoch legitimierte sein Planungshandeln durch Verweis auf neueste Erkenntnisse der *ersten Stimmen in der Literatur des Städtebaues* R. BAUMEISTER und J. STÜBBEN[41], um dann seine Planungsprämissen eher allgemeinverbindlich darzulegen.

Das Tiefbau-Amt hatte noch ein Jahr vor ADICKES' Amtsübernahme in gleichem Sinne die Planungen vorgenommen, d.h. an den Kreuzungspunkten der Diagonalstraßen die Anlage von Plätzen vorgesehen.

Die Planung wurde gegenüber den staatlichen Behörden im Sinne einer gesamtstädtisch zu bewertenden „Stadterweiterung" gerechtfertigt. Nach erneuter Aufnahme des Verfahrens wegen dreier Einwendungen, konnte sich der Provinzialrat nicht länger der Argumentation des Frankfurter Magistrats verschließen und räumte die letzten Hürden des Planungsvollzugs aus dem Weg[42].

Die Ring-Promenade, d.h. der Abschnitt Nibelungen-Allee[43], wurde wie geplant ausgeführt, gleichzeitig die zwei Diagonalstraßen (Falkensteiner Straße und

38 Er begründete dies wie folgt: *...es sei dem Magistrat nicht gelungen, den Nachweis zu erbringen, daß in Frankfurt a. M. zur Zeit ein Bedürfnis bestehe oder für die nähere Zukunft, wie es der Art. 2 des Gesetzes vom 2. Juli 1875 vorschreibt, ein solches vorauszusehen sei, die Stadt mit einem Ringstraßen-System in den projektierten Dimensionen zu umgeben.* Zitiert nach: *Rechtfertigung der Beschwerde des Magistrats zu Frankfurt a. M. an den Provinzialrat der Provinz Hessen-Nassau betreffend den Bebauungsplan für das zwischen der Eckenheimer Landstraße, der Straße „An den Friedhöfen", der Friedberger Landstraße und der Nordendstraße gelegene Terrain in Frankfurt a. M.*, 1894, S. 1 (Im Folgenden: *Rechtfertigung*), Mag.Akt. T 974/I.

39 *Rechtfertigung* S.4, ebd.; F. RUPP, Kenner der lokalen Verhältnisse schrieb 1913: *Unser Widerspruch richtet sich im wesentlichen gegen die geistlose Anlegung von Ringstraßen und Alleen, unter deren Durchführung wichtigere und vom städtebaulichen Standpunkte aus auch mehr künstlerische Aufgaben zu leiden haben.* Als Alternative nennt er Parkanlagen. F. RUPP, 1913, S. 45. Ring-Promenaden waren städtebauliches Leitbild seit dem HOBRECHT-Plan in Berlin der 1860er Jahre.

40 *... andererseits ließ sich ohne diagonale Richtungen der Straßen den Bedürfnissen des Verkehrs nicht Rechnung tragen.* So das Tiefbauamt an Magistrat vom 21.5.1890, zitiert nach *Rechtfertigung*, S. 5., Mag.Akt. 974/I.

41 Zur Bevorzugung von spitzwinkligen Kreuzungspunkten s. R. Baumeister, Moderne Stadterweiterungen, 1887, S. 7: *Die Forderung, den Verkehr zu erleichtern, befriedigt das Rechtecksystem schlecht.* Inzwischen würden rechtwinklige Straßenraster auch in Amerika als langweilig angesehen. *Angemessen erscheint das Rechtecksystem für Erweiterungsbezirke von eingeschränktem Umfang, wo es sich nur um wenige Straßen handelt... Aber selbst in diesen Fällen wäre noch zu überlegen, ob das Durchlegen von Diagonalen, das Ausbilden sternförmiger Figuren nicht dem Verkehr nach gewissen Richtungen zu Gute käme.* Vgl. J. STÜBBEN, 1907, S. 323f.

42 Beschluß des Provinzialrats der Provinz Hessen-Nassau vom 2.6.1894, in: Mag.Akt. T 974/I.

43 S. Verwaltungsbericht 1894/95, 1895, S. 134.

Klettenberg-/Schloßstraße) auf dem sog. Knoblauchfeld, die mit 24 m Breite den Verkehr von und nach Eschersheim bzw. Bornheim und Eckenheim nach dem Prinzip der Verkehrsdezentralisierung (Verkehrsentlastung) aufzunehmen hatten. Nachbarstraßen wurden mit 14 Meter Breite trassiert[44]. Die Bauordnung von 1891 präjudizierte den Wohnungsbau in geschlossener Bauweise.

Die aktive Infrastrukturpolitik des Frankfurter Magistrats schuf Sachzwänge in Folge: Die Erschließung der sog. Dicken Oede machte es erforderlich, eine diagonale Verbindung zwischen Friedberger Landstraße und Eschenheimer Anlage zu schaffen, deren städtebauliche Funktion es sein sollte, den Verkehr von und nach Eschersheim auf der Eschersheimer Landstraße zu entlasten, als auch den gesamten Nordosten, insbesondere die Promenaden-Anlagen (Günthersburg-Allee und Ring-Promenade) an die Innenstadt anzubinden[45]. Die Straße des Scheffelgartens[46], später Scheffelstraße genannt, wurde in geschwungener Form und 18 m Straßenbreite mit je 4,50 m Vorgarten trassiert. Die Vorgartenbepflanzung sollte nach Adickes der *Annehmlichkeit der Passanten dienen*[47]. Im März 1894 initiierte der spätere Stadtverordnete Hettler, Grundstückseigentümer und Vertreter des *reaktionären* Flügels, eine Protestversammlung, wo die allgemeine Ablehnung gegenüber Adickes' Städtebaupolitik zum Ausdruck gebracht wurde[48]. Finanzielle Bedenken standen hierbei im Vordergrund, die auch in der Stadtverordneten-Versammlung vorgetragen wurden[49]. Hettler hatte allerdings die reale Situation verkannt. Die trassierte Scheffelstraße, die er als *Rießenstraße* abqualifizierte, weil sie dem privaten Grundstücks- und Hauseigentümer-Interesse entgegenstünde, entpuppte sich als lohnendes Objekt der Spekulation. Die Öffentlichkeitsarbeit hatte seine Wirkung gezeitigt. Die Verhandlungen bzw. Enteignungsverfahren zogen sich über zehn Jahre hin, was den Grundstückseigentümern zum Vorteil geriet, denn mit der Zeit stiegen die Grundstückspreise[50]. 1903 mußte Stadtrat Kölle den Stadtverordneten mitteilen, daß mit *Rücksicht auf die gespannte Lage des Etats* von der Asphaltierung dieser Straße Abstand genommen und stattdessen die Pflasterung veranlaßt worden sei[51].

Wilhelminische Stadtentwicklungspolitik, das zeigt allein dieser Vorfall, verlangte dem Magistrat, auch weil die kommunalen Planungsinstrumente noch nicht die wirkungsvolle Intervention ermöglichten, enormes strategisches Verhandlungs-

44 Mag.Akt. T 974/I.

45 Verwaltungsbericht 1893/94, 1894, S. 125.

46 S. Verwaltungsberichte 1892/93, S. 120 und S. 125 und Verwaltungsberichte 1898/99, S. 224.

47 Mitt.Prot.StVV., vom 6.3.1894, S. 92f.

48 Mag.Akt. T 976, 23.

49 Mitt.Prot.StVV., vom 6.3.1894, S. 93.

50 Das Grundstück Eiserne Hand 3 war 1893 mit einem qm-Preis von 220 M. veranschlagt, 10 Jahre später sollten es 325 M. sein. S. Mag.Akt. T 976, 66 und 111. Auch andere Anwesen profitierten von der Freilegung.

51 Mitt.Prot.StVV., Nr. 1211 vom 1.12.1903, S. 579.

geschick ab. Zu frühe Publizität von städtebaulich relevanten Planungsprojekten konnten unerwünschte finanzielle Konsequenzen nach sich ziehen. Mit der Funktionalisierung städtischer Räume durch die Staffel-Bauordnung war die Ausdifferenzierung der Grundrenten-Erwartungen impliziert, die sich mit jeder Planungsänderung wandelten.

Die Stadtverordneten waren nun gefordert, das bereits genehmigte Ring-Projekt in seiner Fortsetzung gutzuheißen. Der Berichterstatter der Kommission, der Nationalliberale WELB trug die Planungsgrundsätze vor, die eigentlich gegenüber den Bebauungsplänen des Westends und der Dicken Oede nichts Neues erbrachten. Sein Vortrag zielte darauf ab, die breite Zustimmung der Stadtverordneten-Versammlung zu erlangen. Deshalb sollte hier das Ringstraßen-Projekt als nebensächliches Planungsereignis abgehandelt werden, dagegen das Interesse der Grundstücks- und Hauseigentümer über das Planungsangebot der großen Baublöcke geweckt und so die Zustimmung der Vorlage erreicht werden. Neben HARNIER trug lediglich der Brauereibesitzer HENRICH seine Bedenken offen vor. Beide kritisierten die Planungen als zu großzügig, doch dieser erhob noch den Vorwurf, daß diese Straßenbreiten lediglich *Luxusbauten* aber kaum den Bau von Arbeiterwohnungen zulasse. Diese Bedenken eines arbeitgebenden Stadtverordneten teilten die übrigen Stadtverordneten keineswegs. Was als großer Vorteil der ADICKES'schen Planungspolitik angesehen wurde, war deren Kontinuität im gesamtstädtisch-einheitlichen Verständnis, so daß der fortschrittsliberale Stadtverordnete und Kommissionsmitglied DR. GEIGER die Vorzüge der ADICKESschen Stadtentwicklungspolitik nur rühmen konnte[52].

Die eigentliche Debatte war mit GEIGERS Plädoyer auf ADICKES' Planungspolitik schnell als beendet angesehen worden. Es ist heute fast ein Topos, festzustellen, daß Planungen, die einmal eingeleitet und zur Entfaltung gekommen, eine Eigendynamik entwickeln und so immer weiteren Planungsbedarf schaffen[53]. Jedenfalls, nachdem bis 1894 großzügige Straßen-Projekte im Bereich der Dicken Oede realisiert wurden, traten Verkehrsstockungen in der Friedberger Landstraße auf, die bisher den gesamten Verkehr aus dem Nordosten nach der Innenstadt aufnahm, war nun durch die Verkehrsanbindung der Dicken Oede noch zusätzlich belastet und avancierte allmählich zur *verkehrsreichsten* Landstraße Frankfurts. Durch Projektierung von Entlastungsstraßen glaubten nun Frankfurts Verkehrsplaner der Gemischten Kommission, das überdurchschnittliche Verkehrsaufkommen bewältigen zu können, und suchten die Stadtverordneten um Zustimmung über den Bebauungsplan des Bauareals Scheffelgarten nach. Es handelte sich hierbei um das Areal zwischen Eckenheimer Landstraße, Eiserner Hand, Friedberger Landstraße und der Eschersheimer Anlage[54].

52 Mitt.Prot.StVV. Nr. 93 v. 7.2.1893, S. 38.

53 Helmut KLAGES, in: Historische Zeitschrift, Bd. 226, 1978, S. 536.

54 Mitt.Prot.StVV. vom 6.3.1894, S. 92ff.

In der Planung einer Diagonalstraße, die den Baublock Scheffelgarten durchschneiden sollte, sah man das Allheilmittel. Die Unterscheidung von Verkehrsstraße und Wohnstraße war hierbei nebensächlich. Leitbild war ein Straßennetz, geprägt von künstlerischen Varianten an Verkehrsknotenpunkten durch unterschiedliche Verlaufsformen, z.B. spitzem oder abgeschrägtem Winkel oder durch die Formung von dreieckigen Baublöcken bei diagonalem Straßennetz[55]. Bedenken von einzelnen Stadtverordneten, diese Planung könne den Finanzhaushalt über Gebühr belasten, wurden von ADICKES als unbegründet zurückgewiesen. Er ging sogar noch weiter, indem er die Stadtverordneten wissen lies, daß *eventuell eine Trambahn oder elektrische Bahn von und nach dem Günthersburgpark auf(zu)nehmen sei.* Deshalb genüge auch nicht die Straßenbreite von 13 Metern. Er empfehle Annahme des Magistrats-Antrags, bevor private Grundstückseigentümer in diesem Areal auf ihre Weise für klare Verhältnisse sorgen würden. Dann aber könne man davon ausgehen, daß Entwicklungen einträten, die dem allgemeien Interesse entgegenstünden[56].

Das dieser Argumentation zugrundeliegende Planungsdenken war in zeitgenössischen Fachkreisen sehr umstritten. R. EBERSTADT war der Hauptkritiker dieser raumfordernden Straßenprojekte, weil er in ihnen den Verursacher von weitreichenden, strukturverändernden Folgewirkungen glaubte ausgemacht zu haben. Dem *Kultus der Straße*[57] sei so Vorrang im Städtebau eingeräumt. Es sei eine Illusion zu glauben, die Entwicklung des Verkehrs, aber auch die des Stadtwachstums, könne mithilfe des Straßenbaus planerisch gelenkt werden. Er stellte diesen Ansatz apodiktisch in Frage: *Mit ihrem Entlastungsprinzip steht die Stadtbehörde diesem Problem hilflos gegenüber. Die Anlage teurer, wirkungsloser Parallelstraßen bedeutet nichts als das Abschieben der Verpflichtungen, auf eine spätere, ungünstigere Zeit und einen doppelten Verlust für Gegenwart und Zukunft*[58]. Eines war offensichlich, Investitionen an einem Punkt des Stadtraumes bedeutete, die nächste ins Auge zu fassen.

4.2. Der öffentliche Nahverkehr – Die Straße als Verkehrsraum

Frankfurts Stadtwachstum verlief in radialer Form entlang der Ausfallstraßen, die meist auch Stadtteilgrenzen darstellten. So bildete die Bockenheimer Landstraße die Stadtteilgrenze des Nordwestens als auch des Westen. Die Eschersheimer Landstraße

55 Der Planvergleich macht deutlich, daß man zu Beginn der 1890er Jahre von dem geometrischen Straßennetz abkommt. Die geschwungene Form der Straßenführung gewinnt wieder mehr und mehr an Bedeutung.

56 Ebd., S. 93f.

57 Nach ERNST CAHN, 1912, S. 11 und S. 19.

58 R. EBERSTADT, Städtische Bodenfragen, 1894, S. 34. So unrecht sollte er nicht haben, denn 1898 wurden weitere Entlastungsmaßnahmen für die Friedberger Landstraße gefordert. S. Mitt.Prot.StVV. vom 5.4.1898, S. 188f.

war „Grenze“ zwischen Nordwest und Nordend, wohingegen die Eckenheimer Landstraße mitten durch den Norden führte, der seinerseits vom Nordosten durch die Friedberger Landstraße begrenzt wurde. Hinzu kamen dann noch die beiden Ausfallstraßen im Südwesten (Mainzer Landstraße) und Osten (Hanauer Landstraße), die praktisch die verkehrstechnische Anbindung der entstehenden Industriegebiete gewährleisteten. Nach dem innerstädtischen Straßenring, entlang der geschleiften Wallanlagen, wurde unter MIQUEL über das radial verlaufende Hauptverkehrsstraßen-Netz ein zweiter Ring gezogen, der, wenn auch unvollendet, den folgenden Trassenverlauf – nach heutigen Straßennamen – markiert: Habsburger Allee, unterbrochen durch Höhenstraße, Rothschild-, Nibelungen-, Adickes-, Miquel- und Zeppelin-Allee, Senckenberg-Anlage, Friedrich-Ebert-Anlage, Bahnhofsvorplatz, Basler Straße, Friedensbrücke und Anbindung Sachsenhausens.

Die Pferdebahnen, Vorläufer von Tram- bzw. Straßenbahnen, konnten diesem radialen Straßennetz kaum folgen. Zum einen, weil ihnen die Straßenbreiten häufig keinen Platz gelassen hatten; weiträumige Straßenfreilegungen wären nötig gewesen, um hier schnelle Verkehrswege erzielen zu können. Zum anderen war in den 1870er Jahren überhaupt noch kein Bewußtsein für großstädtischen Verkehr vorhanden. Die Pferdebahn war zunächst ein Verkehrsmittel des Stadtbürgertums. Deshalb fuhren auch die ersten Pferdebahnen zwischen Zeil und Bockenheimer Warte, die dann später bis zum Schönhof verlängert wurde. Dann folgte zügig der Ausbau der Strecke Lokalbahnhof (Sachsenhausen) über die Zeil bis zum Hanauer Bahnhof (Ostbahnhof) und eine Abzweigung nach den „Westbahnhöfen“, wie man diese vor der Eröffnung des Hauptbahnhofs nannte. 1881/82 wurde die Süd-Nord-Achse mit dem Streckenverlauf Lokalbahnhof(Sachsenhausen)-Obermainbrücke – Konstabler Wache-Eckenheimer Landstraße/Hermannstraße hergestellt, zwei Jahre später war der Opernplatz mit dem Zentrum und Sachsenhausen über die Streckenführung: Neue Mainzer Straße – Untermainbrücke – Schaumainkai – Schul- und Wallstraße – Lokalbahnhof verbunden, und Bornheim hatte Verkehrsanschluß über den Sandweg zum Allerheiligentor[59].

MIQUELS Infrastrukturpolitik zielte darauf ab, die Linienführungen *radial nach dem Mittelpunkte der Stadt* zu lenken. Der Zeil komme diese Aufgabe provisorisch zu, da sie die beiden Verkehrsknotenpunkte Hauptwache/Schillerplatz und Zeil/Fahrgasse zusammenbinde, die ihrerseits die radialen Linien in sich aufnähmen[60].

[59] Horst MICHELKE und CLAUDE JEANMAIRE, Hundert Jahre Frankfurter Straßenbahnen 1872–1899–1972, Villigen bei Brugg 1972, S. 7f; Vgl. Frankfurter Verkehrsprobleme, hrsg. v. Magistrat, 1925, S 12f. und Die Straßenbahn in Frankfurt a. M. 1872–1922, hrsg. v. der Direktion der Straßenbahn und Waldbahn, 1922, S. 6.

[60] Das MIQUEL'SCHE „Straßenbahnbauprogramm“ hatte Stadtbaumeister LINDLEY aufgestellt, s. Frankfurter Verkehrsprobleme ..., 1925, S. 14.

Im Zeitraum von 20 Jahren (1872–92) wurden nur wenige neue Linien eröffnet, die Bockenheimer Landstraße war mit drei Linien allerdings gut bedacht – noch blieb dem Einwohner die Straßenbahn als Verkehrsmittel vorenthalten[61]. Sicher, es gilt hierbei auch zu berücksichtigen, daß Haus- und Grundstückseigentümer nötige Freilegungen durch zu hohe Entschädigungsforderungen oder schlichtweg über die Weigerung, mit einem Eigentumstausch vorlieb zu nehmen, entsprechende Straßenbau-Maßnahmen vereitelten.

Doch zeigt allein die Auflistung der jeweils neu eröffneten Linien, daß nach 1890 ein Wandel eintrat[62]. Dies war aber keineswegs nur auf entsprechende Maßnahmen der ADICKES-Administration zurückzuführen; vielmehr hat der preußische Staat hier den Bewußtseinswandel mit begünstigt, indem er 1892 ein sog. Kleinbahn-Gesetz verabschiedete, das den Gemeinden die entsprechenden Planungskompetenzen übertrug[63]. Die Elektrifizierung der Straßenbahnen bzw. Pferdebahnen erfolgte im Zuge der Kommunalisierung 1899. Noch 1890 war der öffentliche Verkehr auf einer Gleislänge von 28,4 km und gut 10 Millionen beförderten Personen ausschließlich vom Pferdebetrieb bestimmt worden. 1900 war das Verkehrsnetz der städtischen Straßenbahnen auf 37 km und gut 41 Millionen Beförderten angewachsen, 1910 sollten es dann 69,6 km bei über 93 Millionen Fahrgästen sein[64].

Mit der Urbanisierung waren immer mehr Einwohner auf die Straßenbahn angewiesen. Die Stadtteilbewohner konnten nicht schnell genug *ihren* Straßenbahn-Anschluß bekommen. Mit jeder neu eröffneten Bahn in einem anderem Stadtteil vermuteten sie die Vernachlässigung und Mißachtung ihres eigenen[65]. Bezirksvereine sahen sich herausgefordert, für ihren Stadtteil aktiv zu werden. Häufig wurde der Vorwurf erhoben, der Nordwesten würde mit Straßenbahn-Anschlüssen begünstigt; nicht immer konnte ADICKES in der Rechtfertigung seiner Planungspolitik die

61 O. KANNGIESSER, damals als konservativ denkender Stadthonoratior bekannt, schreibt 1892: *Seit zwanzig Jahren haben wir hier Trambahnen, aber es klingt wie ein Hohn auf das moderne Verkehrsleben, wenn konstatiert werden muß, daß heute noch die meisten Stadtteile keine Trambahnverbindung haben und die Erlangung von Rundfahrbilleten unmöglich ist, weil eben nur auf einzelnen bevorzugten Linien Trambahnen existieren* ... in: ders., Frankfurts Gegenwart ..., 1892, S. 49.

62 Vgl. A. WIEDERBAUER und H. J. HOYER, Fahrt in die Zukunft. Die Geschichte der Frankfurter Straßenbahn, Frankfurt a. M. 1968, S. 219ff.

63 W. R. KRABBE, Kommunalpolitik ..., 1985, S. 66f.

64 Zahlenangaben für 1890 s. Frankfurter Zeitung, Nr. 328 v. 21.11.1890. Nach der Gleislänge der Pferdebahnen nahm Frankfurt a.M. nach Berlin, Hamburg, München, Köln, Dresden, Nürnberg, BRESLAU und Leipzig eine ihrer Bevölkerungszahl gemäße Mittelstellung ein. Die Straßenbahn Frankfurts scheint überdurchschnittlich gut genutzt worden zu sein: Nach beförderten Personen je 1.000 Einwohner folgte Frankfurt nach Dresden und Leipzig, noch knapp vor Berlin und Hamburg mit 1.195.886 Fahrgästen, zehn Jahre später waren es 22.544.189. S. H. J. TEUTEBERG/C. WIESCHERMANN, Wohnalltag, 1985, S. 82. Die Angaben für 1900 und 1910 s. Die Straßenbahn in Frankfurt a. M., 1922, S. 10. Die höchsten Wachstumsraten lagen zwischen 1904–13.

65 Ein Beispiel unter vielen: S. Mitt.Prot.StVV., Nr. 1049 vom 22.11.98, S. 479f.

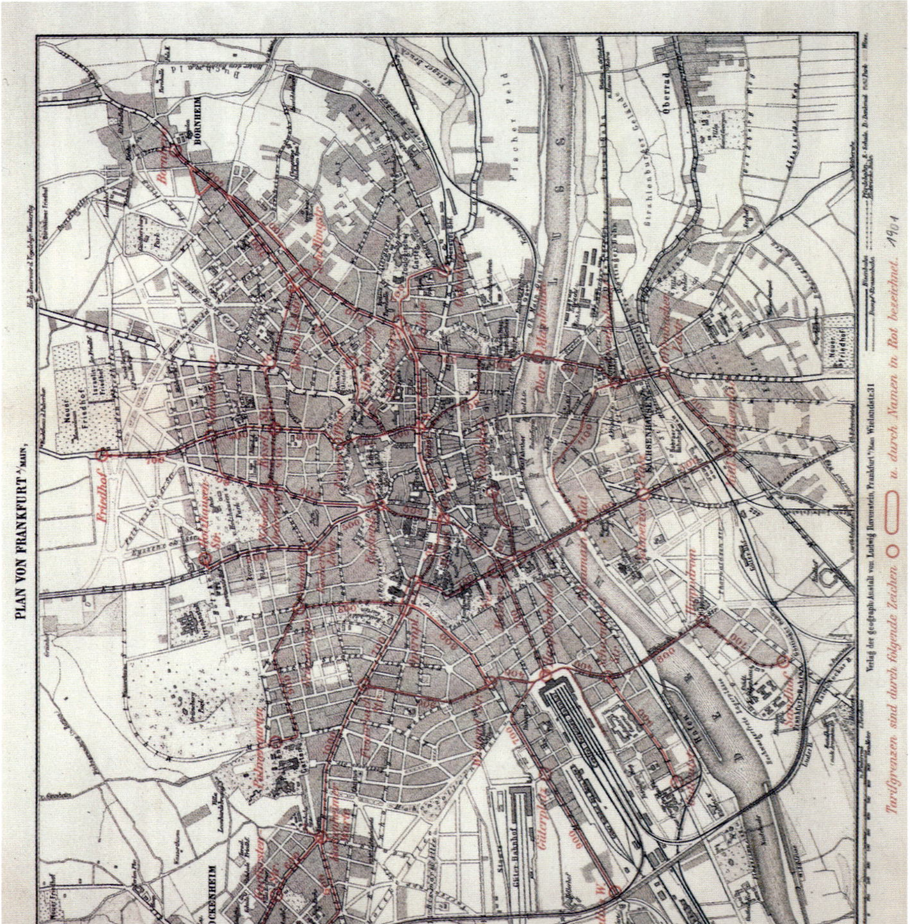

Abb. 11 Die Frankfurter Straßenbahnlinien 1901, Institut für Stadtgeschichte, Mag. Akte 1798 I

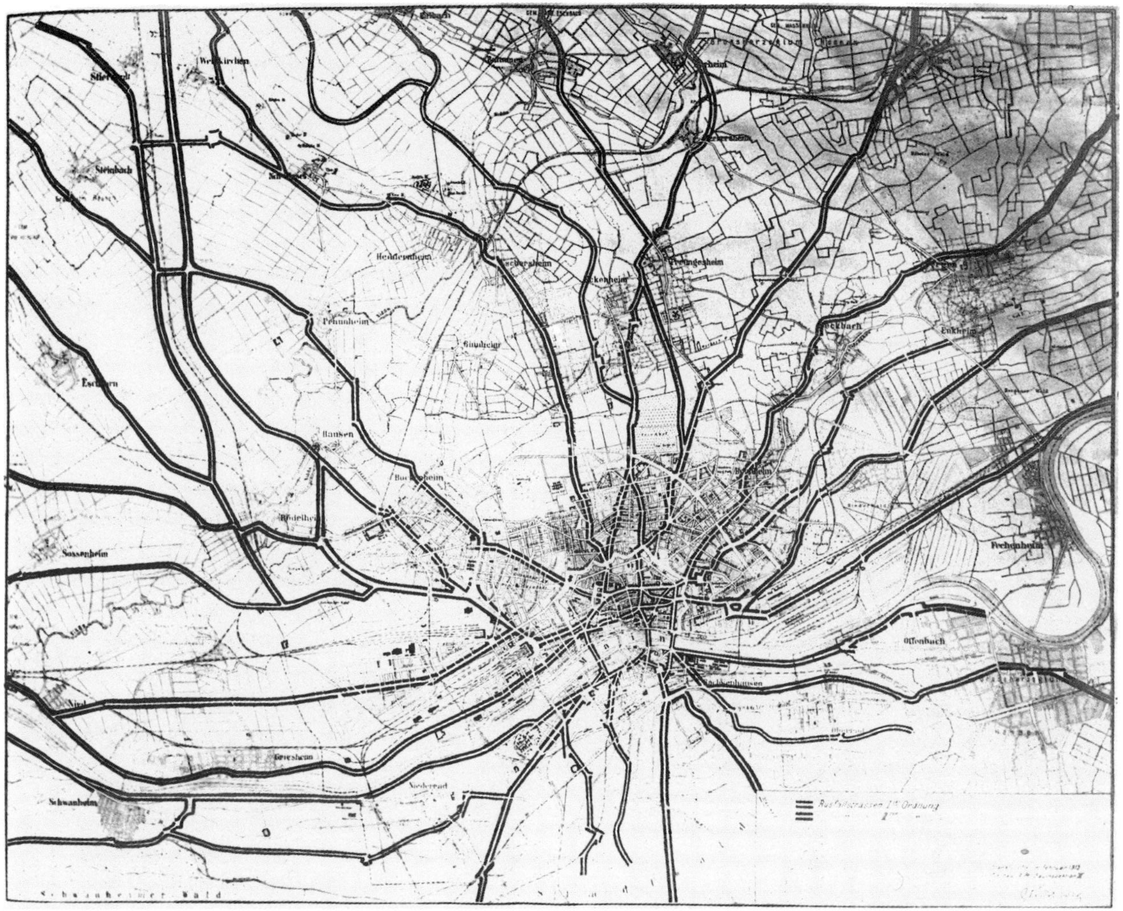

Abb. 12 Frankfurter Ausfallstraßen, Anlage zum Stadtbauplan, 1913, Institut für Stadtgeschichte, Mag. Akte T 1015

Abb. 13 Scherzpostkarte zur Einführung der „Elektrischen", 1898, Institut für Stadtgeschichte

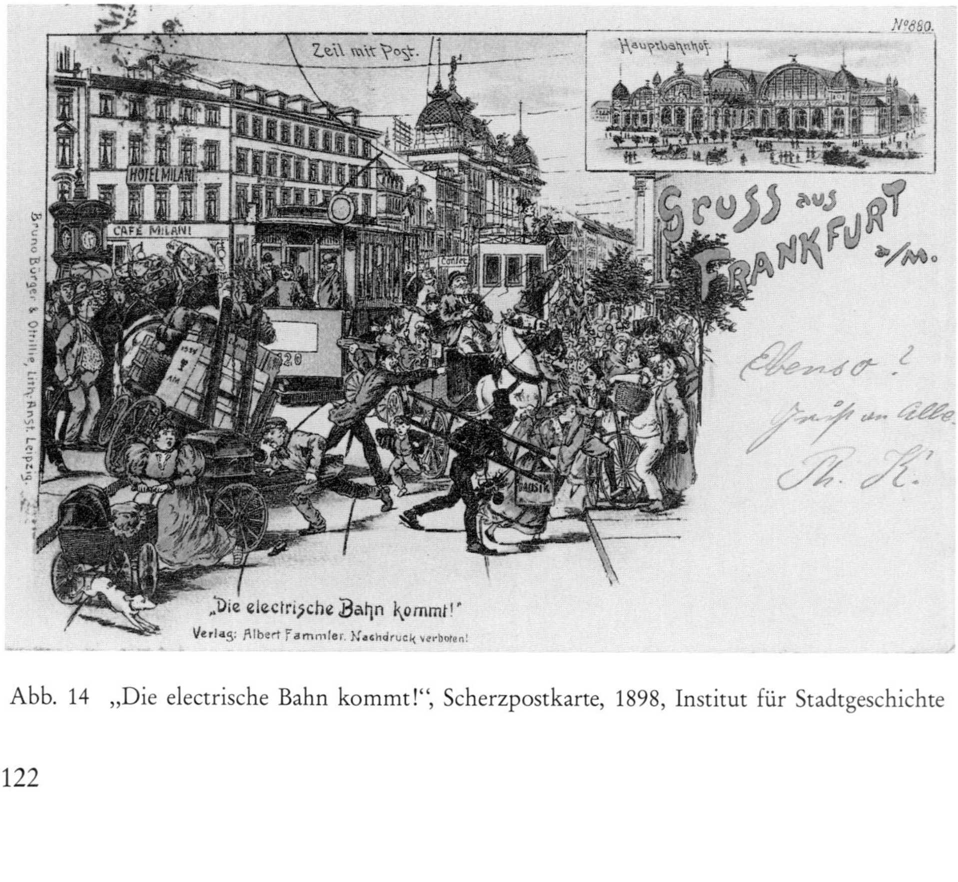

Abb. 14 „Die electrische Bahn kommt!", Scherzpostkarte, 1898, Institut für Stadtgeschichte

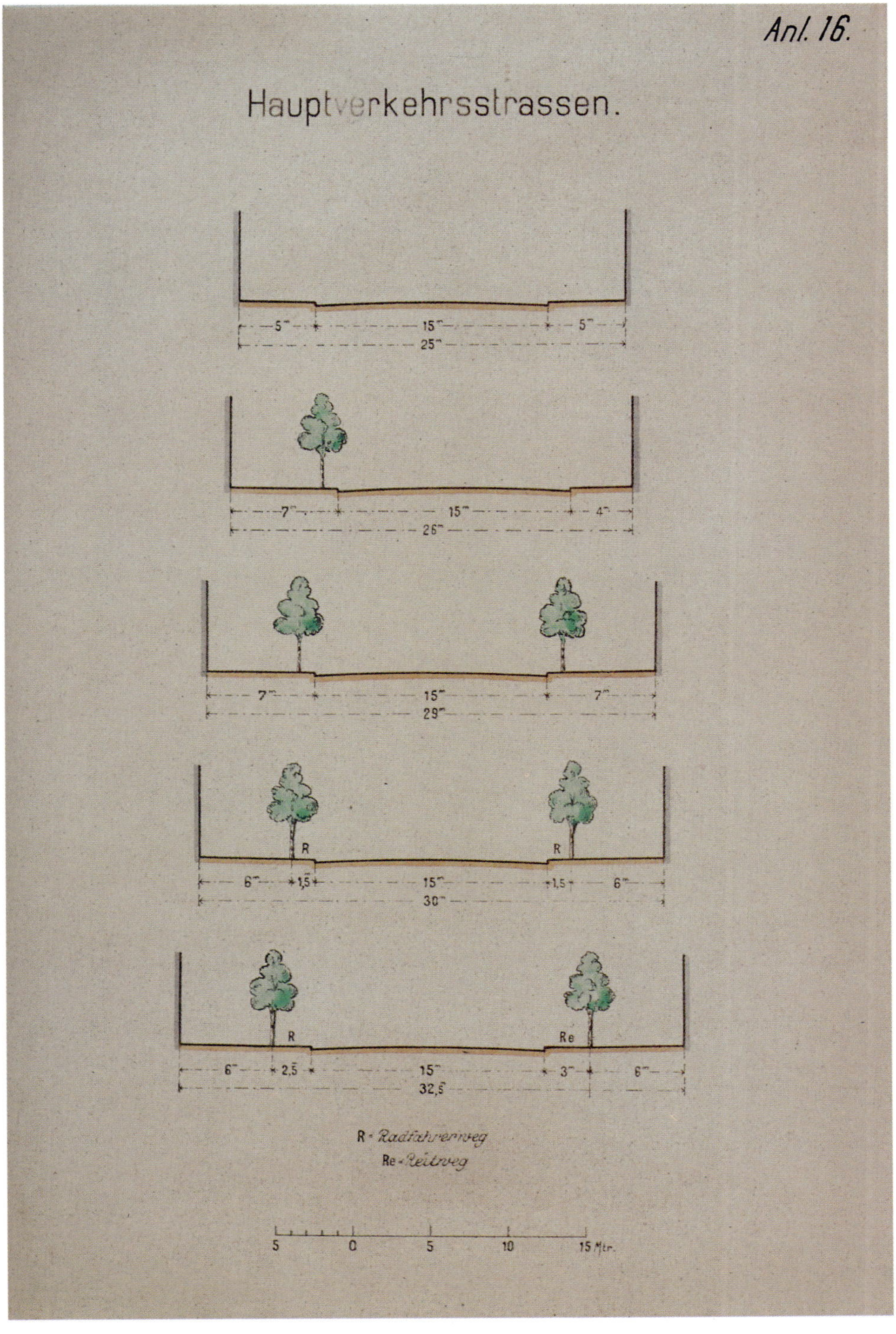

Abb. 15 Trassierungsbeispiele für „Hauptverkehrsstraßen", Anlage zum Stadtbauplan, 1913, Institut für Stadtgeschichte, Mag. Akte T 1015

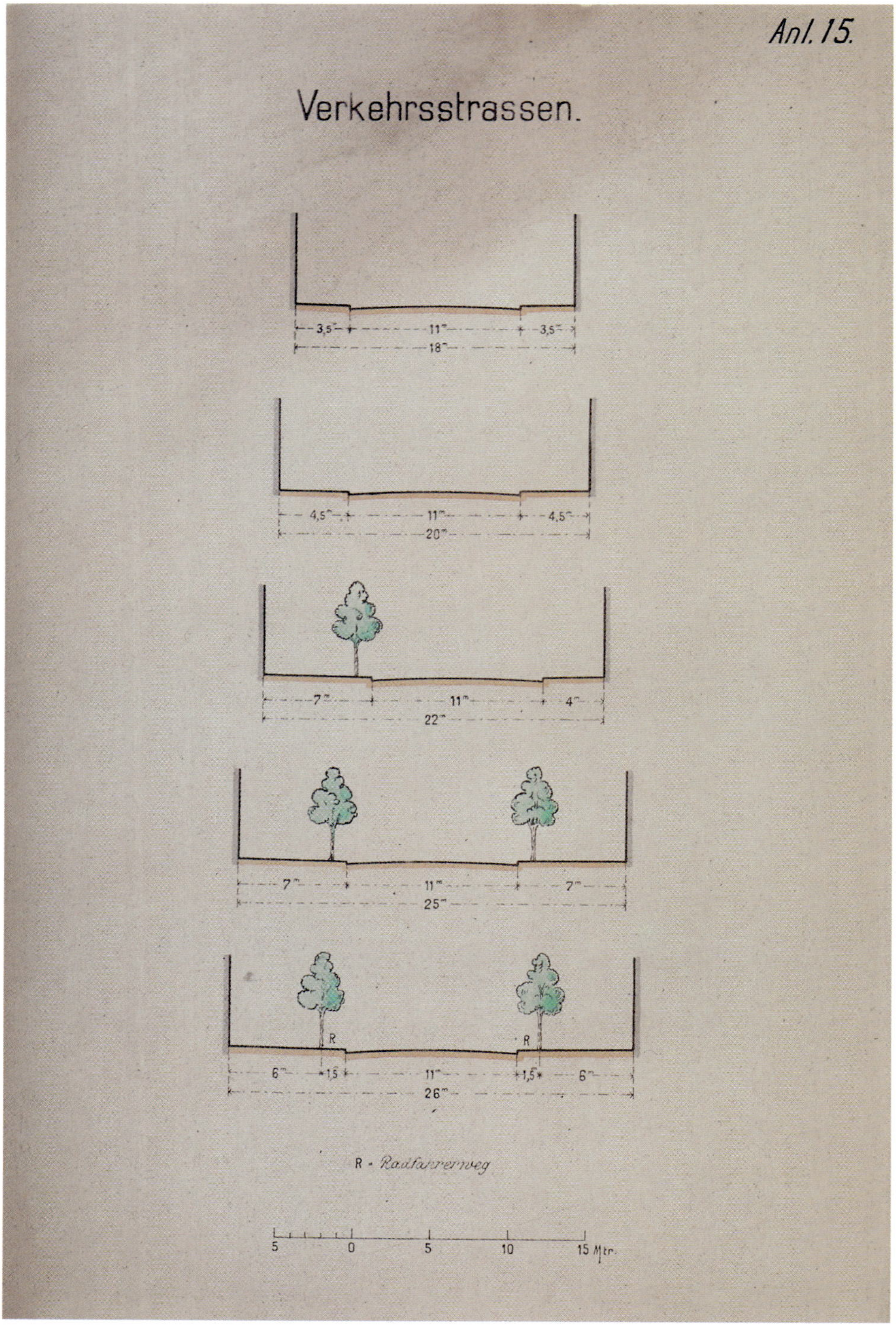

Abb. 16 Trassierungsbeispiele für „Verkehrsstraßen", Anlage zum Stadtbauplan, 1913, Institut für Stadtgeschichte, Mag. Akte T 1015

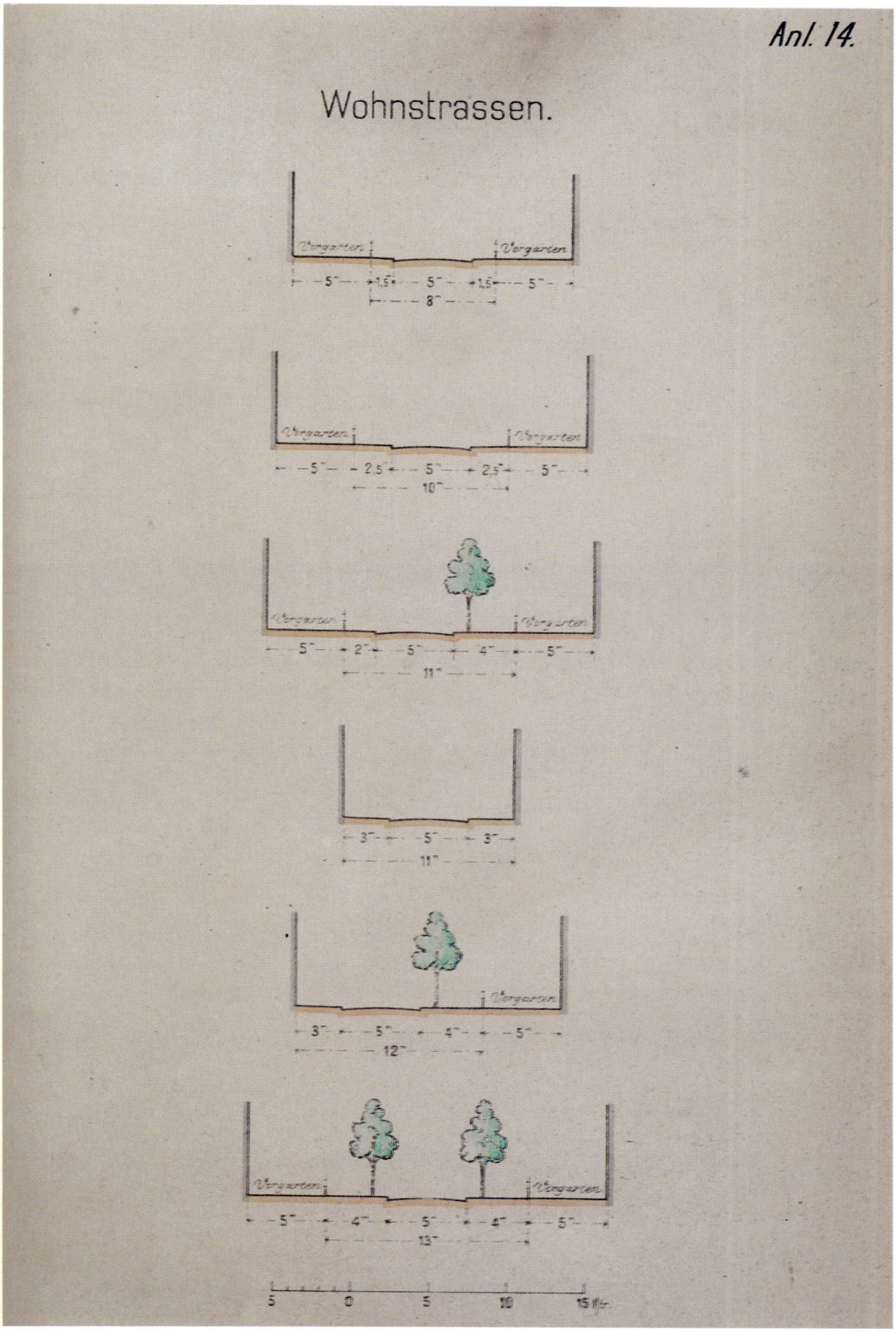

Abb. 17 Trassierungsbeispiele für „Wohnstraßen", Anlage zum Stadtbauplan, 1913, Institut für Stadtgeschichte, Mag. Akte T 1015

lokale Öffentlichkeit überzeugen[66]. Der Mangel an Straßenbahn-Verbindungen wurde von allen Bevölkerungskreisen als Nachteil artikuliert und gewertet[67].

Unter MIQUEL war der Ausbau des Straßenbahn-Netzes im vorbereitenden Stadium steckengeblieben[68]. Seine Planungsunterlagen machen deutlich, daß er Frankfurts Stadtentwicklung unterschätzt hat. So hatte die gem. Trambahn-Kommission in seinem Bericht vom 13.4.1888 die Einwohnerzahl Frankfurts auf 300.000 (1913) veranschlagt[69]; Eingemeindungen waren demnach überhaupt nicht in das Blickfeld gerückt. ADICKES' Planzahlen gingen 10 Jahre später (1898) von 364.000 Einwohnern (1910) aus, was dem tatsächlichem Entwicklungsverlauf entsprechen sollte[70].

4.3. Die Ambivalenzen des modernen Stadtlebens: Die Straße als Lebens- und Verkehrsraum im Widerspruch

Die Versorgung der Stadtteile mit Straßenbahn-Anschlüssen steht im engen Zusammenhang mit dem Ausbau des Straßennetzes. In der Anfangseuphorie des geplanten Stadtwachstums war es keine Seltenheit, daß Privateigentümer ihre Bereitschaft des freiwilligen Abtretens von Grundstücksteilen zugunsten von Straßenverbreiterungen bekundeten[71]. Das Bedürfnis nach Verkehrsanbindung bzw. Erschließung durch Straßenbau war so allgemein und existenziell, daß Interessenvertreter der Industrie wie überhaupt des produzierenden Gewerbes und des Handels offiziell gegenüber dem Magistrat kaum in Erscheinung treten mußten. Doch nun galt es

66 So z.B. Mitt.Prot.StVV., Nr. 1021 vom 22.12.96, S. 654.

67 Die Ausnahme bestätigt die Regel: Geschäftsleute, Industrielle, Akademiker und Privatiers (60 Unterschriften), in der nordwestlichen Außenstadt wohnhaft, sprachen sich in einer Petition vom 12.5.1892 für die Einstellung der Linie zwischen Bockenheimer Landstraße und Hauptbahnhof entlang Karlstraße, Westend- und Feuerbachstraße aus. Insbesondere Bewohner der beiden letztgenannten Straßen sahen keinen Bedarf für eine Straßenbahn in dieser Gegend, *welches durch ihre vielen ... geschmackvollen Gebäude als eine Zierde der Stadt bezeichnet zu werden verdient. Die projizierte Linienführung würde deren herrschaftlichen Charakter auf das empfindlichste beeinträchtigen* und die herrschaftlichen Bauten nicht nur in ihrer äußeren Erscheinung, sondern auch in ihrem Werte eine beträchtliche Einbuße erleiden. S. Mag.Akt. R 1782. Diese Petiton ist die einzige, nach Durchsicht der Quellen, die sich gegen eine Straßenbahn-Linie ausspricht. Die Linie wurde dann im Mai 1893 stillgelegt, nach Entscheidung der privaten Trambahngesellschaft. 1895 fragen andere Bewohner bei Magistrat und Stadtverordneten-Versammlung nach, die Linie wieder zu eröffnen und werden an den Betreiber verwiesen, denn nur er könne dem Wunsch nachkommen. S. Mitt.Prot.StVV. Nr. 76 vom 14.1.1896, S. 37.

68 Mag.Akt. R 1770/I, 179.

69 Ebd., 120.

70 S. Mitt.Prot.StVV., Nr. 1110 vom 29.11.98, S. 504. Die Ergebnisse von Verkehrszählungen im Jahr 1895 gaben dem Magistrat Hinweise über Verkehrsströme in der Innenstadt. S. Verwaltungsbericht 1895/96, S. 213 und Das Städtische Tiefbauamt, 1903, S. 34.

71 Z.B. Mitt.Prot.StVV., Nr. 93 vom 7.2.1893, S. 38.

auch, in langfristigen Planungsdimensionen zu denken. Noch zur Zeit von Oberbürgermeister MIQUEL war es Planungsziel, der gewerblichen Nutzung von Vorgärten entgegenzutreten. Damit sollten gleichzeitig Straßenfreilegungen begünstigt werden. Denn bei gewerblicher Nutzung von Vorgärten mußte davon ausgegangen werden, daß mit der freiwilligen Abtretung nicht unbedingt zu rechnen, das Enteignungsverfahren dann aber langwierig und kostspielig zugleich war. Dem stand der allgemeine Wunsch nach Rationalisierung von Stadtwachstum und -entwicklung entgegen. Von reinen Ziergärten als Vorgarten-Nutzung, so konnte erwartet werden, war schneller und billiger eine Abtretung zugunsten des Straßenbaus zu bewirken. So erließ der Magistrat ein Ortsstatut (vom 1.10.1890), das die Nutzung der Vorgärten als Ziergärten bestimmte. Der Magistrat hatte insbesondere an die Vorgärten der Ausfallstraßen gedacht. Gewerbliche und gartenwirtschaftliche Nutzung war weit verbreitet. Schank-Konzessionen wurden nunmehr nur *bis auf Widerruf* erteilt. In mehreren Fällen hatte das Tiefbauamt die Nachfrager nach Konzessionen gedrängt, Grundstücksteile vor Planungsvollzug von Straßenverbreiterungen freiwillig abzutreten[72].

Das Bestreben des Magistrats, die gartenwirtschaftliche Nutzung an den Ausfallstraßen rechtswirksam zu torpedieren, wurde von der Öffentlichkeit als ein Eingriff in ihre Lebensgewohnheiten gewertet. In vielen Einwendungen und Rechtsklagen kommt dies zum Ausdruck[73]. Stadtplanung sollte sich tatsächlich dort als ein schwieriges Unterfangen erweisen, wo die gewerbliche Vorgarten-Nutzung vor 1884 genehmigt worden war[74].

Mit dem Ortsstatut gab der Magistrat an, die außenstädtischen Wohnbezirke in ihrem *vornehmen villenartigen Charakter*[75] zu schützen. Dies in Frage stellend, organisierte die Gesellschaft der Frankfurter Gastwirte und Restaurateure eine Petition[76], in der auf die widersprüchliche Argumentation des Magistrats verwiesen wurde. Da in den Villenvierteln keine Gaststättennutzung der Vorgärten anzutreffen sei, zweifelte man die Legitimation der Verfügung an und bat um Rücknahme des Verbots. In der damals üblichen Sprachführung begründete der Magistrat sein Handeln: *In modernen Städten mit ihren stark entwickelten Industrie- und Verkehrs-*

72 So z.B. im Fall M. BOCK, Friedberger Landstraße 60, s. Mag.Akt. T 787/I, 82.

73 Ganz allgemein s. Mag.Akt. T 787/I und T 692/IV. So kam es u.a. zu einer Petition im Fall der Gartenbewirtschaftung Eckenheimer Landstraße 76, Ecke Wielandstraße, die von ca. 70 Stadtteilbewohnern des Nordends unterschrieben wurde, mit der Bitte, diese Kommunikationsstätte zu belassen. S. Mag.Akt. T 787/I, 55. Der Magistrat erteilte daraufhin vorläufigen Dispens.

74 Bereits mit der Bauordnung von 1884 hatte der Magistrat die gewerbliche Nutzung von Vorgärten generell untersagt. S. Mag.Akt. T 692/IV, 7 und 10f.

75 Mag.Akt. T 787/I, 16

76 Unterschrieben von 37 Gaststättenbetreibern der Ostend-, Berger-, und Haiderstraße sowie den eigentlichen Ausfallstraßen wie Friedberger-, Eckenheimer-, Bornheimer-, Hanauer- und Mainzer Landstraße.

leben ist es im Interesse der „öffentlichen Gesundheit“ dringend geboten, den Licht- und Luftraum in den Straßen durch Anlage von Vorgärten möglichst zu erweitern und zugleich dem Erholungsbedürfnis der Bewohnerschaft Quartiere zu schaffen, in denen dieselbe außerhalb des Kreises des Verkehrsbebaus, ruhig und ländlich wohnen kann. Denn durch die Vorgärten wird nicht nur auf das zugehörige Haus durch Abstand von dem Lärm und dem Staub der Straße ein der Gesundheit der Bewohner wohltätiger Einfluß geübt, sondern auch für eine ganze Straße, einen ganzen Stadtteil, gesündere Verhältnisse geschaffen, da die Rauch- und Dunsterzeugnisse der Straße hierdurch einen freieren Abzug erhalten ... Durch die Willkür der Eigentümer würden die Vorgärten zu Stätten der Unruhe ... Es kommt hinzu, daß auch das „Interesse des Straßenverkehrs“ nicht minder wie das der „Feuersicherheit“ durch die aus dem Gewerbebetrieb in Vorgärten sich entwickelnden Untzuträglichkeiten verletzt werden kann[77].

Die Tendenz der Verrechtlichung und bürokratischen Anwendung von Bestimmungen ist unverkennbar, denn die Argumentation der Petenten, daß Garten-Gaststätten auch dem *Erholungsbedürfnis* dienten, fand kein Gehör[78]. Für die Eckenheimer Landstraße wurde die Verfügung dann Jahre später zurückgenommen[79]. Da zwischen der Verabschiedung von Detail-Bebauungsplänen und ihrem tatsächlichen Vollzug oft Jahre verstrichen, ging der Magistrat dazu über, Konzessionen auf Widerruf zu erteilen[80]. Vorgärten waren auf diese Weise als Planungsvariable in die Verfügungsmasse des Straßenbaus einbezogen, was sich in der revidierten Bauordnung für die Außenstadt (8.4.1910) planungstechnisch manifestierte. Denn diese definierte nun Straßenraum unter Einbeziehung von zwei Drittel der Vorgartenfläche. Da die Stockwerkshöhe als funktionale Variable der Straßenbreite angesehen wurde, war die Bauausnutzung (Geschoßflächenzahl) nun erhöht worden[81]. Verkehrswachstum war zwar einerseits Folge des strukturellen Wandels durch den zunehmenden Industrialisierungsprozeß, aber andererseits auch zusätzlich induziert durch die vom Magistrat angelegte Stadtentwicklungspolitik. Sachzwänge wie Straßenfreilegungen an Hauptverkehrsstraßen bestimmten den sozialen Wandel und gereichten trotz der permanent vorgetragenen und rhetorisch fingierten Klagen wohl kaum zum Nachteil für Haus- und Grundstückseigentümer. Von ausschlaggebender Bedeutung waren meist ökonomische Interessen. So konnte z.B. die Freilegung von Eckenheimer und Eschersheimer Landstraße erst zwischen 1900 und 1904 vollzogen werden.

77 Ebd., 38.

78 In zehn Fällen konnte Verfügung nicht angewendet werden, in 24 Fällen wurde nachträglich gewerbliche Nutzung gestattet, S. Mag.Akt. T 692/IV, 10f. und T 787/I.

79 Magistratsbeschluß vom 10.4.1896. Mag.Akt. T 692/IV, 11.

80 So z.B. im Fall Friedberger Landstraße 60, s. Mag.Akt. T 787/I, 82.

81 S. Bericht der Baupolizei an Magistrat vom 1.9.1911, Mag.Akt. T 693/III, 193f.

Die Probleme waren vielfältig. Gab es einerseits diejenigen, die sich jeglicher Stadtentwicklung verschlossen, so waren andererseits auch die anzutreffen, die glaubten, sich an Bauvorgaben nicht halten zu müssen. Bereits 1876 war es notwendig geworden, dem *wilden Bauen* durch die Verordnung *Das Verbot der Errichtung von Wohngebäuden an für den öffentlichen Verkehr und dem Anbau noch nicht fertiggestellten Straßen betr.*[82] entgegengetreten. An Industrieansiedlungen hatte man zu dieser Zeit noch nicht gedacht. Dies geschah dann 1892, als ein neues Ortsstatut erlassen wurde[83]. Tatsächlich waren im Fall der *gebauten Unordnung* die Baubestimmungen der Bauordnung wirkungsvoller anzuwenden. Der Fluchtlinienplan, unabhängig von der Bauordnung, war nicht in jedem Fall als ein städtebauliches Interventionsmittel anzusehen, insbesondere deshalb nicht, weil der preußische Staat den Städten und Gemeinden das flächendeckende Enteignungsrecht nicht gewähren wollte[84].

Auch in der Frage der Mitfinanzierung von Straßenbau-Maßnahmen durch die Hauseigentümer war ein erster Schritt 1876 gemacht worden[85]. Jedoch erst mit dem Amtsantritt von Oberbürgermeister ADICKES, 1891, wurde die Verordnung insoweit maßgeblich verändert, als nun Unterhaltskosten erhoben wurden[86]. Die Kommune war zwar Eigentümerin der Straßen, doch blieb der Aufsichtsbehörde, dem Polizeipräsidium, über die Straßenpolizei die Möglichkeit der Intervention.

Wie waren Frankfurts Straßen beschaffen? Der Anteil der chaussierten Straßen[87] gegenüber gepflasterten betrug bei Amtsübernahme von Oberbürgermeister ADICKES 60%, 1915 dagegen lag er bei 30%. Das Asphaltieren der Straßen wurde ab 1899 verstärkt vorgenommen, so daß sich die Bewohner wenige Jahre später nur noch ungern mit Steinpflaster abgeben wollten[88]. Klagen über Staub und Schmutz auf chaussierten Straßen nahmen zu, doch auch mit den gepflasterten Straßen glaubte man noch nicht, die beste Lösung gefunden zu haben. Geräuschloses Pflaster, gemeint war die Pflasterung mit Holz, wurde als zu teuer und wegen schneller

[82] Statut vom 28.4.1876, s. Mag.Akt. T 1016/I, 18. Dazu auch: Bericht über die Verhandlungen d. StVV., Nr. 1264 vom 13.12.1910, S. 1552f.

[83] Der Art. 12 des Fluchtliniengesetz empfahl die Ausarbeitung von Ortsstatuten, um hier eher Bauverbote aussprechen zu können. S. Mag.Akt. T 1016/II, 56e. Zum Frankfurter Ortsstatut *über die Anlegung, Veränderung und Bebauung von Straßen und Plätzen,* s. Mitt.Prot.StVV., Nr. 617 vom 30.8.1892, S. 270ff.

[84] Adickes bemühte sich vergeblich darum. S. dazu Näheres in Kapitel 5 und 7.

[85] Verordnung vom 21.12.1876.

[86] Die Wege-Gesetz-Novelle v. 27.6.1890, das sog. Gesetz *betr. die Vorleistungen zum Wegebau* und das Ergänzungs-Gesetz v. 11.7.91 gaben der Gemeindeverwaltung nun die Möglichkeit, Industrieunternehmen entsprechend der Transportnutzung des Straßenraumes prozentual an den Straßenbau-Kosten zu beteiligen. S. Mag.Akt. T 1068, 5ff.

[87] Errechnet nach: Stat. Handbuch, 1928, S. 99.

[88] Steinpflaster wurde als zu laut und allgemein als minderwertig abgetan.

Abnutzung als Alternative verworfen[89]. Im großen und ganzen hatte der Magistrat die verkehrswichtigsten Straßen der Innenstadt mit Asphalt versorgt, ebenfalls das Straßennetz im Westen und Nordwesten. Die Hauptstraßen Sachsenhausens und Bornheims waren dagegen mit Steinpflaster versehen[90]. Der sozialdemokratische Stadtverordnete QUARCK äußerte sich nach Bericht der Kleinen Presse[91] über die Straßenverhältnisse zur Jahrhundertwende: *Man überschüttet förmlich die Stadt in der letzten Zeit mit Asphalt, auch an wenig geeigneten Orten, wie in den Anlagen, die dadurch viel von ihrem parkartigen Charakter einbüßen. Ferner ist nicht einzusehen, warum die in der teuren Hochkonjunktur abschlossenen Verträge besonders vorteilhaft sein sollen, während jetzt gewiß günstigere Bedingungen zu erlangen wären. Endlich berührt es unangenehm, daß auch hier das Westend bevorzugt ist, während das Ostend und das Nordend nur mit wenigen, der Nordosten und Bornheim mit gar keinen zu asphaltierenden Straßen bedacht werden. Gegen die Belastung der Anwohner hat Redner nichts einzuwenden. Man sei solche Proteste von Seiten der Hausbesitzer gewöhnt, sobald sie zu Beiträgen herangezogen werden.*

Die Vereinigung der Droschkenbesitzer räumte in einer Petition an die Stadtverordneten-Versammlung zwar ein, daß der Asphalt enorme Vorteile gegenüber anderen Straßenbelägen aufweise, sah aber bei Straßennässe die Gefahr des Rutschens der Pferde gegeben und bat darum, Asphaltstraßen *peinlich sauber zu halten und ausreichend und in kürzeren Zwischenräumen mit grobem Kies zu bewerfen*[92]. Der Magistrat legte daraufhin dar, daß die Asphaltstraßen sechsmal wöchentlich nachts abgewaschen würden, zusätzlich stünden tagsüber in allen Asphaltstraßen Frankfurts Straßenwärter zur Verfügung. Der Pferdemist würde sofort entfernt und die Straßen mit Sand bestreut werden. Bei Niederschlägen würde die ganze Straße mit Sand beworfen[93].

[89] Baudeputation an Magistrat im August 1898 in: Mag.Akt. T 1095.

[90] Im einzelnen: 1900 war die Straßenverbindung zwischen Westend und Altstadt asphaltiert, der Stadtwall, im Nordend die Adlerflychtstraße, Fichardstraße und Hermannstraße, im Osten Fehlanzeige wie in Sachsenhausen, in der Altstadt dagegen waren mehrere Straßen asphaltiert: Weißfrauenstraße, Schüppen- und Paulsgasse, Markt, Baubachstraße (geplant), Schnurgasse, Battonstraße, Fahrgasse, Neue Kräme, in der östlichen Innenstadt die Straße am Tiergarten, in der westlichen Innenstadt der Bahnhofsvorplatz. S. Mag.Akt. T 1095. — Zur Diskussion über die Finanzierung von Asphaltstraßen s. in StVV Mitt.Prot.StVV., Nr. 1077 v. 8.10.01, S. 520 u. Kleine Presse Nr. 238 v. 10.10.01, S. 5.

[91] Der Bericht bezieht sich auf die Debatte in der StVV, s. Mitt.Prot.StVV., Nr. 1077 vom 8.10.1901, S. 520. Vgl. Verzeichnis über Kosten bei Herstellung der bis 1901 geplanten und noch nicht durchgeführten Staßenanlagen Mag.Akt. U 265/V, Magistrats-Sitzung vom 2.10.01 s. Verwaltungsbericht 1901/02, 1902, S. 178 in: Mag.Akt. U 265/V.

[92] StVV-Akten, Nr. 429, 149f.

[93] Mag.Akt. T 1083, 73. Vgl. Aussage des Stadtbaurates KOELLE in Mitt.Prot.StVV., Nr. 1196 vom 13.12.1906, S. 618. KOELLE teilt mit, daß Asphalt als Straßenbelag nur für Hauptverkehrsstraßen in Frage käme, Steinpflaster für alle anderen.

Mit dem wirtschaftlichen Fortschritt und zunehmender Urbanisierung stiegen die Ansprüche in der Wohnbevölkerung. Das Bedürfnis nach geräuschlosem Pflaster wurde immer häufiger angemeldet[94]. So richteten z.B. 39 Bewohner der Adalbertstraße folgende Petition (1906) an den Magistrat[95]: *Nach einer dieser Tage erhaltenen Mitteilung soll die Adalbertstraße im Laufe des nächsten Monats neu hergestellt bzw. die Fahrbahn mit Granitpflaster versehen werden. Nachstehend verzeichnete Anlieger erwähnter Straße, bitten nun einen verehrt. Magistrat von dem bereits vorgesehenen Material Abstand zu nehmen und an dessen Stelle Stampf-Asphalt zur Ausführung bringen zu lassen. Es dürfte einem verehrt. Magistrat nicht unbekannt sein, daß auf dieser Straße ein ganz besonders lebhafter Fahrverkehr herrscht, der, in Rücksicht auf die verhältnismäßig geringe Breite der Straße bei Granitpflaster ein derartiges Geräusch hervorrufen müßte, daß es fast zur Unerträglichkeit wird, in der Straße zu wohnen, bzw. die Wohnungen zu vermieten. Auch als Fortsetzung des Straßenzuges der Bockenheimer Landstraße dürfte es als in einer der schönsten und frequentiertesten Straßen des Stadtteils Bockenheims nicht von der Hand zu weisen sein, einmal in unserem Bockenheim mit Asphaltpflaster den Anfang zu machen und zeichnen wir, in der Erwartung unsere Bitte erfüllt zu sehen.*

Der Magistrat teilte daraufhin den Petenten unverblümt mit, daß ihre Vorschläge der sachgemäßen Kenntnis entbehrten[96]. Doch unabhängig von der Frage, ob nun diese in der Petition zum Ausdruck gebrachte Ansicht allgemeine Berechtigung zukommt oder nicht, ist eines erkennbar: Das städtische Bürgertum ist an der öffentlichen Entscheidungsfindung in Fragen der Stadtplanung und -gestaltung interessiert und will in seinem Informations- und Kommunikationsbedürfnis ernstgenommen werden.

Adickes' Planungsziele, die er in der Dreiheit *Verkehr, Gesundheit und Schönheit* zusammenfaßte, waren darauf ausgerichtet, Frankfurt in absehbarer Zeit in eine Großstadt der Moderne zu verwandeln. Die städtebaulichen Instrumente und die Vorteile der funktionalen Aufteilung der Stadtteile zu nutzen, bedurfte eben eines Bindegliedes – der aktiven Infrastrukturpolitik. Sie ist nicht nur als Antwort auf den durch Industrialisierung und Bevölkerungswachstum eingeleiteten sozialen

[94] Zum Holzpflaster s. Debatte in StVV: Mitt.Prot.StVV., Nr. 425 vom 18.4.1899, S. 205. Vgl. Debatte um Straßenbelag in Taunusstraße Mitt.Prot.StVV., Nr. 884 vom 16.11.1897 s. 559f. und Nr. 990 vom 10.10.99, S. 451.

[95] Schreiben vom 11.6.1906 s. Mag.Akt. T 1082/V, 43f. Erstunterzeichner der Petition waren die Gebrüder Breslau, Hauseigentümer und Geschäftsinhaber eines Putzgeschäftes. Unterschrieben haben ausnahmslos Hauseigentümer der Adalbertstraße, die ihr Anwesen zwischen Königstraße und Große Seestraße/Homburgstraße hatten. Sechs Anwesen waren nicht mit Unterschrift vertreten, eines davon gehörte der Stadt. Nach Berufen sind die Hauseigentümer, die unterschrieben haben, vorwiegend dem kleingewerblichen Wirtschaftsbürgertum zuzuordnen, die Mieter der Häuser waren Handwerker, aber auch bildungsbürgerliche Bewohner; ebd.

[96] Siehe Notiz von Stadtbaurat Koelle auf Petition; ebd.

Wandel Frankfurts aufzufassen, vielmehr war sie wesentlicher Bestandteil eines nach rationalen Gesichtspunkten erstellten gesamtstädtischen Planungskonzeptes. Daß die ADICKES-Administration hierbei mit starkem Widerstand der unterschiedlichsten Interessengruppen zu rechnen hatte, kann schon deshalb nicht überraschen, weil sie in ihrer Modernisierungspolitik das zunehmende Informations- und Kommunikationsbedürfnis der Wohnbevölkerung glaubte vernachlässigen zu können.

In diesem Kapitel ist die „Straße" in ihrer widersprüchlichen Bedeutung als Lebens- und Verkehrsraum im gesamtstädtischen Rahmen betrachtet worden. Nun soll der Blick auf einzelne Stadtteile gelenkt werden, um unter anderem der Frage nachgehen zu können, ob und inwiefern Bedürfnisse nach Verkehrsanschluß und Straßenanbindung den allgemeinen Demokratisierungsprozeß begünstigt haben.

5. Städtebauliche Perspektiven, Information und Kommunikation

Mit der Modernisierung des Stadtlebens stiegen die Anforderungen der alltäglichen Lebensbewältigung. Räumliche Entfernungen wurden zur Zeitfrage, und Zeit war Geld. Unzureichende Straßenverhältnisse waren von übel, weil sie den Verkehr behinderten und aufhielten. Das städtische Bürgertum des Kaiserreichs wünschte sich also geräumige Wege und Straßen in gutem Zustand und ein dichtes Straßenbahn-Netz, zumal das Arbeits- und Wirtschaftsleben das Tempo der Verkehrskommunikation vorgaben. Doch die alltägliche Grunderfahrung des Frankfurters war eine andere: Sie war geprägt von Verkehrsstockungen, unzureichenden Straßenverhältnissen und einem schlechten Wege- und Straßennetz.

Die realen städtischen Grunderfahrungen hatten also wenig gemeinsam mit den Anforderungen, die die aufkommende moderne Gesellschaft an jeden einzelnen stellte; und technischer Fortschritt und Wirtschaftswachstum weckten dessen Erwartungen. Den vorgegebenen Ansprüchen nicht genügen zu können, wurde dem städtischen Bürger zum Problem. Frankfurts Magistrat und Stadtverordneten-Versammlung hielten bis Ende des 19. Jahrhunderts an ihrer traditionellen Honoratiorenpolitik fest, so daß von dieser Seite wenig zu erwarten war.

Doch letztendlich drängten sowohl die alltäglichen Erfahrungen wie die Erwartungen des städtischen Bürgerums danach, artikuliert zu werden und nach einer Organisationsform, die sie zu Themen der Stadtpolitik bündelt. Städtebauliche Fragen gewannen an Bedeutung und die alltägliche Lebensbewältigung schien mehr und mehr von der Beantwortung dieser Fragen abzuhängen. Das Bürgertum suchte den kommunikativen Rahmen, um sich untereinander auszutauschen und zu informieren. Derjenige, der sich mit seiner Stadt oder seinem Wohnquartier identifizieren konnte, erhob Anspruch auf Mitsprache, und er fand im Bezirksverein seine Organisation und Interessenvertretung. Dieser auf den Stadtteil bezogene Verein übernahm viele Aufgaben. Er sorgte zunächst ganz allgemein für den gesellig-gesellschaftlichen Zusammenhalt unter den Stadtteilbewohnern, indem er Bildungs- und Freizeitabende veranstaltete, verstand sich aber in noch stärkerem Maße als bürgerliche Intereressenvertretung, indem er die Stadtverwaltung auf städtebauliche Defizite seines Stadtteils aufmerksam machte und entsprechende Infrastrukturmaßnahmen forderte. Im Rahmen der vorliegenden Arbeit wird der Bezirksverein als Interessenvertretung des Stadtteils im Mittelpunkt stehen.

Die Bezirksvereine entstanden in den 1880er Jahren, als sich Bewohner in der kommunalen Versorgung durch Straßenbau bzw. -verbreiterung und Straßenbahn-Anschluß vernachlässigt fühlten. Zu den ältesten zählen die Bezirksvereine Sachsenhausen (1880), Altstadt (1882), Ostend (1882) und Nordend (1887).

In diesem Kapitel sollen nicht alle Stadtteile und ihre Bezirksvereine vorgestellt werden. Vielmehr gilt es, eine Auswahl zu treffen, um Wiederholungen zu vermeiden. Entscheidend hierbei ist nicht nur die Aktivität des jeweiligen Bezirksvereins, sondern auch die Frage, welche Aufgabe einem Stadtteil in städtebaulicher, sozialer und wirtschaftlicher Hinsicht planerisch zugewiesen wurde. In den beiden vorangegangenen Kapiteln haben wir erfahren, mit welchen Mitteln die Segmentierung des Stadtraumes angestrebt wurde. So wurde z.B. das Nordend zum sog. gemischten Viertel erklärt, d.h. sowohl das Wohnen als auch die kleingewerbliche Produktion waren zugelassen; die vierstöckigen Mietshäuser für die *mittleren und unteren Schichten*[1] also geplant. Der Bezirksverein Nordend war 1887 gegründet worden, konnte in der lokalen Öffentlichkeit aber deshalb nur wenig Aufmerksamkeit auf sich lenken, weil das Nordend in seinen außenstädtischen Bereichen erst in den 1880er Jahren als Lebens-, Arbeits- und Wohnquartier entstanden war. Noch Ende des 19. Jahrhunderts war hier die räumliche Mobilität groß, d.h. die Möglichkeit der Identitätsbindung noch gar nicht gegeben.

Dies trifft mehr oder minder für alle außenstädtischen Bereiche zu, die in den 1880er Jahren erschlossen wurden, so daß auf die Darstellung der Vereinstätigkeit im Nordend und im Nordosten verzichtet werden kann. Es sei hier lediglich vermerkt, daß mit der städtebaulichen Planung des Nordostens ein wesentlicher Schritt zur Segmentierung des städtischen Raumes gemacht war. Hatte man bislang den Westen und Nordwesten als Gunstlagen des Wohnens für Wirtschafts- und Bildungsbürgertum ausgemacht und mit dem Nordend den mittleren Angestellten, Einzelwarenhändlern und Kleinproduzenten entsprechenden Raum zugewiesen, so sah die Planung für den Nordosten die Ansiedlung von einkommensschwächeren, kleineren Bürgern und Arbeitern vor. Zur Jahrhundertwende setzte dort die Besiedelung ein; erst 1911 wurde zur Gründung eines Bezirksvereins Nordost aufgerufen.

Auch Bornheim wird in vorliegender Arbeit keine Berücksichtigung finden. In wirtschaftlicher und sozialer Hinsicht sind Parallelen zu Alt-Sachsenhausen unverkennbar; in städtebaulicher Hinsicht blieb dieser 1877 eingemeindete Stadtteil auch unter Oberbürgermeister ADICKES unterversorgt.

Folgenden Stadtteilen bleiben eigene Kapitel vorbehalten: dem Ostend, denn dieser Stadtteil sollte Frankfurts Ruf als Industriestadt begründen (Kapitel 6), den unter Oberbürgermeister ADICKES eingemeindeten Vororten (Kapitel 7) und der Altstadt (Kapitel 8), die entsprechend einer Großstadt umgestaltet werden sollte.

In diesem Kapitel sollen nun drei Stadtteile bzw. Bezirksvereine im Mittelpunkt der Betrachtung stehen, und zwar der Bezirksverein West und Nordwest, der Sachsenhausens und der des Südwestens. Aus gesamtstädtischer Sicht erfüllt jeder dieser Stadtteile unterschiedliche Aufgaben. Der Südwesten interessiert in seiner Bedeutung als Industriestandort und Wohnviertel für Angestellte und Arbeiter. Die Peti-

[1] So der Magistrat in seiner *Rechtfertigung…*, 1894, S. 4; Mag.Akt. T 974/I, 131.

tion, das Mittel der Massenagitation, wurde hier bevorzugt angewandt. Ganz anders der Nordwesten: Bewohner des Wirtschafts- und Bildungsbürgertums prägten hier die Arbeit des Bezirksvereins. Dieser Verein arbeitete teilweise eigene Planungsvorschläge aus und wollte als kompetenter Gesprächspartner öffentlicher Institutionen angesehen werden. Er suchte deshalb den direkten Kontakt zu Magistrat und Stadtverordneten-Versammlung. Ihm war die Petition nicht immer ein rechtes Mittel, um zum Erfolg zu kommen, kurz: er verhielt sich so, wie dies von der Modernisierungselite zu erwarten war. Der Bezirksverein Nordwest war der einzige Verein in Frankfurt, der seine Mitgliedsbedingungen nicht formal vom Bürgerrecht abhängig machte. Jeder männliche Erwachsene über 21 Jahren konnte hier mitarbeiten. In den anderen Vereinen war dagegen die Mitgliedschaft an das Wahlrecht gebunden und damit erst mit 25 Jahren möglich. So auch in Sachsenhausen. Kleinhändler und Gewerbetreibende wohnten in Sachsenhausen und dominierten die Mitgliedsliste ihres Bezirksvereins. In seiner sozialen Zusammensetzung ist Sachsenhausen mit Bornheim zu vergleichen, und dies fand entsprechenden Niederschlag in der Vereinstätigkeit.

5.1. Städtbauliche Perspektiven, Information und Kommunikation im Westend und im Nordwesten Frankfurts

Überall in Frankfurt wurden verkehrsaufschließende Maßnahmen gefordert, doch nicht im Westend, hier wünschten seine Bewohner die Verkehrsabschottung, denn sie setzten noch auf den herkömmlichen Individualverkehr: die private, mit Pferdekraft betriebene Droschke[2]. Gesellschaftliche Absonderung gehörte zum Lebensstil, wie Siegfried Kracauer in seinem autobiographischen Roman *Ginster* festhielt: *Sie gingen durch das Westend, wo die Villen und die Herrschaftshäuser sich in ihre Vorgärten zurückziehen, damit der Asphalt sie nicht streift. Hier sind die Straßen am Sonntagsnachmittag verlassen, und die Häuser verstecken ihre Türen. Nur Dienstmädchen auf den Trottoirs, frisch gescheuert, mit Burschen, und in Abständen kleine Gruppen, die der Weg aus ihren Stadtteilen nach anderen Gegenden führt. Die Herrschaften sitzen hinter den Vorhängen oder sind auf dem Land*[3].

Trotz manchen Briefwechsels zwischen Bewohnern des Westends und Gemeindeverwaltung kann gesagt werden, daß kollektive Handlungsweisen für diese wohlhabende Wohnbevölkerung eher die Ausnahme waren. Auch für sie galt: Frankfurt solle Industrie- und Großstadt werden, doch nur unter der Bedingung, daß ihre

[2] Es sei *höchst erwünscht, wenn die Promenadenstraßen recht bald mit Asphalt belegt würden. Aber auch im Allgemeinen und besonders im Interesse der Pferde sei es notwendig, daß so viel als möglich Asphaltpflaster zur Anwendung komme, damit sich dieselben daran gewöhnen,* nach: Mitt.Prot.StVV., Nr. 237 vom 28.2.1899, S. 118.

[3] Zitiert nach: Siegfried Kracauer, Schriften Bd. 7, Frankfurt a. M. 1973, S. 41f.

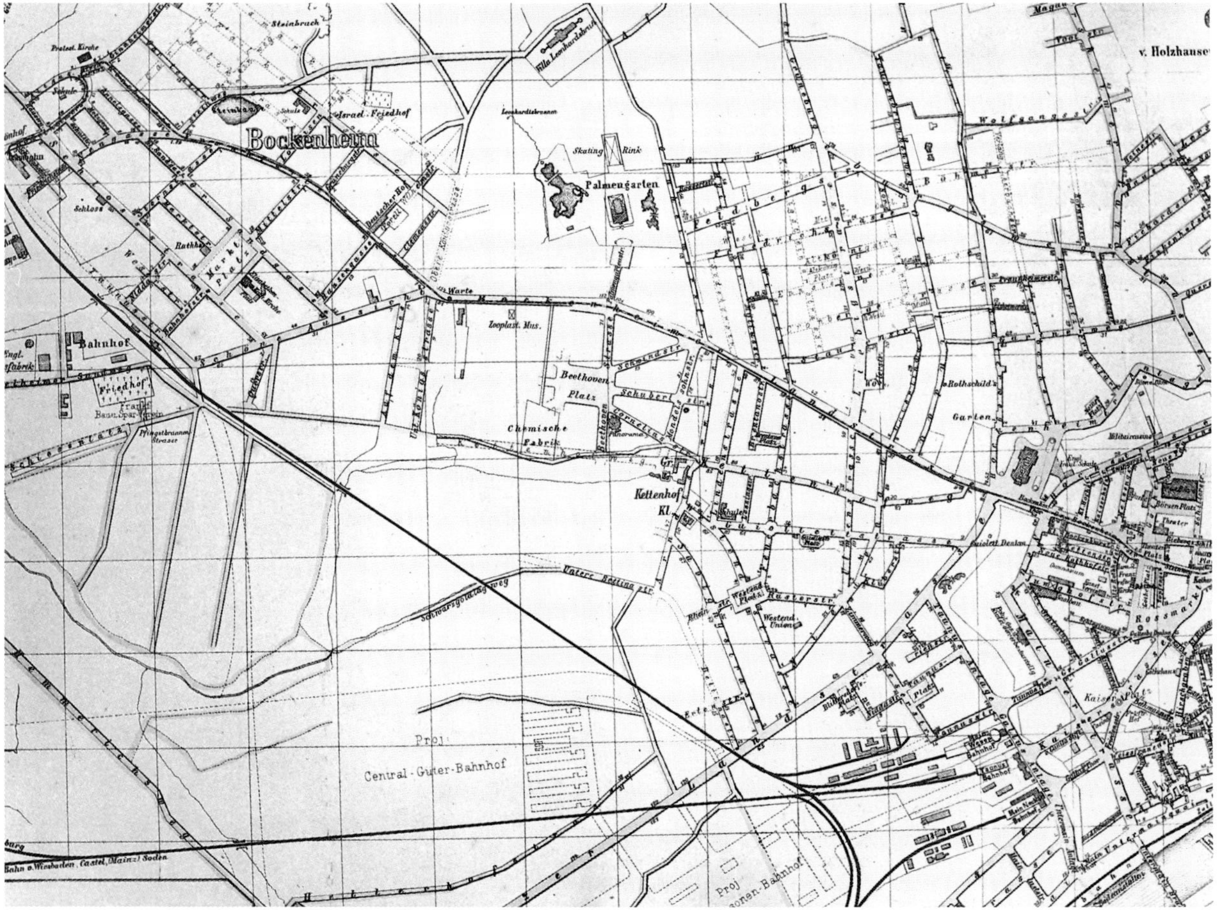

Abb. 18 Der Frankfurter Westen, Ausschnitt aus dem Straßenplan von Frankfurt a. M. und Bockenheim 1 : 10000, 1880

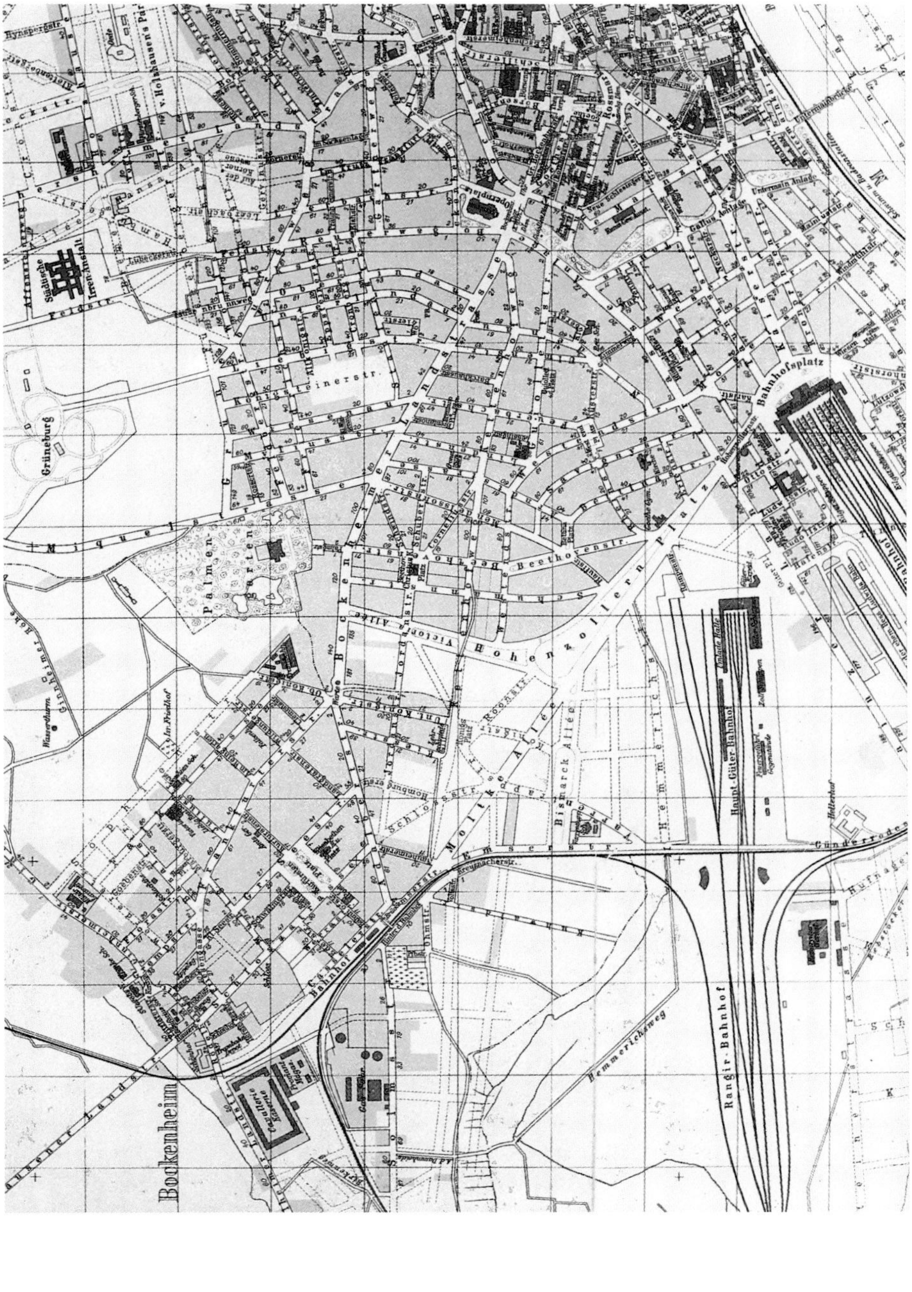

Abb. 19 Der Frankfurter Westen, Ausschnitt aus dem Straßenplan von Frankfurt a. M. 1 : 12500, 1900

Wohn- und Lebenskultur dadurch nicht in Frage gestellt werde. Der Kommunalpolitik wurde in großbürgerlichen Kreisen nur wenig Beachtung geschenkt, dieses Aktionsfeld überlies man gern den jüngeren, aufstrebenden Kaufleuten, die sich im benachbarten nordwestlichen Stadtteil ansiedelten. Hier im Nordwesten, wo sich das neue städtische Bürgertum aus Wirtschaft und Bildung, aber ohne Verpflichtungen der Familientradition gegenüber, eine ebenfalls bevorzugte Lebens- und Wohnform zu eigen gemacht hatte, fanden die Bewohner des Westends ihre Interessenvertretung. Im Nordwesten gab es bereits seit 1889 einen Bezirksverein, der sich in die öffentlichen Auseinandersetzungen um Stadt- und Verkehrspläne einzumischen suchte. 1893 kam es zum organisatorischen Zusammenschluß bzw. zur Neugründung des Westlichen und nordwestlichen Bezirksvereins zu Frankfurt a.M.. Die räumliche Ausweitung der Vereinsaktivitäten des Bezirksvereins Nordwest, die sich in dem erweiterten Vereinstitel ausdrückt, war erfolgt, weil man sich so eine wirkungsvollere Einflußnahme auf kommunale Planungsentscheidungen versprach[4]. Unmittelbaren Anlaß bildeten die *Trambahnfrage* und die *Mittelschulfrage.*

Der Nordwesten Frankfurts umfaßte das Gebiet nordwestlich der Eschersheimer Landstraße mit seinem südlichen Verlauf entlang des Anlagenrings unter Einschluß der ROTHSCHILD'schen Villa Ecke Reuterweg und Bockenheimer Landstraße und seiner Gemarkungsgrenze im Norden. Mit dem Palmengarten und Grüneburgpark war man an Grünflächen gut versorgt. In sich war dieser Stadtteil nochmals in drei Bezirke unterteilt, wobei in städtebaulicher Hinsicht in erster Linie die äußeren Bezirke 18 und 19 von Interesse waren, denn der innere 11. Bezirk war um 1890 bereits erschlossen und bebaut. Die Bebauung stadtauswärts entlang der Bockenheimer Landstraße und dem Gebiet nördlich davon, aber auch im Gebiet nördlich des Grüneburgwegs waren dagegen in den Anfängen begriffen und bedurften einer planerischen Vorgabe. In den beiden Bezirken 11 und 18 wurden bevorzugt dreistöckige Wohnhäuser gebaut, während im 19. Bezirk (Grüneburgpark) die Villenbebauung angestrebt war. ADICKES' Planungskonzeption, die von der Prämisse ausging, große Bauflächen zu schaffen, gab hier der rechtwinkligen Straßenstruktur den Vorzug[5]. Rationale Bodenverwertung und -ausnutzung begünstigen die Blockrandbebauung von großräumigen Wohnhäusern[6]. Die südöstliche Bebauung des Grüneburgparks erfolgte insbesondere zwischen 1903 und 1905. Der Hauptgrundsatz der Planung

4 Man versprach sich *größeren Nachdruck und größere Ausssicht auf Erfolg,* s. Mitteilungen des west- und nordwestlichen Bezirksvereins zu Frankfurt a. M., Nr. 9, 1893, S. 4.

5 Kritik daran übte H. BOEHM am Beispiel der Bebauung des Gevierts Cronberger Straße. *Vier breite Straßen dienen dazu, auf einem winzigen quadratischen Baublock einige wenige Häuser bis zum Ersticken zusammenzupressen. Daß dabei die Tradition der offenen Bauweise noch gewahrt bleibt, ist ein sehr schwacher Trost.* H. BOEHM, Baulanderschließung in Frankfurt a. M. früher und heute, in: Das neue Frankfurt a. M., 1, 1926, S. 105f. hier S. 106.

6 Beiträge zur Stat., H. 11, 1919, S. 43.

für diese bevorzugte Wohngegend war, die *offene Bauweise* des Westends hier fortzuführen.

Die seit den 1870er Jahren unzureichend bedachte Freiflächengestaltung glaubte man nun durch großzügig angelegte Vorgärten ausgleichen zu können. Liebigstraße und Feldbergstraße wurden 24 m breit trassiert mit 6 m breiten Vorgärten, Nachbarstraßen erhielten dagegen 14 m Breite und Vorgärten von 4 m Tiefe[7]. Der Bezirksverein Nordwest beschrieb die Wohnlage seines Stadtteils mit entsprechendem Stolz, wobei das Ausschliesende und Ausgrenzende anderer Wohnbedürfnisse nicht zu überhören ist: *In der nordwestlichen Außenstadt enthalten die Wohnungen durchschnittlich fünf geräumige Zimmer mit reichlichem Zubehör und angemessener Bequemlichkeit. Die Preise für Wohnungen sind in diesem Stadtteil auffallend hoch, was sich aber leicht durch die hübschere Lage und die bessere Ausstattung erklärt; namentlich sind kleine Wohnungen gegenüber dem Durchschnittspreise in der Stadt, abnorm teuer. Es kostet in der nordwestlichen Außenstadt eine Wohnung von zwei heizbaren Zimmern jährlich 509 Mark Miete, eine solche von drei heizbaren Zimmern 543 Mark und eine solche von vier heizbaren Zimmern 801 Mark im Durchschnitt, während die entsprechenden Durchschnittspreise für die ganze Stadt 364, bzw. 526 und 754 M. sind*[8].

Der selbstdarstellende Charakter dieser Beschreibung ist nicht zu verleugnen. Ansprüche in Wohn- und Lebensstil kommen hier zum Ausdruck; Abgrenzung und Segregation sind also durchaus bezweckt. Andererseits war dieser Stadtteil in noch stärkerem Maße als das Westend auf öffentlichen Verkehr und breitere Straßenführungen angewiesen. Denn wer hier wohnen konnte, hatte ein entsprechendes Einkommen, das aber in anderen Stadtteilen verdient wurde.

Bereits in den 1880er Jahren, also noch vor Gründung des Bezirksvereins Nordwest[9], war den Bewohnern dieses bevorzugten Stadtteils die defizitäre Versorgung mit öffentlichen Verkehrsmitteln zum Problem geworden. Nachdem die Nordend-Linie[10], das nördliche Frankfurt verkehrstechnisch an die Innenstadt angeschlossen hatte, initiierten 1884 Bewohner des nordwestlichen Stadtteils eine Massenpetition[11] mit ca. 1.000 Unterschriften. Die Petenten waren Bewohner des Oeder- und Bornwiesenwegs, der Oberen Finkengasse, der Humboldt-, Hoch-, Körner-, Staufen-, Sömmering-, Fingenhof-, Stallburg- und der Baustraße, die den Magistrat aufforderten, ihren Stadtteil mit der *nördlichen Vorstadt* (Nordend) verkehrsmäßig zu verbin-

7 Mag.Akt. T 974/I.

8 Mitteilungen des Bezirksvereins Nordwest zu Frankfurt a. M., Nr. 7, 1892, S. 1.

9 Gegründet wurde dieser Verein 1889. Dazu s. Mitteilungen des Bezirksvereins Nordwest zu Frankfurt a. M. Nr. 1, 1889, S. 1.

10 Gemeint ist die Linienführung: Konstabler Wache bis Adlerflychtplatz über die Große Friedberger Straße – Alte Gasse – Eckenheimer Landstraße – Hermannstraße – Oederweg. Sie wurde 1882 angemeldet.

11 Mag.Akt. R 1779, 2–24.

den. Planentwurf und Vorschlag der Trassenführung orientierten sich an Berliner Verhältnissen des öffentlichen Verkehrs, d.h. er war darauf ausgerichtet, in halbkreisförmigem Verlauf verschiedene Stadtteile miteinander zu verbinden[12]. So machten Bewohner den Vorschlag, die neue Linie nach dem Adlerflychtplatz zu verlängern, indem man sie weiter nach Westen über die Lersner- und Heinestraße, Eschersheimer Landstraße, Grüneburgweg und Leerbachstraße führt, mit Anbindung an den Opernplatz. Die Petenten, die entsprechend den Wohnansprüchen dieses Stadtteils dem Wirtschafts- und Bildungsbürgertum zuzuorden sind[13], gaben vor, daß diese Linienführung dem allgemeinen Interesse entsprechen würde, also nicht nur den Bewohnern des Nordwestens zugute käme. Damit wäre auch die Ringführung der Trambahn, durch Anbindung der beiden Sachsenhäuser Linien westlich und östlich der Altstadt verlaufend, geschlossen worden[14]. Magistrat und Tiefbauamt griffen diese Überlegungen der Stadtteilbewohner auf und entwarfen einen Alternativvorschlag mit Linienführung durch die Fichardstraße – anstatt Bau- und Lersnerstraße.

Zwei Wochen nach Eingang der Petition trug der Magistrat das Anliegen der Nordwest-Bewohner der Trambahn-Gesellschaft vor, die sich daraufhin an die *Königliche Regierung* in Wiesbaden wandte[15]. Stadtverordnete griffen diese Aktivität auf, aber auch ein Verein zur Förderung des öffentlichen Verkehrslebens. Es wurde versucht, dem über die Petition artikulierten öffentlichen Interesse einen organisatorischen Rahmen zu geben, wobei der Verein im Januar 1885 glaubte, den Planungsprozeß durch eine erneute Petition forcieren zu können. Im März 1886 erteilte die Stadtverordneten-Versammlung ihre Genehmigung für eine Trambahn: Hochstraße – Eschersheimer Landstraße – Querstraße – Oederweg[16]. Bewohner der Hochstraße waren allerdings mit dieser Linienführung nicht einverstanden und beriefen eine Bürgerversammlung ein. Eine als gut besucht bewertete Versammlung am 26.6.1886 einigte sich, den Vorstand eines *Bürger-Kollegs* zu wählen. Auch das Nordend Comité schloß sich dem Protest dieser neuen bürgerlichen Vereinigung an und schlug die Linienführung: Leerbachstraße – Grüneburgweg – Fichardstraße – Adlerflychtplatz vor. Andere Interessengruppen initiierten Petitionen, die die von der Stadtverordneten-Versammlung genehmigte und vorgeschlagene Linienführung unterstützten[17]. Die zahlreichen und teilweise massiv vorgetragenen Bedürfnis- und Interessenartikulationen der außenstädtischen Neuansiedler nach Straßenbahn-

12 S. Werner Hegemann, Bd. 2, 1913, S. 236.

13 Zum Teil haben die Petenten ihren Beruf mit angegeben. Dort sind zu finden: Architekten, Hausbesitzer, Kaufleute, Privatiers, Fabrikanten, Einzelwarenhändler, Lehrer u.a. S. Mag.Akt. R 1779, 2ff.

14 Konstabler Wache – Rechneigraben – Obermainbrücke – Lokalbahnhof – Wallstraße – Schulstraße – Schaumainkai – Untermainbrücke – Neue Mainzer Straße – Opernplatz; ebd., 25f.

15 *Magistrat frug bei uns an, ob wir dem Wunsche der Bevölkerung nachkommen könnten.* Ebd.

16 Ebd.

17 Petition vom 23.7.86 mit 541 Unterschriften, s. Mag.Akt. R 1779.

anschlüssen wurde als ein *nicht mehr aufzuschiebendes Lebensbedürfnis*[18] bezeichnet. Die Aktivsten im Stadtteil griffen zur Selbsthilfe – es kam zur Gründung des Bezirksvereins Nordwest[19]. Am 31.5. 1889 hatten sie sich zur konstituierenden Sitzung im Rosenau eingefunden. Anwesend waren Stadtverordnete, so. z.B. der Kaufmann G. WEDEL, der auch dem liberaldemokratischen Parteiverein angehörte, einige Rechtsanwälte waren unter den Gründern sowie der Syndikus der Frankfurter Handelskammer, Konsul O. PULS, der als die treibende Kraft dieses Vereins angesehen werden muß[20].

Um möglichst viele Stadtteilbewohner von der Vereinsgründung zu informieren und zur Mitgliedschaft bewegen zu können, verschickten die Initiatoren ca. 800 Einladungen zur Gründungsversammlung. Der Verein machte es sich zur Aufgabe, zur *Förderung der lokalen Interessen des nordwestlichen Stadtteils in Übereinstimmung mit den allgemeinen Interessen von Frankfurt*[21] beizutragen. Stadtteil-Interessen zu verfolgen, habe nichts mit Politik zu tun, deshalb wolle man *weder den politischen noch den Stadtverordneten-Wahlen dienen*[22]. Über hundert Stadtteilbewohner kamen zu dieser Versammlung; bis 1900 stieg die Mitgliederzahl dieses Vereins auf 366 an[23].

Doch mit zunehmender „Politisierung" von *verkehrs- und straßenpolizeilichen Angelegenheiten* blieb auch diesem Verein die Diskrepanz von programmatischem Anspruch und realen Gegebenheiten nicht verborgen, so daß ein Wandel im Selbstverständnis der Vereinsarbeit immer deutlicher zutage trat. Denn entgegen dem eigenen Anspruch förderten diese Vereine den Rationalisierungs- und Bürokatisierungsprozeß der kommunalen Arbeit[24], indem sie für den Magistrat Vorarbeiten und Alternativpläne erstellten. Es war nur eine Frage der Zeit, bis auch sie bereit waren, ihre Arbeit als politisch aufzufassen[25].

18 Mitteilungen des Bezirksvereins Nordwest, Nr. 5, 1890, S. 4.

19 Mitteilungen des west- und nordwestlichen Bezirksvereins zu Frankfurt a. M., Nr. 9, 1893, S. 9.

20 Bis 1895 führte er die Vereinsarbeit an. Mit seinem Tod nahmen die Vereinsaktivitäten ab. Dies ist an der zeitlichen Folge der Vereins-Mitteilungen abzulesen. Wurden unter seiner Führung zwischen 1889 und 1894 zehn Publikationen veröffentlicht, so folgten dann mit Heft 11, 1898 wieder einsetzend, lediglich sechs weitere Berichte bis 1913.

21 Mitteilungen des Bezirksvereins Nordwest zu Frankfurt a. M., Nr. 1, 1889, S. 1. Der Verein war auch an Mitgliedern jenseits der nordwestlichen Bezirksgrenzen interessiert.

22 Ebd.

23 Mitteilungen des west- und nordwestlichen Bezirksvereins zu Frankfurt a. M., Nr. 13, 1902, S. 1.

24 Der Vereinsvorstand verteilte die Arbeiten. In den Kommissionen saßen meist nur Vorstandsmitglieder. Der Vorstand hatte bis 1893 neun, dann 15 Mitglieder. Zur Soziologie von sozialen Bewegungen und Vereinen s. J. RASCHKE, Frankfurt a. M. 1985, S. 88, 247.

25 1909 sprach sich der Vorstand des Vereins für die Wahlunterstützung eines nationalliberalen Kandidaten für die Stadtverordneten-Versammlung aus. S. Mitteilungen des west- und nordwestlichen Bezirksvereins zu Frankfurt a. M., Nr. 15, 1909, S. 1.

Bereits im Gründungsjahr kam es zur Ernennung dreier Kommissionen, die sich nach fachkundiger Beratung um die Verwirklichung folgender städtebaulicher Projekte kümmern sollten:

1. Straßendurchbruch zwischen dem Nordwesten und der Innenstadt, Projekt: Goethestraße – Trutz.
2. Straßenbahnanschlüsse im Nordwesten (Trambahn-Kommission).
3. Straßenbau-Projekte: Als vordringlich war die Verbindung zum Nordend angesehen worden, und zwar zwischen Grüneburgweg und Eschersheimer Landstraße (Straßen-Kommission)[26].

Was wurde aus diesen Anliegen und welchen Anteil hatte der Bezirksverein Nordwest an der öffentlichen Entscheidungsfindung?

Mit der *Durchführung der Goethestraße nach dem Trutz* ging es dem Verein um eine direkte Verbindung vom Trutz über die Goethestraße zur Innenstadt. Die Hochstraße mit der ununterbrochenen Blockrand-Bebauung von 520 Meter läge, so der Bezirksverein, in dem *verkehrsreichsten und wohlhabendsten Teile der Stadt (wie) ein Terrainblock*[27]. Man gab zu bedenken, daß die Abstände der Durchgänge im Verlauf der Wallanlagen in der Regel etwa bei gut 200 Meter lägen, d.h. nirgendwo sonst entlang der Wallanlagen eine solch hinderliche Grenzlinie vorhanden sei. Die Bewohner des Nordwestens mußten entweder den Weg über den Reuterweg zur Bockenheimer Anlage oder nach der Eschersheimer Landstraße nehmen, um in die Innenstadt zu gelangen. Man hatte sogar Finanzierungshilfe von M. 20.000 angeboten, damit ein Durchbruch durch diese 520 Meter lange Hochstraßen-Bebauung endlich vollzogen werde. Doch es tat sich nichts.

In zahlreichen Eingaben[28] hatten sie den Magistrat von der Dringlichkeit ihres Anliegens zu überzeugen versucht, zumal die Verkehrsführung in den angrenzenden Gegenden der Innenstadt als vollkommen unzureichend beschrieben wurde[29]. Der Verein stellte die Wichtigkeit seines Anliegens unter Berücksichtigung aller nur möglichen Argumente dar. Auch die städtebaulichen Brennpunkte wie Börse, Elisabethenschule und das Opernhaus wurden als zureichende Berechtigung des Durchbruchs vorgetragen. Der Magistrat gab keinen Grund an für seine ablehnende Haltung, doch an ihr ließ er keinen Zweifel[30], denn für Honoratioren-Projekte brachte ADICKES kein Verständnis auf.

[26] Mitteilungen des Bezirksvereins Nordwest zu Frankfurt a. M., Nr. 2, 1889, S. 1f.

[27] Mitteilungen ..., Nr. 6, 1891, S. 6.

[28] vom 14.5.1889, 24.2.1890, 12.5.90 und 6.9.1890, nach: Mitteilungen ..., Nr. 5, 1890, S. 4.

[29] S. plastische Darstellung über chaotische Verkehrsverhältnisse in der Kalbächer Gasse, so der General-Aneiger, Nr. 136, vom 12.6.1892; nach Mag.Akt. T 1257/I, 72a.

[30] Mitteilungen ..., Nr. 8, 1893, S. 8.

5.2. Straßenbahn-Projekte im Nordwesten

Im allgemeinen spiegeln Entscheidungen im Bereich des öffentlichen Verkehrs immer stadtteilübergreifende Zusammenhänge wider. Tatsächlich hat kein anderer Bezirksverein im Wilhelminischen Frankfurt in diesem Ausmaß gesamtstädtische Öffentlichkeitsarbeit betrieben wie dieser. Man kann sagen, daß sich im Bezirksverein Nordwest die Modernisierungselite zusammengefunden hatte[31], die an der Planung und Gestaltung der Stadt Anteil nehmen wollte[32]. Der Verein zog es zwar vor, im Dialog mit dem Magistrat seine Planungsvorschläge zu unterbreiten, doch scheute er nicht die Methode der *Agitation*[33]. Und doch war er dem Einsatz von Massenpetitionen kritisch gegenüber eingestellt: *Ich bin überhaupt gegen das Sammeln von Stimmen durch Unterschriften. Vor kurzer Zeit wurde ich auf offener Straße aufgefordert meinen Namen unter eine Petition zu setzten, und als ich genauer zusah, handelte es sich um eine Petition zur Erbauung einer Straßenbahn vom Offenbacher Bahnhof über die Mörfelder Landstraße in die Schweizerstraße nach der neuen Brücke. Wie viele von den Unterschriften unter dieser Petition mögen bloße Gefälligkeitsunterschriften gewesen sein, ohne daß die Leute auch nur eine Ahnung davon hatten, um was es sich handelte. Und ebenso sammelt ein anderer vielleicht Unterschriften gegen dasselbe Projekt. Auf derartige Petitionen ist kein Verlaß. Ich glaube, wir sollten mit aller Energie darauf hinwirken, daß der Verein die Sache in ruhiger und zweckentsprechender Weise in die Hand nimmt, und versucht für die verfehlte Linie durch die Feuerbachstraße die Linie durch die Mainzer Landstraße einzutauschen*[34].

Die Feuerbachlinie galt es zu verhindern, denn sie durchschnitt das bevorzugte Wohngebiet des Westends. Seine Bewohner konnten deshalb diesen Planungsüberlegungen wenig Verständnis entgegenbringen, zumal sie der Linienführung über den Reuterweg mit Anbindung an den Opernplatz und ihrer Weiterführung in Richtung Südwesten entlang der Mainzer Landstraße den Vorzug einräumten, um die dort wohnenden Geschäftsführer und Unternehmer mit Verkehrsanschluß gesichert zu wissen. Die kürzeste Verkehrsanbindung von Südwest – Nordwest und Nordend hätte diesen wirtschaftsbürgerlichen Kreisen die nötige Zeitersparnis erbracht. Die ersten verkehrsplanenden Entscheidungen unter ADICKES stimmten den Bezirksverein Nordwest zuversichtlich, denn 1892 wurde die Strecke: Reuterweg- Grüne-

31 Magistrat und Stadtverordneten-Versammlung nahmen die Planungsvorschläge des Bezirksvereins Nordwest ernst. Allg. zur Modernisierungselite s. G. PICCINATO, in: G. FEHL, 1980, S. 33. Vgl. S. N. EISENSTADT, Tradition, … 1979, S. 120.

32 Doch war er auch an Rückkoppelung aus der nordwestlichen Wohnbevölkerung interessiert, um so seine Planungsvorschläge gegenüber den städtischen Entscheidungsträgern besser vortragen zu können. So z.B. in der Frage des E-Werks s. Mitteilungen des west- und nordwestlichen Bezirksvereins zu Frankfurt a. M., Nr. 9, 1893, S. 7.

33 Ebd., S. 10 und Mitteilungen …, Nr. 2, 1889, S. 1.

34 Mitteilungen des west- und nordwestlichen Bezirksvereins zu Frankfurt a. M., Nr. 9, 1893, S. 10.

burgweg- Feldbergstraße eröffnet. Damit war der erste Schritt getan, den Nordwesten an das städtische Trambahn-Netz anzuschließen. Doch Umsteigen am Opernplatz war zeitraubend und umständlich zugleich. Hauseigentümer des Nordwestens gaben sich damit nicht zufrieden und forderten den direkten Anschluß dieser Linie an den Hauptbahnhof, weil Mieträume in entsprechender Preislage sonst nicht zu vermieten seien[35]. Der Bezirksverein griff diesen Appell auf, indem er über seinen Vertreter in der Stadtverordneten-Versammlung, Wedel, mitteilen ließ, daß *leerstehende Häuser* im neuen Stadtteil Frankfurts ein Zeichen dafür seien, daß sie noch des nötigen Verkehrsanschlusses bedürften[36]. Nun moniert man auch die Planungsentscheidung, die Straßenbahn bis zur Feldbergstraße zu führen, wo doch die Anbindung an den Adlerflychtplatz wichtiger gewesen wäre. Abschließend stellt man die Magistratspolitik an sich in Frage, da die geplanten Linienführungen nicht *im allgemeinen wirtschaftlichen Verkehrsinteresse* lägen[37].

Das Beispiel zeigt, daß die Vereinsmitglieder in ihrer Argumentation vom defizitären Ist-Zustand (Auffangplanung) ausgingen, während die Planungsabsichten des Magistrats eindeutig in Richtung Entwicklungsplanung weisen. So kam es, daß der Magistrats-Vorschlag, die Endstation der Straßenbahn von der Feldbergstraße nach der Ginnheimer Straße zu verlegen, beim Bezirksverein Nordwest keine Unterstützung fand[38]. Adickes hielt zwar an seinen Planungsprämissen fest, konnte oder wollte in der Öffentlichkeit Näheres dazu nicht ausführen[39].

Doch weder der Bezirksverein Nordwest noch die Stadtverordneten-Versammlung ließen von ihrer Forderung ab; der öffentliche Druck verlangte vom Magistrat, eine Vorlage über eine mögliche Linienführung entlang Reuterweg – Mainzer Landstraße – Hauptbahnhof auszuarbeiten. Das hartnäckige Auftreten wurde noch unterstützt von Industriekreisen des Südwestens, wie noch darzulegen sein wird, die eine Trambahn-Verbindung über die Galluswarte hinaus entlang der Höchster Straße forderten. Der Bezirksverein Nordwest schloß sich mehr oder minder der Initiative des Südwestens an, unterstützte sie jedoch nur bedingt, indem er lediglich die Trassierung bis zum Hauptbahnhof als Verkehrsbedürfnis anerkannte[40].

Erst drei Jahre später kam es zur Generaldebatte in der Stadtverordneten-Versammlung, als der Magistrat die Erweiterung der Linienführung: Eschersheimer Landstraße – Grüneburgweg – Cronberger Straße – Liebigstraße – Bockenheimer Landstraße und Feuerbachstraße[41], zur Bewilligung vorlegte, nachdem die Indu-

35 Mag.Akt. R 1780, 61.
36 Mitteilungen ..., Nr. 6, 1891, S. 2.
37 Mitteilungen ..., Nr. 5, 1890, S. 4.
38 Mitteilungen des west- und nordwestlichen Bezirksvereins zu Frankfurt a. M., Nr. 8, 1893, S. 4.
39 Ebd., S. 5.
40 Mitteilungen des west- und nordwestlichen Bezirksvereins zu Frankfurt a. M., Nr. 9, S. 2.
41 Mitt.Prot.StVV., Nr. 1021 vom 22.12.1896, S. 654.

Abb. 20 Bockenheimer Landstraße 134, Ecke Zepelinallee, Photographie vor der Niederlegung 1910, Historisches Museum C 18515

Abb. 21 Dieselbe Ecke mit dem Neubau, Photographie um 1912, Historisches Museum Ph 388

strie im Südwesten mit der Anbindung der Galluswarte an die Linie nach Nord-Nordost (Koselstraße – Berger Straße) vorerst zufriedengestellt war (1895). ADICKES war nun gefordert, seine Planungsgrundlagen offen darzulegen. Die Ablehnung der Linienführung über den Reuterweg begründete er damit, daß so der Nordwesten nicht umfassend erschlossen würde, der Engpaß an der Taunusanlage (7,90 m Breite) diese Trassenführung unmöglich mache. Er führte noch Probleme der Pflasterung als auch ästhetische Gesichtspunkte ins Feld, doch überzeugten diese beiden Argumente die betroffene Öffentlichkeit[42] nicht. Es kam zur Ablehnung des Magistrats-Antrags und erneuter Aufforderung, die jahrelang geforderte Linienführung endlich planungswirksam vorzubereiten[43].

Zunächst nahm man in der Öffentlichkeit an, daß staatliche Instanzen wie Regierungs- bzw. Polizei-Präsidium die Straßenbahnlinie entlang Reuter Straße und Mainzer Landstraße abgelehnt hätten[44]. Doch dann wähnte man sich sicher, im Magistrat den Schuldigen gefunden zu haben.

Der Rechenschaftsbericht des Bezirksvereins West und Nordwest oder genauer seiner *Trambahn-Kommission* hörte sich nicht ermutigend an: *Wir haben uns nicht vorzuwerfen, daß wir in der Agitation lässig gewesen sind oder irgend etwas verabsäumt haben, was die Agitation hätte in Fluß bringen können; wir haben auch durch persönliche Besuche bei dem Herrn Oberbürgermeister und Polizeipräsidenten unsere Wünsche zu unterstützen gesucht, aber wir haben nur das Resultat erzielt, daß wir bei einem Besuch eine ausweichende, bei dem anderen gar keine Antwort bekommen haben. … Wir stehen in dieser Beziehung am Ende unserer Agitation, und da wir doch nicht dazu übergehen können, die Steuern deswegen zu verweigern, so glaube ich, daß wir uns keines andern Agitationsmitttels mehr bedienen können, als daß wir uns darauf verlassen, daß die Vernunft, die in unserm Projekte liegt, alle entgegenstehenden Schwierigkeiten besiegen wird*[45].

Die lang ersehnte Linie sollte jedenfalls 1900 bewilligt werden[46] und mit der Kommunalisierung der Frankfurter Straßenbahn wurde gleichzeitig die Elektrifizie-

[42] S. den ausführlichen Bericht von Justizrat Dr. F. MEYER über die Straßenbahnverhältnisse im Nordwesten, den das Frankfurter Intelligenz-Blatt in aller Breite abdruckte, Nr. 32 vom 7.2.1897, Mag.Akt. R. 1790, 56ff. und Mitteilungen des west- und nordwestlichen Bezirksvereins zu Frankfurt a. M. Nr. 12, 1900, S. 3ff.

[43] Mitt.Prot.StVV., Nr. 1021 vom 22.12.1896, S. 658.

[44] So die Einschätzung von F. MEYER, nach: Beilage des Frankfurter Intelligenz-Blatts Nr. 32, 7.2.1897. Bei Genehmigung der Linienführung Opernplatz – Hauptbahnhof fragte Polizei-Präsidium bei der Stadtverordneten-Versammlung nach, ob sie ebenfalls, wie der Magistrat die Linienführung entlang Mainzer Landstraße und Taunusanlage gutheiße. Private Grundstückseigentümer hatten aufgrund des Promenadencharakters der Mainzer Landstraße ihre Bedenken angemeldet. S. Mitt.Prot.StVV., Nr. 744 vom 7.7.1900, S. 363.

[45] Ebd.

[46] Ebd., S. 363f.

rung dieser Strecke vorgenommen[47]. Mit der Liquidation der Trambahn-Gesellschaft und Übernahme in kommunale Trägerschaft ist die Zeit der konfliktträchtigen Diskussionen um Linienführungen beendet. Der kommunalpolitische Disput um die Reuterweg-Trambahn muß als Prestigeobjekt im Machtkampf zwischen Bezirksvereinen und Stadtverordneten auf der einen Seite und Magistrat und staatliche Kontrollinstanzen auf der anderen Seite angesehen werden. Denn als Folge des Planungsvollzuges ersuchte der Magistrat die Stadtverordneten-Versammlung, die Beseitigung von Vorgärten und Baumreihen entlang der Mainzer Landstraße[48] und des Reuterwegs[49] gutzuheißen. Die Haltung des Polizei-Präsidiums in Fragen der Straßenfreilegungen war meist, aus verkehrstechnischen Gründen der Maximalauslegung von Vorschriften[50] zu folgen, als sich aus Rücksichtnahme gegenüber den privaten Grundstückseigentümern gegen die Freilegung auszusprechen[51].

Geht man einzelnen Interessenartikulationen des Bezirksvereins Nordwest nach, inwieweit sie bis zum Planungsvollzug wiederholt vorgetragen oder verworfen wurden, weil neue Bedürfnislagen entstanden und andere Planungsüberlegungen in den Vordergrund rückten, so entsteht keineswegs ein klares Bild: Sicher, die „Reuterlinie" war, wie gesagt, das Prestige-Objekt zwischen den widerstreitenden Interessen. Die Linie entlang der Eschersheimer Landstraße wurde realisiert (1901), als die Verträge mit der Lokalbahn ausliefen[52], doch im Fall der Linienführung durch die Fichardstraße war der Bezirksverein gezwungen, den Magistrat vor ungerechtfertigten Angriffen in Schutz zu nehmen: *Was diese Linie durch die Fichardstraße anlangt, so waren wir alle darin einverstanden, daß man gegen die städtische Verwaltung nach dieser Richtung hin keinerlei Vorwürfe erheben kann. Diese Vorwürfe richten sich gegen den Ring, der sich durch die Anlieger gebildet hat, um die Stadt zu übertriebenen Abfindungssummen für die Abtretung der Vorgärten zu bewegen. Einem derartigen Unternehmen, das man nicht unterstützen, sondern nur mißbilligen kann und das eine Zusammenrottung, möchte ich es beinahe nennen, der Anlieger bezweckt, um die Stadt zu zwingen, ganz unangemessene Beträge für den Verlust der Vorgärten zu zahlen, sollte*

[47] Zwischen 1899 und 1904 wurden alle von Pferden gezogene Bahnen auf Strombetrieb umgestellt.

[48] Mitt.Prot.StVV., Nr. 890 vom 12.9.1899, S. 414f.

[49] Für den Reuterweg änderte er sogar den Fluchtlinienplan. S. Mitt.Prot.StVV., Nr. 739 vom 16.8.1904, S. 415.

[50] Fluchtliniengesetz von 1875 bzw. Ortsstatut.

[51] So hatte der Polizei-Präsident dem Fluchtlinienplan für die Eschersheimer Landstraße (vom 22.10.1890) die Zustimmung verweigert, weil er die Freilegung in dem vom Magistrat vorgeschlagenen Ausmaß als zu gering ansah. S. Mitt.Prot.StVV., Nr. 184 vom 8.3.1892, S. 84. Letztendliche Aufklärung, warum sich der Magistrat so lange gegen die geforderte Linie entlang des Reuterwegs wehrte, ist nicht zu erreichen.

[52] S. dazu genauer in Kapitel 7.

die Bürgerschaft ablehnend gegenüberstehen, und wenn die Stadtverwaltung sich geweigert hat, die Vorgärten zu kaufen, so hat sie hierbei auf die vollste Zustimmung von mir und den meisten Leuten rechnen können[53].

Adickes hatte, das ist an vielen Einzelbeispielen zu belegen, nicht selten von seinen Planungsüberlegungen Abstand genommen, wenn er bei Grundstücks- und Hauseigentümern auf großen Widerstand stieß. Öffentliche Diskussionen über Straßentrassierungen und/oder verkehrspolitische Entscheidungen versuchte er nach Möglichkeit auszuschalten, um so nachteilige Auswirkungen auf die Grundrentenerwartungen zu vermeiden. Die Vertreter des Bezirksvereins Nordwest verwies er jedenfalls an die Hauseigentümer der Fichardstraße, als sie um die Straßenbahnführung durch diese Straße nachsuchten. Der Magistrat ließ die Bezirksvereine wissen, daß ohne Unterstützung der Hauseigentümer städtebauliches Planen kaum erfolgreich sein kann. Kokret hieß das in diesem Fall: Die Hauseigentümer der Fichardstraße sollten von ihrem Bezirksverein davon überzeugt werden, daß der Verkauf von Grundstücksteilen, meist Vorgärten, gegen Entschädigung dem Allgemeininteresse entspräche, denn verbreiterte Straßen kämen allen Verkehrsteilnehmern zugute.

Es gab aber noch einen anderen Grund, warum sich der Magistrat ab 1896 vorübergehend mit Investitionen im öffentlichen Nahverkehr zurückhielt: Denn die Kommunalisierung der Straßenbahn stand an und damit die Ausarbeitung eines Verkehrskonzeptes nach gesamtstädtischen Planungsgesichtspunkten[54].

In einem Rückblick über die Vereinsarbeit (1906) bewertete ein Vorstandsmitglied die Straßenbahn-Verhältnisse Frankfurts als gut entwickelt[55], doch gleichzeitig machte er auf den sich vollziehenden Wandel im Personenverkehr aufmerksam – denn im Auto sah man bereits das neue Verkehrsmittel – und prophezeite, daß die Straßenbahn *eine große Zukunft bereits hinter sich ha(be)*[56].

[53] F. Meyer in: Mitteilungen des west- und nordwestlichen Bezirksvereins zu Frankfurt a. M., Nr. 12, 1900, S. 6. Vgl. Mitteilungen des west- und nordwestlichen Bezirksvereins zu Frankfurt a. M., Nr. 16, 1910, S. 7. Das Polizei-Präsidium hatte sich aus Sicherheitgründen gegen eine Linienführung durch die Fichardstraße ausgesprochen.

[54] Mitt.Prot.StVV., Nr. 966 vom 29.12.1897, S. 609. S. Planungsdebatte Mitt.Prot.StVV., Nr. 702 vom 4.7.1899, S. 334f.. Näheres dazu siehe Kapitel 7.

[55] ... *daß wir uns bezüglich der räumlichen Ausdehnung des Trambahnnetzes in einer stetigen guten Entwicklung befinden, der man nur alles Lob und alle Anerkennung zollen kann. Dem gegenüber erscheinen die Wünsche des Bezirks nicht so bedeutend.* S. Mitteilungen des west- und nordwestlichen Bezirksvereins zu Frankfurt a. M., Nr. 14, 1906, S. 2.

[56] Ebd., S. 1. 1910 wurde zum wiederholten Male die Straßenbahn in der Fichardstraße gefordert. Als Alternative schlug man den weiteren Verlauf über den Grüneburgweg zwischen Reuterweg und Eschersheimer Landstraße vor. Weiterhin die Verbindung entlang Stiftstraße zwischen Eschenheimer Tor und Zeil, die Verlängerung der Linie über den Trierer Platz und die Verbindung von der Eckenheimer Landstraße, Hermannstraße und Fichardstraße mit Anbindung an Grüneburgweg. S. Mitteilungen des west- und nordwestlichen Bezirksvereins zu Frankfurt a. M., Nr. 16, 1910, S. 11.

5.3. *Straßenbau-Projekte im Nordwesten*

Als vordringliche Straßenbaumaßnahme hatte der Bezirksverein die Verbindung zum Nordend angesehen, es bedurfte also der Umwandlung des Grüneburgwegs von einer Wohnstraße in eine *Geschäftsstraße,* d.h. die Beseitigung der Vorgärten in der Wolfsgangstraße und im Grüneburgweg zugunsten der Straßenverbreiterung stand nun an. Die „betroffene Öffentlichkeit" im Grüneburgweg, i.e. Bewohner und ihre Interessenvertretung, der Bezirksverein Nordwest, stimmten mit dieser Planungsabsicht des Magistrats überein. Um den Planungsvollzug forcieren zu können, legte der Bezirksverein in einem Schreiben an die „Betroffenen" eine bereits vorformulierte Abtretungserklärung bei. Die Anwohner waren deshalb bereit zuzustimmen, weil sie sich von dieser städtebaulichen Maßnahme nicht nur bessere Verkehrsbedingungen sondern auch die Steigerung der Bodenwerte erhoffte. Obwohl 1890 von der Stadtverordneten-Versammlung beschlossen, zogen sich die Prozesse um die Rechtmäßigkeit von Enteignung und Entschädigungen über drei Jahre hin. Schien es anfangs, daß aufgrund allgemeiner und breiter Zustimmung, auch unter den betroffenen Hauseigentümern, der Planungsvollzug rasch erfolgen könne, so hatte man sich getäuscht. Im Grüneburgweg jedenfalls beklagte man die Verkehrsverhältnisse[57]. Er befände *sich infolgedessen in einem geradezu elenden Zustande: Zusammenstöße und Stockungen gehör(t)en zu den alltäglichen Vorkommnissen, die schmalen Fußsteige vor den stehengebliebenen Vorgärten wechseln mit dem noch ungepflasterten Grunde der schon abgetretenen Vorgärten und bilden dort Winkel und Ecken, deren schleunige Beseitigung dringend nötig ist.*[58]. Grund des verschleppten Planungsvollzuges: Einzelne Grundstückseigentümer glaubten, an der Kommune verdienen zu können, die Geldforderungen für Grundstücksabtretungen jedenfalls waren ins Unermeßliche angestiegen[59].

Zur Wolfsgangstraße: Noch zur Zeit von Oberbürgermeister Miquel war die Wolfsgangstraße zur Hauptverkehrsstraße zwischen Bornheim und Bockenheim erklärt worden, was deren Verbreiterung von 11,50 m auf 20 m zur Folge haben sollte[60]. Mit diesen Plan-Entwürfen erklärte sich der Bezirksverein einverstanden[61], ohne die dortigen Anwohner über das Vorhaben des Magistrats informiert zu haben.

57 Andererseits verweigerten Haus- und Grundstückseigentümer die Freilegung dieser Straße. *In je lebhafterem Aufschwung der Verkehr vielfach in solchen Straßen begriffen ist, deren Breite eine ungenügende ist, desto bedenklicher erscheint es, wenn die Verpflichtung der Stadtgemeinde, für die Erbreiterung der Straßen zu sorgen, durch das Verhalten der beteiligten Straßenanlieger erschwert wird.* So die Klage des Magistrats, s. Verwaltungsbericht 1894/95, 1895, S. 133.

58 Mitteilungen ..., Nr. 6, 1891, S. 3.

59 Die Kosten für Straßenfreilegung beliefen sich dann auf M. 430.103, die Straßenherstellung auf 230.961. S. Verwaltungsbericht 1894/95, 1895, S. 132.

60 Die Wolfsgangstraße blieb bei einer Straßenbreite von 11,38 m und einer Vorgartenbreite von 3,42 m. S. Mag.Akt. T 693/III, 194.

61 S. Schreiben des Bezirksvereins an Magistrat vom 2.12.1889, Mag.Akt. T 1464.

War ihm die Freilegung dieser Straße 1889 noch Hauptanliegen, so sah er in den groß angelegten Freilegungs-Projekten des Magistrats nach wenigen Monaten eine Gefahr für den Bestand des bevorzugten Wohngebietes[62].

Der Bezirksverein sah sich aufgefordert, seinen Fehler wiedergutzumachen, zumal ihm die Bewohner der Wolfsgangstraße näher standen als der Magistrat. Nach Protesten von Grundstückseigentümern kam es nun zu einer engen Zusammenarbeit von Hauseigentümern und dem Vorstand des Vereins. Nun sah der Verein den Sachverhalt anders: Mit dem verbreiterten Grüneburgweg wäre die entsprechende Hauptverbindung zum Nordend hergestellt, zumal die geplante Ringpromendade im Norden ebenfalls zur Entlastung des Verkehrs beitrüge, kurz: Verein und Bewohner baten um Beibehaltung der Wolfsgangstraße als Wohnstraße mit Villencharakter. Durch Wegfall der Vorgärten würde das bevorzugte Wohnviertel in ästhetischer als auch in finanzieller Hinsicht entwertet werden; der Magistrat möge versprechen, daß auch in Zukunft die ursprünglichen Plan-Entwürfe nicht zur Anwendung kommen würden[63]. Ein Kompromiß auf Zeit bahnte sich also an.

In seiner Antwort räumte der Magistrat ein, daß erst in einigen Jahren mit der Freilegung zu rechnen sei, die Einziehung der Vorgärten also erst mit dem Planungsvollzug anstünde. Abschließend teilte er dem Bezirksverein und den betroffenen Grundstückseigentümern mit, daß es … *nicht angängig erscheint, die Freiheit der städtischen Behörden in ihren Entschließungen, für welche allein die Rücksicht auf die allgemeinen Interessen maßgebend ist, durch Zusagen an Private zu beschränken*[64]. Für ADICKES war die Straßenfreilegung ein Mittel der Verkehrserschließung[65]. Erhöhte Forderungen dienten ihm mitunter dazu, den Planungsvollzug demonstrativ abzubrechen, um über unzumutbare Verkehrsverhältnisse die öffentliche Stimmung für sich zu gewinnen. Es war also unter Umständen nur eine Frage der Zeit, wann der Widerstand von kleineren Interessengruppen gebrochen sein sollte.

In vorliegender Arbeit ist der finanzielle Aspekt der ADICKES'schen Stadtentwicklungspolitik nur am Rande behandelt, weil kollektives Handeln zu Themen des Städtebaus eher nachrangig finanzielle Gesichtspunkte tangiert. Andererseits haben überhöhte Forderungen einzelner Grundstückseigentümer Planungsprozesse verzögert oder dazu beigetragen, daß alternative Planungskonzeptionen begünstigt wurden. Der Magistrat jedenfalls war aufgrund der zahlreichen Enteigungen, verursacht durch Straßenfreilegungen, immer gefordert, die wirtschaftliche Dimension seiner Planungen zu bedenken.

Aber eben nicht nur der Magistrat war in einer schwierigen Lage. Die Bezirksvereine waren in ihrer Mittlerrolle zwischen Stadtteilbewohnern und kommunaler Pla-

62 Mitteilungen …, Nr. 5, 1890, S. 2.

63 Ebd.

64 Ebd.. Vgl. Mag.Akt. T 1410/I, 96 und 127.

65 S. Debatte in StVV in: Mitt.Prot.StVV., vom 29.9.1898, S. 409ff.

nungsbehörde keineswegs zu beneiden; das haben die beiden hier angeführten Beispiele gezeigt.

Der Bezirksverein Nordwest war jedenfalls auch die Organisation, die kommunale Öffentlichkeitsarbeit im Sinne der Magistratspolitik übernahm. Aber nicht immer war er in der Lage, den angestrebten Ausgleich zwischen dem Privatinteresse und dem viel beschworenen Allgemeinwohl herzustellen. Auch der Bezirksverein Nordwest stand im Interessenkonflikt zwischen Förderung der Verkehrsinfrastruktur im Namen des bürgerlichen Fortschritts und Wohlstands einerseits und Bewahrung priviligierter Wohn- und Lebensverhältnisse andererseits.

Es sind diese Ambivalenzen in den Reihen des städtischen Bürgertums, die sich hier offenbaren: das Privatinteresse des Einzelnen im Konflikt mit dem Allgemeininteresse einer werdenden Großstadt. Sicher, aufgrund der hier angeführten Beispiele mag der Eindruck entstehen, als sei die Arbeit der Bezirksvereine gescheitert. Doch dies ist nicht der Fall. Es sind eben seine informellen Einflußmöglichkeiten, die dazu beitrugen, den allgemeinen Demokratisierungsprozeß der städtischen Gesellschaft zu fördern, die hier nicht unterschätzt werden sollten. Der Bezirksverein war ein Spiegelbild des städtischen Bürgertums und das macht seine ambivalente Stellung zwischen Tradition und Moderne aus.

Ein weiteres hat die Untersuchung der Arbeit des Bezirksvereins Westend und Nordwest gezeigt: Die häufig vorgetragene und für selbstverständlich gehaltene These von einer Identität von Interessen zwischen städtischer Planungspolitik und der vom Wirtschafts- und Bildungsbürgertum geprägten Wohnbevölkerung des Westends und des Nordwestens hat durch die Quellen keineswegs Bestätigung gefunden.

5.4. Städtebauliche Perspektiven, Information und Kommunikation in Sachsenhausen

Die private Bautätigkeit der 1880er Jahre hatte in dem Gebiet des sog. Sachenhäusener Bergs eine Gunstlage für Industrieansiedlungen aber auch für Einzelhäuser ausgemacht. Deshalb sah sich der Magistrat gezwungen, durch *rechtzeitige Alignierung die Entwicklung der Stadt vorzubereiten*[66]. So wie die Industrie die räumliche Nach-

66 Mag.Akt. T 928/I, 122. Und doch stand dem Mühlberg mit lediglich 24 Häusern (1889) die eigentliche Erschließung erst bevor. Das übrige Äußere Sachsenhausen war noch sehr spärlich besiedelt. Der Schaumainkai war 1889 einseitig mit 19 Häusern bebaut. An der Forsthausstraße in Nähe der Gartenstraße gab es fünf, im Ziegelhüttenweg dreizehn kleine Wohngebäude; am Weg hinter der Landwehr hatte sich eine spärliche Besiedlung von sechs Häusern ergeben. Ähnlich die Bebauung: am Letzten Hasenpfad mit zwei Villen, dem Mittleren Hasenpfad mit 15 Häusern, dem Großen Hasenpfad mit 21 villenartigen Wohngebäuden und schließlich dem Grethenweg mit 18, ebenfall bevorzugt Villenbebauung. Dazu: Mag.Akt. T 693, 16ff.

barschaft der Bahnhöfe im Südwesten begünstigte, so sprachen Hanglage und Panoramablick am Sachsenhäuser Berg für die aufgelockerte Einzelhaus- und Villenbebauung. In einer Veranstaltung des Bezirksvereins Sachenhausen, 1880 gegründet, stellte Baurat LINDLEY den Bewohnern die neuen Planungsüberlegungen vor: *Der Plan sieht schöne Promenaden nach dem Wald, freie Plätze, bequeme Verkehrswege zwischen Ost und West und der Innenstadt vor und nimmt namentlich auch auf die Erhaltung der schönen Aussicht nach dem Taunus und nach Bergen bedacht. ... Die Straßen sind derartig vorgesehen, daß sie sich längs des Berges hinziehen. Vorgärten, Wichs, freie Plätze sind vorgesehen und ist die Anlage der jungen Straße, welche vom Berge herabführen soll, wenn man so sagen soll, terassenartig, kein Haus soll dem anderen die Aussicht versperren. Das alignierte Terrain biete Raum für eine Bevölkerung von 150.000 Menschen ... Wenn die Entwicklung so fortschreite(t) wie jetzt, so brauche man vor den Kosten nicht zurückzuschrecken, in 25 Jahren werde man 10 Millionen ebenso bewilligen, wie heute geringere Summen*[67].

Doch in diesem Areal von über 5 qkm sollten nicht nur die *wohlhabenden und reichen Mitbürger* allein Anspruch auf Wohnen erheben, sondern auch das mittlere Bürgertum, das in Handel und Handwerk tätig war. Deshalb waren Straßen ohne Vorgärten im Plan-Entwurf vorgesehen.

Die räumliche Erschließung des Äußeren Sachsenhausen, südlich Alt-Sachsenhausen, stand also in den letzten zwanzig Jahren des 19.Jahrhunderts an. Seit dem Mittelalter hatte sich das Stadtwachstum hauptsächlich auf den altstädtischen Teil innerhalb des Gebietes von Main, Schiffer- und Wallstraße, Affenthorplatz und Dreieichstraße beschränkt (Bezirke 30 und 31). In diesem altstädtischen *Inneren Sachenhausen* fanden Gärtner, Fischer und Kleinhandwerker ihre Arbeits- und Wohnstätten. Mit den Bebauungsplänen für den sternförmig angelegten Schweizer Platz (1877) und seinem östlichen Pendant, dem Affenthorplatz von 110m Breite, kamen nicht nur die neuen bürgerlichen Ansprüche der Gründerzeit treffend zur Geltung, sondern sie schufen auch die Voraussetzungen für die Umwidmung angrenzender Areale und die entsprechende Neubewertung von Gunstlagen in Frankfurts südlichstem Stadtteil. Wie in den Stadtteilen des rechtsmainischen Frankfurt sollten auch hier Straßenbau und Straßenbahn den Prozeß der Urbanisierung initiieren, zumal mit dem Offenbacher Bahnhof (Lokalbahnhof) und dem Frankfurt-Bebraer Bahnhof (Südbahnhof) die Anbindung mit dem Vorortverkehr als günstig erschien. Mit dem neuen Fluchtlinienplan von 1888 war jedoch der Planungsspielraum bereits durch Industrieansiedlungen eingeengt worden. Die Niederlassungen zahlreicher Brauereien zwischen Hainer- und Wendelsweg gingen den Straßenprojektierungen voraus, denn bis Ende der 1880er Jahre hatte sich die übrige private Bautätigkeit im Anschluß an den altstädtischen Bereich bis zur Schwanthaler Straße hin entwickelt. Eine gesamtkonzeptionelle Planung aus einem Guß, wie sie im Nordosten

[67] Mag.Akt. T 928/I, 122.

1892/93 möglich wurde[68], war hier nicht gegeben. Zusätzliche Planungshindernisse bildeten die Gleisanlagen der Hessischen Ludwigsbahn und der Frankfurt-Bebraer Bahn Sachenhausens[69].

Bis zum Etatjahr 1896/97 mußten die Bewohner auf die Verabschiedung eines für den Bereich des Sachsenhäuser Berges städtebaulich planungswirksamen Fluchtlinienplanes warten, da es – nach ADICKES – unmöglich sei, *bei größeren Alignements alle Wünsche der Anlieger zu befriedigen. Dennoch sei man ausführbaren und begründeten Wünschen der Interessenten nachgekommen und werde sie auch in Zukunft zu befriedigen suchen*[70]. Vier Hauptverkehrsstraßen sollten die Erschließung des Sachsenhäusener Berges übernehmen, die ihrerseits zweckmäßig an das gesamtstädtische Straßen-Verkehrssystem angebunden wurden. Nichts war mehr von den großartigen Straßenanlagen zu vernehmen, wie sie noch 1888 von LINDLEY angekündigt wurden. Im Gegenteil: die Trassierungen folgten hauptsächlich den von der Alltagsgewohnheit vorgegebenen Wegführungen, so daß weder größere Freilegungs-Projekte geplant waren noch vergleichsweise große Baublöcke geschaffen werden sollten[71].

Der den Stadtverordneten vorgelegte Bericht täuschte allerdings eine Bescheidenheit vor, die den Detail-Bebauungsplänen nicht ganz entsprachen. ADICKES hatte am weiteren Verlauf der Ring-Promenade mit Trassierung Wilhelmsbrücke – Ziegelhüttenweg – Neuer Friedhof – 2. Sandberggäßchen – Lettigkautsweg und Anbindung an der Offenbacher Landstraße festgehalten. Eine Dominante des neuen Planentwurfs war die Trassierung breiterer Straßenführungen, was in Folge die Realisierung erschweren sollte. Zwischen Wilhelmstraße und Wendelsweg waren 50 m Breite, von da bis zum Mühlberg 35 m und in weiterem Verlauf bis zur Einmündung Seehofstraße allerdings nur 18 m Breite vorgesehen[72]. Auf beiden Seiten der Promenade waren Vorgärten in unterschiedlichen Größen, für Teilstrecken die Anlage von Mittel-Perrons geplant.

Die drei anderen Hauptverkehrsstraßen sollten die südliche Erschließung des Äußeren Sachenhausen durch die Trassierung dreier Nord-Süd-Achsen bewirken. Mit dem 20 m breiten Hainerweg, der den Neuen Friedhof von östlicher Seite anbin-

68 S. dazu Ausführungen in Kapitel 4.

69 *Gerade die Betrachtung der südlichen Vorstadt von Frankfurt ist interessant für das Beispiel einer Versündigung, die man sich hier hat zu schulden kommen lassen. Mitten durch die Stadt zieht sich der Bahnkörper der Frankfurt-Bebraer Linie, den Verkehr nach dem neu zu erschließenden Gelände des Mühlbergs und Lerchesbergs geradezu absperrend. Anstatt einen erbitterten Kampf einzugehen, bei dem die Stadt ihren Willen durchsetzen mußte, da ein Widerstand der Bahnverwaltung gegen alle Gründe der Vernunft und Billigkeit gewesen wäre, hat man zu einem Neubau der Empfangshalle und zu einer Erbreiterung des Bahnkörpers seine Zustimmung gegeben und somit Sachenhausen fürs erste von einer großstädtischen Entwicklung abgedrängt.* So FRITZ RUPP, Der allgemeine Bebauungsplan ..., 1913, S. 41.

70 Mitt.Prot.StVV., Nr. 67 vom 22.1.1895, S. 33.

71 Mitt.Prot.StVV., Nr. 278 vom 2.4.1895, S. 164f.

72 Ebd., S. 165.

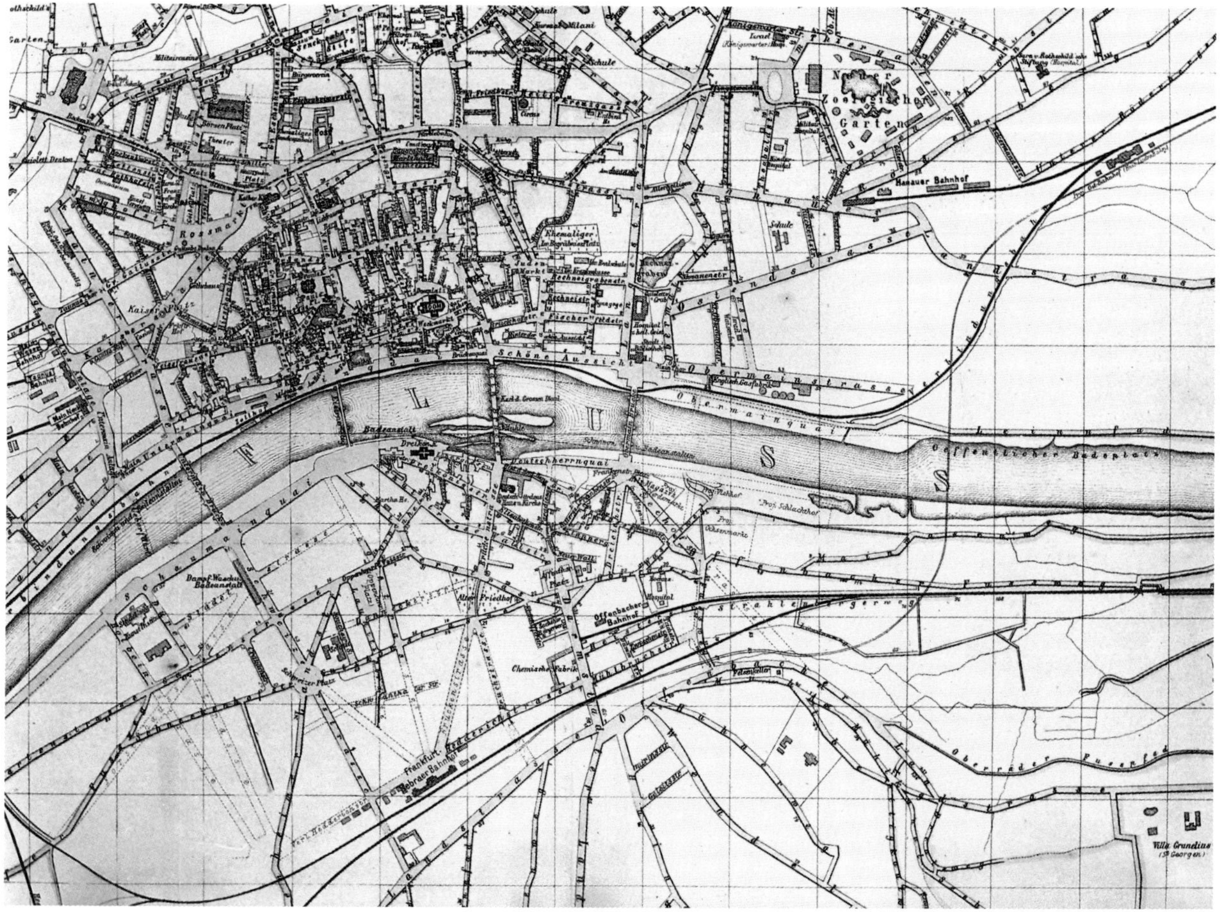

Abb. 22 Frankfurt-Süd, Ausschnitt aus dem Straßenplan von Frankfurt a. M. und Bockenheim 1 : 10000, 1880

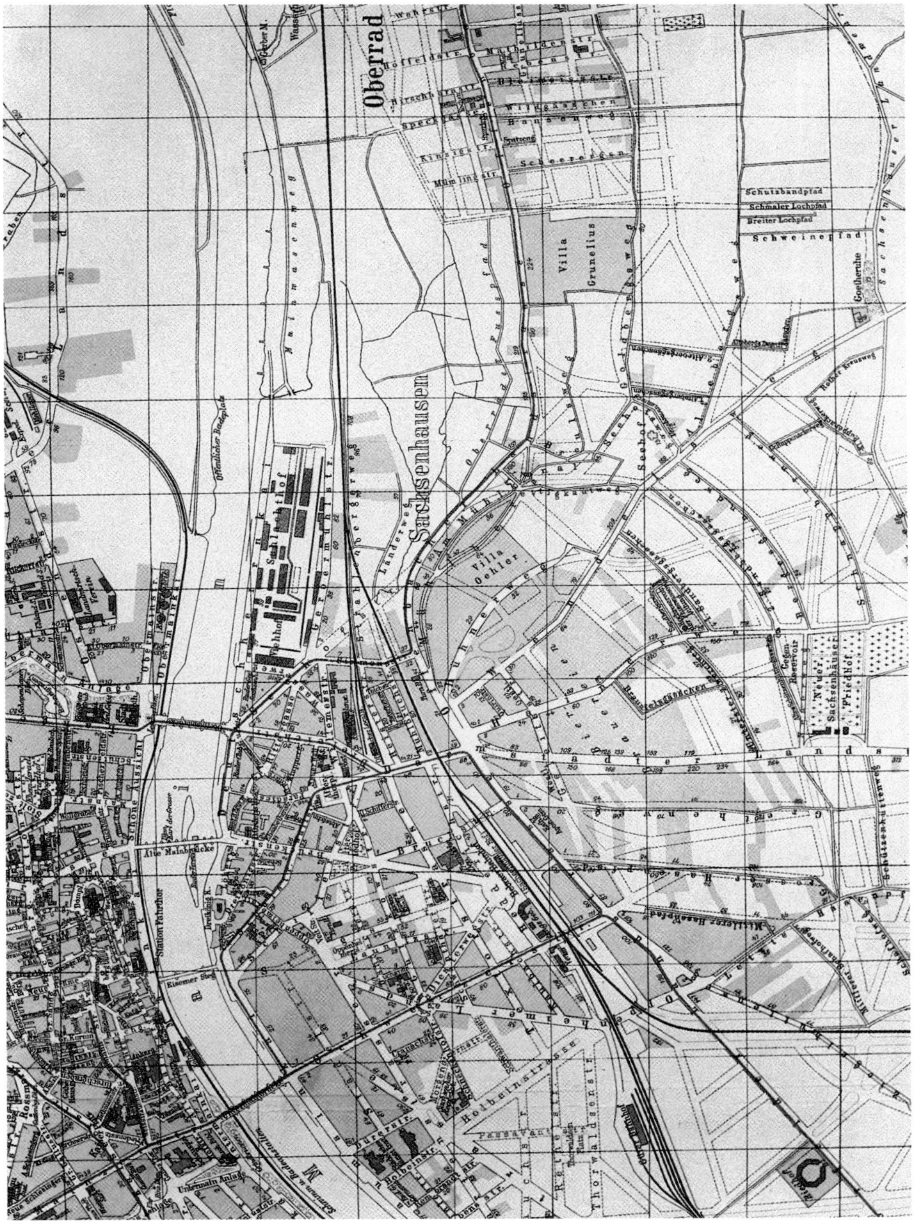

Abb. 23 Frankfurt-Süd, Ausschnitt aus dem Straßenplan von Frankfurt a. M. 1 : 12500, 1902

Abb. 24 Mörfelder Landstraße nach Westen, Ansichtskarte, um 1905, Institut für Stadtgeschichte

Abb. 25 Forsthausstraße nach Westen, Ansichtskarte, 1907, Institut für Stadtgeschichte

Abb. 26 Oppenheimer Straße 20/22, Hofansicht, Photographie, 1914, Historisches Museum C 22534a

Abb. 27 Grethenweg 45, Villa Wecker, Photographie, ca. 1885, Friedrich Sauerwein, Neubauten in Frankfurt a. M., 1. Lfg., 1891

den sollte, war hier eine Straßenführung vorgeschlagen, die den Planungsvollzug noch am ehesten erhoffen ließ, zumal sie mit den früheren Plänen übereinstimmte. Ganz anders dagegen mit den beiden verbleibenden Straßenprojekten: Von der Wilhelmstraße ausgehend war eine gerade Straßenführung in Richtung Stadtwald geplant, die mit Reitweg und bepflanzten Mittel-Perron und in verschiedenen Straßenbreiten zwischen 40 bis 75 Meter trassiert, den Verlauf der heutigen Stresemann Allee entspricht. Der bruchstückhafte Planungsvollzug läßt sich am heutigen Straßenbild ablesen, wenn man u.a. die Anbindung der Stresemann-Allee an der Friedensbrücke in Betracht zieht. Ihr weiterer, tatsächliche Verlauf und ihre Verkehrsbedeutung weist auf den unzureichenden Planungsvollzug hin. Dies gilt auch für die vierte Hauptverkehrsstraße, die zwischen Darmstädter Landstraße und heutiger Stresemann-Allee in Verlängerung der Schweizer Straße entlang des Mittleren Hasenpfades, die Ring-Promenade kreuzend, ebenfalls zum Stadtwald führen sollte[73].

Nicht zu den Hauptverkehrsstraßen zählte man die südlich der Gartenstraße verlängerte Holbeinstraße, in einer Trassierung von 35 bzw. 40 m. Da eine Überführung über den Main nach der Windmühlstraße in Aussicht gestellt war, glaubte man auf die Verlängerung der Dürerstraße verzichten zu können.

Als Villenviertel hatte man folgende Gebiete vorgeschlagen: südlich der Spange Forsthausstraße (heute: Kennedy-Allee) und Holbeinstraße, östlich des Letzten Hasenpfades bis zum Neuen Friedhof, längs des Stadtwalds zwischen Königswiese und dem Bischofsweg und östlich der Babenhäuser Landstraße bis zum heutigen Spielpark Goetheruhe[74]. Plätze waren nur wenige vorgesehen und wurden nur da als berechtigt angesehen, wo der Panorma-Blick nach dem Taunus ihn regelrecht städtebaulich präjudizierte.

Der Plan-Entwurf fand die Kritik derer, die die Planung von Platzanlagen gegenüber breiten, promenadenartigen Straßen vorzogen. Sie nahmen an, daß breite Straßen die Bodenwerte nach oben treibe[75]. Berichterstatter des Gemischten Ausschusses war das Bezirksvereins-Mitglied Müller-Scherlenzky, der ohne große Worte den Mitgliedern des Stadtparlaments die Zustimmung antrug. Letztendlich sahen sich die Stadtverordneten überfordert, diesen das ganze Äußere Sachenhausen betreffenden Fluchtlinienplan in seiner Bedeutung erfassen zu können. Die einen beurteilten die Planung als *luxuriös, ... Der Vorteil, welcher den Anliegern angeblich durch ein derartiges Alignement erwachse, sei illusorisch*, dagegen seien Trassenführungen von

73 *Diese Straße soll auf ihrer unteren Strecke von der Schweizer Straße bis zur Ringstraße eine Breite von 17,08 m und auf der Ostseite Vorgärten von 5 m Tiefe erhalten. Jenseits der Ringstraße bis zum Stadtwald verbreitert sich die Straße auf 45 m bzw. 40 m und erhält beiderseits je 6 m tiefe Vorgärten. Von dieser Straße aus sind unter Ausnutzung der beiderseits der Hessischen Ludwigsbahn vorgesehenen Promenaden zwei fächerförmig sich öffnende Aussichtsplätze freigehalten, von welchen aus der ganze Taunus und das Vorgelände überblickt werden kann ...* Ebd.

74 Ebd., S. 166.

75 S. Mitt.Prot.StVV., Nr. 381 vom 7.5.1895, S. 230.

Nebenstraßen vernachlässigt. Der Fortschrittsliberale DR. GEIGER konnte im Sinne ADICKES' seine Kollegen überzeugen, indem er sie wissen ließ, daß allgemein anerkannte und bewährte Grundsätze der Stadtplanung den „Bauleitlinienplan" für Sachsenhausen bestimmt hätten[76]. Der Magistrat machte darauf aufmerksam, daß das Verhältnis von 2 zu 1 zwischen bebauungsfähigen Flächen und Straßenraum als Richtschnur des wissenschaftlichen Städtebaus anzusehen sei. Da man mit ca. 30% trassiertem Straßenraum sogar noch knapp unter diesem Wert läge, stünde der Zustimmung der Stadtverordneten-Versammlung nichts im Wege. 1895 hatte Sachsenhausen seinen „Generalbaulinienplan"[77].

5.5. Der Bezirksverein Sachsenhausen als Vermittler zwischen Magistrat und Wohnbevölkerung

Die eigentlichen Schwierigkeiten und Probleme traten mit dem Planungsvollzug auf. Dem Straßenbau mußte die Abtretung der Grundstücksflächen vorausgehen, die in die Fluchtlinien fielen. Und hier gab es unzählige Weigerungen, Einwendungen und Rechtsklagen von Kleinhandwerkern und -händlern, die sich mit ihrem Kleineigentum an Grund und Boden in einer Weise identifizierten, daß ihnen der Verkauf schwerfallen mußte. Dieses vorwiegend kleinparzellige Bodeneigentum Sachsenhausens war es, das die weiträumig angelegten Planungen des Magistrats in Frage stellte. Deshalb war der Magistrat darum bemüht, den Bezirksverein Sachsenhausen für seine Zwecke einzuspannen. Aufklärungs- bzw. Öffentlichkeitsarbeit war zu leisten, und dies war ja durchaus auch die selbstgestellte Aufgabe des Bezirksvereins bei seiner Gründung gewesen. Tatsächlich hat kein anderer Bezirksverein des Wilhelminischen Frankfurt wie dieser seine Aufgabe in so eindeutiger Form als eine die Leistungsverwaltung stützende und fördernde Tätigkeit verstanden[78]. Zweck der Vereinsbildung war es, den *Gemeinsinn unter den Bewohnern Sachenhausens durch Besprechung städtischer Tagesfragen zu fördern*[79]. Die Verflechtung von Bezirksverein und Stadtverordneten-Versammlung war in diesem Stadtteil sehr stark,

[76] Ebd.

[77] Ebd. ADICKES sah die Zustimmung als persönlichen Erfolg an: *Hier ist gestern abend mir etwas Angenehmes passiert; ein ziemlich lebhaft bekämpfter Bebauungsplan, für den Sachsenhäuser Berg, an dem ich selbst mit viel Liebhaberei gearbeitet, ist von der Stadtverordneten-Versammlung mit großer Majorität genehmigt. So kommt bei ausreichender Geduld ein Plan nach dem andern doch unter Dach!* Zitiert aus Briefen nach: E. ADICKES, 1929, S. 180.

[78] Bei der 25-Jahr-Feier 1905 dankt der Vorstand Magistrat und Stadtverordneten-Versammlung und staatlicher Aufsicht, aber auch der Presse für die angemessene Berücksichtigung seiner artikulierten Stadtteilinteressen, wobei eingeräumt wird, daß man die eigene Arbeit eben nicht nur als Kirchturmspolitik definiert sehen will, sondern sich eingebunden fühlt in den gesamtstädtischen Zusammenhang, s. Jahresbericht 1905, S. 17f.

[79] Satzungen des Bezirksvereins Sachenhausen, Fassung 1897, Art. 1.; ebd.

d.h. die liberalen und konservativen Kommunalpolitiker waren in der Regel Mitglied des Bezirksvereins.

Der Magistrat als die stadtplanende Instanz war 1897 darauf angewiesen, daß der Stadtverordnete und stellvertretende Vorsitzende des Bezirksvereins Sachenhausen, HEYTER, die Bewohner seines Stadtteils von den städtebaulichen Vorteilen der kommunalen Planungsabsichten zu überzeugen suchte. Mit ADICKES' Amtsübernahme hatte neben den neuen und inhaltlichen Planungsfragen der Gedanke der Leistungsverwaltung die Magistratsarbeit verändert. Das Mißtrauen kleinbürgerlicher Wohnkreise war also vielfältig motiviert, und dies galt insbesondere für Sachsenhausen, Bornheim und der Altstadt.

Jedenfalls: HEYTER mied es, in der Versammlung des Bezirksvereins die Planungen *kritisch zu beleuchten*, er wollte vielmehr belehren[80]. Nach einem ausführlichen Vortrag zur Geschichte des Frankfurter Baurechts, legte er die Vorzüge der unter ADICKES verabschiedeten Staffelbauordnung dar, die neue Planungsgrundlagen geschaffen und deshalb auch die Veränderungen bestehender Bebauungspläne notwendig gemacht hätte. Das Vorstellen des neuen Sachsenhäuser Fluchtlinienplanes selbst nahm aber nur wenig Zeit in Anspruch. Vielmehr war es HEYTERS Absicht, die Vereinsmitglieder von der gesamtstädtischen Planungskonzeption des Magistrats in ihrer städtebaulichen Notwendigkeit zu überzeugen. Es galt, bewußtseinsbildend zu wirken, d.h. konkret: die Bereitschaft zur Mitarbeit im Falle von Grundstücksabtretungen und Umlegungsprojekten unter den Grundstückseigentümern zu fördern. Deshalb war sein eigentlicher Tagesordnungspunkt, die rechtlichen Möglichkeiten des privaten Grundstückseigentümers bei Zusammenlegungen bzw. Umlegungen darzulegen. HEYTER kannte seine Vereinsmitglieder, er wußte, daß das Mißtrauen in den Reihen der Sachsenhauser Hauseigentümer groß war. Ihm ging es darum, auf rationalem Wege eine Lösung im Konflikt zwischen Allgemeinwohl und Privatinteresse aufzuzeigen. Deshalb nahm die Darstellung, welche Rechte und Möglichkeiten der Privateigentümer gegenüber städtischen Behörden hat, breiten Raum ein, wobei er ADICKES' grundlegende Planungspolitik in die Ausführungen miteinbezog.

HEYTER stellte den Mitgliedern des Bezirksvereins die möglichen bodenpolitischen Varianten vor, ließ aber durchblicken, daß freiwillige Zusammenlegungs- bzw. Umlegungsverfahren am vorteilhaftesten für alle Beteiligten sei[81]. Bei stadtentwicklungspolitisch wichtigen Projekten sei es das Ziel des Magistrats, selbst Eigentümer des entsprechenden Grund und Bodens zu werden[82].

HEYTERS Aufklärungsarbeit war deshalb nötig, weil bevorzugt Gärtnereibetriebe bebauungsfähiges Land nutzten, Gärtner diesen Umlegungsverfahren also verständ-

80 Jahres-Bericht ... 1897, S. 7.
81 Ebd., S. 18.
82 Mitt.Prot.StVV., Nr. 345 vom 5.4.1898, S. 187.

lichermaßen skeptisch gegenüberstehen mußten[83]. Kein Wunder, daß mehrmals Referenten nach Sachsenhausen entsandt wurden[84], um die dortigen Grundstückseigentümer für die ihnen noch fremden Planungsüberlegungen gewinnen zu können. Auffällig hierbei ist, daß die technische Durchführung von Umlegungsverfahren meist im Vordergrund der Erörterung stand, weniger seine sozialpolitischen Implikationen[85].

Nach Jahren verzögerten Planungsvollzuges wurde RUMPF, Mitglied des Bezirksvereins und des Stadtparlaments, deutlicher, indem er die Umlegung als städtebauliches Instrument empfahl, das *Wohlstand und Verkehr* schaffe. Die Bevölkerung anderer Stadtteile hätte längst deren Vorzüge erkannt. Lediglich das Motiv der privaten Grundstückseigentümer, aus dem Verkauf einen *Mehrwert* zu erzielen, erschwere die Stadtentwicklung nach planerischen Gesichtspunkten. Es wäre an der Zeit, nicht länger hinter den anderen Stadtteilen zurückzubleiben[86].

5.6. Adickes' Versuch, Grundstücks- und Hauseigentümer gefügig zu machen

Aufklärungsarbeit kann organisiert werden, nicht aber ein gewünschter Bewußtseinswandel. Doch Frankfurt sollte noch in der Zeit von Oberbürgermeister ADICKES ein großstädtisches Aussehen bekommen. Ihm blieb deshalb nur noch der Weg der rechtlichen Konditionierung. Zusammen mit der Preussischen Regierung legte er 1901 zum zweiten Mal einen Entwurf eines Umlegungsgesetzes[87] vor, das gleichzeitig die zonale Enteignung beinhaltete. Mit der Zonenenteignung verfolgte ADICKES das zweifache Ziel, einerseits *zweckmäßige Baugrundstücke neben den neuangelegten Straßen und Plätzen* parzellieren zu können und andererseits auf diese Weise *eine rationelle Regelung der Deckung der für die neuen Straßenanlagen aufzuwendenden Ausgaben* zu erreichen[88]. Nicht also das Mittel der Enteignung an sich an die

[83] Von den 8.014 ha Stadtfläche (1900) waren 1.310 ha bebaut, 4.122 ha Wald- und Wasserflächen. Allein 356 ha wurden vom Gärtnereigewerbe genutzt, wobei davon die meisten in Sachenhausen ansässig waren, s. F. ADLER, 1904, S. 67f.

[84] S. Jahresberichte ... 1898, S. 8ff., 1908, S. 16, 1909, S. 7 und 15f. Auch der Demokratische Verein entsandte Fachvertreter, um das Mißtrauen unter der kleinbürgerlichen Wohnbevölkerung Sachenhausens und Bornheims gegenüber den Grundstücksumlegungen zu zerstreuen. S. Mag. Akt. T 1120/I, 121.

[85] Jahresberichte ... 1898, S. 9 und Kleine Presse Nr. 89 vom 17.4.1901, S. 6.

[86] Jahresberichte ... 1909, S. 16.

[87] Unter dem Terminus „Umlegung" sind Maßnahmen zu verstehen, die Grundstückseigentümer dazu auffordern, den Zuschnitt ihrer Parzellen durch Tausch mit anderen so zu verändern, daß sie den Erfordernissen einer geplanten Bebauung entsprechen. Die erste Gesetztes-Initiative ADICKES' von 1893/94 scheiterte an der unzureichenden Unterstützung des preussischen Abgeordnetenhauses. Dazu s. DOROTHEA BERBER-THIMME, ..., 1976, S. 213–220. Zur politischen Auseinandersetzung des zweiten Entwurfs 1901, s. E. KLAR, Die erste Baulanderschließung nach dem Frankfurter Umlegungsgesetz (LEX ADICKES), Frankfurt a. M., o.J. (1912).

[88] F. ADICKES, Umlegung und Zonenenteigung ... 1893, S. 454.

Hand zu bekommen, war sein Hauptanliegen, sondern nach großräumigen Planungsgesichtspunkten städtebaulich agieren zu können. Die Vorlage hatte ADICKES zuvor mit Vertretern des Provinzial-Landtages besprochen, die Frankfurter Stadtverordneten waren nicht in die Vorgespräche einbezogen worden[89]. Zumindest lose Absprache wäre hier denkbar gewesen. ADICKES umging also die örtliche Hausbesitzer-Lobby im Stadtparlament, weil auch mit einer informellen Zustimmung in Fragen einer *zwangsweisen Grundstücksumlegung* nicht zu rechnen gewesen wäre. Bei mangelhafter Bereitschaft, Grundstücke zusammenzulegen, sollte die Enteignung[90] entsprechend der vorher aufgestellten Bebauungspläne planungsrechtlich wirksam werden.

Der ursprüngliche Entwurf sah die vollständige Abtretung von Grundstücken vor, auch wenn nur Teile davon in den trassierten Straßenraum fielen. Die Abgeordneten des Landtages sahen sich aufgerufen, für den Schutz des Privateigentums einzutreten. Die entschädigungslose Abtretung von Straßenraum ohne prozentuale Begrenzung war ihrer Ansicht nach nicht zu dulden. Als in den Beratungen unterschiedliche Prozentwerte für legitim zu erachtende Straßenanteile von Umlegungen wie 25% und 30% vorgeschlagen wurden, sah ADICKES sein Vorhaben gescheitert und forderte demonstrativ die 35% als einzig praktikable Planungsgröße. Da er in Frankfurt bereits Straßenprojekte realisiert hatte, die 33–40% der Erschließungsfläche ausmachten, mußte eine gesetzmäßige Festlegung auf 30%, wie sie dann letztendlich auch vorgenommen wurde, für Frankfurter Verhältnisse als unwirksames städtebauliches Planungsinstument angesehen werden[91]. In den ersten 6 Jahren seines Bestehens konnte die dann als „Lex Adickes" bekannt gewordene Regelung nicht zur Anwendung kommen. Erst nach der Novellierung (1907), als die Höchstgrenze des unentgeltlichen Abtretens von Grund und Boden auf 35 bzw. 40% erhöht wurde[92], kam es zu den ersten Bauerschließungen mit Hilfe dieses Rechtsmittels[93].

Die unüberbrückbaren Gegensätze zwischen gesamtstädtischem Planungsdenken und dem Einzelinteresse des Privateigentümers wurden nicht selten machtpolitisch aufgebrochen[94]. Die rigiden Methoden, die der Magistrat gegenüber den

89 S. Mitt.Prot.StVV., Nr. 247 vom 6.3.1900, S. 119f. und Nr. 584 vom 14.5.1901, S. 310f. Die unzureichende Einbindung der Stadtverordneten-Versammlun wurde dort unterschiedlich bewertet. Zur Aufnahme in der lokalen Öffentlichkeit, s. u.a. Kleine Presse, Nr. 54 vom 5.3.1901, S. 5; Nr. 60 vom 12.3.191, S. 6; Nr. 69 vom 22.3.1901, S. 6; Nr. 88 vom 16.4.1901, S. 5; und Nr. 102 vom 2.5.1901, S. 6.

90 GERD ALBERS hält den Begriff für unglücklich gewählt. Besser wäre hier der Terminus „Zwangskauf". S. G. ALBERS und andere, in: Die Verwirklichung städtebaulicher Planung, in: Grundriß, 1983, S. 415.

91 E. KLAR, 1912, S. 10.; J. STÜBBEN, Das Umlegungsgesetz f. Frankfurt a. M. in: Deutsche Bauzeitung, XXXVI. Jg., Nr. 63, vom 6.8.1902, S. 401ff.

92 35% für den Fall, daß die Initiative vom Magistrat ausgeht; 40% für den Fall, daß sie von den privaten Grundstückseigentümern ausgeht. S. W. BANGERT, 1937, S. 55.

93 Areal zwischen Forsthausstraße und Güterbahnhof-Süd. S. dazu Einzelheiten bei E. KLAR, 1912, S. 13ff.

94 Bericht über die Verhandlungen d. StVV, Nr. 579 vom 23.5.1911, S. 835f.

Gärtnereibetrieben angewandt haben soll, waren den Stadtverordneten wie der lokalen Presse eine willkommene Gelegenheit, um in Sachen Städtebau zur Generalkritik anzusetzen[95].

Die ADICKES-Administration hatte versucht, die Rechte des Privateigentümers an Grund und Boden einzuschränken, um so den städtischen Modernisierungsprozeß forcieren zu können. War ihr schon 1893/94 von den gesetzgebenden (preußischen) Instanzen das Rechtsinstrumentarium für Zwangsenteignungen verweigert worden, blieb sie auch im zweiten Anlauf 1902, trotz Verabschiedung eines Umlegungsgesetzes für Frankfurt am Main, bodenpolitisch ohne rechten Erfolg.

Die Ablehnung des ursprünglichen Gesetzentwurfes durch den Landtag wurde von den Grundstückseigentümern Sachsenhausens und anderswo mit Freude aufgenommen; denn sie waren es, die über ihre Vertreter im Landtag den Entwurf ADICKES' zum Scheitern brachten[96]. War die ablehnende Haltung des Nationalliberalen Vereins gegenüber dem Magistrats-Entwurf offenkundig, war die Position des Demokratischen Vereins differenzierter angelegt. Wenn er mehr oder minder die Zielsetzung der ADICKES-Administration unterstützte, so war er andererseits auf das Wohlwollen seiner Wähler angewiesen. Er organisierte Versammlungen, wo die Vorteile des Umlegens und Zusammenlegens von Grundstücken u.a. den Sachsenhäusern erklärt wurden. In Sachenhausen hielt er es für ratsam, seinen Parteivertreter des Landtags, OESER, kommen zu lassen, der auch nach der Verabschiedung des Gesetztes (1902), den Verhandlungserfolg den Gärtnern Sachsenhausens als politischen Erfolg seiner Partei darzustellen wußte[97].

Noch schlechter als der Magistrat mußte der Bezirksverein Sachsenhausen dastehen, denn er hatte ja die Aufgabe übernommen, zwischen Magistrat und seinen Mitliedern zu vermitteln[98]. Andererseits erbrachte ihm die Kompromißlösung der LEX ADICKES auch wieder Vorteile. Denn ihre Bestimmungen waren so formuliert, daß der Magistrat weiterhin auch bei freiwilliger Umlegungsbereitschaft der Grundstückseigentümer auf seine Mitarbeit angewiesen war. Noch 1902 sollte es zur ersten freiwilligen Umlegung an der Textorstraße kommen – unter Mitarbeit des Bezirksvereins Sachsenhausen[99].

95 Bericht über die Verhandlungen d. StVV, Nr. 638 vom 1.6.1911, S. 876f. Schon 1905 kam es zu Enteignungen, die in der rigiden Art und Weise der Durchführung kritisiert wurden. S. Mitt.Prot.StVV., Nr. 984 vom 17.10.105, S. 568.

96 Mag.Akt. T 1120/I.

97 Ebd., 57f.

98 Mag.Akt. T 928/II. Jahresberichte ... 1909, S. 7 und 15f.

99 Bei einem Straßenanteil von 34%. S. Verwaltungsbericht 1903, 1904, S. 313. 22.000 qm wurden unter 14 an der Umlegung Beteiligten von 33 in 22 Bauparzellen umgewandelt. S. Stat. Handbuch, 1907, S. 64. Zu Umlegungen nach dem Gesetz von 1902/03 kam es zur Amtszeit von Oberbürgermeister ADICKES lediglich in zwei Fällen, einer davon im Bereich des Sachsenhäuser Güterbahnhofs. S. Stat. Handbuch, 1928, S. 103.

5.7. Ambivalenzen des städtischen Bürgertums: Privateigentum erschwert Straßenbau – Doch Sachsenhausen soll „Frankfurt-Süd" werden

Der verzögerte Straßenbau in Sachenhausen hat auch den Ausbau des Straßenbahnnetzes erschwert. Dabei hatte man schon in den 1880er Jahren mit zwei Straßenbahnlinien mit Anbindung an die Frankfurter Innenstadt gute infrastrukturelle Grundlagen geschaffen. Ausgehend vom Lokalbahnhof führte die eine über die Untermainbrücke zum Opernplatz (1883)[100], die andere über die Obermainbrücke zur Konstabler Wache (1881). Erstere wurde dann 1896 über den Schweizer Platz nach der Mörfelder Landstraße bzw. bis Lokalbahnhof (1897) verlängert und gleichzeitig eine West-Ost-Achse enlang der Gartenstraße bis zum Krankenhaus eingerichtet. Damit stand der Erschließung des westlichen Äußeren Sachenhausen nichts mehr im Wege. 1906 war diese Linie nach dem Osten Sachenhausens (Offenbacher Landstraße) weitergeführt worden, um so den Personenverkehr von und nach Offenbach aufnehmen zu können. Doch die Aufschließung des östlichen Teils wurde durch Enteignungsverfahren verzögert. 1908 wurde das westliche Sachsenhausen mit Niederrad verkehrstechnisch verbunden, 1910 erfolgte die Eröffnung der Nord-Süd-Achse Wendelsplatz bis zum Neuen Friedhof. Der Stadtwald war damit noch nicht an Sachsenhausen angebunden[101].

In der Vereins-Tätigkeit kam dem öffentlichen Nahverkehr große Bedeutung zu. Ein Jahr nach der Kommunalisierung (1898) war Sachenhausens Straßenbahn auf Strombetrieb umgestellt, so daß die dampfbetriebene Waldbahn als veraltet angesehen und ihre Einstellung verlangt wurde[102]. Sachenhausen war möglichst bald seiner überkommenen Infrastruktur zu entledigen und über die Sprachregulierung sollten zukünftige Entwicklungen herbeigeredet werden. Mit dem verlangten und realisierten Umbau des Sachsenhäusener Bahnhofs (Bebraer Bahnhof) forderte der

100 1893 erging eine Petition mit 920 Unterschriften an den Magistrat, in der die Eröffnung der Linienführung: Offenbacher Bahnhof – Darmstädter-, Mörfelder Landstraße – Schweizer Straße – Untermainbrücke gewünscht wurde. Die kommunalen Entscheidungsträger hätten bislang lediglich den Norden Sachenhausens nicht aber den Süden mit öffentlichem Nahverkehr versorgt. Im Süden hätten sich bedeutende Gewerbebetriebe niedergelassen, hier wartete *die Privatspekulation zur Entfaltung der Bautätigkeit nur auf erleichterte Verkehrsverhältnisse ... wo großer städtischer Grundbesitz zu seiner Verwertung nur zeitgemäß erschlossen zu werden brauch(e).* Die Petition wurde an die Trambahn Gesellschaft weitergeleitet, die sich viel von dieser Strecke versprach, wenn der Magistrat sie nur wolle. Mag.Akt. R 1787/I. Dieser Industrie-Petition folgte zwei Jahre später die des Bezirksvereins. Sie hatte insofern kaum planungswirksame Bedeutung, als die Genehmigung durch das Polizei-Präsidium unmittelbar bevorstand. Ebd., II, 1ff.

101 In einer Petition drängte der Bezirksverein den Magistrat um Ausbau der entsprechenden Straßen nach dem Stadtwald. s. Jahresberichte ... 1908, S. 8. Vgl. auch die Debatte über Straßenbahn nach dem neuen Friedhof in der StVV in: Bericht über die Verhandlungen d. StVV, Nr. 1022 vom 1.12.1908, S. 1098f.

102 Jahresberichte ... 1907, S. 7

Bezirksverein die Umbenennung seiner Bahnhofsstation in Frankfurt-Süd[103]. Für den Bereich der Verkehrsinfrastruktur hatte er 1905 eine Fach-Kommission beauftragt[104]. Sie war als nötig erachtet worden, nachdem die Planungen für den Aus- bzw. Umbau des gesamten Osten Frankfurts bekannt gegeben wurden. Verkehrsförderung stand an erster Stelle der Wunschliste[105], und die Verbindung nach dem Ostbahnhof[106] erschien nun lebenswichtig. Bemerkenswert ist, daß die Industrie unabhängig von den Aktivitäten des Bezirksvereins auf ihre Interessen aufmerksam machte. 1912 erging Schreiben der Sachenhäuser Industrie an die Frankfurter Handelskammer und die Eisenbahn-Direktion, den neuen Bahnhof, Frankfurt-Süd, verkehrstechnisch besser an das Straßen- und Straßenbahn-Netz anzuschließen[107]. Die Angst, städtebaulich übervorteilt zu werden war groß. Die eigenen Forderungen rechtfertigte man gern mit vollendeten Planungsprojekten anderer Stadtteile[108].

Nach den Vorstellungen des Bezirksvereins sollte Sachenhausen nach dem Westend zum zweiten bevorzugten Wohnviertel Frankfurts werden[109], er verfing sich dann aber in Widersprüchen, als der Vorstand in einer Petition sowohl das Mädchen-Gymasium aber auch eine höhere Mädchenschule für die *Bürger mit mittlerem und niedrige(m) Einkommen* für dringend notwendig erachtete[110]. Sachsenhausen war ein Stadtteil, der unterschiedliche Lebens-, Arbeits- und Wohnbereiche von alters her aufnahm. Auch die Staffel-Bauordnung konnte darüber nicht hinwegsehen. Neben reinen Wohnvierteln für unterschiedliche Ansprüche gab es das sog. gemischte Viertel, wo also Arbeiten und Wohnen in unmittelbarer Nachbarschaft stattfand. Dies galt insbesondere für Alt-Sachsenhausen, wo kleinere Gewerbebetriebe und Geschäfte auf engstem Raum sich arrangieren mußten. Die Sozialstruktur Sachsenhausens war also heterogen zusammengesetzt, eine eindeutige räumliche Identität nicht gegeben.

103 Jahresberichte ... 1903, S. 8. Vgl. auch Schreiben des Bezirksvereins an die Handelskammer Frankfurt vom 29.12.1908, s. IHK B 158, III, 700. ADICKES gab zur Antwort, daß er die Umbenennung ebenfalls als Vorteil für die Sachenhäuser Industrie ansieht.

104 Tätigkeitsberichte s. Jahresberichte ..., 1910, S. 12f. und 1911, S. 9–12 und 1913, S. 11ff.

105 Jahresberichte ... 1905, S. 30; Jahresberichte ... 1907, S. 7 und Jahresberichte ... 1907, S. 10.

106 Die erste Petition erging 1904, s. Jahresberichte ... 1904, S. 9. S. auch Jahresberichte ... 1909, S. 10 und Jahresberichte ..., 1903, S. 4.

107 Unterschrieben hatten: J. J. JUNG und Erben, BINDING, Sektkellerei Frankfurt, Löwenbrauerei, 1. Apfelweinkellerei, Vereinigte Chininfabrik ZIMMER & Co., Vereinigte Chem. Wasch-Anstalten & Färberei, Brauerei KEMPFF AG, Bierbrauerei Gesellschaft, VOLT OHM, Seil und Kabel Werke, Sekt Kellerei FROMM, H. WELLHÖFER GmbH., POLAND & SPEYER, HAGELAUER & SEIBEL, CARL JUNG und viele weitere Handelsunternehmen, Einzelhandelsgeschäfte, Viehhändler und Landwirte, s. Akten IHK B 158, III.

108 Jahresberichte ... 1907, S. 9.

109 *Derartige Bürger pflegen daher nur in solchen Stadtteilen Wohnung zu nehmen, in welchen die betreffenden Schulen nicht nur für ihre Söhne* (ein Gymnasium für Jungen war schon vorhanden, J.R.K.), *sondern auch für ihre Töchter vorhanden sind.* Jahresberichte ... 1903, S. 11.

110 Petition vom 15.1.1904; ebd., S. 10ff.

Kein Wunder also, daß die städtebaulichen Vorstellungen weit auseinandergingen, ja, daß soziale Konflikte unter den Bewohnern Sachsenhausens gar nicht zu vermeiden waren. Ein Beispiel: Der Ausbau der Brückenstraße verlief vielen Geschäftsinhabern zu langsam, so daß der Bezirksverein gebeten wurde, an den Verhandlungen mit den betroffenen Grundstückseigentümern über Grundstücksabtretungen zwecks Straßenfreilegungen teilzunehmen[111]; doch ohne Erfolg. Zwölf Jahre später, 1909, kam es zu einer kontroversen Debatte über einen Bebauungsplan, der für die Brückenstraße den Bau von etwa vierzig 2-3-Zimmer-Wohnungen für Bedienstete des Straßenbahn-Depots vorsah. Der Stadtverordnete DRÖLL, Mitglied des Bezirksvereins, kritisierte das Projekt, weil er den Bau von Mietshäusern in einer als Geschäftsstraße ausgewiesenen Gegend nicht einsehen mochte. Diese Planungsabsicht stünde nicht nur im Widerspruch zur zugewiesenen Raumnutzung durch die Bauordnung, sondern habe auch die Wertminderung dortiger Grundstücke zur Folge. Stadtrat HIN hingegen rechtfertigte die Planung mit folgender Bemerkung: *Meine Herren! Unsere Trambahner sind Leute, die überall gern aufgenommen werden und Sachsenhausen kann sich nur freuen, wenn Leute mit so sicherem Einkommen, wie die Trambahner, dort Wohnung nehmen. Ich kann sagen, daß gerade die Hausfrauen der Straßenbahner sich mit jeder anderen Hausfrau in Frankfurt a.M. in Bezug auf Sauberkeit messen können. Wo ich noch immer in die Wohnungen der Straßenbahner gekommen bin, kann ich nur sagen, sah es blitzsauber aus. Die Bewohner dieser Häuser werden also nicht dazu beitragen, daß die Brückenstraße minderwertig wird*[112].

Nachdem die Vorlage zur näheren Beurteilung dem Hochbau-Ausschuß vorgelegen hatte, empfahl er die Ablehnung des Magistrats-Antrags: *Kleinwohnungen* in der Brückenstraße zu bauen, entspräche nicht dem Bedürfnis der dort wohnenden Bevölkerung.

Wenn auch in diesem konkreten Fall „Segregation" keineswegs Planungsziel der ADICKES-Administration war, sondern vielmehr von der Wohnbevölkerung erzwungen wurde, so läßt sich dieser Einzelfall nicht losgelöst von der gesamtstädtischen Planungspolitik beurteilen, denn mit der Staffel-Bauordnung war die unterschiedliche Raumnutzung angelegt, und „Segregation" ist letztendlich eine Errungenschaft der modernen Gesellschaft. Insbesondere Kleinhändler und -handwerker waren in Sachsenhausen sehr darauf bedacht, ihr Wohnumfeld für ihresgleichen geordnet zu wissen. Nichts fürchteten sie und der Bezirksverein mehr, als den durch Grundstücksspekulation[113] verursachten Zuzug proletarischer Wohnbevölkerung. Segre-

[111] Jahresberichte ... 1897, S. 37.

[112] Bericht über die Verhandlungen d. StVV, Nr. 585 vom 29.6.1909, S. 849.

[113] Jahresberichte ... 1897, S. 19. Mit Skepsis betrachtete man die aktive Bodenpolitik des Magistrats in Sachenhausen. So wurde der AG f. Hochbau und Tiefbau nachgesagt, im Zuge von Tauschgeschäften mit dem Magistrat Grund und Boden innerhalb kürzester Zeit mit enormen Gewinnen verkauft zu haben (Kaufpreis: 2,2 Mio M., Verkaufspreis angeblich 4 Mio M.). S. Mitt.Prot.StVV., Nr. 324 vom 22.4.1897, S. 193 und Nr. 906 vom 30.11.1897, S. 574f.

gation entsprach demnach nicht nur dem großbürgerlichen, sondern auch dem kleinbürgerlichen Wohnanspruch. Bezirksverein wie Wohnbevölkerung Sachsenhausens waren geprägt von Ambivalenzen. Mißtrauisch verfolgten Grundstückseigentümer die städtebaulichen Entscheidungen ihres Magistrats, weil es ihnen um die Sicherung des eigenen persönlichen Bereiches ging. Auf diese Weise erschwerten sie die städtebauliche Modernisierung ihres Stadtteils. Gleichzeitig wollten sie aber als Großstädter angesehen werden: Frankfurt-Süd sollte es sein, nicht Sachsenhausen. Der Zweckoptimismus und die beschönigende Bestandsanalyse Sachsenhäuser Straßen- und Verkehrsverhältnisse, die aus Anlaß der 25-Jahr-Feier des Bezirksvereins Sachsenhausen (1905) gemacht wurde, entsprechen ganz dem kleinbürgerlichen Stolz der Wilhelminischen Ära: *Mit der mächtigen Entwicklung des gesamten Frankfurt in den letzten 25 Jahren hat auch unser Sachenhausen stets Schritt zu halten gesucht und hat sich in dieser Zeit sehr zu seinem Vorteil verändert. Groß angelegte, breite Straßenzüge durchziehen es nach allen Richtungen, elektrische Bahnen und Waldbahnen haben den Verkehr gehoben, die Einwohnerzahl hat sich mehr als verdoppelt. Am anschaulichsten ersieht man die Vermehrung der Einwohner an den 6 neuen Doppelschulen, welche in unserem Stadtteil in den letzten 25 Jahren erbaut wurden, unter denen sich eine Oberrealschule und eine neue Mittelschule befinden; ferner an der Tatsache, daß wir bald eine höhere Mädchenschule und hoffentlich auch bald ein staatliches Gymnasium erhalten werden. Mit der vermehrten Einwohnerzahl hat natürlicherweise auch eine bedeutende räumliche Ausdehnung unseres Stadtteils stattgefunden, eine räumliche Ausdehnung nach Süden und ganz besonders, dem Zuge der Zeit folgend, nach Westen hin. Im Südosten die auf dem Mühlberg entstehenden Landhäuschen und im Westen das Villenviertel an der Forsthausstraße zeigen die äußersten Grenzen der räumlichen Ausdehnung unseres Stadtteils bis zum Frankfurter Wald, welcher bekanntlich im Westen Sachenhausens in einen Park umgewandelt werden soll. Dieser Park verspricht in Verbindung mit dem Wald uns Sachenhäusern einen vollgültigen Ersatz zu geben für die bei uns fehlenden Promenaden. Hoffentlich folgt der Ausdehnung unseres Stadtteils nach Süden und Westen auch recht bald die bauliche Entwicklung des Sachsenhäuser Ostends. Die Verwirklichung dieses Wunsches wird ja durch den Neubau des Frankfurter Ostbahnhofs und die damit in Verbindung stehende Verbindungsbahn Frankfurt-Ost nach Frankfurt-Süd hoffentlich in absehbarer Zeit eintreten*[114].

Fassen wir abschließend zusammen: Seine Mitglieder hat der Bezirksverein Sachsenhausen stets mit genauen doch kurzen Rechenschaftsberichten über seine Arbeitsweise informiert. Jegliche Öffentlichkeitsarbeit wurde penibel aufgelistet. Ob und wann seine Aktivitäten eine Antwort des Magistrats oder der Stadtverordneten-Versammlung bewirkte, wurde genaustens in den Jahresberichten festgehalten; auch ob die Kommune daraufhin planungstechnisch handelte oder nicht.

[114] Jahresberichte ... 1905, S. 18f.

Bei der Gründung des Vereins waren es 120 Mitglieder. Bedingung für die Mitgliedschaft war, wie bei fast allen Bezirksvereinen Frankfurts, die Stimmberechtigung für die Kommunalwahl. Satzungsmäßig war der Vorstand die eigentlich aktive Kraft des kollektiven Handelns. Trotz der einschränkenden Bestimmungen für das einfache Mitglied hatte dieser Verein den nötigen Zulauf. 1896 waren es bereits 351, zehn Jahre später doppelt so viel und 1913 dann 842 Mitglieder. Im Mittelpunkt des Interesses standen stadtteilbezogene Bau-Projekte, aber auch allgemeine Themen der Sozialpolitik und des Rechtswesens. Der Vorstand plante nicht nur Veranstaltungen des allgemeinen kulturellen Interesses, sondern war um Aufklärungarbeit in allen möglichen Sachgebieten bemüht, die mit dem sozialen und rechtlichen Wandel der sich entwickelnden industriellen Großstadt im Zusammenhang standen[115].

Kommunalwahlen boten dem Bezirksverein Gelegenheit, seinen Mitgliedern gegenüber Empfehlungen auszusprechen oder gar selbst aus seinen Reihen Kandidaten aufzustellen. Von politischer Tätigkeit ist zwar in der Satzung keineswegs die Rede, jedoch von der Förderung des *Gemeinschaftssinns,* so daß hier genügend Spielraum für unterschiedliche Auslegungen des Selbstverständnisses gegeben waren. Die Vorschläge kamen aus den Reihen des Vorstandes; die Quellen geben keinen Hinweis auf mögliche Anfragen von einfachen Mitgliedern oder mögliche Alternativvorschläge. Mit zunehmendem Einfluß der Sozialdemokratie verzichtete der Vorstand auf eindeutige Wahlempfehlungen und überließ den Wahlentscheid dem einzelnen Wähler[116]. Zwei Jahre später teilte man den Mitgliedern mit, daß der parteipolitische Gesichtspunkt für die Wahlempfehlung keine Rolle spiele, sondern die Frage, *wer kann den Stadtteil Sachenhausen am besten nach seiner wirtschaftlichen Bedeutung vertreten*[117]. Die Wahlempfehlung war für den Vorstand durchaus keine leichte oder nebensächlich zu behandelnde Angelegenheit gewesen. Vielmehr bewertete er das Abschneiden der Mitglieder des Bezirksvereines indirekt als eine Bewertung der Vereinsarbeit durch die Wähler.

Andererseits war dem Vorstand die dialogfähige Beziehung zum Magistrat von großer Bedeutung, so daß taktisch-strategisches Vorgehen fast immer angezeigt war[118]. Debatten zu den Tagesordnungspunkten, die Sachsenhäuser Anliegen betrafen, wurden von den Stadtverordneten dieses Stadtteils dominiert; dies galt aber auch für die anderen Stadtteile. Liberale aller Schattierungen, aber auch konservativ

115 Vorträge des Jahres 1898 waren: Invaliden-Versicherungs-Gesetz, Reichswohnungsgesetz, städtische Grundwasser-Leitung, Miet- und Pachtrecht, Erbrecht und eheliches Güterrecht nach dem Bürgerlichen Gesetzbuch (1903): Neubau der Wasenmeisterei, Fortbildungs- und Fachschulen Frankfurts, der Rathaus-Neubau, Stadtwald, das neue städtischen Badehaus, die Steuervorlage neben anderen städtebaulich orientierte Veranstaltungen.

116 Jahresberichte ... 1908, S. 14.

117 Jahresberichte ... 1910, S. 17.

118 So z.B. 1898 als man eine Petition über eine Straßenbahnlinie zurückstellte, um den positiven Bescheid einer anderen nicht zu gefährden. Jahresberichte ... 1898, S. 15.

gesinnte Stadtverordnete[119] waren in freier Zusammensetzung im Vorstand dieses Vereins vertreten. Der Erfolg stand eben auch in engem Zusammenhang mit einer breiten Vertretung aller politischen Vereinigungen – mit Ausnahme der Sozialdemokraten. Die kirchturmspolitische Grundhaltung der Bezirksvereinsvertreter in der Stadtverordneten-Versammlung war also auch repräsentativ für Sachsenhausen. Hier lag der politische Vorteil auf Seiten der Sozialdemokratie, die über ihre raumungebundene Parteiorganisation eine konsequentere und institutionell gefestigtere Kommunalpolitik durchführen konnte.

5.8. Städtebauliche Perspektiven, Information und Kommunikation im Südwesten

Die Eröffnung des Hauptbahnhofes (1888) bewirkte die Expansion industriell genutzter Gunstlagen der Gebiete südwestlich der bereits geplanten Bahnstraße (später Moltke-Allee) – Hohenzollernplatz – Bahnhofsplatz und Blücherplatz bzw. Wilhelmsbrücke. Die ersten Industrieunternehmen zogen Arbeitskräfte an, die bevorzugt in unmittelbarer Nachbarschaft eine Wohnung suchten. Die Erschließung von Frankfurts Südwesten (Bezirke 9, 15 und 16) begann Ende der 1880er Jahre. In keinem anderen Stadtteil wuchs die Wohnbevölkerung so schnell wie hier.

Das außergewöhnliche Bevölkerungswachstum war auch deshalb möglich geworden, weil der größere Flächenanteil dieses neuen Stadtteils nach der Staffel-Bauordnung als *gemischtes Viertel* ausgewiesen wurde. Lediglich das Areal südwestlich von Galluswarte und Mainzer Landstraße war zum Industriegebiet erklärt worden. Das Gutleuthof-Gelände südlich der Gleisanlagen der Hessischen Ludwigsbahn wurde zunächst ebenfalls für Industrieansiedlungen freigehalten[120]. Da die Stadtverordneten-Versammlung hierfür keine sofortige Nutzungsverwendung zu finden glaubte, war eine Umwidmung in *gemischtes Viertel* möglich geworden. Dies geschah, nachdem 1898 einige wenige Unternehmen um Änderung der Bauordnung nachsuchten[121], weil sie ihren Angestellten und *besser bezahlten Arbeitern* ein Wohnen in unmittelbarer Nachbarschaft ihres Arbeitsplatzes ermöglichen wollten. Die bereits bestehenden Wohnungen der gemeinnützigen Baugesellschaften wurden abgelehnt, weil sie nicht deren Wohnbedürfnis entsprächen. Gleichzeitig übten die Unterneh-

119 F. Rumbler galt als Fortschrittsliberaler und Demokrat, Seeger, Dröll als Freisinn-Liberale, Zeiss als Nationalliberaler. Bezirksvereinsmitglieder waren ebenfalls die Stadtverordneten F. Stolze, Büdinger, Heyter, Weitz. Die Sachsenhäusener Sozialdemokraten Schmidt und Brühne waren keine Mitglieder.

120 Zum Industriestandort Gutleuthoferfeld und seiner anfänglichen Entwicklung s. Volker Rödel, 1984, S. 117ff.

121 Schreiben vom 22.9.98, Mag.Akt. T 693/II, 50a.

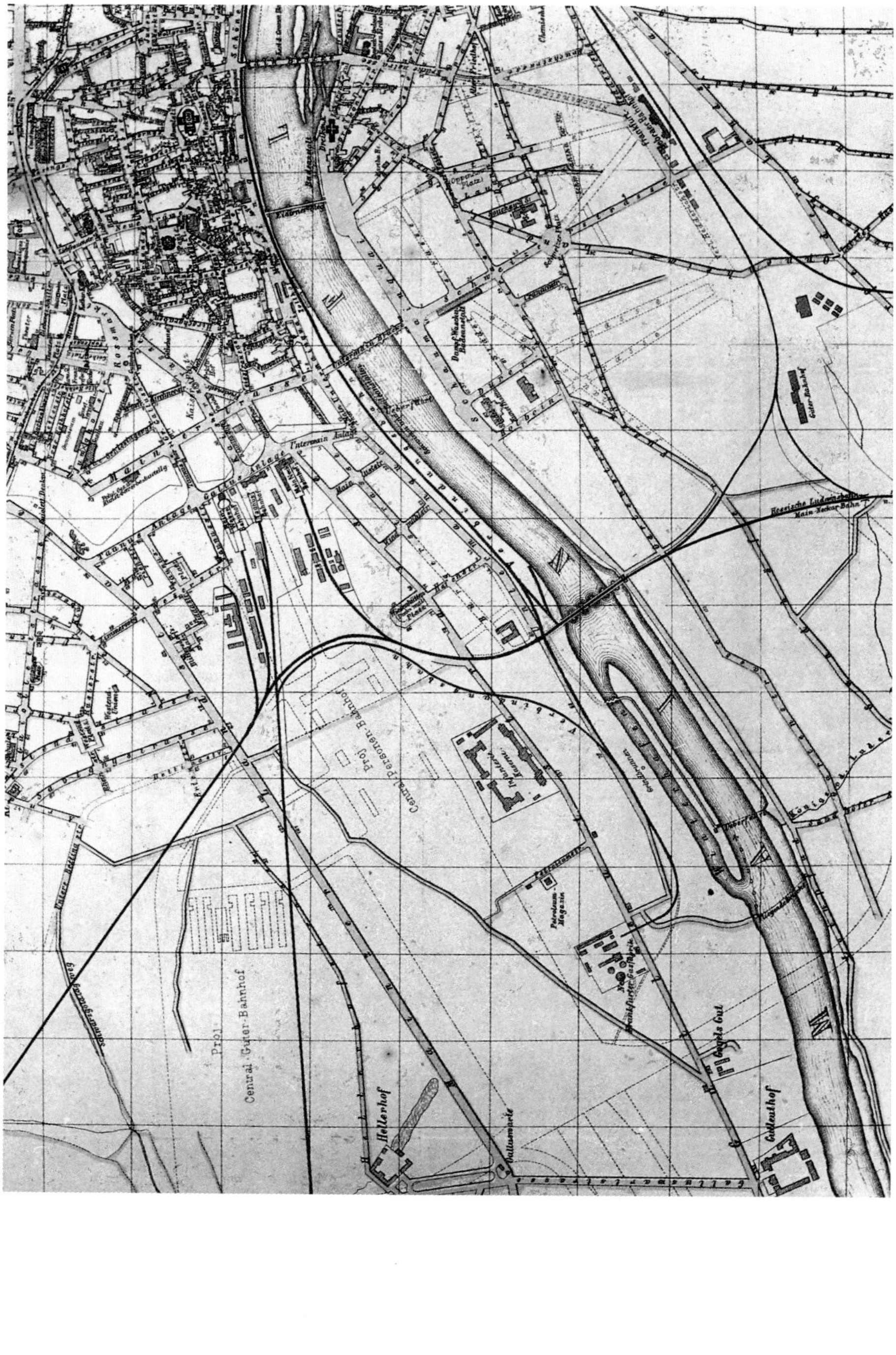

Abb. 28 Das Bahnhofsviertel, Ausschnitt aus dem Straßenplan von Frankfurt a. M. und Bockenheim 1 : 10000, 1880

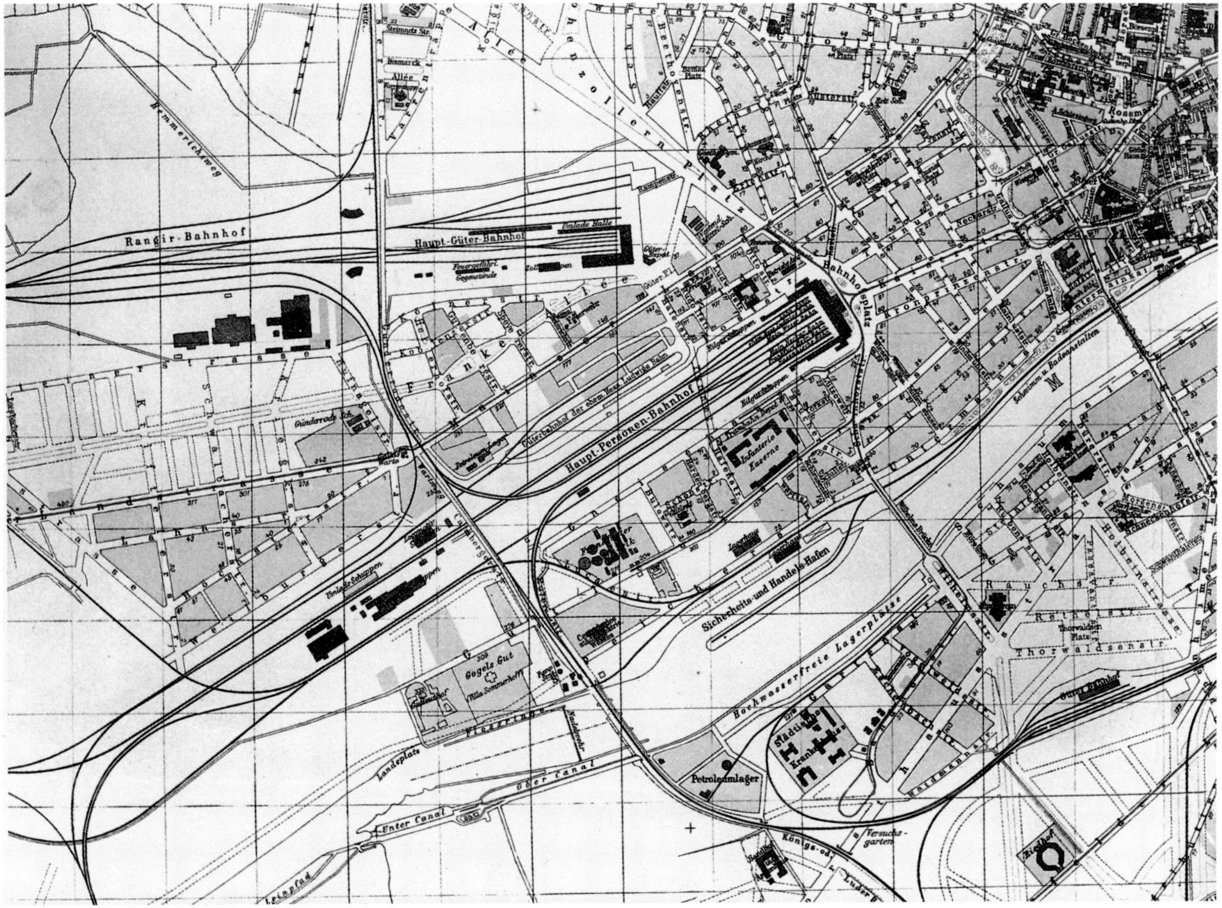

Abb. 29 Das Bahnhofsviertel, Ausschnitt aus dem Straßenplan von Frankfurt a. M. 1 : 12 500, 1903

mer auf den Magistrat Druck aus, denn: *hätten die Unterzeichneten geahnt, daß jemals derartige, hemmende Baubeschränkungen dem Fabrikviertel auferlegt würden, so hätte wohl kein einziger sein Etablissement dort aufgeführt*[122]. Trotz des hohen Bevölkerungswachstums konnte hier das Arbeitskräfteangebot keineswegs der industriellen Nachfrage entsprechen. An der privaten Bautätigkeit soll es nicht gelegen haben, denn sie wird für den Zeitraum zwischen 1892 und 1898 als *sehr rege* bezeichnet[123]. Die Industriellen suchten nach Förderungsmaßnahmen, wie den neuen Fabriken im Südwesten Frankfurts neue Arbeitskräfte zugeführt werden könnten, und sie wußten sich schnell einig: Nur eine bessere Straßenbahnverbindung zwischen Industriestandort und dem Zentrum der Stadt könne hier helfen.

Tatsächlich sollte erst die Straßenbahnverbindung zum Hauptbahnhof entlang der Mainzer Landstraße bis zur Galluswarte (1895) und die Weiterführung bis Rebstöcker Straße über die Höchster Straße (1902) nicht nur die Erschließung von 42 ha (1890) auf 160 ha (1910) bewirken[124], sondern auch dazu beitragen, der Industrie die entsprechenden Arbeitskräfte zu verschaffen. Eile war geboten; Fluchtlinienpläne wurden ohne eigentliche öffentliche Diskussion verabschiedet; vielleicht auch deshalb, weil hier der größte Teil des Grund und Bodens der Hessischen Ludwigsbahn als auch dem Königlichen Eisenbahnfiskus gehörte und sich beide im Etatjahr 1892/93 über die Bebauungspläne mit dem Magistrat verständigten. Ziel der Magistratsplanung war es, *die Vergrößerung der Baublöcke und damit eine bessere Verwertung des Geländes zu Industriezwecken* zu erreichen. Mit der Hessischen Ludwigsbahn wurden Verträge ausgehandelt, die eine Erschließung im Südwesten *auf Jahre hinaus (...) nach festen Regeln* ermöglichen sollte[125].

Anhand der Bevölkerungsentwicklung der einzelnen südwestlichen Bezirke ist das Ausmaß der Erschließung tendenziell ablesbar. Der Bereich des Bahnhofsvorplatzes zwischen Taunus- bzw. Gallus-Anlage und dessen Nord-Süd-Abschluß mit Mainzer Landstraße und dem Unteren Mainkai war in seinen Entwicklungsmöglichkeiten als gehobenes Geschäftsviertel bereits um die Jahrhundertwende erschöpft. Dies gilt auch für den Bezirk 15, der von den Gleisanlagen der Verbindungsbahn entlang des Mains, der Staatsbahnbrücke und Main-Weser-Bahn mit dem Hauptbahnhof im Norden umgrenzt wurde. Das eigentliche Erschließungsareal als Industriestandort, aber in noch stärkerem Maße als Wohnbereich, entstand zwischen 1900 und 1910, westlich der Main-Weser-Bahn und Galluswarte. In diesen zehn Jahren wurden hier Wohnungen für 25.000 Einwohner gebaut. Die Bevölkerungsdichte im gesamten Gebiet des Südwestens stieg von 50 Personen je Hektar (1890) auf

122 Unterschrieben hatten u.a. die größten Firmen des Südwestens: Ph. Mayfarth, S. Bühler und Baumann, Akkumulationswerke S. Pollak und Adler Fahrradwerke.

123 Stat. Handbuch, 1907, S. 20.

124 Beiträge zur Stat., 11. H., 1919, S. 12.

125 Verwaltungsbericht 1892/93, 1893, S. 120.

251 (1910)[126]. Waren es 1890 gut siebentausend Menschen, die hier Wohnung fanden, so sollten es bereits fünf Jahre später annähernd 20.000 sein; um die Jahrhundertwende fast 30.000; zehn Jahre später dann doppelt so viel – also 60.000 Einwohner[127].

5.9. Die Industrie meldet sich zu Wort

Treibender Faktor des städtebaulichen Wachstums im Südwesten war die Industrie. Bereits 1892 drängte sie die Trambahngesellschaft, zwischen Opernplatz und Galluswarte eine Straßenbahn- oder Omnibus-Verbindung einzurichten[128]. Sie schaltete auch ihre Interessenvertretung, die Frankfurter Handelskammer, ein, um so ihre Erfolgsaussichten zu erhöhen. Die Elektrizitäts-AG W. LAHMEYER begründete das Anliegen gegenüber der Interessenvertretung wie folgt: *Bezüglich unserer Arbeiterverhältnisse möchten wir bemerken, daß wir wegen Mangels jeglicher Verbindung (Trambahn) unsere Fabrik mit der Stadt gezwungen sind, durchweg für gute Arbeiter höhere Löhne zu bezahlen, da die Arbeiter vorziehen, nicht nur zu gleichen, sondern selbst bei geringerem Lohnsatz in der Stadt zu arbeiten ... es fehlt an billigen Arbeiterwohnungen in unserer Gegend*[129].

Doch die Industrie des Südwestens zog es vor, die Angelegenheit selbst in die Hand zu nehmen und organisierte eine Massenpetition[130]. Nun ging man in der Zielsetzung noch weiter und bat sowohl den Magistrat als auch die Stadtverordneten-Versammlung, sich für die *Hebung des Industrieviertels* einzusetzen und schlug den Trassenverlauf Hauptbahnhof bis Höchster Straße (Platz vor der Volksküche der Gesellschaft f. Wohlfahrtseinrichtung) entlang Bahnstraße, Mainzer Landstraße und Galluswarte vor. Wieder wählten die Industriellen die Form der Massenpetition, doch dieses Mal war sie eher als flankierende Maßnahme gedacht. Denn gleichzeitig bemühte sich KLEYER beim Polizeipräsidenten um Absicherung der von ihm vorge-

126 Beiträge zur Stat., 11. H., 1919, S. 36.

127 Ebd., S. 20 und S. 34f; Stat. Handbuch, 1928, S. 57.

128 Zu den Unterzeichnern gehören: OTTO HERZ, BÜNTE & REMMLER, JULIUS ROSENAU, HEINR. KLEYER, 1. Frankfurter Malzfabrik, Frankfurter Kristalleisfabrik, GOLDSCHMIDT und Cie, AUG. SCHICK, Maschinenfabrik, OTTO FROMME, PH. MAYFARTH & Co.. Die Trambahn-Gesellschaft fragte daraufhin beim Magistrat nach: Sie rückte aber von dem Projekt ab, als die Stadt den zweispännigen Verkehr statt dem einspännigen zur Auflage machte. Mag.Akt. R 1785.

129 IHK 853.

130 Folgende Firmen hatten unterzeichnet: H. KLEYER, MATTH. und SALOMON, HABERLING & Co., W. LAHMEYER, J. ROSENAU, C. VOLLMER, J. KROPFF, A. GOEBEL, BÜNTE & REMMLER, GOLDSCHMIDT & Co., OTTO HERZ & Co., H. KÖLSCH und Nachf., A. HORNECK, Mitteldeut. Gummifabrik L. PETER, Hess. LUDWIGS-Bahn, G. NEIDLINGER, A. LEWISOHN & Co., J. RAUSCHENBACH, TH. RUBENER, C. ALBACH, Abfertigungstelle Staatsbahnhof und die Unterschriften von ca. 200 Angestellten (Beamten) und 1.500 Arbeitern. Ebd.

schlagenen Trassierung[131]. Die Frankfurter Handelskammer meldete sich zu Wort, nachdem die Stadtverordneten-Versammlung diesen Sachverhalt auf die Tagesordnung gesetzt hatte[132]. Der Industrie dauerte der kommunale Planungsprozeß zu lange, war also um Abkürzung bemüht, indem sie ein Verzeichnis der im Südwesten angesiedelten Industrieunternehmen samt der Anzahl von Angestellten und Arbeitern (Stand: Anfang 1894) erstellte, das sie dann ihrer Interessenvertretung, der Handelskammer Frankfurt a. M., aber auch der Stadtverordneten-Versammlung zukommen ließ. Nach Selbsteinschätzung von 29 Betrieben arbeiteten im Südwesten danach 342 Angestellte (1893: 200) und 2.330 Arbeiter (1893: 1.500). Die Dringlichkeit des Anliegens glaubte man noch unterstreichen zu müssen, indem man die *Einwohner der Häuser von der Hafenstraße* mit insgesamt 1.500 angab, um so den Anteil der Arbeiter auf 3.830 anheben zu können; die Handelskammer hingegen brachte es in ihrer Auflistung lediglich auf 3.188 Arbeiter[133].

Die geforderte Straßenbahnlinie ließ länger als vermutet auf sich warten. Verzögerungen in der Planung traten aus zwei Gründen auf: Zum einen zeigten sich Grundstückseigentümer als hartnäckige Verhandlungspartner, sie jedenfalls wollten ihren Eigentumsverlust wenigstens finanziell aufgewogen wissen. Zum anderen: Der Magistrat war gerade dabei, eine Linienführung durch die Feuerbachstraße – also durch den Westen der Stadt – planungstechnisch vorzubereiten, doch blieb ihm zu diesem Projekt vorerst die Zustimmung der Stadtverordneten-Versammlung versagt[134]. In der Trambahnfrage des Südwestens hatten sich die unterschiedlichsten Interessen gegenseitig paralysiert. Der Stadtverordnete WEDEL, Mitglied des Demokratischen Vereins und des Bezirksvereins Nordwest, schob als Berichterstatter des Tiefbau-Ausschusses dem Magistrat den schwarzen PETER zu. Dieser hingegen hatte längst andere Wege eingeschlagen, um zum Erfolg zu kommen. Jedenfalls hatte er Verhandlungen mit den verschiedenen privaten Straßenbahn-Unternehmen Frankfurts aufgenommen, um die Übernahme in kommunale Trägerschaft vorzubereiten. Aber auch hier sollten die Verhältnisse vorerst unklar bleiben. In diesem Stadium des Übergangs vom privat zum kommunal geführten Straßenbahnbetrieb scheute er jedenfalls, Planungsentscheidungen zu treffen, die er später unter veränderten Verhältnissen bereuen könnte[135]. Er schlug deshalb die Linienführung Hauptbahnhof

[131] S. Schreiben an Magistrat v. 27.5.93; Mag.Akt. R 1787/I.

[132] Ebd. und Mitt.Prot.StVV., Nr. 367 vom 30.5.93, S. 179. Die Handelskammer Frankfurt a. M. schließt sich am 10.6.93 an, indem sie die an sie gerichtete Begründung von LAHMEYER übernahm.

[133] StVV-Akten, Nr. 1.090 und IHK Nr. 853. Nach den Angaben des Bezirksvereins Nordwest waren es 1902 dann 687 Angestellte und 3.215 Arbeiter, die westlich der Galluswarte entlang der Höchster Straße gearbeitet haben sollen. S. Mitteilungen des Bezirksvereins Nordwest, Nr. 13, 1902, S. 4.

[134] Zur Ablehnung s. Beschluß der Stadtverordneten-Versammlung vom 9.5.93. Zur Auseinandersetzung um den Linienverlauf ausführlich zu Beginn dieses Kapitels, wo die Aktivitäten der Bewohner des nordwestlichen Bezirks dargelegt sind.

[135] Mitt.Prot.StVV., Nr. 76 vom 22.1.1895, S. 38.

– Galluswarte über die Post-, Ludwigs-, Nidda-, Rudolfstraße und Mainzer Landstraße vor (1894), die der Stadtverordnete Wedel[136] im Namen des Tiefbau-Ausschusses als *absolut ungeeignet* bewertete. Der machte seinerseits den Vorschlag, die Linie über die Bahnstraße führen zu lassen. Erneut gab sich die Stadtverordneten-Versammlung gegenüber dem Magistrat unversöhnlich und unterstützte mehrheitlich den Antrag Wedels. Am 20.8.1895 kam es zur Eröffnung des Streckenabschnitts Hauptbahnhof – Galluswarte über die Mainzer Landstraße.

Der Konflikt und wie er gelöst wurde zeigt, wie Themen der Stadtpolitik letztendlich entschieden wurden. Der Magistrat gab sich jedenfalls nur dann kommunikativ, wenn er die Mehrheit der Stadtverordneten hinter sich wußte. War dies nicht der Fall, entschied er den Konflikt mit autoritären Mitteln, die ihm der preussische Obrigkeitsstaat gewährt, ja regelrecht auferlegt hatte.

Aus dem Stadtteil waren bis zur Verlängerung der Linienführung im Jahre 1902 keine kollektiven Aktionen zu vernehmen. Doch als bekannt wurde, daß die Eröffnung des Streckenabschnitts Galluswarte – Rebstöcker Straße über die Mainzer Landstraße bevorstünde, taten sich erneut Industrielle des Südwestens zusammen, genauer gesagt: diejenigen aus der Höchster Straße, um über diese Trassenführung zu beratschlagen. Auch dieses Mal waren sich die Unternehmer schnell einig: Die vom Magistrat begünstigte Linienführung wurde verworfen, vielmehr sollte sie durch die Höchster Straße (Kleyerstraße) gelegt werden. Nun ging es darum, den Magistrat in kürzester Zeit umzustimmen, denn die Baumaßnahmen für die Straßenbahn entlang der Mainzer Landstraße waren bereits im Gange. In kürzester Zeit war es einzelnen Unternehmern möglich geworden, Vertreter der staatlichen Aufsichtsbehörde und des Magistrats an einen Tisch zu bekommen. Am 8.10.1901 trafen sich die Direktoren Salomon, von der Elektrizitäts-AG, vorm. W. Lahmeyer & Co., H. Kleyer und F. Maier-Leonhard, von den Adler-Fahrradwerken und Baurat Siewert, von der Eisenbahn-Direktion, mit einem Vertreter des Regierungspräsidiums, dem Regierungsrat Dr. Lewald, dem Polizeipräsidenten Müffling und Stadtrat Hin, der die Planungsüberlegungen des Magistrats darstellte und begründete. Hierbei zeigte sich, daß der Magistrat in Vorverhandlungen mit der Internationalen Baugesellschaft bereits bindende Absprachen über den Trassenverlauf getroffen hatte. Bei Nichteinhaltung der gegenseitigen Verpflichtungen gefährde man den Bau von Sozialwohnungen für 7.000 Menschen – so Hin. Die Straßenbahn als Medium der Erschließung zu nutzen, war Planungsabsicht der Adickes-Administration. Mit der Linienführung über die Mainzer Landstraße erhoffte sie sich eine weit aus günstigere und schnellere Expansion der Industrie im nördlichen Teil dieses Stadtteils als bei einer Straßenbahn-Anbindung der Höchster Straße, die zu jener Zeit schon so gut wie ausgebaut war. Die Gesprächspartner Hins favorisierten fast ohne Ausnahme die Linienführung durch die Höchster Straße. Die Position der Industrieunternehmen

[136] Wedel gehörte dem Bezirksverein Nordwest an.

trug SALOMON vor. Er sprach den Plänen des Magistrats schlichtweg die verkehrspolitische Bedeutung ab, indem er die Planungsziele der Industrie ganz aus den gegenwärtigen Notwendigkeiten erläuterte: *Denn erstens ist die Mainzer Landstraße noch gar nicht bebaut und zweitens hätten die die zu errichtenden kleinen Wohnungen benutzenden Leute dadurch, daß sie zum größten Teil in dem Fabrikviertel beschäftigt sein werden, an einer Straßenbahn durch die Mainzer Landstraße gar kein Interesse. Vielmehr liegen hier lediglich Interessen von Privaten und Gesellschaften vor, welche ihr an der Mainzer Landstraße liegendes Terrain durch die Führung einer Straßenbahnlinie durch diese Straße wertvoller zu machen bestrebt sind*[137].

Er führte dann weiter aus, daß etwa 4.000 Arbeiter und Angestellte täglich die Straßenbahnlinie: Hauptbahnhof – Galluswarte benutzten, in der Höchster Straße allein schon etwa 700 Angestellte und über 3.000 Arbeiter ihrer Tätigkeit nachgingen. Während das Gebiet nördlich der Mainzer Landstraße erst in 5–10 Jahren bebaut werde, solle man den bestehenden Verhältnissen Rechnung tragen und die notwendige Straßenbahnverbindung dort vornehmen, wo entsprechender Bedarf vorhanden sei. Letztendlich beklagte SALOMON die stiefmütterliche Behandlung industrieller Interessen.

Im Verlauf des Gespräches wurde immer deutlicher, daß die zwei eigentlichen Verhandlungspartner von unterschiedlichen Prämissen ausgingen und beide waren bestrebt, der jeweiligen Gegenposition die Legitimation für ihren Planungsvorschlag abzusprechen. Während die Industrievertreter die infrastrukturelle Investition mit dem gegenwärtigen Bedarf zu begründen bemüht waren, um so die Anpassung der Verkehrsverhältnisse an bereits gegebene räumliche Strukturen im Sinne von Auffangplanung einklagen zu können, waren die Planungsüberlegungen des Magistrats eindeutig auf die (zukünftige) Erschließung weiterer Areale des Südwestens ausgerichtet, die Magistrats-Planung barg wohnungbaufördernde Intentionen, d.h. er betrieb Entwicklungsplanung.

Beide Seiten versuchten ihre Positionen empirisch-statistisch zu untermauern. Der Stadtrat wies auf die geringe Anzahl an Wochenfahrscheinen der Linienführung Hauptbahnhof – Galluswarte hin, um so den unzureichenden Bedarf nach Verlängerung der Linie entlang der Höchster Straße begründen zu können[138]. Und doch überzeugte dies die Vertreter der staatlichen Regierungsbehörde keineswegs, im Gegenteil: Sowohl MÜFFLING als auch LEWALD bekundeten ihr Befremden und empfahlen dem kommunalen Vertreter HIN abschließend, im Sinne der von der Industrie gemachten Vorschläge die Planungen zu ändern. Die real gegebene Verhandlungssituation des Magistrats, daß nämlich die Vereinbarung mit einer Terrain-Gesellschaft ihn binde, wurde also nicht akzeptiert. Staatliche Kontrollbehörde und

[137] Mitteilungen des west- und nordwestlichen Bezirksvereins zu Frankfurt a. M., Nr. 13, Mai 1902, S. 4.

[138] s. Mitt.Prot.StVV., Nr. 722 vom 25.6.01, S. 368 und Mag. Akt. R 1798/I, 1f.

Frankfurter Wirtschaftsvertreter waren hier einer Meinung und glaubten deshalb den Magistrat zur Planungsänderung zwingen zu können.

Wochen später fragten die Adlerwerke beim Regierungs-Präsidium nach, das von MAIER-LEONHARD erstellte Protokoll *zu Agitationszwecken nützen zu dürfen,* woraufhin die Erlaubnis mit unbedeutenden Einschränkungen postwendend erfolgte[139]. Mit dieser Rückendeckung glaubten sich die Industrievertreter auf Erfolgskurs gegenüber dem Magistrat und richteten erneut eine Petition an ihn[140]. Doch auch diesmal rückte der Magistrat keineswegs von seinen Planungsüberlegungen ab und begründete seine ablehnende Haltung gegenüber den Forderungen der Industrie mit gesamtstädtischen Interessen; ein Nachgeben käme einem Zugeständnis an Sonderinteressen gleich. Er scheute sich aber nicht, gleichzeitig auf die geschaffenen Sachzwänge – die Absprachen mit zwei gemeinnützigen Baugesellschaften – hinzuweisen[141].

Der Magistrat, bedrängt von Seiten der Industrie und staatlicher Regierungsbehörde, befand sich in einer schwierigen Lage. Und doch konnte er nachweisen, daß seine Planungen gut fundiert waren[142], zumal er auch auf die Zustimmung durch die Stadtverordneten-Versammlung verweisen konnte. Der Magistrat gab sich selbstbewußt, weil die Stadtverordneten-Versammlung ein Jahr zuvor den Vertrag mit der Hellerhof-Gesellschaft und der AG für kleine Wohnungen bewilligt hatte, und dieser Vertrag beinhaltete eine Vereinbarung über den Straßenbahn-Anschluß entlang der Mainzer Landstraße[143]. Hinzu kommt, daß die Sanierung der Altstadt beschlossene Sache war, – siehe dazu Kapitel 8 – und Wohnungen im Austausch dafür vorhanden sein mußten; gemeinnützige Wohnungen im Südwesten u.a. in der Erbbaustraße waren jedenfalls dafür vorgesehen.

Noch 1902 wurde die vom Magistrat vorgesehene Linienführung entlang der Mainzer Landstraße eröffnet. Die Industrie der Höchster Straße mußte bis 1909 auf ihren Straßenbahn-Anschluß warten.

Ein weiteres Mal hatte sich der Magistrat von seiner städtebaulichen Planung nicht abbringen lassen. Eines hat auch dieser Konfliktfall gezeigt: eine eindeutige Interessenidentität hat es weder zwischen Kommune und Wirtschaft noch zwischen Magistrat und staatlicher Kontrollinstanz gegeben.

139 Mitteilungen des west- und nordwestlichen Bezirksvereins zu Frankfurt a. M., Nr. 13, 1902, S. 5.

140 Petition vom 28.1.1902. Erstunterzeichner ist die Elektrizitäts-AG, vorm. LAHMEYER. Weitere Firmen: Frankfurter Lackfabrik, ADLER Fahrradwerke, Farbleder Werke, Frankfurter Metallwerk, Frankfurter Rolladen-Jalousien und die Wellblech Fabrik. S. Mag.Akt. R 1797/I, 84ff.. In diesem Falle erging Antwort vom Magistrat, der dem Vorschlag widersprach, indem er das gesamtstädtische Interesse betonte.

141 Mitt.Prot.StVV., Nr. 335 a vom 18.3.1902, S. 209ff.

142 Mitt.Prot.StVV., Nr. 12 vom 8.1.1895, S. 5; Nr. 76 vom 22.1.1895, S. 38ff. und Nr. 1021 vom 22.12.96, S. 654.

143 Mitt.Prot.StVV., Nr. 500 vom 30.4.1901, S. 278f.

Es sei vorweggenommen: Die Investitionen für Infrastrukturmaßnahmen der Kommune reichten nicht aus, um die neuen Bewohner, vorwiegend Arbeiterfamilien mit geringem Einkommen, die alltäglichen Lebens- bzw. Kommunikationsbedingungen zu erleichtern. Die aus der Altstadt hierher kamen, sahen sich im Vergleich zu ihrer vorhergehenden Wohnlage an den Stadtrand gedrängt und der Straßenbahn-Tarif von 15 Pfennigen pro Fahrschein war für sie zu teuer[144]. In einer Petition von *Bewohnern des Stadtteils hinter der Galluswarte*[145], vorwiegend unterzeichnet von Arbeitern und Handwerkern, die sich erst vor kurzer Zeit hier eine Wohnung genommen hatten, wird die frühabendliche Einstellung des Fahrbetriebs der Linie Bornheim – Galluswarte – Rebstöcker Straße um 21 Uhr und der 15 Pf.-Tarif beanstandet. Zusätzlich ist der Wunsch nach einer Markthalle und einer Post geäußert sowie um Asphaltierung der Lahnstraße gebeten. Die Unterschriftenliste mit nahezu 1.000 Unterschriften weist die Berufsbezeichnungen und den Wohnort auf. Die Petition lag aller Wahrscheinlichkeit nach in den Industriebetrieben aus, denn die Wohnortangaben wechseln, die Berufsangaben dagegen treten gebündelt auf. Der Magistrat reagierte auf die relativ unstrukturierten und inhaltlich breit gestreuten Forderungen der Petition strategisch geschickt: er kündigte die Verlängerung der Fahrzeit an, auf die anderen angesprochenen Punkte ging er dagegen gar nicht ein[146].

Dem nationalliberal eingestellten Stadtverordneten KUGLER war es in der Stadtverordneten-Versammlung wichtig festzuhalten, *daß dieser Verein* (gemeint ist der Bezirksverein südwestlich vom Hauptbahnhof) *in Bezug auf die Gepflogenheiten im Verkehr mit den städtischen Behörden, noch sehr wenig Erfahrungen zu besitzen scheint, denn die Eingabe an den Magistrat, die der Eingabe an die Stadtverordneten-Versammlung beigelegen hat, ist in einem Ton verfaßt und mit Drohungen versehen, wie sie bisher im Verkehr mit städtischen Behörden nicht üblich waren*[147].

Schon drei Jahre zuvor hatten Neubewohner *hinter der Galluswarte* – der Höchster, Lahn- und Schwalbacher Straße – beim Magistrat um Asphaltierung ihrer Wohnstraßen nachgesucht[148]. Kleinhändler und Kleingewerbetreibende hatten diese Petition formuliert, der umgangssprachliche Tonfall herrscht auch hier vor. Der Magistrat antwortete 14 Tage später kurz und bündig, daß die Asphaltierung der Schwalbacher Straße bevorstünde, im Fall der Höchster Straße verwies er auf den Vertrag mit der Hessischen Ludwigsbahn.

[144] In Petition bat man um Ermäßgung auf 10 Pfennige. Mag.Akt. R 1798/II, 3.

[145] Petition vom Januar 1903 s. Mag. Akt. R 1798/I.

[146] Mag Akt. R 1798/I.

[147] Bericht über die Verhandlungen der StVV, Nr. 1051 vom 18.10.1910, S. 1356f. und StVV-Akten, Nr. 1951.

[148] Mag.Akt. T 1082/IV, 53ff.

Im Unterschied zu anderen Stadtteilen fand die Interessenartikulation der südwestlichen Wohnbevölkerung fast ausschließlich über Massenpetitionen statt. Dieser Sachverhalt läßt sich dadurch erklären, daß sich der traditionelle Bezirksverein Südwest von den Arbeiterquartieren seines Stadtteils abzugrenzen suchte. „Kollektives Handeln" war für ihn rational-argumentativ zu gründen und die Arbeiter waren nicht selten eher über spontane Aktionen zu motivieren gewesen. Kontinuierliche Stadtteilarbeit konnte aufgrund einer hohen räumlichen Mobilität unter den Arbeitern nur schwerlich entstehen. Außerdem: Wer sich im politischen Sinn als Arbeiter verstand, stimmte mit sozialdemokratischen Grundpositionen überein und eine der wichtigsten war für ihn, die Vereine der Arbeiterbewegung zu stärken und bürgerliche Einrichtungen wie den Bezirksverein zu meiden. Von dem 1901 gegründeten Bezirksverein Südwest[149] ist den Quellen wenig zu entnehmen. 1909 wurde berichtet[150], daß eine Versammlung des Vereins unter neuer Führung[151] gut besucht war; auch Stadtverordnete seien der Einladung des *zu neuem Leben erwachte(n) Bezirksverein(s) Südwest* gefolgt – u.a. GOLL und LÖNHOLDT –, die Vorträge gehalten haben sollen, aber auch FROMM, NICOLAUS, EICHSTÄDT, SIDLER, BRACHT, TROMMERSHAUSEN, OHL und KIRCHNER wurden genannt. Der Berichterstatter gibt an, daß wahlstrategische Überlegungen die zahlreiche Anwesenheit von Stadtverordneten begründet haben soll; auffällig ist hierbei die Dominanz des Mittelständischen Parteivereins, der hier hoffte, politischen Boden finden zu können. Da die Versammlung unter dem Motto *Städtische Schmerzen* stattfand, und insbesondere Bewohner der Neustadt (Bezirke 4, 5 und 9) zu dieser Versammlung eingeladen wurden, kann auch unterstellt werden, daß man den eigentlichen, jedoch erfolglosen Bezirksverein Südwest unter die Führung eher innenstädtischer Interessen bringen wollte.

Mit der Neubelebung des traditionellen Bezirksvereins unter LASCAUX[152] kamen also städtebauliche Interessen des Nordwestens Frankfurts und der Innenstadt zur Geltung. Der Verein agierte, ohne eigentlich von der Wohnbevölkerung des südwestlich gelegenen Industrieviertels legitimiert worden zu sein. Deshalb kam es auch bald zu einer zweiten Vereinsgründung. Der Verein *Südwestlich vom Bahnhof* wurde ins Leben gerufen, um der neuen Wohnbevölkerung eine bessere Plattform der Mitsprache zu schaffen. Doch die innere Organisation dieses Vereins war schwach ausgebildet, so daß er auch jetzt in seiner Kommunikationsform nicht über die Petition

[149] S. Kleine Presse vom 24.4.1901, S. 6.

[150] Die Mainbrücke Nr. 46 vom 13.11.1909, S. 577.

[151] Gemeint ist der Stadtverordnete LASCAUX, der politisch den Nationalliberalen zugerechnet wurde.

[152] Lascaux war Kaufmann, wohnhaft im Bezirk 9 der Innenstadt. Er war auch Mitglied des Bezirksvereins Nordwest, der ihn 1909 seinen Mitgliedern zur Stadtverordneten-Wahl vorschlug. S. Mitteilungen des west- und nordwestlichen Bezirksvereins zu Frankfurt a. M., Nr. 15, 1909, S. 1. Der neubelebte Bezirksverein Südwest trat nach eigenem Selbstverständnis für die Interessen des Bahnhofviertels ein, deshalb nannte er sich, um Mißverständnisse auszuschließen: Bezirksverein Südwest (Bahnhofsviertel). S. Bericht über die Verhandlungen d. StVV, Nr.736 24.6.1913, S. 793.

hinauskam. Mehrmals trat er mit außergewöhnlich zahlreich unterschriebenen Petitionen auf, unterzeichnet von der eigentlichen Wohnbevölkerung des Stadtteils, nämlich von Handwerkern, Arbeitern und Kleingewerbetreibenden.

Doch blieb dieser Verein *Südwestlich vom Bahnhof* nicht ganz ohne Erfolg. Immerhin nahmen sich die Stadtverordneten seiner Anliegen an und sorgten dafür, daß sie im Stadtparlament zum Thema der Erörterung gemacht wurden[153]. Auf diese Art war immerhin die Rückkopplung der stadtteilbezogenen Öffentlichkeitsarbeit ermöglicht. Defizite in der Vereinsorganisation glaubte man durch Massen-Aktionen kompensieren zu können. Diese Form des Öffentlichmachens kannte man von den Sozialdemokraten. So hielt es der Sozialdemokrat WITTICH für angebracht, sich über die Androhung einer organisierten *großen Protestaktion* Gehör zu verschaffen[154].

In der dann von ca. 200 Arbeitern und Kleingewerbetreibenden unterschriebenen Petition bzw. Resolution wurden Vorschläge gemacht, wie die alltäglichen Lebensbedingungen im Südwesten gebessert werden könnten. So wünschte man sich die Asphaltierung der Straßen mit geräuschlosem Pflaster, die Anlage zweier Spielplätze, die Begrünung des Bülow- und Schönplatzes sowie den Bau einer Badeanstalt. Die gesundheitspolitischen Bestrebungen staatlicher aber auch kommunaler Einrichtungen, ursprünglich im Sinne von Zivilisierungspolitik verstanden, zeigen ihre öffentlichkeitswirksamen Früchte. Unzureichende Sanitäreinrichtungen in den Wohnungen sollen nun Grund genug dafür sein, die Errichtung einer Badeanstalt einzuklagen[155].

Nur wenige Tage später kam es in der Stadtverordneten-Versammlung zur Besprechung der Magistratsvorlage *Aufhebung des Kohlenhafens im Westen betr.*[156]. Der Hafen war ja in den zahlreich vorgetragenen Klagen über den lauten Verkehr und die Luftverschmutzung, wenn auch nie explizit genannt, so doch immer als deren Hauptverursacher angesehen worden. Nun stand die Verlegung dieses infrastrukturell so wichtigen Arbeitsbereiches an. Dies gewiß nicht als Folge der Klagen, sondern weil der Hafen den steigenden Ansprüchen der Industrie nicht mehr gewachsen war. Frankfurt stand die Umstrukturierung und Umwidmung industriell zu nutzender Flächen im Stadtraum bevor, und im Osten Frankfurts war bereits mit dem Ausbau eines großräumigen Industriegebietes begonnen worden[157].

153 S. Bericht über die Verhandlungen d. StVV, Nr. 1051 vom 18.10.1910, S. 1355ff.
154 Bericht über die Verhandlungen d. StVV, Nr. 434 vom 5.5.1914, S. 574.
155 Ebd.
156 Bericht über die Verhandlungen d. StVV, Nr. 675 v. 12.7.1910, S. 1048.
157 Baubeginn 1906; ausführlich in Kapitel 6.

5.11. Neue städtebauliche Perspektiven für den Südwesten oder: Seine Entwertung als Industriestandort

Die soziale Problematik, die die Verlegung des Hafens in der Wohnbevölkerung des Südwestens auslöste, wurde weder von den Stadtverordneten noch vom Magistrat in den Mittelpunkt der kommunalen Erörterung gerückt. Maßgeblich waren die unzureichenden Kapazitäten an Industrieflächen im Südwesten (47.000 qm), die die Planung von etwa 100.000 qm im Osthafen-Gebiet erforderlich machten. Doch ohne Interessenkonflikte war diese Verlagerung nicht zu bewerkstelligen. Existenzfragen von Kleinhändlern, die im Westhafen bleiben wollten und im Interessenkonflikt standen mit den neuen Großhändlern, die sich für die Anlage im Osthafengebiet einsetzten, waren genauso zu bedenken wie die transporttechnischen Vorteile des neuen Industriezentrums im Osten der Stadt[158]. Gewiß, die Industriepolitik ADICKES', die erst nach der Jahrhundertwende planungsrelevant zur Geltung kam, machte die Umsiedlung von Wirtschafts- und Versorgungsbetrieben erforderlich. Der immense Kohlenbedarf der industriellen Großbetriebe im Ostend schuf Sachzwänge, die dem Magistrat keine andere Wahl ließen, als den Kohlenhafen im Westen zu schließen[159].

Mit Befürchtungen und Ängsten der Bewohner des inzwischen bevölkerungsreichsten Stadtteils im Südwesten Frankfurts war also zu rechnen. Das Gutleutgelände samt Nebenstraßen war längst der dortigen Nutzung für Bahn, Post und Straßenbahn (Straßenbahn-Depot) angepaßt und mit Mietshäusern für deren Arbeiter und Angestellte bebaut worden. Hatte man um 1890 dieses Viertel als *Neu-Frankfurt* bezeichnet und zum eigentlichen Entwicklungsbereich der Stadt erklärt, so versuchte man 1910 die Befürchtungen der Bewohner zu zerstreuen, die annehmen mußten, daß neben den bereits in den Osten der Stadt umgesiedelten Industriebetrieben[160] nun auch das Straßenbahn-Depot ausgelagert werde[161] und damit ein weiterer arbeitsmarkpolitisch wichtiger Arbeitgeber das Viertel verlasse. Tatsächlich kann das gewerbe- und bodenpolitische Verhalten des Magistrats, der seit Jahren angeblich über mehrere tausend Quadratmeter Lagerflächen für Baufirmen geschaf-

158 Ebd., S. 1053.

159 Beschluß der StVV vom 18.10.1910, den Kohlenhafen zum 1.4.1912 zu schließen. S. Bericht über die Verhandlungen d. StVV, Nr. 1061 vom 18.10.1910, S. 1363.

160 Der Stadtverordnete Eichstaedt kritisierte die Gewerbepolitik des Magistrats, die ursprünglich darauf ausgerichtet gewesen sei, für das neue Industriegebiet im Osten Raum für Neuansiedlungen zu schaffen. Der Auszug einiger Industrieunternehmen aus dem Südwesten nach dem Osten der Stadt widerspräche jedoch dieser Intention, s. Bericht über die Verhandlungen d. StVV, Nr. 675 vom 12.7.1910, S. 1053.

161 Bericht über die Verhandlungen d. StVV, Nr. 547 vom 7.6.1910, S. 637.

fen haben soll[162], als Beitrag der städtebaulichen Entleerung verstanden werden. Weist ein Stadtteil die anfänglichen Merkmale der städtebaulichen Entleerung auf, so ist dieser Prozeß schwerlich aufzuhalten. Großes Aufsehen in der Öffentlichkeit erregte jedenfalls die Nachricht von der Eröffnung *öffentlicher Häuser* in der Gneisenaustraße, weil man darin das Symptom der Entwertung des südwestlichen Stadtteils zu erkennen glaubte. Nachdem eine Massen-Petition an den Magistrat ergangen war, hielt es der Petitions-Ausschuß für geraten, diese „kollektive Aktion" zu ignorieren, weil das Polizei-Präsidium die bereits erteilte Konzession für diese Einrichtung wieder zurückgenommen habe[163]. Der sozialdemokratische Stadtverordnete Dr. Quarck dagegen forderte den Magistrat auf, entschiedener gegenüber den staatlichen Kontrollinstanzen aufzutreten, damit diese Einrichtungen in Frankfurt nicht Fuß fassen könnten: *Diese Angelegenheit hat in der Stadt außerordentliches Aufsehen gemacht. Durch eine Aktion aller Bewohner des betreffenden Bezirkes ist die Errichtung der Institute in der Gneisenau-Straße, wie es scheint, verhindert worden. Aber es wäre ganz falsch, wenn wir, vielleicht unter dem Einfluß der großen Kundgebungen prinzipieller Natur, ... jetzt die Sache für begraben hielten und die Augen verschlössen, vor dem was ganz sicher kommen wird. Es ist doch wahrscheinlich und fast mit Sicherheit anzunehmen, daß nunmehr, wenn erste Schritte getan werden, das Polizei-Präsidium ... der Maxime huldigt, daß Bordelle eine nützliche Staats-Einrichtung sind, und eine andere Straße und andere Gegend suchen wird. ... Wir sehen den Widerstand, den Pläne solcher Art in jedem Stadtteil notwendigerweise erwecken müssen, wir sehen, mit welchem berechtigten Eifer und welcher Entrüstung im Einzelnen ... z.B. kleine Leute in der Gneisenau-Straße sich gewehrt haben, die vielleicht nach langem Suchen in der Nähe des Bahnhofes, weil es Schaffner waren, Aufwartefrauen usw. Wohnung gesucht und gefunden hatten, vielleicht Witwen oder Frauen, die nun delogiert oder der Gefahr ausgesetzt werden sollten, mit ihren Kindern Zuschauer des Treibens zu werden. Wer das alles weiß, wird mir zustimmen, wenn ich sage, es ist dringend notwendig, auch dem Kommenden vorzubeugen*[164].

1913, inzwischen war Adickes' Nachfolger Voigt im Amt, versuchten Bewohner der Hardenbergstraße, Gutleutstraße, Schönstraße und Bülowstraße mithilfe des Bezirksvereins Südwest in einem vierten Anlauf[165], nachdem man zuvor bei Voigt

162 Bericht über die Verhandlungen d. StVV, Nr. 214 vom 29.2.1912, S. 275. Schon 1910 wurde die Beseitigung von Lagerplätzen verlangt. S. Bericht über die Verhandlungen d. StVV, Nr. 1061 vom 18.10.1910, S. 1362.

163 Bericht über die Verhandlungen d. StVV, Nr. 753 vom 2.7.1912, S. 885f.

164 Ebd.

165 Die Stadtverordneten-Versammlung debattierte am 18.10.1910 über die *Entwertung des Südwestbezirks*, s. Bericht über die Verhandlungen d. StVV, Nr. 1050 vom 18.10.1910, S. 1355ff. Zur Petition von 1913 s. Mag. Akt. T 1082/VI, 8ff. Über den Zustand im südwestlichen Stadtteil 1912 s. Bericht über die Verhandlungen d. StVV, Nr. 214 v. 29.2.1912, S. 275f.

und Stadtrat FRANZE Rücksprache genommen hatte, auf ihre vernachlässigten Stadtteilinteressen aufmerksam zu machen[166].

Im gleichen Jahr sehen sozialdemokratisch und demokratisch eingestellte Stadtteilbewohner ihr städtebauliches Heil darin, über eine weiträumige verkehrsinfrastrukturelle Anbindung ihres Stadtteils an den Biegwald, Rebstöcker Wald und Bockenheim der „Entleerung" des Südwestens erfolgreich entgegenarbeiten zu können[167]. Wie sich in der Debatte der Stadtverordneten-Versammlung herausstellte, war dieser Vorschlag eine Variante eines bereits 1910 vom Bezirksverein Südwest (Bahnhofsviertel) geforderten Unterführung der Gleise des Güterbahnhofes. Begründet wurde die Wiederaufnahme des Vorschlags mit der unveränderten, weiterhin durch die Gleisanlagen bestehende Einengung dieses Stadtteils.

Ein Jahr später meldete sich der Bezirksverein Südwest (Bahnhofsviertel) wieder zu Wort. Er wählte aber nicht die Form der Petition, sondern wandte sich in einem Schreiben an die Stadtverordneten-Versammlung, die er bat, sich für geräuschloses Pflaster in der Mainzer Landstraße, Teilen der Niddastraße und Frankenallee und der Installation von elektrischer Beleuchtung in der Mainzer Landstraße bis zur Galluswarte einzusetzen[168]. In einer nachgeschobenen Petition bittet er dann um Schaffung eines Fußgängerstegs über die Bahngleise des Rangier-Bahnhofes mit Anbindung an den Rebstöcker Wald und einer weiteren Überführung über die Gleise des Hauptbahnhofes mit Anbindung an die Schwalbacher Straße[169].

Mit diesem Antrag fand der Bezirksverein die Unterstützung der Sozialdemokraten im Stadtparlament[170]. Der Vereinsvorsitzende begrüßte deshalb das gemeinsame Vorgehen von nationalliberal gesinnter Bezirkspolitik und Sozialdemokratie: *Ich freue mich, daß in dieser Angelegenheit auf der rechten und linken Seite dieses Hauses Einstimmigkeit herrscht, und hoffe, daß mir auch die Mitte zustimmen wird*[171].

Zusammenfassend läßt sich sagen: in der ersten Phase der Amtszeit ADICKES, d.h. von 1890 bis zur Jahrhundertwende wurde öffentliche Stadtteilarbeit im Südwesten in erster Linie von der Industrie betrieben. Sie forderte bessere Verkehrsbedingungen für ihre Arbeiter, hatte aber kaum ein Auge für die Wohnbevölkerung des Südwestens, die dann nach der Jahrhundertwende stärker in Erscheinung trat. War die erste Phase noch von einem ungebrochenen Fortschrittsdenken und Anpassungsstreben an den industriellen Wandel bestimmt gewesen, so trat die städtebauliche Entleerung des Südwestens ein, als der neue Osthafen gebaut wurde und einige große Industrieunternehmen des Südwesten dorthin umsiedelten. Teile der Wohnbevölkerung

166 Bericht über die Verhandlungen der StVV, Nr. 876 vom 20.7.1912, S. 1002ff.

167 Bericht über die Verhandlungen d. StVV, Nr. 736 vom 24.6.1913, S. 792ff.

168 Geschrieben hatte der 1. Vorsitzende des Vereins, Rektor Aurand, s. Mag. Akt. T 1082/VI.

169 Bericht über die Verhandlungen d. StVV, Nr. 434 vom 5.5.1914, S. 572f.

170 Anstatt der Überführung blieb WITTICH bei seinem zuvor gemachten Vorschlag der Unterführung.

171 Ebd., S. 574.

waren darum bemüht, an der öffentlichen Entscheidungsfindung in Stadtplanungsfragen mitzuwirken, standen jedoch in Anzahl und Ansehen zu schwach da, zumal sie, ungeübt im Umgang mit Behörden, als Kommunikationspartner nicht ernst genommen wurden. Die hohen Fluktuationen im bevölkerungsreichsten Stadtbezirk Frankfurts trugen dazu bei, daß nur in Ansätzen Stadtteilarbeit entstehen konnte.

Nachdem über die Jahre die Defizite der Verkehrsinfrastruktur offensichtlich wurden, traten auch andere Gruppierungen auf den Plan, die sich für die Belange dieser Stadtteilbewohner einzusetzen vorgaben. So kam es z.B. zu mehreren sozialdemokratisch initiierten Eingaben und Anfragen an den Magistrat, die insbesondere von WITTICH vorgetragen wurden, der aber auch im südwestlichen Stadtteil wohnte[172]. Dies wiederum lockte den konservativ (nationalliberal) geprägten Bezirksverein Südwest aus seiner Reserve. Daneben bemühte sich in vielfachen Versuchen der Bezirksverein *Südwestlich vom Hauptbahnhof*[173], der institutionell am schwächsten organisiert war.

Ganz allgemein kann gesagt werden: Wenn sich Bewohner des Südwestens öffentlich mitzuteilen suchten und Resonanz fanden, dann nur deshalb, weil ihre Bedürfnisartikulation von den Parteien für ihre eigene Politik instrumentalisiert wurden[174]. Der niedrige Organisationsgrad des von der einkommensschwachen Wohnbevölkerung getragenen Bezirksvereins gab zwar der institutionellen Öffentlichkeit die Themen vor, denn die Stadtteil-Aktivitäten WITTICHS und LASCAUXS wurden durch sie zusätzlich motiviert, erschwerte aber das Enstehen einer politisch ernst zu nehmenden Stadtteilarbeit[175]. Die Aktivitäten und Aktionen des Bezirksvereins Südwest wurden stets als berechtigt angesehen, doch von anderen, besser organisierten Interessengruppen oder Parteien machtpolitisch genutzt[176].

Die euphorische Planungsphase des Magistrats zwischen 1890 und 1895 war rasch verebbt. Die von den Gleisanlagen geschaffenen städtebaulichen „Grenzlinien" im Südwesten hatten dort den weiteren Ausbau des industriellen Bereichs verhindert. Die Unbeweglichkeit der preussischen Eisenbahnverwaltung hat sicherlich im gehörigen Maß dazu beigetragen, daß ADICKES Frankfurts zukunftsweisendes Industrieareal nach Osten verlagerte.

Die Schließung der Elektrizitäts-AG im Jahre 1910, die noch Anfang der 1890er Jahre aktiv mitwirkte, daß sich der Südwesten zum Industriegebiet Frankfurt ent-

172 Ebd., S. 573f. und Bericht über die Verhandlungen d. StVV, Nr. 736 vom 24.6.1913, S. 792f.

173 Hier sind die Massen- Petitionen vom 1.4.10, 2.7.10, 31.8.10 und vom 21.1.12 zu nennen, die zwar die Debatten in der StVV bewirkte, aber keineswegs die gewünschten städtebaulichen Investitionen durch den Magistrat.

174 Die SPD lehnte die Mitarbeit in den „bürgerlichen" Bezirksvereinen ab.

175 S. Bericht über die Verhandlungen d. StVV, Nr. 1060 vom 18.10.1910, S. 1363.

176 U.a. s. Bericht über die Verhandlungen d. StVV, Nr. 214 vom 29.2.1912, S. 275.

wickelte, mag als Symptom des städtebaulichen Wandels angesehen werden. Nach Aussage des Stadtverordneten HEILBRUNN hatten 4.000 Arbeiter und 1.200 Angestellte dadurch ihren Arbeitsplatz verloren; die Stadtverordneten-Versammlung erließ deshalb den Antrag an den Magistrat, für baldigen Ersatz zu sorgen[177]. Doch dies waren Worte.

Die Rationalisierung von Stadtentwicklung und Städtebau in ordnungspolitischer Absicht veränderte nicht nur die räumlichen Zusammenhänge der Stadt, sondern auch ihre sozialen. Schnellere und bessere Kommunikation erforderte den Ausbau des Straßennetzes und erhöhte den Investitionseinsatz im Bereich der Verkehrsinfrastruktur. Straßenbahnen wurden von den Bewohnern deshalb gefordert, weil Industrialisierung, Bevölkerungs- und Stadtwachstum ihre alltägliche Lebensbewältigung im städtischen Raum-Zeit-Gefüge permanent in Frage stellten. Mehr Bewegungsfreiheit im Raum zu schaffen, forcierte auf der anderen Seite den Ausbau der bürokratischen Organisation von Straßen- und Verkehrsplanung und verengte hier den politischen Entscheidungsrahmen. Diese „Paradoxien der Rationalisierung"[178] waren eben nicht aufzuheben. Die Trennung des Produktionsbereiches vom Bereich der Konsumption und ihre räumlich-rechtliche Sanktionierung durch die Staffel-Bauordnung begünstigten Prozesse der Segregation. Andererseits hatten die Veränderungen in der Raum-Zeit-Dimension standes-, klassen- und schichtenunspezifische Wirkung, was wiederum die Aktivierung der gesamtgesellschaftlichen Kommunikation ermöglichte[179].

Die Bezirksvereine waren Träger einer meinungs- und wertbildenden Rhetorik, die zur Thematisierung von Stadtpolitik im entscheidenden Maße beitrug, und damit steckten sie den Rahmen der bürgerlichen Öffentlichkeit ab[180]. Das Bedürfnis der Stadtteilbewohner, sich in städtebaulichen Fragen zu artikulieren, war nicht Folge eines allgemein zu fassenden Partizipationsbestrebens, sondern erwuchs

177 Bericht über die Verhandlungen d. StVV, Nr. 1239 vom 6.12.1910, S. 1534 und 1537.

178 Einerseits mehr Freiheit durch *Entzauberung der Welt,* andererseits drohende Einschränkungen der Freiheit durch Bedeutungszuwachs der Bürokratie. Zu diesem Leitgedanken M. WEBERS s. P. ULRICH, Transformation ..., Bern u. Stuttgart 1986, S. 67ff.

179 K. TENFELDE, Anmerkungen ..., 1982, S. 118, ders., Arbeiterschaft, Arbeitsmarkt und Kommunikationsstrukturen ..., AfS, Bd. XVI, 1976, S. 40f. und P. ULRICH, 1986, S. 59. Zu den Rahmenbedingungen von sozialer Modernisierung s. J. RASCHKE, Soziale Bewegungen, Frankfurt a. M. 1985, S. 84ff.

180 Die Einschränkungen, die diese Form der bürgerlichen Öffentlichkeit erfuhr, soll hierbei nicht bestritten werden. Dazu: BLACKBOURN 1980, S. 97f.; J. L. ARNOLD, The neighbourhood and city hall: the origins of the neighbourhood associations in Baltimore 1880–1911, in: Journal of Urban History 6, 1979, S. 3–30, hier S. 17. Auch daß die Mitglieder der Bezirksvereine vorwiegend Hausbesitzer waren, ändert nichts daran. S. K. FLESCH, Kommunales Wahlrecht in: Soziale Praxis, Nr. 17 vom 23.1.1896, S. 460f.; JOHN ROLLING, Liberals, ..., 1979, S. 68. Wichtig hierbei auch die Bedeutung der Medien: *Manche unserer Bestrebungen sind nur durch die Presse an die Öffentlichkeit gelangt.* Jahresberichte ... 1905, S. 17.

einem diffusen Potential an (enttäuschten) Erwartungen[181], die darauf abzielten, den alltäglichen bzw. lebensweltlichen Zusammenhang stabilisiert zu wissen. Die artikulierten Bedürfnisse, die in städtebaulichen Entwürfen und Vorstellungen ihren Niederschlag fanden, haben ihrerseits zur Veränderung des räumlichen wie sozialen Stadtgefüges beigetragen. Daß Erfolg und Mißerfolg auch vom Machtpotential einzelner gesellschaftlicher Gruppen abhängt, sollte auch in diesem Kapitel deutlich geworden sein.

Heute wird ganz allgemein der Mangel an politischer Kultur in unseren Städten festgestellt und der *Anspruch auf den öffentlichen Gebrauch der Stadt*[182] immer wieder beschworen. Im Wilhelminischen Frankfurt gab es zwar das eingeschränkte Wahlrecht, aber vielleicht auch deshalb keinen Mangel an politischer Kultur. Es herrschte ein starkes Stadt- und Stadtteilbewußtsein vor, weil die Identifikation der Bewohner mit ihrer unmittelbaren Nachbarschaft und Umwelt existent war. Das Bürgertum erhob Anspruch, in Fragen des Städtebaus mitzuwirken, aber eine formale öffentliche Entscheidungsfindung war deshalb keineswegs zugestanden. Doch unterschätzen wir nicht dessen informelle Einflußmöglichkeiten. Somit zählten Frankfurts Bürger und ihre Bezirksvereine trotz aller „Doppeldeutigkeiten“ und Ambivalenzen in Auftreten und Handeln zur modernisierenden Elite; sie trugen zur räumlichen Mitgestaltung des Frankfurter Stadtbildes bei – auch wenn der Magistrat stets das letzte Wort hatte.

181 A. O. Hirschman, Engagement und Enttäuschung, Frankfurt 1988, S. 18f.

182 Karl-Dieter Keim, Stadtkultur heute. Vom gesellschaftlichen Wandel des Urbanitätsverständnisses, in: Neue Rundschau, H. 4., 1988, S. 144–158, hier S. 158.

6. Boden- und Industriepolitik als Schwerpunkte städtebaulicher Entwicklungsplanung im Ostend

Im vorangegangenen Kapitel ist versucht worden, die „lokale Kultur" von Stadtplanung nach Stadtteilen herauszuarbeiten, d.h. die politisch und rhetorisch geführten Auseinandersetzungen der unterschiedlichsten Sozialgruppen um die Definition von Stadtentwicklung darzustellen. Das Ostend und die Innenstadt mit ihrem altstädtischen Kern stehen noch aus. Diese beiden Stadtteile unterscheiden sich insofern von den anderen, als hier der Stadtumbau vorherrschend die Planungskonzeption bestimmte und nicht die Neuerschließung. Für die Altstadt hieß dies konkret, planungstechnisch in den Citybildungsprozeß einbezogen zu werden. Das von kleingewerblicher Produktion geprägte Ostend hingegen war durch den Bau eines neuen Industriehafens und eines neuen Bahnhofgebäudes zum eigentlichen Industrieviertel Frankfurts umzuwandeln. Die räumliche und soziale Umgestaltung dieser beiden Stadtteile konnte aber nur gelingen, wenn die Kommune gewillt war, sich einen entsprechenden bürokratischen Organisationsrahmen zu geben. Denn Investitionen von über 72 Mio. M. allein für den Bau des Osthafens, waren nicht nach dem Vorbild herkömmlich-informeller Herrschaftstechniken einer traditionalen Honoratiorenschaft zu handhaben. Vielmehr brachte die Modernisierung Frankfurts zu einer industriellen Großstadt den gesellschaftspolitischen Wandel mit sich.

Wenden wir uns in diesem Kapitel dem Stadtumbau im Ostend zu. Im ersten Abschnitt werden zunächst die Planungsziele für das Ostend dargestellt. Wie die Kommune die Verwaltungsorganisation hierfür gestaltete, wird Schwerpunkt des zweiten Abschnittes sein. Das Großprojekt Osthafen ist Thema des dritten Abschnitts. Mit dem vierten wird der Faden des ersten Abschnitts wieder aufgegriffen, kann und soll aber auch als Fortsetzung von Kapitel 5 aufgefaßt werden, denn hier wird insbesondere die gesellschaftspolitische Dimension von Stadtplanung für das Ostend und der Innenstadt unter spezieller Berücksichtigung der Altstadt-Sanierung (Kapitel 8) freigelegt.

6.1. Frankfurt am Main muß Industriestadt werden[1]: Stadtplanung als Gewerbepolitik

Frankfurt war zu Beginn dieses Jahrhunders zur Filiale der Berliner Finanzorganisation geworden. Schon seit den 1870er Jahren war seine traditionell herausragende

1 Fritz Rupp sagt Adickes nach, die Handelsstadt Frankfurt a. M. in eine Industriestadt verwandelt zu haben. S. F. Rupp, 1913, S. 37.

Stellung als Börsen- und Bankplatz an die Reichshauptstadt Berlin verlorengegangen. Adickes hatte nach eigenen Aussagen[2] daraus die Konsequenzen gezogen und versucht, diesem Auszug von geldwirtschaflichem Potential gewerbepolitisch zu begegnen. Über die Staffel-Bauordnung 1891/93 waren Grundlagen für eine aktive Gewerbepolitik angelegt. Im rechtsmainischen Westen und Osten, aber auch in Sachsenhausen waren Flächennutzungen für die industrielle Großproduktion seit 1893 ausgewiesen. Finanzkräftige Unternehmen sollten im neuen Osthafen-Gebiet ihre räumlichen und infrastrukturellen Bedingungen vorfinden, so daß dem geldwirtschaftlichen Konzentrationsprozeß in Berlin gewerbswirtschaftlich Einhalt geboten werden könne[3].

Das Ostend war zu Beginn der 1890er Jahre lediglich im 14. Bezirk (zwischen Oberer Mainanlage – Main – Windeckstraße – Waldschmidtstraße) ausgebaut, dagegen waren im 25. Bezirk nordöstlich des Zoologischen Gartens nur wenige Straßenzüge angelegt, vorherrschend nur um die Waldschmidtstraße[4]. Das große Areal östlich des Ostbahnhofes, das sich nördlich bis nach Bornheim hinzog, war noch unerschlossen. Im südöstlichen Gemarkungsteil bildeten die Gleisanlagen der Frankfurt-Hanauer Bahn (Hessische Ludwigsbahn) und die Verbindungsbahn eine städtebauliche Grenzlinie. Die Ausfallstraßen: Hanauer Landstraße und Ostparkstraße waren noch nicht ausgebaut, d.h. weder verkehrstechnisch noch bebauungsmäßig aufgeschlossen. Bis zur Jahrhundertwende führte eine Straßenbahn über die Zeil, am Zoologischen Garten vorbei, bis zum Ostbahnhof. Die Verbindung der beiden Bahnhöfe (Haupt- und Ostbahnhof), die zentrale Ost-West-Achse, die sog. Altstadt-Linie, wurde erst 1906 eröffnet. 1908 erfolgte die nordöstliche Aufschließung des Ostends mit der Linienführung Zoo – Wittelsbacher Allee bis Bornheimer Landwehr. Somit waren die nordöstliche Linienführung und das östliche Pendant dazu entlang der Rhönstraße bis zur Maulbeerstraße ausgebaut, die dann 1913 ebenfalls an den Bornheimer Landwehr angebunden wurde. Noch zuvor, im Jahre 1910, wurden die Riederhöfe verkehrstechnisch mit dem Ostbahnhof verbunden.

Eines wird deutlich: Die Erschließung des Ostends bildete den Abschluß von Adickes' städtebaulicher Gesamtplanung. Ob die Straßenbahn hier die Funktion der Erschließung zu übernehmen hatte wie in anderen Stadtteilen, soll weiter unten ausgeführt werden. Fest steht, daß in der Dekade, in der Adickes um die Ausweitung des öffentlichen Nahverkehrs bis in den Landkreis hinein bemüht war, der Verkehrsanschluß des Ostends noch auf sich warten ließ.

2 Bericht über die Verhandlungen d. StVV, Nr. 1239 vom 6.12.1910, S. 1536.

3 Bericht über die Verhandlungen d. StVV, Nr. 1039 vom 1.10.1912, S. 1136.

4 W. Gley, Grundriß und Wachstum der Stadt Frankfurt a. M., in: Festschrift f. die Hundertjahrfeier des Vereins f. Geographie und Statistik zu Frankfurt a. M., Frankfurt a. M. 1936, S. 83.

Bereits 1892 lag ein neuer, stadtteilbezogener Fluchtlinienplan für das Röderberg-Gebiet vor[5]. Die Intention war es, *unter Abänderung des als unzureichend erkannten alten Fluchtlinienplans die neu zu schaffenden Wohnbezirke durch zweckmäßige Gestaltung von Erholungsstätten zu einem gesunden Aufenthalt für die Bevölkerung zu machen und den Verkehr durch neue Bahnen zu fördern und zu erleichtern*[6]. Der Magistrat bezog die baurechtlichen Aussagen der Staffel-Bauordnung für das gesamte Ostend mit ein, die für den 14. Bezirk die kleingewerbliche Produktion und das Wohnen vorsahen (gemischtes Viertel). Die östliche Verlängerung entlang des Mains mit der Hanauer Landstraße als nördliche Bereichsgrenze war als Industrieviertel ausgeschrieben (das ehemalige Fischerfeld, nahezu identisch mit dem 26. Bezirk) und mit entsprechenden Straßenführungen und weiträumiger Bebauung geplant. Das in nordöstliche Richtung verlaufende Gebiet zwischen Hanauer Landstraße und Röderbergweg war analog den Empfehlugen für *gemischte Viertel* und endlich das für Wohnzwecke zu schützende Gebiet des Riederbergs planungstechnisch entworfen.

Zwei Hauptverkehrsstraßen in radialem Verlauf waren nach dem Fluchtlinienplan für den inneren Stadtteilverkehr vorgesehen. Der östliche Verlauf der Ring-Promenade wurde als Selbstverständlichkeit angesehen, denn dieser Straßenzug war in den Teilabschnitten der anderen Stadtteile längst genehmigt. Es war also nicht davon auszugehen, daß ihre Verlängerung im Anschluß an die Höhenstraße, die zukünftige Habsburger Allee, zum Streitpunkt werden könnte.

Die Straßenbreiten der zu bauenden Wittelsbacher Allee wurden auf 45 und 55 m trassiert, mit parallelem Verlauf zur Berger Straße; zwischen Zoologischem Garten und Wingertstraße lediglich auf 20m, da die vorhandene Bebauung hier bereits Sachzwänge vorgab. Und doch sollten 1.300.000 qm für 40.000 Bewohner[7] erschlossen werden[8]. Die zweite Hauptverkehrsstraße, die Rhönstraße, war als Verbindung zwischen Wohnviertel und Industriegebiet, aber auch zwischen Ostend und Altstadt gedacht. Allerdings nahmen sich ihre Straßenbreiten eher bescheiden aus. Zwischen dem Zoologischen Garten und Waldschmidtstraße waren 14,80 m, mit weiterem Verlauf bis zur Ring-Promenade unter Einzug der südlichen Vorgärten 15,93 m und jenseits des Rings 20 m vorgesehen[9]. In 47 Einwendungen machten betroffene Grundstückseigentümer auf die Diskrepanz von kommunaler Planung und vorgeblich realer Bedürfnislage aufmerksam. Die Gemischte Kommission, die 1893 darüber

5 In Schreiben vom 5.9.1892 fordern 20 Grundstückseigentümer der *östlichen Vorstadt* (!) den Magistrat auf, einen Bebauungsplan zu erstellen, um der Willkür des Bauens entgegentreten zu können. Mag.Akt. T 969/I.

6 Rechtfertigung (S. 6.); Mag.Akt. T 969/II.

7 1925 wurden 38.229 Bewohner im Ostend gezählt. S. Stat. Handbuch, 1928, S. 57.

8 Wurde erst in den 1920er Jahren Realität.

9 Mag.Akt. T 696/I.

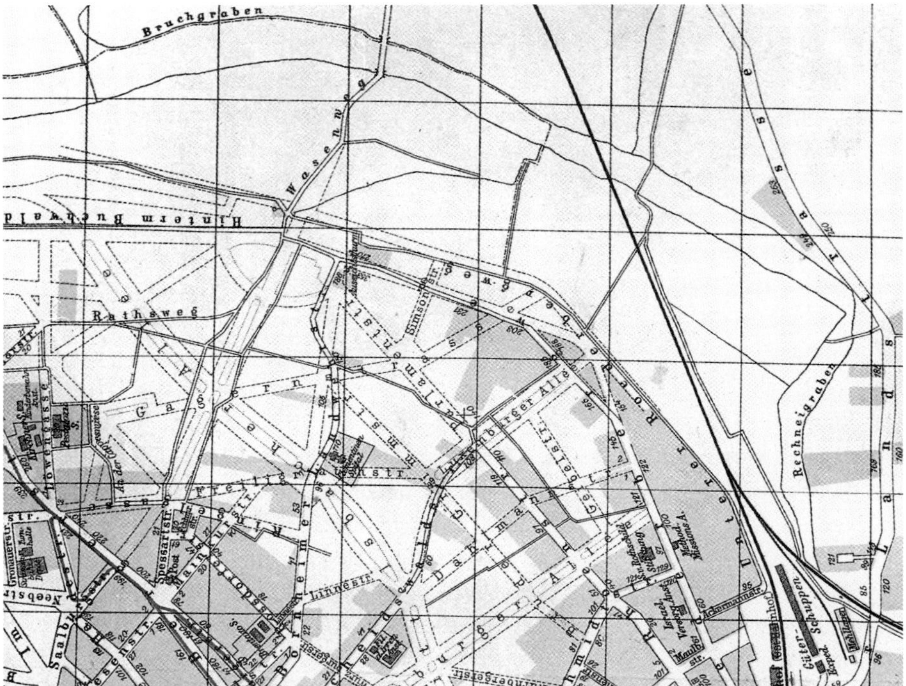

Abb. 30 Ostend, Ausschnitt aus dem Straßenplan von Frankfurt a. M. 1 : 12500, 1902

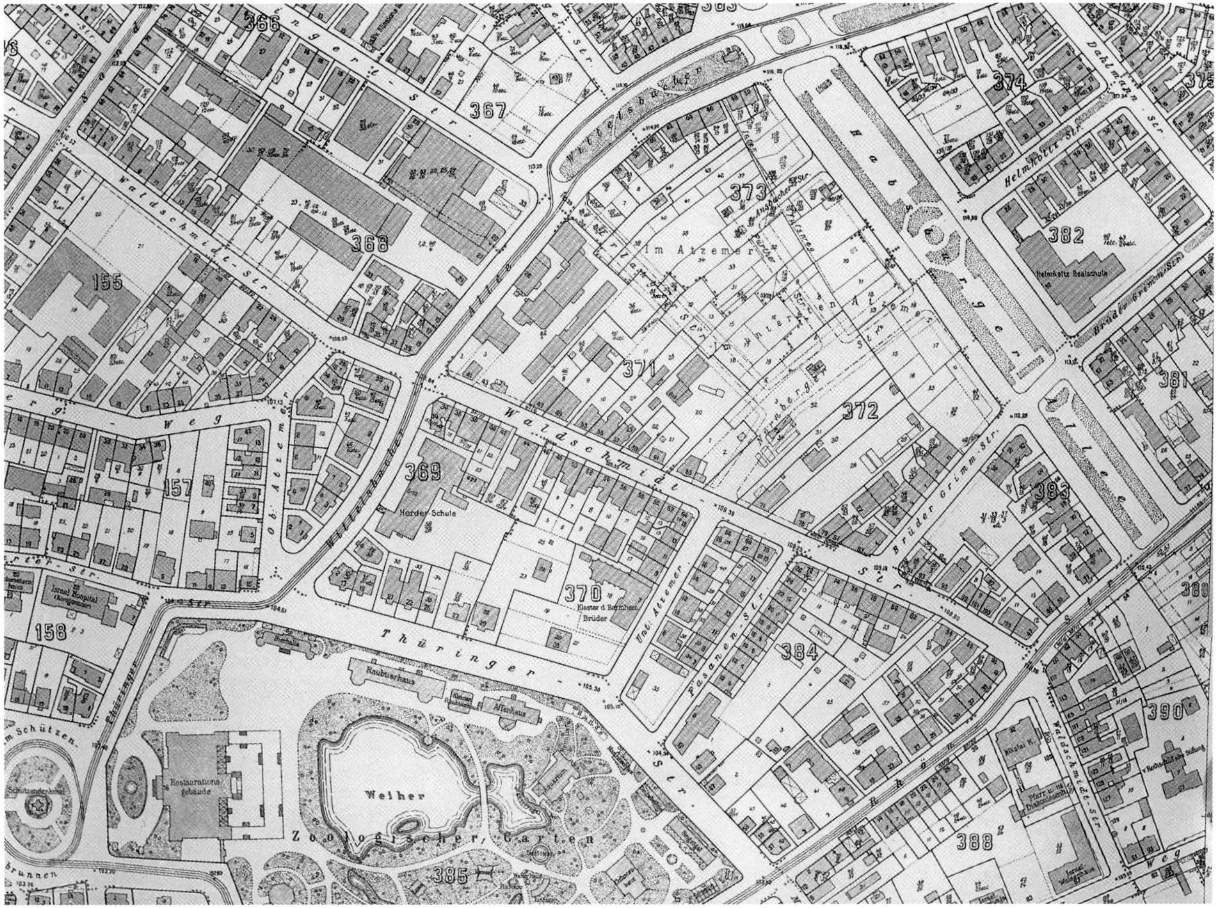

Abb. 31 Ostend, Ausschnitt aus dem Geometrischen Plan von Frankfurt a. M. 1:2000, Blatt 8 J, 1914

beriet, war sich uneinig, ob in diesem allgemeinen Konflikt zwischen Privatinteresse und *Gemeinwohl* das Mittel der Enteignung einzusetzen sei[10]. Der Zimmermeister, A. Petri, Waldschmidtstraße 116, begründete seine Einwendung in kurzem und prägnantem Vortrag: Der Schwerpunkt des Verkehrs habe sich vom Zentrum aus nach Westen verschoben. Mit dem industriellen Wachstum habe der Wohlstand zugenommen und seinen entsprechenden Niederschlag in der Villenbebauung des Westends gefunden. Der Bau von Hauptbahnhof und Opernhaus und die Anlage des Palmengartens hätten sich zu städtebaulichen Brennpunkten entwickelt, die zur *Ansehnlichkeit des Westends und seiner Zukunft* beitrügen. Ganz anders aber sei die Situation des Ostends. Hier gebe es keine kommunikativen Brennpunkte *(Sammel- oder Anziehungspunkte)*, sondern nur einzelne gewerbliche Niederlassungen. Der vorgelegte Fluchtlinienplan für das Gebiet des Röderbergs werde daran auch nichts ändern, Straßenverbreiterungen bzw. breite Straßenführungen, Verkehrserschließung und die Beseitigung von Vorgärten könnten hier nicht das bewirken, was anderswo über städtebauliche Planung zum Erfolg geführt habe[11].

In erster Instanz hatte sich der Bezirksausschuß die Haltung der Einwender zu eigen gemacht. Er gestand dem Magistrat wohl zu, daß eine Änderung der Fluchtlinienpläne von 1874/75 angebracht sei, doch müßten sie *den Interessen der Grundeigentümer mehr Rechnung trage(n)*[12].

In der Rechtfertigung des Magistrats gegenüber dem Provinzialrat wurde ausführlich dargelegt, daß die Planungen des Ostends in keinster Weise über das hinausgingen, was in anderen Großstädten üblich sei. Er verweist auf den Entscheid im Rechtsstreit um das Gebiet *südlich der Friedhöfe* (Nordend). Die beanstandeten Straßenzüge seien lediglich als Fortführung bereits im Planungsvollzug befindlicher Straßenprojekte, gemeint ist die Ring-Promenade, zu sehen. Andererseits zeigt er Verständnis für die Einwender, indem er einräumt, daß *sich (dort) bisher eine vorwiegend ländliche Bautätigkeit entwickelt ha(be), da die Grundstücke, insoweit sie nicht reines Ackerland sind, dem Garten- und Gemüsebau dienen oder anderen Zwecken der ländlichen Industrie gewidmet sind*[13].

Der Magistrat macht auf Planungsschwierigkeiten aufmerksam, die er auf das *stark parzellierte Terrain* des Ostends zurückführt. Der Fluchtlinienplan für das Ostend weise allgemein übliche Raten für den Straßenraum aus. Er beruft sich hierbei auf bereits vollzogene Erschließungen in Mainz, Berlin, Magdeburg und Straßburg, die in einzelnen Stadtteilen dort mit 33 bzw. 43% Straßenteil angesetzt seien, so daß die Frankfurter Verhältnisse keineswegs diese allgemein anerkannten Normen überschreite, als da sind für den Nordosten (Dicke Oede) 33%, Nordend 34%

10 S. Bericht vom 4.8.1893; ebd.

11 Rechtfertigung der Einwendung von A. Petri vom 11.4.1894, Mag.Akt. T 969/I.

12 Schreiben des Bezirks-Ausschusses, Mag.Akt. T 969, II, 21ff.

13 Schreiben des Bezirksausschusses, S. 2., ebd.

und Westend 40%. Für das Ostend ergebe sich dagegen eine Rate von lediglich 31% Straßenraum.

Der Bezirksausschuß war in seinem Entscheid den Argumenten PETRIS gefolgt, so daß sich nun der Magistrat herausgefordert sah, sein kommunalpolitisches Credo darzulegen: *Aber auch wenn sich in der Tat die Baulust zeitweise auf die Westseite der Stadt geworfen haben sollte, so wäre es erst recht die Aufgabe der Stadtverwaltung, die östliche Stadtgegend vor den Gefahren einer einseitigen Entwicklung der Außenstadt zu bewahren ... Wären die Anschauungen des Gutachtens (des Bezirks-Ausschusses, J.R.K.) die richtigen, so würde die vorbeugende Tätigkeit der Gemeindeverwaltung, welche sie gerade auf dem Gebiet der Stadterweiterung zu üben berufen ist, zu spät kommen*[14].

Wenn man der Rechtfertigungsschrift folgt, dann gewinnt man tatsächlich den Eindruck, daß die staatliche Aufsichtsbehörde, hier der Bezirksausschuß, ihre Beurteilungskriterien einer längst überkommen geglaubten Zeit entnommen hatte, wohingegen das städtebaulche Leitbild des Magistrats deutlich auf eine moderne Großstadt abzielte: Für die *mittleren und unteren Schichten* der engen und dichten Wohnviertel wollte die ADICKES-Administration *Erholungsstätten* schaffen, Wohn- und Freiflächen galt es nach planerischen Überlegungen zueinander zuzuordnen. Nur wenn in der Außenstadt für Freiflächen gesorgt würde, käme das auch den Bewohnern der Innenstadt zugute. Nicht in großen Platzanlagen sah der Magistrat sein hauptsächliches, freiflächengestaltendes Planungselement, denn sie würden *den Verkehr eher verwirren als fördern*, sondern in der Anlage von *kleineren Promenaden mit reichlicher Vegetation.* Sie waren so im Stadtraum ausgerichtet und angelegt, daß alle Bewohner Frankfurts sie leicht erreichen konnte, denn hier sollte sich das städtische Bürgertum an der *reinen Luft* und der *Kühlung* im Sommer erfreuen[15].

In der zweiten Instanz (Provinzialrat) hatte sich der Magistrat erfolgreich durchsetzen können. Die Einwendungen wurden zurückgewiesen, die Grundstücke, die in den Straßenraum der Planung fielen, gegen Grundstückstausch bzw. Entschädigung enteignet. Damit war allerdings erst für die knappe Hälfte des Ostends ein städtebaulicher Entwicklungsplan erstellt. Sicher, erste wegweisende Entscheidungen waren mit der Staffel-Bauordnung gefallen, denn sie hatte das Gelände am Main als *gemischtes Viertel* bzw. Industrieviertel ausgewiesen, d.h. nach dem Verständnis eines „vorbereitenden Bauleitplanes“ waren die grundlegenden Planungsabsichten so bereits formuliert.

Schon damit war der Versuch unternommen, dem städtebaulichen Wildwuchs Einhalt zu gebieten und dem Ostend anhand rational erstellter Planungsvorgaben einen bestimmten Entwicklungsverlauf zu ermöglichen. Dieser sollte nun auch über Detail-Bebauungspläne gesichert werden. Frankfurts Industrie sollte hier ihren Flä-

14 Ebd., S. 5f.
15 Ebd., S. 8.

chenbedarf abdecken und ihr Wirtschaftspotential steigern können. Denn Frankfurts Ostend, um die Jahrhundertwende zum großen Teil noch unbebaut, zwischen dem Promenadenring und dem Ostbahnhof waren vereinzelt großräumige Wohnungen entstanden, doch im großen und ganzen verhinderte hier der zersplitterte Grundbesitz die Erschließung nach planerischen Gesichtspunkten[16].

Der Westhafen, 1886 in Betrieb genommen, stieß in seiner Funktion als Lager- und Umschlagsplatz bereits nach wenigen Jahren an seine Kapazitätsgrenzen[17]. Da Industrieproduktion inzwischen als Garant für wirtschaftliches Wachstum und Wohlstand angesehen wurde, sah es der Magistrat unter ADICKES als eine wichtige Aufgabe an, die Ansiedlung von neuen Industrieansiedlungen stadtplanerisch zu fördern.

Stadtbaurat KÖLLE hatte ein Planungskonzept entwerfen lassen, das den industriellen Konzentrationsprozeß auf den Osten der Stadt hin verlagern sollte[18]. Trotz angestrebter städtebaulicher Entmischung machte dieses Großprojekt die Planung von vielfältigen Gemeinbedarfseinrichtungen erforderlich. Denn der Erfolg der Industrieplanung war abhängig von begleitenden verkehrsinfrastrukturellen, aber auch wohnungsbaupolitischen wie landschaftsplanerischen (Grünanlagen und Freizeitflächen) Investitionen. Die Legitimation der Planungen für das Ostend gegenüber den Aufsichtsbehörden, wie oben dargelegt, war zu dem Zeitpunkt eine reine Willenserklärung, denn konkrete Planungsentwürfe waren noch nicht ausgearbeitet. Der Bedarf an Arbeiterwohnungen und ihre wohnungsbaufördernde Investion im Ostend war selbst 1907, ein Jahr vor Baubeginn der Hafenanlagen, von Seiten des Magistrats bestätigt worden[19]; konkrete Pläne lagen jedoch noch nicht vor.

Die Planung von Freiflächen im Ostend, 1894 als Rechtfertigung des stadtteilbezogenen Bebauungsplanes erwähnt, kamen erst 1909 zur Vorlage in der Stadtverordneten-Versammlung[20]. Als Begründung für die kommunale Investition von M. 3,5 Mio. wurde angegeben: ... *einen Ausgleich für die Unannehmlichkeiten zu schaffen, die durch die industrielle Entwicklung des Osthafens den Einwohnern der Nachbarschaft entstehen*[21].

Das größte Bauprojekt der ADICKES-Ära sollte gleichzeitig die städtebauliche Erschließung des gesamten Ostends übernehmen. Für eine Bruttofläche von 4,7 Mio. qm, davon 2,9 Mio. qm Nutzfläche, standen langwierige Planungsvorbereitun-

16 F. ADLER, 1904, S. 26.; vgl. V. RÖDEL, 1984, S. 150ff.
17 S. Kapitel 5.
18 S. Verwaltungsbericht 1904, 1905, S. XXVI.
19 Mitt.Prot.StVV., Nr. 448 vom 30.4.1907, S. 262 und S. 265.
20 Bericht über die Verhandlungen d. StVV, Nr. 424 vom 18.5.1909, S. 677ff.
21 Ebd., S. 677.

gen an. Spätestens mit dem Finanzplan des Osthafen-Projekts von M. 35 Mio. für Grunderwerb und M. 37 Mio. für Baukosten[22], waren die traditionellen Organisationsformen der Kommune gesprengt. Die politische Dimension von Bürokratisierung in ihrer ambivalenten, weil partizipationseinschränkenden Wirkung soll Thema des folgenden Abschnitts sein.

Inhaltlich war die Planung von gewerbepolitischen Vorgaben bestimmt. Der Flächenbedarf der Industrie sollte hier befriedigt werden, gleichzeitig die entsprechende Infrastruktur geschaffen werden. Bodenvorratspolitische Aktivitäten des Magistrats waren also gefragt, deren Erfolg jedoch von der Bewilligung entsprechend zugeschnittener bürokratischer Organisationsformen abhängig.

6.2. Information und Kommunikation zwischen Magistrat und Stadtverordneten-Versammlung oder: Welche Verwaltungsorganisation für städtebauliche Großprojekte ist die richtige?

Die aufkommende Industriegesellschaft brachte die Grundstücksspekulation mit sich. Die baurechtlichen Rahmenbedingungen gewährten den privaten Grundstückseigentümern den Handlungsspielraum, um nach den freien Marktgesetzen entsprechende Gewinne aus dem Immobiliengeschäft zu erzielen. Deshalb war es dem Magistrat nicht immer möglich, interne Planungsentwürfe unter Verschluß zu halten. Straßentrassierungen fanden das Interesse der Öffentlichkeit, weil das materielle Wohl und Wehe der betroffenen Grundstückseigentümer eben von wirtschaftlichen Überlegungen abhing. So kam es u.a. bei der Planung des Braubachstraßen-Projekts zum kommunalpolitischen Eklat, als der Trassenverlauf mit Angabe der freizulegenden Grundstücke 1893 der Zeitung zu entnehmen war[23]. Ähnliches geschah bei der Planung Bornheimer Fluchtlinienpläne, die vor der offiziellen Veröffentlichung bekannt wurden. Der Verrat solcher Pläne war zwar von den Stadtverordneten als illegitim angesehen worden, die unzulängliche Ausdifferenzierung der Verwaltungssorganisation brachte es jedoch zu ungünstigen Überschneidungen von Arbeitsgebieten, die letztendlich das Lancieren von konkreten Planungszielen an Zeitungsredaktionen begünstigte. So wurde 1896 im Stadtparlament, allerdings ohne Namensnennung, moniert, daß der Leiter der Stadtkämmerei, Dr. Varren-

[22] Die Zahlen entsprechen dem Stand von 1914, nach H. Uhlfelder, Die Frankfurter Hafenanlagen, in: Monographien deutscher Städte, hrsg. v. Oberbürgermeister Voigt und E. Stein, 1914, S. 51. Im Jahr der Baugenehmigung (1907) veranschlagte der Magistrat die Kosten auf 57 Mio. M., davon 22 Mio. M. für Grunderwerb. S. Verwaltungsbericht f. 1907, 1908, S. XIX.

[23] Frankfurter Nachrichten vom 20.4.1893, S. 5.

TRAPP, gleichzeitig die Führung des Liegenschaftsamtes inne habe[24]. Die Problematisierung der personellen Verflechtung zweier Verwaltungsbereiche, die in entscheidenden Situationen den Interessenkonflikt zwischen finanzpolitischer und städtebaulicher Schwerpunktsetzung heraufbeschwören mußte, kann als Ausdruck sich wandelnder kommunalpolitischer Willensbildung verstanden werden, die in der Einsicht mündete, die rationale Verwaltungsorganisation als unabdingbare Voraussetzung geplanter Stadtentwicklung zu befürworten[25]. War noch der Leiter des Tiefbauamtes, LINDLEY, wenn auch landesweit bekannt, so doch als untergeordneter Techniker der städtischen Verwaltung eingestuft, so trat mit seiner Nachfolge 1896 durch die Amtsübernahme von Stadtbaurat RIESE eine wesentliche Veränderung ein. Der Magistrat sah die Notwendigkeit gegeben, Fachleute des Städtebaus in sein Gremium aufzunehmen, um die bevorstehenden kommunalen Aufgaben erfolgreich bewältigen zu können. Mit RIESES Übernahme des Tiefbauamtes wurde er deshalb gleichzeitig Mitglied des Magistrats[26]. Allerdings wurde insofern das Tätigkeitsfeld eingeschränkt, als die Leitung des Tiefbauamtes in eine juristische und eine technische aufgeteilt wurde. Dadurch war der Städtebau-Ingenieur erst recht auf seinen Ruf als Städtebau-Techniker im wörtlichen Sinne zurückgeworfen[27]. Für Stadtbaurat BEUTEL, der für den „Gesamtbebauungsplan" von 1893 verantwortlich zeichnete, war diese Aufwertung nicht vorgesehen, so daß er nach 6 Jahren wieder Frankfurt verließ[28]. RIESE, der die Kommunalisierung der Straßenbahn organisato-

[24] Mitt.Prot.StVV., Nr. 792 vom 20.10.96, S. 523. Zum vielbeachteten, kommunalpolitischen Eklat kam es 1906, als Strafantrag gegen den sozialdemokratischen Stadtverordneten ZIELOWSKI erhoben wurde, weil er unter anderem behauptet hatte, daß Kollegen in Kenntnis von Bebauungsplänen Grundstücksspekulation auf private Rechnung betrieben. Die Staatsanwaltschaft hatte dann zwar das Verfahren eingestellt, was die Vermutung nahelegt, ZIELOWSKI habe in seinen Beschuldigungen durchaus auf die realen bodenpolitischen Praktiken der Stadtverwaltung aufmerksam gemacht. Die beiden *mittelständischen Stadtverordneten* BRACHT und HOSS wurden von ihm namentlich benannt. S. dazu ausführlich: Mitt.Prot.StVV., Nr. 561 vom 29.5.1906, S. 282f.; Nr. 753 vom 17.7.1906, S. 392f.; Nr. 755 vom 19.7.1906, S. 408f.; Nr. 1023 vom 30.10.1906, S. 536f. und Nr. 1058 vom 19.10.1907, S. 685f. Vgl. Kleine Presse Nr. 167 vom 20.7.1906, S. 3. Die liberale Presse hat sich in diesem Fall auf die Seite der Beschuldigten gestellt und der Sozialdemokratie wahltaktisches Verhalten nachgesagt. Dazu: Ebd., Nr. 259 vom 4.11.1906, S. 1.

[25] Die moderne Verwaltungsorganisation sprich: Bürokratie stützt sich nach M. WEBER auf zwei Prinzipien: das der Legalität und der Unpersönlichkeit. Da bürokratische Rationalität die reine aufgabenorientierte Arbeitsteilung anstrebt, geht mit ihr die radikale Trennung von Position (Funktion) und Person einher. Der Ausbau der formalen Organisation, die zentral gelenkt wird, führt zu einem Verständnis von Organisation, das mehr und mehr die sozialtechnologische Handhabung bewirkt, d.h. die kommunikative Dimension von politischer Entscheidungsfindung ausschaltet. S. dazu: P. ULRICH, 1986, S. 138f.

[26] Dieses fand große Beachtung und Anerkennung in der Fachzeitschrift des wissenschaftlichen Städtebaus der Deutschen Bauzeitung, 30. Jg., 1896, S. 195, 204, 283, 296, 339 und 536.

[27] Diese strikte Arbeitsteilung nach dem Gesichtspunkt der „Versachlichung" und „Entpersönlichung" hat einerseits traditionale Herrschaftsformen aufgebrochen, andererseits die Grundlagen für die Abkoppelung bürokratischer Organisationszusammenhänge von lebensalltäglichen Kommunikationsformen impliziert. Nach: P. ULRICH, Transformation ..., 1986, S. 139.

[28] S. Deutsche Bauzeitung, 30. Jg., 1896, S. 536.

risch vorbereitete, blieb seinerseits nur vier Jahre und wurde von Stadtbaurat KÖLLE (Stuttgart) abgelöst[29]. Der zweite Fachmann mit Sitz und Stimme im Magistrat war Stadtrat BEHNKE, der bis 1900 in Frankfurt blieb. Seine Arbeit wurde von Baurat HIN (Köln) übernommen. Die rechtliche Verantwortung des Tiefbauamtes übernahm Stadtrat HENGSBERGER[30].

Als Barometer für die Bautätigkeit und nicht unbedeutend für Bauinteressierte, die über mögliche Schwerpunktverlagerungen der Grundstücksspekulation informiert sein wollten, wurde die Bekanntgabe der *zum Verkauf angesetzten* (städtischen) *Grundstücke* angesehen. Zu Beginn jedes Jahres gab die gem. Immobilien-Verkaufs-Kommission ihre geplanten Veräußerungen bekannt, die von beiden städtischen Körperschaften genehmigt werden mußten. Die Öffentlichkeit nahm diese Bekanntgabe aufmerksam wahr[31], weil hier unter Umständen städtische Standortvorlieben der Erschließung ablesbar waren.

Die Hausbesitzerlobby der Stadtverordneten-Versammlung erwartete vom Magistrat eine Bodenvorratspolitik, die ihrem Interesse nach ökonomischer Verwertbarkeit von Grund und Boden entgegenkommen sollte[32]. Der Stadtverordnete RUPP, Vorsitzender des Bezirksvereins Altstadt, nahm die Bekanntgabe des Jahres 1904 zum Anlaß, um generell die Magistratspolitik zu kritisieren. *(I)hm seien Fälle bekannt geworden, daß sofort, nachdem die Preise der Plätze bekannt geworden seien, eine sehr rege Nachfrage nach solchen stattgefunden habe. Die Bauplätze seien von der Kämmerei verkauft und von den Käufern mit großem Gewinn weiter verkauft worden*[33]. Diese Kritik zielte auf die großen Baugesellschaften, die als die eigentlich Agierenden im Bereich Stadtentwicklung ausgemacht und als Grundstücksspekulanten abgetan wurden[34].

Die lokale Presse hatte großen Anteil daran, daß bodenpolitische Aspekte von Stadtentwicklung zum Thema der Stadtpolitik gemacht wurden. So wurde z.B. der Stadtkämmerei nachgesagt, sie gehe sehr abweisend mit privaten Anfragen nach Bau-

[29] Kölle wechselte zur Baufirma HOLZMANN, nachdem die Pläne für das Osthafen-Projekt 1908 baurechtlich verabschiedet waren.

[30] Zum neuen Verständnis der Kommunalbürokratie im allgemeinen und dessen Funktions- und Bedeutungszuwachs s. A. SALDERN, 1988, S. 75f.

[31] Siehe die einzelnen Jahrgänge der Mitt.Prot.StVV. bzw. Berichte über die Verhandlungen d. StVV; bis 1896 ohne, ab 1897 mit Planentwürfen. Dies hatten die Stadtverordneten dem Magistrat abverlangt. S. Mitt.Prot.StVV., Nr. 12 vom 2.1.1896, S. 8.

[32] So forderte HETTLER den Magistrat auf (1904), die Vergabe von Bauerlaubnissen einzuschränken, weil zuviele Wohnungen leerstünden, s. Mitt.Prot.StVV., Nr. 1065 vom 13.12.1904, S. 567.

[33] Ebd.

[34] In der Sitzung der StVV vom 5.10.1905 wurde sowohl von sozialdemokratischer als auch von mittelständischer Seite her der Verkauf von Baugrundstücken an Großunternehmen kritisiert. Der Fortschrittsliberale WEDEL, der auch Ausschußmitglied des Tiefbau-Ausschusses war, verteidigte die Magistratspolitik, indem er vorgab, lediglich große Baufirmen könnten wohnungsbaupolitisch wirksam bauen, s. Mitt.Prot.StVV., Nr. 920 vom 5.10.1905, S. 538.

plätzen um[35]. Den Interessenten würden Preisvorschläge abverlangt, anstatt selbst Kaufpreise für Bauparzellen zu nennen[36]. Diese Vorwürfe nahmen nun elf Stadtverordnete zum Anlaß, um die organisatorische Umstrukturierung der Stadtkämmerei zu verlangen[37]. Zweieinhalb Jahre sollte die Ausarbeitung einer neuen Geschäftsordnung auf sich warten lassen. Der Stadtverordnete HEYTER konnte dann letztendlich doch einen Bericht des Tiefbauamtes vorlegen und erläutern. Da es inzwischen üblich geworden sei, den *Interessenten tatsächlich die weitgehendsten Auskünfte über Lage, Preis und Verkaufs-Bedingungen*[38] zu geben, erübrige sich eigentlich die Umgestaltung der Verkaufsorganisation. Doch, nachdem die Notwendigkeit der Reform fast in Abrede gestellt war, ging HEYTER nun dazu über, die kommunale Bodenpolitik grundsätzlich und systemkritisch zu beleuchten. Es sei an der Zeit, dem Immobilienhandel und den großen Baugesellschaften Fesseln anzulegen, indem nicht mehr die Abnahme von großen Bau-Arealen und damit nicht länger die großen Firmen begünstigt würden, sondern über die Schaffung kleinerer Bauparzellen die Öffnung des Marktes erfolge[39].

Die Kritik an der Stadtkämmerei läßt sich global auf drei in engem Zusammenhang stehende Aspekte zurückführen: erstens wurde die personelle Besetzung der Geschäftsstelle in ihrer Qualifikation, zweitens die Festsetzung von Verkaufspreisen aus wirtschaftlicher Perspektive und drittens die Kriterien der Vergabe bei Mehrfach-Interessenten problematisiert[40]. Den Stadtverordneten ging es demnach nicht um die Ausweitung ihrer Kompetenzen und auch nicht um den Herrschaftsausbau *der* Verwaltung, wie es ADICKES anstrebte, sondern um die Sicherung der wirtschaftlichen Interessen privater Grundstückseigentümer *mittels* einer rational geführten Verwaltungsorganisation. Deshalb schlug der demokratisch-liberale Stadtverordnete FLAUAUS 1907 vor, die Stadtkämmerei um drei Interessenvertreter der Bauwirtschaft zu vergrößern, die dann auch bei den Verkaufsverhandlungen mitwirken sollten[41].

35 Mitt.Prot.StVV., Nr. 770 vom 14.10.1897, S. 460.

36 Ebd., S. 461. Daß die Kompetenzen nicht günstig verteilt waren, ergibt sich schon allein aus der Tatsache, daß das Liegenschafts-Amt die Verkaufspreise festsetzte, die Anfragen aber an die Stadtkämmerei gingen. Hierzu s. Mitt.Prot.StVV., Nr. 125 vom 30.1.1900, S. 53. 1908 war die Geschäftsverteilung etwas anders. S. Bericht über die Verhandlungen d. StVV, Abdruck des Magistratsberichts Nr. 32 vom 20.3.1908, S. 45*.

37 Mitt.StVV., Nr. 770 vom 14.10.1897, S. 458f.

38 Mitt.Prot.StVV., Nr. 125 vom 30.1.1900, S. 52.

39 Ebd. Instrumente der kommunalen Bodenpolitik sind nach den drei zentralen Aufgaben der Bodenordnung (z.B. Umlegung), der Steuerung der Bodennutzung und der Beeinflussung des Bodenmarktes zu unterscheiden. Die beiden letztgenannten Punkte standen also im Mittelpunkt der Kritik.

40 Magistratssitzung Nr. 32 vom 20.3.1908, S. 45ff.

41 Ebd., S. 46.

42 Zur Bedeutung der Terraingesellschaften im allg. s. STEFAN FISCH, Grundbesitz und Urbanisierung, in: Geschichte und Gesellschaft, 15. Jg., 1989, S. 34–61, bes. S. 41f.

Der Magistrat hatte leichtes Spiel, denn die Mitarbeit von nicht gewählten Vertretern war rechtlich mehr als bedenklich. Schwerer fiel es ihm dagegen, die Stadtverordneten von der herausragenden und deshalb vorteilhaften Bedeutung der großen *Terraingesellschaften* als städtebauliche Agenturen des Stadtwachstums zu überzeugen. Denn auf sie stützte er sich, um Erschließungen einzelner Stadtteile zu forcieren. Die Gewinne dieser Unternehmen, in der Öffentlichkeit als unzulässig angesehen, weil spekulativ erzielt, waren häufig Anlaß für die Stadtverordneten, sich den städtebaulichen Vorhaben des Magistrats zu widersetzen[42]. Nicht immer war den Stadtverordneten einsichtig, daß die Terraingesellschaften die einzige Gewähr für zügige Realisierung von Erschließungsprojekten boten. Denn tatsächlich bildeten Staffel-Bauordnung, Fluchtlinienplan und die gesetzlichen Rahmenbedingungen für Enteignungen ein unzureichendes Instrumentarium für eine Stadtplanung, die sich ihrem Verständnis nach um strukturelle Entwicklungs- und ästhetische Gestaltungsmöglichkeiten bemühte. Und die Terraingesellschaften hatten im großflächigem Planungsdenken vieles mit dem Magistrat gemeinsam im Hinblick auf Bodennutzung und -aufteilung und Art der Bebauung, die dann mit dem Magistrat besprochen und von ihm entweder gutgeheißen, verändert oder abgelehnt wurden. Diese ursächlich wirtschaftlichen Bestrebungen der Terraingesellschaften kamen der Stadtentwicklungspolitik ADICKES entgegen und füllten so die Lücke der Gesetzgebung, die zu schließen die preussische Legislative nicht gewillt war[43].

Bodenpolitisch und wirtschaftlich sehr aktiv in der Zusammenarbeit mit dem Frankfurter Magistrat war die Gesellschaft für Hoch- und Tiefbauten[44] und die Internationale Baugesellschaft[45]. Debatten in der lokalen Öffentlichkeit konnten deshalb nicht ausbleiben; von Interessenidentität zwischen städtischer Körperschaft und Privatwirtschaft war die Rede. Die lokale Presse fand hier genug konfliktreichen Stoff, um meinungsbildend zu wirken – je nach politischer Couleur der Zeitung.

Doch zurück zum Konflikt zwischen Stadtverordneten-Versammlung und Magistrat; das Forsthausstraßen-Projekt als Beispiel: 1897 kritisierten Stadtverordnete den Grundstückstausch mit der Gesellschaft für Hoch- und Tiefbauten. Die Stadt hatte etwa 42.600 qm, ein als gutes Bauland eingeschätztes Areal an der Forsthausstraße, gegen ca. 90.000 qm Fläche in unmittelbarer Nachbarschaft, allerdings von Bahnlinien zerschnitten, getauscht[46]. Der Magistrat sah sich herausgefordert, dieses Geschäft nachträglich zu legitimieren, nachdem der Stadtverordnete SONNEMANN diese Terraingesellschaft *als einen Staat im Staate* bezeichnet hatte, weil sie innerhalb

43 Zur ADICKES-Vorlage von 1893/4 mit dem Ziel der Zwangsenteignung, 1902 als Umlegungsgesetz für Frankfurt a. M. rechtswirksam geworden, siehe die Ausführungen in Kapitel 5.

44 In einem Fall verhinderte die Stadtverordneten-Versammlung die Zusammenarbeit: Zum Gutleuthof-Projekt s. Mitt.Prot.StVV., Nr. 715 vom 15.9.1897, S. 409f. und Nr. 746 vom 28.9.97, S. 422f. Zum Nordend-Projekt (1911) s. Kleine Presse Nr. 10 vom 12.1.1911, S. 2.

45 Öffentlich bekannt wurde das Gallusstraßen-Projekt dieser Baugesellschaft.

46 Mitt.Prot.StVV., Nr. 324 vom 22.4.1897, S. 193 und Nr. 906 vom 30.11.1897, S. 574ff.

kürzester Zeit aus den 2,2 Mio. M. investierten Kapitals einen Verkaufserlös von 4 Mio. M. erzielt haben soll[47]. In Kenntnis dieses Sachverhalts gingen die Stadtverordneten, die diese Geschäftspraktiken für illigitim erachteten, in die Debatte eines anderen städtischen Grundstückskaufs im Wert von 3,1 Mio. M.. Die Finanzierung sollte vom Pflegeamt des Waisenhauses und der Stadtkämmerei übernommen werden. Wieder war es der Zeitungsherausgeber der Frankfurter Zeitung, SONNEMANN, der die ablehnende Haltung der Stadtverordneten begründete[48]. Der liberale SONNEMANN hatte ein ganzes Bündel von Problempunkten zusammengeschnürt. Wichtig waren ihm: die kaum überschaubare städtische Bodenpolitik und ihre preissteigernden Folgen für die private Grundstücksspekulation und die Verwaltungsorganisation des städtischen Grund und Bodens.

Im Verlauf der Debatte im Stadtparlament wurde deutlich, daß es der Magistrat versäumt hatte, seine Informationspolitik so anzulegen, daß den Stadtverordneten die Planungsabsicht und -zielsetzung des Grundstückskaufs transparent geworden wäre. Selbst der Berichterstatter des vereinigten Finanz- und Tiefbauausschusses, Dr. A. VON HARNIER, mußte den Stadtverordneten gegenüber eingestehen, daß ihm die *Motivierung ... nicht verständlich und überzeugend genug sei*[49]. Wie läßt sich das Informationsdefizit der Stadtverordneten erklären?

Die Honoratioren des Stadtparlaments hatten bislang daran festgehalten, daß bodenpolitische Transaktionen, die vom Magistrat angestrebt und von ihnen genehmigt werden sollten, einer „unmittelbaren" städtebaulichen Nutzung zuzuweisen waren. Als legitim wurde eine Vorlage angesehen, wenn die sofortige Handlungspragmatik nachvollziehbar aufgezeigt, d.h. eine sofortige Neuverwendung des anzukaufenden Grund und Bodens nachgewiesen war (zweckgebundene Bodenpolitik). Dies war auch noch unter ADICKES' Amtsvorgänger, MIQUEL, so üblich gewesen. Weitsichtige und langfristig gedachte Stadtentwicklung der Kommune war also noch unbekannt und damit der privaten Bautätigkeit überlassen; Kommunalpolitik entbehrte schlichtweg der Stadtplanung.

Dies sollte eben unter Oberbürgermeister ADICKES anders werden. Das Scheitern des Versuches, die *Zonenenteignung* als städtebauliches Planungsinstrument in kommunale Planungskompetenz zu bekommen, zwang die ADICKES-Administration dazu, sich andere Handlungsmöglichkeiten zu geben, um ihrem Anspruch von leistungsverwaltender Kommunalpolitik entsprechen zu können. Industrieförderung

[47] Ebd., S. 575. Eine andere Grundstücks-Transaktion einer Terraingesellschaft erregte 1904 die Frankfurter Öffentlichkeit: *Im vergangenen Jahre konstituierte sich hier die Westend-Gesellschaft, die das Terrain von der Mainzer Landstraße bis zum Griesheimer Exerzierplatz für 2.000.000 Mk. erwarb. Vor einigen Tagen verkaufte sie das Gelände an Herrn Tornow für 3.000.000 Mk.. Die Gesellschaft, die somit in einem Jahre 1.000.000 Mk. verdient hat, löst sich auf.* Eine Zeitungsnotiz, zitiert nach A. DAMASCHKE, Aufgaben der Gemeindepolitik, Jena 1904, S. 112.

[48] Mitt.Prot.StVV., Nr. 715 vom 15.9.1897, S. 410.

[49] Ebd., S. 411.

im Wilhelminischen Frankfurt hieß zunächst einmal, die bodenpolitischen Voraussetzungen für Industrieansiedlungen zu schaffen; also die Stadt mußte Eigentümerin möglichst großer Flächen werden, damit sie nach einheitlichem Planungsgesichtspunkt der industriellen Nutzung zugesprochen werden konnte; oder aber: Damit Tauschgeschäfte möglich würden, waren als günstig erachtete Grundstücksarreale, planungstechnisch flexibel zu bedenken. D.h. das bodenpolitische Handeln des Magistrats mußte vom traditionellen Verständnis der Zweckgebundenheit gelöst werden. Die neue Form der Bodenpolitik im Sinne von Bodenvorratspolitik brachte es also mit sich, daß ADICKES den zukünftigen Bauzweck bzw. die Flächennutzung nicht angeben konnte. Zwischen dem neuen Planungsverständis des Magistrats und dem Beharren der Stadtverordneten auf herkömmliches Verwaltungshandeln schien 1897 keine Vermittlung möglich. Hier sollte sich ADICKES' traditionell-autoritäres Politikverständnis, das dem Zeitgeist entsprach, als großer Nachteil herausstellen, denn Städtebau unter dem Vorzeichen von Stadtplanung ist nur dann gesellschaftsfähig, wenn dem allgemeinen Bedürfnis nach Bürgerbeteiligung politisch Rechnung getragen wird.

Jedenfalls, große Industriearreale im Osten der Stadt zu schaffen, bedingte einen entsprechenden Bestand an zu tauschenden Grundstücken in den anderen Stadtteilen. Der Magistrat wollte sich eine günstigere Verhandlungsgrundlage gegenüber der staatlichen Eisenbahnverwaltung verschaffen, die Eigentümerin größerer Areale im Ostend war. Wenn die Industrieprojekte dort realisiert werden sollten, mußten ihr adäquate Austauschobjekte angeboten werden. Da der Magistrat den Verhandlungen mit dem Staat nicht vorgreifen konnte, andererseits auch die Grundstücksspekulation nicht zusätzlich begünstigen wollte, ließ er gegenüber den Stadtverordneten anklingen, daß auf dem Gutleutgelände unter Umständen der Bau eines Elektrizitätswerkes vorgenommen werden könne. Grundsätzlich gelte es, die Industrie zu unterstützen[50]. Einige Stadtverordnete sahen in diesem Geschäft eine industriepolitische Vernachlässigung des Ostends zugunsten des Westens.

Wenige Jahre später, 1902, hat dann Bürgermeister VARRENTRAPP den Stadtverordneten fast belehrend mitgeteilt, daß seit einigen wenigen Jahren der unmittelbare Zweckkauf als Kriterium der Bodenpolitik nicht mehr bestimmend sei[51]. Doch es half nichts: Noch konnten sich Frankfurts Stadthonoratioren politisch durchsetzen, allerdings war ihre machtpolitische Stellung bereits im Schwinden. Der Magistrats-Antrag wurde mit nur zwei Stimmen Mehrheit abgelehnt (22:20). Doch der Magistrat zeigte sich hartnäckig: 1907 kam diese Transaktion dann doch zustande[52].

50 Mitt.Prot.StVV., Nr. 746 vom 28.9.1897, S. 424.

51 Mitt.Prot.StVV., Nr. 902 vom 16.8.1902, S. 468.

52 Mitt.Prot.StVV., Nr. 710 vom 9.7.1907, S. 416f. Gemischte Nutzung war vorgesehen, d.h. Produktionsstätten und Arbeiterwohnungsbau.

Diese negativen Erfahrungen veranlaßten den Magistrat, sich nach alternativen Handlungsräumen der Planung umzusehen. 1897 legte der Magistrat den Stadtverordneten einen Entwurf vor, der die *Einrichtung einer Spezialkasse für städtischen Grundbesitz* vorsah. Aufgabe dieser *Einrichtung* war es, alle Ausgaben selbst zu bestreiten, *welche mit der Nutzbarmachung und Erschließung des städtischen Grundbesitzes, einschließlich der dazu erforderlichen Straßen-, Wasser- und Brückenbauten sowie mit der Durchführung der Fluchtlinienpläne für die unbebauten Gelände und endlich mit dem Wiedererwerb von Grundbesitz an Stelle des verkauften im Zusammenhang (standen)*[53]. Der *Ausbau des Ostends,* die *Bahnstraße nach Bockenheim* und der Straßenbau in Bornheim und Sachsenhausen erforderten Finanzmittel, die über den ordentlichen Haushalt nicht zu bewerkstelligen waren. Die angestrebten Projekte könnten erst realisiert werden, wenn der entsprechende Grunderwerb gesichert sei. Da mit den infrastrukturellen Investitionen eine enorme Wertsteigerung des städtischen Bodens einher gehe, sei es legitim, *diese Wertsteigerung des Grundbesitzes, wenigstens zum Teil, zur Deckung der Kosten derjenigen baulichen Anlagen mit zu verwenden, durch welche jene Wertsteigerung gerade herbeigeführt wird*[54]. Das eigentliche Problem sah man in der anfänglichen Dotierung dieser „Kasse", denn sie hatte Grunderwerbskosten, Baukosten und Zinsen für die bodenpolitischen Aufwendungen im voraus zu übernehmen. Da der städtische Grundbesitz auf M. 30 Mio. geschätzt wurde, genehmigte die Stadtverordneten-Versammlung die Eröffnung dieser *Nebenverwaltung* auf dem Weg der Schuld-Obligationen, die im Gesamtwert von 6 Mio. Mark verkauft wurden[55]. Diese neue Institution, der Stadtkämmerei unmittelbar untergeordnet, konnte nun als autonomes Planungsinstrument vom Magistrat genutzt werden. Solange das Planungshandeln den betriebswirtschaftlichen Gegebenheiten Rechnung trug, war der Stadtverordneten-Versammlung die Mitsprache entzogen, die Last der Legitimation ihr gegenüber also hinfällig.

Adickes hatte bereits während seiner Tätigkeit als Oberbürgermeister in Altona die dortige Stadtverordneten-Versammlung davon überzeugen können, daß nur eine systematisch vorgehende Bodenvorratspolitik der Stadtentwicklung von Vorteil sein kann, so daß dort 1888 zunächst ein Grundstücksfond und kurze Zeit später ein Stadterweiterungsfond gebildet wurden[56]. Wenige Jahre in Frankfurt, 1895, war er darum bemüht, sich den von Altona gewohnten Organisationsrahmen zu schaffen[57]. Da die Verlagerung des Handlungsspielraumes für eine planende Bodenvor-

[53] Mitt.Prot.StVV., Nr. 436 vom 1.6.1897, S. 252f. Vgl. die einzelnen Jahrgänge der Verwaltungsberichte ab 1897. Zur Gründung der Spezialkasse s. Verwaltungsbericht 1897/98, 1898, S. 196f.

[54] Ebd., S. 253.

[55] Mitt.Prot.StVV., Nr. 802 vom 26.10.1897, S. 482.

[56] Heinrich Bleicher, Franz Adickes als Kommunalpolitiker, in: Franz Adickes. Sein Leben und sein Werk, Frankfurt a. M. 1929, S. 253–373, hier S. 292.

[57] Mitt.Prot.StVV., Nr. 430 vom 28.5.1895, S. 247.

ratspolitik von der Stadtverordneten-Versammlung weg, hin zu einem Verwaltungsstab, gleichzeitig deren Machteinschränkung zugunsten der Organisation bedeutete, wehrten sich die Stadtverordneten entschieden gegen ADICKES' Absichten. Ihm wurde dieser Aktionsradius „mittels" eines zusätzlichen Verwaltungsbereiches nicht gewährt. Deshalb war nun sein Ziel darauf ausgerichtet, den Herrschaftsausbau des bürokratischen Apparates „an sich" anzustreben.

Das Planungsinstrument *Spezialkasse für städtischen Grundbesitz* sollte das trojanische Pferd des Magistrats sein, das die Stadtverordneten gefügig machen sollte, indem er vorgab, mithilfe dieser neuen Verwaltungsorganisation den privaten Baugesellschaften im Interesse des „Gemeinwohls" Paroli bieten zu können[58]. Oberbürgermeister MIQUEL hatte der Bodenpolitik als städtebauliches Planungsinstrument wenig Beachtung geschenkt, so daß sich die Stadtkämmerei noch zu Ende seiner Amtszeit aufgerufen fühlte, entsprechende Appelle an ihren Dienstherrn zu richten[59]. Mit der Spezialkasse ausgestattet, bemühte sich nun die Stadtkämmerei um Durchführung des von ADICKES aufgestellten bodenpolitischen Programms. Die wirtschaftliche Abwicklung von Grundstückskäufen wie -verkäufen konnte zwar über diese „Nebenverwaltung" organisiert werden, doch der Blick auf die Haushaltspläne zeigt, daß ADICKES viele Grundstücks-Transaktionen über das Extra-Ordinarium finanzieren ließ, und damit hat er sie über die Zustimmung und Mitwirkung der Stadtverordneten-Versammlung legitimieren müssen[60].

ADICKES' bodenpolitische Aktivitäten sind im Vergleich zu anderen Städten insgesamt weit gewichtiger zu bewerten als kürzlich behauptet[61]. 1900 waren von den 73,5 Mio. qm unbebauter Fläche zwar über die Hälfte vom Liegenschaftsamt verwaltet, davon aber weniger als 6 Mio. qm bebauungsfähiges Areal. Stellt man diesen

58 Die Kleine Presse (Nr. 189 vom 15.8.1906, S. 3.) schreibt: *Die Grundstückskasse hat seit ihrer Gründung von 1897 bis 1905 der Allgemeinheit 40 Mio. M. Gewinn gebracht, die sonst in die Taschen von Spekulanten geflossen wären.*

59 Mag.Akt. U 728, 34.

60 S. dazu Verwaltungsbericht f. 1897/98, 1998, S. 115 und S. 196f. und Verwaltungsbericht f. 1911, 1912, S. 26. Zum genauen Stand der einzelnen Etatjahre s. Verwaltungsberichte f. 1899, 1900, S. 88; für 1900, 1901, S. 254f.; für 1904, 1905, S. 312ff., für 1906, 1907, S. 24ff. und die folgenden Jahrgänge.

61 Stefan FISCH hat in seiner ansonsten gründlichen Studie über Stadtplanung im Wilhelminischen München die Bodenpolitik ADICKES' fehlinterpretiert. In Kenntnis, daß ADICKES in der Forschung bislang als ein gewichtiger Kommunalpolitiker dieser Zeit angesehen wird, stellt er die Entwicklungslinien von Frankfurt und München im Bereich der Bodenvorratspolitik nebeneinander, um schließlich die Frankfurter Verhältnisse als vergleichsweise unbedeutend zu bewerten. Münchens städtischer Grundbesitz ist mit 2.315 ha (1910) angegeben, der Frankfurts mit 200 ha. S. STEFAN FISCH, Stadtplanung im 19. Jahrhundert, München 1988, S. 92. Dagegen der Verwaltungsbericht des Magistrats für das Etatjahr von 1911, 1912, S. 27: Hier sind mit Stand vom 31.3.1911 6.243 ha, 29 ar und 35,48 qm angegeben. Nach dem Statistischen Jahrbuch deutscher Städte hatte die Stadt Frankfurt a. M. 1912 ca. 52% des Stadtraumes in ihren Besitz (ohne Straßen, Wege und Wasserflächen). Danach gehörte sie nach Freiburg, Stettin, Koblenz, Rostock und Brandenburg a. H. zu den Städten mit dem meisten städtischen Grundbesitz. S. Stat. Jahrbuch deut. Städte, 21. Jahrg., 1916, S. 6. und 15.

Anteil dem Stiftungseigentum gegenüber, nämlich 7,3 Mio. qm., dann wird dessen bodenpolitische Bedeutung offenkundig[62]. Für den Magistrat städtebaulich interessant wurden die 3,4 Mio. qm im Westen Frankfurts, aber mit Blick auf industriepolitische Ambitionen die 2,7 Mio. qm im Osten der Stadt[63].

Bereits 1891 hatte ADICKES seine Vorstellungen in der Stadtverordneten-Versammlung erläutert, wie die der städtischen Verwaltung unterstellten öffentlichen milden Stiftungen dem Magistrat bodenpolitisch zuarbeiten könnten. Wenn es den beiden Institutionen gelänge, ihr Grundstückseigentum so flexibel zu handhaben, daß Zusammenlegungen bzw. Umlegungen aufgrund städtebaulicher Erfordernisse gewährleistet seien, dann könnte dies auch Nachahmung unter den Privateigentümern bewirken[64]. Zum anderen legte er den Stiftungen nahe, mindestens die Hälfte des veräußerten Eigentums wieder in Bodeneigentum zu investieren[65]. So neu jedoch waren diese Gedanken keineswegs. Seit Jahrhunderten verstanden die Stiftungen ihre Vermögensverwaltung im Sinne der ökonomischen Verwertung, um über die Zinseinnahmen Armen helfen zu können. Was sich in diesen Überlegungen ankündigt, ist der versteckte Hinweis, sich in Zukunft in stärkerem Maße an den städtebaulichen Vorgaben des Magistrats zu orientieren. ADICKES war die quasi-autonome Grundstückspolitik der Stiftungen ein Dorn im Auge, zumal sie häufiger zu lokalen Debatten Anlaß gab[66]. Sein Bestreben war deshalb, die Geschäftsführungen der Stiftungen in die kommunale Verwaltungsorganisation einzubinden[67].

62 Auch die Stiftungen standen häufig im Mittelpunkt der Kritik, wenn es um bodenpolitische Aspekte von Stadtentwicklung ging. S. HEINZ CHR. GÖBEL, Arbeitsstätten-Wanderungen, in: Zeitschrift f. gesamte Staatswissenschaft, Bd. 74, 1919, Tübingen 1920, S. 155.

63 Stat. Handbuch, 1907, S. 8, S. 298 und Stat. Handbuch 1928, S. 474. Die Veränderung von 1904 war aufgrund des Osthafen-Projektes erfolgt, s. Mitt.Prot.StVV., Nr. 310 vom 29.3.1904, S. 211f.

64 Mitt.Prot.StVV., Nr. 500 vom 30.6.1891, S. 226.

65 Mitt.Prot.StVV. Nr. 111 vom 7.2.1893, S. 43. Nach der Stiftungsordnung war den Geschäftsführern der Stiftungen die marktrationale Verwertung ihres Vermögens auferlegt und im Grundstückseigentum eine der sichersten Anlagemöglichkeiten gesehen worden. Doch keineswegs war dies im Sinne bodenpolitischen Handelns verstanden. Zum Selbstverständnis der Geldanlagen städtischer Stiftungen s. Mitt.Prot.StVV., Nr. 715 vom 15.9.1897, S. 412.

66 So z.B. 1896, als große Teile des Röderwaldes abgeholzt werden sollten. Die Stadtverordneten-Versammlung sah sich aufgerufen, eine Resolution gegen die mögliche Naturzerstörung zu verabschieden. Dazu s. Mitt.Prot.StVV., Nr. 544 vom 7.7.1896, S. 423 und Nr. 151 vom 23.2.1897, S. 89. Die Verpachtung eines Grundstücks an einen Gewerbebetrieb (Feldziegelei) nahm ADICKES zum Anlaß, die Stiftungs-Ordnung zu ändern. Nach konfliktreichen Debatten in der Stadtverordneten-Versammlung sollte er sich durchsetzen. S. Mitt.Prot.StVV., Nr. 755 vom 12.10.1897, S. 427f.; Nr. 769 vom 14.10.1897, S. 458f.; Nr. 943 vom 14.12.1897, S. 595f.. und Nr. 958 vom 14.12.1897, S. 603f. Vier Jahre später mußte das Unternehmen seinen Standort im Nordend aufgeben, s. Mitt.Prot.StVV., Nr. 616 vom 23.5.1901, S. 324f.

67 Dies war bei der beabsichtigten Transaktion des Biegwald-Geländes der Fall. Hierbei handelte es sich um eine Fläche von mehr als 26 ha. Das Geschäft war auch deshalb vom Magistrat angestrengt worden, weil die Stiftung (Waisenhaus) Areale im Ostend für den Bau des Osthafens hat abgeben müssen. S. Mitt.Prot.StVV., Nr. 824 vom 2.11.1897, S. 523ff. und Nr. 893 vom 16.11.1897, S. 563f. Vgl. mit ADICKES programmatischer Position: ders., Förderung des Baues kleiner Wohnungen ..., 1901, S. 295.

1897 war das Etatjahr, in dem die Umstrukturierung der Verwaltungsorganisation im Mittelpunkt der kommunalen Auseinandersetzung stand. Nachdem die Spezialkasse Planungsrealität geworden war und zur Ausdifferenzierung der ADICKES-Administration beitrug, sollten nun auch die *öffentlichen milden Stiftungen* verwaltungstechnisch mit dem Magistrat kurzgeschlossen werden: Ende des Jahres 1897 stand die Debatte über die Bildung einer gemischten Stiftungs-Deputation auf der Tagesordnung der Stadtverordneten-Versammlung[68].

Ein Fachausschuß bestehend aus drei Magistratsmitgliedern und drei Stadtverordneten wurde gebildet, womit das Stadtparlament um ein Weiteres sein Zustimmungsrecht an diesen Ausschuß abtrat. Der Fortschrittsliberale Dr. GEIGER wollte in dem Magistrats-Antrag die Intention erkannt haben, daß die zu bildende Deputation *als Keil gegen die Versammlung* (gemeint ist die Stadtverordneten-Versammlung, J.R.K.) *benutzt werden soll*[69]. Die Bedenken wurden von pragmatischen Gesichtspunkten überlagert, so daß sich ADICKES ab 1898 des angestrebten Herrschaftsinstrumentes bedienen konnte[70]. So hat der Magistrat den Grundstückstausch in der Größenordnung von ca. 280 ha mit dem Hospital zum heiligen Geist 1904 zum Anlaß genommen, seine städtebauliche Aktivität für das Ostend unter Beweis zu stellen[71].

Der Magistrat nutzte seine nicht immer hinreichenden städtebaulichen Instrumente, um Frankfurts Großstadtbildung planend lenken zu können. Durch Einbeziehung des Stiftungseigentums in seine Planungskapazitäten war der Druck auf die privaten Grundstückseigentümer marktwirtschaftlich verstärkt worden, d.h. zumindest die Eigentümer kleinerer Grundstücksparzellen konnten sich immer seltener den Zusammenlegungs- bzw. Umlegungs-Projekten verschließen, denn die Stadt trat nun häufig als gewichtigster Verhandlungsparter dieser Projekte auf[72].

68 Mitt.Prot.StVV., Nr. 943 vom 14.12.1897, S. 595.

69 Ebd., S. 597. GEIGER führte weiter aus: *Die Stadtverordneten-Versammlung habe in letzter Zeit ihre Kompetenzen schon bedeutend reduziert und nunmehr solle durch dieses neue Statut wiederum ein Teil ihrer Rechte auf wenige delegierte Mitglieder übertragen werden, in der Weise, daß der Ankauf von Grundstücksgelände, ohne Genehmigung der Versammlung, stattfinden dürfte ...*, ebd., S. 596.

70 Mitt.Prot.StVV., Nr. 44 vom 11.1.1898, S. 23. In einem Brief vom 3.4.1897 schrieb er: *Allerlei Sitzungen häufen sich jetzt gerade wieder; vielfach betreffe sie Dinge, die vor drei Jahren noch heftig bekämpft wurden und die nun ohne viel Mühe, als reife Früchte in den Schoß fallen; so einige Sachen und wichtige Fragen in betreff der Grundbesitzverwaltung und Stadterweiterung. Das stimmt dann sanft und behaglich, und man wird hoffnungsvoll für andere, noch in Sturm und Drang befindliche Dinge.* Zitiert nach: E. ADICKES, 1929, S. 182

71 *Mit der heutigen Vorlage sei die Behauptung widerlegt, daß der Magistrat für das Ostend kein Interesse habe ...* So Bürgermeister Dr. VARRENTRAPP nach: Mitt.Prot.StVV., Nr. 310 vom 24.3.1904, S. 211.

72 Für 1899 gab der Magistrat bekannt, daß Umlegungsprojekte im Ostend an *völlig unberechtigten Widersprüchen* von Grundstückseigentümern gescheitert seien. S. Verwaltungsbericht f. 1899/1900, 1900, S. 232. Im darauffolgenden Jahr 1900 waren Erfolge im Röderberg-Gebiet erzielt worden. S. Verwaltungsbericht f. 1900, 1901, S. 268f. Nach der LEX ADICKES kam erst 1914 die erste Umlegung im Ostend zustande. S. Stat. Handbuch 1928, S. 103.

6.3. *Planungsvollzug Osthafen: „Ein ganzes Industrieviertel als Morgengabe?*[73]"

Als der Magistrat mit Gründung der Spezialkasse (1897) die organisatorischen Rahmenbedingungen für den Ausbau des Industrieviertels im Ostend geschaffen hatte, gab er sich in städtebaulicher Hinsicht optimistisch: *Noch größer als diese Erschließung des westlichen Teils der Stadt sind die Aufgaben, welche die Stadt in nächster Zeit im Osten zu lösen haben wird. Nachdem die Fortführung der Mainkanalisation in ihren technischen Einzelheiten festgestellt, und damit die Grundlage für die Eindeichungsprojekte gegeben ist, und nachdem ferner die mit der Königlichen Eisenbahn-Direktion geführten Verhandlungen über die Umgestaltung des Ostbahnhofes einen erfreulichen Fortgang genommen haben, wird es nunmehr möglich sein, die Herstellung des lange geplanten Fabrikviertels im Osten mit Geleis-Anschlüssen und Hafenanlagen in Angriff zu nehmen*[74].

Fünf Jahre später wurden Planungsverzögerungen mit Verhandlungsschwierigkeiten in Sachen Ostbahnhof begründet[75]. Ein Jahr darauf, 1904, kam eine wichtige Grundstücks-Transaktion zustande: Über 2,8 Mio. qm Grundstücksfläche hatte der Magistrat aus Stiftungseigentum erwerben können[76] und damit die entscheidenden Grundlagen für den lange geplanten Osthafen geschaffen. Schon im darauffolgenden Jahr wurden weitere Stiftungsareale dem Magistrat übereignet[77]. Auch Terraingesellschaften hatten sich im Vorfeld der städtebaulichen Planungen für das Ostend mit Grund und Boden versorgt, um ebenfalls am Erschließungs-Projekt „Ostend" ökonomisch zu partizipieren[78]. Umlegungsverhandlungen zogen sich bis 1908 hin, so daß mit der Fertigstellung des ersten Bauabschnitts des Osthafens erst Ende 1909 gerechnet werden konnte.

Wie schon ausgeführt, war der Osthafen nicht nur konzipiert, um die fehlenden Umschlagskapazitäten des Westhafens hier kompensieren zu können[79], sondern

[73] Adickes in seiner Begrüßungsansprache zur 100-Jahr-Feier der Frankfurter Handelskammer, nach: Mitteilungen der Handelskammer Frankfurt a. M., 31. Jahrg., Nr. 3, S. 104f.

[74] Verwaltungsbericht f. 1897/98, 1898, S. IXf.

[75] S. Verwaltungsbericht f. 1902/03, 1903, S. X. Die staatliche Eisenbahn ging bei der Umgestaltung des Ostbahnhofs und ihren Gleisanlagen von anderen Planungsgegebenheiten aus als Frankfurts Magistrat. Erst nach langwierigen Verhandlungen konnten sich beide Verhandlungspartner einigen – und vor allem, dem Osthafen war verkehrsplanerisch einigermaßen Rechnung getragen.

[76] Verwaltungsbericht f. 1904, 1905, S. 349 und Mitt.Prot.StVV., Nr. 121 vom 11.2.1904, S. 92f.

[77] S. Verwaltungsbericht f. 1905, 1906, S. 50.

[78] 1907 kaufte die Stadtkämmerei von der Internationalen Baugesellschaft 18.000 qm zu 340.000 M., von der Firma Holzmann 5.600 qm zu 375.000 M.. S. Verwaltungsbericht f. 1907, 1908, S. 39.

[79] Geplante Nutzfläche im Osthafen 195 ha; im alten West- und Kohlenhafen dagegen nur 12 ha. S. Mitt.Prot.StVV., Nr. 758 vom 23.7.1907, S. 451.

Frankfurt a. M.

Neuer Osthafen.

Verkauf und Vermietung von Industrieplätzen und Lagerplätzen.

Plätze mit **eigenem Ufer** am Wasser. Nähe des neuen **Ostbahnhofes.** Modernste **Kraneinrichtungen.** Alle Plätze mit **Gleisanschlüssen** und alle Straßen mit Kanal, Wasserleitung, elektrischen Kabeln, Telephonleitungen Feuermeldeleitungen u. s. w. **Nahe Lage** zur Stadt, sowie gute **Straßenbahnverbindungen.** Alle Ufer und Plätze **hochwasserfrei.** Hafen auch als **Sicherheits- und Ueberwinterungshafen** ausgebildet. Günstiger **Untergrund.** Leichte **Arbeiterbeschaffung.**

Verkaufspreise von **14 Mk.** pro qm aufwärts mit Einschluß der Straßenfreilegung, Herstellung der Straßen, der Kanäle und der Gleise, sodaß **keine Nebenkosten** entstehen. Coulante **Zahlungsbedingungen.**

Frankfurt a. M. z. Zt. **370,000** Einwohner. Günstige **Steuerverhältnisse** (Einkommensteuer i. M. unter 100 %). In jeder Beziehung **moderne Großstadt** mit vorzüglichsten **hygienischen** Einrichtungen und sehr geringer Sterblichkeit. **Verkehrsmittelpunkt** mit großem Fremdenverkehr.

Hafenverkehr in 19 Jahren von 156,000 t auf **1,600,000 t** gestiegen. Neuer **Osthafen** umfaßt **46 ha** Wasserflächen, **14 km** Ufer, **48 ha** Lagerplätze, **54 ha** Wasserindustriegelände, **174 ha** Binnenindustriegelände. Gesamtkosten **72 Mill. Mark.**

Näh Auskunft erteilt die **städtische Hafenbaudirektion,** Rathaus-Südbau.

Abb. 32 Osthafen-Anzeige, Kleine Presse, 25.10.1909

seine Planung war eng verknüpft mit einer ehrgeizig angestrebten Gewerbe- und Wirtschaftsförderung. Vor der Planung des Osthafens – er wurde 1912 seinem Betrieb übergeben – war es ein Gemeinplatz, daß Industrieförderung nicht Bestandteil von Kommunalpolitik sein könne[80]. Das geplante Bauprojekt, als Erschließungsfunktion für Industrieansiedlungen gedacht, sollte demnach Versäumnisse der Vergangenheit vergessen machen.

Mit Frankfurts Westhafen (1886 eröffnet) war die Stadt zum Rheinhafen geworden, mit Transport-Schwerpunkt auf Kohle und Koks, dann Getreide, Baumaterialien usw.. Die Planungen des Westhafens waren zu kurzsichtig angelegt, so daß schon nach wenigen Jahren der Mangel an Lagerflächen die Anlage eines neuen Hafens präjudizierte. Kein anderer Standort als das Ostend entlang des sog. Fischerfeldes schien besser geeignet, zumal Bahnanschluß schon vorhanden war. Zu den Planungs-Komponenten im einzelnen: *Die neuen Industrieplätze scheiden sich in Wasser- und Binnen-Industrieplätze. Die ersteren sind für solche Fabriken bestimmt, die einen großen Wasserverkehr haben und deshalb zweckmäßigerweise ihre Werke direkt an das Ufer legen. Die Binnen-Industrieplätze sind für solche Fabriken vorgesehen, die nicht auf eine derartige unmittelbare Lage am Wasser angewiesen sind; sie sollen aber in der Nähe des Handelshafens angelegt werden und mit diesem durch Straßen, vor allem aber durch Eisenbahngeleise in Verbindung stehen, damit sie auf diese Weise ihren, wenn auch geringeren, Wasserverkehr über den Hafen mittelst Eisenbahnanschluß ausführen können. ... Der Osthafen zerfällt in zwei Hauptteile, den sog. Unterhafen und den Oberhafen. Der Unterhafen ist von dem Unterwasser des Offenbacher Wehres aus zugänglich. Das Wehr staut bekanntlich 2 m hoch, d.h. der Wasserspiegel ist hier 2 m niedriger als oberhalb des Wehres.Der Unterhafen zerfällt in den Flußhafen, den Vorhafen, der gleichzeitig Wendeplatz ist, den eigentlichen Handelshafen und den Industriehafen. Am Vorhafen sollen Lagerplätze speziell für den Kohlenverkehr untergebracht werden. Der Handelshafen an der Nordseite des Kais ist in erster Linie für den allgemeinen Handels- und Umschlagsverkehr bestimmt. An diesem sollen später die Lagerhäuser errichtet werden, während das Südufer für Lagerplätze in Aussicht genommen ist. Am Industriebecken mußte nachträglich das Nordufer für Kohlenlagerplätze, bestimmt werden, da die anderen Plätze nicht ausreichten. Das gibt also alles Kohlenlagerplätze, während das Südufer Industriegelände bleiben soll. Der Oberhafen teilt sich in den Floßholzhafen am Main, mit der Floßlandestelle am Ufer und dem geschlossenen Floßwinterhafen und den drei Becken; an deren Ufern sich Industrien ansiedeln sollen. Binnen-Industriegelände soll an beiden Seiten der neuen Hanauer Landstraße angelegt werden. Diese Straße zieht sich mitten durch das Gebiet hindurch, sie wird daher verlegt und an beiden Seiten dieser*

80 Mitteilungen des west- und nordwestlichen Bezirksvereins zu Frankfurt a. M. Nr. 15, 1909, S. 2. Vgl. Besprechung *über die Förderung der Geländeverwertung des Osthafens sowie des Handels und der Industrie* vom 23.10.1912, s. STA Ffm. IHK Nr. 375.

Abb. 33 Hanauer Landstraße, Nordseite, Photographie, um 1910, Institut für Stadtgeschichte

Abb. 34 Hanauer Landstraße nach Westen, Photographie, 21.8.1909, Institut für Stadtgeschichte

Straße werden Binnen-Industrien angesiedelt. Ferner haben wir im Osten des Osthafens noch zwei Streifen für Binnenindustrie vorgesehen[81].

Als der Magistrat 1907 das Osthafen-Projekt zur Genehmigung in der Stadtverordneten-Versammlung vorstellte, waren sich alle Stadtverordneten einig, dieses kommunale Vorhaben unterstützen zu müssen. Jetzt erst könne man *von der Gründung einer Industriestadt reden*[82].

Für den ersten Ausbau wurden fast M.12 Mio. veranschlagt. Die Abwicklung des Planungsvollzugs war sowohl wegen des außergewöhnlich hohen Finanzetats als auch wegen des Organisationsaufwandes nicht im Stil der Honoratioren-Verwaltung zu handhaben. Eine Osthafen-Kommission wurde gebildet, die aus Magistratsmitgliedern und Stadtverordneten (jeweils fünf) aber auch, und das war neu unter ADICKES, von Fachkräften der Industrie und des Handels besetzt war[83]. Das, was im Bereich der Bodenpolitik von den Stadtverordenten vorgeschlagen wurde, aber vom Magistrat als illegitim angesehen wurde, sollte ihm nun im Fall des Osthafen-Projekts recht sein.

Wenn auch einig im Planungsziel, so entzündete sich nun an dieser neu einzurichtenden Institution der kommunale Konflikt an der Bestimmung und Festlegung ihres Aufgabenfeldes. Der Magistrat schlug vor, die Osthafen-Kommission lediglich mit der *technischen* Prüfung des Projektes zu beauftragen. Sie sollte lediglich als Kontrollinstanz angesehen werden, ohne jegliche Vollmachten im Planungsvollzug. Nachdem Proteste aus den Reihen der Stadtverordneten laut wurden, erweiterte er die Rahmenbedingungen: Sowohl die Mitverantwortung im Finanziellen als auch in der bürokratischen Durchführung des Projekts sollten nun ihr Aufgabenfeld abstecken. Dies bedeutete, daß diese Kommission relativ autonom, sie war nach den festgelegten Grundsätzen dem Tiefbauamt unterstellt, bodenpolitische Entschei-

[81] So die Beschreibung des Bauinspektors und zukünftigen Magistratsbaurat UHLFELDER, nach: Mitteilungen des west- und nordwestlichen Bezirksvereins zu Frankfurt a. M. Nr. 15, 1909, S. 3. Die Wasserfläche des Osthafens betrug 460.000 qm.

[82] Es wurde eine *Denkschrift über die Erbauung eines neuen Handels- und Industriehafens im Osten der Stadt Frankfurt a. M.* (hrsg. und bearbeitet v. Tiefbauamt Frankfurt a. M., 1907) verfaßt. Mitt.Prot.StVV., Nr. 448 vom 30.4.1907, S. 262f. Zum Osthafen-Projekt s. H. UHLFELDER, Die Frankfurter Hafenanlagen, in: Monographien deutscher Städte, hrsg. v. VOIGT und E. STEIN, 1914, S. 47ff.; Geschichte der Handelskammer, 1908, S. 1049f.; E. SCHUURMAN, Der neue Osthafen in Frankfurt a. M., in: Zeitschrift des Vereins Deutscher Ingenieure, Nr. 21, Bd. 56, vom 25.5.1912, S. 817f.; VOLKER RÖDEL, 1984, S. 154ff. und M. BEINHAUER, D. BLECH und W. GAHN, Hafenstadt Frankfurt, Frankfurt a. M. 1986, S. 65ff.

[83] Nach Art. 2 der *Bestimmungen und Grundsätze* für die Osthafen-Kommission waren als *beratende Mitglieder* vorgesehen: Der Direktor der Stadtkämmerei, der Direktor der Lagerhaus-Verwaltung und der Vorsitzende der zuständigen Bauinspektion des Tiefbauamtes. Der Vorsitzende der Kommission wurde vom Oberbürgermeister ernannt. Als wählbar galten auch Mitglieder des Tiefbau-Amtes. S. Bericht über die Verhandlungen d. StVV, Nr. 155 vom 11.2.1908, S. 154f.Ein ähnliches Organisationsmodell sollte der Stadtverordnete FLAUNAUS ein Jahr später vorgeschlagen, um den städtischen Grundbesitz organisatorisch besser führen zu können. Wie weiter oben dargelegt, hielt der Magistrat die Mitarbeit für nicht opportun. Magistratssitzung Nr. 32 vom 20.3.1908, S. 45, Anhang Bericht über die Verhandlungen d. StVV, Jahrgang 1908.

dungen treffen konnte[84]. Der Art. 3 der *Bestimmungen und Grundsätze* für diese Osthafen-Kommission sollte sich im weiteren Verlauf dieses Planungsprojektes als mehrdeutig auslegbar erweisen. Denn da heißt es: *Das Tiefbau-Amt hat, unbeschadet der etwa sonst erforderlichen Mitwirkung der städtischen Kollegien, alle unter Art. 1 fallenden Angelegenheiten der Kommission zur Beratung und Beschlußfassung vorzulegen. Das Tiefbauamt ist bei der Ausführung an die Beschlüsse der Kommission ... gebunden, jedoch auch befugt, bei Meinungsverschiedenheiten die Entscheidung des Magistrats anzurufen. Die technische Ausarbeitung (Festsetzung) der Projekte und die Ausführung der genehmigten Hafenbauten ist auschließlich Sache des Tiefbauamts. Etwaige Veränderungen bereits genehmigter Projekte bedürften der Zustimmung der Osthafen-Kommission.*[85]

Dieser Art. 3 wurde von den meisten Stadtverordneten kritisiert. Einig waren sie sich darin, daß es der Magistrat darauf abgesehen habe, die angekündigte Erweiterung der kommunalen Partizipation auf formalrechtlichem Weg wieder rückgängig zu machen. Der Sozialdemokrat Dr. QUARCK wollte die Kompetenzen nicht nur zwischen den Institutionen Tiefbauamt, Osthafen-Kommission und Magistrat aufgeteilt wissen, vielmehr gelte es, das Stadtparlament als beschlußfassendes Organ zu respektieren und appellierte an die anderen Partei-Fraktionen, seine demokratische Grundposition zu teilen[86].

Stadtbaurat KÖLLE hielt ihm in einer seiner letzten Redebeiträge in der Stadtverordneten-Versammlung entgegen, – er, der als Stadtbaurat die Leitung der Planungsorganisation des Osthafenprojektes inne hatte, wechselte nach Fertigstellung der Osthafenplanung zur Baufirma HOLZMANN, die er noch zuvor mit Großaufträgen versorgt hatte – daß es unmöglich sei, die zahlreichen Grundstückstransaktionen organisationstechnisch über die Stadtverordneten-Versammlung führen zu lassen[87]. Aufgabe der Kommission sei es, zur wirtschaftlichen Verwertung des Grund und Bodens im Osthafengebietes beizutragen. Im übrigen sei jeder Ausschuß nach dem Art. 66 des Gemeindeverfassungsgesetzes dem Magistrat unterstellt. Die Debatte wurde vertagt; Klärung in der Kompetenzverteilung zwischen Tiefbauamt und Kommission versprochen[88].

84 Bericht über die Verhandlungen d. StVV, Nr. 155 vom 11.2.1908, S. 154f.

85 Ebd., S. 154f.

86 Ebd., S. 156.

87 Er verweist auf das Kommissions-Modell des Liegenschafts-Ausschusses, das der Konzeption der Osthafen-Kommission Pate gestanden habe. Ebd., S. 157.

88 *Warum haben wir denn die Osthafen-Kommission überhaupt eingesetzt? Doch lediglich aus dem Grunde, weil die Stadtverordneten-Versammlung genau so, wie bei anderen großen Projekten ... die einzelnen Kosten-Anschläge und Ausführungen nicht bis ins Kleinste hinein prüfen kann ... Wenn die Kommission auf Grund des letzten Absatzes des Art. 3 der Bestimmungen, von der Prüfung der Projekte und der Kontrolle der Ausführung vollständig ausgeschlossen werden soll, dann halte ich die Tätigkeit der Osthafen-Kommission für zwecklos, denn für den Verkauf von Bauplätzen und Fabrik-Gelände brauchen wir keine besondere Kommission; das hätte schließlich die Stadtkämmerei im Nebenamt besorgen können,* so der Bauunternehmer und fortschrittsliberale Stadtverordnete LÖNHOLDT, ebd., S. 158.

Inzwischen ging der Ausbau weiter. 1910 waren Planungsänderungen erforderlich geworden, weil sich die Nachfrage nach Industrie- und Hafenflächen nicht entsprechend der Planung entwickelt hatte. Konkret hieß das: die Binnen-Industrieflächen wurden zulasten der am Wasser gelegenen vergrößert[89]. Im 1. Bauabschnitt sollten 166 ha Nutzfläche bereitgestellt werden, davon waren 31 ha zu 7,6 Mio. M. verkauft und 21 ha vermietet[90]. Das Tiefbauamt kalkulierte mit einem durchschnittlichen Grundstückspreis von 30 M./qm und einem geplanten Weiterausbau während dieser Bauphase; zusätzliche 114 ha Nutzfläche mit einem Grundstückswert von knapp 50 Mio M. sollten vergeben werden[91]. Die Größe des Projekts brachte es mit sich, daß Fehlplanungen bzw. -kosten entstanden. Die Planungsumwidmungen verursachten Fehlkosten von M.107.000.

Waren die städtischen Behörden bislang kaum gewerbepolitisch in Erscheinung getreten, glaubten sie nun in einem Streich alles aufholen zu müssen, was versäumt worden war. 1910 war 1/10 der Industrieflächen vergeben und belegt, teilweise von Firmen, die zuvor in anderen Stadtteilen Frankfurts ansässig waren[92]. Der sozialdemokratische Stadtverordnete BAUMANN bewertete daraufhin Frankfurt als ein arbeitsmarktpolitisch ungünstiges weil *teures Pflaster*, deshalb wäre es auch gewerbepolitisch kaum zu erwirken, eine Änderung herbeizuführen[93]. Letztendlich ging es in der Debatte der Stadtverordneten-Versammlung[94] um die Frage, welche Mitwirkungsrechte das Stadtparlament bei den Planungen bzw. Planungsausführungen des Osthafenprojektes hat. Während Bürgermeister GRIMM als Vertreter des Magistrat die Herrschaftsrechte „des" Verwaltungstabs als Grundlage der städtebaulichen Aktivitäten zu legitimieren suchte, verstanden die Sozialdemokraten diese als Folge

[89] Bericht über die Verhandlungen d. StVV, Nr. 835 vom 6.9.1910, S. 1141.

[90] So die Bestandsanalyse von 1910, ebd., S. 1140.

[91] Ebd.

[92] Z.B. die Firma VOIGT und HAEFFNER mit ca. 1.000 Arbeitskräften, die zuvor in Bockenheim ihre Produktionsstätten hatte. Sie erwirkte dann auch die Ermäßigung des Straßenbahn-Tarifs von 20 Pf. auf 15 Pf. für die Strecke Bockenheim – Ostbahnhof, Mag.Akt. R 1798/III, 60. Ein Jahr vor der Eröffnung des Osthafens, 1911 waren 360.493 qm Industrieflächen an 35 Firmen vergeben; davon 4 Neugründungen und lediglich 9 Firmen, die von außerhalb kamen. S. Bericht über die Verhandlungen d. StVV, Nr. 742 vom 11.7.1911, S. 1063. Dies ist unabhängig jeglicher Wertung auch Beleg für die These, die kommunale Wirtschaftspolitik habe der Ausdifferenzierung von Standortstrukturen gedient. Dazu: W. STEITZ, 1982, S. 170. Vgl. dagegen H. KIESEWETTER, 1980, S. 330. Insgesamt wurden in den einzelnen Etatjahren verkauft: 1908: 165.542 qm; 1909: 106.700 qm; 1910: 57.947 qm; 1911: 17.578 qm; 1912: 30.078 qm; 1913: 26.697. Der qm/Preis betrug 1908 im Durchschnitt 22,27 M., bis 1912 bzw. 1913 stieg er auf M. 40,86 bzw. M. 38,65 an. S. Verwaltungsbericht 1914, 1915, S. 856.

[93] Bericht über die Verhandlungen d. StVV, Nr. 835 vom 6.9.1910, S. 1145. Auch HÜTTMANN (SPD) warf den Planern vor, daß das Projekt in keinem Verhältnis stünde zur *Bedürfnisfrage*. Ebd., S. 1148. Die Erklärung BAUMANNS deckt sich mit der Bewertung von Industriellen, so z.B. KLEYERS, s. StA Ffm. IHK Nr. 375, Niederschrift betr. Besprechung ..., vom 23.10.1912, S. 3.

[94] S. Bericht über die Verhandlungen d. StVV, Nr. 835 vom 6.9.1910, S. 1140f.

der Herrschaft mittels der Verwaltung: *Was wir wollen, ist, daß der Magistrat bei der Ausführung dieses großen Projektes für die Zukunft Frankfurts, mehr mit der Stadtverordneten-Versammlung zusammenarbeiten soll*[95].

Nach anfänglicher *Hurrastimmung*[96], wurden die kritischen Stimmen in den Vorkriegsjahren immer schärfer vorgetragen; Ursachenforschung wurde betrieben. Der Industrielle R. Eyssen sah die unzureichende industrielle Entwicklung Frankfurts (1912) in dessen Historie begründet. Zu spät hätten Gemeindevertreter die Bedeutung der Industrie in ihrer gesellschaftlichen Dimension erkannt[97]. Industrie- und kommunale Vertreter berieten die prekäre Lage und gaben sich zweckoptimistisch. Der Magistratsbaurat Uhlfelder gab den Stand der Entwicklung mit *recht befriedigend* an. Stadtrat Meckbach hatte in den privaten Bauinvestoren die Schuldigen der gesamten Misere ausgemacht, weil sie den Arbeitern dort den entsprechenden Wohnraum vorenthielten[98]. Mit der Besprechung *über die Förderung der Geländeverwertung des Osthafens sowie des Handels und der Industrie* (1912) stellten die Beteiligten in Aussicht, eine ständig agierende Kommission zu bilden; Industrie- und Stadtpolitik sollten endlich zusammengeführt werden[99].

6.4. Ein Stadtteil kämpft um sein städtebauliches Gleichgewicht

1905 nahm die Immobilien Zeitung die Infrastrukturmaßnahmen im Ostend zum Anlaß, um deren städtebaulich vorteilhaften Auswirkungen auf das Westend darzulegen[100]. Der erhoffte Segregationsschub, bewirkt durch die Industriepolitik des

95 Ebd., S. 1155.

96 So der Stadtverordnete Goll in der StVV am 6.9.1910; ebd., S. 1147.

97 IHK Nr. 375, Niederschrift ..., S. 6. Als die auswärtige Nachfrage nach Industrieflächen im Osthafen nachließen, sah sich der Magistrat gezwungen, einheimische Industrieunternehmen zur Ansiedlung im neuen Industriegebiet zu bewegen. Dagegen der Stadtverordnete Goll: *Was nützt es denn, wenn Fabriken, die in einem anderen Stadtteile liegen, nach dem Osthafen verlegt werden..?* Bericht über die Verhandlungen d. StVV, Nr. 835 vom 6.9.1910, S. 1147.

98 IHK Nr. 375 S. 7. 1913 veröffentlichte die Handelskammer Zahlen der Immobilienentwicklung. Der Höhepunkt des Immobilien-Umsatzes war 1905 und 1906 mit jeweils um die 150 Mio. M., 1910 war mit 52 Mio. M. ein Tiefpunkt erreicht, mit leichtem Anstieg bis 1912. Mitteilungen der Handelskammer Frankfurt a. M., 36. Jg., März 1913, S. 1.

99 Bericht über die Verhandlungen d. StVV, Nr. 4 vom 6.1.1914, S. 16. Es ist tatsächlich trotz der gewerbepolitischen Aktivität Adickes' keinesfalls davon auszugehen, daß die Interessen der Industrie seine Stadtentwicklungspläne vorrangig beeinflußt haben. Zu ähnlichen Aussagen kommen H. Gutman, Work, Culture and Society in Industrializing America, New York 1977, – an Beispielen amerikanischer Städte – und D. Crew, Bochum, 1980, S. 122f und S. 155.

100 Immobilien-Zeitung v. 10.11.1905, nach STA Ffm. IHK B 158, III, 813.

Magistrats, hatte sich nicht wie von der Planung beabsichtigt, eingestellt, im Gegenteil: das Ostend war überfordert mit den unterschiedlichsten infrastrukturellen Großprojekten wie Osthafen, Ostbahnhof, Parkanlagen, Wohnungs- und Straßenbau, die alle mehr oder minder zur gleichen Zeit durchgeführt wurden. Jedenfalls hatte die verkehrsinfrastrukturelle Erschließung – so paradox dies klingen mag – den Bau des Osthafens und den Umbau des Ostbahnhofes verzögert, denn die zwei Großbaustellen hatten die private Bautätigkeit fast vollständig verdrängt.

Anfangs stimmten die Planungsentwürfe noch optimistisch: Die Hanauer Landstraße war als Hauptzubringer vom Osten nach der Innenstadt ausgewiesen. Darüber hinaus war es ihr zugedacht, die Citybildung der Altstadt zu beschleunigen. Die Nord-Süd-Achse kam hinzu, die, an der Saalburg-Allee beginnend und in geschwungener, aber schmaler Fortsetzung entlang des Ratswegs, zwischen Ostpark und Riederwald in ziemlich gerader Trassierung über eine Brücke (heutige Kaiserlei-Brücke), nach Offenbach weitergeführt werden sollte. Diese Straßenachsen zerschneiden das Industrie- und Hafengebiet des Ostends, das sich in nordöstliche Richtung bis nach Seckbach erstreckt. Westlich davon und dem Riederwald als südliche Abgrenzung, erstreckt sich das Riederwaldgelände, als Wohnviertel für die im Industriegebiet Arbeitenden geplant. Mit Ausnahme der geraden Straßenführung der Rotenbusch-Allee ist das Straßenetz in vielfältig geschwungenen Formen angelegt. Deutlich abzulesen ist ihm das Bemühen, ein einheitliches Ensemble nach ästhetischen Gesichtspunkten zu schaffen. Bildet Am Radbruch die westliche Grenze dieses einheitlich-geschlossenen Wohnviertels, so verraten die Versatzstücke an breiten Straßenführungen, z.B. Luxemburger Allee, Wittelsbacher Allee und Habsburger Allee – angestrengten städtebaulichen Planungseifer. Der große Verkehrsknotenpunkt nördlich des Ostparks – Kreuzung Saalburg-Allee/Ratsweg und Ostparkstraße – war wohl als Bindeglied zwischen Riederwald und Röderberggebiet gedacht. Während die Habsburger Allee die Ring-Promenade im Osten abschließt, hat die Anlage der Luxemburger Allee in seinem südöstlichen Parallelverlauf zur Ringstraße ihre Verkehrsbedeutung verfehlt. Die Wittelsbacher Allee sollte wohl den Verkehrsfluß von und nach der nordöstlichen Innenstadt entlasten.

Wie gesagt – für das Ostend hatte man sich besonders viel vorgenommen, weil es jahrzehntelang städtebaulich vernachlässigt wurde. Industriebereiche, Wohnviertel und Freizeitstätten sollten hier zugleich entstehen: ein Beispiel für großstädtischen Städtebau. 1913, als die Erschließungs-Planungen des Riederwaldes dem Stadtparlament vorgelegt wurden, kamen dem Oberrader Stadtverordneten BINDEWALD finanzielle Bedenken gegenüber dem von ADICKES vertretenen Leitbild der städtebaulichen Dezentralisierung: *Ich muß aussprechen, daß uns die Dezentralisation von Frankfurt a.M. wie sie in der jüngsten Vergangenheit geschaffen worden ist, doch ganz bedeutende Kosten auferlegt. Wenn wir in Zukunft kleinen Ansiedlungen in dem Maße Vergünstigungen zukommen lassen wollen, so werden wir eine Verteuerung, eine Inanspruchnahme der Finanzen der Stadt Frankfurt a.M. erleben, die nicht unbedeutend ist.*

Ich betone ausdrücklich: Ich freue mich über diese Vorlage ... aber ich warne davor, daß wir künftig eine weitere „Dezentralisation" vornehmen[101].

Der Entmischung des städtischen Raumes nach dezentralisierendem Prinzip ist die wachsende verkehrsinfrastrukturelle Komponente eigen. Das Ostend war dem Magistrat zum Planungsgegenstand geworden, die dortigen Verhältnisse sollten mit Macht geändert werden. In bester Absicht glaubte man, die einzelnen städtebaulichen Aufgaben über die verwaltungsorganisatorische Abwicklung realisieren zu können. Die gewachsenen Lebenszusammenhänge wurden hierbei nicht in die Planungsüberlegungen einbezogen. Über Jahrzehnte hatten sich im Ostend aufgrund unzureichender Stadtplanung Gewerbebetriebe, Wohnungsbau und *gärtnerische Kulturen* (SITTIG)[102] entwickeln können. Dem entgegen standen die Interessen der Großgrundbesitzer und die der staatlichen Eisenbahn-Verwaltung, die ihrerseits auf ihre Rechte pochten und ihren Grund und Boden marktrational zu verwerten trachteten.

Auch deshalb beanspruchten Planungsprozesse Zeit. Inzwischen hatte die Popularität der Gartenstadt-Idee auch im deutschen Städtebau Wirkungen gezeitigt. In Frankfurt gab man sich kompensatorisch: der Magistrat plante eine Reihe von Parkanlagen, deren Planungsvorbereitungen etwa 1904/05 getroffen wurden[103]. So wurde der Ostpark entsprechend dem Wohnumfeld – Arbeiterwohnungen – mit Spiel- und Sportstätten versehen[104]. Doch der Straßenbau ging vorerst im südöstlichen Ostend vonstatten. Stadtbaurat SCHAUMAMM, der in der Stadtverordneten-Versammlung die Planungspolitik des Magistrats zu rechtfertigen hatte, verwies, auf den unkoordinierten Planungsvollzug angesprochen, auf das Tiefbauamt, das für die Durchführung des Straßenbaus zuständig sei[105].

Statt vorrangig Industriepolitik zu betreiben, schlug der Ostendverein vor, zunächst die Verkehrsaufschließung des Ostends anzustreben; dies würde dann Industrieansiedlungen nach sich ziehen[106]. Doch erst 1904 waren die Grundstückseigentümer im Bereich der Wittelsbacher Allee soweit, dem vom Magistrat vorgeschlagenen Umlegungsprojekt *freiwillig* zuzustimmen. Nun begann eine rege Bautätigkeit.

[101] Der Oberrader BINDEWALD in der Stadtverordneten-Versammlung. S. Bericht über die Verhandlungen d. StVV, Nr. 1170 vom 4.11.1913, S. 1286. Der Sozialdemokrat ZIELOWSKI erläuterte den Begriff der Dezentralisation wie folgt: *Gelände außerhalb Frankfurts für kleine Wohnungen zu erschließen, weil ... im Zentrum die Gelegenheit zum Wohnen für kleine Leute gar nicht mehr gegeben ist ... Ebd., S. 1287.*

[102] Bericht über die Verhandlungen d. StVV, Nr. 318 vom 5.4.1910, S. 671.

[103] Im Detail s. Frankfurt a. M. eine Stadt im Grünen, hrsg. im Auftrage des Magistrats, Frankfurt a. M. 1955 und Entwicklung der Gärten und Grünflächen in Frankfurt a. M., hrsg. v. MARTIN HEINZBERGER, PETRA MEYER und THOMAS MEYER, Frankfurt a. M. 1988.

[104] Die Anlage des Ostparks war als Volkspark konzipiert, d.h. Spiel- und Freizeitflächen und ein Schulgarten waren die Hauptelemente dieser neuen Grünanlage; 1910 fertiggestellt. Bericht über die Verhandlungen d. StVV, Nr. 366 vom 3.5.1910, S. 765f. S. auch Monographien deutscher Städte, hrsg. v. VOIGT und E. STEIN, 1914, S. 107f.

[105] Bericht über die Verhandlungen d. StVV, Nr. 366 vom 3.5.1910, S. 757.

[106] Mitt.Prot.StVV., Nr. 134 vom 15.2.1898, S. 89.

Aus einer Gegebenheit, die als Sachzwang erkannt wird, erwächst auch schon der nächste. Sind Erschließungsmaßnahmen in ihrer verkehrsinfrastrukturellen Erleichterung erst einmal ausgemacht, so werden im Falle des Defizits die Nachteile um so schmerzlicher empfunden. Deshalb lag es für die Organisatoren des Ostend-Vereins nahe, die Erschließung des Röderberggebietes nun durch die Straßenbahn zu fordern[107]. Der Bezirksverein vertrat hier in erster Linie die Interessen der ansässigen Wohnbevölkerung entlang der Rhönstraße[108].

Ein knappes Jahr später legte der Magistrat einen Entwurf vor, der die Verkehrserschließung der vom mehrstöckigen Mietwohnungsbau geprägten Wittelsbacher Allee bewirken sollte. Der Stadtverordnete Prof. Sittig, Mitglied der Mittelstands-Partei und des Ostend-Vereins, kritisierte diese Linienführung, ganz im Sinne seines Bezirksvereins. Die Bebauung der Rhönstraße war wegen unzureichender Bereitschaft, Straßenraum freizulegen, ins Stocken geraten. Sittig sah in der Magistrats-Entscheidung, deshalb die Rhönstraße städtebaulich zu ignorieren, eine unzulässige Planungsvorgabe des Magistrats[109]. Bis Sommer 1910 war die Freilegung der Rhönstraße immer noch nicht erfolgt, so daß Anlieger an den Magistrat petitionierten, er möge für baldige Pflasterung der Rhönstraße sorgen[110].

In einer anderen Petition, von Ostendbewohnern initiiert, suchten etwa 40 Petenten um den Fortgang der Erschließung ihres Stadtteils nach. Nachdem im Bereich der Wittelsbacher Allee, Rhönstraße und Waldschmidtstraße die private Bauttätigkeit durch die städtischen Investitionen angekurbelt worden sei, erwarteten sie die gleichen Maßnahmen für den südöstlichen Teil des Ostends an der Rhönstraße/Luxemburger Allee und ihrem nördlichen Anschluß bis zur Bornheimer Landwehr[111].

In der Debatte des Stadtparlaments rechtfertigte der Ostendler Sittig die Aktion der Petenten. Aber es sei nicht verwunderlich, wenn die Bewohner nun ihr Anliegen

107 *Dieser ausgedehnte Teil des Ostends, der zwischen Sandweg und dem Röderbergweg liegt, entbehrt noch jeglicher Trambahnverbindung. Die schnelle Bebauung dieses Gebietes, die bevorstehende Herstellung des Ostparks, der vielbesuchte Sportpark Frankfurt und das nahe Röderwäldchen als Ausflugsort mit Restaurant und schönen Waldwegen lassen es dringend erwünscht erscheinen, nunmehr auch diesen Stadtteil möglichst bald mit dem übrigen Bahnnetz zu verbinden.* Vorrang räumte der Verein der Rhönstraßen-Linie ein. Erst wenn dies nicht möglich sein sollte, würde man sich auch mit der Linienführung Wittelsbacher-Luxemburger-Allee mit direkter Verbindung zur Zeil zufriedengeben. S. Kleine Presse Nr. 184 vom 9.8.1906, S. 1.

108 Bericht über die Verhandlungen d. StVV, Nr. 882 vom 20.9.1910, S. 1206f. und Bericht über die Verhandlungen d. StVV, Nr. 135 vom 28.1.1913, S. 216.

109 Mitt.Prot.StVV., Nr. 603 vom 18.6.1907, S. 351. Vgl auch Debatte des Tiefbauamt-Berichtes: Mitt.Prot.StVV., Nr. 833 vom 3.9.1907, S. 477f.

110 1913 verabschiedete der Ostend-Verein eine Resolution, in der, in 5 Punkten zusammengefaßt, die stadtteilmäßige Erschließung des Ostends, gemeint waren die Wohnviertel, gefordert wurde. S. Bericht über die Verhandlungen d. StVV, Nr. 135 vom 28.1.1913, S. 216.

111 Petition, unterschrieben von 40 Bewohnern (Hauseigentümer), abgedruckt in: Bericht über die Verhandlungen d. StVV, Nr. 318 vom 5.4.1910, S. 667.

selber in die Hand nähmen, denn der Ostend-Verein sei bislang in seinem Bemühen um Mitsprache in städtebaulichen Entscheidungsprozessen nie gehört worden. Was die Ostendler wollten, sei das, was die Westendler bei der Erschließung des Kettenhofgeländes oder die Ginnheimer bei der Aufschließung der Ginnheimer Höhe bekommen hätten. Der wesentliche Unterschied bei der Erschließung des Röderberggebietes sei, daß man hier kleinschrittig vorginge. Er kritisierte dann die unzureichende Gewerbeförderung an der Hanauer Landstraße; die Eröffnung einer Straßenbahnlinie hätte dort die Aufschließungsfunktion für das Industrieviertel übernehmen müssen. Ein Katalog der nicht zustande gekommenen Verkehrsinvestitionen stand am Ende seiner langen Ausführungen, wobei ihm ein Punkt wesentlich erschien: die Eisenbahnverbindung Ostbahnhof-Sachsenhausen und dann ganz allgemein – auch die Linienführungen des öffentlichen Nahverkehrs im Ostend würden Wünsche offenlassen.

Die Ursachen der unzureichenden städtebaulichen Entwicklung sah er in der bodenpolitischen Zielsetzung ADICKES' begründet. Der Magistrat habe die Grundstücks-Spekulation erst richtig entfacht, indem er ohne Rücksicht auf gegebene Verhältnisse eine Niedrig-Preis-Politik verfolgt habe. Straßen seien nur zu Teilen ausgebaut worden, um so unwillige Grundstückseigentümer den städtischen Planungen gefügig zu machen[112]. Diese Erwartung sei jedoch in vielen Fällen nicht eingetreten; die Bodenpreise dagegen um ein Vielfaches gestiegen. SITTIGS widersprüchliche Darlegung endete mit der Empfehlung an den Magistrat, die Enteignung als Mittel der Erschließung[113] stärker zu nutzen oder aber den Bezirksverein des Ostends (Ostend-Verein) als neutrale Vermittlungsinstanz zu den Umlegungs- bzw. Freilegungs-Verhandlungen hinzuzuziehen[114], wie in einem Fall bereits erfolgreich getan.

112 Bei Enteignungs-Verfahren traten dann häufig zusätzliche Probleme auf, wenn sich zwischen abgeschlossenem Planungsprozeß und Planungsvollzug eine Zeitspanne von mehreren Jahren erstreckte. So war für den Röderbergweg und der Luxemburger Allee 1896 ein Bebauungsplan rechtskräftig geworden, dessen Planungsvollzug aber erst 7 Jahre später in Angriff genommen wurde. Geplant war am östlichen Ende der Ring-Promenade eine Verbreiterung der Anbindung am Röderbergweg, dessen Breite 17 m betragen sollte. Die Planungen sahen eine Teilübereignung von Grund und Boden des Fuhrunternehmers und Bauern BRILL vor. Dieser schlug dagegen vor, ein Grundstück im ganzen zu tauschen (Größe. 1.700 qm). Die Verhandlungsführenden der Stadt und BRILL konnten sich nicht einigen, so daß dieser über einen Makler sein Anwesen zum Preis von M. 120.000 anbot; die Stadt ihrerseits aber nur gewillt war, 70.000 M. zu zahlen. Das Enteignungsverfahren (1905) erbrachte eine Wertfeststellung von 110.700 M. Die städtische Behörde war mit diesem Entscheid nicht einverstanden. Begründung: Dies sei nicht der Wert des Grundstücks zum Zeitpunkt der Verabschiedung des Bebauungsplanes von 1897. S. Mag.Akt. T 972/I, 25.

113 Die Enteignungsverfahren wurden hier häufiger als anderswo eingeleitet, waren aber nur sinnvoll, wenn Straßen freigelegt werden sollten. Die Bebauung selbst konnte durch sie nicht erwirkt werden. S. Bericht der Verhandlungen der StVV, Nr. 318 vom 5.4.1910, S. 672. Vgl. dagegen seine Kritik an dem rigiden Vorgehen des Magistrats in: Bericht über die Verhandlungen d. StVV, Nr. 201 vom 29.2.1912, S. 265.

114 Bericht der Verhandlungen der StVV, Nr. 318 vom 5.4.1910, S. 671.

Die Kritik hatte insoweit Erfolg, als die Ostendvertreter nun zu den Ausschußsitzungen des Tiefbauamtes eingeladen wurden. So auch 1912, als der Fluchtlinienplan Nr. 796 für das Gebiet zwischen dem Röderbergweg, der Ostparkstraße, dem neuen Ostbahnhof, der Hanauer Landstraße, der Ostend-, Rückert- und Kleine Pfingstweidstraße zur Verabschiedung der Stadtverordneten-Versammlung vorgelegt wurde[115]. Der Plan hatte Widerspruch bei den Ostendbewohnern hervorgerufen, der zu Teilen Bestätigung fand durch die staatliche Aufsichtsbehörde (Bezirks-Ausschuß). Den Einwendern waren die Straßenanbindungen nicht breit genug ausgefallen. Man forderte für die Bärenstraße eine Straßenbreite von 22 bzw. 24 m. Auch die Verkehrslenkung am neuen Ostbahnhof war umstritten. Während die Bewohner eine breite, mitten auf das Bahnhofsgebäude hinführende Straße für günstig erachteten, hatte Stadtrat FRANZE für den Magistrat eine eher verkehrsverteilende Lösung im Auge, indem er zwei Straßen jeweils links und rechts (heutiger Danziger Platz) auf das Bahnhofsgebäude zulaufen lassen wollte. Die Eisenbahn-Verwaltung hatte zwar keine wesentlichen Änderungen in der verkehrsinfrastrukturellen Bedeutung dieses Bahnhofes vorgenommen, doch übertraf das Projekt des Bahnhofsgebäudes dann doch seiner funktionalen Bedeutung: *Anstelle eines einfachen Lokalbahnhofes ist jetzt im Osten, in wesentlich höherer Lage ein Hauptbahnhof entstanden, der zur Entlastung des Hauptbahnhofes im Westen dienen soll*[116]. Unstimmige Planungen, insbesondere auf seiten der preußischen Eisenbahnverwaltung, waren auch hier nicht zu übersehen. Die Forderung der Ostendler, die Bärenstraße auf 24 m Breite anzulegen, kann deshalb nicht verwundern. Die über die Jahre verfolgte Ideologieplanung hatte ihre Wirkung nicht verfehlt: Das Leitbild der breiten Straßenführung, aus Gründen des Verkehrs immer wieder vom Magistrat eingeklagt, wurde ihm nun selbst vorgehalten. In diesem Fall lehnte der Magistrat die breite Straßenführung der Bärenstraße aus finanziellen Gründen ab. Sollte sich die Position EBERSTADTS und GOECKES im Planungsdenken des Magistrats durchgesetzt haben, die beide den Bebauungsplan als Bewertungsdeterminante für die Grundrente ansahen und eine Stadtplanung wider den *Kultus der Straße* forderten?[117]

Das Osthafen- und Industriegebiet, das sich keilförmig von Osten bis an die Altstadt heran ausdehnte, hat die anderen Nutzungen wie Wohnen und Freizeitgestaltung an den Rand gedrängt. Der durch die Staffel-Bauordnung zusätzlich forcierte Segregationsprozeß wurde auf diese Weise verstärkt. Ziel war eben, daß die Stadt in die Region wachse. Doch sozialer Wandel im Stadtraum läßt sich nicht kurzfristig planen; gesellschaftliche Werte und Normen verändern sich eben nur langfristig.

115 Bericht über die Verhandlungen d. StVV, Nr. 53 vom 23.1.1912, S. 79f.

116 Nach SITTIG; ebd., S. 80.

117 ABELE, 1900, S. 39, R. EBERSTADT, Grundsätze der städtischen Bodenpolitik, ... 1893, S. 236 und TH. GOECKE, Verkehrsstraße und Wohnstraße, in: Preussische Jahrbücher 73, 1893.

Statt der noch fehlenden Grünanlagen und Parkflächen forderte die Industrie den Bau von Arbeiterwohnungen[118] im Ostend, als die Versorgung von neuen Arbeitskräften über den Arbeitsmarkt nicht funktionierte. Der Ausbau des Straßennetzes zwischen Industriegebiet im Osten und Bornheim, wo das Reservoir für die Industriearbeit aufzuschließen wäre, ließ zu wünschen übrig: Falltorstraße und ihre Verlängerung, der Ratsweg, wären unzureichend ausgebaut. Die Bornheimer fühlten sich verkehrsmäßig vom neuen Industriezentrum abgeschnitten und suchten deshalb ihre Arbeitgeber wie bisher in Bockenheim[119]. An das Umlegungsprojekt südlich der Löwengasse, ein Areal zwischen Falltorstraße, Buchwaldstraße, Saalburgallee und Ringelstraße im Umfang von fast 140.000 qm, wurden deshalb arbeitsmarktpolitische Hoffnungen geknüpft[120].

Da die Nachfrage der Industrie nach Standorten im Ostend hinter den Erwartungen zurückblieb, waren weitere kommunale Wachstumsimpulse erforderlich geworden. Großindustrielle Unternehmen, die mit der Ansiedlung im Osten Frankfurts liebäugelten, gaben zu erkennen, daß ihnen der Kohlenumschlag dort von wirtschaftlichem Vorteil sei. Andere, mittlere und kleinere Unternehmen waren zurückhaltend, überließen den zu erwartenden Strukturwandel im Bereich der Kohlenverwertung der Zukunft[121] und zogen es vor, vorerst an ihrem gewohnten Standort, dem Westhafen, zu bleiben.

Was alle industriellen Gewerbezweige in der Phase der Hochindustrialisierung zu spüren bekamen, war der allgemein wahrzunehmende Konzentrationsprozeß in der wirtschaftlichen Organisation. Adickes hatte mit dem Großprojekt „Osthafen" auf diesen neuen Entwicklungstrend gesetzt. Städtebauliche Investitionen kamen mehr und mehr der Großindustrie zugute, weniger dem mittelständischen Gewerbe. So wurde der Vorschlag, an der Vilbeler Straße und Alte Gasse eine Gewerbehalle zu bauen, fallengelassen[122]; fast im Gegenzug plante man den Bau einer Festhalle im Westen Frankfurts. Die SPD-Fraktion stimmte geschlossen gegen das Festhallen-Projekt, weil ihrer Ansicht nach *die Gesamtbevölkerung der Stadt nicht das geringste Interesse daran habe*[123]. Das Planungsdenken schien System zu haben: Status-Investitionen im Westen; Versorgungs-Infrastruktur für den Osten. So z.B. die Großmarkt-

118 IHK Nr. 375. und Mitt.Prot.StVV., Nr. 448 vom 30.4.1907, S. 262. Zur Wohnungsbaupolitik s. Kapitel 9.

119 Bericht über die Verhandlungen d. StVV, Nr. 1147 vom 22.10.1912, S. 1238f.

120 Bericht über die Verhandlungen d. StVV, Nr. 68 vom 30.1.1912, S. 101f.

121 Drei von 16 im Westhafen ansässigen Unternehmen der Kohlenbranche hatten den Umzug ausdrücklich befürwortet, *wohingegen alle mittleren und kleineren Firmen sich dagegen ausgesprochen haben oder nur bedingungsweise für eine Verlegung eingetreten sind.* S. Bericht über die Verhandlungen d. StVV, Nr. 675 vom 12.7.1910, S. 1053.

122 Mitt.Prot.StVV., Nr. 326 vom 29.3.1904, S. 216.

123 Bericht über die Verhandlungen d. StVV, Nr. 357 vom 9.4.1907, S. 198 und zuvor Bericht über die Verhandlungen d. StVV, Nr. 153 vom 13.2.1906, S. 153ff.

halle, die nach langem kommunalpolitischem Tauziehen in der Standortfrage zwischen Altstadt und Ostend, 1912 die Zustimmung der Stadtverordneten fand[124]; gebaut wurde sie dann, kriegsbedingt, erst 1928.

Während die Wohnbevölkerung im 25. Bezirk (Wittelsbacher Allee) zwischen 1905 und 1910 von 8.700 auf 14.000 überdurchschnittlich anstieg, setzte das Wachstum im äußeren Osten (26. Bezirk) erst nach dem 1. Weltkrieg ein. Vor dem Krieg wohnten dort 3.000 Menschen (1913), 1925 sollten es dann über 10.500 sein[125]. Trotz des Nebeneinanders von unterschiedlichen Flächennutzungen sollten im Ostend sowohl Zweckbauten als auch Wohnbauten nach ästhetischen Gesichtspunkten zu einem „Gesamtkunstwerk“ zusammengebunden werden: *Das ganze Osthafenviertel besteht aus Zweckbauten, die ein Spiegelbild ihrer Zeit darstellen. Das ästhetische Moment ist fast ausschließlich durch die Linie gegeben, schmückendes Beiwerk tritt höchstens als Betonung der Portale auf. Diese Klarheit der Form läßt sich auch beim neuen Ostbahnhof feststellen*[126].

Frankfurts Großstadtwerdung wurde auch unter dem Gesichtspunkt des Wahrnehmungsverlustes angemerkt. Wenn schon städtebauliche Neuordnung, dann nicht ohne Berücksichtigung ästhetischer Werte. In den kommunalen Auseinandersetzungen um Frankfurts Stadtumbau, insbesondere im Bereich der Altstadt, kam diesem Aspekt zentrale Bedeutung zu – dies wird Thema des folgenden Kapitels sein.

124 Die Frage, ob die Marktstruktur dezentral oder zentral angelegt werden sollte, war eines der wichtigsten Fragen, die die kommunale Öffentlichkeit über Gebühr beschäftigen sollte. Dazu ausführlich im nächsten Kapitel.

125 S. Beiträge zur Stat. 11. H., 1919, S. 33–35 und Stat. Handbuch, 1928, S. 57.

126 So die Kleine Presse Nr. 58 vom 8.3.1913, S. 2; zitiert nach Mag.Akt. T 589/V, 5. Vgl. Debatte in der sozialdemokratischen Volksstimme über ästhetische Wertsetzungen im modernen Städtebau in: Volksstimme Nr. 242 vom 15.10.10. *Der Frankfurter Osthafen und das Problem des Städtebaus.*

7. Die Großstadt geht in die Region: Stadtentwicklung als Wohlfahrtspolitik

Die Eingemeindung als Planungsinstrument des Städtebaus ist hier weniger in ihrer verwaltungsrechtlichen Bedeutung zu sehen, als in ihrer politischen und sozialen[1]. Gesellschaftliche Kräfte sind es, die den Stadträumen Nutzungen zuweisen, bevor sie bau- und verwaltungsrechtlich sanktioniert werden. Der technische Fortschritt sorgt nicht nur für wirtschaftliches Wachstum, sondern auch für die zunehmende Fortbewegung in größeren Raum- und Verkehrsstrukturen. Neue gesellschaftliche Bedürfnislagen entstehen und werden als Ansprüche gegenüber der Kommune artikuliert. Störwirkungen des Verkehrs bilden hierbei meist den Ausgangspunkt. Die Folge ist die gesellschaftliche Einflußnahme auf Planungsentscheidungen des kommunalen Städtebaus, die gesellschaftspolitische Dimension von Verkehrsplanung also offenkundig[2].

So auch im Frankfurt a.M. des Kaiserreichs. Die Eingemeindung als Mittel der Großstadtbildung war den Frankfurtern ein wichtiges Thema der Stadtpolitik. Die Eingemeindung Bockenheims 1895 gibt eines der letzten Beispiele dafür ab, wie Frankfurts Stadtbürgerschaft vergeblich versuchte, mit überlieferten Mitteln Stadtentwicklung zu verhindern. Frankfurts Magistrat war auf staatliche Unterstützung angewiesen, um die Stadthonoratioren von der städtebaulichen Notwendigkeit von Bockenheims Eingemeindung überzeugen zu können. Die Eingemeindung von 1895 stand noch eindeutig im Zeichen von „Auffangplanung", d.h. Versäumnisse der Vergangenheit wurden demnach zu einem recht späten Zeitpunkt verwaltungsrechtlich „aufgefangen".

Am Anfang dieses Kapitels wird stehen: die Bedeutung der *offenen Bauweise* als *Muster des städtischen Wachstums*, wobei die Eingemeindung als Mittel von Stadtentwicklung nicht unberücksichtigt bleiben darf. Nachdem die Programmatik von Stadtwachstum und -entwicklung im ersten Abschnitt umrissen worden ist, soll sie dann am Beispiel der Eingemeindung Seckbachs (1900) und der Eingemeindung des Landkreises (1910) veranschaulicht werden (Abschnitt 2 und 5). Beide Eingemein-

1 Paul Nolte, Eingemeindungen und kommunale Neugliederungen in Deutschland und den USA bis 1930, in: Archiv f. Kommunalwissenschaften I/1988, S. 14–42, hier S. 20. Zur Frage der Eingemeindungen s. auch Wolfgang R. Krabbe, Eingemeindungen vor dem ersten Weltkrieg. Motive, Widerstände und Verfahrensweise, in: Die Alte Stadt, 7. Jg., Nr. 4, 1980, S. 368–387.

2 Paul Nolte, Eingemeindungen ..., 1988, S. 20f.; vgl. G. Wolfgang Heinze, Verkehr schafft Verkehr. Ansätze zu einer Theorie des Verkehrswachstums als Selbstinduktion, in: Berichte zur Raumforschung und Raumplanung, 23. Jg., 1979, H. 415, S. 9–32.

dungen waren für Frankfurts Stadtwachstum unter planerischen Gesichtspunkten bedeutsam. Insbesondere der Eingemeindung des Landkreises hatten wichtige verkehrsinfrastrukturelle Investitionen aber auch organisationstechnische Innovationen vorauszugehen. Der öffentliche Nahverkehr war um die Jahrhundertwende zum wichtigsten Medium für die Erschließung von Stadträumen geworden: Nur die Kommunalisierung der privat betriebenen Trambahnunternehmen konnte die Voraussetzungen schaffen, damit sich Stadtentwicklung eben nach planerischen Gesichtspunkten im Stadtbild manifestieren konnte, – davon soll im dritten Abschnitt die Rede sein. Städtische Wohlfahrtspolitik gründete wie gesagt in einem neuen Verständnis von kommunalem Städtebau und zeitigte auch ihre Schattenseiten. Denn mit der Kommunalisierung des öffentlichen Nahverkehrs war es nun die Stadtverwaltung selbst, die über die Fahrpreisgestaltung Gesellschaftspolitik betrieb. Wie dies stadtpolitisch thematisiert wurde, soll im vierten Abschnitt dargelegt werden.

Doch eines haben alle Abschnitte gemeinsam: Die Perspektive des städtischen wie vorstädtischen Bürgers und Bewohners, seine Ansprüche und Forderungen zu Fragen des Städtebaus stehen auch in diesem Kapitel im Mittelpunkt, nicht also allein die Frage, wie Eingemeindungen zwischen den beiden kommunalen Institutionen Magistrat und Stadtverordneten-Versammlung gehandhabt wurden.

7.1. Die offene Bauweise – das Muster des städtischen Wachstums und die Eingemeindung – das Mittel von Stadtentwicklung

Adickes, der zusammen mit R. Baumeister und J. Stübben aktiv an der Formulierung von programmatischen Leitsätzen des Deutschen Vereins für öffentliche Gesundheitspflege (DVföG)[3] mitgewirkt hat, legte bald nach Amtsantritt als Oberbürgermeister in Frankfurt seine Planungsvorstellungen vom dezentral anzulegenden Großstadtprojekt[4] dar: Der *Mischung von Ein- und Mehrfamilienhäusern*[5] mit höchstens drei Obergeschossen kam Vorrang in der kommunalen Planung zu. Der sozialen Segregation war zwar damit Vorschub geleistet, die eindeutige „Funktionalisierung“ und starre Trennung und „Entmischung“ von Aktivitäten wie Arbeiten, Wohnen und Freizeitgestaltung jedoch keineswegs beabsichtigt[6]. Denn in der Bil-

3 Zur gesellschaftspolitischen Einschätzung seiner Vereinsarbeit s. J. Rodriguez-Lores, in: ders. und G. Fehl, Städtebaureform 1865–1900, 1985, S. 19–58, insbes. S. 27.

4 J. Rodriguez-Lores, Die Zonenplanung – Ein Instrument zur Steuerung des Kleinwohnungsmarktes?, in: Die Kleinwohnungsfrage. Zu den Ursprüngen des sozialen Wohnungsbaus in Europa, hrsg. v. derselbe und G. Fehl, Hamburg 1988, S. 157–208, hier S. 186

5 F. Adickes, Die unterschiedliche Behandlung ..., 1893, S. 7.

6 Vgl. G. Fehl und J. Rodriguez-Lores, Aufstieg und Fall ..., 1982, S. 443ff.

dung reiner Arbeiterviertel sah er eine große politische Gefahr[7]. ADICKES hatte deshalb städtebauliche Vorschläge TH. GOECKES aufgegriffen, der für Berlin die Synthese von Mietshaus und Kleinhaus („gemischten Bauweise") anzustreben suchte[8].

Die *weiträumige Bebauung* oder die synonym verwandte *offene Bauweise*[9] sollte über eine aktive Bodenvorratspolitik im Stadterweitungsgebiet angestrebt werden. Gleichzeitig war erklärtes Ziel, die marktwirtschaftlichen Rahmenbedingungen des privaten Bodeneigentums zu festigen. In sozialhygienischer Hinsicht stelle die *offene Bauweise* das *Muster des städtischen Wachstums* dar, ja das *Ideal der Wohnungsgestaltung* schlechthin[10]. ADICKES war zu sehr Realpolitiker, als daß er die *offene Bauweise* zur Regel erhoben hätte[11]. Die Stadt sollte wachsen und zwar in erster Linie mithilfe des Einzel- und Doppelhauses; die Eingemeindungen[12] waren ihm hierzu das Mittel. Mit dem Zusammenschluß von Landkreis und Frankfurt (1910) sollten die grundlegenden Voraussetzungen geschaffen sein.

Das Leitbild der *offenen Bauweise* war die planerische Antwort auf die zunehmende Verdichtung der Innenstädte im Zuge von Industrialisierung und Bevölkerungswachstum. Verdichteter Wohnungsbau begünstigte den Bau von Miethäusern, die als Kapitalanlage verstanden, sozialpolitische Unverträglichkeiten heraufbeschworen[13]. Die ökonomischen Interessen der Grundeigentümer jedenfalls waren eindeutig am Leitbild der „geschlossenen Bauweise" orientiert, deren Position im

[7] F. ADICKES, Die unterschiedliche Behandlung.., 1893, S. 10.

[8] Zur Programmatik von ADICKES' Planungsvorstellungen s. ders., Förderung des Baues kleiner Wohnungen ..., 1901 und ders., Die kleinen Wohnungen in Städten ..., 1901. Vgl. G. FEHL, Englischer Arbeiterwohnungsbau ..., Berlin 1981, S. 279–317, S. 279; NICHOLAS BULLOCK und JAMES READ, The movement for housing reform in Germany and France 1840–1914, Cambridge University Press, Cambridge u.a. 1985, S. 83 und HANS JÜRGEN TEUTEBERG, Eigenheim oder Mietskaserne: Ein Zielkonflikt deutscher Wohnungsreformer 1850–1914, in: Innerstädtische Differenzierung und Prozesse im 19. und 20. Jahrhundert, hrsg. von H. HEINEBERG, 1987, S. 21–56.

[9] *Die weiträumigere Bebauung, d.h. die Zusammendrängung möglichst weniger Haushaltungen in ein Haus muß daher als die rationellste Gestaltung des Wohnungswesens bezeichnet werden, weil sie dazu führt, möglichst vielen die Erwerbung eines eigenen Hauses zugänglich zu machen, die ungesunde Spekulation vom Hausbau und Hausbesitz fern zu halten und Mietssteigerungen, Kündigungen und Umzüge möglichst einzuschränken.* S. ADICKES' Beitrag über „Stadterweiterungen" in: Handwörterbuch der Staatswissenschaften, 7. Bd., 1911, S. 780–794, hier S. 784.

[10] Ebd., S. 785.

[11] Auch in dieser Hinsicht sind Gemeinsamkeiten mit BAUMEISTER und Stübben festzustellen. ADICKES teilt mit diesen Vertretern des wissenschaftlichen Städtebaus das realpolitisch geprägte Fortschrittsdenken des aufstrebenden Bürgertums. Dazu allgemein: G. PICCINATO, 1983, S. 65.

[12] Unter Eingemeindungen sind hier in Anlehnung an HANS PETERMANN bzw. HORST MATZERATH *verschiedene Formen räumlichen Städtewachstums, die in Gebietsveränderungen ihren Abschluß finden* zu verstehen. S. HORST MATZERATH, Städtewachstum und Eingemeindungen im 19. Jh., in: Die deutsche Stadt im Industriezeitalter, hrsg. v. JÜRGEN REULECKE, Wuppertal 1978, S. 67–89, hier S. 67.

[13] Zur zeitgenössischen Diskussion, inwiefern der Bautyp des Miethauses die Wohnungsmiete beeinflußt s. Abele, Weiträumiger Städtebau und Wohnungsfrage, Stuttgart 1900, S. 30f. Grundlegend hierzu: H. J. TEUTEBERG, Die Debatte ... in: ders., (Hrsg.), Stadtwachstum, Industrialisierung, sozialer Wandel, Berlin 1986, S. 13–60; vgl. G. PICCINATO, 1983, S. 67f.

lokalpolitischen Konfliktfeld also klar auszumachen. Denn diese Grundeigentümer-Interessen standen in diametralem Gegensatz zur Magistratspolitik, die Verdichtungsräume aufzulockern trachtete. Sie war an zwei Bautypen ausgerichtet: dem Einfamilienhaus und dem Bürgerhaus[14]. Beide sollten dazu beitragen, die Dominanz des Miethauses im Stadtbild zurückzudrängen. Nicht Wachstum in die Höhe, sondern in die räumliche Weite war angestrebt. „Einzelhaus" und „Bürgerhaus" legten die Grundlagen für geplantes Stadtwachstum in die Region[15]. Aber auch das Pendeln zwischen Wohn- und Arbeitsstätte in Stadtrandlagen, mußte zunächst einmal als Norm des allgemeinen Lebensstils anerkannt werden. Der städtebauliche Planung kam hier eine gewichtige Rolle zu. Die Sozialtechnik des *Verschiebens* von Wohnbevölkerung war seit den 1870er Jahren von R. Baumeister propagiert worden. Adickes hat diesen Ansatz des wissenschaftlichen Städtebaus sozialpolitisch zu nutzen gesucht[16]. Um auch Arbeiter von ihrer traditionellen Verhaltensweise abzubringen, nämlich Arbeit und Wohnung im Zentrum der Stadt zu suchen, diente ihm gesellschaftspolitisch das Bürgertum als Vorreiter in der Realisierung neuer Wohnformen: *Nach meiner Meinung kann die Reform, die wir anstreben, gegenüber den Kasernenbauten weiträumige Bauweise einzuführen, nur dadurch erreicht werden, daß von oben nach unten vorgegangen wird. In unserem Mittelstande ist ein ungeheures Bedürfnis vorhanden, den Mietkasernen zu entrinnen. Ich weiß es von unseren Beamten und Lehrern, ich weiß es auch von anderen ... wie groß die Sehnsucht ist, entweder allein ein Haus zu bewohnen oder mit wenigen Familien zusammen ein Haus teilen zu können und einen kleinen Garten dabei zu haben. Nach meiner Meinung sollte man also alles tun, um mit dem Mittelstande anzufangen*[17].

Diese gesellschaftspolitischen Überlegungen waren keineswegs neu, sondern gehen auf Vorschläge zurück, die Julius Faucher in den 1860er Jahren in seinem sog. „Filtermodell" programmatisch zusammengefaßt hatte[18]. Danach war der Mittelstand aufgerufen, das vorzuleben, was dann von Arbeitern und Tagelöhnern nachgeahmt und zur Norm umgeformt werden sollte. Doch mit einer wesentlichen Einschränkung: Die Siedlungsform des Landhaus-Viertels konnte lediglich für das wohlhabende Bürgertum in Frage kommen. Aber nicht nur die begrenzten Mittel vieler Bevölkerungskreise hätten einer weitumfassenden Realisierung dieser Wohn-

14 Unter „Bürgerhaus" war nach R. Eberstadt ein *einfache(s), mäßig hohe(s), zwei- bis dreistöckige(s) Reihenhaus* zu verstehen. Nach Carl Johannes Fuchs, Referat gehalten beim Verein f. öffentliche Gesundheitspflege zum Thema „Gartenstadt" s. Deutsche Vierteljahrsschrift f. öff. Gesundheitspflege, 40. Bd., 1908, S. 91–102, hier S. 101.

15 Als wegweisend können hier die „Grundsätze des Städtebaus", veröffentlicht vom Verband Deutscher Architekten- und Ing.-Vereine angesehen werden. S. „Denkschrift" von 1906, hrsg. von der Deutschen Bauzeitung, S. 9.

16 F. Adickes, Die kleinen Wohnungen, 1901, S. 191f.. S. dazu auch in Kapitel 9 der vorliegenden Arbeit.

17 Ebd., S. 191f.

18 G. Fehl, Berlin wird Weltstadt ... in: J. Rodriguez-Lores / G. Fehl, 1985, S. 101–152.

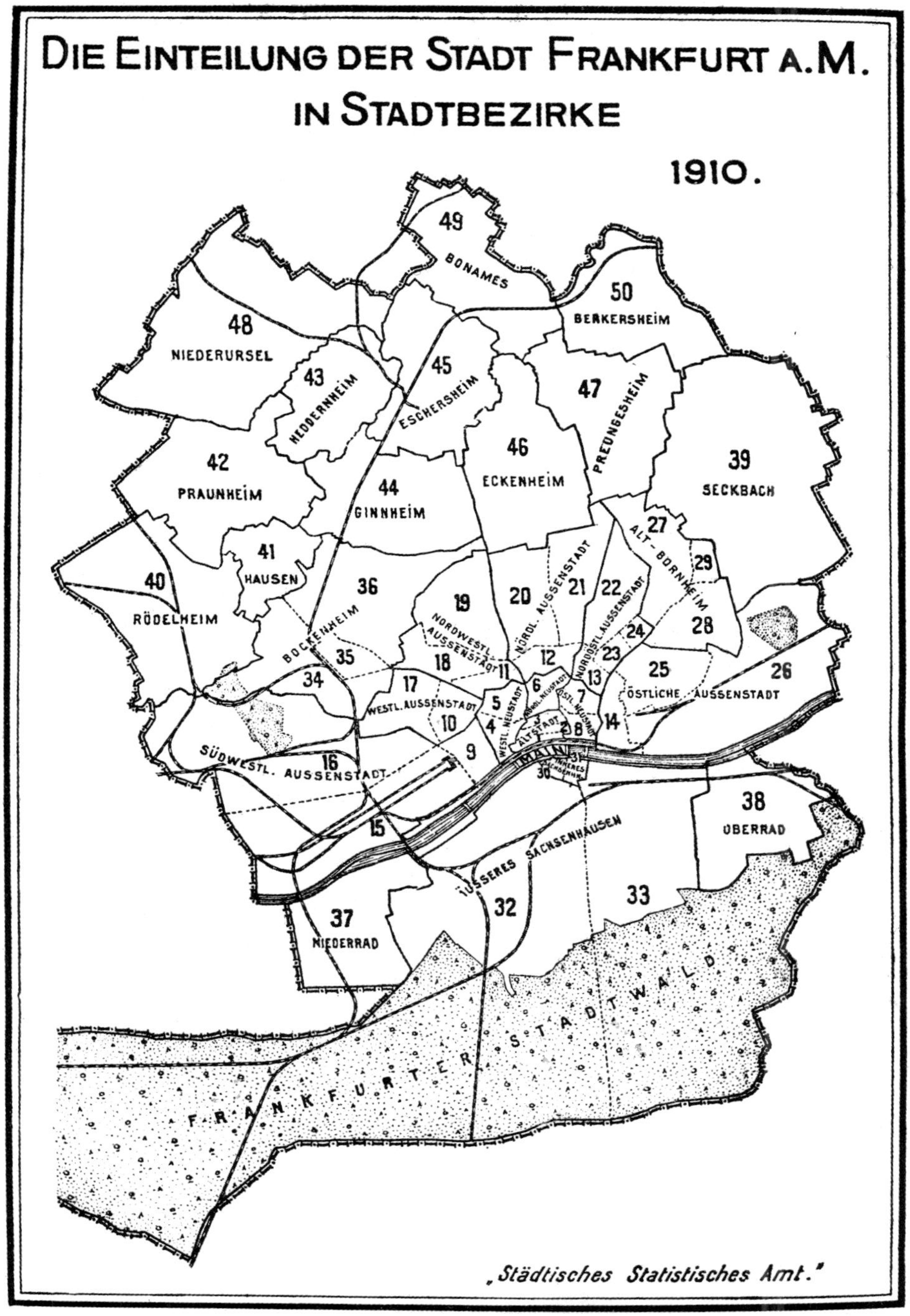

Abb. 35 Die Frankfurter Stadtbezirke 1910, Statistische Jahresübersichten der Stadt Frankfurt a. M. 1909, S. 130

Abb. 36 Seckbach, Hintergasse nach Westen, Photographie, 1900, Historisches Museum C 21301

Abb. 37 Blick auf Seckbach, Kleine Presse, 21.7.1897

Abb. 38 Lokalbahn Frankfurt-Eschersheim, Photographie, 28.9.1908, Institut für Stadtgeschichte

Abb. 39 Die neue Straßenbrücke Eschersheim-Heddernheim, Kleine Presse 8.10.1909

form entgegen gestanden, sondern auch die zusätzlichen finanziellen Belastungen für Infrastrukturmaßnahmen bei einer kaum zu steuernden Zersiedelung. Deshalb die Differenzierung in Einfamilienhaus und Bürgerhaus. Die Villa im Landhausstil wurde zum Leitbild des finanzkräftigen Bürgertums, der Arbeiterfamilie mit bescheidenem Einkommen gegenüber wurde das Wohnen im „Kleinhaus" angepriesen[19].

Die *offene Bauweise* hat die lokalen, öffentlichen Debatten zum Thema Stadtwachstum und dessen planerischer Lenkungsmöglichkeiten in starkem Maße beeinflußt. Der staatlichen Aufsichtsbehörde blieb dies nicht verborgen. 1906 hat auch sie den Planungsgrundsatz der offenen bzw. der weiträumigen Bauweise zur allgemeingültigen städtischen Planungsnorm erklärt[20].

Doch zurück zum Jahr 1890: Ein Blick auf die Stadtkarte genügt, um Frankfurts Wachstumsprobleme im Nordwesten (Bockenheim), Südwesten (Niederrad), Südosten (Oberrad) und Nordosten (Seckbach) auszumachen. Im Nordwesten waren städtebauliche Planungen durch die Gemeinde Bockenheim eingeengt, so daß die Frage der Eingemeindung[21] lediglich eine Frage der Zeit zu sein schien, zumal die unzureichende Abfall- und Abwässerbeseitigung der Bockenheimer Gemeinde das bevorzugte Wohngebiet des Westends gefährdete. Doch steuerpolitische Vorbehalte unter Frankfurts Stadthonoratioren waren zuvor auszuräumen. Sie waren jedenfalls nicht bereit, für die Bockenheimer Kosten im Bereich der Gemeinbedarfseinrichtungen wie Schule, Krankenhaus und Armenwesen aufzukommen.

Ganz anders die Perspektive Bockenheims: Dessen Grundstückseigentümer und Hausbesitzer konnten deshalb die Eingemeindung gar nicht erwarten, weil sie sich davon die Wertsteigerung ihrer Grundstücke versprachen. Als zukünftige Frankfurter erwarteten sie die Pflasterung von Straßen und wie überhaupt bessere Verkehrsverbindungen nach Frankfurt, also auch die Straßenbahn. Nur schwerlich konnten

[19] Anfangs nahm die SPD das neue Leitbild des Städtebaus mit Skepsis auf. *Unter Oberbürgermeister* Adickes *scheint sich bei dieser Art Kommunalpolitik die Parole gestellt zu haben: „Arbeiter raus!" Wenn nun auch gleichzeitig mit dem Hinausdrängen der Arbeiterschaft aus der Innenstadt eine Verbilligung der Verkehrsmittel angestrebt würde, könnte man sich schließlich mit dem System abfinden, aber umgekehrt, das Pferd beim Schwanz aufzäumen, die Verkehrsmittel noch zu verteuern ...*, so die Frankfurter Neuesten Nachrichten (Frankfurter Börsen- und Handelszeitung), nach Mag.Akt. R 1130/IX.
Die Arbeiterpartei hatte auf das Moment der Massenbildung in den Städten gesetzt. Über die Massenagitation sollte die kapitalistische Gesellschaft in eine sozialistische geführt werden. Erst gegen Ende der Wilhelminischen Ära trat hier ein Wandel ein. Daß die Baugenossenschaften für Arbeiter Kleinhäuser bauen, beweist der sozialdemokratischen Volksstimme 1911, *daß die Proletarier heute nicht mehr auf das Glück von oben warten, sondern sich selbst ihre Häuser bauen und ihre Wohnungen schaffen ...* So die Volksstimme, 1. Beilage zu Nr. 121 vom 26.5.1911, s. Mag.Akt. T 862/V.

[20] S. Erlaß betr. Grundsätze über Festsetzung von Bebauungsplan und Bauordnungen vom Minister der öffentlichen Arbeiten (20.12.1906), Mag.Akt. T 1021, 1890

[21] Zu den Eingemeindungen Frankfurts s. Dieter Rebentisch, Industrialisierung, Bevölkerungswachstum und Eingemeindungen. Das Beispiel Frankfurt am Main 1870–1914, in: Die deutsche Stadt im Industriezeitalter. Beiträge zur modernen deutschen Stadtgeschichte, hrsg. v. Jürgen Reulecke, Wuppertal 1978, S. 90–113.

sie sich dagegen vorstellen, daß sie für zukünftige Infrastrukturinvestitionen höhere Steuerleistungen erbringen müßten als die Frankfurter. Tatsächlich war die Eingemeindung 1895 nur zustande gekommen, weil Bockenheims Bürgerausschuß das Frankfurter Diktat der steuerlichen „Vorausbelastungen“, eine Zusatzsteuer auf Verbrauchssteuern, auf sich nahm. Frankfurts Stadtverordnete hatten sich geweigert, ohne diese Sondersteuer Bockenheims der Eingemeindung zuzustimmen[22]. Ihnen schien diese Zusatzsteuer in Anbetracht der hohen, zu erwartenden städtebaulichen Leistungen angemessen. Die Bockenheimer hingegen empfanden sie als Benachteiligung und deshalb als ungerecht. Aus Sicht der städtischen Verwaltung war dies aber eben eine Möglichkeit, für Investitionen im Bereich der Daseinsvorsorge eine Gegenleistung zu bekommen[23].

Die Bedenken der Stadtverordneten, die Eingemeindung Bockenheims sei zu teuer, konnten vom Magistrat zerstreut werden, d.h. die Getränkesteuer, in Frankfurt unbekannt, wurde in Bockenheim bis 1915 weitergeführt, ebenfalls die Gebäudesteuer, auch sie war erhöht worden und galt als *vorausbelastende* Steuer. Hierauf hat insbesondere die Stadtverordneten-Versammlung von Frankfurt wert gelegt, denn man ging davon aus, daß anstehende Infrastrukturmaßnahmen die Bockenheimer Hauseigentümer materiell begünstige, die Steuererhöhung also ein Ausgleich zur Grundrenten-Erwartung darstelle.

Auch die Eingemeindungen von Nieder- und Oberrad (1900) waren aufgrund der räumlichen Nähe zu Frankfurt nötig geworden. Auch hier auf linksmainischer Seite Frankfurts galt es, Planungskonflikten im Bereich der technischen Infrastruktur zu begegnen. Hinzu kommt, daß man mit erfolgter Eingemeindung Niederrads den Frankfurter Stadtwald sichern und diesen Vorort als Industriestandort nutzen und ausbauen konnte. Oberrad war aus verkehrstechnischen Gründen für Frankfurt wichtig geworden, denn es stellte die Verbindung zwischen Sachsenhausen und Offenbach dar.

Die drei Beispiele zeigen auf, daß Stadtwachstum und seine städtebauliche Seite, die sog. Stadterweiterung, in der Wilhelminischen Zeit zunächst in starkem Maße von Eingemeindungen geprägt war[24]. Es mag darin zum Ausdruck kommen, daß städtebauliche Planung relativ spät einsetzte und sie deshalb eher angelegt war, ordnungspolitisch zu intervenieren. Diese Form der Planung, die deshalb auch zurecht als „Auffangplanung“ bezeichnet wird[25], war maßgeblich für die Eingemeindung Bockenheims (1895) und Nieder- und Oberrads (1900).

[22] S. Mitt.Prot.StVV., Nr. 122 vom 5.2.1895, S. 65.

[23] Zur Haltung von Magistrat und Stadtverordneten-Versammlung s. Mag.Akt. R 373/I und StVV-Akten Nr. 1317.

[24] Christian Engeli, Siedlungsstruktur und Verwaltungsgrenzen der Stadt im Verstädterungsprozeß, in: Zeitschrift f. Stadtgeschichte, Stadtsoziologie und Denkmalpflege (ZfSSD), 2/1977, S. 288–307, hier S. 300ff.

[25] Gerd Albers, Vom Fuchtlinienplan ..., 1967, S. 192.

Seckbach, das mit 1.000 ha fast doppelt so groß war wie Nieder- und Oberrad zusammen, mit knapp 3.000 Einwohnern (1900) aber weit weniger als die Hälfte der beiden anderen Vororte aufwies, hatte dörflichen Charakter. Bäuerliche Kleinbetriebe und Arbeiter wohnten hier, die beruflich in der Mehrzahl an Frankfurt gebunden waren.

1896 war bereits das Gebiet an Frankfurts Gemarkungsgrenze nach Seckbach hin baurechtlich festgelegt worden, weil die Wohngesellschaft Heimgarten eine Siedlung, die auch heute noch den Namen nach ihr trägt, den Verkehrsaufschluß von Bornheim nach Nordosten hin forcierte[26]. Der Magistrat unterstützte das Vorhaben, indem er den Bau einer Verbindungsstraße parallel zur Bergerstraße, die heutige Seckbacher Landstraße, vorschlug. Gleichzeitig ermöglichte er dem neu erschlossenen Gebiet Im Prüfling – im Nordosten Frankfurts – die Verkehrserschließung zur Peripherie hin. Es kam deshalb schon 1896 zu einer Absprache zwischen Frankfurts Magistrat und der Gemeindevertretung Seckbachs, in der Vorortgemeinde eine 18 m breite Verbindungsstraße mit Vorgärten *nördlich der bestehenden Straße* (gemeint ist die Berger Straße), *die sich an der Grenze* (die Gemarkungsgrenze zwischen Frankfurt und Seckbach) *gabelt und einerseits mit der Bergerstraße und der Hauptstraße aus dem Prüfling, andererseits mit projektierten Straßenzügen vom Günthersburgpark her in Verbindung gebracht ist*[27]. Die Motive der Seckbacher, den rechtlichen Zusammenschluß mit Frankfurt zu suchen, waren seit der Eingemeindung Bornheims (1877) stets die gleichen: Überall erhofft man sich verkehrsaufschließende Investitionen, das Steigen der Grundstückswerte, bessere Schulen und die Ermäßigung der Gemeindesteuerlast[28].

Doch Seckbach hatte den Frankfurtern etwas anzubieten, was die anderen zuvor eingemeindeten Vororte nicht aufweisen konnten, nämlich Gemeindeeigentum an Grund und Boden. Der Frankfurter Magistrat machte kein Hehl daraus, daß ihm dieser als *besonders wertvoll erschien*[29]. Fast 15% des Gemeindegebietes war in kommunaler Hand (110 ha)[30]. In Frankfurt war zu wenig Bauerwartungsland vorhanden, hier fand er es. Die Gartenbaubetriebe in Sachsenhausen, am Röderberg und in Bornheim und die Großgrundbesitzer im allgemeinen – so der Magistrat – er-

[26] Mitt.Prot.StVV., Nr. 302 vom 7.4.1896, S. 281f.

[27] Ebd., S. 282.

[28] „Begründung" des Antrags S. 7, Mag.Akt. T 1120/I.

[29] Ebd, S. 8. S. auch Mitt.Prot.StVV., Nr. 71 vom 16.1.1900, S. 26.

[30] Zahlenangaben nach der *Übersicht über die finanziellen Verhältnisse der 3 Landgemeinden* in: Mitt.Prot.StVV., Nr. 1217 vom 12.12.1899, S. 592. Zur Begründung des Eingemeindungs-Antrags s. Bericht des Sonder-Ausschusses f. die Eingemeindung von Niederrad, Oberrad und Seckbach, Mag.Akt. R 387 und „Begründung", Anlage 3., Mag.Akt. T 1120/I. Vgl. Mitt.Prot.StVV., Nr. 1217 vom 12.12.1899, S. 581. Der Magistrat begründet den Stadtverordneten gegenüber seinen Antrag im Hinblick auf *die Wichtigkeit einer rationellen Förderung der Wohnungsfrage auch seitens der Stadt,* ebd.

schwerten Umwidmung bzw. Erschließung von neuen weiträumigen Baugebieten. Bodenpreise seien deshalb hoch, einkommenschwachen Bewohnern sei das angemessene Wohnen in der Innenstadt deshalb nur in begrenztem Umfang möglich. Auch der Mieterverein habe sich deshalb für die städtebauliche Förderung des dezentralen Stadtbildes ausgesprochen. Die finanzschwachen Vorortgemeinden hingegen würden durch eine entsprechende Politik der *Ansiedlungs-Genehmigungen* den Zuzug von *Minderbemittelten* erschweren[31].

Die Stadtverordneten von der städtebaulichen Notwendigkeit der Eingemeindung Seckbachs zu überzeugen, war nicht leicht. Vielen Stadtverordneten war der ganze Begründungszusammenhang zu komplex und zu visionär. ADICKES verband nämlich den wohnungspolitischen Gesichtspunkt mit der verkehrsinfrastrukturellen Komponente: *Andere Gesichtspunkte, welche mit der Wohnungsfrage an sich eng zusammenhängen – wir meinen insbesondere die Notwendigkeit einer rationellen Lösung der Vorortbahnfrage – treten hinzu, um die Eingemeindung solcher zur Ansiedlung wohlgeeigneter Vorortbezirke gerade im jetzigen Augenblick als notwendig und dringlich erscheinen zu lassen; denn eine im vollsten Sinne rationelle Anlage der Vorortbahnen, kann in den nächstgelegenen Gemeinden nur dann erreicht werden, wenn gleichzeitig mit der Projektierung der Vorortbahnen auch die Bebauungspläne, mit Rücksicht auf die Lage der Bahnen und der Bahnhöfe, vollständig umgearbeitet werden. ... Vielfache Versuche haben aber bewiesen, daß die Aufstellung solcher rationellen Bebauungspläne im Wege der Vereinbarung mit selbständigen Vorortgemeinden nicht möglich ist, daß vielmehr Gedeihliches hier nur geschaffen werden kann, wenn die hiesigen Behörden unmittelbar bestimmen und beschließen können*[32].

Zu eingeschränkt war in der Vergangenheit das Mitsprachrecht des Stadtparlaments in Fragen der Stadtentwicklung, als daß nun ein planerisches Verständnis hätte erwartet werden können. Während man die Eingemeindungen Nieder- und Oberrads noch gutheißen konnte, mußte im Fall Seckbachs große Überzeugungsarbeit geleistet werden. Die von Honoratioren-Mentalität[33] geprägten Stadtverordneten WEDEL, FEHL, GEIGER, RUPP, KIRCHHEIM, HAURAND, RUMBLER, HEYTER, HELFF, EMMERLING und HENSS sprachen sich ausdrücklich gegen die Eingemeindung aus. An WEDELS ablehnender Begründung wird deutlich, wie unzureichend die Stadtverordneten vom Magistrat in Planungsfragen einbezogen wurden. Er konnte die wohnungspolitische Legitimation des Magistrats nicht nachvollziehen. Zu wenige Fabriken seien im Osten der Stadt, als daß hier der Wohnungsbau sinnvoll erscheine[34].

31 Ebd.

32 Ebd., S. 581f.

33 Honoratioren-Mentalität auch deshalb, weil die Gegner von Eingemeindungen nicht eindeutig einer Parteirichtung angehörten. Sowohl aus den verschiedendsten Reihen der Liberalen, ob nun demokratisch, nationalliberal oder fortschrittsliberal orientiert, als auch aus der konservativen Partei kamen die Gegenstimmen. S. Mitt.Prot.StVV., Nr. 71 vom 23.1.1900, S. 28.

34 Ebd.

Adickes warnte dagegen, die Eingemeindungen auf einen späteren Zeitpunkt zu verschieben, da dann größere finanzielle *Opfer* zu erwarten seien. Den Verhandlungs-Protokollen ist abzulesen, daß Adickes seine Verfügungsmasse an städtischem Grund und Boden erweitern wollte, um eines Tages die Gelegenheit für weiträumigen Städtebau nutzen zu können. Er jedenfalls hatte klare Planungsziele vor Augen: *Wenn erst das Ostend eine hinreichende Eisenbahn-Verbindung habe und direkt an den Wasserweg angeschlossen sei, werde dort ein Industrieviertel entstehen und dann würden die Vorteile der Eingemeindung von Seckbach zur Geltung kommen*[35].

Lediglich Seckbach konnte sich in seiner Eingemeindungs-Vereinbarung städtebauliche Leistungen des Frankfurter Magistrats sichern. Danach war die Seckbacher Landstraße innerhalb von fünf Jahren zu bauen[36]. Jedoch wurden keine Zusagen im Bereich Kanalisation und Wasserversorgung gemacht. Die Vorausbelastungen wurden auch hier als Finanzierungsmittel angewandt.

In allen Stadtvierteln und Vororten war das Bedürfnis nach Straßenbahn-Anschluß groß. Vor der Einführung des Automobils als Möglichkeit des Individualverkehrs war die Straßenbahn das einzige moderne Verkehrsmittel der Großstadt. „Erreichbarkeiten" zu verbessern, war das Planungsziel der Adickes-Administration. Der Linienführung Seckbachs sollte hierbei Erschließungsfunktion zukommen, während viele andere Straßenbahnlinien in bereits bestehende Wohnviertel nachträglich geführt wurden. Der Magistrat mußte sich des öfteren der zahlreichen Appelle der Bevölkerung erwehren. Quarck glaubte, den Magistrat zu gegebener Zeit erinnern zu müssen, daß *(d)ie Trambahnen (...) doch ein Hilfsmittel für unsere Arbeiter- und Bodenpolitik sein solle*[37], wohingegen Stadtrat Hin dann den Gesichtspunkt der Rentabilität in den Vordergrund rückte, um vor überzogenen Forderungen gefeit zu sein[38].

Die Erschließung war tatsächlich erschwert *wegen der außergewöhnlich ausgedehnten Zersplitterung des Grundbesitzes*[39]. Wenn unter industrie- und wohnungspolitischen Gesichtspunkten geplant werden sollte, so der Magistrat, dann müsse neuen Erkenntnissen des Städtebaus Rechnung getragen werden. Bislang sei versäumt worden, das Stadtgebiet mit entsprechenden *Spielplätzen für Kinder und Erwachsene* zu versorgen. Im Nordosten der Stadt fiel dieser Mangel besonders auf. Der Günthersburgpark sei für diese Nutzung nicht geplant und der projektierte Ostendpark zu weit nach Osten verlagert. Deshalb sei ein Areal nördlich der Heimgarten-Kolonie mit knapp 20 ha ins Auge gefaßt. Hier entstand dann 1911–1913 der Huthpark.

35 Ebd.

36 Mitt.Prot.StVV., Nr. 1217 vom 12.12.1900, S. 591.

37 Bericht über die Verhandlungen d. StVV, Nr. 450 vom 28.4.1908, S. 553.

38 Ebd., S. 552.

39 Vortrag des Magistrats an die StVV, vom 24.1.1905, Mag.Akt. T 992/I.

Dieser mit Spielplätzen ausgewiesene Park entsprach aber immer noch nicht dem Freiflächenbedarf großstädtischer Bedürfnisse, so daß ein zweiter, im Zentrum der Gemarkung Seckbach gelegen, als Park geplant wurde. Hierfür wurde das Gelände am Lohrberg für geeignet erachtet. In einer Größenordnung von 19 ha war dort ein Volkspark geplant, der aber kriegsbedingt erst ab 1919 realisiert werden konnte. Der Magistrat erhielt entsprechende Genehmigung für die bevorstehenden Enteignungsverfahren[40]. Zur Finanzierung wurden in erster Linie die Anlieger herangezogen. Auch hier wollte man den ökonomischen Vorteil der Erschließung keineswegs den Grundeigentümern überlassen.

Die Parkanlagen bildeten sozusagen die neue Planungsgrundlage für Seckbachs städtebauliche Entwicklung. Im Süden waren der Osthafen und der Ostpark geplant; zwischen Ostbahnhof über Seckbach war eine Kleinbahn nach Bad Vilbel erwartet[41].

Aber nicht nur die Trassierung einer Stadtbahn, sondern auch das Osthafen-Projekt blieb nicht ohne Einfluß auf die Seckbacher Planungsverhältnisse. Das neue Industriegebiet im Osten Frankfurts stellte sich bereits im Planungsvollzug als zu klein heraus, so daß nun die räumliche Expansion im Norden gesucht wurde. Der städtische Grundbesitz, mit der Eingemeindung Seckbachs erworben, konnte nun in die Verfügungsmasse stadtplanerischer Überlegungen einbezogen werden[42]. Bürgermeister Grimm konnte deshalb auf die Komplexität der vorbereitenden Planungen verweisen, als ungeduldige Bewohner Seckbachs nach dem Planungsstand fragten: *Die Frage des Volksparks, Verhandlungen mit den Eisenbahnbehörden, und schließlich das Osthafen-Projekt, hätten es unmöglich gemacht, die Zusammenlegungen früher zu betreiben*[43].

Letztendlich ist auch in diesem Fall festzuhalten: Adickes' Stadtplanung berücksichtigte großstädtische Gegebenheiten und fand nicht das entsprechende Verständnis in der Wohnbevölkerung Seckbachs. Die Motive für die Seckbacher Grundeigentümer, die Eingemeindung 1900 zu forcieren, waren eben wirtschaftlich bedingt. Die projektierten Parks nun haben aber nicht die Nachfrage nach Seckbacher Grund und Boden gesteigert. Lediglich die Bautätigkeit hätte dies vermocht. Auch deshalb blieb der Wohnungsbau in Seckbach weit hinter dem gesamtstädtischen Wachstum zurück[44]. Nachdem der rechtliche Rahmen für die Ausführungen der Parks geschaffen war, traten Probleme bei der Planung der Vorortbahn nach Bergen auf. Die

40 Der Planung der Parks kam gegenüber der Straßenplanung Priorität zu: *Wenn diese Parks angelegt werden, so wird dadurch für das Umlegungsverfahren zugleich eine sichere Grundlage geschaffen* ... Ebd.

41 Die Preussische Eisenbahn-Verwaltung und der Frankfurter Magistrat konnten sich über Jahre in der Frage dieser Linienführung nicht einigen.

42 S. Denkschrift „Osthafen"; Mag.Akt. T 985/I, 64.

43 Mitt.Prot.StVV., Nr. 848 vom 17.9.1907, S. 486.

44 Nach Jahrfünften: 3 Wohnungen (1896–1900); 38 Wohnungen (1901/05); 48 Wohnungen (1906/10) und 34 Wohnungen (1911/15). S. Beiträge zur Stat., 11. H., 1919, S. 180.

Erstellung des Bebauungsplanes war also auch an die Planung der Vorortbahn gebunden. Das Bauprojekt, mit 2 Millionen Mark veranschlagt, wurde dann als zu teuer eingeschätzt[45].

Die Vorstellungen über die zukünftige Entwicklung Seckbachs gingen in den öffentlich geführten Debatten auseinander, auch weil sie teilweise von Illusionen geprägt waren. Die Bewohner wollten einerseits die Vorteile und die Bequemlichkeit von Verkehrsinfrastruktur, die ihnen die Kommunikation mit Frankfurt erleichtern sollte, andererseits forderten sie, den dörflichen Charakter Seckbachs nicht zu zerstören[46].

Seckbach war 1900 ein Dorf und wurde zunächst als zukünftiger Wohnstandort für Arbeiter vorgeschlagen. ADICKES hatte Seckbach als Stadtteil einer modernen Industriestadt vorgesehen. Das Osthafenprojekt brachte seine städtebauliche Umwidmung mit sich. Und doch: Stadtentwicklung – nicht Auffangplanung – konnte hier Platz greifen, weil aufgrund des großen Anteils an städtischem Grund und Boden ein Planen in großräumigeren Zusammenhängen ermöglicht wurde. Und doch gilt auch: Kein anderer Vorort war in so starkem Maße vom Magistrat als Verfügungsmasse des Städtebaus angesehen worden wie Seckbach.

7.3. Kommunalisierung der Straßenbahn 1897/98 – Ein Beitrag zur städtischen Wohlfahrtspolitik

Einerseits hatte das Kommunalabgabengesetz von 1893 den Kommunen das daseinsvorsorgende Aufgabenfeld zugewiesen[47]. Andererseits blieb der Kommune, die das räumlich-physische Wachsen der Stadt nach der *offenen Bauweise* zu ordnen trachtete, bei gleichzeitig unzureichender Ausstattung an kommunalen Interventionsmitteln nur ein Weg offen: eine aktive Bodenvorratspolitik zu betreiben, um dann die eigenen städtebaulichen Planungsziele verwirklichen zu können.

Es war Programm der ADICKES-Administration, in den umliegenden Gemeinden Frankfurts Grund und Boden aufzukaufen, um so einerseits die Steigerung der städtischen Bodenpreise annähernd kompensieren[48] zu können und andererseits die kommunalen Möglichkeiten von Stadtentwicklungs- und Wohnungspolitik zu

45 Schreiben vom 15.7.1908, Mag.Akt.R 1743/I.

46 Bericht über die Verhandlungen d. StVV, Nr. 600 vom 30.6.1908, S. 706.

47 Wolfgang R. Krabbe, Die deutsche Stadt im 19. und 20. Jahrhundert, Göttingen 1989, S. 157ff. und N. BULLOCK und J. READ, The movement for housing reform …, Cambridge u.a. 1985, S. 175ff.

48 Man war der Ansicht, durch bodenpolitische Aktivitäten könne man den Wettbewerb des Grundstücksmarkts verringern und so einen Ausgleich schaffen in der Preisgestaltung. Denn mit der Erschließung war die Grundrenten-Erwartung geweckt, was sich im Steigen der Bodenpreise materialisierte. Beispiele zu diesem Denken s. Mag.Akt. T 563, IV, 185.

vergrößern[49]. Großflächiger Grundbesitz in den Vororten sollte Erschließungen erleichtern und beschleunigen. Hierbei mußten aber auch Überlegungen der Verkehrserschließung in die Planungen einfließen[50].

Die idealistische Grundhaltung, man könne durch eine aktive Bodenpolitik den steigenden Grundstückspreisen entgegenarbeiten, ist auch damals umstritten diskutiert worden[51]. Der Grund: Auch die kommunale Intervention auf dem Grundstücksmarkt kann keineswegs für sich beanspruchen, neutralisierend auf den Grundstücksmarkt zu wirken, zumal der Stadtkämmerer die zunehmenden städtebaulichen Projekte nur finanzieren konnte, wenn auch er – im Namen der Kommune – an den Vorzügen des Marktes Anteil hatte. Der Bedarf an Finanzierungsmitteln war jedenfalls groß, soll heißen: auch der Magistrat war seinerseits auf das Steigen der Bodenpreise angewiesen. Das, was den privaten Terraingesellschaften nur widerwillig vergönnt war, nämlich nach marktrationalen Kriterien wirtschaftliche Gewinne über die Grundstücksspekulation anzustreben, war nun – ab 1898 – auch dem Magistrat zugestanden. Die Stadt partizipierte also an der Grundstücksspekulation, wenn ihre Aktivitäten städtebaulich motiviert waren[52]. Es wurde deutlich, daß bodenpolitisches Agieren wohnungs- und verkehrsinfrastrukturelle Planungsentscheidungen beeinflußte bzw. tangierte. So reagierten die Bewohner ungeduldig, wenn der versprochene Straßenbahn-Anschluß auf sich warten ließ[53]: *Sie können sich denken, daß durch diese Verzögerung große Schwierigkeiten innerhalb der Bewohnerschaft von Ginnheim eingetreten sind. So haben die Leute sich mit den Bauten darauf eingerichtet, haben vermieten wollen usw ... Die Mieter haben das Mieten abhängig gemacht von dem Betrieb der Trambahn und es sind keine Mietverträge zustande gekommen. Ferner haben die Einwohner mit den Schulkindern sich danach gerichtet. ... Viele Arbeiter rechneten darauf, die Trambahn benutzen zu können.*

Die Straßenbahn wurde mehr und mehr als Medium angesehen, das die Erschließungsaufgabe zu übernehmen hat[54]. Doch dieses Medium war ein unzuverlässiges, solange unterschiedliche Privatunternehmen die Bevölkerung mit Straßenbahn versorgten. Mit der Kommunalisierung versprach sich Frankfurts Magistrat ein Planungsinstrument an die Hand zu bekommen, das die Eingemeindung des Landkreises bewirken sollte. Dies bedeutete allerdings, daß nicht mehr nur nach dem

49 Mitt.Prot.StVV., Nr. 1110 vom 29.11.1898, S. 501f.

50 Der *Besitz von Gelände in den Vororten (sei) für manche städtische Einrichtungen sowie bei Anlage von Vorortbahnen für deren Bauten sehr erwünscht.* Ebd., S. 502.

51 Adickes selbst hatte die bodenpolitischen Nachteile beim Bau von Vorortbahnen keineswegs verkannt. S. seine Ausführungen in: Die kleinen Wohnungen ..., 1901, S. 181f.

52 Mitt.Prot.StVV., Nr. 1110 vom 29.11.1898, S. 503. Erschließung Seckbachs: qm/Pr. 5,– M. bei 10 Jahren auf 10 M. kalkuliert für Planung (Mag. Akt.T 693, III, 65).

53 In diesem Fall zeigten sich die Ginnheimer ungeduldig. S. Bericht über die Verhandlungen d. StVV, Nr. 1078 vom 24.10.1911, S. 1473.

54 So der Bericht (der Direktion) der Straßenbahn und der Waldbahn, Frankfurt a. M. 1922, S. 7.

wirtschaftlichen Gesichtspunkt der Rentabilität Frankfurts Nahverkehrsnetz zu planen war, sondern nach zukunftsweisenden Entwicklungsmöglichkeiten der Stadtteile[55]. Das Planungsverständnis des Magistrats[56], das entsprechend dem Wortsinn auf die zukünftige Stadtentwicklung ausgerichtet war, konnte nicht immer von den Stadtverordneten nachvollzogen werden. Sie stellten die innerstädtischen Defizite im Bereich der Infrastruktur in den Vordergrund und erwarteten eher dort im Sinne von „Auffangplanung" Abhilfe. Hinzu kamen Ängste, übervorteilt zu werden, so daß man nach dem Gießkannenprinzip die Investitionsvergabe erwartete[57]. Mit der zunehmenden räumlichen Arbeitsteilung, wurde die Dimension der Zeit zum Problem der innerstädtischen Kommunikation. Der Zeitfaktor wurde den Marktgesetzen unterworfen, die Überwindung von Raum zur abhängigen Größe von Zeit. Folge für das großstädtische Selbstverständnis: Das Potential an Erreichbarkeiten hatte zu wachsen. Diesem Bedürfnis jedoch standen die historisch gewachsenen und jetzt als verkehrsstörend empfundenen Bauverhältnisse im Wege, die verkehrsaufschließende Maßnahmen erschwerten[58]. Räumliche Enge bewirkte das vorübergehende Verbot des Fahrradfahrens in der Innenstadt aus sicherheitstechnischen Gründen[59]. Der Fuhrverkehr hatte Vorrang. Die Straßenbahn wurde nach der Eisenbahn zum Städtebildner in der Phase der Hochindustrialisierung. Daß sie es werden konnte, hat sie insbesondere der aktiven Verkehrspolitik der Kommune zu verdanken. Und das, obwohl ihre Planungsmöglichkeiten mehr als begrenzt waren.

Die ersten Vorort-Trambahnen nach der Reichsgründung waren von Privatunternehmen betrieben worden. Als 1877 der Magistrat die Frankfurter Trambahn-

55 Die Straßenbahn als Impulsträger für Erschließung von Stadträumen s. Mitt.Prot.StVV., Nr. 76 vom 22.1.1895, S. 38.

56 Dieses neue Planungsdenken wurde von Stadtrat Hin mehrmals erläutert. So u.a. in: Mitt.Prot.StVV., Nr. 1014 vom 22.11.1904, S. 544, und im Bericht über die Verhandlungen d. StVV, Nr. 1226 vom 6.12.1910, S. 1527.

57 Mitt.Prot.StVV., Nr. 985 vom 22.11.1904, S. 532.

58 Adickes: Viele Straßen waren *nicht breit genug, um den Verkehr zu bewältigen. Der Verkehr der Lastwagen ... könne durch keine polizeiliche Vorschriften beseitigt werden. Alle Straßen mit regerem Verkehr zu verbreitern, sei nicht in kurzer Zeit möglich ...;* nach. Mitt.Prot.StVV., Nr. 1242 vom 11.12.1900, S. 547.

59 So 1895. Der Sozialdemokrat Quarck verweigerte Zustimmung zu einer Planungsvorlage, die den Ausbau des innerstädtischen Radfahrwegnetzes beabsichtigte. Er hielt die Ausgabe von M. 22.000 für Luxus und schlug vor, diesen Betrag dem Straßenbau in Bockenheim und Bornheim zugute kommen zu lassen. Die Stadtverordneten-Versammlung folgte seinem Vorschlag. Mitt.Prot.StVV., Nr. 267 vom 17.3.1904, S. 184.
Auch später, 1909, erweist sich die SPD am Verkehrsmittel Fahrrad kaum interessiert. S. Bericht über die Verhandlungen d. StVV, Nr. 785 vom 21.9.1909, S. 1040f.
Das Fahrrad wurde bei seiner Einführung lediglich in seiner sportlichen Funktion wahrgenommen. Die Arbeiter der Vororte sollten dann zum Wandel beitragen. In Petitionen aus Niederrad und Sachsenhausen wird das Fahrrad als *unentbehrliches Verkehrsmittel der kleinen Leute und Arbeiter* neu bewertet. Petition vom 10.4.1905, Mag.Akt. T 1373. S. auch Mitt.Prot.StVV., Nr. 852 vom 12.9.1905, S. 513 und Bericht über die Verhandlungen d. StVV, Nr. 706 vom 3.8.1909, S. 978.

Gesellschaft (FTG) an den Kosten des Straßenbaus bzw. der Straßenpflasterung zu beteiligen versuchte, kam es zum ersten Konflikt. Auf der einen Seite standen Kommune und die Aufsichtsbehörde (Regierungspräsidium), die darum bemüht waren, dem wachsenden Bedürfnis nach Straßenbahnverbindungen zumindest in sicherheitstechnischer Hinsicht gerecht zu werden. Von den privaten Verkehrsbetrieben dagegen wurden ökonomische Interessen formuliert. Beide Interessenlagen waren also kaum miteinander zu vereinen, so daß schon 1878 in der Stadtverordneten-Versammlung das Bestreben nach Kommunalisierung der Straßenbahn ausgesprochen wurde.

Nach preußischem Recht erteilte die Betriebsgenehmigungen für Straßenbahnen der Polizeipräsident, der verantwortlich zeichnete für die Sicherheit und Ordnung in den Straßen. Die staatlichen Bedingungen beschränkten sich jedoch fast ausschließlich auf privatrechtliche Aspekte. Trassenführungen, also städtebauliches Planen war dagegen der Kommune überlassen. Während demnach die kommunale Aufsicht Konzessionen für Linienführungen nach betriebswirtschaftlichen Kriterien vergab, bemühte sich die Kommune um eine Verkehrspolitik in leistungsverwaltender Absicht. Schon ADICKES' Vorgänger hatten deshalb, gestützt auf die entsprechende Meinungsbildung in der lokalen Öffentlichkeit, die Vertragsverlängerungen unter dem Gesichtspunkt des Rückkaufrechts abgeschlossen. Ungeklärte Themen und deshalb Konfliktfelder zwischen Betreiber und Kommune waren: Die Gewinne der FTG, deren Beteiligung an den Straßenbaukosten, der Ausbau des Straßenbahnnetzes und die Tarifpolitik[60]. Wenn der Frankfurter Magistrat seinen Handlungsspielraum vergrößern wollte, dann blieb ihm nur ein Weg – er muße den Grundkonsens mit der kommunalen Aufsicht herstellen[61].

Realität jedenfalls in den 1880er Jahren war noch: Die preußischen Kommunen, die allmählich ihre leistungsverwaltenden Aufgaben wahrzunehmen begannen, hatten ihre Planungsüberlegungen häufig mit mehreren unterschiedlichen Verkehrs-Unternehmen abzustimmen – so auch in Frankfurt. Hier waren es neben der FTG, die den innerstädtischen Verkehr organisierte, die Lokalbahn-Aktien-Gesellschaft (FLAG), die seit 1888 mit Dampfbetrieb den Vorortverkehr von und nach Eschersheim versorgte, die Waldbahn-Gesellschaft (FWG), die die Konzession nach den Vororten Niederrad, Schwanheim und Neu-Isenburg seit 1898 inne hatte und die Frankfurt-Offenbacher Bahngesellschaft (FOTG), die Eigentümerin der Verbindungslinie nach Offenbach (1884) war. Da diese Unternehmen ihre Fahrzeiten und -preise allein nach wirtschaftlichen Gesichtspunkten bestimmten, war vor dem Hintergrund von Frankfurts Stadtwachstum und Urbanisierung der Interessenkonflikt zu erwarten, so auch mit der Lokalbahn-Aktien-Gesellschaft, die von dem Ingenieur KOLLMANN geleitet wurde.

60 Die Straßenbahn in Frankfurt, 1922, S. 6.

61 Dazu im allgemeinen s. W. R. KRABBE, Kommunalpolitik, 1985, S. 66f.

Die Frankfurter Handelskammer hatte sich für die Konzessionsvergabe der Linienführung nach Eschersheim eingesetzt[62], weil der Antragsteller KOLLMANN ihre Vorstellungen teilte. Dieser begründete sein Vorhaben in einem Leserbrief an die Kleine Presse, indem er zunächst den wirtschaftlichen Aspekt der beantragten Linienführung für nebensächlich erklärte im Vergleich zu ihrer sozialpolitischen Bedeutung. Er hatte längst die Zeichen der Zeit erkannt und sich das Leitbild der „offenen Bauweise" zu eigen gemacht. Er stellte nämlich die Investitionen der Verkehrsinfrastruktur in den Zusammenhang mit wohnungsbaupolitischen Überlegungen. Damit glaubte er gleichzeitig einen wichtigen, zukunftsweisenden Beitrag für Frankfurts Stadtentwicklung geleistet zu haben. Wohnen in den *Außengemeinden* sei billig, deshalb für Bauherren lohnend. Denn, so führte er abschließend aus: *Es wird sehr leicht sein, gerade in den nördlichen Außengemeinden einer Arbeiterfamilie eine sehr geräumige und bequeme Wohnung mit Garten und Ackerland einzurichten, und zwar selbst unter Anrechnung des Fahrpreises nach Frankfurt zu kaum einem Drittel des Preises. ... Die neue „Dampfstraßenbahn" schafft den Frankfurtern draußen die Annehmlichkeiten, die sie bislang vom innerstädtischen Wohnen erwarteten*[63].

Rhetorisch war so dem damaligen Oberbürgermeister MIQUEL nach dem Mund geredet, die formulierten Absichten stimmten mit dessen kommunalen Planungszielen überein[64].

KOLLMANN war eilfertig darum bemüht, Magistrat und kommunale Aufsicht von seinem sozialpolitisch motivierten Projekt zu überzeugen und gründete in den Vorortgemeinden Ginnheim, Eschersheim, Heddernheim, Eckenheim, Preungesheim, Bonames, Unter- und Ober-Eschbach, Gonzenheim und Homburg Comités für den Bau billiger Arbeiterwohnungen. Damit wollte er sich seine Kundschaft für die Dampfbahn schaffen, die *vorzugsweise auf den in die frühesten Morgenstunden und in die Abendstunden fallenden Arbeiterverkehr eingerichtet werden soll(te)*[65]. Vielleicht war es KOLLMANNS rhetorisch überzeugende Antragstellung oder schlichtweg die verkehrstechnische Notwendigkeit, die die staatliche Kommunalaufsicht dazu bewegte, der Lokalbahn-Gesellschaft, entsprechend dem Antrag, die Konzession für eine eingleisige Bahnverbindung zwischen Eschenheimer Tor und Eschersheim zu erteilen.

Es dauerte nur zwei Jahre, bis die Frankfurter „Zeitungs-Öffentlichkeit" die *Mißstände auf der Eschersheimer Lokalbahn* zu ihrem stadtpolitischen Thema machte[66], nachdem es zum *Tagesgespräch der Heddernheimer und Eschersheimer Einwoh-*

62 Das war 1888. Siehe IHK Nr. 855.

63 Ebd.

64 Vgl. Referat von J. MIQUEL, Maßregeln zur Erreichung gesunden Wohnens, in: Deutsche Vierteljahrsschrift f. öffentliche Gesundheitspflege, Bd. 21, 1889.

65 Zeitungsbericht; IHK Nr. 855.

66 So der General-Anzeiger v. 16.2.1891; IHK Nr. 855.

ner geworden war. Denn dort hatte sich inzwischen eine Kommission gebildet, die einen Forderungskatalog von elf Punkten zusammenstellte und dem Betreiber vorlegte. Man forderte die Annahme der Bürgerwünsche, da man sonst die Bahn *nicht mehr benutz(en) wolle*[67]. Das Vertrauen in diese „Bahn“ war nur schwerlich wieder zurückzugewinnen[68]. Die Lokalbahn wurde auch von der Frankfurter Bevölkerung abgelehnt, obwohl der Pendelverkehr mit den nördlichen Vororten Frankfurts am größten war[69], denn so das Urteil der lokalen Öffentlicheit: Der Betreiber hätte die *Übelstände auf den städtischen Straßen noch vemehrt*[70].

Die negative Meinungsbildung gegenüber dieser Vorortbahn gereichte dem Magistrat zum Vorteil. Er nahm den Vorfall zum Anlaß, den Ausbau seiner bescheidenen Planungskompetenzen auf informellem Wege zu erreichen. Zwar waren sich Magistrat und Aufsichtsbehörde darüber einig, daß die Einstellung der mit Dampf betriebenen Bahn möglichst bald erfolgen sollte, doch Hauptproblem blieb für den Magistrat die Tatsache, daß er es als planungshinderlich ansehen mußte, daß Privatunternehmer die Konzession allein beim Polizei-Präsidium erlangen konnten. Als die lokale Öffentlichkeit die *Mißstände auf der Eschersheimer Lokalbahn* erörterte, führte KOLLMANN (FLAG) Verhandlungen mit der kommunalen Aufsicht, um die Bedingungen für die Einstellung des Dampfbetriebes auszuhandeln. Bei Verzicht auf Dampfbetrieb war ihm die Verlängerung der Strecke Eschersheim – Eschenheimer Tor bis in die Innenstadt Frankfurts hinein, zum Schillerplatz, angeboten worden[71]. Damit ließ er es jedoch nicht bewenden. Er dachte an die Zukunft und

67 Die wichtigsten Punkte waren: 1. Einhalten der geplanten Abfahrzeiten und das pünktliche Abfahren. Auch bei schlechtem Wetter soll der 24 Min.-Takt eingehalten werden. Die Bahn-Gesellschaft hatte je nach Auslastung die Fahrzeiten verändert, so daß Arbeiter verspätet zur Arbeit kamen. Bei Überfüllung solle Rückerstattung des Fahrpreises gewährleistet sein. Weiter forderte man die Anerkennung der Tageskarten auch nach 18 Uhr. Ebd.

68 Das bestätigen die statistischen Angaben über Auslastung dieser Linie. S. Stat. Handbuch, 1907, S. 249.

69 Der Eisenbahnverkehr, allein der in Frankfurt tätigen Arbeitskräfte nach Himmelsrichtungen wurde von H. Chr. Göbel (1912, S. 153) mit folgenden Zahlen (1912) angegeben: Aus dem Norden 5.200, Osten ca. 3.800, Süden knapp 5.000, Westen 2.200, zusammen 16.000. Statistische Erhebungen über Arbeiter-Pendelverkehr 1864 und 1872 s. Mag.Akt. T 581.

70 Am 12.2.1893 erging Petition mit ca. 320 Unterschriften an Magistrat, eine Straßenbahnlinie vom Eschenheimer Tor oder Schillerstraße bis zur Vogtstraße einzurichten, da die Eschenheimer Lokalbahn nicht dem Bedürfnis entspreche. Unterschrieben hatten Maler, Privatiers, Kaufleute, Agenten, Lehrer, Schneider, Fabrikanten, Erzieherinnen, Zahntechniker, Gastwirte, Metzger, Schlosser, Zimmerleute, Tapezierer, Diener, Kutscher, Journalisten, Landwirte, Theaterarbeiter, Putzfrauen, Einzelwarenhändler, Chemiker, Architekten, Ärzte, Friseure, Ausläufer, Gärtner, Schreiner u.a.. Aus dem Haus Nr. 55 der Wolfsgangstraße haben von neun Parteien acht unterschrieben. Daß ganze Hausgemeinschaften unterschrieben haben, ist anhand der Unterschriften zu beobachten, aber nicht durchgängig. S. Mag.Akt. R 1788.Der Bezirksverein Nordwest schloß sich dieser Bewegung an und richtete ebenfalls eine gesonderte Petition an den Magistrat (15.5.1893). Der Verein räumt zwar ein, daß die Dampfbahn für die Arbeitermassen von und nach Eschersheim wichtig sei, für den Verkehr zwischen Innenstadt und nördlicher Außenstadt würde man jedoch eine städtische Trambahn vorziehen. Ebd.

71 Schreiben des Polizeipräsidenten an Magistrat vom 10.2.1891, Mag.Akt. R 1820/II.

stellte zusätzlich den Antrag, eine zweigleisige Bahnverbindung nach Hohemark, Eckenheim, Preungesheim und Bergen eröffnen zu dürfen[72]. Der Magistrat, vom Polizeipräsidenten sachgemäß informiert, machte unumwunden auf die Nachteile einer möglichen Konzessionsvergabe entsprechend dem Antrag aufmerksam. Er ließ die kommunale Aufsicht wissen, daß man keine weiteren Privatunternehmen im innerstädtischen Nahverkehr dulden könne[73]. Die staatliche Aufsicht, von der Argumentation ADICKES' überzeugt, folgte letztendlich dessen Planungsüberlegungen. Damit waren der Lokalbahn-Gesellschaft die Wachstumsmöglichkeiten genommen; KOLLMANN gab sich geschlagen, der Verkauf der Eschersheimer Dampfbahn zum 1.1.1901 zum Preis von M. 500.000 an die Stadt Frankfurt dann logische Folge. Allerdings sollte es dann bis 1908 dauern, bis diese Bahn von Dampf- auf Elektrobetrieb umgestellt wurde. Die Auseinandersetzungen in Fragen der Finanzierung zogen sich hin, zumal die Erweiterung der Strecke bis nach Heddernheim geplant war[74]. Eschersheim wollte die Bahnverbindung, aber ohne finanzielle Eigenbeteiligung außerhalb des Gemeindegebietes, so daß sogar die Rechtsinstanz des Bezirksausschusses eingeschaltet werden mußte[75].

Das südliche Pendant zu dieser nördlichen Vorortbahn bildete die ebenfalls mit Dampf betriebene Waldbahn. Sie war ursprünglich für das städtische Bürgertum eingerichtet worden, damit wochenends Ausflüge in die südlich Frankfurts gelegenen Wälder gemacht werden konnten[76]. Werktags entwickelte sie sich dann zum Verkehrsmittel der Arbeiter. Sie war relativ billig, die Rentabilität war gering[77]; sie ging 1898 in Stadteigentum über.

Die dritte, die elektrisch betriebene Vorortbahn nach Offenbach[78] war noch am längsten in privatwirtschaftlicher Hand, nämlich bis 1904.

Alle drei Linien waren aufgrund technisch unzulänglicher Ausstattung nicht in der Lage, stadterschließende Funktionen zu übernehmen. Der Ausbau des öffentlichen Nahverkehrs stagnierte. Die ökonomische Monopolstellung der einzelnen

72 1899 wurde von der FLAG die Dampfbahn auf der Strecke Oberursel-Hohemark eröffnet. Vgl. HORST MICHELKE u. CLAUDE JEANMAIRE, Hundert Jahre Frankfurter Straßenbahn 1872–1899–1972, 1972, S. 30.

73 Daraufhin fand ein Treffen zwischen ADICKES und v. MÜFFLING statt (Mag.Akte R 1820 II).

74 Die Kosten der Betriebsumstellung waren auf M. 345.000 angesetzt, die Verlängerung bis Heddernheim mit M. 995.000. S. Mitt.Prot.StVV., Nr. 503 vom 22.5.1906, S. 255.

75 Mitt.Prot.StVV., Nr. 941 vom 25.9.1906, S. 500ff.

76 Noch 1902 wurde die als gering bewertete Ausnutzung mit den Witterungsverhältnissen in Zusammenhang gebracht, s. Verwaltungsbericht f. 1902, 1903, S. 488.

77 So Stadtrat HIN, Straßen- und Vorortbahnen in Frankfurt a. M., in: Zeitschrift f. Polizei- und Verwaltungsbeamte XVII. Jg., Nr. 33, vom 20.11.1909, S. 519.

78 Den Ankauf dieser Linie legitimierte Stadtrat HIN wie folgt: *Als die Vorortbahn Frankfurt a. M.-Eschersheim angekauft wurde, sind die Grundsätze festgestellt worden, wie es in Zukunft mit den Kleinbahnen zu halten sei, und daß bei der Beurteilung dieser Fragen nicht allein die finanzielle Seite derselben maßgebend ist.* Zitiert nach: Mitt.Prot.StVV., Nr. 743 vom 16.8.1904, S. 416.

Linien trug dazu bei, daß technische Innovation und die Verbesserung des Fahrkomforts kaum als betriebswirtschaftliche Notwendigkeit erkannt werden konnten[79].

Jedenfalls, bis 1899 war das innerstädtische Verkehrsnetz nach radialen Prinzipien zwar angelegt, doch unvollständig. Die Straßenbahn folgte bis zur Jahrhundertwende etwa der städtebaulichen Erschließung. Die ehemaligen Wachtürme (Warten) bildeten bis Ende des 19. Jahrhunderts mehr oder minder die Endpunkte der städtischen Straßenbahnen, so im Fall der Galluswarte und Bockenheimer Warte. Auch das altstädtische Bornheim und Sachsenhausen waren mit Straßenbahn versorgt. Die ersten Linien, die eingeführt wurden, folgten zunächst den Wohnquartieren des Bürgertums. ADICKES' hatte noch 1896 im Sinne von Auffangplanung formuliert, daß derjenige Trassenverlauf der Straßenbahn begünstigt werde, der die größte Anzahl bewohnter Häuser anzuschließen vermag[80].

Die privatwirtschaftliche Organisation des öffentlichen Nahverkehrs wurde im Zuge von Stadtwachstum und Urbanisierung mehr und mehr als städtebaulicher Hemmschuh erkannt. Den Stadtverordneten kam deshalb der Magistrats-Antrag von 1896 entgegen, der die Kommunalisierung der Straßenbahn bei gleichzeitiger Umstellung der innerstädtischen Pferdebahnen auf elektrischen Antrieb anstrebte[81]. Sämtliche Verträge mit den privaten Trambahngesellschaften wurden fristgerecht gekündigt. Von der Modernisierung der Straßenbahn versprach man sich folgende Vorteile für den Städtebau: günstigere Planungsbedingungen, erhöhte Leistungsfähigkeit und damit Wachstum der Verkehrsbeförderung, schnellere Fahrgeschwindigkeit, höhere Betriebssicherheit und in ökonomischer Hinsicht: eine Senkung der Betriebskosten von ca. 33%, rationellere Nutzung der städtischen E-Werke, höhere Einnahmen, die als Investitionen den Ausbau des Verkehrsnetzes begünstigen und Verringerung der Folgekosten wie Straßenreinigung[82].

Die Elektroindustrie, in Kenntnis der sich überlagernden Planungskompetenzen von Kommune und staatlicher Aufsicht, wandte sich nun an letztere mit Anträgen auf Konzessionsvergabe der unterschiedlichsten Wegführungen und Projektvorhaben in elektrischem Betrieb[83]. Neue Technologien versprächen wirtschaftliches Wachstum und erhöhte Nachfrage; die kommunale Aufsicht wurde also mit Anträgen auf Konzessionsvergabe überschüttet. Der Magistrat sah sich deshalb aufgerufen, seine Planungsüberlegungen dem Regierungspräsidenten unzweideutig mitzuteilen. Unter anderem führte er aus: *Wenn auch im einzelnen der Gang der Dinge (gemeint*

79 S. Entwicklung der verkauften Fahrkarten pro Jahr in: Stat. Handbuch, 1907, S. 249.

80 Mitt.Prot.StVV., Nr. 411 vom 28.5.1896, S. 363.

81 Mitt.Prot.StVV., Nr. 833 vom 3.11.1896, S. 540ff.

82 Die Straßenbahn, 1922, S. 7.

83 S. Schreiben des Magistrats an Regierungs-Präsidenten v. 25.1.1898, betr. Vorortbahnen in der Umgebung der Stadt Frankfurt. Mag.Akt. R 1743/I. Da Frankfurt relativ spät die Modernisierung ihrer Straßenbahn vornahm, hatte sie den Vorteil, auf Erfahrungen anderer Großstädte zurückzugreifen und entschied sich für das System der Oberleitung.

ist die Stadtentwicklung Frankfurts, J.R.K.) sich nicht sicher vorausbestimmen läßt, so darf man doch mit ziemlicher Sicherheit annehmen, daß die jetzt aus der Stadt nach den nächsten Vororten (Seckbach, Preungesheim, Eckenheim, Eschersheim, Ginnheim, Hausen, Rödelheim, Griesheim, Höchst, Oberrad, Offenbach) führenden Landstraßen in naher Zeit bebaut werden und daß sie dann den Charakter städtischer Straßen annehmen werden. Auf diese Straßenzüge werden daher die städtischen Straßenbahnen zweckmäßig auszudehnen sein. Es wird hier nicht nur der Verkehr aus den einzelnen Vororten nach dem Herzen der Stadt, sondern auch der Zwischenverkehr der einzelen Teilstrecken sich abspielen. Da die genannten Vororte nicht über 5 km von dem Verkehrsschwerpunkt in Frankfurt abliegen, so wird die Dauer der Fahrt mit einer guten elektrischen Straßenbahn 30 Minuten nicht übersteigen. Wenn die Ansicht hervorragender Sachverständiger des städtischen Verkehrswesens richtig ist, daß bei einer guten Entwicklung der Großstädte die Dauer der Fahrt zwischen Wohnung und Geschäft nicht mehr als 20–30 Minuten betragen soll, so wird die Grenze der Zulänglichkeit der Straßenbahnen in den genannten Vororten erreicht sein, und es wird für die in weiterer Entfernung liegenden die Anwendung von Schnellbahnen erforderlich, welche zur Erzielung größerer Geschwindigkeit unabhängig vom Straßenniveau sein müßten. Diese müßten also die Straßen nur mit Über- oder Unterführungen kreuzen dürfen oder auf geeigneten Strecken als Hochbahnen über oder als Untergrundbahnen unter den Straßen geführt werden. Wie weit diese Schnellbahnen in das Herz der Stadt hingeführt werden können, hängt von den lokalen Verhältnissen und der Höhe der Kosten ab. In dem Maße aber, in dem der Verkehr in dem Innern der Stadt zunimmt, wächst das Bedürfnis, schnellfahrende Bahnen, die unabhängig vom Straßenverkehr sind, auch in das Herz der Stadt hineinzuführen. Zahlreiche Beispiele englischer und amerikanischer Großstädte und das neueste Vorgehen in Berlin, Wien, Paris, Boston und Budapest bestätigen das Gesagte[84].

Adickes ging davon aus, daß Straßenbahnen im Umkreis von 5 km an das innerstädtische Straßenbahnnetz Frankfurts direkt angeschlossen werden sollten, für die Vororte, die über diese Entfernung hinaus aus beschäftigungspolitischen Gründen an Frankfurt verkehrstechnisch anzubinden sind, schlägt er die Planung eines Netzes von *Schnellbahnen auf eigenem Bahnkörper* (Kleinbahnen) vor[85]. Da mit Privatunternehmen schlechte Erfahrungen gemacht wurden, empfiehlt er den Bau dieser Bahnen in städtischer Regie und bittet daher um Ablehnung der zahlreichen Konzessionsgesuche[86].

84 Ebd., S. 4f.

85 Ebd., S. 5. Hierbei läßt er wissen, Pläne für den Bau von Kleinbahn-Anlagen bereits vorliegen zu haben.

86 Bei einer Gesprächsrunde zwischen Regierungspräsident, Landräten aus Hanau, Homburg und Höchst, den Bauräten und dem Oberbürgermeister Frankfurts war man sich schnell einig, daß die Stadt Frankfurt die Konzessionen für den Vorortverkehr einholen sollte. Mag.Akt. R 1743/I.

Noch im gleichen Jahr, im August 1898, erließ die preußische Regierung eine Ausführungsanweisung, in der die verwaltungstechnische Handhabung in Fragen des öffentlichen Nahverkehrs den neuen großstädtischen Verhältnissen angepaßt wurde. Die starre Unterscheidung von Kleinbahn und Straßenbahn wurde für Großstädte wie Frankfurt in den umständlich zusammengesetzten Rechtstitel der *nebenbahnähnlichen Kleinbahn* umformuliert[87]. An der Genehmigungspflicht der Straßenbahnlinien durch den Regierungspräsidenten änderte sich allerdings nichts[88].

Die Kommunalisierung der Frankfurter Trambahnen wurde für 1898 geplant[89]. Die Gestaltung des Verkehrswesens stand im Mittelpunkt der öffentlichen Diskussionen. Bevölkerungswachstum einerseits und das städtebauliche Leitbild der „weiträumigen Bauweise" andererseits, so der Magistratsantrag, hätten die Expansion der Großstädte bewirkt und *das Bedürfnis wachgerufen, Verkehrsmittel zu schaffen, die schnell und billig innerhalb des sich weiter und weiter ausdehnenden Gebietes der Stadt und der Vororte befördern*[90]. Man erwarte in naher Zukunft eine zunehmende Bautätigkeit in den Vorortgemeinden. Die Bauentwicklung verlaufe entlang Frankfurts Ausfallstraßen. Diese vermittelten zwar noch das Bild von Landstraßen im wörtlichen Sinne, würden bald aber zu großstädtischen Straßen sich entwickeln müssen.

Im Februar 1898 wurden erste Sondierungsgespräche geführt. In Anwesenheit des Regierungspräsidenten und den Landräten der Vorortgemeinden legte ADICKES seine Planungsabsichten dar. Man verständigte sich dahingehend, daß der Magistrat Frankfurts sämtliche Konzessionsrechte für die infrastrukturelle Anbindung der Vororte an die Mainmetropole beantragen solle[91]. Inhaltliche Planungsentwürfe lagen bereits wenige Wochen später vor. Folgende Linienführungen (Straßenbahnen) hatte er in Aussicht gestellt[92]:

1. Die Linie Gutleutstraße – Griesheim (1930 realisiert) mit Verlängerung nach Nied (1935 realisiert) und Höchst (1952 realisiert).
2. Galluswarte – Mainzer Landstraße (1902 realisiert) bis Höchst
3. Straßenbahn zwischen Rödelheim – Sossenheim – Höchst

87 Dazu W. R. KRABBE, 1985, S. 66ff.

88 Bei der Planung von Kleinbahn-Linien in Richtung Bergen, Bad Vilbel und Mainkur über Fechenheim nach Offenbach mußte sich der Magistrat doch mühen, um diese Linienführungen weiterhin für sich gesichert zu wissen. So gab es Auslegungsprobleme zu dem preussischen Erlaß vom 24.12.1898, ob die projektierte Linie als Kleinbahn gebaut, oder der Eisenbahn überlassen werden sollte. S. Mag.Akten R 1756, Entwurf eines Schreibens v. 5.7.1901.

89 Mitt.Prot.StVV., Nr. 836 vom 3.11.1896, S. 541ff.; Nr. 814 vom 26.10.1897, S. 491ff. und Nr. 656 vom 20.6.1899, S. 313ff.

90 Mitt.Prot.StVV., Nr. 836 v. 3.11.1896, S. 542f.

91 Mag.Akt. R 1743/I.

92 Projekt Vorortbahnen (16.2.1898), ebd.

4. Linie Bockenheim (Schloßstraße) – Hausen und Praunheim (Schönhof-Praunheim 1913 realisiert)
5. Bockenheim – Ginnheim (1911/14 realisiert)
6. Frankfurter Friedhof nach Eckenheim (1907 realisiert) und Preungesheim (1911 realisiert).
7. Friedberger Landstraße – Preungesheim
8. Friedberger Landstraße – Seckbach (Saalburgstraße – Seckbach 1905 realisiert)
9. Darmstädter Landstraße – Isenburg – Sprendlingen
10. Hanauer Landstraße – Mainkur – Fechenheim – Offenbach
11. Eckenheim – Ginnheim (Rödelheim – Ginnheim 1911 realisiert)
12. Eschersheimer Landstraße – Ginnheim (Linie nach Eschersheim und Heddernheim 1908 realisiert)

Diese Linien sollten mit dem noch anzulegenden Schnellbahnnetz von Kleinbahnen, die in die Region führten, in verkehrstechnischen Zusammenhang gebracht werden. Ein Planentwurf war auch hierfür schon ausgearbeitet[93]:

1. Frankfurt – Bockenheim – Ginnheim – Heddernheim – Niederursel – Oberursel
2. Frankfurt – Sossenheim, mit eventl. Fortsetzung nach Königstein und Falkenstein
3. Frankfurt – Rödelheim – Praunheim – Niederursel
4. Frankfurt (Friedberger Landstraße) – Heiligenstock – Bergen und Abzweig nach Vilbel
5. Frankfurt (Hanauer Landstraße) – Mainufer – Offenbach

Die Planungsschwerpunkte sind deutlich zu erkennen: Das Stadtwachstum des Wilhelminischen Frankfurt war nach Westen vorgesehen. Adickes' Planungsvorstellungen waren langfristig angelegt, denn die Eingemeindungen von Höchst, Sossenheim, Zeilsheim, Sindlingen, Schwanheim, Unterliederbach, Griesheim und Fechenheim wurden erst 1928 Realität.

Bockenheim und Ginnheim waren als dezentrale Verteiler des öffentlichen Nahverkehrs vorgesehen. Die Anbindung der Vororte war über die Ausfallstraßen Friedberger, Mainzer, Eckenheimer, Darmstädter und Hanauer Landstraße geplant. Hierfür wäre die Verbreiterungen dieser Straßenzüge Grundvoraussetzung gewesen. Doch die kommunalen Interventions- und Ordnungsmittel waren unzurei-

93 Ebd.

chend; deshalb blieb vieles Planungsabsicht. ADICKES' Vorstellungen von 1898 waren kühn und trugen in nicht geringem Maße dazu bei, daß Bewohner der Vororte den Anschluß ihrer Gemeinde an das großstädtische Straßenbahnnetz kurzfristig erwarteten. So richteten auch Heddernheimer und Ginnheimer eine Petition (10.2.1899) an den Magistrat, er möge die entsprechenden Planungen vornehmen lasse, damit auch sie ihre elektrische Straßenbahn bekämen[94]. In der Frankfurter Zeitung war zu lesen: *Während in früheren Zeiten sich die ländliche Bevölkerung allen Bahnbauten gegenüber sehr zurückhaltend, ja feindlich verhielt, scheint sich neuerdings ein Umschwung ins andere Extrem geltend zu machen. Man schwärmt plötzlich für Kleinbahnen, und je ärmer die Kreise sind, desto größere Hoffnungen setzen sie in mystischer Überschwänglichkeit auf die „neue Bahn", mit deren Eröffnung ein Aufschwung von märchenhaftem Glanz beginnen werde*[95].

Vierzehn innerstädtische Linien mit einer Betriebslänge von annähernd 60 km waren zum 1.1.1898 übernommen worden. Gut ein Jahr später fuhr die erste elektrische Bahn, 1904 wurde die letzte Pferdebahnlinie eingestellt[96]. Das Faszinosum der modernisierten, elektrisch angetriebenen Straßenbahn löste kaum kontroverse Diskussionen im Stadtparlament aus. Verkehrstechnologie und die zunehmende Entwicklung der Verräumlichung von Zeit trieben Fortschritt und Wirtschaftswachstum voran, schufen andererseits aber auch Sachzwänge, – doch so schnell war das Altbewährte nicht abzustreifen.

Ein wesentliches Argument für die Elektrifizierung war die Hoffnung auf bessere wirtschaftliche Effizienz[97]. Der *leitende Gedanke* für ADICKES, die Führung eines solchen Unternehmens sei die Berücksichtigung marktwirtschaftlicher Gegebenheiten[98], offenbarte die Widersprüchlichkeit des Unterfangens, denn betriebswirtschaftliche Prinzipien mußten mit stadtentwicklungs- und sozialpolitischen in Konflikt geraten.

94 Mag.Akt. R 1759/I.

95 Frankfurter Zeitung Nr. 305 v. 3.11.1895. HStAWi Abt. 407/360. Vgl. auch die Vortragsreihe von Friedrich Naumann in Frankfurt. Er sprach 1906 über das *Zeitalter des Verkehrs.* S. Kleine Presse Nr. 8 vom 11.1.1906, S. 4.

96 Die Umstellung, innerhalb von gut 5 Jahren vollzogen, ging von einem Kostenvoranschlag von 5,5 Mio. Mark aus, die Übernahme der Bahnen wurde auf M. 2,23 Mio. veranschlagt. Nach: Mitt.Prot.StVV., Nr. 833 vom 3.11.1896, S. 553.

97 S. dazu ausführlich: *Denkschrift betr. die Umgestaltung des Betriebes der Straßenbahnen in Frankfurt a. M.;* ebd., S. 542ff.
Die Einnahmen der FTG betrug 1890 ca. 1,5 Mio. M., 1896 waren es fast 2,4 Mio. M.. Nach der Kommunalisierung stiegen die Einnahmen bereits 1900 auf 4 Mio. M. und erreichte ihren Höhepunkt 1913 mit 10,9 Mio. M.. Nach: Die Straßenbahn in Frankfurt a. M., 1922, S. 5 und S. 10.

98 So ADICKES in der Besprechung des Ausschuß-Berichtes. Mitt.Prot.StVV., Nr. 814 vom 2.11.1897, S. 494.

Zwischen 1900 und 1904 gab es nur zwei Tarife beim Lösen eines Einzelfahrscheins[99]: den 10-Pfennig-Fahrschein (Wegstrecken bis 3 km) und den 15-Pfennig-Fahrschein (mehr als 3 km). Daß noch 1903 das Straßenbahnfahren als großstädtischer Luxus angesehen wurde, verraten allein die Angaben zum Fahrkartenverkauf: 97% aller Fahrscheine wurden für die kurzen Wegstrecken gelöst, lediglich 3% für die weiteren Strecken zu 15 Pfg.[100]. Eine Monatskarte zu führen, war nur dem wirtschaftlich Gutsituierten möglich. Ihr Anteil betrug zur Jahrhundertwende 12% aller verkauften Fahrkarten[101].

Wenn die Straßenbahn wirklich als Städtebildner gelten sollte, dann mußte neben dem Ausbau des Verkehrsnetzes auch eine Änderung der Fahrpreise angestrebt werden. Um nach Gesichtspunkten der Stadtentwicklung das Verkehrsnetz des öffentlichen Nahverkehrs ausbauen zu können, wurde das Elekrizitäts- und Bahnamt geschaffen. Die Bahn zum Erschließungsfaktor zu machen, hieß, eine entsprechende Fahrpreisgestaltung anzustreben[102]. Da in betriebswirtschaftlichen Fragen des Vorortverkehrs der kommunalen Aufsicht weiterhin entscheidendes Mitspracherecht zukam, waren auch dem Frankfurter Magistrat die Hände gebunden[103], d.h. größere Veränderungen konnte auch er nicht alleine in die Wege leiten. Mit der Kommunalisierung der FTG war zunächst die Umorganisation des innerstädtischen Verkehrs gelungen. Die eigentliche städtebauliche Wirksamkeit, nämlich die Anbindung der Vororte an das Frankfurter Verkehrsnetz, war einer späteren Zeit vorbehalten, die 1905 beginnen sollte. Die Fahrpreisgestaltung des innerstädtischen Verkehrs, die zwischen 1900 und 1904 maßgeblich wurde, kann als richtungsweisend angesehen werden.

[99] Bei einer Verkehrszählung am 15.7.1902 wurden alle Fahrgäste mit Einzelfahrschein gezählt, die vor 7 Uhr fuhren. U.a. ergaben sich folgende Zahlen: Ab Bornheim über die Bergerstraße waren es 1.388 Fahrgäste, ab Hauptbahnhof über Kaiserstraße 1.121, ab Schönhof u. ab Bockenheimer Warte über Bockenheimer Landstraße 579, ab Ostbahnhof über die Zeil 565, ab Lokalbahnhof (Sachsenhausen) über Obermainbrücke 388, ab Bornheimer Landstraße über Oederweg 365, ab Rohrbachstraße über Oederweg 340. S. Anlage 3 der Zusammenstellung, Mag.Akt. R 1798/I.

[100] Mitt.Prot.StVV., Nr. 485 vom 7.5.1903, S. 255. Von den 17 Linien im Jahr 1902 waren lediglich drei unter 3 km lang, eine davon war die Strecke zwischen Bockenheim und Rödelheim. Zum Verhältnis der einzelnen Streckenlängen und der Personenbeförderung s. die Verwaltungsberichte der einzelnen Jahrgänge. Hier z.B. für 1902/03, 1903, S. 492.

[101] Die Straßenbahn 1922, S. 11. Bis zu 4 km Wegstrecke wurden 1900 etwa 35.000 Monatskarten verkauft, darüber etwa 20.000. Nach Zusammenstellung ... S. Mag.Akt. R 1798/I.

[102] In der „Denkschrift“ war man überzeugt, daß die elektrische Straßenbahn die Senkung der Fahrpreise und den Ausbau des Straßenbahnnetzes zur Folge haben werde. Mitt.Prot.StVV., Nr. 836 vom 3.11.1896, S. 547.

[103] Stadtrat Hin, der für die Frankfurter Verkehrspolitik im öffentlichen Nahverkehr verantwortlich war, gab in einer „Vorort-Konferenz“, 1908, zum Ausdruck, daß er die Weigerung des preussischen Innenministers, die Fahrpreise der Straßenbahnen zu senken, finanzpolitisch motiviert sieht. Protokoll der Berliner Vorort-Konferenz, Oktober 1908, S. 9. Mag.Akt. R 1743/I.

Berlin war für viele andere deutsche Großstädte das Vorbild – auch in der Fahrpreis-Gestaltung des öffentlichen Nahverkehrs. Gewerkschaften und Arbeiterpartei (SPD) orientierten sich in ihren Aufrufen und Appellen am Berliner Einheitstarif von 10 Pfennigen pro Einstieg. Neben dem *Berliner System* gab es auch den *Sektionstarif,* der die Fahrpreisgestaltung nach Zonen staffelte. Hierfür galt Wien als Leitbild. Weder der eine noch der andere Tarif sollte in Frankfurt zur Anwendung kommen. Vielmehr folgte man den Gegebenheiten der Staatseisenbahn und entschied sich für den *Kilometer-Tarif*[104].

Bei der Umgestaltung der Fahrpreise im Zuge von „Kommunalisierung" und „Elektrifizierung" galt dem Magistrat der 10-Pfennig-Tarif noch als Leitziel. Betriebswirtschaftliche Überlegungen und die Hoffnung, daß die Löhne weiter steigen werden, waren für ihn Grund genug, den Einheitstarif der Zukunft vorzubehalten[105]. Den 10-Pf.-Fahrschein beschränkte man auf Wegstrecken bis zu 4 km, *bei einer Länge der durchfahrenden Strecke von mehr als 4 km nicht mehr als 15 Pfg.*[106]. Mit dieser Formulierung hatte man die Regelung des bevorstehenden Vorortverkehrs noch unberücksichtigt gelassen; die Bahn nach Niederrad (Sandhofschleife), die einzige neue Vorortbahn, war gerade eingeführt, d.h. der eigentliche Ausbau des Vorort-Straßenbahn-Netzes stand erst noch bevor. Der Ausschußbericht wies ausdrücklich darauf hin, daß die Regelung der in Planung befindlichen Kleinbahnen einer gesonderten Besprechung bedürfe.

Die Stadt übernahm 1898 von der FTG ein Streckennetz mit einer Gesamtlänge von gut 30 km und einer jährlichen Gesamtbeförderung von ca. 30 Millionen Menschen[107]. Das Wachstum des Streckennetzes nahm im Laufe der folgenden 10 Jahre, also bis 1907 keineswegs stärker zu als in den vorausgegangenen 10 Jahren unter der Leitung der FTG. Das gilt auch für die Beförderung; hier lag das Wachstum vorherrschend in den Zeitspannen 1899–1901 und dann ab 1904 bis 1914[108]. In diesem letzten Jahrzehnt vor Ausbruch des 1. Weltkrieges kam die Stadtentwicklungspolitik Adickes' zur Geltung: 55 Millionen Fahrscheine wurden 1903 gelöst, zehn Jahre später über doppelt so viele.

Als mit der Zeit das Straßenbahnnetz expandierte, mußte der Magistrat den bisherigen Höchstpreis von 15 Pfennigen erhöhen. Bei dieser Gelegenheit machte er angestrengte Versuche, die Straßenbahn auch den Arbeitern zu ermöglichen. Bis 1904 waren die Abonnementsbedingungen für Arbeiter ungeeignet, da sie nur den Fahrgästen Einsparungen versprachen, die die Straßenbahn mehr als zweimal am Tage

104 Dazu im einzelnen s. Stadtrat Hin, Straßen- und Vorortbahnen ..., 1909, S. 521.

105 Mitt.Prot.StVV., Nr. 650 vom 7.6.1900, S. 303f.

106 Ebd., S. 304.

107 Angaben nach: Frankfurter Verkehrsprobleme und Beiträge zur Lösung, im Auftrag des Magistrats Frankfurt a. M., Frankfurt 1925, S. 15ff.

108 Vgl. Zahlenangaben, ebd.

benutzten. Im Entwurf für die Einführung von Tariferleichterungen begründete der Magistrat sein Vorhaben: *Im Hinblick auf die ungünstigen Wohnungsverhältnisse in Frankfurt erscheint es daher erwünscht und gerechtfertigt, Einrichtungen zu treffen, die den Arbeitern, außerhalb des gewöhnlichen Abonnements, eine besondere Fahrpreisermäßigung gewähren*[109]. Er schlug deshalb vor, allen Arbeitern mit einem Jahreseinkommen von weniger als M. 1.500 „eine" Fahrt (täglich) zwischen Wohnung und Arbeitsstätte, und zwar morgens, zu ermäßigen. Welche umständlichen Formulierungen nötig waren, um Arbeiterfahrkarten (genauer: *Preisermäßigung für Minderbemittelte* gegenüber den Stadtverordneten legitimieren zu können, zeigt die folgende Darlegung: *Die Ermäßigung ist daher – namentlich bei den Strecken über 4 km – eine sehr bedeutende und wird ohne Zweifel eine starke Zunahme des Arbeiterverkehrs auf der Straßenbahn herbeiführen. Für den Bahnbetrieb entstehen hieraus insofern Schwierigkeiten, als sich der Arbeiterverkehr, wie schon erwähnt, im Wesentlichen auf eine ganz kurze Zeit zusammendrängt. Morgens hoffen wir diese Schwierigkeiten überwinden zu können, weil in den ersten Frühstunden der sonstige Straßenbahnverkehr verhältnismäßig gering ist, während abends der Arbeiterverkehr mit einem ohnehin starken Trambahnverkehr zusammenfällt. Es erschien daher geboten, die Gültigkeit der Wochenabonnements auf die Morgenzeit zu beschränken*[110].

Der Antrag des Magistrats wurde an den Sonderausschuß verwiesen. Dieser benötigte sieben Monate, um sich sachkundig zu machen. Er trug einen veränderten Entwurf vor, der die vielen Wünsche und Empfehlungen der Petitionen – u.a. vom Kaufmännischen Verein, dem Deutsch-Nationalen Handlungsgehilfen-Verband und dem Gewerkschaftskartell – zu berücksichtigen suchte. Gemeinsam war allen Petitionen die Ermäßigung der Abonnentenkarten für vier Fahrten am Tag. Wie wichtig der gewohnte Tagesablauf genommen wurde, wird deutlich an der Begründung: das traditionelle warme Essen am Mittag sollte weiterhin zu Hause eingenommen werden, bei einer Mittagspause von etwa zwei Stunden[111]. Bemerkenswert hierbei ist die Propagierung herkömmlicher Lebensformen durch die Großorganisationen der Arbeiterbewegung zu einem Zeitpunkt, da die Stadtplanung ADICKES' diesem

[109] Mitt.Prot.StVV., Nr. 485 vom 7.5.1903, S. 254f.

[110] Ebd., S. 256.

[111] Auch Frankfurts Wirtschaftsbürgertum des Nordwesten trat für weitreichende Verkehrsbegünstigungen der Arbeiter ein: ... *Die Arbeiterkarten ermächtigen die Leute, die beispielsweise im Industrieviertel beschäftigt sind und in Bornheim oder noch weiter wohnen, nur zur einmaligen Fahrt am Morgen und am Abend. Dadurch werden die Leute ihrer Familie entzogen und es erwachsen ihnen besondere Ausgaben, weil sie genötigt sind, ihr Mittagessen in der Nähe ihrer Arbeitsstelle im Wirtshaus einzunehmen. Auch die weiteste Fahrt sollte nicht zu entfernt sein, den Leuten die Möglichkeit zu bieten, bei ihren Familien zu essen. Diesen Forderungen gegenüber hat sich das Trambahnamt aber bis jetzt ablehnend verhalten. Der 10 Pfg.-Tarif wird immer brennender, je weiter sich die Trambahnlinien ausdehnen ...* So Justizrat Dr. MEYER zum Thema *Trambahn-Angelegenheiten* bei einer Versammlung des Bezirksvereins West- und Nordwest, s. Mitteilungen des west- und nordwestlichen Bezirksvereins zu Frankfurt a. M. Nr. 14, 1906, S. 9.

Anspruch in Programmatik und städtebaulichem Handeln entschieden entgegenarbeitete.

Die Arbeiterbewegung, hier konkret der Gewerkschaftskartell[112], der seine politischen Forderungen ansonsten gern auf die Zukunft projizierte, baute in diesem Fall auf traditionelle Werte und Erfahrungen. Ambivalenzen prägten also keineswegs nur das Bürgertum, sondern auch die Arbeiter. Jedenfalls, der Gewerkschaftskartell initiierte eine Umfrage. Hier ging es vor allem darum, die Zeiten des Arbeitsschlusses festzustellen. Von den 1.608 Arbeitern, die antworteten, gab etwa die Hälfte an, daß sie vor dem eigentlichen Stoßverkehr des Abends, also vor 18 Uhr, ihren Weg nach Hause antreten würden. Sehr wahrscheinlich wollte man den Magistrat und die Stadtverordneten glauben machen, daß sich der Berufsverkehr auf zwei, drei Stunden gegen Nachmittag und Abend verteile; der eigentliche Berufsverkehr konzentriere sich jedenfalls nicht auf 18 Uhr und später. Zahlenangaben werden gemacht, um die großen Entfernungen zwischen Arbeitsplatz und Wohnung vieler Arbeiter belegen und ihre Forderung nach verbilligten Tarifen auf den weiten Wegstrecken untermauern zu können. Die Delegierten-Versammlung des Gewerkschaftskartell hatte schon im Mai 1903 eine Petition an die Stadtverordneten-Versammlung gerichtet, in der auf die widersprüchliche Stadtentwicklungspolitik ADICKES' hingewiesen wurde[113], nämlich das Leitbild der offenen Bauweise und Dezentralisierung zu propagieren, gleichzeitig aber eine prohibitive Verkehrspolitik zu betreiben.

In der Debatte der Stadtverordneten-Versammlung war man bemüht, der Sache auf den Grund zu gehen und fragte zunächst ganz allgemein, wie der Minderbemittelte zu definieren sei, denn auch *(k)aufmännische Angestellte, Privatbeamte, Gesellen in gewerblichen Betrieben, Kellner, Köche, Dienstmänner, Auslaufer, Fuhrknechte, Fabrikarbeiterinnen* (sic!), *Nähfrauen, Waschfrauen und Büglerinnen* könnten hierzu gerechnet werden. Letztendlich einigte man sich darauf, Invaliden, Lehrlingen und allen Arbeitnehmern mit Einkommen unter M.2.000 jährlich, auf Nachweis eine verbilligte Wochen- oder Monatskarte zukommen zu lassen[114]. Im Einzelnen war die Stadtverordneten-Versammlung darum bemüht, zwischen der Position des Magistrats und dem Gewerkschaftskartell eine Kompromißlösung anzustreben: Wochenfahrkarten zu 30 Pfg. (6 Fahrten) waren dann möglich, wenn

112 Petition der *Aufsichtskommission des Gewerkschaftskartells betr. Änderung der Grundsätze des Trambahn-Tarifs und Einführung von Arbeiterfahrkarten,* v. 25.11.1903. Mag.Akt. R 1798/II, 29ff.

113 *... Es liegt ein offenbarer Widerspruch darin, daß der Magistrat eine Wohnungspolitik fördert, durch die die Minderbemittelten mehr und mehr in die Vororte gedrängt werden, und sodann die Verkehrsmittel zu verteuern trachtet. Geradezu als eine Verhöhnung der Minderbemittelten erscheint aber der Vorschlag, Arbeiter-Wochenkarten einzuführen, die nur zur Fahrt früh an die Arbeitsstelle dienen sollen. Eine solche Tarifreform weisen die Delegierten des Kartells als Vertreter von rund 10.000 organisierten Arbeitern mit Entrüstung zurück ...*, unterschrieben von J. A. L. DORSCHU. Zitiert nach: Arbeiter-Sekretariat. V. Jahresbericht für 1903, 1904, S. 118.

114 Mitt.Prot.StVV., Nr. 1223 vom 1.12.1903, S. 583.

die Fahrt bis 7.30 Uhr morgens angetreten wurde. Die entsprechende Rückfahrkarte sollte 80 Pfg. betragen. Dieser Tarif galt jedoch nur bei einer Wegstrecke von höchstens 3 km. Für jeden weiteren angefangenen Kilometer erhöhte sich der Fahrpreis um 5 Pfg. bei einmaliger Tagesfahrt, bei Hin- und Rückfahrt um 10 Pfennige[115].

Der Kompromiß blieb nicht ohne Wirkung: 1905 ging der Verkauf von Wochenkarten für die eine, also die morgendliche Fahrt zurück, – von 29.838 (1904) auf 23.011 –; wohingegen die Wochen-Rückfahrkarten von 40.102 (1904) auf 134.837 (1905) doch recht beträchtlich zunahm[116]. Die Ausweitung des Straßenbahnnetzes und die Elektrifizierung zeitigten ihre Wirkungen: 1906 wuchs der Verkauf von sog. Arbeiterfahrkarten auf über 206.000 an; allein auf der Strecke zwischen Sachenhausen und Offenbach, der Linienführung der ehemaligen Frankfurt-Offenbacher Trambahn-Gesellschaft, seit 1904 in städtischem Eigentum, nahm der Verkehr 1906 um 300% zu[117].

Frankfurts Gemeindevertretung sah sich in ihrer Verkehrspolitik bestätigt. Und doch gab es Vorbehalte auf staatlicher Seite, die Verkehrsförderung zu weit getrieben zu haben, denn man fürchtete um den Bestand der Landbevölkerung. Es war unverkennbar, daß das preussische Innenministerium die generelle Öffnung des öffentlichen Nahverkehrs für alle gesellschaftlichen Schichten aus politischen Gründen nicht zulassen wollte.

Diese gesellschaftspolitische Dimension von Verstädterung und die sie begünstigende kommunale Stadtentwicklungspolitik konnten keineswegs auf die einhellige Zustimmung staatlicher Instanzen bauen. So schrieb die Kleine Presse[118]: *Der neue Verkehrsminister hat erklärt, daß der preussische Staat nichts für den Vorortverkehr tun wolle. Wer etwas anderes erwartet hatte, der kennt den Grundsatz unserer Wirtschaftspolitik nicht. Es wird gegen die Städte und gegen den Verkehr regiert ... Die Stadt hat doppelten Grund, nun ihrerseits die Hände zu rühren. ... In erreichbarer Nähe wohnen Hunderttausende, die auf die schlechte und teure Eisenbahnverbindung angewiesen sind, und in Frankfurt hausen Tausende in engen Gelassen, die weiter draußen schön und gesund wohnen würden, wenn sie nur rechtzeitig in das Geschäft kommen könnten.*

115 Ebd., S. 586. S. auch Mag.Akt. R 1798/II, 56.

116 Der Magistrat räumt ein, daß die Preisermäßigung, aber auch die günstige Lage auf dem Arbeitsmarkt, zu dieser Entwicklung beigetragen hätten. Die Wochenkarteninhaber verteilten sich hierbei wie folgt auf die unterschiedlichen Distanzen:
Bei 3 km : 21% der Arbeiter
Bei 4 km : 43% der Arbeiter
Bei 5 km : 14% der Arbeiter
Bei 6 km : 16% der Arbeiter
Bei 7 km : 3% der Arbeiter
Bei 8 km : 2% der Arbeiter
Bei 9 km : 1% der Arbeiter
Verwaltungsbericht f. 1905, 1906, S. 272.

117 Verwaltungsbericht f. 1906, 1907, S. 295f.

118 Am 7.8.1906, S. 3.

Ein lobenswerter Anfang ist mit dem Erwerb der Offenbacher Bahn und dem Beginn der Verbindung nach Homburg gemacht. ... Wir haben noch nicht einmal eine Trambahn nach Niederrad, nach Griesheim, nach Schwanheim, nach Höchst, nach Fechenheim, wir denken nicht einmal daran, das nahe Hanau durch elektrische Ketten an uns zu fesseln.

Bei einer Sitzung der Berliner Vorortkonferenz, 1908, stellte der Bürgermeister von Höchst a.M., PALLESKE, folgenden Verdacht in den Raum: *Den Großstädten wolle die Regierung frische Landluft gewähren, aber warum nicht den Ländlern den Genuß großstädtscher Geschäfte, der Museen und der Theater?*[119] Er teilte den Mitgliedern der Versammlung mit, daß sich in den Vororten Frankfurts ein Verein gebildet habe, *mit einer bedeutenden Anzahl von Mitgliedern*, um ihre verkehrsinfrastrukturellen Bedürfnisse gegenüber Frankfurts Gemeindevertretung mit *Macht* artikulieren zu können: *Karten nach der Großstadt zu billigen Preisen bliebe die nächste Parole*, so der Bürgermeister von Höchst a.M.[120] Bereits 1905 schloß sich Frankfurts Magistrat der Forderung einer organisierten Aktion preußischer Vororte an. Sie forderten den Straßenbahnanschluß der großstädtischen Vororte und die Einführung des Berliner Systems, d.h. den Einheitstarif für den einzurichtenden Vorortverkehr[121]. Die Förderung des Vorortverkehrs gereiche der Großstadt zum Vorteil in wohnungspolitischer Hinsicht. Stadtrat HIN schlug vor, zunächst mit der Ermäßigung des Sonntagsverkehrs aus den Vororten in Richtung Stadt zu beginnen. Für ihn war der wirtschaftliche Gesichtspunkt am wichtigsten, denn *warum lasse man die Rückzüge nach der Großstadt leer fahren?*[122]

Als Vorortbahnen zum Arbeitertarif wurde in den 1890er Jahren die Waldbahn (Neu-Isenburg – Niederrad – Schwanheim) angesehen, aber auch die Linie der FOTG, die Arbeiter aus Oberrad und Offenbach nach Frankfurt brachte und die Linie der FLAG, die Eschersheim mit Frankfurt verkehrstechnisch verband.

Die Eisenbahn hatte den weiträumigeren Arbeiterverkehr zwischen Darmstadt und Frankfurt aufgenommen (Main-Neckar-Eisenbahn), die sog. Homburger Eisenbahn und die Friedberg-Gießener Linie[123]. Insgesamt war der Pendelverkehr noch schwach ausgeprägt. Für 1893 schätzte man den täglichen Vorortverkehr auf etwa 12.000 Arbeiter[124]. Bis 1900 hatten sich die Verhältnisse nur geringfügig verändert: Knapp 14.000 Arbeiter im Pendelverkehr zwischen Arbeitsplatz in Frank-

[119] Mag.Akt. R 1743/I.

[120] Protokoll d. Berliner Vorort-Konferenz, 1908, S. 6f.; ebd.

[121] Schreiben an den Minister der öffentlichen Arbeiten vom 1.12.1905; ebd. und Verwaltungsbericht f. 1905, 1906, S. XIV.

[122] Protokoll der Berliner Vorort-Konferenz, 1908, S. 9; Mag.Akt. R 1743/I.

[123] Beiträge zur Stat. 2. T., 1. H., 1895, S. 66.

[124] Ebd., S. 62.

furt und Wohnort in einem seiner Vororte, davon aus dem Landkreis gut 3.300[125]; *Schläfer* nicht eingerechnet.

Das hing natürlich auch mit dem Planungsverlauf bzw. Planungsvollzug neuer Linien zusammen. Erst 1902 waren die entsprechenden Fluchtlinienpläne soweit unter Dach und Fach, daß die Linienführung über die Galluswarte hinausgeführt werden konnte; und zwar entlang der Rebstöcker Straße. Auch wenn Planungsprozesse schneller vonstatten gingen als heutzutage, so standen doch genügend bau- und gemeinderechtliche Hürden im Wege. Dies galt eigentlich für alle Vorortgemeinden. Denn Voraussetzung für die Anlage von Verkehrsinfrastruktur war der Fluchtlinienplan, der von den dortigen Gemeindevorständen aufgestellt wurde. D.h. nicht nur der Grundeigentümer konnte durch Einwendungen den Vollzug von Planungen zumindest verzögern, sondern auch die Gemeindevertretung. Hinzu kam, daß der Magistrat seine Kriterien für oder gegen einen Trassenverlauf von arbeitsmarkt- und bevölkerungspolitischen Gesichtspunkten abhängig machte. So hatte er 1905 die Weiterführung der Eckenheimer Vorortbahn nach Preungesheim abgelehnt, weil er als Nutznieser lediglich die dortigen Grundeigentümer glaubte ausgemacht zu haben[126]. In den Verhandlungen um den Eckenheimer Bahnanschluß war Frankfurts Magistrat in seiner Intervention besonders erfolgreich gewesen. Als Gegenleistung für den Straßenbahnanschluß wurde ihm das Recht zugestanden, den Eckenheimer Bebauungsplan nach Frankfurter Verkehrsbedürfnissen umzuändern[127]. Zusätzlich einigte man sich darauf, daß sich Eckenheim über 20 Jahre mit 1/2% des Immobilienverkaufs an den Betriebskosten der Bahn beteiligt[128].

Die für Frankfurts Stadtentwicklung bedeutsamen Vorortbahnen konnten ab 1905 realisiert werden. Die Linie nach dem 1900 eingemeindeten Seckbach machte den Anfang. 1906 war die Verbindung nach Offenbach ohne Umsteigen ermöglicht, 1907 die Nordlinie entlang der Eckenheimer Landstraße bis Schwabstraße verlängert, 1908 der Dampfbetrieb auf der Eschersheimer Landstraße in elektrischen Antrieb umgewandelt und die Linie nach Niederrad gebaut. 1909 wurde die Eschersheimer Linie nach Heddernheim weitergeführt; die Verbindung nach Bad Homburg kam 1910, ebenfalls die erste direkte Verbindung nach Hohemark und Oberursel. Im Süden wurde der neue Sachenhäusener Friedhof an das städtische Verkehrsnetz angebunden wie auch die Rieder Höfe im Osten. 1911 waren die Vororte Rödelheim – mit neuer Linienführung – Ginnheim und Preungesheim mit Straßenbahn ver-

[125] Verwaltungsbericht f. 1903, 1904, S. XXVII.

[126] Mitt.Prot.StVV., Nr. 504 vom 16.5.1905, S. 327f.

[127] 1905 waren die Bebauungspläne Seckbach, Fechenheim, Griesheim, Rödelheim, Hausen, Praunheim, Ginnheim, Heddernheim, Eschersheim und Eckenheim in Arbeit. S. Verwaltungsbericht f. 1905, 1906, S. 89.1906 kam Vilbel neu hinzu. S. Verwaltungsbericht f. 1906, 1907, S. 189.

[128] Bericht über die Verhandlungen d. StVV 1909, S. 520.

sorgt; 1913 der Verkehr auf der Bornheimer Landwehr weiter in die Region geführt: Auch die Bebauungspläne Praunheims und Bergens ließen nun den Verkehrsanschluß zu. Wie weiter oben beispielhaft an Eckenheim gezeigt, war der Straßenbahn-Anschluß oft als Gegenleistung für Änderung von Bebauungsplänen und Maßnahmen im Bereich der technischen Infrastruktur angeboten worden. Vor Eingemeindung des gesamten Landkreises konnte der Magistrat nur schwerlich seinen vertraglichen Abmachungen nachkommen.

Brennpunkte weil Umsteigestation für mehrere Linien bildeten die Hauptwache als zentrale Station der Innenstadt, der Hauptbahnhof und der Ostbahnhof, Beide Bahnhöfe verteilten den Berufsverkehr von und nach Sachsenhausen, Bornheim, dem Nordend und dem Osten. Die Bockenheimer Warte bildete Vermittler zwischen Bockenheim und Frankfurts Innenstadt, aber auch für den Verkehr nach Südwest bzw. Hauptbahnhof und zu einem nicht ungewichtigen Teil zwischen Bockenheim und Bornheim. Die Zahl der Abonnenten nahm zwar zu, lag aber 1909 noch unter 30%.

1910 wurden vom Magistrat die Anträge auf Bau von Kleinbahnen nach Ginnheim, Preungesheim und Bergen vorgelegt[129]. Die Ginnheimer und Preungesheimer hatten sich vertraglich den Planungsvollzug bis Oktober 1911 zusichern lassen. Der Magistrat tat dies allerdings nur mit der Einschränkung, daß der entsprechende Grunderwerb in diesem Zeitrahmen ermöglicht worden sei. Der eigentliche Vorortverkehr setzte erst in den Jahren 1911 bis 1914 ein. Die Berger Linie wurde in ihrer stadtentwicklungspolitischen Bedeutung besonders hervorgehoben[130]. Doch bevor es dazu kam, mußten wiederum staatliche Bedenken aus dem Weg geräumt werden.

7.5. Die Eingemeindung als Mittel der Gesellschaftspolitik

Mit der Eingemeindung des Landkreises (1910) war Frankfurt unter Oberbürgermeister Adickes von 180.000 (1890) auf über 400.000 Einwohner angewachsen. Fanden zu Beginn der 1880er Jahre 27.000 Arbeiter[131] Beschäftigung in Frankfurt, so waren es 1907 fast 80.000. Doch sie fanden längst nicht alle Zimmer oder Wohnung in der Stadt. Aufgrund statistischer Erhebungen will man festgestellt haben, daß

129 Bericht über die Verhandlungen d. StVV, Nr. 872–874 vom 20.9.1910, S. 1196ff.

130 So Stadtrat Hin bei Besprechung über die Kleinbahn nach Bergen, Bericht über die Verhandlungen d. StVV, Nr. 874 v. 20.9.1910, S. 1203.

131 Nach Prigge, Die Ansiedlung von Arbeitern in den Vororten und auf dem Lande, in: Die Wohnungsfrage in Frankfurt a. M., Frankfurt a. M. 1912, S. 21–28, hier S. 21.

12.000 Auswärtswohnende (1893)[132] in Frankfurt gearbeitet haben, um die Jahrhundertwende sollen es 14.000 gewesen sein, davon über 3.300 aus dem Landkreis[133].

Die Arbeitssuchenden, die aus der Region nach Frankfurt kamen, begnügten sich in der Regel mit einer Bettstelle. Da Einkommensverhältnisse und Verkehrsinfrastruktur noch unzureichend entwickelt waren, suchten sie ihren Wohnstandort oder besser: die Schlafstelle in unmittelbarer Nachbarschaft zur Arbeitsstätte. Hatte man gleich mehrere Arbeitgeber, war der Gesichtspunkt der „Erreichbarkeit" um so gewichtiger. Räumliche Gunstlagen bildeten für Arbeitssuchende demnach die Stadtteile, die einen entsprechenden Anteil an Gewerbebetrieben und Handelsgeschäften aufzuweisen hatten[134]. Je vielfältiger die Wirtschaftsstruktur eines Stadtteils, desto höher die Chancen für den Neuankömmling, Arbeit zu finden. Und da Neuansiedler auch auf Gelegenheitsarbeiten bzw. auf Nebenverdienste angewiesen waren, erfüllte das Stadtzentrum deren Standortbedürfnisse noch am ehesten[135].

Kehrseite der Medaille: Die Verdichtung von einkommensschwachen Bevölkerungsschichten insbesondere in altstädtischen Quartieren war somit begünstigt, was von staatlicher Seite als gesellschaftspolitisch bedenklich angesehen wurde. Denn Staatsbeamte glaubten Tagelöhner und Arbeiter bereits in den ideologisch-politischen Fängen von Sozialisten. Sie befürchteten, daß der Prozeß der Verstädterung dazu beitragen könnte, die bestehende Gesellschaftsordnung zu gefährden – eben durch die in die Stadt strömenden Arbeitermassen. Der preussische Staat sah sich im Zuge von Stadtwachstum und Verstädterung ordnungspolitisch gefordert, Mittel und Wege zu finden, um die negativen Folgen von Industrialisierung und Modernisierung einzuschränken oder gar auszuschalten.

[132] D.h. sie arbeiteten in Frankfurt, wohnten aber anderswo.. Zum Pendelverkehr von Arbeitern 1893 nach Vorortgemeinden: Bockenheim 2.210; Niederrad 1.048; Oberrad 675; Rödelheim 475; Heddernheim 389; Seckbach 380; Ginnheim 300; Eckenheim 295; Preungesheim 264; Hausen 200; Eschersheim 159; Praunheim 105; Berkersheim 31; Bonames 30; Niederursel 19. S. Beiträge 2. T. 1. H., 1895, S. 64.

[133] Ebd., S. 62 und Verwaltungsbericht f. 1903, 1904, S. XXVII. Mit der Eisenbahn sollen 1912 täglich nach Frankfurt gekommen sein: aus nördlicher Richtung etwa 5.200, von Osten ca. 3.800, Süden ca. 5.000 und Westen ca. 2.200; d.h. zusammen etwa 16.000 Menschen, die auf den Pendelverkehr angewiesen waren. Nach: Heinz Christian Göbel, Arbeitsstättenwanderungen ..., 1919, S. 153.
Arbeiterrückfahrkarten wurden 1893 wie folgt ausgestellt:Frankfurt – Neu-Isenburg – Niederrad – Schwanheim, (Waldbahn) 547. Frankfurt – Oberrad – Offenbach (Lokalbahn) 822. Frankfurt – Darmstadt (Main-Neckarbahn) 1.444. Frankfurt – Bockenheim – Rödelheim – Oberursel – Homburg 1.124. Frankfurt – Eschersheim – Bonames – Berkersheim – Friedberg – Gießen 682. (nach: Beiträge zur Stat., 2. T., 1. H., 1895, S. 66.) Tagesfrequenz Ostbahnhof – Hanau: 1.500 Personen (1893); 1910 wurden hier 936 Arbeiterwochenkarten ausgestellt. Mag.Akt. T 520. Siehe auch Angaben über Wegzeiten; Mag.Akt. R 1798/II, 29f.

[134] Das ergab u.a. eine Untersuchung des Frankfurter Mietervereins, s. Flugschriften des Frankfurter Mietervereins, 1898, S. 27.

[135] So wird berichtet, daß Arbeiter, die eine Wohnung in der Innenstadt hatten, kaum Interesse zeigten, in einen Vorort umzuziehen. S. Geschäftsbericht der AG f. kleine Wohnungen in Frankfurt 1897, S. 8; Mag.Akt. T 275.

Arbeit bzw. Verdienst stand als Motiv der Stadtwanderung im Vordergrund. Wie konnte aber Landflucht verhindert werden, wenn auch steuerpolitische Begünstigungen der Landbevölkerung für den preussischen Staat nicht in Frage kamen, weil man glaubte, auf diese Steuereinnahmen nicht verzichten zu können? Die Möglichkeit, verkehrspolitisch zu intervenieren, war noch am ehesten gegeben. Wie weiter oben schon dargestellt, war über die Fahrpreisgestaltung der Straßenbahn aber auch Eisenbahn das Abschwächen der Wachstumsprozesse in den Städten einerseits und Vermeidung von zunehmender Landflucht andererseits versucht worden[136].

Jedenfalls, im gleichem Maße wie die versorgungswirtschaftlichen und verkehrsinfrastrukturellen Aufgaben (Leistungsverwaltung) der Kommune zunahmen, wuchsen die ordnungspolitischen Bedenken in den Reihen der Beamten der preussisch-staatlichen Aufsichtsbehörde. So auch als die Landgemeinden Frankfurts die Stadt Frankfurt a.M. um den rechtlichen Zusammenschluß nachsuchten. Ein ausführlicher Bericht des Landrates an den Regierungspräsidenten in Wiesbaden war die Folge[137]. In seiner abschließenden Beurteilung spricht er sich für die Eingemeindung der Landkreis-Ortschaften aus. Als da waren: Bonames, Hausen, Niederursel, Rödelheim, Heddernheim, Eckenheim, Eschersheim, Ginnheim, Praunheim, Preungesheim und Berkersheim. Und dies, obwohl die genannten Vororte keinerlei politischen Druck ausgeübt hatten. Denn die Enttäuschung der 1895 und 1900 eingemeindeten Vororte hat die Landgemeinden, die dann letztendlich 1910 mit Frankfurt zusammengeschlossen wurden, vorsichtig werden lassen. Während die Landgemeinden lediglich die baldmöglichste Realisierung von Straßenbahnanschluß, Gas- und Wasserversorgung, Kanalisation und Ausbau des Straßennetzes im Auge hatten, scheiterten die Vorgespräche häufig an den Fragen der Finanzierung solcher Projekte. Denn der Frankfurter Magistrat waren nicht bereit, die Finanzierung dieser leistungsverwaltenden Aufgaben allein zu übernehmen. Die Vororte wünschten schriftlich festgelegte Abmachungen und Terminierung von Straßenbahnanschluß und rechtskräftigen Bebauungsplänen; die Fehler der Gemeinden, die vorher eingemeindet wurden, wollte man also tunlichst vermeiden[138]. Auch deshalb hatten sie

[136] Dr. Dierschke (Brockau) wollte hinter der finanztechnisch begründeteten Tarifpolitik des preussischen Ministers f. öffentliche Angelegenheiten eben antiurbane Motive ausgemacht haben. S. Protokoll der Berliner Vorort-Konferenz von 1908, S. 8f.; Mag.Akt. R 1743.

[137] Schreiben des Landrat vom 26.2.1909, Mag.Akt. R 375/III.

[138] So z.B. die Volksstimme Nr. 17 vom 21.1.1909: *Die illoyale Art, mit der der Frankfurter Magistrat insbesondere den Bockenheimer Eingemeindungsvertrag auslegt, hat die dortigen Stadtverordneten* (gemeint sind die Stadtverordneten von Rödelheim, J.R.K.) *mißtrauisch gemacht. Sie wollen nicht, daß die Erfüllung ihrer Wünsche später von der Gnade des Frankfurter Magistrats abhängt, sondern verlangen klare und bündige Abmachungen. HStA Wi Abt. 405/6604, 91f. Der Gemeindevorstand Heddernheims hatte von Seiten der Regierung den Beamten v.* Bitter zu den Beratungen hinzugezogen, bevor man sich an den Frankfurter Magistrat wandte. Im Bereich Städtebau wünschte man sich die Bebauung an *unfertigen Straßen* durch Dispens. S. General-Anzeiger Nr. 135 vom 11.6.1908, Mag.Akt. R 396.

den Landrat eingeschaltet. Ihr Vorhaben, der verwaltungsrechtliche Zusammenschluß von Landkreis und Stadt Frankfurt, sollte eben auf keinen Fall mit der bloßen Eingemeindung der Vorortgemeinden gleichgesetzt werden[139]. Denn die ersten Versuche der Vorortgemeinden, mit Frankfurt zusammenzugehen, hatten bereits um die Jahrhundertwende begonnen[140]. Da sich die Gemeinden Ginnheim, Eckenheim, Hausen und Praunheim mit dem Magistrat in Verkehrsfragen (Straßenbahn) nicht einigen konnten, brachen sie die Verhandlungen wieder ab. Erst im Dezember 1906 ging man wieder aufeinander zu, wobei die Initiative von Hausen und Heddernheim ausging. Doch, wie gesagt, man war gewarnt. Die unzureichende Bauentwicklung Nieder-, Oberrads und Seckbachs ließ die Verwaltungsvorstände der Landkreis-Gemeinden mißtrauisch werden. Dort sei es erst nach längerer Zeit zur Verabschiedung von Bebauungsplänen gekommen, so daß die Bautätigkeit nur allmählich einsetzen konnte. Und nichts anderes wünschten sich die Bewohner der Vororte sehnlicher, als einbezogen zu sein in urbane Lebensverhältnisse.

Doch was sprach aus gesamtgesellschaftlicher Sicht für die Eingemeindung? Die Vorteile sah der Landrat eindeutig in städtebaulicher und in wohnungspolitischer Hinsicht: Der Frankfurter Grundbesitz in den Vorortgemeinden sei so groß, daß dort inzwischen keine Straßenprojektierungen mehr vorgenommen werden könnten; aus diesem Grunde sei die Eingemeindung nicht mehr aufzuhalten. Von der Gesamtfläche des Landkreises von 3.827 ha (ohne Wege und Gewässer) habe sich der Magistrat Frankfurts im Laufe der Jahre 836 ha aufgekauft, das sind fast 22% der Gesamtfläche[141]. Der Frankfurter Grundbesitz befand sich bevorzugt an den Hauptstraßen, so daß an städtebaulich zentralen Stellen die Straßenplanung ohne Einbindung des Magistrats unmöglich war, d.h. die Planungsfreiheit der Vorortgemeinden war nicht mehr gegeben. *Das Verhältnis der Stadt Frankfurt zu ihren Vororten wird durch die Boden- und Wohnungspolitik der Stadt ein ganz eigenartiges und bringt die Vororte in eine Abhängigkeit, wie sie sonst wohl nirgends zwischen Kommunalverbänden besteht. Die Vororte sind hier nicht nur auf die städtische Trambahn, die Gas- und Wasserwerke, das Kanalnetz der Stadt angewiesen, sondern sie werden schließlich nicht mehr Herr im eigenen Hause sein. Der Einfluß der Stadt wird sich innerhalb der Gemeinden selbst geltend machen und einen der wichtigsten Zweige ihrer kommunalen Entwicklung, die Bautätigkeit, lahmlegen*[142].

139 S. Verwaltungsbericht f. das Etatjahr 1908, 1909, S. XVIIf.

140 Dies findet Bestätigung in den Akten. S. HStA Wi., Abt. 405/6604. Danach wurde bereits 1900 vom Landrat Bericht über die mögliche Eingemeindung des Landkreises an Regierungspräsidium geschickt. Hierbei wurden Vor- und Nachteile für alle Beteiligten nach Punkten aufgelistet.

141 In Bonames besaß Frankfurt 57% an Grund und Boden, in Praunheim 51%, in Eckenheim 39% und in Eschersheim 24%.; nach Schreiben des Landrat vom 26.2.1909, S. 23; Mag.Akt. R 375/III. Beachte insbes. Tabelle 4 des Berichts; ebd., 33.

142 Ebd., S. 24f.

Die sozialen und räumlichen Folgen waren bereits deutlich auszumachen: Die Landwirtschaft, der Erwerbszweig des Landes schlechthin[143], sei durch das Fluktuieren der Bodenpreise in Mitleidenschaft gezogen[144]. Für die demographische Entwicklung der Landgemeinden folgenschwer seien die Vorortbahnen. Vorortgemeinden mit Anbindung an das Frankfurter Verkehrsnetz wie z.B. Eschersheim verzeichneten ein hohes Bevölkerungswachtum. Doch die Gemeinden des Landkreises entwickelten sich unterschiedlich, auch weil sie in ihrer wirschaftlichen und sozialen Struktur nicht immer zu vergleichen sind. So sei z.B. die Einwohnerzahl Praunheims rückläufig[145]; aber: alle Landkreisgemeinden seien wirtschaftlich von Frankfurt abhängig. Von insgesamt 10.368 Arbeitenden der Landkreisgemeinden waren 5.416 (= 52%) als *Arbeiter, Beamte und kleinere Kaufleute* in Frankfurt beschäftigt. Arbeiter, die sich, von Frankfurt kommend, in den Vororten ansiedelten, bevorzugten die östlich gelegenen Ortschaften wie Eckenheim und Preungesheim, aber auch Heddernheim und Rödelheim. Mit dem Zuzug von Frankfurter Arbeitern sei hier mit steigenden Finanzaufwendungen für das Schulwesen aber auch im Bereich Armenwesen zu rechnen. Über das Kommunalabgabengesetz (K.A.G.) sei die Stadt Frankfurt jedoch schon prozentual an der Finanzierung beteiligt.

Kaufleute und Angestellte zogen in erster Linie nach Eschersheim und dem östlichen Teil Ginnheims. Gewerbeunternehmen gab es in Rödelheim, Hausen (Brotfabrik), Heddernheim (Kupferwerk) und Bonames (Wertheim'sche Maschinenfabrik und Maier'sche Lederfabrik).

Und doch schätzte der Landrat die Finanzlage der Landkreis-Gemeinden insgesamt als günstig ein; alle kommunalen Leistungen seien durch indirekte Steuern abgedeckt. Was sprach also für den Zusammenschluß mit Frankfurt? Der Landrat machte nicht viel der Worte: *Es ist das Streben nach den Vorteilen, die auf allen Gebieten des wirtschaftlichen Verkehrs die Zugehörigkeit zu einer Stadt wie Frankfurt mit sich bringt ... Für diejenigen Gemeinden, die bisher noch keine Trambahnverbindung mit der Stadt haben, ist der Wunsch danach der Mittelpunkt der ganzen Eingemeindung*[146]. Für Preungesheim und Ginnheim sei die Straßenbahn *von größter Wichtigkeit,* aber auch Praunheims zukünftige Entwicklung wird davon abhängen; Eckenheims Sozialstruktur hingegen sei bereits gefährdet. Eigentliche Wachstums- und Entwicklungsprozesse sieht der Landrat für die Vorortgemeinden erst dann wie-

143 Lediglich in Berkersheim und Niederursel war die Landwirtschaft noch maßgeblicher Wirtschaftsfaktor. Ebd., S. 13.

144 In Heddernheim, Praunheim und Hausen gab es nur noch 6 ortsansäßige Grundeigentümer mit mehr als 4 ha. Als erheblich sah der Landrat den Parzellenbesitz von in Frankfurt beschäftigten Arbeitern und Angestellten an. So teilen sich in Heddernheim 576 Eigentümer 77 ha landwirtschaftliche Nutzfläche, in Rödelheim 380 insgesamt 48 ha; in Eschersheim 340 Einwohner 60 ha; ebd. S. 13f. Zu den Grundstückspreisen, ebd., S. 35.

145 Ebd., vgl. Bericht des Landrats von 1900, HStA Wi Abt. 405/6604, 23.

146 Schreiben des Landrats v. 26.2.1909, S. 21f.; Mag.Akt. R 375/III.

der gegeben, wenn sie Stadtteil Frankfurts geworden sind, allein deshalb müsse der Staat den Trend der regionalen Großstadtbildung Frankfurts unterstützen.

Doch der Landrat vergaß nicht, auch den gesellschaftspolitischen Aspekt der Eingemeindung zu erörtern. Das Zensuswahlrecht habe der Sozialdemokratie den Zugang zur Stadtverordneten-Versammlung erleichtert. *Eine weitere Stärkung der sozialdemokratischen Partei steht in Aussicht, wenn die Bestrebungen der Stadtverwaltung, industrielle Unternehmungen nach dem Stadtgebiete zu ziehen und im Osthafengebiete anzusiedeln, erfolgreich sind.* Bei erfolgter Eingemeindung ist davon auszugehen, daß aus den sieben Wahlkreisen der dann ehemaligen Landkreisgemeinden fünf der Sozialdemokratie zugute kommen werden[147]. Während die Wahlkreise Eschersheim und Ginnheim noch entschieden werden müßten, wären lediglich in den ländlichen Wahlbezirken Niederursel, Bonames und Berkersheim bürgerliche Vertreter sicher zu erwarten[148]. Sein Fazit also: Bedenklicher stünde die Eingemeindung in politischer Hinsicht[149].

Doch deshalb der Eingemeindung des Landkreises *im allgemeinen Staatsinteresse* entgegenzuarbeiten, erschien dem Landrat lediglich in programmatischer Hinsicht sinnvoll. Denn so schlecht seien die staatssichernden Aussichten im Fall der Eingemeindung gar nicht. Den zu erwartenden kurzfristigen Rückschlägen für die bürgerlichen Parteien prophezeite er langfristig Vorteile. Lediglich in Seckbach, also in unmittelbarer Nähe des östlichen Industrieviertels, sei mit dem kontinuierlichen Wachstum der Sozialdemokratie zu rechnen. Da es Trend sei, den Wohnort an die Peripherie der Großstadt zu verlegen, könne von einem Wachstum des bürgerlichen Wählerreservoirs in den Vororten ausgegangen werden. Preungesheim, Eckenheim, Rödelheim, Praunheim und vielleicht Hausen könnten sich zwar zu Arbeitervierteln entwickeln, bei Heddernheim sei dies schon der Fall; die anderen Vororte *werden indessen stets zu den bevorzugten Stadtteilen gehören und überwiegend bürgerlich wählen*[150].

Aus Sicht der Landkreis-Gemeinden ist für den Landrat die Nicht-Eingemeindung eher von Nachteil: In Preungesheim, Praunheim und Heddernheim sei die *3. Klasse* bereits der Sozialdemokratie *verfallen*, die *2. Klasse* in Praunheim ebenfalls. Da Ansiedlungen von Arbeitern in Zukunft zu erwarten sind, muß *mit dem Eindringen der Sozialdemokratie in die zweite Klasse gerechnet werden.* Die abschließende Empfehlung des Landrats lautet deshalb[151]: *Daß diese unerquicklichen Zustände*

[147] Der Landrat verwies auf die Erfolge der SPD bei den Reichstagswahlen von 1907. Mit Ausnahme von Berkersheim und Niederursel erhielt sie in allen anderen Landkreis-Gemeinden über 50% der Stimmen, vgl. Tabelle XI, ebd., 43. In den Gemeindevertretungen war die SPD aufgrund des Klassenwahlrechts weniger erfolgreich.

[148] Schreiben des Landrats vom 26.2.1909, S. 43.

[149] Ebd., S. 42.

[150] Ebd., S. 45.

[151] Ebd., S. 47f.

durch die Eingemeindung beseitigt und gleichzeitig verhindert werden, daß weitere Gemeinden in kommunaler Hinsicht in die Hand der Sozialdemokraten kommen, liegt meines Erachtens im Staatsinteresse und ich glaube, daß der Vorteil der hiernach aus der Eingemeindung in politischer Hinsicht gewonnen wird, höher zu bewerten ist als der Nachteil einer vorübergehenden Stärkung der sozialdemokratischen Fraktion in der Frankfurter Stadtverordneten-Versammlung.

Der Landrat beendete seine ausführliche Analyse mit dem nun wenig überraschenden Urteil, daß gerade im Falle der *Nicht-Eingemeindung* die Stadt Frankfurt mit einem Zuwachs an sozialdemokratischen Wählern rechnen müsse, wohingegen im Falle des Zusammenschlusses von Landkreis und Stadt die politische Entwicklung *eher günstig als ungünstig auf die Zusammensetzung der Stadtverordneten-Versammlung wirken wird*[152]. Was er damit nochmals zum Ausdruck bringen wollte, war, daß die politischen Erfolge der Arbeiterpartei in Frankfurt nur dadurch aufzuhalten seien, indem man das städtische Wählerreservoir zur ländlichen Bevölkerung hin öffnet und sich auf diese Weise der Machtzuwachs der Arbeiterbewegung relativiert. Für den preussischen Staat galt es, politische Veränderungen zu verhindern. Doch langfristig sollte diese politische Strategie, wie sie vom Landrat formuliert und wie sie von der staatlichen Verwaltungsbürokratie vertreten wurde, dazu beitragen, daß sich die „Verbürgerlichung" der Gesellschaft durchsetzen konnte[153].

Die Eingemeindung des Landkreises erfolgte jedenfalls 1910. Doch war es keinesfalls so, daß die Bewohner der Landkreis-Gemeinden alle einhellig den Zusammenschluß mit Frankfurt befürworteten. Die *Vorausbelastungen*, die bereits Bockenheim, Nieder-, Oberrad und Seckbach in Kauf nehmen mußten, wurden nur widerwillig akzepiert[154].

Mit den Eingemeindungen 1910 hatten Immobilien-Interessenten neue Gunstlagen des Bauens bzw. Wohnens auszumachen gesucht. So z.B. eine bodenpolitsch konservativ eingestellte Zeitung Frankfurts, die schrieb: *Die Eingemeindung Rödelheims sollte man sich nicht entgehen lassen und es wäre sicherlich sehr klug und weise, wenn man rasch zugreifen würde, ehe Rödelheim eine ausgeprägte Fabrikstadt geworden. Rödelheim ist infolge seiner Lage die natürliche Ausdehnungslinie unseres vornehmen Westends. Der Güterbahnhof wird über kurz oder lang weiter hinausgelegt, die Eisenbahndämme werden ebenfalls später stark nach Westen gerückt werden oder in irgend einer Form entfernt, und wenn man sich Rödelheim nicht bald sichert, ist die Ausdeh-*

152 Ebd.

153 Dies deckt sich mit dem Ansatz von M. Rainer Lepsius, der die Herausbildung des Bürgertums als soziale Formation im Sinne eines Prozesses auffaßt, der die Vergesellschaftung verschiedener Mittelklassen zur Folge hat. S. ders., Zur Soziologie des Bürgertums . . ., in: J. Kocka (Hrsg.) Bürger und Bürgerlichkeit . . ., Göttingen 1987, S. 79–100, hier S. 88.

154 Lediglich Rödelheim setzte sich erfolgreich zur Wehr. S. Bericht über die Verhandlungen d. StVV, Nr. 183 v. 16.3.1909, S. 390.

nung Frankfurts ein schlimmes Ende bereitet... Rödelheim läßt sich leicht in eine herrliche Villenstadt umwandeln und den Biegwald kann man alsdann als Stadtpark benutzen. Die Baulust in Rödelheim ist derart gestiegen, daß das Terrain alljährlich um Millionen wertvoller wird. Wohl dem, der recht viel Terrain auf Rödelheimer Gebiet besitzt, denn es steigt in jedem Falle um viele Hunderte Prozent im Werte... Die meisten Felder Rödelheims gelten heute schon als Bauterrain und demnächst soll mit Anlage neuer Straßen durch die Stadtverwaltung Rödelheims begonnen werden. Man plant ein eigenes E-Werk und ähnliche großstädtische Anlagen ... Also Frankfurt greife zu, ehe es zu spät ist[155].

Die imperialen Töne sind nicht zu überhören, sie entsprechen aber durchaus dem Zeitgeist. Mit der Eingemeindung des Landkreises war auch die Zeit gekommen, da sich der Magistrat der vielen Forderungen nach Verkehrsinfrastruktur, übermittelt meist in Form von Petitionen, kaum noch erwehren konnte. Auch in der Stadtverordneten-Versammlung herrschte hektische Betriebsamkeit. Vorlagen, die die Finanzierung von Straßenbahnen betrafen, fanden in der Regel die einmütige Zustimmung der Stadtverordneten[156], auch wenn von Seiten der konservativen Mittelstands-Partei peinlich genau darauf geachtet wurde, daß Frankfurts Finanzetat ausgeglichen blieb. Sowohl die Ginnheimer[157] als auch die Preungesheimer und Bergener Linie kamen noch im Spätsommer 1910 zur Vorlage[158]. Verzögerungen im Planungsvollzug – so im Fall der Linie: Berkersheim, Bonames und Niederursel – wurden damit erklärt, daß die Terminierungen, wie in den Vertragsvereinbarungen angeben, ohne Berücksichtigung von Enteignungen erstellt worden seien[159]. Ein Straßenbahn-Projekt folgte dem anderen. Nach Eröffnung der Linie nach

155 HStA Wi. Abt. 405/6604, 45.

156 Das galt auch für die Vorortbahnen. Vgl. Linie Hausen – Praunheim in: Bericht über die Verhandlungen d. StVV, Nr. 781 vom 26.7.1910, S. 1102.

157 Schon seit 1899 suchten Ginnheimer bzw. Bockenheimer beim Magistrat nach, die Straßen dort entsprechend der Bebauung (Villenviertel) anlegen zu lassen. Dazu Mag.Akt. T 1409,16 und 58. Auch nach der Eingemeindung mußte der Bürgerverein Druck ausüben (s. Mag.Akt. T 989/I, 28). Noch 1914 stritt man sich um die Straßenbreiten, die mit 30 m (und 10–15 m Vorgärten) für zwei Straßen als zu groß angesehen wurde. Der Vorschlag des Bürgervereins: 20 m Straßenbreite und 5 m Vorgärten, Mag.Akt. T 989/I, (Schreiben vom 28.3.1914). Vgl. auch Einwendungen vom 3.7.1912, Mag.Akt. R 1758, 21.

158 Bericht über die Verhandlungen d. StVV, Nr. 872 bis 874 vom 20.9.1910, S. 1196ff. Vgl. anhand der Erläuterungen Bericht über die Verhandlungen d. StVV, Nr. 766 vom 11.7.1911, S. 1078ff.

159 Der Magistrat hatte der Bergener Gemeindevertretung 1907 per Vertrag den Straßenbahn-Anschluß zugesichert. Die Eingemeindung hatte nun die Situation verändert. Die Stadtverordneten-Versammlung sah jedenfalls keine Notwendigkeit, Bergen bevorzugt zu behandeln. ADICKES hatte, das zeigt auch die Situation um Bergen, in Erschließungskategorien geplant. S. Bericht über die Verhandlungen d. StVV, Nr. 1119 vom 15.10.1912, S. 1207. Auch die Ginnheimer gaben sich enttäuscht: Die Anbindung am östlichen Palmengarten fand nicht ihre Zustimmung. Sie fordern die Verbindung bis Holzhausenstraße oder Eschersheimer Tor, wie angeblich versprochen. Mag.Akt. R 1758, 12.

Preungesheim am 1.11.1911 erfolgte der Protest der dortigen Vorortbewohner[160]: *Morgens haben wir den 6–10 Minuten-Verkehr und zwei durchgehende Wagen. Diese durchgehenden Wagen sind meistens überfüllt und auch die anderen Wagen sind so stark besetzt, daß die Anschlußwagen, die von Eckenheim herkommen, absolut nicht im Stande sind, die Passanten alle aufzunehmen, so daß schon eine längere Wartezeit draußen am Friedhof eintritt. Nun müssen die Leute 3–4 mal umsteigen. Die Folge davon ist, daß sie sehr lange Zeit brauchen, bis sie zu ihrer Arbeitstelle gelangen.*

Ähnliches wurde für die Abendsituation geschildert. Anlaß genug, um nun den Gemeindevertretern ihre Versprechungen vorzuhalten[161]: *Bei der Eingemeindung ist betont worden, daß gerade die Vororte eine soziale Aufgabe erfüllen sollen, nämlich, daß es den Arbeitern möglich gemacht werden soll, außerhalb zu wohnen und daß gesunde und billige Wohnungen geschaffen werden sollen. Das bedingt aber ohne Zweifel, daß auch eine schnellere Beförderung zur Arbeitsstelle und von der Arbeitsstelle zurück stattfindet.*

Stadtparlament und Magistrat hatten nun viel zu tun, um ihr politisches Gesicht zu wahren. Die Stadtverordneten argumentierten so, als stünden die Vorortgemeinden untereinander in einem Konkurrenzverhältnis. Die Debatten der Stadtverordneten-Versammlung wurden in erster Linie von den Vertretern der jeweiligen Vororte stimmungsmäßig beeinflußt[162]. Nahte der vertraglich vereinbarte Termin, an dem die Linie eröffnet werden sollte, gaben sich deren Vertreter besonders ungeduldig. Stadtrat Hin sah sich herausgefordert, das Planungs-Prozedere und den Ablauf bis hin zur staatlichen Genehmigung zu erläutern[163]. Der Magistrat konnte nicht mehr umhin, nun Planungsverzögerungen als erwartungsgemäße Begleiterscheinung von überzogenen Forderungen anzugeben. Die Großstadt Frankfurt sei nicht auf einmal zu schaffen und Geduld sei nötig. Doch der Appell blieb ungehört; die Kritik am Magistrat schien kein Ende zu nehmen. So klagten die Eschersheimer und Heddernheimer über unzureichende Versorgung mit Straßenbahnanschlüssen[164]. Eckenheims Situation stellte sein Stadtverordneter, Möller, wie folgt dar: *Hier wird*

160 Interessant der Beitrag zu den Fahrzeiten am Mittag. Die Tradtition der warmen Mittagsmahlzeit zu Hause, war immer noch Norm. *In der Mittagszeit haben wir den 12-Minutenverkehr, der ist zu lang. Manchem Arbeiter ist es unmöglich, in der Mittagszeit nach Hause zu kommen, wenn man damit rechnet, daß er 12 Minuten am Friedhof stehen muß, denn diese Leute haben nur 1 oder 1 1/2 Stunden Mittagszeit,* so der Sozialdemokrat Lehr in: Bericht über die Verhandlungen d. StVV, Nr. 1334 vom 19.12.1911, S. 1710f.

161 Ebd.

162 Vgl. Bericht über die Verhandlungen d. StVV, Nr. 1155 vom 7.11.1911, S. 1563.

163 Bericht über die Verhandlungen d. StVV, Nr. 1119, vom 15.10.1912, S. 1206f.. Ginnheim fragt nach Gründen der Verzögerung, s. Bericht über die Verhandlungen d. StVV, Nr. 1078 vom 24.10.1911, S. 1472f. Zu Preungesheim s. Nr. 1334 vom 19.12.1911, S. 1710f.

164 Bericht über die Verhandlungen d. StVV, Nr. 197 vom 5.3.1914, S. 393.

eine ganze Reihe von Trambahnschmerzen und Wünschen vorgetragen. Da möchte ich doch noch einige hinzubringen, und ich kann das umso lebhafter, als ich gestern Abend gerade einer Versammlung beigewohnt habe, in der Trambahnfragen sehr eifrig ventiliert wurden. Von der Gesamtbürgerschaft jeglicher Parteiung wurde gewünscht, daß Eckenheim eine durchführende Linie bekommt, wenigstens eine Linie, die bis zum Mittelpunkt Eckenheims führt ... Die Eckenheimer Bürger, die in die Stadt wollen, (haben) großen Verlust an Zeit und Kraft. Zum anderen werden dadurch die Wohnungs- und Mietwerte sehr verschoben zum Nachteil derjenigen, die im unteren Teil des Ortes wohnen[165].

Zwei gegensätzliche Interessen waren hier kaum miteinander zu vereinen: Auf der einen Seite die Grundeigentümer und Hausbesitzer, die aufgrund der verbesserten Marktlage den Warencharakter von Wohnungen noch deutlicher in den Vordergrund rückten[166], indem sie unumwunden ihr Interesse an der verdichteten Wohnform bekundeten, und auf der anderen Seite jene ortsansässigen Eigentümer an Grund und Boden, die eher um Qualitätssteigerung des Wohnumfeldes bemüht waren. Diese beiden Interessenlagen stritten miteinander. Immerhin: Der Eckenheimer Bezirksverein schaffte es, das Interesse derjenigen zu stärken, die der Verbesserung des Wohnumfeldes den Vorzug gaben.

Sicher, viele Mißverständnisse traten zutage, weil die Bewohner der Landkreis-Gemeinden sich nicht von heute auf morgen auf die großstädtischen Rechtsverhältnisse umstellen konnten. Nicht selten sah sich die Stadtverordneten-Versammlung mit Anfragen konfrontiert, die sie einer *Rechts-Auskunftsstelle* gleichkommen ließ. Andererseits: Die Stadtverordneten verkannten vollends das politisch-kommunikative Potential, das diese Anfragen offenbarten. Stattdessen gab man sich machtpolitisch arrogant, wie es der autoritären Staatsordnung entsprach[167].

Trotz hoher Erwartungen und der zahlreich vorgetragenen Klagen – es hatte sich städtebaulich auch viel getan, so z.B. in Ginnheim: *Vor wenigen Monaten war*

165 Ebd. Bereits am 15.12.1911 hatte der Bezirksverein Enkheim den Magistrat von einer Versammlung in Kenntnis gesetzt, bei der die gesamte Einwohnerschaft Enkheims eine Resolution verabschiedet habe, die den Bau der elektrischen Vorortbahn nach Bergen über Enkheim fordere. S. Mag.Akt. R 1763, 128.

166 Wohnung als Kapitalanlage. Dazu s. Bericht über die Verhandlungen d. StVV, Nr. 1073 vom 14.10.1913, S. 1184.

167 Die Stadtverordneten-Versammlung lehnte die Rolle der Auskunftsstelle ab. Ebd., S. 1185. So führte der Bezirksverein Eschersheim-Ginnheim (17.12.1910) Klage darüber, daß die Bekanntmachungen von vielen Bewohnern nicht gelesen worden seien, weil sie nur im Frankfurter Rathaus ausgehangen hätten und machte den Vorschlag, Fluchtlinienpläne auch bei den jeweiligen Bezirksvorstehern auslegen zu lassen. Sie trugen die Ansicht vor, *daß es im Interesse der Stadtverwaltung liegt, alten Gewohnheiten und insbesondere Wünsche der Bewohner der neuen Stadtteile, die ohne pekuniäre Opfer sich ermöglichen lassen würden, im weitgehendstem Maße zu berücksichtigen.* Dieser Vorschlag wurde vom Magistrat abgelehnt mit der Begründung, daß nur eine Stelle zur Offenlegung von Originalplänen möglich sei. Mag.Akt. T 1014/II, 184.

168 Kleine Presse Nr. 31 vom 6.2.1911, S. 3.

die Ginnheimer Höhe noch Acker- und Gartenland. Schmale Feldwege führten an Kornfeldern vorbei, und in den durch niedere Holzzäune abgegrenzten Parzellen wurden Gemüse, Obst und Blumen gezüchtet. Jetzt ist das ganze Gebiet von breiten Asphaltstraßen durchzogen, die nicht mehr vereinsamt daliegen, Equipagen und Sportwagen rollen den Berg hinauf und hinunter; von der Victoria-Allee und von der Bockenheimer Landstraße fährt man direkt zur Ginnheimer Landstraße hinüber, die noch vor kurzem außerhalb des Verkehrs lag. Die Straßenbahn hat ihre Drähte schon über den Berg gehoben ... Auch die Bautätigkeit hat in jenem Gebiet schon kräftig eingesetzt ... Kurz, überall ist man beim Bauen, und ehe noch der Sommer kommt, wird der Ginnheimer Berg, der durch den massiven Turm der neuen Bockenheimer Kirche sein Wahrzeichen erhalten hat, bewohnt und belebt sein[168].

Die liberale Kleine Presse berichtete wöchentlich aus den ehemaligen Landkreisgemeinden unter der Rubrik *Aus den neuen Stadtteilen*[169]. Insbesondere die Liberalen und die Bezirksvereine fanden hier eine Plattform, ihre stadtpolitischen Vorstellungen und Aktivitäten darzustellen.

Drei Jahre nach der Eingemeindung des Landkreises legte das Tiefbauamt einen neuen Entwurf des *Stadtbauplanes* dem Magistrat vor[170]. Mit ihm wurde der Städtebau der ADICKES-Ära mehr oder minder abgeschlossen. Auch bei diesem Plan hatte man an dem Grundsatz festgehalten, bebaute Gebiete und Vororte als *gemischte Viertel* auszuweisen, hoch gelegene, für Panoramablick geeignete Gegenden hingegen zum *Landhausviertel* umzuwidmen. Gartenstadtähnliche Viertel hätten nur dort eine Chance, realisiert zu werden, wo sich Großgrundbesitzer dem kommunalen Planungsdenken anschließen könnten. Das wiederum setzte voraus, daß Grund und Boden billig sein müßten. Diese Bedingungen seien in Seckbach, Berkersheim, Bonames, Niederursel und Praunheim aufgrund des kleinparzelligen Grundbesitzes leider nicht gegeben – so der Kommentar der kommunalen Stadtplaner. Die Ausweisung Rödelheimer und Heddernheimer Gebiete als *Industrieviertel* wurde nicht empfohlen, aufgrund der Windverhältnisse, die die anliegenden Wohnquartiere sozialhygienisch gefährdet hätten.

Abschließend kann gesagt werden: Die Eingemeindung als städtebauliches Instrument der räumlichen Expansion und sozialen Integration gewann im Zuge von Bevölkerungswachstum und Industrialisierung mehr und mehr an Bedeutung. 1895 noch ganz im Sinne von Auffangplanung, trat mit der Eingemeindung Seckbachs (1900) ein Wandel ein, denn hier war das Moment der Entwicklungsplanung gegeben. Gerade das Beispiel Seckbach zeigt, daß ADICKES' Planungsvorstellungen sei-

169 So am 24.2.1911 über Hausen und Preungesheim (Nr. 47, S. 3). Am 6.4.1911 über Eschersheim-Ginnheim (Nr. 82, S. 3) und am 13.5.1911 über Niederursel, Heddernheim und Rödelheim (Nr. 112, S. 3).

170 Entwurf vom 20.5.1913; Mag.Akt. T 1015.

ner Zeit voraus waren. Dies gilt auch für die Eingemeindung von 1910, denn im Grunde genommen war sie vom Frankfurter Magistrat bodenpolitisch erzwungen worden.

Adickes hatte im Zuge der Kommunalisierung der Straßenbahn (1898) verkehrspolitische Planungsvisionen aufgerollt, wie Frankfurts Stadtentwicklung angelegt sein könnte. Doch zu viele auffangplanende Maßnahmen hatten dem vorauszugehen. Hauseigentümer stellten sich aus ökonomischen Gründen den Straßenfreilegungen entgegen oder forcierten sie. Immer war deren Handeln wirtschaftlich motiviert, selten städtebaulich. Nicht das Gemeinwohl, sondern das Eigeninteresse stand im Vordergrund. Jeder war sich selbst der nächste; die moderne Gesellschaft war also angelegt. Auch der Staat war nicht gewillt, den Kommunen entscheidende Interventionsrechte an die Hand zu geben, weil er sich häufig als Anwalt der Privateigentumsrechte verstand. Viele von Adickes' verkehrsinfrastrukturellen Überlegungen konnten deshalb erst in den 1920er Jahren aufgegriffen und weiterentwickelt werden, weil Stadtplanung in seiner sozialpolitischen Bedeutung erst dann Platz greifen konnte.

Daß die finanzpolitische Seite der Eingemeindung die Stadtverordneten am meisten interessierte, mag kaum überraschen. Gerade weil die Vorortbewohner den städtischen Zusammenschluß mit Frankfurt mit dem Straßenbahn-Anschluß gleichsetzten, waren hohe Investitionen erwartet, und die Stadtverordneten versuchten den enormen Erwartungsdruck zu bremsen. Weniger weil sie die Zeichen der Zeit nicht erkannt hätten, sondern schlichtweg, weil sie Steuererhöhungen zu verhindern suchten.

8. Stadtumbau und Citybildung

Der Prozeß der Umwandlung innerstädtischer Arbeits- und Wohnquartiere in einen von Geschäften beherrschten Stadtraum, gemeinhin als Citybildung bezeichnet, setzte in Frankfurt in den 1890er Jahren ein[1]. Zuvor stellte insbesondere die Altstadt einen vielfältig genutzten Lebensbereich dar; nach 1890 nimmt die Wohnbevölkerung stetig ab[2]. Im Vergleich zu anderen Großstädten des Kaiserreichs nahm sich jedoch die „Entvölkerung" der Frankfurter Innenstadt relativ bescheiden aus[3].

Die Umstrukturierung innenstädtischer Räume, verstanden als „Stadtumbau"[4], ist von vielen sich gegenseitig beeinflussenden Faktoren abhängig, doch ist sie kein vorwiegend eigendynamisch verlaufender Vorgang. Vielmehr ist sie Folge eines städtebaulichen Planungshandelns, das mehr oder minder aktiv oder passiv Entwicklungen zu formen sucht bzw. zuläßt.

In den vorangegangenen Kapiteln ist deutlich geworden, daß ADICKES' vorherrschendes Planungsziel war, Frankfurt in eine industrielle Großstadt zu verwandeln. Erfolg bzw. Mißerfolg dieser Planung waren davon abhängig, ob und inwieweit sich Frankfurts Innenstadt in den Citybildungsprozeß einbeziehen ließ, d.h. Citybildung und räumliches Stadtwachstum stehen in einem engen Zusammenhang. Im vorausgegangenen Kapitel ist dem zentrifugalen Entwicklungsverlauf von Stadtwachstum und Großstadt-Planung besondere Aufmerksamkeit geschenkt worden. In diesem Kapitel ist der Blick auf Frankfurts innerstädtische Neuordnung gerichtet. Welche infrastrukturellen und städtebaulichen Planungsziele hatte der Magistrat; stimmten diese mit den Vorstellungen der Altstadtbewohner überein, die an der räumlichen Gestaltung ihres Arbeits- und Wohnumfeldes Anteil nehmen wollten,

1 Frankfurts Citybildung setzte im Vergleich zu anderen deutschen Städten wie Berlin, Breslau, Leipzig, Hamburg und München recht spät ein. S. G. STÖBER, Struktur und Funktion der Frankfurter City, Frankfurt a. M. 1964, S. 26.

2 Zur Entwicklung der Wohnbevölkerung im einzelnen s. statistische Angaben in: Beiträge zur Stat., 1892, Tab. 1, S. II; und Beiträge zur Stat., H. 11, 1919, S. 20, 34f. und Stat. Handbuch, 1928, S. 57.

3 Man kann sagen, daß alle anderen großstädtischen Handelsstädte des Reiches um die Jahrhundertwende in der Kernbildung weiter vorangeschritten waren. Das gilt jedenfalls für Berlin, Leipzig, Kiel, Dresden, Breslau, Königsberg, Stuttgart, Essen, Stettin, München, Hamburg, Düsseldorf, Köln, Bremen, Dortmund und Magdeburg. Im einzelnen s. O. SCHILLING, Innere Stadterweiterung, Berlin 1921, S. 13.

4 Zur Definition „Stadtumbau": *Als Stadtumbau wird hier die quantitative oder qualitative Änderung der Bodennutzungen in bereits gebauten Bereichen bezeichnet, die vorhandene, vermutete oder prognostizierte Bedürfnisse befriedigen soll. Dabei werden Funktionen mitunter sehr tiefgreifend verändert;* so HANNS ADRIAN, Stadterneuerung und Stadtumbau, in: Grundriß der Stadtplanung, 1983, S. 480–497, hier S. 480f.

oder genauer: In welchem Maße war der Wunsch nach Bürgerbeteiligung an der öffentlichen Entscheidungsfindung in Fragen des Städtebaus vorhanden und welche sozialen Kräfte haben den Prozeß der Citybildung zu forcieren bzw. zu torpedieren gesucht?

Das Kapitel ist in fünf Abschnitte gegliedert: Der Stadtteil und sein Bezirksverein sollen zunächst kurz vorgestellt werden, aber auch die zeitgenössischen Vorbilder und Modelle für Projekte des Stadtumbaus im allgemeinen; im zweiten Abschnitt wird dargelegt, wie die konreten Planungsziele für die Frankfurter Altstadt aussahen, wie sie von den „planungsbetroffenen" Bürgern aufgenommen und welche Planungsalternativen aufgrund dieser Bürgerbeteiligung entwickelt wurden. Das Planungsziel „Citybildung" hat Prozeßcharakter, läßt sich also nicht von heute auf morgen erzwingen, d.h. es braucht Zeit. Der Zeitraum zwischen der Entscheidung für eine Straßen- und Verkehrsplanung und deren Vollzug ist beim Stadtumbau ein sehr wesentlicher. Ihm soll deshalb im dritten Abschnitt Rechnung getragen werden. Konkret heißt das: Wie sah die Verwaltungsorganisation für den flächendeckenden Häuserabbruch in der Altstadt aus? In Abbruchszeiten erwächst der Wunsch nach ästhetischer Ausgestaltung von Stadträumen im besonderen Maße. Wie er zu Beginn des Jahrhunderts in Frankfurt zur Geltung kam, wird Thema des vierten Abschnittes sein. Am Ende so manch langfristiger städtebaulicher Planungsprojekte steht häufig deren Korrektur oder gar Abkehr von der usprünglichen Zielsetzung. So auch im Fall von Frankfurts innerstädtischer Neuordnung unter Oberbürgermeister ADICKES. Aus dem „Stadtumbau" der Altstadt wurde ihre „Stadterneuerung". Wieso und warum? Diese Frage wird am Ende dieses Kapitels eine Antwort finden.

8.1. Planungsvorstellungen und -absichten für den Stadtumbau der Altstadt

Mit dem Bau des Hauptbahnhofes (1888) hatten sich in der Innenstadt die Gunstlagen für Geschäfte und Wohnungen gehobener Ansprüche nach Westen hin verschoben, und zwar in Richtung Roßmarkt und Goetheplatz. Die Altstadt, mit den teilweise nur 5 m breiten Straßen, war für hohe Besucherfrequenzen und deshalb auch für neue Geschäfte des Dienstleistungssektors ungeeignet, blieb also auch im letzten Jahrzehnt des 19. Jahrhunderts als Quartier der kleingewerblichen Produktion und des Wohnens den einkommensschwächeren Bevölkerungskreisen vorbehalten[5].

Seit dem Hochmittelalter hatten sich die zentralen Brennpunkte der Innenstadt immer wieder verschoben. Anfangs stellte die Straßenachse Fahr- und Schnur-

[5] S. dazu Ausführungen in Kapitel 2.

gasse den zentralen Verkehrsknotenpunkt der freien Reichsstadt Frankfurt a.M. dar. Der Verlauf der mittelalterlichen Grabenanlagen umreißt in etwa den altstädtischen Bereich[6]. Zwischen ihm und dem späteren Ring, den heutigen Wallanlagen befindet sich die Neustadt. Beide, Alt- und Neustadt, bilden zusammen die Innenstadt. Mit den Wallanlagen[7] verteilten sich die städtischen Schwerpunkte auf die fünf Haupttore: Gallus- bzw. Taunustor, Bockenheimer, Eschenheimer, Friedberger und Allerheiligentor. Orte der Kommunikation bildeten die Plätze am Roßmarkt, Goethe- und Börsenplatz, der Liebfrauen- und Römerberg und der Paulsplatz.

Mit dem ersten Wachstumsschub zu Beginn der Verstädterung verschob sich der zentrale Kreuzungs-Schwerpunkt nach Nordosten hin, zur Zeil-Fahrgasse-Allerheiligenstraße. Die nächste Umschichtung trat in den 1880er Jahren ein: der Straßendurchbruch der Neuen Zeil und der Battonnstraße wertete die Hauptwache auf. Doch wenige Jahre später war es eben die Eröffnung des Hauptbahnhofes, die eine erneute Westverschiebung zur Folge hatte[8]. Mit der Planung des Osthafens lag es nahe, eine direkte Straßenverbindung zwischen Hauptbahnhof und Ostbahnhof bzw. Osthafen ins Auge zu fassen, zumal die Verbindung Kaiserstraße-Zeil als zu großer Umweg angesehen wurde.

Der Bezirksverein Alt-Frankfurt, 1882 von dort ansässigen Geschäftsleuten und Hauseigentümern gegründet, hat sich stets für Straßenfreilegungen und -durchbrüche und Investitionen im Bereich der technischen Infrastruktur eingesetzt. Er sah seine hauptsächliche Aufgabe darin, mit dafür Sorge zu tragen, daß sich die Bürger, die in der Altstadt wohnten und/oder ihr Geschäft dort hatten, mit ihrem Stadtteil identifizieren konnten. Der Bezirksverein Alt-Frankfurt hat sich entsprechend der sozialen Zusammensetzung der Altstadtbevölkerung und Rekrutierung seiner Mitglieder meist fortschrittlich, ja fortschrittsgläubig gegeben. Er war sich der besonderen Bedeutung seines zu vertretenden Stadtteils bewußt. So unterstützte er nach der Jahrhundertwende das Osthafenprojekt, weil sich die Altstadtbewohner über Investitionen im Straßenbau einen Zuwachs an Verkehr für ihren Stadtteil erhofften[9].

[6] Im Süden war die Altstadt durch den Main begrenzt, im Westen von Schneidwallgasse, Weißfrauenstraße, Großem und Kleinem Hirschgraben, im Norden von Holzgraben, Baugraben und im Osten von Börnestraße, Wollgraben, Brückhof und Fahrgasse. Die Altstadt war in drei Bezirke eingeteilt. Der Braubachstraßen-Sektor befand sich im 2. Stadtbezirk.

[7] 1906 beschlossen Magistrat und Stadtverordneten-Versammlung, die Wallanlagen von der Bebauung freizuhalten. S. Mitt.Prot.StVV., Nr. 921 vom 25.9.1906, S. 487ff.(Magistratsvortrag).

[8] Fortschritt und Entwicklung waren von Zeitgenossen vollkommen falsch eingeschätzt worden. So nahmen die Mitglieder des Vereins Alt-Frankfurt an, daß der Bau des neuen Bahnhofs (1888) viel zu weit in die westliche Außenstadt verlegt sei, d.h. die Wachstumsdimension von Industrialisierung und Verstädterung wurde nicht erfaßt. Der Bezirksverein schließt im Schreiben an den Magistrat vom 15.1.1885: *In anderen Städten bringt man Personenbahnhöfe in bevölkerte Stadtteile hinein und in Frankfurt gibt man Millionen aus, um den Verkehr aus der Stadt zu ziehen.* Mag.Akt. T 590, Bl. 15.

[9] S. Bericht zum Geschäftsjahr 1903, S. 4, s. Mag.Akt. T 22, 1139/II.

Dies, so glaubten seine Mitglieder, sollte wiederum mittelbar wirtschaftsfördernd auf die Altstadt wirken.

Der Bezirksverein hat es immer wieder verstanden, auf städtebauliche Versäumnisse der Kommune hinzuweisen. So wurde unmittelbar nach Eröffnung des Hauptbahnhofes (1888) folgende Resolution verabschiedet und dem Magistrat zugestellt: *Die Bürgerversammlung spricht die Überzeugung aus, daß die Zugänge, welche die innere Stadt mit dem Norden und Nordosten der Außenstadt verbinden, durchaus unzugänglich sind und dem gewachsenen Verkehr nicht mehr genügen; sie ist ferner der Überzeugung, daß der weitere Rückgang der Altstadt nur durch Eröffnung direkter Verkehrswege nach den andern Stadtteilen, insbesondere nach dem Hauptbahnhof und dem Hafen* (gemeint ist der Westhafen), *aufgehalten werden kann. Die Versammlung hält deshalb im allgemeinen Interesse die Verbreiterung der Vilbeler Gasse und die Eröffnung der Schillerstraße für ebenso geboten, als die Durchführung der Straßenzüge, welche einerseits von Norden nach dem Main führen, andererseits im Anschluß an die Weißfrauenstraße, den Verkehr von Westen durch die Altstadt nach Osten vermitteln*[10].

Das Planungsziel, enge und unwegsame Bereiche der Altstadt aufzuschließen, um ihnen Verkehr und Kunden zuzuführen, ist unverkennbar. Aus der Altstadt sollte, ginge es nach den Interessen dort ansässiger Geschäftsinhaber und Hauseigentümer, eine ökonomisch aufgewertete „Gunstlage" werden. Die Rhetorik dieser Resolution macht deutlich, daß der Gesichtspunkt der „Sanierung" für die Bürger kein Thema war.

Wie bereits dargelegt, hat Adickes, an R. Baumeisters und J. Stübbens Planungsvorstellungen anknüpfend, seine städtebaulichen Planungen am Leitbild der *offenen Bauweise* ausgerichtet, d.h. Schwerpunkt der Stadtentwicklung war für ihn die Erschließung außenstädtischer Bereiche[11]. Den „Stadtumbau" der Innenstadt verstand er als eine im wesentlichen ergänzende Komponente von Stadtentwicklung an: ... *(d)er Versuch einer Belebung der Altstadt (kann) in erfolgreicher Weise nur dann unternommen werden, wenn von vornherein der Gesamtplan für einen, die ganze Stadt durchziehenden, zur Trambahnverbindung geeigneten Straßenzug zwischen dem neuen Bahnhof im Westen und dem Ostbahnhof, als eine die Zeil wirksam entlastende Parallelstraße aufgestellt und dabei gleichzeitig auch für den Verkehr nach der Obermain-Brücke einerseits (Fischerfeld, Offenbach pp.) und der neuen Zeil andererseits in entsprechender Weise gesorgt und die Verbindung der Trierischen Gasse zum Domplatz ins Auge gefaßt wird*[12].

10 Festschrift zur Feier des 25jährigen Stifungsfestes des Bezirksvereins Alt-Frankfurt, 1882–1907, Frankfurt a. M. 1907, S. 12f.

11 S. Ausführungen in Kapitel 1 und Kapitel 7.

12 Mitt.Prot.StVV., Nr. 295 vom 18.4.1893, S. 140.

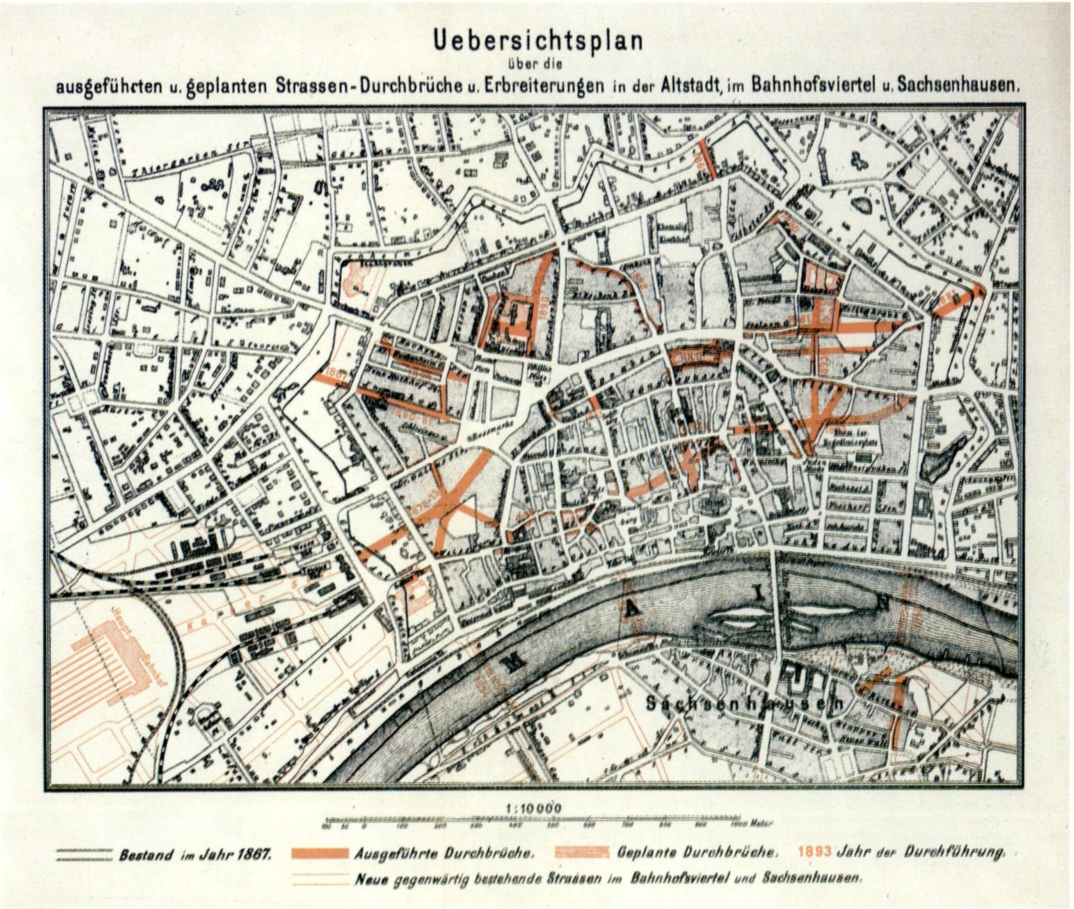

Abb. 40 Die Straßen-Durchbrüche in Frankfurt a. M., Das städtische Tiefbauwesen in Frankfurt a. M., 1903, vor S. 1

Abb. 41 Altstadt zwischen Römerberg und Liebfrauenberg, Ausschnitt aus dem Geometrischen Plan von Frankfurt a. M. 1 : 2000, Blatt 13, 1893

Abb. 42 Altstadt zwischen Römerberg und Liebfrauenberg, Ausschnitt aus dem Geometrischen Plan von Frankfurt a. M. 1 : 2000, Blatt 7 J, 1908

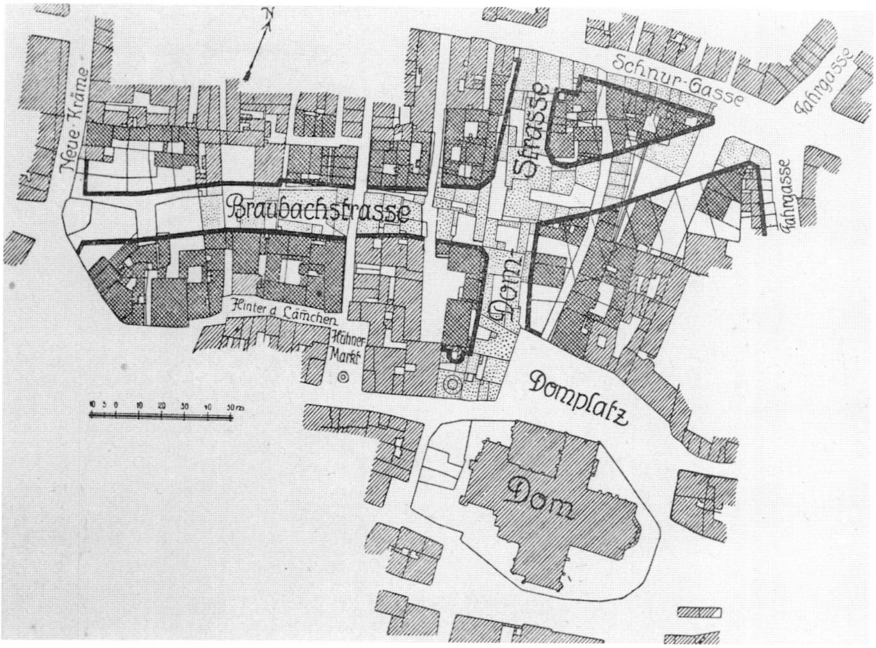

Abb. 43 Durchbruch der Braubachstraße, O. Schilling, Innere Stadterweiterung, 1921, S. 111

Abb. 44 Durchbruch der Braubachstraße von Osten, Photographie, 1905, Institut für Stadtgeschichte

Abb. 45 Borngasse vom Domplatz aus vor dem Braubachstraßen-Durchbruch, Photographie, 1901, Institut für Stadtgeschichte

Abb. 46 Neugasse vom Hühnermarkt aus vor dem Braubachstraßendurchbruch, Photographie, 1901, Institut für Stadtgeschichte

Im Vordergrund stand also das Planungsmotiv, die wirtschaftlichen Rahmenbedingungen der Innenstadt durch Schaffung *verbesserte(r) Kommunikationen* zu erweitern, wie dies auch R. Baumeister aus Sicht des Planungstheoretikers empfahl[13]. Ihm kam es darauf an, städtebauliche Brennpunkte wie Marktplätze, Brücken und Bahnhöfe verkehrskommunikativ zusammenzuschließen. Hierbei greift er auf das Prinzip des „Dreiecknetzes" zurück, das die Sichtbeziehungen der „Brennpunkte" zueinander ermöglichen soll – d.h. der städtische Raum war nach ihm ganz im Sinne eines Erlebnisraumes aufzufassen[14]. Die Verbreiterung bestehender Straßen oder die Trassierung neuer Parallelstraßen, *durch Hinterquartiere und Nebengassen gelegt* wie auch Straßendurchbrüche, werden von Baumeister als Planungsaufgaben des „Stadtumbaus" vorgeschlagen. Das Pariser Planungsmodell Haussmanns wird zwar lobend erwähnt, aber andererseits relativiert er sein Urteil wieder, weil er gleichzeitig betont, daß ihm städtebaulich auch die *Schätze des Altertums* am Herzen liegen[15]. Und doch ist eines nicht zu leugnen: Sowohl die Kommunalpolitiker der deutschen Großstädte als auch die Vertreter des wissenschaftlichen Städtebaus wie Baumeister und Stübben nahmen sich mehr oder minder das Haussmannsche Stadtumbau-Projekt von Paris zum Vorbild.

Haussmanns Ziel war, Paris zu einen *riesigen Konsummarkt*[16] umzugestalten. Priorität maß er deshalb, und das ist das neue in der Geschichte des Städtebaus im 19. Jh. gewesen, dem Verkehrswesen bei. Ist der Verkehrsfluß in der wirtschaftlich interessantesten Zone, der Innenstadt, gesichert, könne er zur Belebung der außenstädtischen Bezirke beitragen. *In order to make the vast spaces at the extremities of the city, which remained unproductive, accessible and inhabitable, the first job was to drive streets right through the city open the central districts*[17].

Den neu trassierten Straßen kam die städtebauliche Funktion zu, die Stadtteile in Ost, West, Nord und Süd an den bevölkerungsreichen „Brennpunkten" der Stadt wie Bahnhöfen und Marktplätzen anzubinden. Enge Gassen, die den Verkehrsfluß behinderten, sollten freigelegt, diagonale Straßenführungen zur Entlastung von Parallelstraßen beitragen und so das *general circulatory system*[18] abschließen. Die Voraussetzungen aller räumlichen Veränderungen sollten insbesondere gerade Straßenführungen in die vier Himmelsrichtungen zu Wege bringen, die in Form eines Kreuzes (La croisée de Paris) vom Zentrum der Stadt ausgehen.

13 R. Baumeister, Moderne Stadterweiterugen, 1887, S. 14. Vgl. J. Stübben mit ähnlich formulierten Planungszielen bzw. -methoden in: Handbuch der Hygiene, hrsg. v. J. Stübben, Bd. 4: Hygiene des Städtebaus, Jena 1894, S. 434–437.

14 Dazu s. Thomas Sieverts, Die Stadt als Erlebnisraum, in: Grundriß der Stadtplanung, Hannover 1983, S. 119–134, hier S. 119.

15 R. Baumeister, Moderne Stadterweiterugen, 1887, S. 14.

16 Haussmann nach: F. Choay, The Modern City: Planning in the 19th Century, 1969, S. 16.

17 Haussmann in seinen Memoiren, zitiert nach A. Sutcliffe, Autumn ..., 1970, S. 33.

18 Haussmann nach: F. Choay, The Modern City: Planning in the 19th Century, 1969, S. 18.

Haussmann hat, dem Zeitgeist entsprechend, die machtpolitischen Vorstellungen Napoleons III. mit den ökonomischen Bedürfnissen des aufkommenden Industriebürgertums verbinden wollen. Der Bauboom, der der Bauindustrie enorme Wachstumsraten versprach, sollte sich auf andere Gewerbezweige in Folge auswirken. Dies wiederum sollte Infrastruktur-Ausbau und Vollbeschäftigung nach sich ziehen. Sein Städtebau war in starkem Maße von wirtschaftspolitischen Motiven bestimmt. Er verstand sich als der Manager Napoleons III., der die ganze Nation auf den produktiven Weg des Vertrauens und der Arbeit zu bringen gedachte[19]. Haussmann wollte die moderne Großstadt und ihre entsprechenden gesellschaftlichen Verhältnisse erzwingen. Er setzte auf den Straßenbau als Mittel und glaubte auf diese Weise die zukünftige Entwicklung einer kommunikativen und urbanen Gesellschaft initiiert zu haben. Und dies, obwohl er Fragen des öffentlichen Nahverkehrs fast vollständig unberücksichtigt ließ.

Zurück zu Frankfurt: Die Wirtschaftskraft der Altstadt analog zu den angestrebten industriepolitischen Investitionen im Ostend zu fördern, war Adickes' hauptsächliches Planungsziel. Dem Zentrum bzw. der Altstadt sollte die Funktion des Verkehrsteilers zukommen. Die Eigendynamik der Verkehrskonzentration, die dann Jahrzehnte später durch das Automobil einsetzte, hatten allerdings noch nicht in die Planungsüberlegungen Eingang finden können, d.h. die zukünftige Verkehrsverdichtung und die mit ihr einhergehende Entwertung altstädtischer Bereiche als Wohnquartier war keineswegs angestrebt. Verkehrsagglomeration im Wilhelminischen Frankfurt bezog sich ausschließlich auf Fuhr- und Straßenbahnverkehr. Selbstverständlich mußte sich mit wachsender Kommunikationsfunktion der Innenstadt ihr Anteil an Wohnungen zugunsten wirtschaftlicher Nutzung abnehmen; Planungsintention war es jedoch nicht.

Planungsziel Adickes' und seines Magistrats war es hingegen, beides, nämlich die verflechtende Verdichtung von Kommerzialisierung und Wohnen zu erreichen, allerdings mit der Zielvorgabe höherer Qualitätsstandards als bisher, will sagen: die kleinen Gewerbebetriebe und Geschäfte und deren entsprechende Sozialmilieus sollten aus der Altstadt vertrieben werden zugunsten größerer Handelsgeschäfte des aufstrebenden Wirtschaftsbürgertums. Gleichzeitig sollte der traditionellen Repräsentationsfunktion der Altstadt Rechnung getragen werden. Das *Wegräumen ungesunder und verwahrloster Häusergruppen*[20] wurde hierbei lediglich als vorteilhafte Begleiterscheinung angesehen. Denn längst war die gesundheitspolitische Dimension von Stadtplanung, *Licht und Luft zu schaffen*, noch in den 1870er Jahren vor-

19 *... to draw ... the whole nation into the productive path of confidence and work*, so Haussmann nach A. Sutcliffe, Autumn ..., 1970, S. 31.

20 R. Baumeister, 1887, S. 14.

herrschende Planungskomponente, in den Hintergrund getreten[21]. „Sanierung“[22] war jedenfalls nicht Planungsziel, aber auch nicht unerwünschte Begleiterscheinung von Verkehrserschließung. Folge von Straßendruchbrüchen könne sein, so ADICKES, *daß an Stelle der niedergerissenen, neue Arbeiterwohnungen wieder aufgebaut werden*[23]. Dies spräche für den Gesichtspunkt der „Stadterneuerung“. ADICKES folgt hier argumentativ dem wohnungspolitischen Vorbild Englands. Mit dem *Dwellings Improvement Act* von 1875 war den englischen Gemeinden bei Abriß von innenstädtischen Häusern die Neuerrichtung an gleicher Stelle auferlegt worden[24]. Doch als ADICKES darauf zurückzugreifen gedachte, hatte man in England davon längst Abstand genommen, weil sich diese Bauauflage als Hemmnis der städtebaulichen Citybildung herausgestellt hatte[25]. Letztendlich war es das Zusammentreffen mehrerer Faktoren, was dazu beitrug, daß *tiefgreifende Umgestaltungen*[26] Frankfurts ehemaliges Stadtzentrum, die Altstadt, verändern sollte, wie jetzt zu zeigen sein wird.

8.2. Die Zukunft ist Raum – „Schüppengasse-Braubachstraßen-Projekt“ oder „Münzgassen-Projekt“ (1890–1895) und: Wider die „bloße Agitation von Gegeninteressen“[27]

Hauptaugenmerk der städtebaulichen Maßnahmen bis gegen Ende des 19. Jahrhunderts war also, dem wachsenden Verkehrsaufkommen entsprechende Straßen- und Wegverhältnisse zu verschaffen. Verkehrshindernisse zu beseitigen, damit die Verkehrsströme sich möglichst ungehindert zwischen Außenstadt – Neustadt – Altstadt ausweiten konnten, war ein idealistisches und kaum zu verwirklichendes

21 Das gilt sowohl für den zeitgenössischen wissenschaftlichen Städtebau als auch für die kommunalen Debatten. So haben J. STÜBBEN und J. BRIX in der Einleitung zu ihrer Monographie Hygiene des Städtebaus, 1914, betont, daß der wissenschaftliche Städtebau keine ausschließlich hygienische Tätigkeit sei. Zitiert nach: MARIANNE RODENSTEIN, Mehr Licht, mehr Luft ..., Frankfurt a. M./New York 1988, S. 150.

22 O. SCHILLING, der die Frankfurter Verhältnisse untersucht hat, spricht den dortigen innerstädtischen Straßenplanungen den Charakter von Sanierungen im engen Wortsinn ab. S. ders., Innere Stadterweiterung, Berlin 1921, S. 107. Zum zeitgenössischen Verständnis s. Stadtbaurat HÖPFNER, Verbesserung der Verkehrs- und gesundheitlichen Verhältnisse durch Niederlegung alter Stadtteile, in: Technisches Gemeindeblatt, 1900, S. 163ff.

23 So ADICKES bei einer Versammlung Vereins f. öffentliche Gesundheitspflege. S. Bericht des Ausschusses Die kleinen Wohnungen in Städten, ihre Beschaffung und Verbesserung, 3. Sitzung vom 14.9.1900 in: Deutsche Vierteljahrsschrift f. öffentliche Gesundheitspflege, Bd. 33, 1901, S. 188.

24 Dazu A. SUTCLIFFE, Stadtpolitik und Stadtumwelt in Großbritannien ... in: J. RODRIGUEZ-LORES/G. FEHL, 1985, S. 59–90, hier S. 73.

25 Dazu R. EBERSTADT in: Handbuch des Wohnungswesens, Jena 19204, S. 603.

26 O. SCHILLING, 1921, S. 104.

27 So der Stadtverordnete Dr. GEIGER in der Debatte um die Goethestraße. S. Mitt.Prot.StVV., vom 14.6.1892, S. 204.

Planungsziel der ADICKES-Administration. In der Gründerzeit setzte sich die Ansicht durch, daß durch den Bau geradlinig geführter Straßenzüge, und zwar parallel zu den vom Verkehr überlasteten Fahrstraßen, städtebaulich bzw. verkehrspolitisch wirksam interveniert werden könne. So auch in Frankfurt am Main. Parallel zur Gr. Gallusstraße entstand die Kaiserstraße, analog zur Gr. Bockenheimer Straße die Goethestraße, das Pendant zur Gr. Eschenheimer Straße bildete die Schillerstraße und zur Allerheiligenstraße im Osten die verlängerte Zeil. Die Verkehrsverteilung dieses Straßennetzes übernahm ab den 1880er Jahren die Hauptwache, d.h. kommunikativer Mittelpunkt der Frankfurter Innenstadt bildete die nördliche Grenze zwischen Alt- und Neustadt. Die innerstädtische Verkehrslenkung lief also Gefahr, den altstädtischen Bereich vom Verkehr abzuschließen. Schon seit den 1870er Jahren wurde immer wieder auf eine vorauszusehende defizitäre städtebauliche Entwicklung dieses traditionellen Zentrums Frankfurts hingewiesen. Unterschiedliche Planungsprojekte wurden erörtert, um der städtebaulichen Verödung und Entleerung der südlichen Altstadt entgegenzuwirken. Im Grunde ging es immer wieder um eine geeignete Ost-West-Straßenverbindung entlang der Münzgasse mit Anbindung an den Römerberg, wobei das Hauptgewicht auf der Erschließung der südwestlichen Altstadt lag[28]. Die Bemühungen erwiesen sich immer wieder als vergeblich, weil der Magistrat seine Möglichkeiten der Finanzierung als begrenzt ansah. Unzureichende Kommunikationsverhältnisse der Altstadt führten jedenfalls dann, wie bereits dargelegt, zur Gründung des Bezirksvereins Alt-Frankfurt[29].

Die in der lokalen Öffentlichkeit vorgeschlagene Verbreiterung der Münzgasse auf 12 m Straßenbreite wurde vom Magistrat als illegitimes Wunschdenken abgetan[30]. Das Projekt scheiterte immer wieder an den anders gelagerten Planungsabsichten des Magistrats, trotz auffordernder Unterstützung von seiten der staatlichen Aufsichtsbehörde, die ihrerseits die Verbreiterung der Münzgasse anfangs der 1880er empfahl, weil sie die direkte Verbindung zwischen der westlichen Neustadt und der Altstadt zwischen Weißfrauenstraße und Römerberg darstellte[31].

In einer Petition versuchten Geschäftsleute 1890 einen neuen Anlauf. Sie fordern hierin wiederholt die Verbreiterung der Münzgasse, weil der Post-, Droschken- und Fuhrverkehr dort *überhand genommen* hätte und Passanten mit diesen *in Berührung* kämen. Die Folgen: Blühende Geschäfte *erlahmten nach und nach* und würden eines Tages eingestellt. Diese Entwicklung der Altstadt stünde im Gegensatz zu der ihr zugedachten städtebaulichen Funktion, nämlich *Hauptsitz und Knotenpunkt des*

28 Mitt.Prot.StVV., Nr. 428 vom 4.7.1893, S. 209.

29 Der Verein habe den Zweck, die Interessen des alten Stadtteils zu heben. So die Erklärung zur Gründung des Vereins 1882. S. Mag.Akt. T 1217/I.

30 Die Baudeputation in Schreiben an Magistrat v. 30.10.1882 wörtlich: Dieses Ansinnen *überschreitet die Grenze der Notwendigkeit und Zweckmäßigkeit,* Ebd.

31 Ebd.

Handels zu sein[32]. Der Magistrat, der um ein weiteres Mal die *Erhaltung des Gleichgewichts der städtischen Finanzen*[33] für seine städtebauliche Enthaltsamkeit in den Vordergrund rückte, hatte von seiner im Zuge von Industrialisierung und Bevölkerungswachstum veränderten Aufgabe, nämlich leistungsverwaltend zu intervenieren, noch nichts wissen wollen; die vorherrschende Honoratioren-Mentalität verstellte den Blick für den Bedeutungszuwachs kommunalpolitischer Aufgaben.

Und doch blieben „kollektive Aktionen" nicht ganz ohne Erfolg; denn es fanden sich Stadtverordnete, die im Stadtparlament den Magistrat um Einberufung eines *gemischten Ausschusses für Straßenfreileung in der Altstadt aufforderten*[34]. Daß es doch noch drei Jahre dauern sollte, bis dieser Fachausschuß gebildet wurde, hing mit dem Goethestraßen-Projekt zusammen, denn dieses Vorhaben absorbierte alle kommunalpolitischen Kräfte. In Größe und Umfang des Projekts war Neuland betreten worden, die Baumaßnahmen waren in Gang, die Finanzierung jedoch noch nicht geklärt. Vor diesem Hintergrund, wäre die Vorlage eines weiteren altstädtischen Straßen-Projekts ohne Erfolg geblieben.

Erst eine Massenpetition, unterschrieben von über 1.200 Stadtteilbewohnern – die Erstunterzeichner Dr. ALFRED RAAB, FRANZ ALT, ROBERT HAURAND, J. M. ANDREAE, HEINRICH METTENHEIMER, HEINRICH BIRKENSTOCK und JOHANN WILHELM FUCHS gehörten ausnahmslos dem wirtschaftlich besser situiertem Bürgertum an[35] –, in der um eine adäquate Straßenverbindung zwischen Hauptbahnhof und der *unteren Altstadt* nachgesucht wurde, führte zum eigentlichen Planungshandeln; aufgrund dieses öffentlichen Drucks ließ nun ADICKES eine Planungsvorlage ausarbeiten[36]. Noch am 7.3.1893 war JEAN DRILL, der Vorsitzende des Bezirksvereins Alt-Frankfurt vollkommen desinformiert über den tatsächlichen Stand der

32 Die Eingabe wurde vom Bezirksverein Alt-Frankfurt initiiert; ebd. Vgl. Mitt.Prot.StVV., Nr. 535 vom 1.7.1890, S. 216.

33 Ebd.

34 Mitt.Prot.StVV. vom 16.12.1890, S. 334.

35 An zweiter Stelle unterschrieb das Mitglied des Bezirksvereins Alt-Frankfurt, F. ALT, der spätere Vorsitzende (ab 1897). Auch H. BIRKENSTOCK, einer der Erstunterzeichner, gehörte dem Vorstand an. Der Vorsitzende des Vereins und Stadtverordnete JEAN DRILL hatte nicht unterzeichnet. Das Jahreseinkommen des Kaufmanns ALT betrug 1888 7.200 M., das von J. M. ANDRAE M. 4.800, das J. W. FUCHS' sogar M. 10.800., S. Mag.Akt. T 1139/I; Auszug aus der Petition vom 10.3.1893 ... *Wo einst der Mittelpunkt des gesamten Handels Frankfurts und die Wohnstätte seiner ersten Familien war, sind heute Geschäftslokalitäten und größere Wohnungen nur sehr schwer zu vermieten oder stehen gänzlich leer. Die besseren, früher dort ansässigen Familien sind nach anderen Stadtteilen verzogen und an ihre Stelle ist eine teilweise recht zweifelhafte Bevölkerung getreten. Die Ursachen des Rückgangs der unteren Altstadt sind hinreichend bekannt. Es sind dies: die Verlegung des Marktes, der Börse und der Schirnen in andere Stadtteile, die Hinausrückung des Bahnhofs und die Anlage des neuen Hafens* (gemeint ist der Westhafen, J.R.K.). *Das Hauptübel aber, woran die Altstadt leidet, ist das, daß sie von den großen Adern des Verkehrs gänzlich abgeschlossen ist ...*

36 Diese kausale Verknüpfung findet Bestätigung durch die Aussage des Architekten und Stadtverordneten WELB. S. Generalanzeiger Nr. 103 vom 3.5.1893.

Planungstätigkeit[37]. In gleicher Sitzung des Stadtparlaments wies ADICKES Versäumnisse seiner Person zurück. Im Gegenteil, er beschuldigte die Stadtverordneten, durch Ablehnung von M. 300.000 für Straßendurchbrüche die städtebauliche Passivität des Magistrats verursacht zu haben. Zum Zeitpunkt dieser Aussage waren jedoch die vorbereitenden Planungsarbeiten bereits getroffen. Doch ADICKES gab sich nach außen bedeckt, versprach andererseits, *zu geeigneter Zeit ... Vorlage zu machen*[38].

Vier Wochen später war der Zeitpunkt gekommen, ein umfassendes Planungskonzept vorzulegen, das die verkehrstechnische Erschließung der Altstadt, die Entlastung der damals einzigen Ost-West-Straßenverbindung (Kaiserstraße – Zeil) und die Errichtung mehrerer städtischer Verwaltungsgebäude beinhaltete[39]. Im Gegensatz zum Goethestraßen-Projekt[40] war nicht nur ein detailierter Finanzplan für das Großvorhaben ausgearbeitet, sondern diese Vorlage diente ihm dazu, die bislang ungesicherte Finanzierung der Goethestraße mit einzubinden. Es ist offensichtlich, daß ADICKES die Stadtverordneten aus taktischen Gründen hinters Licht führte. Erweckte er im März 1893 noch den Eindruck, als müsse sich die Öffentlichkeit gedulden, waren längst die entscheidenden Vorkehrungen für das größte kommunale „Stadtumbau"-Unternehmen des Wilhelminischen Frankfurt getroffen. Die Planer ADICKES' hatten zwei Planungsprämissen gesetzt: Kommunikations- *(Belebung des Verkehrs)* und Wirtschaftsförderung *(Geschäftstäigkeit)*. Nachdem der Magistrat im Entwurf zunächst die bislang erörterten Planungen nochmals rekapitulierte und das Münzgassen-Projekt und das der Trierischen Gasse bis zum Dom als die beiden einzigen darstellte[41], ging es ihm dann um die strukturelle und funktionale Grundlegung seiner neuen, der Öffentlichkeit noch nicht bekannten Konzeption. Die bisherige Prämisse blieb: Jegliche städtebauliche Intervention müsse von einem „Gesamtplan" ausgehen.

Um vom Münzgassen-Projekt wegzuführen, stellte er eine mögliche Ost-West-Straßenverbindung zwischen Hauptbahnhof und dem Osten der Stadt in funktionale Beziehung zu den zu bauenden städtischen Verwaltungsgebäuden. Dies sollte die Trassierung in Fortsetzung der Weißfrauenstraße entlang Schüppengasse (spätere Bethmannstraße) – Paulsgasse bis Wedelsgasse mit weiterem Verlauf bis Battonnstraße legitimieren. Die Nachteile des seit Jahrzehnten in der Öffentlichkeit gefor-

37 Mitt.Prot.StVV., Nr. 182 vom 7.3.1892, S. 86.

38 Mitt.Prot.StVV., Nr. 210 vom 14.3.1893, S. 107.

39 Vortrag des Magistrat vom 11.3.1893 s. Mag.Akt. T 1139/I und Bericht des vereinigten Finanz- und Tiefbau-Ausschusses, Mitt.Prot.StVV., Nr. 295 vom 18.4.1893, S. 139–150.

40 Das erste größere Projekt eines Straßendurchbruchs unter OB ADICKES, durchgeführt 1893. Ursprünglich war die Verbreiterung der Kalbächer Gasse geplant. Aufgrund zu hoher Geldforderungen dortiger Hauseigentümer für Grundstücksabtretungen ließ der Magistrat dieses Projekt fallen. In wenigen Wochen war dann das Projekt „Goethestraße" abgewickelt worden. S. dazu Mag.Akt. T 1257/I.

41 Mitt.Prot.StVV., Nr. 295 vom 18.4.1893, S. 140.

derten Münzgassen-Projekts wurden dann ausführlich aufgezählt: 1. Zu teuer, 2. Abbruch der städtischen Feurwehr und des Clesernhof wären erforderlich, 3. schlechtere Verkehrsanbindung der notwendigen städtischen Verwaltungsgebäude und 4. bei Weiterführung der Münzgasse über den Römerberg nach dem Osten bestünde die Gefahr der *Zerstörung des alten Charakters dieser historisch merkwürdigsten Stadtgegend*[42]. Dem Magistrat schien es nicht ungelegen, auf städtebauliche Nachteile des neuen, nach der Braubach benannten Projekts hinzuweisen: der unzureichende Verkehrsaufschluß der südlichen Altstadt trotz wichtiger kommunikativer Brennpunkte wie Dom und Markt. Er räumt ein, daß hier der wirtschaftliche Niedergang am größten sei, der städtebauliche Eingriff aus sanitären Motiven heraus deshalb nicht unberechtigt wäre. Da aber an Trambahnanschluß in diesen engwinkligen Wohnquartieren nicht zu denken sei, habe man sich unter Berücksichtigung der unterschiedlichsten Gesichtspunkte wie Finanzierung, technische Machbarkeit von Verkehrsinfrastruktur und ästhetischen Gestaltungsfragen zu dem vorgelegten Straßenzug entschieden.

Nach dem umstrittenen Projekt „Goethestraße" (1892/93) konnte es nicht ausbleiben, daß die Stadtverordneten der Finanzierung der Vorlage besondere Aufmerksamkeit schenkten, zumal die veranschlagte Kostendeckung von knapp M. 8 Mio. unterschiedlichen Finanztiteln zugeordnet wurde[43]. Eine eigens dafür eingerichtete Straßen-Neubaukasse sollte in selbständiger Haushaltsführung folgende Straßen-Projekte finanztechnisch organisieren[44]: 1. Goethestraße; 2. Schüppengasse, Paulsgasse und Wedelgasse; 3. Braubachstraße bis Battonnstraße und zum Domplatz; 4. Trierische Gasse.

Alle Geld-Transaktionen, die mit diesen Straßen-Planungen im Zusammenhang standen, wurden über diese Straßenneubau-Kasse abgewickelt. Deren Finanzetat wurde bestückt: 1. über die Erhöhung der Währschaftssteuer von 1 auf 1,5%. Ihr stand ein Drittel des Ertrags zu, man kalkulierte mit M. 230.000 jährlich. 2. mit M. 100.000, die bisher im ordentlichen Haushalt für Tilgung von Anleihen des Goethestraßen-Projekts vorgesehen waren und 3. den Einnahmen der Trambahnlinie: Schüppengasse-Battonnstraße/Domplatz, die mit M. 20.000 jährlich veran-

42 Ebd., S. 141.

43 Im einzelnen s. Anlage II und Anlage N (Bau- und Finanzplan) des Magistratsvortrages v. 11.4.1893 (Mag.Akt. T 1139/I). Da der Planungsvollzug des Braubauchstraßen-Projekts für 1902 terminiert wurde, die für diesen Straßenzug niederzulegenden Häuser jedoch schon in den meisten Fällen 1893/94 aufgekauft waren, bot sich hier die Gelegenheit, die Mieteinnahmen zur Finanzierung des Projekts einzubeziehen. Für 1894/95 waren M. 157.000 verangschlagt, bis 1902 war durch den über die Jahre verteilten Abriß der Häuser eine entsprechende, allmähliche Verringerung der Einnahmen veranschlagt. Für 1901/02 waren deshalb nurmehr M. 94.000 Mieteinnahme vorausberechnet worden.

44 Mitt.Prot.StVV., Nr. 295 vom 18.4.1893, S. 143. S. auch O. Schilling, Innere Stadtereweiterung, Berlin 1921, S. 120ff.

schlagt wurden. Den Hauptgrundstock bildeten die ausgestellten Schuld-Obligationen im Wert von M. 4,9 Millionen bei einem Gesamtetat von 7,7 Millionen[45]. Mit einem Vorschuß der Stadtkasse konnte dieses neue Verwaltungsinstrument der Stadtkämmerei mit einer monetären Verfügungsmasse von M. 5,73 Millionen beginnen[46].

Die Anleihen wurden über 24 Jahre ausgestellt, der städtebauliche Planungsvollzug für das Jahr 1902 angegeben. Die Vorlage war als noch unverbindlicher Bebauungsplan gedacht, Detail-Bebauungspläne sollten erst noch ausgearbeitet werden. Die genaue Trassenführung behielt der Magistrat sich vor, zumal sie abhängig war vom Erfolg der bodenpolitischen Verhandlungen mit Grund- und Hauseigentümern. Gedacht war daran, sich eine Art Vorkaufsrecht zu einem bestimmten Zeitpunkt zu sichern, der auf das Jahr des Planungsvollzuges abzielte. Bis 1902 sollten die Häuser nach wirtschaftlichen Gesichtspunkten verwertet werden, d.h. der Magistrat gebot die Weitervermietung der Wohnungen bis zum Zeitpunkt des Abrisses[47]. Aus sozialplanerischen Gründen war der Planungsvollzug in zwei Zeitabschnitten vorgesehen[48], auf genaue Zeiten legte man sich 1893 noch nicht fest[49]. Realisiert wurde dann zunächst die Verbreiterung der Schüppengasse (spätere Bethmann Straße), vollendet 1898, geplanter Termin war: 1896. Die Trierische Gasse wurde 1899 freigelegt, die Braubachstraße bis Battonnstraße und Domstraße 1905, drei Jahre später als geplant[50].

Da Einzelheiten der Planungen noch auszuarbeiten waren, hielt man es für geraten, einen Gemischten Ausschuß, bestehend aus vier Magistratsmitgliedern und vier Stadtverordneten, hierfür zu konstituieren. Die Zustimmung des Stadtparlamentes zu diesem Vorhaben wäre nicht erfolgt, wenn der Magistrat die Finanzierung nicht vom ordentlichen Haushalt abgekoppelt hätte. Besonders fortschritts- und nationalliberal ausgerichtete Meinungsmacher des Stadtparlaments hatten der Vorlage die Berechtigung abgesprochen. Dr. Neukirch vermißte die sanierungspolitische Kom-

45 S. Anlage N (Bau- und Finanzplan) des Magistrats-Vortrags vom 11.4.1893, Mag.Akt. T 1139/I.

46 S. Verwaltungsbericht für 1892/93, 1893, S. XI und Verwaltungsbericht für 1893/94, 1894, S. 103. Vgl. Mitt.Prot.StVV., Nr. 295 vom 18.4.1893, S. 142.

47 *Wir hielten es für dringend geboten, daß über die erkauften Liegenschaften, welche nach dem von den städtischen Behörden genehmigten Plane, zum Teil noch während einer längeren Reihe von Jahren stehenbleiben können, Verträge mit den Verkäufern abgeschlossen werden, wonach diese die Verwaltung, bauliche Unterhaltung und Vermietung der Häuser übernehmen und einen bestimmten Betrag jährlich an die Stadt abliefern.* So die Gemischte Kommission in Bericht vom 9.5.1893, s. Mitt.Prot.StVV., Nr. 428 vom 4.7.1893, S. 200.

48 Mitt.Prot.StVV., Nr. 295 vom 18.4.1893, S. 145.

49 Die abzureißenden Häuser des Projekts waren finanztechnisch im Haushaltsjahr 1893/94 mit M. 6,2 Millionen verangschlagt. Die Niederlegung der Häuser an der Südseite der Schüppengasse war für April 1896 vorgesehen. S. Anlage N des Magistratsvortrages v. 11.4.1893, Mag.Akt. T 1139/I.

50 Mag.Akt. T 1015.

ponente[51]. Lediglich der Architekt WELB ging auf Gestaltungsfragen des Entwurfs dezidiert ein und ließ erkennen, daß es neben dem Münzgassen-Projekt und dem vom Magistrat vorgelegten noch andere Planungsalternativen gebe, konnte sich in der Debatte aber nicht entsprechend durchsetzen; das Projekt „Braubachstraße" fand letztendlich große Zustimmung[52].

Nun war der städtebauliche Rahmenplan bekannt, den Interessenten an bodenspekulativen Aktivitäten war ein lohnendes Handlungsfeld eröffnet. Dem Stadtverordneten und Vorsitzenden des Vereins Alt-Frankfurt, J. DRILL, wurde hierbei nachgesagt, unlautere Mittel eingesetzt zu haben. An ihn erging der Vorwurf, die Liste derjenigen Liegenschaften, die in den Trassenverlauf der zu bauenden Ost-West-Achse fielen, an die *Frankfurter Nachrichten* lanciert zu haben[53]. Der Magistrat hatte zu seinem „Rahmenplan" eine Unteranlage A[54] angefertigt, auf der die Eigentümer der Liegenschaften, deren Größe, Mietertrag und geforderte Verkaufssumme aufgeführt waren. Diese *Auflistung* war am 20.4.1893 in den Frankfurter Nachrichten zum Abdruck gekommen. Die Gemischte Kommission, die gebildet worden war, weil sie die zahlreichen Verhandlungen mit den Grundeigentümern führen sollte, um möglichst über den freien Erwerb von Grundstücken zu einer angemessenen Trassenführung des Straßenzuges zu gelangen, stieß nun auf gehörigen Widerstand. Die Grundeigentümer beriefen sich in den Verhandlungen auf diejenigen, die nach der Zeitungsmitteilung am höchsten lagen und erschwerten dadurch den Abschluß der Planungsvorbereitungen. Im Bericht vom 9.5.1893 betonte die Kommission, daß ihr nur in den wenigsten Fällen die Geldforderung als adäquat erschien und schlug den Erwerb über die Enteignung vor. Die Schuld an der Misere wies sie der ungerechtfertigten Veröffentlichung der „Unteranlage A" zu. Und doch: 34 Objekte waren bereits 3 Wochen nach Bekanntwerden der Planung zu einem Wert von fast M. 4,2 Millionen vertragsmäßig vom Magistrat angekauft[55].

Zum gleichen Zeitpunkt traten Interessengruppen und Vereine auf den Plan, die, obwohl mit der Zustimmung durch die Stadtverordneten am 18.4.1893 die planungsentscheidenden Grundlagen des Magistrats kommunale Anerkennung gefunden hatten, eine Wiederaufnahme der Planungsgespräche forderten. So hatte der natio-

51 Noch drei weitere Stadtverordnete schlossen sich dieser Ansicht an., Mitt.Prot.StVV., Nr. 295 vom 18.4.1893, S. 149.

52 Die Abstimmung erbrachte ein Votum für den Magistrats-Antrag von 29 zu 14 Stimmen bei 2 Enthaltungen. Ebd.

53 Mitt.Prot.StVV., Nr. 428 vom 4.7.1893, S. 208.

54 Mag.Akt. T 1139/I Unteranlage A zu Anlage II.

55 Mitt.Prot.StVV., Nr. 428 vom 4.7.1893, S. 199–209, hier S. 200. Die Unteranlage A von Anlage II des Magistratsvortrages vom 11.4.1893 (Mag.Akt. T 1139/I) ergibt, daß Vorverhandlungen mit den betroffenen Hauseigentümern vor dem 11.4.1893 stattgefunden haben. In den meisten Fällen war tatsächlich eine Art Vorkaufsrecht vom Magistrat erreicht worden.

nalliberale Wahlverein in einer Resolution[56] die Nachteile des Magistrats-Entwurfs gegenüber dem Münzgassen-Projekt in sechs Punkten dezidiert dargelegt. Der Wahlverein, der sich in seiner Argumentation die Position des ebenfalls nationalliberal gesinnten Architekten und Stadtverordneten Welb unausgesprochen zu eigen machte, favorisierte aus ästhetisch-gestalterischen Gründen die gerade Trassenführung im Gegensatz zur geschwungenen Straßenführung des Magistratsentwurfs. Die Entscheidung für die Verbreiterung der Münzgasse war dann, ein Blick auf den Stadtplan genügt, die logische Konsequenz[57]. Die Argumentation des Magistrats, daß der Raumbedarf der städtischen Verwaltung im Bereich der Altstadt auf mehrere Gebäude verteilt seinen Entwurf begünstige, wurde vom Wahlverein bestritten. Er hielt dagegen die räumliche Einheit von Tiefbauamt, Baudeputation, Baupolizei, Stadtkämmerei u.a. städtischen Verwaltungsbeteilungen für vorteilhafter. Feuerwehrgebäude und Clesernhof müßten nicht geräumt werden wie vom Magistrat behauptet. Diesem wird vorgeworfen, sich in der Trassenführung der Münzgasse einseitig auf eine Verbreiterung der Südseite festgelegt zu haben, d.h. die Variante der nördlichen Freilegung sei gar nicht in Erwägung gezogen worden. Das Projekt Münzgasse mit Anbindung an den Römerberg belasse der Altstadt ihren historischen Charakter, die Verkehrslenkung des öffentlichen Nahverkehrs über die Weißfrauenstraße – Schüppengasse wirke *erzwungen, unschön und unpraktisch*. In der Resolution bittet man abschließend darum, die Interessen der Bürger zu berücksichtigen, kurz: um die Neuaufnahme der Planungen unter Einbezug der Bürgerbeteiligung[58].

Welb, der sich auch bei anderen städtebaulichen Projekten als politischer Einzelkämpfer verstand[59], war dieser unverhoffte Flankenschutz willkommen. Die Mitglieder des Bezirksvereins Alt-Frankfurt waren in der Frage der Trassenführung der Ost-West-Straßenverbindung in zwei Lager gespalten, so daß er sich bei den Auseinandersetzungen in der lokalen Öffentlichkeit zurückhielt[60]. Das öffentliche Auftreten des Wahlvereins bot Welb jedenfalls eine günstige Gelegenheit, um nun seine Planungsüberlegungen in Form einer *Denkschrift, die Straßendurchbrüche in der Altstadt betr.* zu veröffentlichen[61]. Der öffentliche Druck ließ es der Gemischten Kommission geraten erscheinen, Welb in einer ihrer Sitzungen anzuhören. In der Stellungnahme räumte die Kommission ein, daß Welbs Projekt billiger sei. Die Frage

56 Vom 5.5.1893. StA Ffm. StVV-Nr. 508, Bl. 52 und Mitt.Prot.StVV., Nr. 336 vom 9.5.1893, S. 169f.

57 Zur allgemeinen Bewertung aus der zeitgenössischen Sicht des wissenschaftlichen Städtebaus s. J. Rodriguez-Lores, „Gerade oder krumme Straßen?" Zu den irrationalen Ursprüngen des modernen Stadtebaus, in: Stadterweiterungen 1800–1875, hrsg. v. G. Fehl und J. Rodriguez-Lores, Hamburg 1983, S. 101–134.

58 StVV-Nr. 508, B. 52 und Mitt.Prot.StVV., Nr. 336 vom 9.5.1893, S. 170.

59 S. Zeitungsbericht: Drei Schwabenstreiche. Stadtrat Koelle, der Besiegte., StVV-Nr. 487, 82.

60 S. Festschrift zur Feier ..., 1907, S. 16f.

61 Denkschrift vom 15.6.1893, in: Mitt.Prot.StVV., Nr. 428 vom 4.7.1893, S. 203–205.

der Raumbeschaffung für die städtische Verwaltung gab man vor, erst dann beantworten zu können, wenn die Detailplanung anstände. Diese beiden Gesichtspunkte, wie auch der der Verkehrslenkung, sprachen eher für die Planung WELBS, ließen also die Entscheidung für den Magistrats-Entwurf kaum als zwingend erscheinen. So reduzierte sich der Hauptunterschied beider Projekte letztendlich auf ästhetische Gestaltungsfragen: *Hinsichtlich der ästhetischen Vorzüge des einen oder anderen Projekts bleibt die Kommission dabei, daß die geschwungene Linie der Schüppengasse dem Charakter der Altstadt durchaus entspricht, stets wechselnde Projekte bietet und nach wenigen Schritten den Blick auf den viereckigen Römertum gewährt, während der vom Frankfurter Wahlverein gerühmte Ausblick auf den Pfarrturm von der Münzgasse aus, bei der von ihm empfohlenen Verbreiterung der Nordseite dieser Straße, überhaupt gar nicht erreicht wird*[62].

ADICKES, der die Durchführung seines Projekts durch die öffentlichen Diskussionen zwar nicht als gefährdet, aber erschwert ansah, gab den Mitgliedern des Stadtparlaments zu erkennen, daß es oberstes Gebot der kommunalen Entscheidungsträger sei, die irritierte Bürgerschaft zu beruhigen[63]. Den Architekten WELB und den Wahlverein glaubte er dadurch erfolgreich in die Schranken weisen zu können, indem er den Stadtverordneten mitteilte, daß für das Schüppengassen-Braubachstraßen-Projekt die Kommission sämtliche zur Niederlegung bestimmten Häuser angekauft habe, damit sei ein *fait accompli* geschaffen[64].

Während die Verteidiger des Münzgassen-Projekts vorgaben, ihre Planung sei vom Gedanken geleitet, den historischen Charakter der Altstadt zu bewahren, glaubte auch ADICKES dieses Argument für seine Planungen beanspruchen zu können und stellte den Schutz des Römerbergs in den Vordergrund. Doch im Grunde blieb er seiner Planungsgrundlage treu: Vorrang vor allen ästhetischen Fragen kam der Verkehrsinfrastruktur zu. Die Zeil müsse dringend eine Parallelstraße erhalten, die die Altstadt in den innerstädtischen Verkehr angemessen einbeziehe. *Die neue Straße führt mitten durch das Herz der Altstadt und nicht nur von Westen nach Osten, sondern auch von Norden nach Süden und es bestehe darüber kein Zweifel, daß sich dadurch der Verkehr in der Altstadt bedeutend heben wird*[65].

Eine Planungsprämisse für die zu schaffenden *Amtsräume* war im Rahmenplan von 1893 gegeben: die städtischen Gebäude müßten im Anschluß an den Römer gebaut werden[66]. Um nicht das Münzgassen-Projekt begünstigen zu müssen, hatte der Magistrat die Sicherung des Clesernhofes zur Determinante seiner Planungsüberlegungen gemacht. WELB widersprach dieser Planung und empfahl den Bau

62 Mitt.Prot.StVV., Nr. 428 vom 4.7.1893, S. 201.
63 Ebd., S. 209.
64 Mitt.Prot.StVV., Nr. 336 vom 9.5.1893, S. 170.
65 Mitt.Prot.StVV., Nr. 295 vom 18.4.1893, S. 148.
66 So ADICKES; ebd.

eines großen *Gesamt-Verwaltungsgebäudes,* wie es in anderen Großstädten üblich sei. Er brachte das Planungsgespräch auf eine andere Ebene, indem er vom Rathaus als Repräsentationsgebäude sprach[67].

Der Magistrat ließ sich von seinen Planungsüberlegungen nicht abbringen. 1895 wurden zunächst 5 Objekte in der Römer-, Kälber- und Barfüssergasse angekauft, um Raum für ein Verwaltungsgebäude zu schaffen. Im Frühjahr entschied er sich zum Ankauf von zwei weiteren Häusern in der Römergasse, weil sich inzwischen der Raumbedarf der Verwaltung vergrößert hatte[68]. Da das Projekt im Laufe der Zeit an Umfang zunahm, wurde eine Römerbau-Kommission gebildet, die sich nun mit diesen Planungsaufgaben auseinandersetzte. 1898 sah sich ADICKES genötigt, das Planungshandeln des Magistrat in Sachen „Rathausbau" zu rechtfertigen[69]. Je länger die Planungen dauerten, desto größer das Projekt. Letztendlich war das Verwaltungsgebäude so an den Römer anzugliedern, daß *die Verbindung mit dem historisch wertvollen Kaisersaal und Kurfürstenzimmer ihresgleichen zu suchen* habe[70]. Das Frankfurter Rathaus, 1903 fertiggestellt, entsprach in seiner ästhetisch-architekonischen Ausführung her dem zeitgenössischen Repräsentationsbedürfnis des städtisch-liberalen Bürgertums[71]. Hierbei stand die Frage im Mittelpunkt, inwieweit der Römer angeschnitten werden sollte und wie der Neubau harmonisch an den Römer angliedert werden kann.

Die Finanzierung war mit M. 2,3 Millionen knapp bemessen. Die Erdgeschoßflächen blieben Geschäften vorbehalten, da die veranschlagten Mieteinnahmen von M. 55.000 im Jahr für Tilgung von Zinsen und Amortisation benötigt wurden. Ohne diese Finanzquelle wäre das Projekt nach Ansicht des Magistrats nicht zu realisieren

67 Mitt.Prot.StVV., Nr. 428 vom 4.7.1893, S. 204f.

68 Das Eingeständnis des Magistrats: *Es hat sich dabei insbesondere herausgestellt, daß die in Vorschlag gebrachte Beschränkung des Baues auf den Bauplatz zwischen der Paulsgasse, der Buchgasse und der Römergasse, nicht ausführbar ist, weil es sich immermehr als unterträglich herausgestellt hat, das Rechneiamt in seinen jetzigen, weit auseinanderliegenden und nach jeder Richtung hin unzureichenden Räumen zu belassen.* S. Mitt.Prot.StVV., Nr. 954 vom 8.12.1896, S. 619.

69 Mitt.Prot.StVV. Nr. 102 vom 8.2.1898, S. 76f.

70 So der Bericht der Deutschen Bauzeitung, XXXII Jg., Nr. 58, 1898, S. 370.

71 Der Baukomplex besteht aus drei Teilen: Bürgersaal mit entsprechenden Sitzungssälen für Magistrat und Stadtverordneten-Versammlung, Ratskeller und technischen Ämtern im Süden und Norden der Bethmannstraße. Dazu: JÜRGEN PAUL, Das Rathaus, in: Funkkolleg: Kunst, hrsg. v. WERNER BUSCH, Bd. 2, 1987, S. 392–423, hier S. 393f. und EKKEHARD MAI, JÜRGEN PAUL und STEPHAN WAETZOLDT, (Hg.), Das Rathaus im Kaiserreich, Berlin 1982. Zum Repräsentationsbedürfnis der Frankfurter in ihren öffentlichen Bauten führte der Kunsthistoriker GURLITT aus: *Die prächtigen neueren Privatbauten an den Straßenzügen Roßmarkt-Kaiserstraße, die luxuriösen Prachtbauten und Privatvillen tragen sämtlich den ausgeprägten Frankfurter Baucharakter, wenn sie auch im Stil teils der deutschen, teils der französichen Renaissance sich anlehnen. Bei den Neubauten in der Innenstadt wie auch im Stadtteil Sachenhausen sind die Formen der Gotik tonangebend geworden, da hier eben das mittelälterliche Gepräge des althistorischen Baucharakter der Stadt seinen Einfluß übt.* Zusammengefaßt von einem Redakteur der Kleinen Presse Nr. 162, vom 13.7.1901, S. 5.

gewesen[72]. Das Vorstandsmitglied des Vereins Alt-Frankfurt bedauerte die räumliche Enge, die dem zu bauenden Rathaus ein Korsett anlege[73]. Bis 1898 lagen fünf unterschiedliche Entwürfe vor; alle bedingten die Niederlegung des Clesernhofes[74].

8.3. Die Verwaltungsorganisation des Häuser-Abbruchs und: Fortsetzung des „Stadtumbaus": Das Projekt „Stiftstraße-Trierische Gasse (1895–1903)

Bereits im Haushaltsjahr 1891/92 waren in der östlichen Altstadt im Bereich der Allerheiligenstraße – Börnestraße – Battonnstraße Straßenfreilegungen vorbereitet worden. Die Stadt hatte Häuser im Wert von M. 2.577.000 gekauft; das Tiefbauamt übernahm die Finanzierung[75]. Da die Nachfrage nach Grundstücken nach erfolgter Freilegung gesichert erschien, war dieses Projekt ohne großes Risiko zügig durchgeführt worden.

Der Immobilienhändler K. Stern-Simon hatte im Februar 1890 der Stadt als *baufällig* bezeichnete Häuser in der Klingergasse und im Holzhausengäßchen zum Kauf angeboten, damit die Niederlegung erwirkt und die lange ersehnte verkehrstechnische Aufschließung der nordöstlichen Neustadt erfolgen könne[76]. Die Vermittlung zwischen Hauseigentümern und Stadtverwaltung kam daraufhin zustande. Da nicht alle Hauseigentümer ihre Geldforderungen erfüllt sahen, mußte in drei Fällen die Enteignung auf dem Rechtsweg eingeleitet werden. Im Fall Klingergasse 1[77] empfahl Stern-Simon, der Forderung des Weißbindermeisters Ph. Sachs, der M. 31.000 verlangt hatte, zu entsprechen. Bei einer Jahresmiete von M. 1.450 betrug der Mietzins also um die 5%. Diese Größenordnung wurde vom Magistrat als angemessen angesehen, so daß er im Stadtparlament die Vorlage zwecks Ankauf anstrengte. Der Magistrat hatte also vorher weitreichende Zusagen gemacht, der Abwicklung des Vorhabens fehlte nur noch die Zustimmung durch die Stadtverordneten-Versammlung, die aber verweigert wurde, so daß Regreßansprüche nun zulasten des Stadtkämmerers gingen. In genanntem Fall kam es dann zum Rechtsvergleich. Der Bezirks-

72 Mitt.Prot.StVV., Nr. 954 vom 8.12.1896, S. 619.

73 Ebd.

74 Im einzelnen s. Bericht in: Deutsche Bauzeitung, XXXII. Jg., 1898, S. 366ff.

75 S. Verwaltungsbericht 1891/92, 1892, S. 89.

76 Mag.Akt. T 1136.

77 Das Haus hatte eine Grundfläche von 68 qm. Das Parterre bestand aus einer Weißbinder-Werkstatt und zwei weiteren kleinen Zimmern. Im ersten Stock befanden sich 2 Wohnungen mit je 2 Zimmern und Küche und einem Zwerchhausstockwerk mit 4 Kammern. Der Immobilienmakler gab dem Objekt einen Schätzwert von M 21.865. Mag.Akt. T 1136,3.

ausschuß schätzte das Anwesen auf M. 25.000. Im Juli 1892 hatte der Magistrat die Enteigung von insgesamt drei Häusern beantragt; die Entscheidung erging 1892.

Das Beispiel zeigt, daß der Magistrat in seinem städtebaulichen Handlungsrahmen im Grunde genommen nur zwei Möglichkeiten hatte: Entweder ihm gelang der freie Erwerb von Grundstücken auf dem Wege von Verhandlung oder er mußte die langwierige Prozedur des Rechtsweges einschlagen, d.h. die Einleitung des Enteignungs-Verfahrens beantragen. Letzteres hatte nicht nur den Nachteil, daß Zeitverzögerungen in Kauf genommen werden mußten, sondern machte die Rechtsverbindlichkeit von Bebauungsplänen zur Grundlage des dann anstehenden Rechtsverfahrens. Stadtplanung war dem Wortsinne nach dann nicht möglich. Deshalb war ADICKES' Planungspolitik bestimmt vom *freihändigen* Erwerb von Grundstücken, damit entsprechende Planungsfreiheiten in der Trassierung gegeben waren. Doch er sah noch weitere Vorteile in diesem Vorgehen: Nämlich so auf die Bodenpreisentwicklung beruhigend wirken zu können und im Falle diskreter Behandlung von bodenpolitischen Transaktionen auch einen Beitrag zur Schonung der städtischen Finanzen geleistet zu haben. Doch dieser Art und Weise der Verwaltungsorganisation ist ein wesentlicher Nachteil immanent: die Mitglieder des Stadtparlaments, die Stadtverordneten, mußten sich in ihren Mitspracherechten beschnitten sehen und standen auch deshalb den Vorverhandlungen und Vertragsabsprachen kritisch gegenüber. Im Fall PH. SACHS, Klingergase 1, hatte der Magistrat die Nachteile seiner eigenmächtigen Handlungsweise zu verantworten. In Vorverhandlungen hatte er M. 31.000 ohne partizipatorische Einbindung der Stadtverordneten-Versammlung als Kaufpreis anerkannt; auch nach dem Rechtsspruch des Bezirksausschusses über M. 25.000 war die ausgehandelte Summe von M. 31.000 zu zahlen[78].

Der Magistrat hatte also in seinem bodenpolitischen Handeln einerseits den wirtschaftlich bestimmten Interessen der Grund- und Hauseigentümer Rechnung zu tragen, andererseits aber auch dem wachsenden Bedürfnis nach Information und Kommunikation innerhalb der städtischen Institutionen wie überhaupt der lokalen Öffentlichkeit gerecht zu werden.

Die Konstituierung der Straßen-Neubaukasse war deshalb nicht nur aus rein finanztechnischen Erwägungen heraus erfolgt. Vielmehr sollte über diese Einrichtung der Handlungsspielraum des Magistrats erweitert werden. Solange die Verantwortlichen dieser neuen (Neben)-Organisation die marktwirtschaftlichen Gesetze beachteten, war sie frei von jeglicher Legitimation gegenüber Stadtverordneten-Versammlung und lokaler Öffentlichkeit. Mit dieser Straßen-Neubaukasse war der gesamte innerstädtische „Stadtumbau“ zu organisieren. Schon 1895 gingen die Mieteinnahmen über die veranschlagten M. 158.000 hinaus, 1902 betrugen sie M. 220.300. Bei Gründung der Neubaukasse waren hingegen nur M. 25.000 veran-

78 Ebd.

schlagt worden. Bei Eröffnung betrug ihr Kapital M. 7,7 Millionen, 1910 knapp M. 20 Millionen[79]. Unter ADICKES war sie zu einem wichtigen Planungsinstrument der Stadtentwicklungspolitik geworden.

Gleichzeitig war sie ein Mittel, die unzulänglichen kommunalen Planungskompetenzen zu kompensieren, denn die Neubaukasse war zu einem Zeitpunkt gebildet worden, als ADICKES' Gesetz-Entwurf betr. *Stadterweiterung und Zonenenteignung* (1892/93) im preußischen Landtag abgelehnt wurde. ADICKES hatte gehofft, über das Instrument der „Zonenenteignung" mehr städtebauliche Planungs- und Gestaltungsfreiheiten zu bekommen. Dies verweigerte ihm das Preußische Fluchtliniengesetz von 1875, das als kommunales Zwangskorsett angesehen werden kann, weil es Enteignungen nur dann für legitim erachtete, wenn Grund und Boden in die Trassenführung eines rechtsgültig von Magistrat und Stadtverordneten-Versammlung verabschiedeten Bebauungsplanes (Fluchtlinienplan) fiel[80]. Den Flächen jenseits der Fluchtlinie galt der privatrechtliche Schutz, worauf die staatlichen Aufsichtsbehörden achteten. Über die Neubau-Kasse war nun versucht worden, die Grundstücke auf dem Wege der Verhandlung zu erwerben, um sich so größere stadtplanerische Gestaltungsfreiheit zu verschaffen. Die Stadtverordneten stimmten dagegen der Magistratsvorlage zu, weil sie jeglicher Finanzierung Wohlwollen entgegenbrachte, die nicht den normalen Haushaltsetat belastete. Die Ausdifferenzierung der Verwaltungsorganisation war damit angelegt; dies auf Kosten von Stadtparlament und Stadtverordneten. Doch ein Umstand sollte den Planungsabsichten des Magistrats besonders hinderlich sein – der Zeit-Faktor mit seinem Einfluß auf räumlichen und sozialen Wandel.

1893 wurden die für das Braubachstraßen-Projekt angekauften 31 Häuser an die bisherigen Vermieter bis zum Tage der Niederlegung verpachtet. Die Motive für diese Vorgehensweise liegen auf der Hand: Nicht der Finanzetat der Kommune sollte für Instandsetzungskosten bis zum Abriß belastet werden[81]. Doch auch der Pächter wollte für diese Kosten nicht aufkommen und suchte seinerseits den Magistrat um Erlaubnis der Mieterhöhung nach. Der Magistrat, der in der lokalen Öffentlichkeit vorgab, für möglichst konstante Mieten einzustehen, sah keine andere Wahl, als diesen Wünschen nachzugeben[82].

Das Teilen von Wohnungen kann zwar nicht ursächlich mit diesem Sachverhalt in Zusammenhang gebracht werden, aber auch nicht in Abrede gestellt werden, die-

[79] Zu den Einnahmen und Ausgaben der Straßen-Neubaukasse s. Stat. Handbuch, 1907, S. 65f. und Stat. Handbuch. 1928, S. 106. Der Beitrag aus dem Ordinarium wurde 1899 von M. 100.000 auf M. 170.000 erhöht.

[80] Zu dieser Problematik s. Ausführungen in Kapitel 5.

[81] Mitt.Prot.StVV., Nr. 180 v. 7.3.1899, S. 134.

[82] S. Ausführungen des Stadtverordneten WEDEL, edb.; vgl. Aussage von DR. QUARCK, Mitt.Prot.StVV., Nr. 971 vom 10.9.1901, S. 487.

sen Trend begünstigt zu haben[83]. Die zunehmende Verdichtung zu Beginn des Citybildungsprozesses kann als Folge verschiedener sich überlagernder Entwicklungsfaktoren angesehen werden. Einerseits hat der allgemeine Trend der zunehmenden innenstädtischen Freilegungen und Straßendurchbrüche zur Verknappung von Wohnraum beigetragen, so daß mehr Menschen auf weniger Raum sich zusammendrängen mußten. Andererseits haben strukturelle Einflußfaktoren wie Bevölkerungswachstum und Industrialisierung städtebauliches Planen zusätzlich zu einer unkalkulierbaren Größe werden lassen. Diese mehrdimensional wirksamen Einflußfaktoren haben nach marktwirtschaftlichen Gesichtspunkten zur Erhöhung der Mieten beigetragen, neue Verdichtungsschübe ausgelöst und ordnungspolitisch fragwürdige Entwicklungen heraufbeschworen. Überbelegte Wohnungen und erhöhte Krankheitsgefährdung haben unzureichende, sozialhygienisch kaum zu verantwortende Wohnverhältnisse geschaffen[84].

Die Straßendurchbrüche in Frankfurts Innenstadt hatten um die Jahrhundertwende sowohl die private Nachfrage nach Grundstücken als auch die private Bautätigkeit demotiviert, denn die Straßenneubau-Kasse dominierte altstädtischen

83 Anhand einzelner Straßen im Bereich des Braubachstraßen-Projekts läßt sich die Tendenz der zunehmenden Teilung von Wohnungen und die Entwicklung der zunehmenden Verdichtung nicht verleugnen:

		Haushaltungen	Bewohner
Borngasse	1885:	75	329
	1890:	74	345
	1895:	80	372
	1900:	81	390
Kruggasse	1885:	84	434
	1890:	86	373
	1895:	91	392
	1900:	89	408
Hint. d. Lämmchen	1885:	23	71
	1890:	21	132
	1895:	33	142
	1900:	35	138
Mörsergasse	1885:	28	133
	1885:	28	133
	1890:	32	140
	1895:	26	119
	1900:	35	138
Nürnberger Hof	1885:	42	167
	1890:	48	179
	1895:	56	207
	1900:	59	214

Daten zusammengestellt nach: Erg. Bl. 1, Frankfurt a. M., 1896, S. 4–7 und Erg. Bl. 7, S. 6–11.

84 Aus der Fülle der Berichte und Beschreibungen über unzulängliche Wohnqualität s. stellvertretend: Flugschriften des Frankfurter Mietervereins. Das Wohnungselend und seine Abhilfe in Frankfurt, 1898. Ders., Die Wohnungsverhältnisse der ärmsten Klassen in Frankfurt und ihre Reform durch kommunale Fürsorge. Denkschrift, 1899 und I. Jahresbericht des Mieter-Schutz-Vereins e.V., Frankfurt 1911.

Grund und Boden[85]. Der Geldbedarf des Magistrats für städtebauliche Projekte war immens, weil auch er die Verwaltung der städtischen Häuser an strengen marktwirtschaftlichen Prinzipien ausrichten mußte. So wurden die Häuser der Stiftstraße und der Kleinen Eschenheimer Straße erst unmittelbar vor den Straßenbau-Maßnahmen an der Nord-Süd-Achse, mit weiterem Verlauf der Trierischen Gasse bis zur Altstadt, angekauft[86]. Für den Planungsvollzug der Braubachstraße wurden nochmals zahlreiche Objekte in den Jahren 1902 und 1903 aufgekauft[87].

Der Magistrat hatte bereits 1895 über die Organisation der Neubaukasse eine neue Liste der anzukaufenden Objekte erstellt[88], diesmal nach Haushalten, Wohnungsgrößen (d.h. Zimmerzahl) und Bewohnerzahl aufgelistet, die nächste erfolgte 1899, eine weitere[89] zum Jahresende 1900. War 1893 noch von ca. 60 Häusern die Rede, die dem Ost-West- (Schüppengasse – Braubachstraße) und den Nord-Süd-Straßenzug (Stiftstraße – Trierische Gasse) weichen sollten, so wurden nun die Listen der für Abriß infrage kommenden Häuser immer länger. Nicht mehr nur diejenigen Objekte, die in trassierte Straßenräume fielen, wurden nun angekauft, sondern auch solche, die nach dem Planungsvollzug das ästhetische Erscheinungsbild gestört hätten. Je länger der Vollzug der Braubachstraße und der Trierischen Gasse auf sich warten ließ, desto umfänglicher griffen die Planungen in die räumlichen und gewachsenen sozialen Strukturen ein. Unzufriedenheit unter den Grundeigentümern machte sich breit, besonders dann, wenn wirtschaftliche Benachteiligungen vermutet und deshalb die staatlichen Aufsichtsbehörden eingeschaltet wurden. Allein 1902, als der Zeitpunkt des Planungsvollzuges gekommen war, wurden neun Enteignungs-Verfahren eingeleitet[90]. 1893 wurde für die von der Stadt angekauften und bis zum Abriß verpachteten Mietshäuser ein Mietzins von 3 1/2 bis 4% vereinbart[91]. Lagen die bisher übliche Mieten unter diesem Zins, so wurden Mieterhöhungen angestrebt[92].

Die neun Jahre dauernde Wartezeit bis zum Planungsvollzug, die 1893 wegen unzureichender Kapitalmasse in Kauf genommen wurde, veränderte die räumliche und soziale Struktur der Altstadt schleichend, so daß bald vom *Durchbruchquar-*

85 Vgl. einzelne Statistiken in: Beiträge zur Stat., 6. H., 1909, S. XXXVII und S. 49. Auch Verwaltungsberichte f. 1902, 1903, S. 327 und S. 331; Verwaltungsbericht f. 1903, 1904, S. 305f.

86 Verwaltungsbericht f. 1898/99, 1899, S. 219

87 Verwaltungsbericht f. 1902, 1903, S. 327 und S. 331 und f. 1903, 1904, S. 305f. S. auch entsprechende Jahrgänge des Anzeigeblatts der städtischen Behörden zu Frankfurt a. M.

88 Mag.Akt. T 1139/I.

89 Mag.Akt. T 1139/II.

90 Ebd.

91 Verwaltungsbericht 1893/94, 1894, S. 103.

92 Schon in den Vorverhandlungen, die vor Besprechung der Magistrats-Vorlage vom 14.4.1893 stattfanden, wurde in neun Fällen eine garantierte Mieterhöhung zugesichert; dies dürfte auch zur beschleunigten Einigung beigetragen haben. In zwei Fällen war der Mietzins höher als 5%. Hier war der Magistrat um Senkung der Mieten bemüht. S. Anlage II, Unteranlage A., Mag.Akt. T 1139/I.

tier[93] der Altstadt die Rede war[94]. Bis zum tatsächlichen Planungsvollzug 1904/05 hatten sich die Wohn- und Lebensverhältnisse dieses Stadtteils rapide verschlechtert. „Durchbruchfragen" beschäftigten über Jahre die lokale Öffentlichkeit und zeitigte nicht zu übersehende Wirkungen.

1898 legte der Magistrat den Stadtverordneten ein Planungskonzept für einen Teilabschnitt der Nord-Süd-Achse vor. Es galt, die Stiftstraße zu verbreitern, die bisher Breiten von 6–8 m aufwies. Die Vilbeler Gasse, Goethestraße und die Fahrgasse, die auf 17 m Straßenbreite verändert waren, galten nun als Maßstab. Der Stiftstraße wurde die Aufgabe zugewiesen, die Bewohner des Nordwestens in die Altstadt zu führen. Bisher waren sie verkehrstechnisch über die Schillerstraße in die westliche Neustadt gelenkt worden. Nur der unmittelbare Verkehrsanschluß der Altstadt und deren Brennpunkte wie Markthalle und Dom an die nordwestlichen Stadtteile und Vorortgebiete könne sie, die Bewohner, in die Verkehrslenkung zwischen westlicher und nördlicher Außenstadt einbeziehen[95]. Die Stiftstraße war deshalb mit Straßenbahnanschluß geplant. Grundstückskäufe im Wert von etwa M. 2 Millionen standen an; die Straßenbau-Kosten sollten M. 741.000 betragen[96].

Der wesentlichste Punkt der Vorlage allerdings war, wie diese städtebauliche Maßnahme durchzuführen sei. Inzwischen waren 5 Jahre seit Genehmigung des Projekts „Braubachstraße" vergangen, d.h. man hatte bereits Erfahrungen gemacht; mit Ausnahme des Durchbruchs „Goethestraße" waren alle negativ. Der Magistrat stellte deshalb die Organisation des Planungsvollzuges „Goethestraße" als Vorbild hin; Planung und Vollzug benötigten hier keine zwei Jahre. Die Durchführung in Zeitetappen hingegen, komme teuer zu stehen[97]. Er schlug deshalb vor, die *Freilegung: Stiftstraße* privaten Unternehmern zu übergeben. Doch die Stadtverordneten waren so schnell nicht zu überzeugen. Daraufhin erläuterte ADICKES, welche kommunalen Aufgaben einer modernen Großstadt zukämen: *In einer im Aufblühen begriffenen Stadt müsse man die einzelnen Teile derselben in engste Verbindung zu bringen suchen. Der Magistrat steht auf dem Standpunkt, daß die dafür aufzuwendenden Mittel nicht etwa Luxusausgaben sind, sie sind eine Notwendigkeit zur Hebung und Förderung des Verkehrs ... Niemand werde bestreiten können, daß in kurzer Zeit eine Verbreiterung*

93 So die Kleine Presse Nr. 207 vom 4.9.1901, S. 5.

94 Kleine Presse Nr. 253 vom 27.10.1901, S. 6. Viel Aufmerksamkeit wurde dem Durchbruch: Gutenberg- und Gallusstraße geschenkt, der nicht die Genehmigung der Stadtverordneten erhielt. Der Bau der Goethestraße, der so zügig abgewickelt werden konnte, war von der Internationalen Baugesellschaft durchgeführt worden. Das Gallus-Projekt sollte unter ähnlichen Gesichtspunkten organisiert werden. Dazu wären aber M. 2–3 Millionen von Seiten der Stadt zu finanzieren gewesen. Dies jedoch lehnten die Stadtverordneten in der Mehrzahl ab. S. hierzu die zahlreichen Auseinandersetzungen der lokalen Presse zwischen Oktober und Dezember 1901. Vgl. Mitt.Prot.StVV., Nr. 1126 vom 22.10.1901 S. 543f.; Nr. 1221 vom 3.12.1901, S. 604ff. und Nr. 1257 vom 10.12.1901, S. 628ff.

95 Magistratsvortrag vom 3.9.1898, Mag.Akt. T 1141.

96 Mitt.Prot.StVV., Nr. 945 vom 18.10.1898, S. 435 und S. 437.

97 Mitt.Prot.StVV., Nr. 799 vom 8.9.1989, S. 373.

der Stiftstraße eintreten müsse, die aber nach 10 und 15 Jahren nur noch mit großen Opfern bewerkstelligt werden kann. Der Magistrat wolle keineswegs die Nachwelt entlasten, sondern (sie) an den Aufgaben teilnehmen lassen[98].

Er verwahrte sich gegen den Vorwurf, daß städtebauliches Investieren, das er in seiner *produktiven* Wirkung auffasse, als eine Handlungsweise des *Schuldenmachens* zu verstehen sei. SONNEMANN, der schon fünf Jahre zuvor beim Projekt „Goethestraße" die ungeklärte Finanzierung einer städtebaulichen Investition monierte, forderte dagegen, zunächst das Projekt „Braubachstraße" zu Ende zu führen[99], bevor neue in die Wege geleitet würden. Letztendlich setzte sich der Magistrat durch; der Kauf von zwanzig Häusern wurde über das Extra-Ordinarium abgewickelt. Der Abriß der Häuser, die Aufgabe der Neuparzellierung und der Bau neuer Häuser auf der Westseite der Stiftstraße wurden an zwei Architekten, C. RAU und SCHÄDEL, vergeben. Beide knüpften ihre Vertragsverhandlungen an die Bedingung, daß binnen dreier Jahre auch die Freilegung der Ostseite dieser Straße zu erfolgen habe[100]. Bis zum 1.10.1899 waren die vertragsgemäß vereinbarten Häuser niedergelegt.

Um die Jahrhundertwende bestimmten verschiedene Straßendurchbrüche das Bild der Frankfurter Innenstadt. Hellhörig wurden hierbei Bewohner des mittleren und kleineren Bürgertums, wenn städtebauliche Investitionen im Westen der Stadt angesagt waren. Das 1901 vom Magistrat vorgelegte *Durchbruchs-Projekt* Große Gallusstraße gab den politischen Gegnern der Stadtentwicklung von Oberbürgermeister ADICKES Gelegenheit, um die lokale Öffentlichkeit auf ihre politische Haltung aufmerksam zu machen.

So konnte es sich auch eine Freie Vereinigung von Hausbesitzern und Mietern zugute halten, an dem Scheitern eines Straßenprojektes für die Große Gallusstraße mitgewirkt zu haben. Fand das „Braubachstraßen-Projekt" die Zustimmung der Bevölkerung, so standen Bauvorhaben, die von städtischen Finanzzuwendungen an große Baugesellschaften abhängig waren, im Ruf eines *Kapitalisten-Konsortiums*[101]. *Wir haben noch genügend nötige Durchbrüche; man soll uns nicht immer wieder mit neuen kommen. Es muß nicht alles in einem Jahrzehnt niedergerissen werden, was in Jahrhunderten aufgebaut wurde;... Gegen den geplanten Gallusstraßen-Durchbruch müsse man Front machen, weil er unnütz ist und weil eine reiche Aktiengesellschaft mit dem Gelde der Bürger subventioniert werden soll*[102].

Mitinitiator dieser *öffentlichen Bürgerversammlung* war der Stadtverordnete HETTLER, der eine führende Persönlichkeit der Mittelstandspartei war. Die antikapi-

[98] Ebd., S. 411.

[99] Mitt.Prot.StVV., Nr. 945 vom 18.10.1898, s. 438.

[100] Mitt.Prot.StVV., Nr. 195 vom 21.2.1899, S. 96f.

[101] So der Bericht des General-Anzeigers Nr. 209 vom 6.9.1901; Mag.Akt. T 1146.

[102] Ebd. Die Frankfurter Nachrichten vom 4.2.1912, also Jahre später, hieß das Planungs-Projekt willkommen, weil es dazu beitrage, daß Frankfurt seinem Ruf als Großstadt gerecht werde. Sie bedauerte, daß bislang nur wenige Straßenzüge diesem Anspruch gerecht würden (Kaiserstraße und Zeil werden genannt). S. Mag.Akt. T 1146.

talistische Ausrichtung war Grundlage ihrer kommunalpolitischen Arbeit. Kein Wunder, daß die Magistratsvorlage zum Anlaß genommen wurde, um das Potential an Honoratioren-Mentalität in den Reihen der Stadtverordneten politisch zu beleben. Es kam zu einer denkwürdigen Interessenidenität zwischen kleinbürgerlicher Reaktion und der Tradition bürgerschaftlichen Denkens – das Projekt fand deshalb nicht die mehrheitliche Zustimmung der Stadtverordneten-Versammlung.

Und dies, obwohl 1901 der altstädtische „Stadtumbau" noch auf sich warten ließ. 1893 war das Motiv der Sanierung für den Magistrat keineswegs bestimmend gewesen. Inzwischen hatten sich die räumlichen Verhältnisse der Altstadt bis zur Jahrhundertwende verschlechtert. Die Folge: Die gewachsene soziale Zusammensetzung einzelner Wohnquartiere war infrage gestellt. Die noch wirtschaftlich gesicherte Wohnbevölkerung artikulierte ihre Bedürfnislage und ergriff die Flucht nach vorne. So kam es 1902 zu einem entsprechenden Gesuch an die Stadtverordneten-Versammlung, in dem *Hausbesitzer, Mieter und Interessenten der Altstadt um recht baldige Durchführung der Braubachstraße und der verlängerten Trierischen Gasse nachsuchten*[103]. Sie forderten Rechenschaft der kommunalen Instanzen im Hinblick auf deren städtebauliches Handeln. Das Planungsziel, aus der Altstadt eine Neustadt zu machen, sei bislang nicht erreicht worden. Warum der Planungsvollzug auf sich warten lasse, wollte man wissen. Die Petenten betrieben Ursachenforschung über ihre Lage, gingen den unterschiedlichsten Gerüchten nach, fanden aber keine Erklärung stichhaltig. Das wohnungspolitische Argument ADICKES', wonach der Mangel an kleinen Wohnungen auf dem Wohnungsmarkt dem Planungsvollzug im Wege stünde, wie dieser im Stadtparlament beteuerte[104], wollten die Petenten jedenfalls nicht gelten lassen.

Der Magistrat hat sich schwer getan, die maßgeblichen Gründe für die Planungsverzögerungen zu benennen. Denn letztendlich waren es ästhetische Gesichtspunkte, die eine Einigung in Planungsfragen erschwerten und verzögerten. Dies führte dazu, daß Enteignungs-Verfahren vorwiegend nach 1900, in neun Fällen sogar erst 1902 beantragt wurden[105]. Die ersten Entwürfe von Detail-Bebauungsplänen legte der Magistrat 1900 vor, die Auseinandersetzungen zogen sich bis 1905 hin[106].

103 Gesuch vom 16.4.1902, StVV-Akten, Nr. 508, 134ff.

104 Mitt.Prot.StVV., Nr. 20 vom 9.1.1900, S. 9 und Prot.StVV., Nr. 500 vom 30.4.1901, S. 278.

105 So für Neugasse 7, Kruggasse 5, Borngasse 18, 20, 22, 26, Johanniterstraße 18, Schnurgasse 1/Fahrgasse 59 und Neue Kräme 8. S. Schreiben vom 28.2.1902, Mag.Akt. T 1139/II.

106 Bürgermeister Varrentrapp führte in der Stadtverordneten-Versammlung aus: *Es sei ein Fluchtlinienplan aufgestellt worden, gegen den indessen Bedenken erhoben worden seien. Der Architekten- und Ing.-Verein habe sich in dankenswerter Weise mit der Sache beschäftigt und die Verhandlungen hätten lange Zeit in Anspruch genommen.* S. Mitt.Prot.StVV., Nr. 472 vom 22.4.1902, S. 289. Am 14.5.1905 war im Anzeigeblatt der städtischen Behörden zu Frankfurt a. M. (Nr. 39. S. 358) zu lesen, daß der Fluchtlinienplan Nr. 562 (Braubachstraße zwischen Domstraße und Fahrgasse) in abgeänderter Form nun zur Einsichtnahme offenliege. Innerhalb einer Frist von 4 Wochen waren Einwendungen möglich.

8.4. Planungsphase 1898–1907: Ästhetische Gestaltungsfragen wichtiger als Verkehrsaufschluß?

Zur gleichen Zeit als die Planungen für die Stiftstraße vorbereitet wurden, war der Magistrat um Festlegung des Bebauungsplanes für die südliche Verlängerung der Nord-Süd-Achse, der Trierischen Gasse, bemüht. Hier wurden nun ästhetische Gesichtspunkte der Trassenführung in den Mittelpunkt der kommunalen Auseinandersetzungen gerückt. Es ging letztlich um eine unter den Vertretern des wissenschaftlichen Städtebaus zu Beginn der 1890er umstrittene Frage, ob gerade und geschwungene (krumme) Straßenführungen im Straßenbild von Vorteil seien. Der Streit unter Fachleuten wurde am Beispiel der Trierischen Gasse zum Thema der lokalen Öffentlichkeit.

Mit der Veröffentlichung von CAMILLO SITTES Monographie „Der Städtebau nach seinen künstlerischen Grundsätzen", 1889, waren die Leitbilder der 1870er und 1880er Jahre, die von den Begründern des wissenschaftlichen Städtebaus, R. BAUMEISTER und J. STÜBBEN, in starkem Maße beeinflußt worden waren, in das Blickfeld der Kritik geraten. So hatte der Architekt K. HENRICI, ein Anhänger SITTES, STÜBBENS Monographie „Städtebau", die 1890 erschien, in einer Rezension als einen Beitrag zum *modernen Städte-Bausystem* bezeichnet. HENRICI warf ihm vor, *die geraden Straßen zur Regel erhoben zu haben*[107]. Er dagegen empfahl, *krumme und unregelmäßige mittelalterliche Straßen, wegen ihrer malerischen Erscheinung in so weit nachzubilden, als es den Gesundheits- und Verkehrs-Interessen nicht zuwiderläuft*[108]. Die Polemik verleugnet, daß STÜBBEN keineswegs die gerade Straße zum absoluten Prinzip seiner „Stadtumbau"-Planungen machte[109]. Diese Hinweise sollen hier genügen, um den zeitgenössischen, fachwissenschaftlichen Rahmen für städtebauliche Planungsvorlieben abgesteckt zu haben.

Für die Trierische Gasse hatte der Magistrat zwei Planungsvorschläge in die engere Wahl gezogen: Entweder minimale Freilegung, was jedoch nicht zu bebauende Freiräume auf der Westseite zur Folge gehabt hätte oder Freilegung unter Auf-

[107] KARL HENRICI, Gedanken über das moderne Städte-Bausystem, erschienen in der Deutschen Bauzeitung, 1891, zitiert nach: Künstlerischer Städtebau um die Jahrhundertwende. Der Beitrag von KARL HENRICI, hrsg. v. GERHARD CURDES, RENATE OEHMISCHEN, Köln u.a., 1981, S. 56–58, hier S. 58.

[108] Ebd. Der Gegensatz dazu wird in folgender Äußerung deutlich, auch wenn sie sich auf die Gestaltungsfrage von Plätzen bezieht. *Die anscheinend willkürlichen, im Laufe von Jahrhunderten aus bestimmten Gründen entstandenen Unregelmäßigkeiten mittelalterlicher Plätze können wir trotz ihrer reivollen Erscheinung nicht nachahmen; denn an die Plätze, welche wir schaffen, vermögen wir nicht den malerischen Niederschlag vergangener Zeiten hinzuzaubern, sondern die von uns entworfenen Plätze werden in wenigen Jahren oder Jahrzehnten von den Wohnungen und Gebäuden moderner Menschen umrahmt sein.* J. STÜBBEN, zitiert von K. HENRICI, 1981, S. 56.

[109] Vielmehr trat er für die *Erhaltung der Eigenart alter Straßenzüge* ein. S. J. STÜBBEN, Städtebau, 1907, S. 228.

hebung des Geißgäßchens, womit eine vollständige Überbauung in geschlossener Bauweise ermöglicht worden wäre. Der Fortschrittsliberale Dr. GEIGER zeigte wenig Verständnis für den vom Magistrat vorgeschlagenen Bebauungsplan. Ganz unrecht hatte er nicht, denn die Neubebauung der Westseite der Trierischen Gasse zwischen Schnurgasse und Braubachstraße paßte nicht in den Begründungszusammenhang der Vorlage. Mit Verweis auf Nürnberger städtebauliche Verhältnisse legitimierte ADICKES den Entwurf. Die Planung entspreche dem *malerischen Charakter der Altstadt... Bei der Anlegung geradliniger Straßen... sei dies indessen nicht zu ermöglichen, auch die verschiednen Straßenbreiten trügen zur Erhöhung des malerischen Reizes eines Straßenbildes bei*[110]. Der Architekt WELB, der wie GEIGER für die gerade Straßenführung plädierte, begründete dies mit den Blickverhältnissen, die von der Hasengasse aus zum Dom gegeben wären[111]. Den Frankfurter Disput über gerade oder krumme Straßenführung hielt die *Deutsche Bauzeitung* für wert, ihren Lesern vorstellen zu müssen und ergriff Partei für die Position des Magistrats[112]. Wenn diese Fachzeitschrift im weiteren Verlauf des Berichts ADICKES nachsagt, er habe schon *seit langer Zeit gezeigt ..., wie sehr ihm künstlerische und technische Gesichtspunkte vertraut (seien) und am Herzen liegen*, dann war damit auch gemeint, daß seine Arbeit als Oberbürgermeister von Frankfurt für städtebauliche Kontinuität stand, deren Bewertungskriterien immer noch auf R. BAUMEISTER und J. STÜBBEN verwiesen[113].

Der Finanz- und Tiefbauausschuß, der den Entwurf im Detail prüfte und der Planung mit gerader Straßenführung zustimmte, machte dann in seinem Bericht an die Stadtverordneten-Versammlung den zusätzlichen Vorschlag, den Westteil der Lederhalle in der Trierischen Gasse aus Verkehrsgründen abreißen zu lassen[114], um mehr Verkehrrsfläche zu erhalten. Daraufhin erfolgte die Bitte des Gewerbe- und Verkehrs-Amtes um Aufschub, da zunächst die Frage des neuen Standortes geklärt werden müsse. Dagegen wandte sich SONNEMANN: *Wenn ein solcher Durchbruch einmal beschlossen worden ist, müsse er auch rasch durchgeführt werden, um die Geschäfts- und Verkehrsstörungen soviel als möglich zu vermindern... Der Durchbruch der Trierischen Gasse hängt mit demjenigen der Braubachstraße zusammen und kann nicht mehr rückgängig gemacht werden. Das Interesse des Marktverkehrs steht dem Interesse der*

110 Mitt.Prot.StVV Nr. 927 vom 13.10.1898, S. 426.

111 Ebd., S. 427

112 Deutsche Bauzeitung, 32. Jg., 1898, S. 556.

113 STÜBBEN selbst hat den Einfluß SITTES auf seine Arbeit keineswegs geleugnet. In Bezug auf SITTES Buch von 1889: *Es würde sonderbar sein, hätte ich Werke von solcher Bedeutung, aus denen ich sehr vieles gelernt habe, außer Acht gelassen.* Derselbe, Über einige Fragen der Städtebaukunst, erstveröffentlicht in der nämlichen Deutschen Bauzeitung, 1891, zitiert nach: G. CURDES, R. OEHMISCHEN, Hrsg., Künstlerischer Städtebau um die Jahrhundertwende, 1981, S. 59.

114 Mitt.Prot.StVV., Nr. 1079 vom 22.11.1898, S. 488.

Bewohner der Altstadt gegenüber. Man hat beim Goethestraßen-Durchbruch gesehen, daß eine rasche Ausführung für den Verkehr und das Geschäftsleben von Vorteil ist[115].

Die Ansicht, daß viele städtebauliche Investitionen im Zusammenhang stünden, die Verbreiterung der Trierischengasse eben keine rein stadtteilbezogene Frage mehr sei und deshalb die Entscheidung für oder gegen die Kern- bzw. Citybildung nicht den Bewohnern der Altstadt überlassen bleiben könne, setzte sich mehr und mehr durch. Offen allein blieb die Frage, ob die *Markthallen-Frage* in erster Linie nur für Altstadt-Bewohner von kommunikativer Bedeutung oder gar die altstädtische Marktstruktur für ganz Frankfurt von funktionaler Wichtigkeit sei.

Die Genehmigung der West-Ost-Achse von 1893 und ihre analoge Ergänzung, die Straßenverbindung in Nord-Süd-Richtung, hat jedenfalls dazu beigetragen, zwei städtebauliche Konzeptionen in ihren Vor- und Nachteilen miteinander erörternd zu vergleichen, nämlich ob die Dezentralsierung oder Zentralisierung von Versorgungseinrichtungen die zukünftigen Planungsüberlegungen von Stadtentwicklung neu bestimmen sollten.

Und doch hatte sich ein Bewußtseinswandel in der Öffentlichkeit ergeben. Urbanisierung hatte bereits die räumliche und damit auch die soziale Struktur der deutschen Städte verändert. War man seit der Gründerzeit von der Machbarkeit der Lebensverhältnisse überzeugt, gaben nun die ersten Anzeichen, die auf die Diskrepanz von Planungsziel und realem Stadtbild hinwiesen, Anlaß, über vergangenes und gegenwärtiges Planungshandeln nachzudenken. Mit C. Sittes Veröffentlichung *„Der Städtebau nach seinen künstlerischen Grundsätzen"* waren jedenfalls Vorstellungen ausgesprochen, die zwei Jahre später, wenn auch in anderem thematischen Zusammenhang, in Langbehns „Bestseller" große Popularität fanden[116]. In beiden Büchern drückt sich die Ambivalenz des bürgerlichen Bewußtseins aus, nämlich im Zuge des industriellen Fortschritts wieder tradierte Formen der Lebensgestaltung aufleben zu lassen[117], deren Verlust erst jetzt offensichtlich wurde. Zur gleichen Zeit begründeten Architekten, Städtebauer und Stadtplaner die ersten *Tage der Denkmalpflege*[118].

Während der Bezirksverein Alt-Frankfurt-Abende abhielt, wo u.a. Architekten, die an den „Stadtumbau"-Arbeiten in der Altstadt unmittelbar beteiligt waren, des-

115 Ebd., S. 489f.

116 Rembrandt als Erzieher, Leipzig 1891. In kurzer Zeitfolge wurde dieses Buch mit hohen Stückzahlen mehrfach aufgelegt.

117 Gerhard Fehl verweist auf die Einschätzung J. Poseners, der Sittes Buch als *Dokument der Verzweiflung* bezeichnete. S. ders., C. Sitte als »Volkserzieher«. – Anmerkungen zum deterministischen Denken in der Stadtbaukunst des 19. Jahrhunderts, in: Städtebau um die Jahrhundertwende, hrsg. v. G. Fehl und J. Rodrigues-Lores, 1980, S. 172–221, bes. S. 180.

118 S. die Beschlüsse von Erfurt 1903, *betr. Baufluchtlinien in alten Städten* und Mainz 1904, *betr. den baupolizeilichen Schutz aller Straßen- und Platzbilder*, bei J. Stübben, Städtebau, 1907, S. 651f.

sen naturnotwendige Umgestaltung darlegten[119], organisierte der Verein für Geschichte und Altertumskunde Veranstaltungen, wo die städtebauliche Planung als *Demolierungarbeit* beklagt wurde. Ausführlich berichteten Zeitungen wie die Kleine Presse und Frankfurter Nachrichten über die historische Bedeutung der zahlreichen Gassen und Gebäude, deren Tage nun gezählt waren[120].

1904 wurden sämtliche Häuser im Bereich Braubachstraße/Trierische Gasse niedergelegt. Die *Frankfurter Nachrichten* berichteten: *Ein Gang über das nun völlig freigelegte Gelände des Altstadt-Druchbruchs ist für jenen Freund vaterstädtischer Geschichte gerade jetzt von höchstem Interesse. Die Freilegung dieses Terrains ermöglicht uns einen Blick in die älteste Geschichte und Topographie Frankfurts, wie er uns in Zukunft nie mehr geboten sein wird ... Nur noch wenige Monate und über den Resten der ältesten Befestigung, auf Grunde des alten Mainarmes, ... werden neue Straßenzüge erstehen, welche die alte historische Anlage Süd-Nord durch die neue West-Ost-Richtung zum ersten Male einschneidend durchbrechen. Dann ist es an diesem Punkte mit topographischen Studien ein für allemal vorüber*[121].

Der Magistrat hatte 1900 einen Bebauungsplan für die Braubachstraße und die Kreuzung Trierische Gasse ausgearbeitet. Nachdem der Frankfurter Architekten- und Ingenieur-Verein Einsicht in die Plan-Entwürfe genommen hatte, schlug er im Februar 1901 vor, eine Kommission aus Architekten zu bilden, die Entwürfe für die Braubachstraßen-Bebauung ausarbeiten sollten[122]. Der Magistrat stimmte zu, die Stadträte Koelle, Behnke und Abt nahmen an den Beratungen teil. Der eigentliche Planungsprozeß begann, also 9 Jahre nach Festlegung des allgemeinen Rahmenplans und im gleichen Jahr, in dem der Planungsvollzug hätte stattfinden sollen.

119 So Richard Dielmann, (gedruckter) Vortrag über die Erschließung der Altstadt in Frankfurt am Main durch die neuen Straßenzüge der Braubachstraße und der verlängerten Trierischen Gasse, 1904. Dieser Vortrag war allen Mitgliedern als Denkschrift zugestellt worden. S. Festschrift, 1907. Dielmann ließ keinen Zweifel daran, daß zwischen Verkehrsinteresse und ästhetischen Gesichtspunkten ersterem Priorität zukomme (S. 10); Mag.Akt. T 1139/II. Vgl. auch Frankfurter Nachrichten vom 15.3.1904, S. 7; ebd.

120 Mitt.Prot.StVV., Nr. 14 vom 14.1.1905, S. 7 und Nr. 118 vom 29.4.1905; Mag.Akt. T 1139/II. Es fand 1905 eine Ausstellung im Historischen Museum statt, wo Bildmaterial der abgebrochenen Häuser ausgelegt waren. Diese Ausstellung fand so viel Zuspruch, daß die Museumsleitung weitere Veranstaltungen dieser Art ankündigt. S. auch einer der zahlreichen Berichte in der Kleinen Presse mit dem Titel: *Aus dem alten Frankfurt*, und entsprechenden Bildern im Stil Ludwig Richters, Kleine Presse, Nr. 211 vom 9.9.1906, S. 1.

121 Frankfurter Nachrichten Nr. 360 vom 28.12.1904; Mag.Akt. T 1139/II. Vgl. *Ein Gang durch die Altstadt*, in: Kleine Presse Nr. 23, vom 28.1.1906, S. 1. *Die Altstadt Frankfurts erfährt eben eine völlige Umgestaltung; neues Leben soll aus ihren Ruinen blühen. Wir wollen nicht klagen, wir müssen uns mit der vollendeten Tatsache abfinden. Alles, was wir tun können, ist; das Vergehende im Bilde festzuhalten und der Nachwelt zu überliefern*, so die Kleine Presse, Nr. 28 vom 2.2.1901, S. 7, zitiert nach Mag.Akt. T 1139/II.

122 In Schreiben an Magistrat vom 2.5.1901 führt der Vorstand des Vereins näher aus, daß beim Stadtumbau *auf den historischen Charakter der Altstadt zu achten* sei und entsprechend die künstlerischer Ausbildung der Anschlüsse von alten und neuen Straßen und ferner *schöne Durchblicke und überhaupt reizvolle Straßenbilder* zu schaffen sind. Ebd.

Das gesamte Braubachstraßen-Projekt wurde nun mit den Bebauungsplänen für den Dombereich, Römerberg und der Trierischen Gasse in Zusammenhang gebracht. Die Freilegung des Doms war schon seit den 1880er Jahren das Anliegen des Bezirksvereins Alt-Frankfurt[123]. Ästhetische Gestaltungsfragen, d.h. Sichtperspektiven, brachten auch den Pfarrturm der katholischen Kirche in Beziehung zum Dom. Denn nach dem Bebauungsplan-Entwurf des Magistrats versperrte der Kirchturm der katholischen Kirche den Blick auf den Dom, wenn man von der Hasengasse kommend, über die Trierische Gasse auf den Dom zuging. Noch mehr Raum zu schaffen für den Flaneur, war nun Planungsziel. Dies bedeutete zusätzliche Kosten von fast M. 180.000, weil die Häuser Alter Markt 6 und 8 niedergelegt werden mußten[124]. Der Magistrat folgte diesem Planungsvorschlag, weil er *mit der Platzerweiterung gegen Nordwesten ... eine nicht nur sehr vorteilhafte Übereck-Ansicht des Domes von seiner schönsten Seite, sondern auch ein reizender Abschluß des Platzes mit einem Torbogen erreicht, durch welchen vom Platze aus ein hübscher Einblick nach dem Rebstöcker Hof*[125] ermöglicht war. Auch hier lieferte der Architekt Welb entscheidende Planentwürfe. Um ein weiteres Mal veröffentlichte er seine Planungsvorstellungen in Form einer „Denkschrift“[126]. Welbs Entwürfe waren noch großzügiger und kostspieliger angelegt als die Magistratsplanungen. Die Planungsvorschläge der *Kommission*, die sich auf Welbs Entwürfe stützten[127], wurden vom Magistrat in einem wesentlichen Punkt nicht übernommen. Welb wollte den Verkehr von der Trierischen Gasse südlich des Doms mit östlicher Abbiegung, d.h. über den Weckmarkt zur Fahrgasse, gelenkt sehen[128]. Koelle dagegen war im Magistrats-Entwurf von der Verkehrsführung nördlich des Doms zur Fahrgasse ausgegangen[129].

123 Festschrift ..., 1907, S. 8 und S. 10.

124 Schaumann in seinem Vortrag beim Bezirksverein Alt-Frankfurt: *Um diese schönste und interessanteste Ansicht unseres Pfarrtums in vorzüglicher Weise zu erlangen und dem Beschauer einen angenehmen und bequemen Standort zum ruhigen Genießen des schönen Bildes zu geben, haben wir neuen Architekten und Herr Stadtrat* Koelle *uns ganz gewaltig geplagt ... Ich verspreche Ihnen von diesem hier entstehenden Platz eines der schönsten Städtebilder, die sie sehen können*, ebd. S. 11 und Mitt.Prot.StVV., Nr. 575 vom 13.5.1902, S. 318f.

125 Ebd., S. 318.

126 Der ersten „Denkschrift“ zur Domfreilegung vom Januar 1902 folgte eine zweite im Dezember 1902. S. Festschrift ..., S. 12. Welb war schon seit 1896 um entsprechende Bebauungspläne im Dombereich bemüht. S. Mitt.Prot.StVV., Nr. 385 vom 12.5.1896, S. 350f., Nr. 766 vom 13.10.1896, S. 510f., Nr. 843 vom 3.11.1896, S. 567 und Nr. 1240 vom 8.12.1903, S. 595f.

127 Die neun Architekten und Mitglieder dieser Kommission waren: Haenle, Lüthi, Luthmer, Martin, Ritter, Sander, von Hoven und Welb, nach: Dielmann-Vortrag, in: Festschrift, 1907, S. 7.

128 S. Koelle-Referat *betr. die Durchführung der Braubachstraße und der Trierischen Gasse*, vom Juli 1902, S. 10; Mag. Akt. T 1139/II.

129 Die Detail-Begründung der Ablehnung des Welb-Entwurfs s. Magistrats-Vortrag in: Mitt.Prot.StVV., Nr. 575 vom 13.5.1902, S. 318f.

Zum Trassenverlauf der Braubachstraße hatte die Kommission eine Verschiebung nach Norden vorgeschlagen, um einerseits einen geradlinigeren Straßenverlauf im Bereich der Wedelgasse / Neue Kräme zu erhalten und andererseits den Blick auf den Römerberg zu vergrößern. KOELLE räumte ein, daß diese Planungen in ästhetischer Hinsicht vorzuziehen seien, aber vertragliche Abmachungen mit Grund- und Hauseigentümern am Römerberg eine Planungsänderung nur unter großen finanziellen Belastungen ratsam erscheinen lasse[130]. Lediglich der Wunsch nach geradlinigem Verlauf der Straßenführung stieß beim Magistrat auf Kritik. Dies galt auch für die Trassierung der Trierischen Gasse; der Magistrat setzte sich durch und blieb beim geschwungenen Straßenverlauf. Längst hatte sich eine Konkurrenz zwischen WELB und KOELLE in fachlicher Hinsicht entwickelt, was der lokalen Presse genügend Anlaß gab, auf vorgebliche Planungsschwächen des Stadtbaurats hinzuweisen[131]. 1905 hatte man sich über Trassenverlauf von Braubachstraße, Trierische Gasse und Domstraße geeinigt; nun mußte die Frage der Bebauung geklärt werden.

Die ersten vorbereitenden Maßnahmen waren bereits 1903 getroffen worden. Da die städtischen Gremien als auch der Architekten- und Ingenieur-Verein eine der Altstadt gemäße Bebauung anstrebte, war zumindest dem Magistrat die städtische Bauherrenschaft logische Konsequenz; denn mit dem Verkauf der Bauparzellen entlang der Braubachstraße hätte sie jeglichen Einfluß in Gestaltungsfragen der Bebauung verloren. Deshalb hatte man sich 1903, also ein Jahr vor Beginn der ersten Niederlegungen von Häusern in diesem Bereich, auf einen Wettbewerb geeinigt, ohne allerdings das Bauareal in einzelne Grundstücke eingeteilt zu haben. Doch war die Entscheidung, ob die Bebauung von der Kommune oder an ein Bauunternehmen zu vergeben sei, mit der Ausschreibung noch nicht gefallen. Etwas umständlich hatte der Magistrat seine Planungsbedingungen zusammengestellt: *Auf sämtlichen Grundstücken sollen ... Geschäftshäuser errichtet werden, welche im Erdgeschoß Läden mit Zubehörungen und darüber höchstens drei Geschosse erhalten sollen. Die Erdgeschosse aller Grundstücke sind so zu entwerfen, daß die Räume später tunlichst zu größeren Geschäftsräumen vereinigt werden können. Die Obergeschosse sind tunlichst so einzurichten, daß sie sowohl als Geschäftslokale benutzt, als auch in Wohnungen eingeteilt werden können. Die Dachgeschosse können sowohl selbständige Wohnungen, als auch einzelne Wohnräume enthalten, welche zu den Wohnungen der Obergeschosse gehören. Sämtliche Wohnungen, abgesehen von denjenigen der Dachgeschosse, sollen mindestens 4 Zimmer mit Küche und Zubehör enthalten; ausnahmsweise können da, wo die Größe*

130 KOELLE-Referat vom Juli 1902; Mag.Akt. T 1139/II.

131 S. Zeitungsmeldungen in: StVV-Akten, Nr. 487, 82–719.

und Gestalt des Baupatzes für 4-Zimmerwohnungen nicht ausreicht, kleinere Wohnungen zugelassen werden[132].

Während die ersten Häuser 1904 niedergelegt wurden und die lokale Öffentlichkeit sich über den weiteren Verlauf des Stadtumbaus nicht genügend informiert empfand, stellte der Bezirksverein Alt-Frankfurt über seinen Interessenvertreter, dem Stadtverordneten Rupp, den Antrag an die Stadtverordneten-Versammlung, sie möge über ihr Votum den Magistrat veranlassen, die Bebauung der Braubachstraße und Domstraße wenigstens zu Teilen auf städtische Kosten zu übernehmen[133]. In der Besprechung seines eigenen Antrags gab Rupp zu bedenken, daß die Projektierung der Braubachstraße mit einer Straßenbreite von 18 m kaum seiner Funktion als Entlastungstraße der Zeil gerecht werde. Der Anschluß an den öffentlichen Nahverkehr könne den Prozeß der zu beobachtenden Verödung und Entleerung der Altstadt nicht aufhalten, nur die sofortige Bebauung könne hier Abhilfe schaffen; das Projekt „Goethestraße" habe dies bewiesen[134].

Der Magistrat kam in Bedrängnis, denn seine Mittel der Finanzierung waren begrenzt. Er konnte zwar einzelne Bauparzellen in Eigenregie übernehmen, nicht aber die Bebauung des gesamten Bereichs Braubachstraße. Er war auf eine Kompromißlösung angewiesen, d.h. Teile übernahm er, andere, günstige Bauparzellen wurden privaten Investoren angeboten. Damit der Altstadtcharakter der Bebauung gesichert war, wurde eine Polizeiverordnung für den Bereich Braubachstraße und Domststraße erlassen[135].

Die lokale Öffentlichkeit Frankfurts und damit auch in sehr starkem Maße die Zeitungen, richteten 1906 im besonderen ihre Aufmerksamkeit auf die altstädtische

[132] Zitiert nach: *Ausschreiben zur Erlangung von Bauplänen für städtische Grundstücke an der Braubachstraße und Domstraße,* 1903. Vgl. mit den veröffentlichten *Bedingungen für den Wettbewerb zur Erlangung von Vorentwürfen f. Neubauten auf städtischem Gelände in der Altstadt zu Frankfurt a. Main;* Mag.Akt. T 1139/II.
In einem Leserbrief nahm *ein Maler* zu dieser Ausschreibung wie folgt Stellung: *Es ist doch wohl kaum anzunehmen, daß in Frankfurt immer noch kein Architekt lebt, der etwas Eigenes zu sagen hat. Jedenfalls waren bei dem städtischen „Ausschreiben" für neue Altstadtbauten jedem von vornherein die Hände gebunden durch das Gebot des Magistrats, der mittelalterliche Bauweise verlangte... Sieht man nun diesen Fehlgriff an maßgebender Stelle wirklich nicht ein? Sitzt niemand auf dem Rathaus, der die Sache der Baukünstler verteidigen möchte ...?* So die Kleine Presse vom 6.8.1905; zit. nach: ebd.

[133] Festschrift ..., 1907, S. 28.

[134] Mitt.Prot.StVV., Nr. 894 vom 11.10.1904, S. 491f., hier S. 492.

[135] Erlaß vom 10.3.1905. Sie enthielt folgende wichtige, baubeschränkende Vorgaben: Zulässige Gebäudehöhe: höchstens 16,5 m und höchstens 3 Obergeschossen. Mag.Akt. T 1139/II. Da die Bauordnung Frankfurts, d.h. die Staffelbauordnung als auch die Bauordnung für die Innenstadt, die Gebäudehöhe von der Straßenbreite abhängig machte, wären bei einer Straßenbreite von 18 m der Braubachstraße eine Bebauung von 20 m Höhe möglich gewesen.

Bauentwicklung[136]. Öffentliche Versammlungen wurden vom Bezirksverein Alt-Frankfurt organisiert, kompetente Fachvertreter des Magistrats eingeladen[137], wobei mit Kritik an der Magistratspolitik nicht zurückgehalten wurde. So fand der nördliche Zugang zum Römerberg an der Neuen Kräme keineswegs die einhellige Zustimmung der Altstadtbewohner[138]. Der Architekten- und Ingenieur-Verein hatte bereits 1901 dem Magistrat Unterstützung zugesagt, Planentwürfe auszuarbeiten, damit der *drohenden Verunstaltung* der neuen altstädtischen Straßenzüge Einhalt geboten werden könne. Er schlug deshalb vor, die Trasse der Braubachstraße nach Norden zu verschieben, um die historischen Bauten des Römerbergs 32, 34 und 36 nicht zu gefährden und den Zugang zum Platz des Römerbergs von der Braubachstraße kommend, im Blickfeld zu haben. Der Zugang zum Römerberg war Anfang der 189oer Jahre vom Magistrat auf 20,50 m projiziert[139]. Diese Planungsüberlegung bedeutete den Abriß von Häusern auf der Nordseite des Römerberges und entsprechend zur neuen Trassenführung und Platzgestaltung eine Neubebauung. Einzelne Häuser fielen dann auch der Spitzhacke zum Opfer, bevor ein rechtsgültiger Bebauungsplan aufgestellt war. Denn waren die Häuser auf dem Verhandlungswege in städtisches Eigentum übergegangen, konnte der Magistrat seine Planungsziele verwirklichen. 1901 hatte er versucht, den Ankauf des Helbergerschen Anwesens, Römerberg 32–36, über den normalen Haushalt zu finanzieren. Als die Stadtverordneten-Versammlung ihre Zustimmung verweigerte[140], wurde es über die Stra-

136 So schrieb die Frankfurter Zeitung am 18.5.1906 (Nr. 136, 1. Morgenblatt): ... *Stattliche Neubauten sind im Rohbau erstanden, andere befinden sich noch im Bau und wo vor einigen Monaten noch ein ödes Schutt- und Trümmerfeld lag, da regen sich heute hunderte von werktätigen Händen. Aus den dunklen, tristen Winkeln baufälliger Häuserfluchten sind breite Straßen entstanden, durch die schon der Schienenweg der elektrischen Straßenbahn gelegt ist. Am Beginn der neuen Braubachstraße erhebt sich der Neubau der Kopfapotheke. Er wird ein stattliches Eckhaus im Stil des 18. Jahrhunderts mit einfacher, aber gefälliger Fassadengliederung. Die alte, gegenüberbefindliche Kopfapotheke wird der Verbreiterung der Wedelgasse zum Opfer fallen. Erst wenn der hier noch vorhandene Engpaß verschwunden ist, wird sich das neue Rathaus jener Freiheit rühmen können, die ihm heute noch durch die enggebaute Umgebung vorenthalten ist ...* Vgl. Kleine Presse Nr. 105 vom 6.5.1906, S. 1: *Wendet man den Blick gegen Osten, die neue Braubachstraße entlang, so ist es nicht schwer, sich nach den bereits im Entstehen begriffenen Neubauten ein Bild der neuen Altstadt zu machen. Historische Tradition und moderne Bedürfnisse gelten als Grundregeln. Einfache Bauformen und wirkungsvolle Umrißlinien sind maßgebens; an einzelnen Stellen gewahrt man ein Abweichen von der Fluchtlinie, das im Hinblick auf die Erzielung einer architektonischen Wirkung gestattet ist. Die Braubachstraße wird als Geschäftsstraße reichlich mit Läden bedacht. Nur drei Obergeschosse enthalten die Häuser und auf dem Grundstück am Rebstock, der schon jetzt originell genug wirkt, soll auch der Bürgersteig mit Laubengängen überbaut werden. Diese Baumethode ist in Südtirol (Bozen), Italien (Bologna), aber auch in einzelnen Städten des nordöstlichen Deutschland sehr häufig und besitzt viele Vorteile.*

137 S. Kleine Presse vom 30.9.1906, Nr. 229, S. 1 und vom 17.11.1906, Nr. 270, S. 3.

138 Ebd.

139 Nach Aussage von Welb, s. Der Wiederaufbau des Römerbergs, Denkschrift, 1908, S. 2.

140 Mitt.Prot.StVV., Nr. 759 vom 25.6.1901, S. 380f.

ßen-Neubaukasse angekauft[141]. Der Magistrat, von der politischen Durchsetzbarkeit seiner Planungen überzeugt (Öffnung des Platzes mit 17 m Breite), ließ daraufhin das im Barockstil gebaute Haus abreißen. Dies rief den Frankfurter Architekten- und Ingenieur-Verein auf den Plan. Der hatte auf die mittelalterlich-frühneuzeitliche Gestaltung des Römerbergs großen Wert gelegt, so daß sich beide Planungsvorstellungen diametral entgegenstanden. Über die Jahre waren unterschiedliche Straßenbreiten von 17 m, 15 m und 13,5 m für den nördlichen Zugang des Römerbergs im Gespräch. Der Planungsvollzug ließ Jahre auf sich warten; nicht nur allein wegen der zahlreichen Einwendungen[142] gegen den Fluchtlinienplan Nr. 560. Die Kläger waren Geschäftsleute des Römerbergs, die bei geplanten 15 m Platzöffnung wirtschaftliche Nachteile glaubten auf sich zukommen zu sehen. Sie wandten sich, nach Aussage des Tiefbauamtes *ausschließlich gegen das Vorschieben der Baulinie für die Eckliegenschaft Braubachstraße – Römerberg, indem sie hauptsächlich befürcht(et)en, daß hierdurch der Zugang zum Römerberg für den Durchgangsverkehr zu eng werden würde und daß dadurch die benachbarten Liegenschaften an Wert einbüßen möchten*[143]. Sie traten deshalb dafür ein, den Zugang zum Römerberg möglichst offen und großzügig zu gestalten.

Die Einwendungen gegen die Verengung des Römerberg-Zugangs stimmten mit der ursprünglichen Planungsabsicht des Magistrats überein. Publizität erzielten sie aber in der Öffentlichkeit deshalb nicht, weil sie unorganisiert auftraten. Die Gegenposition nahmen hingegen zwei ernstzunehmende Interessengruppen ein: Der Bezirksverein Alt-Frankfurt[144] und Frankfurts Architekten- und Ingenieur-Verein[145]. Beide konnten sich auf Vorschläge des Bundes Deutscher Architekten berufen. Dieser hatte folgende Stellungnahme zur Gestaltung des Römerbergs abgegeben: *Den Römerberg, der nun einmal einzigartig in seiner kulturgeschichtlichen Beschaffenheit dasteht, der, was wichtiger ist, die moderne Entwicklung der Stadt nicht hemmt, diesen Platz soll man genau so konservieren, soweit es möglich ist wieder aufbauen, wie er war. Die Häuser sollen nicht etwa modernen Bedürfnissen und neuzeitlichem Charakter entsprechen, sondern man soll ganz bewußt und möglichst getreu das alte Bild wieder erstehen lassen, eben bloß um der historischen Überlieferung willen und ohne großen Zweck*[146].

141 S. Schreiben Stadtkämmerei an Magistrat vom 29.5.1901, Mag.Akt. T 1139/II.

142 S. Mag.Akt. T 1139/III.

143 Tiefbauamt an Magistrat vom 26.7.1907 betr. die Einwendungen; ebd.

144 Der Vorsitzende und Stadtverordnete Rupp stellte sich hinter die Planungen des Architekten- und Ing.-Vereins. Er hatte betont: *daß die Öffnung des Römerbergs nach der Neuen Kräme hin zu groß sei und daher die Wirkung des Römerbergs als Platz zerstöre*, ebd.

145 Mitt.Prot.StVV., Nr. 759 vom 25.6.1901, S. 380f. und Denkschrift Welb, Der Wiederaufbau des Römerbergs, 1908, Mag.Akt. T 1139/III.

146 Zitiert nach Denkschrift Welb, 1908, S. 1. Vgl. Kleine Presse Nr. 114 vom 17.5.1906, S. 4.

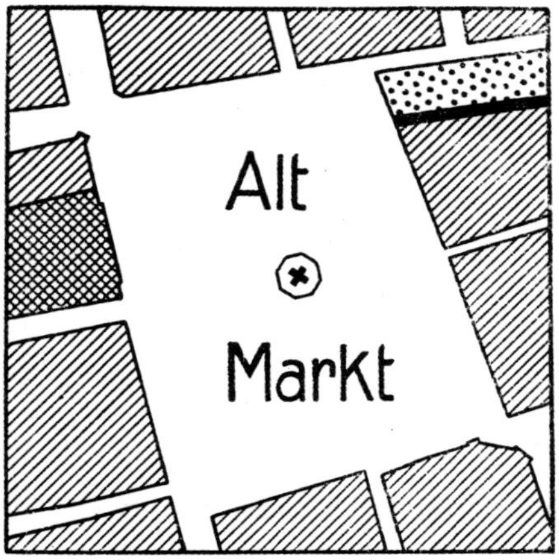

Fig. 123. Dresden.
Altmarkt und König-Johann-Straße.

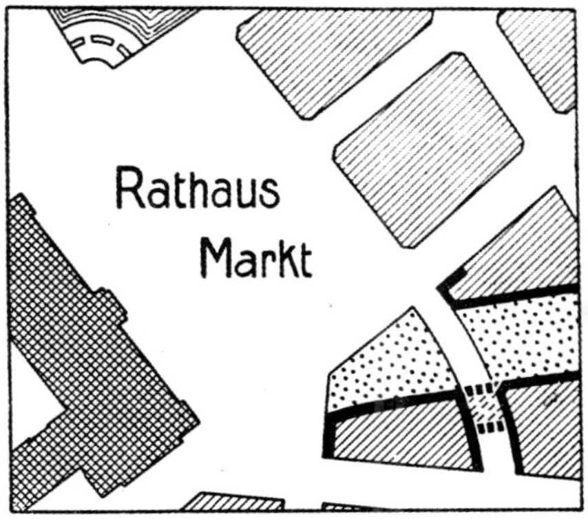

Fig. 124. Hamburg.
Rathausmarkt und Mönckebergstraße.

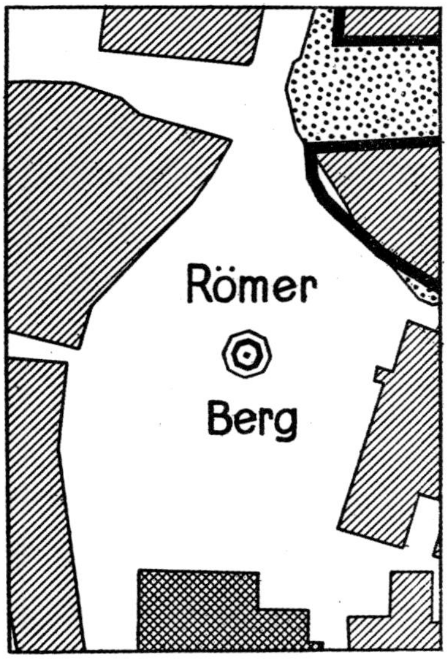

Fig. 125. Frankfurt a. M.
Römerberg und Braubachstraße.

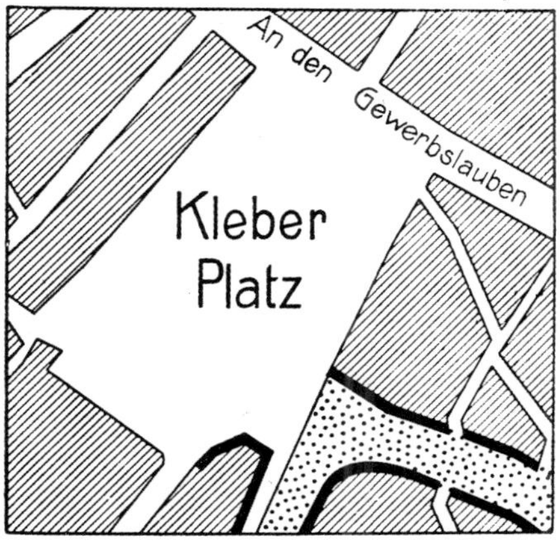

Fig. 126. Straßburg.
Kleber-Platz und Neues Boulevard.

Die Beispiele Fig. 123—126 zeigen, wie es möglich ist, bei Durchbrüchen die Geschlossenheit alter Platzanlagen zu erhalten, und zwar:

a) durch günstige Lage der einmündenden Straßen (Fig. 123);
b) Überbauung von Öffnungen (Fig. 124);
c) Umgehung der Plätze (Fig. 125 und 126).

Abb. 47 Von Straßen-Durchbrüchen tangierte Plätze in Dresden, Hamburg und Straßburg im Vergleich mit dem Römerberg in Frankfurt a. M., O. Schilling, Innere Stadterweiterung, 1921, S. 307

Der Magistrat befand sich zwischen zwei Fronten: auf der einen Seite standen diejenigen, die aus ihrer wirtschaftlichen Interessenlage kein Hehl machten, die Verkehrslenkung über den Römerberg wünschten und für die größtmögliche Öffnung des Römerbergs zur Braubachstraße hin plädierten, während auf der anderen Seite die eigentliche lokale Öffentlichkeit stand, die die historische Bebauung und die Variante des verengten Zugangs zum Römerberg guthieß.

Der Magistrat sah sich veranlaßt, von seinen ursprünglichen Planungsüberlegungen Abstand zu nehmen, weil, wie WELB meinte, *(d)ie Anlieger des Römerbergs protestierten, die Architekten protestierten (und weil) die Kunstschriftsteller protestierten gegen die Verunstaltung des Römerbergs*[147]. In seiner Legitimation gegenüber der staatlichen Aufsichtsbehörde, dem Bezirksausschuß, sind die Bedenken am eigenen Kurswechsel kaum zu überhören: *Es hat sich nun nach der Niederlegung der Häuser an der Nordseite des Römerbergs und durch die zu einem Wettbewerb für die Neubebauung eingereichten Entwürfe herausgestellt, daß die bei Gelegenheit des Durchbruchs der Braubachstraße festgesetzten Fluchtlinien nicht ausreichen, um den künstlerischen Charakter des Römerbergs zu erhalten, daß vielmehr die Beibehaltung der seitherigen Baulinien in Verbindung mit der Öffnung der Braubachstraße einer Verunstaltung dieses ehrwürdigen Platzes der Stadt gleichkommen würde*[148].

Der Magistrat konnte seine Position nicht länger halten, der öffentliche Druck war zu groß. Der ADICKES-Administration war die ästhetische Dimension des Städtebaus abgerungen worden. Dem *Schutz des Stadtbildes vor Verunstaltung durch häßliche, mit der Umgebung nicht harmonisierende Bauten* galt nun vorrangig seine Aufmerksamkeit[149].

8.5. Abkehr vom Planungsziel „Citybildung": Vom „Stadtumbau" zur „Stadterneuerung"

Mit der Polizeiverordnung vom 10.3.1905 war die Bebauung des Braubachstraßen-Gevierts festgelegt. Nicht die in der Innenstadt übliche 5-stöckige Bebauung (Gebäudehöhe ca. 20 m) war zugelassen, sondern mit einer verordneten Gebäudehöhe von 16,5 m ergab sich die Verringerung auf den 4-stöckigen Bautyp. Hinzu kamen die Auflagen in der historischen Fassadengestaltung, die die Baukosten zusätzlich

147 Denkschrift WELB, 1908, S. 2

148 Schreiben des Magistrats an Bezirksausschuß vom Februar 1907, S. 3, Mag.Akt. T 1139/III. 1901 hatte er sich um den Kauf von Römerberg 32–36 bemüht. Die StVV folgte nicht seinem Antrag. S. Mitt.Prot.StVV., Nr. 759 vom 25.6.1901, S. 380f.

149 S. Vortrag des Magistrats betr. Erlaß eines Ortsstatuts aufgrund des Gesetzes gegen die Verunstaltung von Ortschaften und landschaftlich hervorragenden Gegenden vom 15.7.1907. Mag.Akt. T 721, 44.

erhöhten, so daß die hohen Grundrentenerwartungen in keinem angemessenen Verhältnis zum tatsächlich erreichten Mietzins standen[150].

Die wirtschaftlichen Aktivitäten des Braubachstraßen-Sektors wie gewerbliche Produktion und Handel wurden durch die Häuserabbrüche von 1904/05 und die damit einhergehende Abwanderung der Bewohner stark eingeschränkt, auch wenn von den 327 vertriebenen Familien nur 59 die Altstadt als Wohnquartier verließen, um in anderen Stadtteilen oder den Vororten Frankfurts eine neue Bleibe zu finden[151].

Der Großteil des Verkehrs lief weiterhin an der Altstadt vorbei. So kam die Straßenbahn-Verbindung durch die Stiftstraße – Trierische Gasse – Domplatz, d.h. der eigentliche Verkehrsaufschluß über die Nord-Süd-Achse, nicht zustande, weil sich mit den Jahren die Verkehrsansprüche wandelten[152]. Nicht nur die Geschäftsleute der östlichen Parallelstraße mit direkter Anbindung an Sachenhausen über die Alte Brücke, die Fahrgasse, warteten seit dem Bau der Braubachstraße auf zusätzliche Kommunikationsmöglichkeiten. Der Umbau der Alten Brücke wurde deshalb 1909 beschlossen[153]. Den Geschäftsleuten der Fahrgasse verlief der Planungsvollzug zu langsam, sie hatten längst die ersten Anzeichen der kommunikativen „Verödung“ und „Entleerung“ zu spüren bekommen. Dem entgegenzuarbeiten, richteten sie eine Petition an den Magistrat[154].

Heute wissen wir, daß die tendenzielle Entwertung von altstädtischen Wohn- und Arbeitsquartieren durchaus dem Prozeß der Citybildung immanent ist[155]. Mit Blick auf den Entwicklungsverlauf der Frankfurter Verhältnisse der Wilhelminischen Epoche kann gesagt werden, daß der angestrebte „Stadtumbau“ der Altstadt

150 Nach Aussage von Rupp sollen Grundstücke zum qm/Preis von M. 450,– verkauft worden sein, die eigentlich zu einem qm/Preis von M. 1.000 hätten verkauft werden müssen. Bericht über die Verhandlungen d. StVV, Nr. 18 vom 19.1.1909, S. 95.

151 D.h. 205 Familien fanden in einem anderen altstädtischen Wohnquartier eine Wohngelegenheit. So die statistischen Erhebungen in: Ergänzungsblätter zu den Beiträgen zur Statistik Nr. 8, Fankfurt a. M. 1906, S. 24.

152 Die Straßenlinie der Ost-West-Achse (Hauptbahnhof über Kronprinzenstraße (Münchener Straße) – Paulsplatz – Braubachstraße – Battonnstraße – Hanauer Landstraße bis zum (alten) Ostbahnhof an der Kl. Pfingstweidstraße (Zobelstraße) wurde im Dezember 1906 eröffnet.
Zum unzureichenden Verkehrsaufschluß 1906 s. Schreiben des Architekten K. F. Rau, der mit Schädel zusammen die Straßenbau-Maßnahmen und die Bebauung der Stiftstraße 1898 übernommen hatte. Mag.Akt. T 1143/II.

153 S. Bericht über die Verhandlungen d. StVV, Nr. 1113 vom 22.12.1908, S. 1181f.; Nr. 641 vom 20.7.1909, S. 940f. und Nr. 805 vom 28.9.1909, S. 1065f. Zu Details der Planung s. V. Rödel, Ingenieurbaukunst in Frankfurt a.M. 1806–1914, Frankfurt a. M. 1983, S. 170ff.

154 Das Schreiben vom 31.8.1909 ist von 81 Kleingewerbetreibenden, Geschäftsinhabern und Hauseigentümern unterzeichnet, Mag.Akt. T 1200/II, 105ff.

155 Jane Jacobs, Tod und Leben großer amerikanischer Städte, Berlin 1963. Vgl. Artikel „Citybildung“ von Martin Mächler aus dem Jahre 1930, abgedruckt bei: H. J. Teuteberg und C. Wischermann, Wohnalltag ..., Münster 1985, S. 62f.

mißlang, weil zum einen zwischen Planung und deren Durchführung ein zu großer Zeitraum veranschlagt wurde, zum zweiten zu viele gleichzeitig verlaufende Baumaßnahmen den kommunikativen Zusammenhang der Altstadt störten und zum dritten der Planungsanspruch der Citybildung, anfangs der 1890er Jahre noch zielsicher vom Magistrat angstrebt, im Laufe der Zeit halbherzig verfolgt wurde, um ihn dann letztendlich in einer Maßnahme der „Stadterneuerung" ganz zurückzunehmen[156].

Mit den verabschiedeten Bau-Bestimmungen im Zuge des Braubachstraßen-Projekts war die Nachfrage privater Investoren nach Bauplätzen zurückgegangen. Angeboten wurden zunächst Grundstücke zu durchschnittlich M. 500 je qm. Als die Nachfrage auch nach 2–3 Jahren nicht anstieg, erwies sich dieser Wert als zu hoch angesetzt, der Magistrat bzw. die Stadtkämmerei reduzierte daraufhin die Grundstückspreise.

Der Spielwarenhändler F. SCHAUSS hatte sich mit Eröffnung der Braubachstraße das Anwesen Nr. 34 über Hypotheken-Finanzierung gekauft. 1913 gab er dem Magistrat gegenüber zu erkennen, daß er *nicht in der Lage sei, das Haus länger zu halten*[157]. In dem Bericht an den Magistrat sah sich die Stadtkämmerei genötigt, einzugestehen, daß der „Stadtumbau" der Altstadt gescheitert sei[158]. Auch der Eigentümer der Drogerie Nürnberger Hof 10, G. A. COLLISCHONN, trug seine Bedenken gegen die Magistratspolitik vor. Nachdem die ersten Pacht- und Geschäftsverträge ausliefen, könne der erneute Auszug von Geschäftsleuten aus der Altstadt beobachtet werden[159]. Die Stadt selbst hatte in den von ihr neu gebauten Häusern die Mieten senken müssen, um ein Leerstehen verhindern zu können[160]. Vier Jahre nach dem flächensanierenden Abriß der Häuser entlang der Braubachstraße, 1909, war die Stadt immer noch unfreiwilliger Eigentümer von bebauungsfähigen Grundstücken im Wert von ca. M. 1 Million[161].

Sowohl Interessenverbände als auch Magistrat und Stadtverordneten-Versammlung berieten sich, wie die wirtschaftliche und die städtebauliche Entwicklung der

[156] Maßnahmen des Stadtumbaus verändern soziale und räumliche Strukturen, nicht aber die der Stadterneuerung.

[157] Schreiben Stadtkämmerei an Magistrat vom 13.10.1913, Mag.Akt. T 1139/III, 98ff. und Schreiben vom 6.3.1911 betr. Reduzierung der Hypothekenzinsen, Mag.Akt. T 1139/III, 83ff.

[158] Ebd.

[159] Schreiben vom 26.1.1912, in: Mag.Akt. T 1139/III, 85f. Der Architekt und Stadtverordnete H. OSWALT zur wirtschaftlichen Lage der Altstadt: ... *Könnte man einen Fremden, ohne die übrige Stadt vorher zu berühren, mitten in die Altstadt von Frankfurt versetzen, er würde niemals den Eindruck empfangen, im Zentrum eines lebendig aufblühenden Gemeinwesens zu stehen,* Sonderdruck aus Nr. 24 der Mainbrücke, (1911/12), Mag.Akt. T 838.

[160] Bericht über die Verhandlungen d. StVV, Nr. 18 vom 19.1.1909, S. 91.

[161] Ebd., S. 95.

Altstadt zu fördern sei. Der Frankfurter Mieterverein gab sich zurückhaltend, schlug aber vor, eine Planungspolitik anzustreben, die der alteingesessenen Wohnbevölkerung zugute kommen solle[162], also die kleinbürgerliche Wohnform. Eine nicht unwesentliche Rolle bei der planerischen Rücknahme der Citybildung kam dem Bezirksverein Alt-Frankfurt zu. Über sein Stadtverordneten-Mitglied, BIRKENSTOCK, fragte er an, *ob es nicht ratsam sei, die noch unbebauten Plätze auf der Nordseite der Braubachstraße auf Kosten der Stadt mit Häusern bebauen zu lassen*[163]. Die Gegner der Magistratspolitik, die dessen Fehlplanungen schon vorausgesehen haben wollten, fanden entsprechende Erklärungen: *Die Stadt hat selbst gebaut, aber Wohnungen und Läden stehen leer, sie sind nicht zu vermieten, weil den Altstadtverhältnissen nicht Rechnung getragen worden ist. Namentlich die Wohnungen sind viel zu groß und es fragt sich, ob nicht davon abgegangen werden soll*[164].

1909 war es soweit; Planungsprämisse war nicht mehr die Verkehrsförderung, sondern der Entleerung der Altstadt Einhalt zu gebieten durch entsprechende wohnungsbaupolitische Maßnahmen[165]. Dieser Planungsgesichtspunkt fand Anwendung bei der Bebauung Hinter dem Lämmchen. Zwei Neubauten waren mit drei Altbauten zu einem Ensemble von elf Geschäften *(Läden)* und einigen Wohnungen in verschiedenen Größen zu einem Bauprojekt zusammengebunden worden[166]. Nicht mehr finanzkräftige Geschäftsleute und Wohnungssuchende bildeten länger die hauptsächliche Adressatengruppe für die Neubauten im Braubachstraßen-Geviert, sondern kleinere Handelskaufleute für 2-3-Zimmer-Wohnungen. Nicht allen Stadtverordneten war die Umwidmung der Planung einsichtig. Die neuen Pläne wurden als Widerspruch zur ursprünglichen Konzeption gesehen, die in Zukunft zu erwartende Citybildung sei dadurch in Frage gestellt[167].

Die neuen Planungsziele gaben dem Magistrat nun auch hinreichend Gelegenheit, aus der verkehrstechnischen Notlage der Innenstadt eine Tugend zu machen. Die Straßenbaumaßnahmen in der Trierischen Gasse hatten schon Ende des 19. Jahr-

162 S. Petition des Mietervereins in: Verwaltungsbericht 1898/99, S. XIIf.

163 Mitt.Prot.StVV., Nr. 439 vom 30.4.1907, S. 255.

164 So der Mittelständler BRACHT, ebd., S. 256.

165 Erwähnungswert hierbei war, daß die mittelständische Vereinigung nun die Argumentationslinie der ursprünglichen Magistratsplanung übernahm, also die neuen Planungen aus verkehrspolitischer Sicht kritisieren. Vgl. die Stellungnahmen der Stadtverordneten BRACHT und WERNER in: Bericht über die Verhandlungen d. StVV, Nr. 18 vom 19.1.1909, S. 90ff. und Volk und Stolze in: Nr. 127 vom 16.2.1909, S. 245.

166 S. Bericht der Mehrheit des Hochbau-Ausschusses zum Bebauungsplan Nr. 2620, 1909, Mag.Akt. T 1139/III, 67ff. Vgl. Zeitungsberichte: U.a. Frankfurter Nachrichten vom 13.2.1909, Mag.Akt. T 1139/III.

167 Bericht über die Verhandlungen d. StVV, Nr. 127 vom 16.2.1909, S. 241–245.

hunderts die Auslagerung der Markthalle ins Blickfeld der lokalen Öffentlichkeit gerückt[168]. Die Lederhalle, bereits 1883 zusätzlich für den alltäglichen Marktbetrieb genutzt, hatte diese schmale Straße verkehrstechnisch überfordert[169]. Der Marktexpansion folgte der Sachzwang der Straßenverbreiterung; Straßenbahnanschluß und mehr Straßenraum hätten die Kommunikationsbedingungen am Markt verbessert, doch beide verkehrstechnischen Investitionen präjudizierten ihrerseits die Verlegung des Marktes in andere Stadtteile. Noch Ende der 1870er Jahre entschied man sich für die Altstadt als kommunikatives Zentrum für den Markt, weil hier Produzenten und unmittelbare Kundschaft zusammengeführt werden sollten[170]. Inzwischen waren Gärtner und landwirtschaftliche Unternehmen für die Umstrukturierung der Frankfurter Marktsituation[171], sie wollten nun den Zwischenhandel, also eine Großmarkthalle. Dieses Ansinnen stand in diametralem Gegensatz zum Interesse der Käufer, die die Dezentralisierung von Märkten propagierten[172]. Der Teufelskreis der Planung mußte also durchbrochen werden: man entschied sich marktrational, nämlich gegen den Marktverkehr in der altstädtischen Innenstadt; Teile der Lederhalle wurden dann 1899 niedergerissen.

Die Stadtverordneten-Versammlung genehmigte deshalb entsprechenden Grundstückserwerb im Westend. Dies rief die Gemüsebauern aus der nordöstlichen Außenstadt und den Vororten Enkheim, Bergen und Seckbach auf den Plan, die ihrerseits den Vorschlag machten, die neue Großmarkthalle am Heideplatz bauen zu lassen[173]. Ein anderer Vorschlag, wollte die neue Markthalle am ehemaligen Sencken-

168 Mitt.Prot.StVV., Nr. 111 vom 31.1.1899, S. 60f. und Nr. 235 vom 28.2.1899, S. 114f.

169 Mehrfach ergingen Petitionen an Magistrat und Stadtverordneten-Versammung, die auf die unhaltbaren Zustände in der Trierischen Gasse hinwiesen und entsprechende städtebauliche Maßnahmen forderten. S. Mag.Akt. T 1265 und StVV-Akten, Nr. 538.
Zur Verkehrssituation in der Trierischen Gasse im Jahr 1900: *Seit unvordenklichen Zeiten bewege sich der Meßverkehr vor der Lederhalle auf der Straße. Nachdem aber die Westseite der Trierischen Gasse durch Niederlegung der kleinen Lederhalle freigelegt sei, bewege sich der Verkehr der Meßbesucher auf dem Trottoir, und zwar nur während der Morgenstunden weniger Tage. In früheren Jahren habe die Polizei niemals gegen diesen Verkehr etwas einzuwenden gehabt, aber während der letzten Messe seien die Meßbesucher fortgewiesen und diejenigen, die der Aufforderung der Polizei nicht sogleich nachgekommen seien, mit einem Strafzettel bedacht worden … Wenn man auch zugebe, daß die Polizei im Recht sei, wenn sie Ansammlungen auf offener Straße nicht dulde, so könne man doch wohl die Zusammenkunft der Meßbesucher nicht als solche betrachten und es sei anzunehmen, daß die Maßregel dem Übereifer der betreffenden Polizei-Beamten zuzuschreiben sei …* So der Stadtverordnete Funck, zitiert nach: Mitt.Prot.StVV., Nr. 1047 vom 23.10.1900, S. 468.

170 S. Frankfurter Anzeiger f. Politik, Handel, Land- und Volkswirtschaft Nr. 15, vom 18.1.1879. HStA Wi. Abt. 407/228.

171 S. Mitteilungen des west- und nordwestlichen Bezirksvereins zu Frankfurt a. M. Nr. 16, 1910, S. 5f.

172 Ebd.

173 StVV-Akten, Nr. 707, 8ff. Weitere Petition v. Adolph Steib, ebd., Bl. 6.

bergischen Gelände an der Stiftstraße, Ecke Bleichstraße, geplant sehen[174]. Der Interessenverband der Gärtner und Gemüsebauern, die Frankfurter Handelsgärtner-Verbindung, trat dafür ein, die Organisation des Großhandels vom Kleinhandel abzutrennen, die neue Großmarkthalle am Zollhof in der unteren Altstadt zwischen Main und Alter Mainzer Gasse vorzusehen und die bisherigen Markträume allein dem Kleinhandel vorzubehalten[175]. Auf diese Weise hätte man beide Marktorganisationen im Bereich der Altstadt belassen.

Die „Markthallenfrage" wurde zum Thema der lokalen Öffentlichkeit. Im Grunde waren die Erörterungen geprägt von der grundsätzlichen Entscheidung, ob eine neue Markthalle – die 1879 an der Hasengasse fertiggestellte[176] reichte schon wenige Jahre später nicht mehr aus, um die Stadt adäquat zu versorgen[177] – als stadtteilbezogene Bezirks-Markthalle ihren Standort in der Altstadt haben müsse, weil sie eben eine von vielen Einrichtungen nach dezentraler Marktdistribution ist oder in der Größenordnung einer Großmarkthalle mit entsprechender kapitalkonzentrierender Tendenz die gesamtstädtische Versorgung zu übernehmen hat[178].

Die wirtschaftliche Entwicklung vor dem Hintergrund von Verstädterung und Bevölkerungswachstum hatte Frankfurts Marktkapazitäten gesprengt. Seit der 1879 neu erbauten Markthalle hatte sich dort der Umschlag an Waren verdreifacht. Wirtschaftswachstum geht mit wachsendem Raumbedarf einher, dem jedoch das vorindustriell zugeschnittene Straßennetz der Altstadt im Wege stand. Bald waren die

[174] Das war das Projekt, das die Mittelständische Vereinigung favorisierte. *Es würde darum das Terrain eine ausgezeichnete Verwendung finden, wenn man die neue große Markthalle hier aufbauen würde. Diese Markthalle würde drei mal so groß werden, an allen Seiten von breiten Straßen umgrenzt sein, nach dem Eschenheimer Turm zu an einem großen Platz liegen. Dieser Platz hätte Raum für fünf Schienenstränge der elektrischen Straßenbahn und der Eschersheimer Lokalbahn. Von allen Seiten und Vororten, vom Güterbahnhof könnten die Marktwaren nachts mit Pritschenwagen der elektrischen Straßenbahn bis an, ja bis in die Markthalle gefahren werden, ebenso mit der Verbindungs- und Lokalbahn. Rings wäre die Markthalle mit Häusern und Läden zu umgeben, in welch letztere man in und von der Markthalle gelangen könnte.* Der Mittelständler HETTLER sprach sich gegen das Magistrats-Projekt (Markthalle im Westend) aus. Die Begründung der Ablehnung basiert auf einer aggressiv vorgetragenen antisemitischen Haltung. S. J. H. HETTLERS *Denkschrift zur Gewerbehalle und Markthallenfrage,* StVV-Akten, Nr. 707, 56f. Vgl. Mitt.Prot.StVV., Nr. 231 vom 1.3.1906, S. 104.

[175] Gesuch der vereinigten Gärtner Frankfurts: *Die Erbauung einer Engros-Markthalle betr.* vom 20.6.1906, 64f.

[176] Dazu s. V. RÖDEL, Ingenieurbaukunst ..., Frankfurt a. M. 1983, S. 273ff.

[177] Markthalle I in der Hasengasse (1879) mit Schwerpunkt Gemüse, Blumen, Groß- und Kleinhandel, Obst, Butter, Eier, Fleisch, Wurst, Geflügel.
Halle II: Trierische Gasse, ausschließlich Gemüse- und Blumengärtner (Produzenten) und Kleinhändler aller Markenartikel.
Halle III: Ecke Batton- und Börnestraße, Markt ohne Zwischenhandel (Gemüse, Blumen, Obst) aber auch Großhändler in Obst, Gemüse, Südfrüchte, Kartoffeln und Fischmarkt.
Halle IV: gegenüber von Halle III. Großhandel mit Obst
S IHK B 158, III, 570.

[178] S dazu Mitt.Prot.StVV., Nr. 231 vom 1.3.1906, S. 104f.; Nr. 731 vom 10.7.1906, S. 381; Bericht über die Verhandlungen d. StVV, Nr. 1039 vom 16.12.1909, S. 1417.

Nachteile dieses traditionellen Zentrums aufgezeigt: Mangelnder Bahnanschluß, geringe Lagerkapazitäten, unzureichende technische Ausstattung, d.h. es fehlten Aufzüge, Büroflächen und Raum für die Zwischenhändler[179].

Der Großhandel begünstigte deshalb das Projekt einer Großmarkthalle (ohne Kleinhandel) im neuen Osthafengebiet. Die finanzpolitischen Vorteile lagen auf der Hand: geringe Grunderwerbskosten und der mit dem Grunderwerb oft im Zusammenhang stehende Zeitverlust, der günstige Verkehrsanschluß durch die bereits gelegten Gleisanlagen, weiträumige Umschlag- und Lagermöglichkeiten[180]. Die Alternative, die Marktstrukturen wie in Berlin nach Stadtteilen zu organisieren, d.h. sog. Bezirks-Markthallen[181] zu schaffen, scheiterte, denn inzwischen hatte der Einzelhandel erfolgreich traditionelle Marktware in sein Sortiment aufgenommen[182].

Das „Altstadt-Projekt", vom Bezirksverein Alt-Frankfurt mit ausgearbeitet[183], ging davon aus, sowohl Groß- und Kleinhandel räumlich wie bisher zusammen zu lassen. Dieser Plan ging also von der Planungsprämisse der Kommunikationsförderung aus. Der vorgeschlagene Standort am südwestlichen Ende der Altstadt war deshalb günstig. Doch der ihm nachgesagte Vorteil der Verkehrsaufschließung hatte die entsprechende Kehrseite: die hohen Kosten des Grunderwerbs und die Unsicherheit, den Planungsvollzug zu terminieren. Dieses Projekt wäre M. 1,4 Millionen teurer gekommen als das Ostend-Projekt mit M. 4,3 Millionen[184].

Ganz anders der Interessenverband der Gärtner, dessen Planungshandeln von den ökonomischen Interessen der Großhändler bestimmt war. Er setzte sich für die Realisierung des „Ostend-Projektes" ein. In der Debatte im Stadtparlament ging es in der Frage um das *bessere* Markthallen-Projekt auch um die wirtschaftliche Lebensfähigkeit der Altstadt. Die Vorteile lagen eindeutig beim Ostend-Projekt, doch die Entscheidung viel den Stadtverordneten deshalb schwer, weil die *vernünftige* Entscheidung gleichgesetzt wurde mit dem Inkaufnehmen der altstädtischen „Verödung" und „Entleerung"[185].

179 Nach der *Denkschrift betr. die Markthallenfrage einschließlich der Frage der Bezirksmarkthallen* in: Bericht über die Verhandlungen d. StVV, Nr. 1154 vom 7.11.1911, S. 1521–1561, hier S. 1524.

180 Ebd., S. 1532f.

181 Noch auf dem Wohnungskongreß 1904 war die Wohnungspolitik mit der städtebaulichen „Dezentralisierung" von Stadtwachstum in Zusammenhang gebracht worden. Diesem Leitbild kommt die dezentralisierende Organisation von Märkten, also „Bezirks-Markthallen" entgegen. Für diese Planungskonzeption fanden sich auch Vertreter in der StVV, so z.B. Lion, ebd., S. 1553.

182 Ebd., S. 1529.

183 S. Bericht über die Verhandlungen d. StVV, Nr. 1039 vom 16.12.1909, S. 1417.

184 Bericht über die Verhandlungen d. StVV, Nr. 1154 vom 7.11.1911, S. 1531.

185 Mit der Entscheidung für das „Ostend-Projekt" wurde eine Resolution in der Stadtverordneten-Versammlung verabschiedet, die den Magistrat dazu aufrief, möglichst bald Vorlage zu machen, wie dem wirtschaftlichen Niedergang der Altstadt zu begegnen sei. S. Bericht über die Verhandlungen d. StVV, Nr. 618 vom 4.6.1912, S. 819.

Mit dem Abriß eines Teils der ehemaligen Lederhalle 1899 war Ersatz geschaffen worden in einem von den Stadtplanern als *Markthalle III* bezeichneten Provisoriums (Börnestraße). 1907 wurden weitere Markträume auf dem Platz zwischen Battonnstraße, Börne- und Stoltzestraße hinzugenommen. Diese Gemeinbedarfseinrichtungen auf Zeit trugen keineswegs dazu bei, die Altstadt als vielfältig genutzten Kommunikationsbereich anzunehmen. Die Großmarkthalle im Ostend konnte kriegsbedingt erst 1928 realisiert werden, städtebaulich ausschlaggebend für den räumlichen und sozialen Wandel der Altstadt war jedoch die Entscheidung von 1912. Denn alle diejenigen, die von der Umstrukturierung der Marktorganisation betroffen waren, sahen sich nun aufgefordert, umzudisponieren, soll heißen: bereits der geplante Auszug der Markthalle hatte unmittelbare städtebauliche Folgen[186].

1914 kam es dann zur Magistratsvorlage *Straßendurchbruch von der Münzgasse zur Mainzer Gasse. Sieben Läden,* sieben Vierzimmerwohnungen, 26 Dreizimmerwohnungen und vier Zweizimmerwohnungen waren für das „Sanierungs-Projekt"[187] vorgesehen. Auch diese Vorlage ging auf die Initiative von Altstadtbewohnern zurück[188]. Im Stadtparlament wurde darüber debattiert, wie die Planungskonzeption beschaffen sein müßte, damit die Altstadt sich wieder zu einem urbanen Stadtteil entwickeln kann. Hierbei standen sich gegenüber: die Planung mit Schwerpunkt auf der Citybildung, d.h. der Wirtschaftsförderung für Geschäfte des gehobenen Dienstleistungssektors und entsprechendem Wohnungsbau und die Planung, die der Wirtschaftsförderung mittelständischer Handwerksbetriebe *(moderne Werkstätten)* Vorrang einräumte[189], wobei auch hierfür der entsprechende Wohnungsbau bedacht werden sollte.

Inzwischen hatten sich die Zeiten geändert; G. Voigt war nun Oberbürgermeister von Frankfurt am Main und städtebauliche Planungsrisiken sollten keine eingegangen werden. Der Magistrat orientierte sich am Bewährten und rechtfertigte seinen Plan-Entwurf wie folgt: *Wir haben zunächst einmal das Projekt für Wohnungen aufgestellt, weil in der Braubach-Straße auch der Versuch gemacht worden ist, Geschäftshäuser zu bauen. Es sind dort auch Geschäftslokale eingerichet worden, aber es hat sie keiner haben*

186 Dazu Michael H. Frisch, „To Market, to Market": Changing Patterns of Food Distribution in the Capitalist City, Manuskriptfassung von 1981, S. 5.

187 Der Stadtverordnete Lion rühmt die Vorlage, *weil hier der Magistrat zum ersten Mal die Initiative zur Sanierung eines Teils der Altstadt ergreift.* S. Bericht über die Verhandlungen d. StVV, Nr. 76 vom 3.2.1914, S. 115.

188 Petition vom April 1913, ebd.

189 Die mittelständische Vereinigung trat für die Förderung des Handwerks ein. Die SPD unterstützte den Vorschlag mit dem Schwerpunkt der Wohnungsbauförderung. Fortschrittsliberale und Demokraten traten eher für die städtebauliche Intervention ein, die der Citybildung zugute kommt. Ebd., S. 114–120.

wollen. (Zufruf: „Läden!") Läden sind im Überfluß in der Braubachstraße, sie sind aber sehr schwer zu vermieten und daher zum Teil in Wohnungen umgewandelt worden[190].

Die Umwidmung der Planung für die Altstadt war besiegelt, auch wenn der 1. Weltkrieg die Durchführung des Vorhabens verhinderte[191].

Die städtebauliche Intervention, die von ADICKES im Sinne von Großstadtplanung angelegt wurde und mit entsprechenden Maßnahmen der Citybildung seinen Ausgang nahm, war nun umgewidmet worden. Die lokale Öffentlichkeit des Wilhelminischen Frankfurt war sich über die Planungsinhalte einer die Citybildung forcierende Stadtplanung uneinig, teilweise zu sehr vergangenheitsorientiert. Die eigentliche städtebauliche Moderne stand noch bevor, angekündigt hat sie sich im Jahr des Kriegsausbruchs: *Ich glaube daß wir an der Entwicklung der Altstadt nicht zu verzweifeln brauchen. Die Weststadt ist mehr oder minder ausgebaut, sie zeigt ein pulsierendes großstädtisches Leben. Die Oststadt auf der anderen Seite umfaßt den ganzen neu entstehenden industriellen Teil Frankfurts. Ich halte es für ausgeschlossen, daß angesichts der Tatsache, daß die Altstadt eingeklemmt ist zwischen diesen beiden von Leben pulsierenden Polen der städtischen Entwicklung, auf die Dauer nicht diese beiden Pole wieder rückwirkend ihre Bedeutung und ihre Kraft der Entwicklung auch auf die Altstadt ausüben sollten … Die Altstadt war einmal die gegebene City von Frankfurt. Wir haben hier eine Citybildung wie sie vielleicht keine andere Mittelstadt Deutschlands aufgewiesen hat. Diese Citybildung ist vollständig zurückgegangen. Wir haben jetzt vollkommen tote und leblose Viertel in der Altstadt. Man hat sich gerade mit der Frage der Citybildung in Berlin neuerdings beschäftigt und die Berliner Morgenpost hat eine interessante Rundfrage über die bessere bauliche Ausnutzung des Berliner Zentrums ergehen lassen. Sehr hervorragende Bausachverständige, Architekten, Männer der Industrie, Männer wie Behrens, Rathenau und Dernburg haben erklärt, daß sie es freudig begrüßen würden, wenn sich in Berlin teilweise amerikanische Verhältnisse in Bezug auf die Ausnutzung der Bodenverhältnisse, auch was die Höhenbauten angehe, anbahnen ließen. Ein Mann von hohem künstlerischem Geschmack wie Behrens sagt beispielsweise: „Die amerikanischen Geschäftshäuser tragen durch ihre kühne Konstruktion den Keim einer neuen Architektur in sich" … Ich möchte selbstverständlich nicht ohne weiteres dafür plädieren, daß wir in die Altstadt Wolkenkratzer nach dem Muster von New York heineinstellen. Dafür wäre wahrscheinlich in absehbarer Zeit noch kein Bedürfnis vorhanden. Was ich ausführen will ist nur, daß ich es nicht für richtig halte, wenn unsere Altstadt wieder mit kleinen winkligen Wohnhäusern bebaut wird*[192].

190 Ebd., S. 116.

191 Neubauten in der Altstadt waren rar: Im untersten, südlichsten Bezirk wurden zwischen 1906 und 1912 insgesamt 34 neue Wohnungen gebaut, im 2. Bezirk, dem Braubach-Sektor, wurden zwischen 1906 und 1909 56 Wohnungen gebaut, dann zwischen 1913 und 1915 weitere 49. Stat. Handbuch, 1928, S. 44.

192 Bericht über die Verhandlungen d. StVV, Nr. 4 vom 6.1.1914, S. 11f., Vgl. StVV-Akten, Nr. 487, 156.

9. Wohnungsbau, Stadtplanung und Bürgerbeteiligung – Eine abschließende Betrachtung

Städtebauliche Leistungen lassen sich erst nach einem gewissen Zeitraum ermessen und beurteilen. ADICKES' Konzeption der *offenen Bauweise* an der tatsächlichen Bauentwicklung bereits zum Ende seiner Amtszeit als Oberbürgermeister ausmachen zu wollen, wird deshalb nur unter Vorbehalt und mit Einschränkung von relevanter Aussagekraft sein, nicht nur, weil der Ausbruch des Ersten Weltkrieges ohnehin jeglichen Wachstums- und Entwicklungsprozeß jäh unterbrochen hat. Indes mag dieses Vorhaben hier angebracht sein, weil in vorliegender Arbeit versucht wurde, Städtebau und Stadtpolitik im Zusammenhang zu untersuchen.

Halten wir fest: Wir haben erfahren, daß ADICKES mit Hilfe der städtebaulichen Konzeption der *offenen Bauweise* eine Neuordnung der städtischen Lebens- und Wohnformen anstrebte. Eine neue, gesamtstädtische Raumordnung sollte der Bevölkerung den Wandel von verdichtetem Wohnen zur suburbanen Wohn- und Lebensweise eröffnen. Die Stadtrandwanderung war propagiert, das Einzel- und Reihenhaus[1] sollte zum Leitbild eines jeden Städters werden – was aber erst in der Weimarer Republik städtebaulich wirksam werden sollte[2].

Mit der räumlichen und sozialen Umstrukturierung der Stadt war gleichzeitig eine Steigerung der städtischen Wohnqualität intendiert, d.h. der *Überfüllung* von Wohnungen sollte städtebaulich entgegengearbeitet werden, die Reduzierung der Belegungsdichte-Ziffern also planungstechnisch angestrebt. Daraus ergab sich ein weiteres, wichtiges gesellschaftliches Planungsziel: Das Wohnen in der Kleinfamilie war zu fördern; die Auflösung der traditionellen vielköpfigen Haushaltsgemeinschaft aus hygienischen und sozialpolitischen Gründen begünstigt.

Die Kleinfamilie und die suburbane Wohnform bilden heute, ein Jahrhundert nach ADICKES' Städtebau, das räumliche und soziale Grundmuster urbaner Lebensverhältnisse. ERNST MAY und LUDWIG LANDMANN, die vorgeblichen Repräsentanten

1 S. N. BULLOCK, in: Ders. und J. READ, The Movement for Housing Reform ..., 1985, S. 80ff.

2 ADICKES sah wenige Monate (1911) vor seinem Amtsrücktritt sein Vorhaben als noch nicht verwirklicht an. Nach mehreren Versuchen sei es ihm nicht gelungen, für Arbeiter *gesunde und geräumige Wohnungen* herzustellen. Zu hohe Bodenpreise stünden diesem Planungskonzept im Wege. Die Wohnungsförderung dürfe sich nicht auf das Stadtgebiet beschränken. Zersplitterter Grundbesitz hätte Siedlungsprojekte nach dem Vorbild der Gartenstadt verhindert. Er kommt zu dem Schluß: *Der Gartenstadt-Typus ist im Frankfurter Raum nicht anwendbar!* Er favorisierte stattdessen das *Kleinhaus mit Garten.* S. Mag.Akt. T 862/V. Für Hamburg liegen ähnliche Bewertungen vor; s. C. WISCHERMANN, Wohnen in Hamburg vor dem Ersten Weltkrieg, Münster 1983, S. 250.

des Projektes „Neues Frankfurt“[3], konnten ihre Vorstellungen von Siedlungsbau realisieren, weil sich die von ADICKES bereits angelegte Raumorganisation baulich zu manifestieren begann[4]. Mit welchen wohnungsbaulichen Planungsschwierigkeiten die Ära ADICKES umzugehen hatte, bevor überhaupt eine vielfältig gestaltete, urbane Wohnkultur gelebt werden konnte, soll nun abschließend aufgezeigt werden. Gleichzeitig wird daran deutlich werden, inwieweit soziokulturelle Gewohnheiten und unzulängliche Einkommensverhältnisse Faktoren darstellen, die die Realisierung von städtebaulichen Planungsentwürfen und -vorstellungen erschweren oder gar verhindern können.

9.1. Wohnungsbau in städtebaulicher und gesellschaftspolitischer Hinsicht

Der Wohnungsbau wurde erst nach der Jahrhundertwende in seiner sozialpolitischen Bedeutung erkannt und zum Thema von Stadtpolitik gemacht. Dies ist zum großen Teil auch auf die Auswirkungen der umstrittenen Staffelbauordnung zurückzuführen. Denn sie war das baurechtliche Instrument, um das weiträumige Bauen in den Außenbezirken Frankfurts zu forcieren. Es galt ja, wie im dritten Kapitel dargelegt, den sozialhygienisch fragwürdigen Bautypus des Mietshauses zu verdrängen. Noch in den 1890er Jahren hatte der Magistrat viel Aufklärungsarbeit insbesondere in den Reihen von Haus-, Grundstückseigentümern und Bauunternehmern zu leisten, um deren Anspruchshaltung auf vollkommene Baufreiheit relativieren zu können. Doch bis 1910 hatte sich die Lage für die Bauwirtschaft sowohl konjunkturell als auch strukturell verschlechtert. Inzwischen wurde der Bauordnung nachgesagt, sie habe den Rückgang der Bautätigkeit angesichts der ungewöhnlich weitreichenden Baubeschränkungen verursacht. Als 1910 die Novellierung im Stadtparlament zur Debatte stand, sie war von den Stadtverordneten LÖNHOLDT und SEEGER, beide Bauunternehmer(!), initiiert worden, waren es sozialdemokratische Stadtverordnete, die diese neue Vorlage auf das Schärfste kritisierten[5]. Die SPD war für die Beibehaltung der bestehenden Staffel-Bauordnung, weil ihrer Ansicht nach

[3] CHR. MOHR und MICHAEL MÜLLER, Funktionalität und Moderne, Köln 1984, S. 16–24; vgl. C. WISCHERMANN, 1983, S. 248f. Zur theoretischen Grundlegung aus heutiger Sicht s. HANS JOACHIM KUJATH, Reurbanisierung? ..., Leviathan 1/1988, S. 30.

[4] So NICHOLAS BULLOCK und JAMES READ, The movement for housing reform in Germany and France 1840–1914, 1985, S. 275f. Das Konzept der Dezentralisierung war durchaus umstritten. So hat Stadtrat LUPPE, allerdings nach ADICKES' Rücktritt, dessen angeblich starre Konzeption der Entmischung städtischer Funktionen kritisiert. S. dazu: Mitteilungen des west- und nordwestlichen Bezirksvereins zu Frankfurt a. M. Nr. 17, Januar 1913, S. 5. LUPPE befürwortete hingegen den Bau billiger Arbeiterwohnungen in unmittelbarer Nachbarschaft der Industriebetriebe. Er hielt die Kosten für Infrastruktur für zu hoch, sprach sich allerdings für die Anlage schichtspezifischer Wohnquartiere aus.

[5] S. insbesondere die Ausführungen von HÜTTMANN in: Bericht über die Verhandlungen d. StVV, Nr. 428 vom 10.5.1910, S. 820ff.

die Bestimmungen des neuen Entwurfs wieder den Bau von *Mietskasernen* begünstige. Eine denkwürdige Situation war eingetreten: Sozialdemokraten stehen für die Magistratspolitik ADICKES' ein. Beiden war der „Kampf" gegen das Mietshaus wichtig, und in Verfolgung ihrer Ziele scheuten sie keineswegs vor rigiden Rechtsmitteln wie der baurechtlichen Intervention zurück. Für ADICKES zumindest ein widersprüchliches Unterfangen im Hinblick auf sein vorgeblich marktwirtschaftliches Credo. ADICKES war zu den Besprechungen der „Novellierung" von 1910 nicht erschienen, denn die Vorlage stand auch für das Scheitern seiner städtebaulichen Konzeption[6]. Inwiefern?

Durch die wiederholten jedoch gescheiterten Versuche der ADICKES-Administration[7], verschärfende Bestimmungen der Grundstücksausnutzung einzuführen, zog sie den Unmut des Baugewerbes, der Industrie, aber auch der liberalen Parteivereine auf sich. Diese erhoben Bedenken gegen angeblich zu restriktive Baubestimmungen[8], in erster Linie weil die Rentabilität des Baus kleiner Wohnungen, gemeint waren die Doppelwohnungen, nicht mehr gewährleistet sei[9]. Tatsächlich traf die Kritik den Kern der Politik ADICKES'. Zwar hatte dieser keineswegs die Absicht, die Rentabilität des Bauens in Frage zu stellen. Ihm ging es vielmehr darum, in kürzester Zeit die Wohn- und Lebensverhältnisse nach einer gesellschaftlich vertretbaren Konzeption von Stadtentwicklung entsprechend realisiert zu wissen. Diese Leitlinie bestimmte sein Tun und Handeln, sie war ihm alles; die Methode der städtebaulichen Umsetzung nebensächlich. Doch je zielstrebiger in der Verfolgung eigens formulierter Ansprüche, desto rigider dann die Wahl seiner Mittel.

Die ADICKES-Administration war entschiedener Befürworter der *offenen Bauweise.* Deshalb hatte sie im Wohnungsbau baurechtlich interveniert, denn man wollte den Bau von *Mietkasernen mit zahlreichen Doppelwohnungen* unrentabel machen. Die geringere Bauausnutzung der Grundstücke hatte eine verringerte Rendite für den Bauherrn zur Folge, was seinen Protest gegen die neue Staffel-Bauordnung erklärt. Der Magistrat tat wenig, um Bauwirtschaft und potentielle Bauherren von seinen neuen städtebaulichen Planungsüberlegungen zu informieren. Der Magistrat pries jedenfalls die *sonstige(n) Vorteile der einfachen Wohnung*[10] und glaubte,

6 ADICKES soll nach Aussage des Stadtverordneten GOLL gegen die Revision gewesen sein. S. Bericht über die Verhandlungen d. StVV, Nr. 1056 vom 21.12.1909, S. 1437.

7 So z.B. zwischen 1897–1900. Zu den Debatten in der Stadtverordneten-Versammlung s. Mitt.Prot.StVV., Nr. 676 vom 27.6.1899, S. 325; Nr. 20 vom 3.1.1899, S. 13f.; Nr. 644 vom 20.6.1899, S. 304 und Nr. 75 vom 23.1.1900, S. 31.

8 Die Industrie im Südwesten Frankfurts beklagt in einem Schreiben an Magistrat vom 22.9.1898 die allgemeine Wohnungsnot und fordert ihn auf, die Baubeschränkungen aufzuheben. Hätten sie davon gewußt, was auf sie zukommt, wäre dieser Standort für sie nicht in Frage gekommen; Mag.Akt. T 693/II. Der Demokratische Verein hielt eine Versammlung zum Thema *Wohnungsnot und Bauordnung* ab, s. Kleine Presse vom 6.3.1900, S. 6.

9 ABELE, 1900, S. 57.

10 Ebd., S. 58.

den Bau von reinen Etagenwohnungen verordnen zu können. Den Vorwurf der lokalen Öffentlichkeit, die baurechtlichen Bestimmungen verhinderten den Bau kleiner Wohnungen[11], wies er dann von sich. Mietpreis-Steigerungen und Wohnungsmangel gaben Anlaß, zeitgenössische Konzepte von Wohnungspolitik[12] auf ihre Effizienz hin zu überprüfen[13]. Die ADICKES-Administration sah die unzureichende Bautätigkeit im Zusammenhang mit den zu hohen Grundstückspreisen und den überhöhten Betriebs- und Verwaltungskosten von kleineren Wohnungen. Bauausnutzungs-Quoten nach dem Gesichtspunkt der wirtschaftlichen Rentabilität kämen nur den Haus- und Grundeigentümern zugute, aber kaum den Mietern. Diese hätten erst dann Vorteile zu erwarten, wenn das Angebot an Zweizimmerwohnungen der Nachfrage entsprechen würde[14]. Solange diese Gleichgewichtslage

[11] Unter dem Begriff „kleine Wohnung" faßte man gemeinhin alle 1–3-Zimmerwohnungen zusammen. In seinem Verwaltungsbericht für 1894/95 führt der Frankfurter Magistrat zur Bautätigkeit aus: *Der Anteil der kleinen Wohnungen an der Gesamtzahl hat ungefähr die gleiche Bedeutung behalten, wie in den Vorjahren: Dreizimmerige Wohnungen, und nach diesen die zweizimmerigen, bilden die Mehrzahl, wobei allerdings zu beachten ist, daß eben nur die letzteren ihrer Preislage nach von Arbeitern, Taglöhnern usw. benutzt werden können, während bei Benutzung der dreizimmerigen Wohnungen der Regel nach die Notwendigkeit der finanziell gefährlichen Aftervermietung entsteht,* so der Verwaltungsbericht f. 1894/95, 1895, S. XIV.

[12] Zu den verschiedenen wissenschaftlichen Ansätzen und ihren Vertretern in der großstädtischen Kommunalpolitik s. S. BRANDER, Berlin 1984, S. 176ff. und H. J. TEUTEBERG, Die Debatte ..., 1986, S. 13–60. Für die Frankfurter Verhältnisse hat ERNST CAHN eine Untersuchung durchgeführt. Er sieht die Ursachen der Mietpreissteigerungen in erster Linie in den steigenden Produktionskosten des Baugewerbes begründet und in den Bodenerwerbskosten. Die Lohnkosten, die 1/3 der Baukosten ausmachten, sind zwischen 1890 und 1911 um etwa 30% gestiegen. Ders., Die Wohnungsnot ..., 1912, S. 9ff. und S. 18.

Nicht zu vergessen, die mit Einführung des Kommunal-Abgabengesetzes 1893 erhobenen Miet- und Wohnsteuer, die bis 1908 bestand. S. HENRIETTE KRAMER, Die Anfänge..., 1978, S. 142. Als sehr belastend wurden die 1895 erhöhten Kanalgebühren empfunden. 1% von der Mietsteuer wurden erhoben. S. Mitt.Prot.StVV., Nr. 512 vom 2.7.1895, S. 277. Die Wassergeld-Kosten wurden zum 1.4.1901 für Kleinwohnungen mit Mieten unter 300 M. erlassen. S. Mitt.Prot.StVV., Nr. 802 vom 17.7.1900, S. 381f.

[13] Drei Faktoren hat man in Beziehung zur Mietpreisgestaltung gesehen. 1. Beziehung Einkommensentwicklung und ihre Auswirkungen auf die Mietpreise, aber auch den Kapitalmarkt mit Einfluß auf die Baufinanzierung und Bodenpolitik werden genannt. 2. Gesetzliche Rahmenbestimmungen und 3. Angebot und Nachfrage auf dem Wohnungsmarkt im allgemeinen. S. Beiträge zur Stat., 11. H., 1919, S. 104.

Eine kommunale Wohnungsuntersuchung 1895 hat ergeben, daß die meisten 2-Zimmer-Wohnungen in der Altstadt um die M. 300 kosteten. Ein hoher Anteil an 2-Zimmer-Wohnungen gab es auch im südwestlichen Industriegebiet (Bez. 15), im Nordosten (23. Bez.), in Sachsenhausen, Bornheim und in Bockenheim. Die Mieten in Bornheim, Bockenheim und Sachsenhausen lagen noch unter den Mieten der Altstadt, die im Südwesten und Nordosten dagegen leicht höher. Erg.bl. 5, 1895, Tab. 8, S. 30.

[14] Vgl. Verwaltungsberichte f. 1897/98, 1898, S. XIIf. und das darauffolgende Jahr, 1899, S. XVIff. Die Nachfrage konnte durch Vermietung von leergestandenen Wohnungen fast ausgeglichen werden oder durch Teilung von Wohnungen. Da dies nicht zulässig war, gibt es hierfür auch keine statistischen Erhebungen.

Der Mangel an Zweizimmer-Wohnungen war über den gesamten Zeitraum des Wilhelminischen Frankfurt vorherrschend. S. Verwaltungsbericht f. 1913, 1914, S. 161. 1912 lag die Nachfrage doppelt so hoch wie das Angebot. Bei Drei- und Vierzimmer-Wohnungen lag das Angebot über der Nachfrage. Vgl. Stat. Jahresübersichten für das Jahr 1906/07, 1908, S. 9.

auf dem Wohnungsmarkt nicht erreicht sei, würden Bau-Subventionen nur dem Bauherrn *Geschäfte* versprechen und *der Arbeiter erh(alte) schlechte Wohnungen.* Die Verwaltung ergriff zwar ideell und argumentativ Partei für die Seite des Mieters, doch sie war sich ihrer sozialpolitischen Verantwortung allzu bewußt und sah von weiteren baurechtlichen Restriktion ab. Auf diese Weise schien der Bau von *Doppel- und Hinterhauswohnungen*[15] wieder begünstigt.

ADICKES' städtebauliches Anliegen – nämlich der Verdichtung des Bauens entgegenzuwirken, war von der Bauwirtschaft und der Lobby der Hauseigentümer im Stadtparlament entgegengearbeitet worden[16]. Diese propagierten – aus wirtschaftlichen Gründen – das verdichtete Bauen und handelten danach, d.h. sie waren darum bemüht, die baurechtlich vorgegebenen Standards des Wohnungsbaus[17] zu umgehen, wo dies möglich war[18].

Der öffentliche Druck der Interessengruppen, die Bestimmungen der Staffel-Bauordnung zu erleichtern, war 1910 nicht mehr aufzuhalten; die wohnungspolitische Kurskorrektur also nicht mehr zu verhindern. Der nach Frankfurt neu Zugewanderte mag die Folgen der zugestandenen Bauerleichterungen zunächst als Vorteil angesehen haben. Dies gilt auch für die einkommensschwachen Bevölkerungskreise, denn sie waren praktisch die potentiellen Bewerber für Kleinstwohnungen in *Doppel- und Hinterhauswohnungen.* Die Mieten für diesen Wohnungstyp waren verhältnismäßig hoch, weil hier die Nachfrage groß war. Die zunehmende Belegung war den Hauseigentümern sogar willkommen, weil dann die hohen Mieten erst recht zu vertreten waren. Es galt die Faustregel: *Je kleiner die Wohnung, desto teurer*

15 Bericht Hochbau-Amt vom 10.4.1899, Mag.Akt. T 693/II, 59b.

16 Vgl. JUAN RODRIGUEZ-LORES, Die Zonenplanung- Ein Instrument zur Steuerung des Kleinwohnungsmarktes? in: Die Kleinwohnungsfrage. Zu den Ursprüngen des sozialen Wohnungsbaus in Europa, hrsg. v. ders. und G. FEHL, Hamburg 1988, S. 157–207. RODRIGUEZ-LORES beansprucht zwar, aus der *Darstellung der Planungspraxis Versatzstücke einer praktischen Kritik* gewonnen zu haben, doch ist der Rückgriff auf entsprechende Archivalien zu schmal angelegt, als daß er diesem Anspruch gerecht werden könnte.

17 Der Magistrat Frankfurts schloß sich den Empfehlungen des Vereins f. öffentliche Gesundheitspflege an. Dieser gab als Mindestwerte aus: Luftraum je Erwachsenen 20 cbm. Da aber viele Wohnungen nach diesem Maßstab geräumt werden müßten, begnügte man sich mit 10 cbm und 5 cbm je Kind. F. ADLER gab ein Rechenbeispiel, um die Unzulänglichkeit der Regelung aufzuzeigen: *ein mittelgroßes Zimmer von 5 m Länge, 5 m Breite und 3 m Höhe hat 75 cbm Luftraum. Nach obigem Maßstab wäre es also gestattet, fünf Erwachsene (5 x 10 = 50 cbm) und fünf Kinder (5 x 5 = 25 cbm) darin unterzubringen.* F. ADLER, 1904, S. 34.
Bei einer Wohnungsenquete 1902 wurden 2.989 Schläfräume untersucht, davon waren 421 als überbelegt *(überfüllt)* angesehen worden. Im Zentrum Bockenheims lag der Anteil bei 32% der untersuchten Wohnungen, im altstädtischen Bornheim und Sachenhausen ca. 20, in der eigentlichen Altstadt dagegen bei 16%. S. F. ADLER, 1904, S. 37 und Verwaltungsbericht f. 1901, 1902, S. XVIIIf.
S. auch S. BRANDER, 1984, S. 91f.

18 Die Hausbesitzer-Zeitung Nr. 31 vom 3.8.1909 gab Einblick in die Praktiken, wie die Bestimmungen der Bauordnung zu umgehen waren. S. Mag.Akt. T 693/III, 18.

die Miete[19]. Andererseits waren die Einkommen so gering, daß die geforderten Mieten oft nicht aufgebracht werden konnten. Die Folge war, daß es nach wirtschaftlichen Gesichtspunkten für Mieter günstiger erschien, zu mehreren große Wohnungen zu mieten, um sie dann zu teilen[20]. Das Bedürfnis der Mieter kam langfristig dem Hauseigentümer zugute, denn je höher die Raumausnutzung, um so besser der Mietzins. Der ökonomische Vorteil der Mieter war also nur von kurzer Dauer. Denn waren die Wohnungen erst einmal geteilt, kamen die normalen Kleinstwohnungspreise zur Anwendung.

Die Mieten waren in Frankfurt höher als anderswo[21]. 1910 mußte mindestens jeder zweite Wohnungsinhaber mehr als 25% seines Einkommens für die Mietzahlung aufbringen[22]. Im Zeitraum von 14 Jahren (1897–1910) sind die Frankfurter Mieten[23] jedenfalls im Durchschnitt um 30% gestiegen, bei Zweizimmerwohnungen und 6/7-Zimmerwohnungen sogar um mehr als 33%. Immer noch war die Nachfrage nach der Zweizimmerwohnung mit Küche am größten. Allerdings ist der Wandel hin zu größeren Wohnungen unverkennbar, denn an zweiter Stelle der Nachfrage stand die Dreizimmerwohnung. Die Zweizimmerwohnung ohne Küche war 1910 nirgendwo so teuer wie in der Altstadt, wobei sie im Vergleich zu den altstädtischen Zweizimmerwohnungen mit Küche durchschnittlich nur um 90 Pfennige niedriger lag. Vermittelte Vorortwohnungen waren am billigsten. Dann kam die Altstadt mit ca. 400 M. Jahresmiete für eine Zweizimmerwohnung mit Küche, die in der Neustadt und Außenstadt waren durchschnittlich 30 bis 40 M. teurer[24]. Die meisten Großstadtbewohner konnten sich Dreizimmerwohnungen im Wilhelminischen Deutschland kaum leisten[25]. Arbeiter wohnten in erster Linie in Zweizimmerwohnungen.

19 L. Niethammer und F. Brüggemeier, Wie wohnten Arbeiter im Kaiserreich, in: Archiv f. Sozialgeschichte, XVI. Bd., 1976, S. 61–134, hier S.81. Zwischen 1890 und 1905 nahm die Belegung der Wohnungen mit Personen im allgemeinen ab. Es gab jedoch Stadtteile, wo sie anstieg: Wenn auch geringfügig in der westlichen Neustadt, so doch unverkennbar in der südwestlichen Außenstadt. Vgl. Stat. Handbuch, 1907, S.14 und 30. Wohn-Verdichtungen hatten die Tendenz, den Mietpreis zu steigern. Vgl. Jahrbuch der Wohnungsreform, hrsg. v. Deut. Verein f. Wohnungsreform, 1908/10, 5. Jg., S. 14.

20 Mit der Teilung der Wohnung war die gemeinsame Toiletten-Benutzung und anderer Einrichtungen durch zwei oder gar mehrere Familien gegeben. Mag.Akt. T 693/II, 129.

21 So Eugen Jäger, Die Wohnungsfrage, 1. Bd., Berlin 1902, S. 66; das spiegelt sich auch im statistischen Städtevergleich wieder. Dazu s. Statistisches Jahrbuch deutscher Städte, 3. Jg., Breslau 1893, S. 46. Die billigste Mietkategorie (0–250 M.) ist für Frankfurt mit 20% angegeben, in Berlin mit 50%. Hamburg weist ebenfalls nur 20% auf.

22 Nach: Beiträge zur Stat., 11. H., 1919, S. 154. Vgl. Bericht *(Die Preissteigerung der Mieten und die Einkommens-Verhältnisse in Frankfurt a. M.)* in der sozialdemokratischen Volksstimme, Nr. 90 vom 18.4.1899, HStA Wi Abt. 407/267, 82.

23 Beiträge zur Stat., 11. H., 1919, S. 135.

24 Verwaltungsbericht f. 1911, 1912, S. 294.

25 So der Magistrat im Verwaltungsbericht f. 1894/95, 1895, S. XIV.

Die unzureichenden Einkommensverhältnisse waren häufig Ursache dafür, die baurechtlichen Verordnungen zu ignorieren und zu umgehen. Überbelegung von Wohnraum, die Vergabe von Schlafstellen und Ausnutzung von unbewohnbaren Keller- und Dachwinkeln[26] waren gang und gäbe, konnten aber kaum in ihrer ganzen Größenordnung statistisch erfaßt werden, so daß offizielle Zahlenangaben die damalige Wohnsituation eher beschönigen, als angemessen widerspiegeln[27].

In Frankfurt soll die Untervermietung (Zimmermieter und Schlafgänger) noch stärker verbreitet gewesen sein als in Berlin[28]. Im Bericht einer vom Magistrat beauftragten Wohnungsenquete von 1902 ist ausgeführt[29]: *Dort, in der Altstadt, sind am häufigsten Dachwohnungen gefunden worden, welche von ganzen Familien bewohnt waren, hier, hinter dem Bahnhof, wurden häufig Wohnungen von Zimmern mit Küche und Zubehör angetroffen, von welchen die Dachkammern gleichfalls bewohnt (zum Teil abvermietet) waren. Letzterer Umstand mag damit zusammenhängen, daß die Preise der Wohnungen (nach der Zahl der Räume bemessen) in den neuen Stadtvierteln erheblich höher erscheinen als in der Altstadt.*

Im zweiten Kapitel ist das Schlafgängerwesen in der Zeit vor dem Städtebau der ADICKES-Administration dargelegt worden, um so ihren sozialpolitischen Handlungsbedarf ausmachen zu können. Denn das Aufkommen an Schlafgängern wurde als wichtiger Indikator angesehen, der etwas über den Zustand der Wohnungsversorgung im allgemeinen aussagt. Wenn nun nochmals dieser Faden aufgegriffen wird, dann deshalb, um nun die Wohnungsverhältnisse nach den städtebaulichen Leistungen der ADICKES-Ära in ihren wohnungsbaulichen Auswirkungen beurteilen zu können.

26 1890 war noch jede vierte Wohnung eine Dachwohnung. In der Altstadt, im Nordosten und inneren Sachenhausen waren es sogar jede dritte, im Südwesten jede zehnte, im Westen und Nordwesten, aber auch in Alt-Bornheim jede fünfte, s. Beiträge zur Stat., 1. H., 1. T., 1892, S. 91. 1892 war eine Polizei-Verordnung erlassen worden, die das Bewohnen der Mansarden unter hygienischen Gesichtspunkten zu stellen gedachte. Als Schlafraum waren 3 qm Bodenfläche und 10 cbm Luftraum Bedingung, für Kinder je nach Alter wurden ein Drittel bzw. 2/3 der Angaben veranschlagt. Mag.Akt R 1531, 48.
Dienstboten wurde bevorzugt die Mansarde zugewiesen. 1890 hatte jeder dritte Haushalt Dienstboten, 1895 nur jede vierte Familie. Erg.Bl. 5, 1898, S. 13.
Die baurechtliche Einschränkung von Dachwohnung hatte, wenn man sich mit der rein rechnerischen Ebene begnügt, Erfolg. Der Anteil der Dachgeschoß-Wohnungen ging beträchtlich zurück. Keine 2% der Frankfurter Wohnbevölkerung wohnte 1910 in der Mansarde. Beiträge zur Stat., 11. H., 1919, S. 79.

27 Schlafgänger gaben sich im Zweifel gern als Zimmermieter aus, s. L. NIETHAMMER/F. BRÜGGEMEIER, 1976, S. 78 und 115.

28 Für 1900 werden folgende Angaben gemacht: 25,8% der Haushalte Frankfurts waren auf die Untervermietung angewiesen. In Berlin 21,0%, in Dresden aber 27,8%, in München gar 30,6%. Nach: Bericht über den 1. Allg. Deutschen Wohnungskongreß in Frankfurt a. M., 16. – 19.10.1904, Göttingen 1905, S. 58.

29 Mitt.Prot.StVV., Nr. 1204 vom 25.11.1902, S. 598. S. auch Verwaltungsbericht f. 1901, 1902, S. XVIIIf.

Schauen wir allein auf die Entwicklung des *Schlafgängerwesens* bis zur Zeit des Ersten Weltkrieges, dann muß das Urteil eindeutig negativ ausfallen[30]. Von 94.162 Wohnungen (1910) hatte mindestens jede fünfte Wohnung Zimmermieter oder Schlafgänger angemeldet; jeder zehnte Wohnungsinhaber war auf Vergabe von Bettstellen, weniger wohl aus sozialer Motivation als aus finanzieller Notwendigkeit heraus, angewiesen. Im Südwesten fanden 8.360 Schlafgänger in 2.626 Wohnungen eine Bleibe, in der Altstadt fast 3.000 in 1.245 Wohnungen, im Nordosten ca. 4.700 in annähernd 1.000 Wohnungen, in Bockenheim 2.900 in 800 Wohnungen, im Nordend drängten sich fast 3.000 Menschen in 335 Wohnungen, im Äußeren Sachenhausen wohnten ca. 2.500 Schlafgänger im Osten (Innen- und Außenstadt zusammen) etwa 4.200. Die wenigsten wurden in den Landkreis-Gemeinden gezählt und wie nicht anders zu erwarten, wenige nur im Westend und Nordwesten der Stadt. Die engen Wohnverhältnisse in Bornheim und im Inneren Sachenhausen brachten es mit sich, daß auch hier nur relativ wenige Schlafgänger Unterkunft fanden. War noch für 1890 die Altstadt als hauptsächliches Zentrum der Schlafgänger ausgemacht worden, so hatte sich diese Wohnform im Zeitraum von 20 Jahren auf die gesamte Innenstadt ausgeweitet[31]. Das eigentliche Industrieviertel war noch im Südwesten; am Anfang seiner Erschließung wohnten hier nur wenige Schlafgänger (1890: 5,5%). Arbeiter suchten aus zeitlichen und finanziellen Gründen die Nähe der Fabrik. Auch deshalb hatte kein anderer außenstädtischer Bezirk einen so hohen Anteil an Schlafgängern aufzuweisen, wie der Südwesten – nämlich 22,5% (1910). Die Auswirkungen des neuen Industrieviertels im Osten machte sich 1910 bereits bemerkbar. Mit 12,2% liegt dieser Stadtteil bereits leicht über dem Stadtdurchschnitt von 10,7% bei insgesamt 35.941 Schlafgängern[32].

Zwei gegenläufige Entwicklungstendenzen wurden in Frankfurts Stadtpolitik zum Problem: Einerseits der hohe Anteil an Schlafgängern[33] und das Wohnen in Mansarden[34]. Bis 1910 hatten sich die Wohnverhältnisse und mit ihnen die Stimmungslage in der lokalen Öffentlichkeit zusehends verschlechtert. Weitere Maßnahmen der baulichen Entflechtung und der Wohnungsreform wären also angebracht gewesen. Andererseits forderte die Bauwirtschaft und die Lobby der Hauseigentümer die erneute Zulassung von Doppel- und Dachwohnungen. Es kam, wie es kommen mußte: Die Ökonomie gab den Ausschlag. Die städtebauliche Zielsetzung in wohnungspolitischer Absicht wurde zurückgenommen; verdichtetes Wohnen

30 Dazu s. Beiträge zur Stat., 1. H., 2. T., 1895, Tab. 14 und 16, S. XXIVf., XXVIIf. und Beiträge zur Stat., 11. H., 1919, S. 64 und S. 98.

31 Mit Ausnahme der westlichen Neustadt hatte jede vierte bis fünfte Wohnung der Innenstadt Schlafgänger aufgenommen.

32 Ebd., S. 98.

33 Das ergibt auch der Vergleich mit Berlin, Hamburg, München, s. H. J. Teuteberg/C. Wischermann, Wohnalltag, 1985, S. 317.

34 S. Beiträge zur Stat., 11. H., 1919, S. 187.

baurechtlich wieder ermöglicht. Frankfurts Hauseigentümer und ihre Interessenvertretungen (zwei Hausbesitzervereine) hatten sich erfolgreich durchgesetzt.

Dabei war der Frankfurter Hausbesitzer Verein sorgsam darauf bedacht, daß nicht ihm und seinen Mitgliedern die Schuld an der allgemeinen Wohnungsnot zugeschrieben wurde, ja sie stellten sie regelrecht in Abrede[35]. 1912 empfahl der Vorsitzende dieser Interessenvertretung, *die Wohnungfrage der öffentlichen Diskussion zu entziehen, da es nicht im Interesse der Stadt Frankfurt liegen könne, nach außen hin das Bestehen einer Wohnungsnot allzusehr zu betonen, zumal die Meinungen hierüber auseinander gingen*[36]. Als Argumentationshilfe waren immer dann statistische Erhebungen über leerstehende Wohnungen willkommen, wenn ihr prozentualer Anteil am Gesamtbestand an Wohnungen gering war[37].

Mit der Revision der Bauordnung von 1910 intendierten die Initiatoren die *Neubearbeitung* des *ganze(n) Systems* vor allem in ökonomischer Hinsicht[38]. Im Grunde ging es ihnen darum, den ihrer Ansicht nach zu hohen Anteil der unbebaut zu lassenden Flächen (Freiflächen) je Grundstück zu reduzieren, d.h. die Ausnutzung von Grund und Boden zu erhöhen. Sie sprachen nicht vom Wohnungsbau an sich, denn nun hatten Überlegungen der wirtschaftlichen Verwertbarkeit die Oberhand gewonnen. Stadtrat LUPPE, der etwa ab 1910 mehr und mehr die Fäden der Magistratspolitik im Bereich Stadtentwicklung und Städtebau in die Hand nahm, tat sich schwer in der Begründung, warum nun, nach zwei Jahrzehnten, die Mansarde doch wieder als Wohnbereich genutzt werden sollte[39].

Die Dachwohnungen, bislang als Stätte der Unhygiene und Brutstätte der Unsitte rhetorisch, städtebaulich und rechtlich bekämpft, wurden 1910 wieder gesellschaftsfähig gemacht. Bevorzugt *minderbemittelte Bevölkerungschichten* hatten in Mansardenwohnungen ausweichen können, weil zu wenig Zweizimmerwohnungen auf dem Wohnungsmarkt angeboten wurden. Aufgrund der unzureichenden Versorgung mit kleinen Wohnungen hat der Magistrat die entsprechende Polizeiverordnung von 1890 nicht zur Anwendung kommen lassen; zum anderen galt es, staatliche Aufsichtsorgane aus der kommunalen Wohnungspolitik herauszuhalten.

Das Dachgeschoß an sich sei *absolut nichts Ungesundes.* Man wollte durch das Verbot lediglich die Geschoßflächenzahl, d.h. das Verhältnis von Geschoßflächen eines Gebäudes zu seiner Grundstücksfläche reduzieren, um so dem System der Mietskaserne in Frankfurt nicht zum Durchbruch zu verhelfen, wie in Berlin ge-

35 Prigge, in: Die Wohnungsfrage in Frankfurt a. M. Bericht... 19.6.1912, Frankfurt 1912, S. 57.

36 Ebd., S. 64.

37 Ebd., S. 57. Vgl. Graphik im Städtevergleich bei H. J. TEUTEBERG und C. WISCHERMANN, Wohnalltag, Münster 1985, S. 126.

38 So LÖNHOLDT in seiner Antragsbegründung, s. Bericht über die Verhandlungen d. StVV, Nr. 894 vom 28.10.1909, S. 1186.

39 Bericht über die Verhandlungen d. StVV, Nr. 428 vom 10.5.1910, S. 823.

schehen[40]. LUPPES Legitimation der erneuten Freigabe der Mansardenwohnung war treffend, nämlich: ... *daß Dinge, die sich eingelebt haben, gegen die selbst die Polizei nichts ausrichten konnte, ... nun als gegebene Tatsache hingenommen*[41] worden sei.

Die Sozialdemokraten werteten den kleinlauten Rückzug des Magistrats als *Rückschritt, der die Verschlechterung der Wohnungsverhältnisse* bedeute. Der Sozialdemokrat HÜTTMANN stimmt zu, daß Dachwohnungen hygienisches Wohnen ermöglichen können, sieht aber in ihrer Zulassung den Anfang gemacht, der Mietskaserne durch die Hintertür wieder zum Erfolg zu verhelfen. Denn nun wird das Ziel der Bauherren sein, das vierte Obergeschoß zur Norm werden zu lassen[42]. LUPPE, der entgegen dem ADICKES'schen Konzept der „weiträumigen Bauweise" den verdichteten Wohnungsbau als urbane Lebensform bevorzugt, wies diesen Vorwurf zurück, indem er auf die Planungen für den Landkreis aufmerksam machte. Dort hätte sich bisher die vierstöckige Bebauung durchgesetzt, und der Magistrat habe über die Bauordnung nun die dreistöckige verordnet. Sogar für Seckbach sei die *offene Bauweise* vorgeschrieben[43].

Die Wohnungsfrage über baurechtliche Restriktionen zu lösen, war am Marktverhalten von Bauherrn und Bauunternehmern gescheitert. Tatsächlich war der Bau von Kleinwohnungen mit vielen Nachteilen verbunden. Das lag aus Sicht der Hausbesitzer eindeutig an den arbeitsmarktpolitischen Gegebenheiten. Über 50% der arbeitenden Wohnbevölkerung Frankfurts waren in den 1890er Jahren wegen zu geringen Einkommens von der kommunalen Steuerzahlung befreit[44]. Finanzkräftigen Bauherrn, für die die Wohnung ein Renditeobjekt darstellt, muß die Kleinwohnung als Geldanlage eine Gleichung mit zu vielen Unbekannten gewesen sein, so daß sie aus sachlogischen Gründen den Bau von größeren Wohneinheiten vorzogen[45].

Tatsache war, daß sich in den innerstädtischen Wohnvierteln Haushaltsgemeinschaften drängten, d.h. Familien mit Verwandten, Dienstboten, Zimmermietern und Schlafgängern. Während heute die Entwicklung zu immer kleineren Haushalten mit größer werdendem Raumbedarf vorhält, lebten damals große Haushalte vorwiegend in Kleinwohnungen (Zweizimmerwohnungen). Der Wohnraum wurde vielfältig genutzt, unterschiedlichste Aktivitäten wie gewerbliche Produktion, Schlafen

40 LUPPE nannte im weiteren Verlauf Häuser des gemeinnützigen Wohnungsbau als Vorbild für gesundes Wohnen in Mansarden. Ebd., S. 824.

41 Ebd., S. 826.

42 Ebd., S. 827.

43 Ebd., S. 824.

44 Beiträge zur Stat., 1. H., 2. T., 1895, S. 145.

45 ADICKES dazu: *Die Verwaltung einer solchen Mietskaserne (er bezieht sich hier auf ein von Arbeitern bewohntes, J. R. K.) ist in der Tat für einen Privaten ein so schwieriges, ohne eine gewisse Hartherzigkeit kaum auszuübendes Geschäft, daß der Kreis der Personen, welcher zu dieser Tätigkeit bereit ist, kein sehr großer sein und sich meistens aus Persönlichkeiten zusammensetzen wird, welche in der Art ihrer Verwaltung und in der Wahl ihrer Verwaltungsmittel unbedenklich sind.* S. ders., Förderung ..., 1901, S. 278

und Kommunikation fanden hier statt – und das war auch nach der Adickes-Ära noch der Fall. Wilhelminische Gesundheits- und Wohnungsreformer hatten zwar das Wohnen in der Kleinfamilie zur Sozialisationsinstanz per se erklärt, aber entscheidende Veränderungen waren nur in Langzeitwirkung zu erwarten.

Tradierte Lebensgewohnheiten lassen sich eben nicht allein durch Propagieren neuer Wohnformen aufbrechen, geschweige durch baurechtliche und städtebauliche Eingriffe kurzfristig sanktionieren. Wie gesagt: Von 327 durch Hausabbruch vertriebenen Familien – im Zuge des Braubachstraßen-Projekts – zogen lediglich 59 in die außenstädtischen Bezirke[46], d.h. die meisten blieben in der Altstadt. Diese Tatsache könnte dazu verleiten, Wohnansprüche einkommensschwächerer Bevölkerungskreise vorherrschend für den gescheiterten Stadtumbau geltend zu machen. Dem kann jedoch entgegengehalten werden, daß die wirtschaftlichen und gesellschaftlichen Rahmenbedingungen in Diskrepanz zu den städtebaulichen Planungszielen standen. Das Festhalten an der Altstadt als Wohnstandort – auch noch gegen Ende der Adickes-Ära – war deshalb begünstigt, weil das allgemeine Lohnniveau im Verhältnis zu den Mieten die räumliche Trennung von Wohnen und Arbeiten eben in materieller Hinsicht erschwerte. Die Wohnverhältnisse der Altstadt und deren „Erreichbarkeiten“ boten den Nachfragern nach Altstadtwohnungen noch genügend Vorteile gegenüber einer Wohnung am Stadtrand oder im Vorort. Der Schluß liegt also nahe, daß die wirtschaftlichen Verhältnisse der meisten Stadtbewohner den propagierten Wohnansprüchen hinterherhinkten.

Aber auch diejenigen, die sich leisten konnten, dem *Raus an die Peripherie* zu folgen, hatten unter Umständen ihren Arbeitsplatz noch in der Innenstadt. Auch sie beanspruchten, was gemeinhin noch üblich war, nämlich die Mittagsmahlzeit im Kreis der Familie einnehmen zu können. Diese Gewohnheit trug im einen oder anderen Fall dazu bei, daß der Ausbau des innerstädtischen Verkehrsnetzes öffentlich gefordert wurde, d.h. eine tradierte Verhaltensnorm zeitigte modernisierende Wirkung. Sozialdemokratische und konservative Stadtverordnete waren es in erster Linie, die großes Verständnis für entsprechende Bedürfnisartikulationen aufbrachten[47]. Eines war hierbei ganz deutlich: Wenn schon die zunehmende Arbeitsteilung und die entsprechende Trennung der Bereiche Wohnen und Wirtschaften im Stadtraum nötig war, dann sollten wenigstens kulturelle Traditionen der alltäglichen Lebensgestaltung gesichert bleiben. Für die Arbeiter bestand jedenfalls überhaupt keine Veranlassung, einer Veränderung ihrer Lebensführung ins Auge zu sehen,

46 S. Erg.Bl. 8, 1906, S. 24.

47 So verlangten 1914 die Eckenheimer kürzere Fahrzeiten der Straßenbahn nach dem Industrie- und Bahnhofsviertel in der Zeit von 12 Uhr und 13.30 Uhr. S. Bericht über die Verhandlungen d. StVV, Nr. 197 vom 5.3.1914, S. 393. Der Bezirksverein West- und Nordwest versprach, sich für eine günstigere Tarifpolitik einzusetzen. S. Mitteilungen des west- und nordwestlichen Bezirksvereins zu Frankfurt a. M. Nr. 14, 1906, S. 3.

denn die Arbeitgeber taten nichts, um durch das Angebot von fabrikeigenen Kantinen einen sozialen Wandel zu begünstigen. Hinzu kommt, wie bereits erwähnt, daß die Einkommensverhältnisse der Wilhelminischen Ära es nicht zuließen, das Leitbild der Stadtrandwohnung oder gar des Einzelhauses in kurzer Zeitspanne zu realisieren; trotz allen städtebaulichen Bemühens von Oberbürgermeister ADICKES. Man kann sogar soweit gehen und sagen: Die Einkommensverhältnisse standen quer zu ADICKES' städtebaulicher Konzeption.

Und doch: Zwischen 1890 und 1912 waren nicht nur die räumlichen, sondern auch die sozialen Grundlagen für suburbanes Wohnen gelegt worden. Es ist auch heute zu beobachten, daß sozialer Wandel und die Umwertung von Wohn- und Lebensweisen von Teilen der wirtschaftlich gesicherten Wohnbevölkerung ausgehen[48] – so auch im 19. Jahrhundert. Das Filtermodell von FAUCHER, vor über 130 Jahren sozialpolitisch propagiert, von ADICKES städtebaulich genutzt, gibt als Theorie zunächst nichts anderes wieder, als daß „Dispositionen und Einstellungen" derjenigen Stadtbewohner, die räumliche und soziale Veränderungen mit dem wirtschaftlichen Wandel in Einklang zu bringen suchen, normbildende Folgen zeitigen. Der Wunsch groß- wie kleinbürgerlicher Wohnkreise nach Abschottung vom Arbeitermileu war die eine Seite der Medaille, die materielle und wichtigere Seite – das Bedürfnis nach verbesserter Verkehrskommunikation eben die andere. Die Arbeit hat gezeigt, daß dieser Widerspruch auch die stadtpolitischen Auseinandersetzungen des städtischen Bürgertums prägte.

9.2. Stadtplanung und Bürgerbeteiligung

Die unzulänglichen Verkehrsbedingungen müssen als hauptsächlicher Grund angesehen werden, warum das städtische Bürgertum um Beteiligung im kommunalen Planungsprozeß nachsuchte. Auch deshalb kann weder die Programmatik von ADICKES' Städtebau allein noch die isolierte Betrachtung seiner praktischen Umsetzung die gesellschaftliche Dimension von Städtebau angemessen erklären. Im Zentrum der Aufgabenstellung stand deshalb, eine sozialhistorische Perspektive anzustreben, die in der Lage ist, öffentliche Fragen des Städtebaus an der Bedürfnisartikulation des städtischen Bürgers ausmachen zu können. Eine „Sozialgeschichte des Städtebaus" muß hierbei sowohl den fortschrittlichen, also den auf Neuerung bedachten Kräften, als auch den retardierenden, die sich dem Neuen entgegenstellten, nachgehen. Diejenigen, die den öffentlichen Entscheidungsprozeß von Stadtplanung suchen, treten für die städtische Lebensform ein, und „Urbanität" lebt von der gesellschaftlichen Auseinandersetzung über Fragen der Stadtgestal-

[48] So auch die Aufwertung innerstädtischer Wohnviertel heutzutage. S. H. J. KUJATH, 1988, S. 34.

tung[49]. In Frankfurt setzten diese eben mit der Gründung von Bezirksvereinen ein, die ihren Anspruch auf Mitsprache bei der städtebaulichen Neuordnung anmeldeten. Wenn auch die Perspektive des Stadtteils die Arbeit eines jeden Bezirksvereins begründete, so war doch stets das gesamtstädtische Interesse rhetorisch proklamiert. Weiteren Anteil an den öffentlichen Debatten hatten auch Mieter, Hausbesitzer, die lokalen Parteivereine und der Architekten- und Ingenieur-Verein. Neben diesen organisierten Gruppierungen fanden aber auch unorganisierte Gruppen in vorliegender Arbeit Berücksichtigung. Gemeint sind Wohnblock- und Straßeninitiativen, die ihre Vorstellungen von Stadtgestaltung in Form von Petitionen Ausdruck zu verleihen suchten.

Gewiß, die Wilhelminische Gesellschaft lebte zwischen Tradition und Moderne[50], doch um 1890 waren die *Kräfte des Neuen* nicht mehr aufzuhalten[51] – auch dies fand in vorliegender Untersuchung Bestätigung. Industrialisierung und Modernisierung schufen Identitätskrisen, die ihrerseits Erwartungsdruck auf die Zukunft auslösten[52]. In dieser Zeit entstanden die Bezirksvereine als Interessenvertretungen der einzelnen Stadtteile. Sie erweiterten die kommunikativen Rahmenbedingungen für den kommunalen Städtebau und die städtische Wohlfahrtspolitik schlechthin. Sie formulierten Ansprüche, die darauf abzielten, das räumliche und soziale Wohnumfeld nach ihren Vorstellungen baulich gestaltet zu wissen. Mit vorliegender Arbeit ist beabsichtigt gewesen, nachzuzeichnen, wie Bürger mithilfe kollektiver Handlungsformen und -weisen auf Planungen des Magistrats Einfluß zu nehmen suchten und so an der Thematisierung von Stadtpolitik Anteil hatten. Sicher, der Bezirksverein erweiterte den kommunikativen Handlungsrahmen des Bürgertums in entscheidendem Maße, und doch muß betont werden, daß seine Einflußmöglichkeiten eher auf informeller Ebene zur Geltung kamen, eben weil er für sich keine institutionalisierten Rechte im Bereich der Kommunalpolitik beanspruchen konnte, wie dies für Magistrat und Stadtverordneten-Versammlung jederzeit gewährleistet war. Aber gerade dieser nicht-institutionalisierte Status wird es gewesen sein, der seine Anziehungskraft in den Reihen des städtischen Bürgertums ausmachte.

Die bedeutsamste Phase der informellen Einflußnahme fand in den 1890er Jahren statt, weil auch in diesen Jahren Frankfurts Bebauungspläne überarbeitet bzw. neu

49 Heute vermissen Stadtsoziologen die *soziale Substanz* von Urbanität. S. dazu: Hartmut Häussermann und Walter Siebel, Neue Urbanität, Frankfurt a. M. 1987, S. 214.

50 Unter dem Begriff der „Moderne" ist ganz allgemein ein Wandel zu verstehen, der strukturell und politisch bedingt, tradierte Lebensverhältnisse in kurzen Zeitspannen in Frage stellt. Daß wir heute ebenfalls *auf dem Weg in eine andere Moderne* seien, soll hier nur Randnotiz bleiben. S. U. Beck, Risikogesellschaft. Auf dem Weg in eine andere Moderne, Frankfurt a. M. 1986.

51 S. Lothar Gall, Europa auf dem Weg in die Moderne 1850–1890, München, Wien 1984, S. 1 und S. 10.

52 R. Koselleck, Erfahrungsraum und Erwartungshorizont – zwei historische Kategorien, in: ders., Vergangene Zukunft, Frankfurt a. M. 19842, S. 349–375, hier S. 353.

erstellt wurden. Mit der Wahl des ersten sozialdemokratischen Stadtverordneten in das Stadtparlament (1900) fand eine erneute Verlagerung innerhalb des kommunalpolitischen Handlungsfeldes statt, denn nun sahen sich alle lokalen Parteivereine aufgerufen, ihre innerparteilichen Organisationsstrukturen neu zu überdenken. Die Bezirksvereine, die sich vorwiegend aus Hauseigentümern des „mittleren Bürgertums" rekrutierten, wurden mehr und mehr zu Basisorganisationen der liberalen Parteien. Waren die Bezirksvereine ursprünglich angetreten, überparteilich zu agieren, so war nach der Jahrhundertwende dieses Selbstverständnis hinfällig; die Politisierung der kommunalen Verwaltungsarbeit durch die Bezirksvereine also praktisch auf den Weg gebracht.

Hausbesitzende Handwerksmeister und Kleinhändler stellten die Majorität innerhalb eines Bezirksvereins, ihre städtebaulichen Zielvorgaben wurden hingegen eher von Akademikern und Unternehmern formuliert. Doch unabhängig von Beruf und Ausbildung: Bei Umlegungsverfahren waren sie alle, wie sollte es auch anders sein, an der Gewinnoptimierung orientiert, d.h. im negativen Fall waren sie für das Scheitern von städtebaulichem Planungshandeln verantwortlich zu machen. Andererseits waren sie es, die an der Verbesserung verkehrsinfrastruktureller Bedingungen interessiert waren, denn ihre Stadtteilbewohner waren an der Erleichterung der alltäglichen Lebensbewältigung interessiert. Das Interesse nach Straßenbau und Straßenbahnanschluß artikulierten die Bürger über ihren Bezirksverein und/oder über Petition. In beiden Fällen traten sie demnach für städtebauliche Modernisierung ein. Ihnen ging es hierbei um zweierlei: Einerseits um Ausnutzung ihres persönlichen, wirtschaftlichen Vorteils und andererseits um entsprechende kommunikative Einbindung – meist liberaler Ausrichtung – um so auch am öffentlichen Leben Anteil zu haben. Es ist deutlich, daß der Haus- und Grundeigentümer sich widersprüchlich verhalten mußte, weil sich in der öffentlichen Artikulation die Paradoxie von immateriellen Bedürfnissen und materieller Interessenlage offenbarte.

Und doch: Im öffentlichen Handlungsfeld überwog die modernisierungsorientierte Grundhaltung der Bezirksvereine. Sie zählten, trotz aller Widersprüchlichkeiten im Verhalten, zu den fortschrittlichen Meinungsbildnern[53]. In ihnen fand der Magistrat Adickes' die Unterstützung, um so seine städtebaulichen Planungen legitimieren zu können. Selbstverständlich waren die Stadtteile in der Interessenartikulation unterschiedlich beteiligt. Man kann sagen: je wohlhabender der Stadtteil, um so stärker das Bedürfnis, eigene Planungsvorschläge zu entwickeln. Dies galt nicht unbedingt für das Westend, das seine Interessen bei Bürgern des Nordwestens gut vertreten sah. Der Bezirksverein West und Nordwest war wie kein anderer arbeitsteilig organisiert und hat es auch deshalb am besten verstanden, seine Ansichten in

[53] Sie übernahmen die Aufklärungsarbeit im Hinblick auf freiwillige Zusammenlegung und Umlegung von Grundstücken. S. Ausführungen in Kapitel 5.

der Öffentlichkeit einzubringen. Doch eines ist wesentlich festzuhalten: er war keineswegs erfolgreicher in der Durchsetzung seiner Planungsvorstellungen als andere Bezirksvereine[54]. Ob die Bezirksvereine zur Differenzierung des städtischen Bürgertums im Stadtraum beigetragen haben, kann wenigstens auf sachlogischer Ebene positiv beantwortet werden, eben weil die Stadtteile sozialstrukturell unterschiedlich zusammengesetzt waren; zumindest aber kann gesagt werden, daß sie den Prozeß der gesellschaftlichen Ausdifferenzierung bzw. Segregation im Stadtraum forciert und sanktioniert haben.

Vorliegende Untersuchung hat weiterhin gezeigt, daß die Einteilung der Bezirksvereins-Arbeit nach dem Schema modernisierungsorientiert – konservativ wenig hilfreich erscheint. Was die Mitglieder der Bezirksvereine miteinander verband, war, daß sie fast alle Hauseigentümer waren. Sowohl Großgrundbesitzer als auch Eigentümer von kleinparzelligen Grundstücken schlugen den Rechtsweg ein, wenn sie glaubten, vom Magistrat übervorteilt worden zu sein – und die gab es mehr oder minder in allen Stadtteilen. Nicht selten sahen sich die Bezirksvereine als informelle Schlichtungsinstanz zwischen Magistrat und Stadtteilbewohner. In der öffentlichen Auseinandersetzung um Stadtpläne und -entwürfe bildeten die Veranstaltungen der Bezirksvereine Kristallisationspunkte der Information und Kommunikation, ja wo Bürger des Stadtteils unter Umständen ihre städtebauliche Identität suchten.

Sicher, inhaltliche Planungsvorstellungen waren auch sozialstrukturell bedingt. Im Nordwesten und Westen der Stadt, wo Kaufleute, Industrielle, Rentiers, Ärzte und Rechtsanwälte wohnten, kamen andere Planungsüberlegungen zur Geltung als z.B. in Bornheim oder in Sachsenhausen, wo Kleinhändler und Handwerksmeister den Bezirksverein dominierten. Beruf, Bildung und Einkommen spielten in der Wilhelminischen Gesellschaft eine große Rolle – auch in den Bezirksvereinen. Doch ihre Appelle nach Straßenbau und verbesserter Verkehrskommunikation schlechthin gingen über jegliche Klassenschranken hinweg.

Allein die SPD hielt sich von der Arbeit der Bezirksvereine fern, weil sie nicht die politische Arbeit in ihren eigenen Organisationen schwächen und vernachlässigen wollte. Für sie waren die Bezirksvereine bürgerliche Einrichtungen. Die meisten Bezirksvereine waren Ende der 1880er Jahre entstanden, weil sich die Bürger ihres Stadtteils von den lokalen Parteien und vom Magistrat in städtebaulicher Hinsicht vernachlässigt fühlten. Seit den 1870er Jahren hatten die drei liberalen Parteivereine die kommunalpolitischen Themen bestimmt gehabt. Doch mit der Sozialdemokratie und den Bezirksvereinen war das Ende der Honoratiorengesellschaft angesagt.

54 Ob sich dieser Tatbestand mit ADICKES' Amtsverständnis erklären läßt, der seine Aufgabe als Oberbürgermeister unpolitisch auffaßte, mag hier in den Raum gestellt, kann aber kaum eindeutig beantworten werden. ADICKES jedenfalls wollte kein Sonderinteresse als Oberbürgermeister vertreten haben, sondern eben das Allgemeininteresse. Nach diesem Selbstverständnis läßt sich natürlich so mancher machtpolitische Auswuchs rechtfertigen.

Nach der Jahrhundertwende, also mit der erzwungenen Integration der Sozialdemokratie in die Kommunalpolitik, waren die liberalen und mittelständisch-konservativen Parteivereinen darum bemüht, die Bezirksvereine für ihre politischen Zwecke zu nutzen, was ihnen auch gelang. Jedenfalls stellte für sie die Basisarbeit der Bezirksvereine ein gutes Übungsfeld für zukünftige Stadtverordnete dar. Ihr Bestreben war es, weiterhin die Themen der Stadtpolitik bestimmen zu können. Sie wollten über Erhalt oder Veränderung der sozialen Organisation des städtischen Raumes verfügen, doch mit den gesellschaftlichen Veränderungen im Zuge von Industrialisierung und Modernisierung standen sie in der politischen Auseinandersetzung mit neuen sozialen Kräften.

Die Ausdifferenzierung der Gesellschaft war nicht aufzuhalten, und die Bezirksvereine waren nicht ausgenommen. Die sich vielfach überlagernden und überschneidenden Interessenartikulationen erschwerten zunehmend die Berechenbarkeit der Bezirksvereine. Die Bürger des Wilhelminischen Frankfurt trugen in dieser Phase des wirtschaftlichen und sozialen Umbruchs, in der die moderne Großstadt Frankfurt a.M. begründet wurde, dazu bei, den Rahmen der lokalen Öffentlichkeit zu vergrößern. Mieter-, Hausbesitzer- und lokale Parteivereine hatten ein klar abgestecktes und eingeschränktes Aufgabenfeld, nicht so die Bezirksvereine. Weil diese sich gesellschaftspolitische und soziokulturelle Aufgaben im Stadtteil zueigen machten, wurden sie in der lokalen Öffentlichkeit ernst genommen. Sie können als die eigentlichen Träger der Stadtpolitik angesehen werden und hatten in dem Nachteil, nicht in den rechtlich garantierten Entscheidungsprozeß eingebunden zu sein, einen großen Vorteil: sie waren in ihrer Arbeit schwerlich zu rationalisieren und loyalisieren. Hier liegt auch der Grund, warum die Erarbeitung des Wilhelminischen Städtebaus aus dieser Perspektive lohnend erschien.

Sicher, es kann nicht geleugnet werden, daß die Bezirksvereine den kommunalen Entscheidungsträgern auch deshalb erwünscht waren, weil sie auf städtebauliche Mängel aufmerksam machten. Die Petition war in diesem Fall das meist verwendete Medium der Bedürfnisartikulation. Doch letztlich war es der wachsende individuelle und gesellschaftliche Bedarf an Information und Kommunikation im Zuge von Industrialisierung und Modernisierung, der sich seine Formen und Wege des „kooperativ politischen Handelns“ suchte und eben im Bezirksverein seinen Kristallisationspunkt fand[55]. Das Bedürfnis nach Bürgerbeteiligung war also vorhanden, wurde aber vom Magistrat für seine Stadtentwicklungspolitik nicht genutzt. Warum? Weil der Zeitgeist die autoritäre Politikführung vorzuschreiben schien.

Adickes hatte sich die Aufgabe gestellt, Frankfurt zur Industriestadt zu machen, also zu modernisieren, deshalb verstand er sich erst in zweiter Linie als Sozialreformer. Und doch scheint die zeitgenössische Einschätzung den tatsächlichen Gegeben-

55 H. Best, 1982, S. 118f.

heiten sehr nahezukommen: Er habe *in der Wohnungs- und in der Grund- und Bodenfrage weitgehende Reformpläne* entwickelt, sie aber nicht durchführen können, weil er im kommunalpolitischen Handlungfeld auf Einstellungen und Interessen gestoßen war, die er für seine Konzeption von Städtebau nicht gewinnen konnte oder nicht wollte[56].

Eines ist offenkundig: Das städtische Bürgertum hatte neue Wege der allgemeinen Kommunikation gesucht, weil der soziale Wandel, ausgelöst durch Industrialisierung und Bevölkerungswachstum, die alltägliche Lebensbewältigung im Zeit-Raum-Gefüge der Stadt in Frage stellte, wohingegen der Magistrat die Ursache der Bürgerbeteiligung städtebaulich zu beheben suchte, allerdings ohne genügende kommunikative Einbindung des städtischen Bürgertums.

ADICKES' Städtebau blieb auch deshalb zu seiner Zeit der Erfolg versagt, weil ihm nur über die restriktive Nutzung des Baurechts die Möglichkeit gegeben war, weitreichende Planungsentscheidungen zu treffen. Er hatte sich im Planungsdenken der Modernisierung verschrieben und war in dieser Hinsicht seiner Zeit voraus, doch seine autoritäre Politikführung entsprach leider ganz dem Wilhelminischen Zeitgeist. ADICKES ignorierte in seinen Planungsüberlegungen die „Dispositionen und Einstellungen" der Frankfurter Wohnbevölkerung, die er in ihrer bewahrenden Grundhaltung unterschätzte. Seine städtebaulichen Planungen waren gedacht, mit der Zukunft in Übereinstimmung gebracht zu werden, d.h. er war von der Machbarkeit städtischer Räume durch Planung überzeugt. Noch in den 1870er und 1880er Jahren hatte der Gefahrenabwehr das Hauptaugenmerk von Städtebau gegolten. Nun war es die ganze Stadt, die sowohl räumlich als auch sozial verändert werden sollte; das Kleinhaus des Arbeiters am Stadtrand oder im Vorort war hierbei nur ein Aspekt unter vielen. Doch neue Wohnformen lassen sich nicht allein durch bauliche und räumliche Veränderungen erzwingen, vielmehr müssen sie auch gesellschaftlich gewollt sein.

Mit dem zunehmenden Fortschrittsdenken gegen Ende des 19. Jahrhunderts wuchs der Glaube, daß Entwurf und Ausführung von städtebaulicher Planung zur Identität gebracht werden könnten. Fortschritt wurde so zu einer *sittlichen Initiative*[57]. Tatsächlich finden sich Hinweise genug, daß sich Innovatoren des 19.

56 S. Mitt.Prot.StVV., Nr. 870 vom 17.9.1907, S. 495f., hier S. 496. Immerhin waren fast 3/4 aller Stadtverordneten Hauseigentümer (1905). In absoluten Zahlen: 46 von 64 (1905) Stadtverordneten, so ALFRED BARON, Der Haus- und Grundbesitzer in Preussens Städten, einst und jetzt, Jena 1911, S. 36f. 1907 hat der örtliche Verband nach Selbsteinschätzung 1.700 Mitglieder gehabt. Nach der Kleinen Presse, Nr. 77 vom 1.4.1906, (S. 1) waren es ein Jahr zuvor noch über 2.600 Mitglieder (Hauseigentümer zur gleichen Zeit mehr als 8.500). Unter anderem schrieb sie: *Mit Spannung sieht man dem Ergebnis der Umarbeitung des Baustatus entgegen, von der man die Möglichkeit der Vermietung geeigneter Mansarden-Wohnungen erhofft. (?).* Der rapide Rückgang der Mitglieder innerhalb eines Jahres ist auf Veruntreuung von Vereinsgeldern zurückzuführen. S. dazu: Kleine Presse Nr. 244 (2. Bl.) vom 18.10.1906, S. 1.

57 Ein Gedankengang, der bei PETER SLOTERDIJK zu finden ist. Ders., Eurotaoismus. Zur Kritik der politischen Kinetik, Frankfurt 1989, S. 33.

Jahrhunderts als Erzieher verstanden[58]. Gründe für ADICKES' bruchstückhafte Umsetzung seiner städtebaulichen Ideen haben hier ihre Wurzeln. Der wilhelminische Zeitgeist, hatte Fortschritt viel zu statisch aufgefaßt[59]. Während die moderne Gesellschaft entstand, wurde Städtebau von der Dynamik des Fortschritts herausgefordert: Planungsinhalte hätten also der ständigen Anpassung an veränderte Gegebenheiten bedurft. ADICKES jedoch hielt an seinem gesamtstädtischen Planungskonzept fest, das in den ersten Jahren seiner Frankfurter Zeit aufgestellt wurde, so wie er auch von seinen marktwirtschaftlichen Prinzipien nicht abzubringen war. ADICKES kann durchaus als Anhänger des „Manchester-Liberalismus" gesehen werden, auch wenn er in den letzten Jahren seiner Amtszeit die Wohnungs- und Sozialreform stärker zu gewichten versuchte.

ADICKES' starre Haltung in Fragen der Ökonomie sollte vielmehr im Zusammenhang mit seinem nicht zu erschütternden Fortschrittsdenken gesehen werden. Denn die Großstadt versprach gesellschaftliche Integration und Kommunikation und damit auch wirtschaftliche Entfaltungsmöglichkeiten für das Projekt Industriestadt. Und ADICKES betrieb eine aktive Industriepolitik, war aber gegenüber den wirtschaftlichen Interessenvertretungen um Unabhängigkeit bemüht. Dies hieß aber auch, daß die Industrie in keinster Weise gegenüber den Ansprüchen anderer Interessengruppen vorgezogen wurde. Gerade weil er Politik der wirtschaftlichen Dimension entledigen wollte, konnten planerische Fehleinschätzungen nicht ausbleiben. Man denke hier nur an das Osthafenprojekt in seiner überzogenen Bedarfsplanung, aber auch an die fehleingeschätzten Mietpreisvorteile der Stadtrandgebiete, die eben nicht so groß waren, als daß wesentliche Impulse für strukturelle Umschichtungen im Stadtraum hätten gegeben werden können[60]. Dem entspricht auch, daß er Wohnstandards (Beispiel: Altstadt-Umbau) zu hoch ansetzte, die sich bei den herrschenden Einkommensverhältnissen der Altstadtbewohner nicht durchsetzen ließen.

[58] Das gilt nicht nur für den Städtebauer C. SITTE. Dazu s. G. FEHL, C. SITTE als Volkserzieher ..., 1980, S. 172–221. U.a. verstanden auch die Wohnungsreformer ihre Aufgabe im erzieherischen Sinne. GARETH STEDMAN-JONES spricht in Bezug auf englische Verhältnisse von *Zivilisierungs-Aktivitäten.* Ders., Kultur und Politik der Arbeiterklasse in London 1870 bis 1900, in: Wahrnehmungsformen und Protestverhalten. Studien zur Lage der Unterschichten im 18. und 19. Jahrhundert, hrsg. v. Detlev Puls, Frankfurt a. M. 1979, S. 317–368, hier S. 324f.

[59] PETER SLOTERDIJK gibt folgende Begriffsbestimmung für Fortschritt: *Der Fortschritt wird initiiert von diesem Schritt in den Schritt, der sich zuerst selbst einleitet, um sich dann selbst zu überrennen. Deswegen meint der Begriff Fortschritt nicht eine simple Lageveränderung, in der ein Agent von A nach B fortrückt. Fortschrittlich ist seinem Wesen nach nur derjenige „Schritt", der zur Steigerung der „Schrittfähigkeit" führt. Dies gibt uns die Formel der Modernisierungsprozesse an die Hand: Fortschritt ist Bewegung zur Bewegung, Bewegung zur Mehrbewegung, Bewegung zu gesteigerten Beweglichkeiten.* Ders., Eurotaoismus, 1989, S.36.

[60] Die Vorort-Mieten für 2-Zimmer-Wohnungen lagen monatlich 5M. günstiger, dagegen war das Wohnen in der Altstadt trotz des versuchten Stadtumbaus noch lohnend. Erst ab der Dreizimmer-Wohnung aufwärts ergaben sich Vorteile für den Vorort als Wohnstandort. S. E. CAHN, 1912, S. 5.

Hinzu kommt, daß das Planen[61] nach größeren Raumeinheiten wie Stadtteilen im Gegensatz zum vorwiegend kleinparzelligen Privateigentum an Grund und Boden stand. Der Magistrat tat alles, um Grundstückszusammenlegungen zu fördern, damit die Realisierung von Straßen-Planungen nicht am Widerstand privater Grundeigentümer und Hausbesitzer zu scheitern drohten. Neue Wege in der kommunalen Bodenpolitik waren zu beschreiten, wenn man nicht die Grundstücksspekulation zum Motor von Stadtentwicklung werden lassen wollte. Bodenvorratspolitik im Sinne des Wortes war unter den Amtsvorgängern ADICKES' unüblich, d.h. das Verständnis für Bodenvorratspolitik als Mittel der Stadtplanung und -entwicklung mußte in der lokalen Öffentlichkeit erst einmal geschaffen werden. Und das war kein leichtes Unterfangen, denn die Stadtverordneten waren in ihrer Politik auf Sicherung ihrer bürgerschaftlichen Vorrechte als Grund- und Hauseigentümer aus. Es ging ihnen darum, die Macht zu sichern, um die Themen der Stadtpolitik bestimmen zu können. Sie wollten über Erhalt oder Veränderung der sozialen Organisation des städtischen Raumes verfügen.

Abschließend ist festzuhalten: Die städtische Wohnbevölkerung erträumte sich die moderne Großstadt im Angesicht von Wohnungs- und Verkehrsnot und dem Ungleichgewicht von städtischen Räumen, die das traditionelle Frankfurt a.M. als Handelsstadt hinterlassen hatte[62]. Man suchte die Veränderung vor dem Hintergrund struktureller Krisenerscheinungen[63]. Geht es heute um die Modernisierung der Industriegesellschaft, so galt es vor gut einhundert Jahren, diese zu gründen und gegenüber der Honoratiorengesellschaft durchzusetzen. ADICKES' Planungsziel des suburbanen Wohnens hat sich erst viel später verwirklichen lassen. Heute sind Stadtplaner und Städtebauer aufgerufen, Vorschläge zu machen, wie u.a. den ökologischen Folgewirkungen von Zersiedelung beizukommen ist. Begriffe wie „verdichteter Wohnungsbau" und „ökologischer Stadtumbau" bestimmen neu bzw. wieder die öffentlichen Diskussionen, auch wenn sie für andere Inhalte und Perspektiven stehen mögen. Doch die Ideen, die sich hinter diesen Begriffen verbergen, können nur dann annäherungsweise städtebaulich zur Geltung kommen, wenn die Veränderung urbaner Lebensverhältnisse „gesellschaftlich" gewollt wird.

61 Planung erscheint zunächst als eine *Technik der vorwegnehmenden Koordination einzelner Handlungsbeiträge und ihrer Steuerung über längere Zeit*, so FRITZ W. SCHARPF, Planung als politischer Prozeß, Frankfurt a. M 1973, S. 37f. Diese Planungsintention ist auch ADICKES' Städtebaupolitik eigen. Aber gerade in diesem Anspruch liegt der Grund für das Aufkommen von politischer Beteiligung. Planung, hier auch Stadtplanung, forciert den Prozeß der Partizipation, indem sie im Vollzug, dem Städtebau, Kommunikationsstrukturen verbessert. W. SCHARPF, ebd., S. 38f. Zum Aspekt der zunehmenden Partizipation vgl. KLAUS TENFELDE, Arbeiterschaft, Arbeitsmarkt und Kommunikationsstrukturen im Ruhrgebiet in den 50er Jahren des 19. Jahrhunderts, in: Archiv f. Sozialgeschichte, Bd. XVI, 1976, S. 1–59.

62 Zur Kontinuität s. auch G. FEHL, Einleitung, in: Ders. und J. RODRIGUEZ-LORES, Köln u.a. 1980, S. 15.

63 Krisen insoweit, als durch sie Entwicklungsprobleme thematisiert werden. P. STEINBACH, 1986 (Manuskript), S. 10.

Abkürzungen

AFGK	Archiv für Frankfurts Geschichte und Kunst
AfS	Archiv für Sozialgeschichte
Anz.Bl.Ffm.	Anzeige-Blatt der städtischen Behörden zu Ffm.
Beitr. zur Stat.	Beiträge zur Statistik der Stadt Ffm.
DVföG.	Deutscher Verein für öffentliche Gesundheitspflege
Erg.Bl.	Ergänzungsblätter zu den Beitr. zur Stat.
Ffm.	Frankfurt a. M.
FG	Frankfurter General-Anzeiger
FJ	Frankfurter Journal
FN	Frankfurter Nachrichten
FZ	Frankfurter Zeitung
GG	Geschichte und Gesellschaft, Göttingen
GWU	Geschichte in Wissenschaft und Unterricht
HStAWi	Hessisches Hauptstaatsarchiv Wiesbaden
HZ	Historische Zeitschrift
IHK	Akten der Industrie- und Handelskammer
Kl. Pr.	Kleine Presse
KZfSS	Kölner Zeitschrift für Soziologie und Sozialpsychologie
Mag.Akt.	Magistratsakten
Mitt-Prot.StVV	Mittheilungen aus den Protokollen der Stadtverordneten-Versammlung der Stadt Ffm.
ND	Neudruck
SPD	Sozialdemokratische Partei Deutschlands
STAF	Stadtarchiv Frankfurt
Stat. Hb.	Statistisches Handbuch der Stadt Ffm.
Stat.Jb.deut.St.	Statistisches Jahrbuch deutscher Städte,
StVV	Stadtverordnetenversammlung
StVV-Akten	Akten der Stadtverordneten-Versammlung
Verw.ber.	An die Stadtverordneten-Versammlung, Bericht des Magistrats, die Verwaltung und den Stand der Gemeindeangelegenheiten im Verwaltungsjahre betreffend
VSWG	Vierteljahresschrift für Wirtschaftsgeschichte
ZfSSD	Zeitschrift für Stadtgeschichte, Stadtsoziologie und Denkmalpflege

Quellen und Literatur

1. Archivalische Quellen

Hessisches Hauptstaatsarchiv Wiesbaden (HStAWi)

Abt. 405 Regierungspräsidium Wiesbaden
Abt. 407 Polizeipräsidium Frankfurt a. M.

Stadtarchiv Frankfurt a. M. (STAF)

Verzeichnis der durchgesehenden Archivalien:

Industrie- und Handelskammer (IHK):
IHK: Nr. 39, 41, 52, 93, 106, 230, 232, 235, 250, 375–76, 388, 503, 570, 677, 682, 700, 712–13, 809, 813–14, 829, 847, 853, 855, 866, 869–870, 872–73, 883, 888, 895–896, 898, 900–02, 904–5, 912, 915–19, 977–78, 1033, 1223. Einzelne Bestände von B 158/III.

Magistratsakten (Mag.Akt.):
R 28, R 58, R 60–65, R 304/IV–VI, R 373–75, R 386, R 386–90, R 392–396, R 401–407, R 410, R 438, R 440, R 523–526, R 528, R 533–34, R 666/I, R 1130–31, R 1142, R 1263/I, R 1528, R 1531, R 1539, R 1556, R 1559, R 1562, R 1565, R 1587, R 1596, R 1722–24, R 1726–27, R 1729/I–II, R 1743–47, R 1752–64, R 1768, R 1770–73, R 1779–84, R 1786–90, R 1793, R 1797–98, R 1804, R 1807–1812, R 1817, R 1820, R 1824, R 1827.
T 61, T 65, T 117, T 161, T 166, T 163, T 183–184/I, T 251, T 262–288, T 346–352, T 437, T 455, T 516/I–VI, T 519–21, T 523, T 563, T 572–75, T 581, T 589–590, T 594, T 599–600, T 607–09, T 613–14, T 617/I, T 624, T 626/I–II, T 685–686, T 689–90, T 692–724, T 728, T 736/I–III, T 740/I–III, T 766–69, T 787–788, T 790, T 793–94, T 796/I–III, T 819, T 828, T 833, T 838–39, T 842/I–III, T 846–47, T 862/I–V, T 905, T 918–20, T 928/I–III, T 930–31, T 937/I–III, T 944/I–II, T 948, T 956, T 958, T 962–990, T 983–992, T 1000, T 1006, T 1014–1018,/I–II, T 1021–28, T 1040–45, T 1066–1083, T 1095, T 1101–02, T 1107, T 1111–12, , T 1118, T 1120–1141, T 1143/I–II, T 1149–1240, T 1157/I–II, T 1164–1170, T 1177, T 1185, T 1190, T 1192,T 1200–01, T 1220, T 1234, T 1243, T 1246, T 1254–57, T 1262–63, T 1265, T 1280, T 1283–85, T 1290–91, T 1303, T 1306–09, T 1321, T 1327, T 1350–51, T 1361, T 1372–73, T 1408–10, T 1464, T 1495, T 1470/I–II, T 1661, T 1687, T 1862/I–VI.
U 258, U 264/I–II, U 265/I–VIII, U 309/I,II, U 369, U 372, U 381/I, U 384, U 728, U 745/I–VIII, U 1148/II.
V 3/I–III, V 7/I–II, V 44, V 52, V 60/I–II, V 82/I–II, V 84/I, V 88/I–II, V 97/I, V 289, V 372.

Akten der Stadtverordneten-Versammlung (StVV-Akten):
166, 223, 233, 338, 369, 379, 410–11, 420, 424–26, 429, 460, 487, 490, 504, 508, 517, 521, 530–33, 536–07, 538, 541–45, 546, 556, 561, 706–07, 711, 714, 774, 783, 791, 819, 833, 839, 842–45, 848–849, 858, 863, 867, 1067, 1072–73, 1078–79, 1086, 1088–92, 1101–02, 1316–18, 1490, 1515, 1572, 1547, 1561, 1661, 1754, 1818, 1925–26, 1937, 1943, 1950–51.

2. Protokolle, Jahresberichte und amtliche Druckschriften

MAGISTRATSBERICHTE: An die Stadtverordnetenversammlung. Bericht des Magistrates, die Verwaltung und den Stand der Gemeinde-Angelegenheiten im Verwaltungsjahre ... betreffend. Jahrgänge 1890 bis 1914.

MITTEILUNGEN aus den Protokollen der Stadtverordneten-Versammlung der Stadt Frankfurt a. M. 23. Bd. 1890, 1891, bis 40. Bd. 1907, 1908.

BERICHT über die Verhandlungen der Stadtverordneten-Versammlung der Stadt Frankfurt a. M., 41. Bd. 1908 bis Bd. 47, 1914.

BEITRÄGE zur Statistik der Stadt Frankfurt a. M. I, Bd. III, H. 1–5, 1875, Bd. IV, 1880 und Bd. V, 1885., hrsg. v. Frankfurter Verein f. Geographie und Statistik.

BEITRÄGE zur Statistik der Stadt Frankfurt a. M. II (N.F.), im Auftrage des Magistrats hrsg. durch das Statistische Amt seit 1890, 1. Heft (1892/95) bis 11. Heft, 1919.

ERGÄNZUNGSBLÄTTER zu den Beiträgen zur Statistik der Stadt Frankfurt a. M., Nr. 1, 1895 bis Nr. 8, 1906.

GRAPHISCH-STATISTISCHER ATLAS: hrsg. v. Statistischem Amt. Serie 1., Tafel 1–10, Frankfurt a. M. 1903.

STATISTISCHES HANDBUCH der Stadt Frankfurt a. M., 1. Ausg., Frankfurt a. M. 1907.

STATISTISCHES HANDBUCH der Stadt Frankfurt a. M., 2. Ausgabe, 1928.

STATISTISCHES JAHRBUCH deutscher Städte (seit 1890), hrsg. v. M. Neefe, Breslau 1890ff.

3. Literatur

Abele, Weiträumiger Städtebau und Wohnungsfrage, Stuttgart 1900.

Adickes, Erich (Hrsg.), Sein Leben und sein Werk, Frankfurt a. M. 1929.

Adickes, Franz, Erleichterung von Stadterweiterungen, in: Blätter f. soziale Praxis, 1. Jg., Nr. 1 v. 4.1.1893, S. 4ff.

ders., Stadterweiterung und Zonenenteignungen, in: Blätter f. soziale Praxis, 1. Jg., Nr. 19, 1893, S. 157ff.

ders., Die unterschiedliche Behandlung der Bauordnungen für das Innere, die Außenbezirke und die Umgebung von Städten, Braunschweig 1893, Sonderdruck der Deutsche Vierteljahrsschrift f. öffentliche Gesundheitspflege (DVföG).

ders., Umlegung und Zonenenteignung als Mittel rationeller Stadterweiterung, in: Archiv f. soziale Gesetzgebung und Statistik, hrsg. v. H. Braun, 6. Bd., 1893, S. 429–457.

ders., Artikel „Stadterweiterungen" in: Conradts Handwörterbuch der Staatswissenschaften, Bd. V, 1893/94, S. 847–851.

ders., Die Notwendigkeit weiträumiger Bebauung bei Stadterweiterung, (Referat), (Sonderdruck der DVföG 1895).

ders., Die Wohnungsfrage und die städtische Verwaltung, in: Die Förderung der Arbeiterwohnungswesens, Frankfurt a. M. 1900, S. 20–33.

ders., Die kleinen Wohnungen in Städten, ihre Beschaffung und Verbesserung, in: DVföG, Bd. 33, 1901, S. 178–198.

ders., Förderung des Baues kleiner Wohnungen durch die private Tätigkeit auf streng wirtschaftlicher Grundlage, in: Neue Untersuchungen über die Wohnungsfrage in Deutschland und im Ausland, hrsg. v. Verein f. Sozialpolitik, Schriften XCVI, 2. Bd. Leipzig 1901, S. 275–302.

ders., Besprechung über das Erbbaurecht, in: Bericht des Vereins f. Förderung des Arbeiterwohnungswesens. Geschäftsbericht für das Jahr 1900, Frankfurt a. M. 1901, S. 46ff.

ders., Die sozialen Aufgaben der Städte, in: Deutsche Volksstimme 14. Jg., 1903, S. 607ff., S. 659ff. und S. 732ff.

ders., „Stadterweiterung", in: Handwörterbuch der Staatswissenschaften, 7. Bd., 3. Auflage, Jena 1911, S. 780–794

Adler, Franz, Wohnungsverhältnisse und Wohnungspolitik der Stadt Frankfurt a. M., Frankfurt a. M. 1904.

ders., Soziale Gliederung der Bevölkerung, Verfassung und Verwaltung der Stadt Frankfurt a. M., in: Schriften des Vereins f. Sozialpolitik, Verfassung und Verwaltungsorganisation der Städte. 118. Bd. Nr. 1. Königreich Preussen, Leipzig 1906, S. 85–148.

Akademie f. Raumforschung und Landesplanung (Hrsg.), Grundriß der Stadtplanung, Hannover 1983

Aktiengesellschaft für Kleine Wohnungen, 25 Jahre gemeinnützigen Wohnungsbaus 1890–1915, Jubiläumsbericht, Frankfurt a. M. 1915.

Albers, Gerd, Vom Fluchtlinienplan zum Stadtentwicklungsplan, in: Archiv f. Kommunalwissenschaften, Jg. 6, 1967, S. 192–211.

Albers, Gerd: Über das Wesen der räumlichen Planung, in: Stadtbauwelt 21, 1969, S. 10–14.

ders., Entwicklungslinien im Städtebau. Ideen, Thesen, Aussagen 1875–1945. Texte und Interpretationen (Bauwelt Fundamente 46), Düsseldorf 1975.

ders., Wandel und Kontinuität im deutschen Städtebau, in: Stadtbauwelt 57, 1978, S. 12–21.

ders., Stadtplanung als komplexer Steuerungsvorgang, in: Stadtplanung, hrsg. von der Akademie f. Raumplanung, 1983, S. 342–353.

Alexander-Katz, Paul, Über preussisches Fluchtlinienrecht, Städtebauliche Vorträge Bd. 1, H. VII, Berlin 1908.

Arbeitersekretariat, Trambahn-Enquête, in: Jahresbericht für 1903, 1904.

Arnold, J. L., The Neighbourhood and City Hall: The Origins of the Neighbourhood Associations in Baltimore, 1880–1911, in: Journal of Urban History Nr. 6, 1979, S. 3–30.

Asemann, K. H. und Kullmann, R., Stadtgebiet und Einwohnerzahl – Ihre Entwicklung in den letzten 150 Jahren, in: Frankfurt a. M.. Statistische Monatsberichte, Jg. 27, 1965, S. 25–34.

Bahrdt, Paul, Humaner Städtebau. Überlegungen zur Wohnungspolitik und Stadtplanung für eine nahe Zukunft, Hamburg 1968.

Bahrdt, Hans-Paul: Städtische Lebensformen in Zukunft, in: Die alte Stadt 1/1988, S. 68–82.

Bangert, Wolfgang, Baupolitik und Stadtgestaltung in Frankfurt a. M.. Ein Beitrag zur Entwicklungsgeschichte des deutschen Städtebaues in den letzten 100 Jahren, Würzburg 1937.

Baron, Alfred, Der Haus- und Grundbesitzer in Preussens Städten einst und jetzt, Jena 1911.

Bartetzko, D., D. Hoffmann und V. Schmidt-Linsenhoff, Wie Frankfurt photograpiert wurde 1850–1914, Frankfurt a. M. 1977.

Barthes, Roland, Leçon/Lektion. Antrittsvorlesung im Collège de France, Frankfurt a. M. 1980.

Baumeister, Reinhard, Stadterweiterungen in technischer, baupolizeilicher und wirtschaftlicher Beziehung, Berlin 1876.

ders., Moderne Stadterweiterungen, Hamburg 1887.

ders., Die Abstufung von Bauordnungen f. den Stadtkern, Außenbezirk und Vororte, in: Centralblatt der Bauverwaltung, Berlin 1892 (Bd. 12).

ders., J. Classen und J. Stübben, Die Umlegung städtischer Grundstücke und die Zonenenteigung, Berlin 1897. (Denkschriften des Verbandes deutscher Architekten- u. Ingenieur-Vereine, H. 2), Berlin 1897.
ders., Die Erleichterung und Vereinfachung der baupolizeilichen Vorschriften für kleine Wohnungen, in: Bericht des Vereins f. Förderung des Arbeiterwohnungsweses, Frankfurt a. M. 1901, 35–45.
ders., Grundsätze des Städtebaus, aufgestellt auf dem Wanderversammlung des Verb. Deut.Arch.- und Ing.-Verein, Berlin 1907.
ders., Bauordnung und Wohnungsfrage. (Städtebauliche Vorträge, Bd. IV, H. III), Berlin 1912.
Beck, Ulrich, Risikogesellschaft. Auf dem Weg in eine andere Moderne, Frankfurt a. M. 1986.
Behnke, Die Einwirkung der Baupolizei auf die Wohnungsnot und in den großen Städten, in: Blätter für soziale Praxis, 1. Jg. 1893, S. 97f.
Benevolo, Leonardo, Die sozialen Ursprünge des modernen Städtebaus. Lehre von gestern, Forderungen von morgen. (Bauwelt Fundamente Bd. 29), Gütersloh 1971.
ders., Geschichte der Architektur des 19. und 20. Jahrhunderts, 2 Bände, München 1978.
Berger-Thimme, Dorothea, Boden- und Wohnungsreform in Deutschland 1873–1918. Zur Genese staatlicher Intervention im Bereich von Wohnungs- und Siedlungswesen, Frankfurt a. M., Bern 1976.
Bergmann, Klaus, Agrarromantik und Großstadtfeindlichkeit, Meisenheim am Glan 1970.
Bericht über den 1. Allgemeinen Deutschen Wohnungskongreß in Frankfurt a. M. (16.–19.10. 1904), Göttingen 1905.
Berndt, Heide, Hygienebewegung des 19. Jahrhunderts als vergessenes Thema von Stadt- und Architektur-Soziologie, in: Die alte Stadt, H. 2, 1987, S. 140–163.
Bernoully, L., Die Frankfurter Baukunst der letzten 15 Jahre. Die Rheinlande 1. Jg., H. 12., Düsseldorf 1901.
Bertram, Die deutsche Gartenkunst in den Städten, in: R. Wuttke (Hrsg.), Die deutschen Städte, Leipzig 1904, S. 151–180.
Best, Heinrich, Organisationsbedingungen und Kommunikationsstrukturen politischer Partizipation im frühbürgerlichen Deutschland, in: P. Steinbach (Hrsg.), 1982, S. 114–134.
Bezirksverein Alt-Frankfurt, Festschrift zur Feier des 25jährigen Stiftungsfestes (1882–1907), Frankfurt a. M. 1907.
Bezirksverein Bornheim, Vereinsbericht für die Vereinsjahre 1890–1906/07, Frankfurt a. M. 1907.
Bezirksverein Nord-Ost, Bericht über das 2. und 3. Geschäftsjahr 1913–15, Frankfurt a. M. 1915.
Bezirksverein Nordwest, Mitteilungen des Nordwestlichen Bezirksvereins zu Frankfurt a. M., Nr. 2 bis Nr. 8, 1889–1893.
Bezirksverein West und Nordwest, Mitteilungen des west- und nordwestlichen Bezirksvereins zu Frankfurt a. M., Nr. 9 bis Nr. 17, Frankfurt a. M. 1893–1913.
Bezirksverein Sachsenhausen, Jahres-Bericht des Vorstandes für 1896 bis 1913, Frankfurt a. M. 1897ff.
Blackbourn, David, The Mittelstand in German Society and Politics 1871–1914, in: Social History, Nr. 4, 1977, S. 409–433.
ders., Class, Religion and Local Politics in Wilhelmine Germany, London, New Haven und Wiesbaden 1980.
ders. und Eley, Geoff: Mythen deutscher Geschichtsschreibung. Frankfurt a. M., Berlin, Wien 1980.
ders., Between Resignation and Volatility: The German Petite Bourgeoisie in the 19th Century, in: G. Crossick und H. G. Haupt (Hrsg.), Shopkeepers and Master-Artisans in 19th Century Europe, London und New York 1984, S. 35–61.

Blasius, Dirk, Bürgerliches Recht und bürgerliche Identität, in: Vom Staat des Ancien Régime zum modernen Parteienstaat, Festschrift f. Theodor Schieder, hrsg. von Helmut Berding u.a., München Wien 1978, S. 213–224.

Bleek, Stephan, Mobilität und Seßhaftigkeit in deutschen Großstädten während der Urbanisierung, in: GG 15, 1989, S. 5–33.

ders., Das Stadtviertel als Sozialraum, in: W. Hardtwig und K. Tenfelde (Hrsg.), Soziale Räume in der Urbanisierung, Studien zur Gechichte Münchens im Vergleich, 1870 bis 1929, München 1988.

Bleicher, Heinrich, Die Bewegungen der Bevölkerung im Jahre 1891, insbesondere Studien über die Wanderungen, in: Statistische Beschreibungen der Stadt Frankfurt a. M., 1. Bd., 1892; 2. Bd., 1895.

ders., Franz Adickes als Kommunalpolitiker, in: Franz Adickes, Sein Leben und sein Werk, Frankfurt a. M. 1929, S. 253–373.

Blotevogel, Hans Heinrich, Methodische Probleme der Erfassung städtischer Funktionen und funktionaler Städtetypen anhand quantitativer Analysen der Berufsstatistik von 1907, in: W. Ehbrecht (Hrsg.), Voraussetzungen und Methoden geschichtlicher Städteforschung, 1979, S. 217–269.

Bockenheim, seine Entwicklung, gegenwärtigen Einrichtungen und sonstigen Verhältnisse. Denkschrift, hrsg. v. Verein f. Handel und Industrie daselbst, Bockenheim 1892.

Bodenschatz, Harald, Zur Aktualität der Stadt-Planungsgeschichte heute, in: Die alte Stadt, H. 4, 1987, S. 329–340.

Böhm, Hans, Rechtsordnungen und Bodenpreise als Faktoren städtischer Entwicklung im Deutschen Reich zwischen 1870 und 1937, in: Urbanisierung im 19. Jahrhundert, hrsg. von H. J. Teuteberg, Köln und Wien 1983, S. 214–240.

Böhm, Herbert, Baulanderschließung in Frankfurt a. M. früher und heute, in: Das neue Frankfurt a. M. 1. Jg., Frankfurt a. M. 1926, S. 105–112.

Böhme, Helmut, Soziale Auswirkungen des technischen Fortschritts in historischer Perspektive in: Sozio-ökonomische Konsequenzen des technischen Wandels, hrsg. v. H. Körner und B. Rürup, Darmstadt 1987, S. 13–44.

Böttcher, Hugo, Die Wirksamkeit der Lex Adickes, in: Soziale Praxis, Nr. 42, 1895, S. 762f.

Bourdieu, Pierre, Sozialer Raum und „Klassen". Leçon sur la leçon, Zwei Vorlesungen, Frankfurt a. M. 1985.

Brander, Sylvia, Wohnungspolitik als Sozialpolitik. Theoretische Konzepte und praktische Ansätze in Deutschland bis zum 1. Weltkrieg, Berlin 1984.

Brede, Helmut, Ökonomie und Städtebau: Zur „Theorie" der städtischen Grundrente vor der Jahrhundertwende, in: J. Rodrirguez-Lores und G. Fehl (Hrsg.), 1985, Bd. 1, S. 91–100.

ders. und Kujath, Hans Joachim, Finanzierung und Wirtschaftlichkeit des Kleinwohnungsbaus. Zu den Marktwiderständen und der Reformökonomie bis 1914, in: J. Rodriguez-Lores und G. Fehl (Hrsg.), 1988, S. 135–156.

Breitling, Peter, Die Untergliederung von Stadtteilen nach planerischen Gesichtspunkten, in: Veröffentlichungen der Akademie f. Raumforschung und Landesplanung. Forschungs- und Sitzungsberichte, Bd. 42, Die Gliederung des Stadtgebietes, Hannover 1960.

ders., The Role of the Competition in the Genesis of Urban Planning: Germany and Austria in the 19th Century, in: A. Sutcliffe (Hrsg.), 1980, S. 31–54.

Brix, J., Aus der Geschichte des Städtebaus in den letzten 100 Jahren. Städtebauliche Vorträge, Berlin 1910.

Bücher, Karl, „Gewerbe", in: Handbuch für Staatwissenschaften, Bd. 4, 1900, S. 360–392.

Bullock, Nicholas, Zum englischen Arbeiterwohnungsgesetz vom 18.8.1890. Dessen praktische Anwendung und Rezeption in Deutschland, in: J. Rodriguez-Lores und G. Fehl (Hrsg.), 1988, S. 363–372.

ders. und REED, JAMES, The Movement for Housing Reform in Germany and France, 1840–1914, Cambridge 1985.

CAHN, ERNST, Die Wohnungsnot in Frankfurt a. M., ihre Ursachen und ihre Abhilfe in Frankfurt zu ergreifenden Maßregeln, hrsg. v. Institut für Gemeinwohl, dem Sozialen Museum, dem Verein f. Förderung des Arbeiterwohnungswesen und verwandte Bestrebungen um den Deutschen Verein f. Wohnungsreform, Frankfurt a. M. 1912.

ders., Die gemeinnützige Bautätigkeit in Frankfurt a. M., Frankfurt a. M. 1915 (1904).

CHERRY, GORDON E, Town Planning in its Social Context, London 1970.

ders., Introduction: Aspects of 20th Century Planning, in: Ders. (Hrsg.), Shaping an Urban World, London 1980, 1–22.

CHOAY, FRANCOISE, The Modern City: Planning in the 19th Century, 1969.

CHRISTEN, ALEXANDER, Zur Entwicklungsgeschichte des Städtebaus, Erlenbach-Zürich 1946.

COING, H., Das Recht als Element der europäischen Kultur, in: Historische Zeitschrift, Bd. 238, 1984, S. 1–16.

CONZE, WERNER, Arbeiter, in: Geschichtliche Grundbegriffe. Historisches Lexikon zur politisch-sozialen Sprache in Deutschland, hrsg. von Otto Brunner, Werner Conze und Reinhart Koselleck, Bd. 1, Stuttgart 1972, S. 216–242.

ders., „Demokratie“, in: Geschichtliche Grundbegriffe, Bd. 1, 1972, bes. S. 891–899.

ders., Sozialgeschichte 1850–1918, in: Handbuch der deutschen Wirtschafts- und Sozialgeschichte, hrsg. v. H. Aubin und W. Zorn, Bd. 2, 1976, insb. S. 611–662.

ders., Artikel „Mittelstand“, in: Geschichtliche Grundbegriffe, Bd. 4, 1978, S. 49–92.

ders., Einleitung zu: Handwerker in der Industrialisierung. Lage, Kultur und Politik vom späten 18. bis ins frühe 20. Jahrhundert, hrsg. v. U. Engelhardt, Stuttgart 1984, S. 13–19.

CONZEN, MICHAEL R. G., Zur Morphologie der englischen Stadt im Industriezeitalter, in: Probleme des Städtewesens, hrsg. v. H. Jäger, Köln, Wien 1978, S. 1–48.

CREW, DAVID, Bochum. Sozialgeschichte einer Industriestadt, Frankfurt a. M. 1980.

CROON, HELMUT, Das Vordringen der politischen Parteien im Bereich der kommunalen Selbstverwaltung, in: Kommunale Selbstverwaltung im Zeitalter der Industrialisierung, hrsg. v. ders., W. Hofmann, G. Chr. v. Unruh, Stuttgart u.a. 1971.

ders., Staat und Städte in den westlichen Provinzen Preußens 1817–1875. Ein Beitrag zum Entstehen des Preussischen Fluchtliniengesetzes von 1875, in: G. Fehl und J. Rodriguez-Lores (Hrsg.), 1983, S. 55–80.

CROSSICK, GEOFFREY, The Petite Bourgeoisie in 19th Century Europe: Problems and Research, in: K. Tenfelde (Hrsg.), Arbeiter und Arbeiterbewegung im Vergleich, 1986, S. 227–277.

DANN, Otto (Hrsg.), Vereinswesen und bürgerliche Gesellschaft in Deutschland, in: Historische Zeitschrift, Beiheft 9, Müchen 1984, S. 5–10.

DECKER, WALTHER, Die Tagespendelwanderungen der Berufstätigen nach Frankfurt a. M., Diss. Frankfurt a. M. 1929.

DENKSCHRIFT über die Verkehrsverhältnisse der östlichen Stadtteile von Frankfurt a. M. Im Auftrag der Handelskammer zu Frankfurt a. M., bearbeitet von Otto Puls, Frankfurt a. M. 1887.

DENKSCHRIFT über Grundsätze des Städtebaus, Verband deutscher Architekten und Ingenieur-Vereine (Hrsg.), (Deutsche Bauzeitung), Berlin 1906.

DENKSCHRIFT über die Erbauung eines neuen Handels- und Industriehafens im Osten der Stadt Frankfurt a. M., hrsg. v. Tiefbauamt Frankfurt, Frankfurt a. M. 1907.

DOERRY, MARTIN, Übergangsmenschen. Die Mentalität der Wilhelminer und die Krise des Kaiserreichs, Weinheim 1986.

DONZELOT, JAQUES, Die Ordnung der Familie, Frankfurt a. M. 1980

DUNKELMANN, HENNING, Lokale Öffentlichkeit (Schriften des deutschen Instituts für Urbanistik, Bd. 51), Stuttgart u.a. 1975.

EBERSTADT, RUDOLF, Grundsätze der städtischen Bodenpolitik, in: Jahrbuch f. Gesetzgebung, Verwaltung und Volkswirtschaft im Deutschen Reich (Schmoller Jahrbuch) 17. Jg., 1893, S. 235–251.
ders., Städtische Bodenfragen, Berlin 1894.
ders., Die Spekulation im neuzeitlichen Städtebau, Jena 1907.
ders., Bauordnung und Volkswirtschaft, Berlin 1909.
ders., Zur Geschichte des Städtebaus, Berlin 1916.
ders., Handbuch des Wohnungswesens, Jena 19204.
EGLI, ERNST, Geschichte des Städtebaus, 3 Bde., Erlenbach/Zürich 1962 bis 1967.
EICHLER, VOLKER, Sozialistische Arbeiterbewegung in Frankfurt a. M. 1878–1895, Studien zur Frankfurter Geschichte 17, Frankfurt a. M. 1983.
EISENSTADT, S. N., Tradition, Wandel und Modernität, Frankfurt a. M. 1979.
ELIAS, NORBERT, Zur Grundlegung einer Theorie sozialer Prozesse, in: Zeitschrift für Soziologie, Jg. 6, 1977, S. 127–149.
ENGELBERG, ERNST, Das Verhältnis zwischen kleinbürgerlicher Demokratie und Sozialdemokratie in den 80er Jahren des 19. Jahrhunderts, in: Innenpolitische Probleme des Bismarckreiches, hrsg. von Otto Pflanze, München und Wien 1983, S. 24–46.
ENGELHARDT, ULRICH (Hrsg.), Handwerker in der Industrialisierung. Lage, Kultur und Politik vom späten 18. Jahrhundert bis ins frühe 20. Jahrhundert, Stuttgart 1984.
ENGELI, CHRISTIAN, Siedlungsstruktur und Verwaltungsgrenzen der Stadt im Verstädterungsprozeß, in: ZSSD Jg. 4, 1977, S. 288–307.
ders., W. HOFMANN und H. MATZERATH (Hrsg.), Probleme der Stadtgeschichtsschreibung, (Informationen zur Modernen Stadtgeschichte. Beiheft 1), Berlin 1981.
ders., Stadterweiterung in Deutschland im 19. Jahrhundert, in: Die Städte Mitteleuropas im 19. Jahrhundert, hrsg. v. Wilhelm Rausch, Linz 1983, S. 47–72.
ESCHENBURG, THEODOR, Mythos und Wirklichkeit der kommunalen Selbstverwaltung, in: ders. (Hrsg.), Zur politischen Praxis in der Bundesrepublik Deutschland, Bd. 2, München 1966, S. 125ff.
EVANS, RICHARD J. (Hrsg.), Society and Politics in Wilhelmine Germany, London 1978.
ders., Tod in Hamburg. Stadt, Gesellschaft und Politik in den Cholera-Jahren 1830–1910, Reinbek 1990.
FASSBINDER, HELGA, Preisbildung, Monopol und Spekulation beim städtischen Boden. In: Lokale Politikforschung, Bd. 1, hrsg. von R. R. Grauhan, Frankfurt a. M. 1975, S. 147–165.
FEHL, GERHARD, Einleitung in: Ders. und J. Rodriguez-Lores (Hrsg.), Städtebau um die Jahrhundertwende (Schriftenreihe Politik und Planung Bd. 10), Köln, Stuttgart u.a. 1980.
ders., C. Sitte als „Volkserzieher" – Anmerkungen zum deterministischen Denken in der Stadtbaukunst des 19. Jahrhunderts, in: Ders. und J. RODRIGUEZ-LORES (Hrsg.), 1980, S. 172–221.
ders., Stadtbaukunst contra Stadtplanung. Zur Auseinandersetzung C. Sittes mit R. Baumeister, in: Stadtbauwelt 65, 1980, S. 37–47.
ders., Englischer Arbeiterwohnungsbau und Berliner Baublocksreform um 1890, in: Berlin: Von der Residenzstadt zur Industriemetropole. Ein Beitrag der Technischen Universität Berlin zum Preußen-Jahr 1981, hrsg. v. Präsidenten der TU Berlin K. Schwarz, Berlin 1981, Bd. 1, S. 279–304.
ders. und J. RODRIGUEZ-LORES: Die gemischte Bauweise zur Reform von Bebauungsplan und Bodenaufteilung zwischen 1892 und 1914, in: Stadtbauwelt 71, 1981, S. 273–283.
ders. und J. RODRIGUEZ-LORES, Aufstieg und Fall der Zonenplanung. Städtebauliches Instrumentarium und stadträumliche Ordnungsvorstellungen zwischen 1870 und 1905, in: Stadtbauwelt 73, 1982, S. 45ff.
ders. und J. RODRIGUEZ-LORES, Stadterweiterungen 1800–1875. Von den Anfängen des modernen Städtebaues in Deutschland, (Stadt – Planung – Geschichte 2), Hamburg 1983.

ders., Berlin wird Weltstadt: Wohnungsnot und Villenkolonien. Eine Begegnung mit Julius Faucher, seinem Filter-Modell und seiner Wohnungsreformbewegung von 1866, in: J. Rodriguez-Lores und ders. (Hrsg.), Städtebaureform 1865–1900, Bd. 5, I, Hamburg 1985, S. 101–152.

FISCH, STEFAN, Stadtplanung im 19. Jahrhundert. Das Beispiel München bis zur Ära Th. Fischer. München 1988.

ders., Grundbesitz und Urbanisierung. Entwicklung und Krise der deutschen Terraingesellschaften 1870–1914, in: GG 15, 1989, S. 34–61.

FISCHER, WOLFRAM, Bergbau, Industrie und Handwerk 1850–1914, in: Handbuch der deutschen Wirtschafts- und Sozialgeschichte, hrsg. von H. Aubin und W. Zorn, Bd. 2, Stuttgart 1976.

ders., Wirtschaft und Gesellschaft im Zeitalter der Industrialisierung, Göttingen 1972.

FLEISCHER, MAX, Das Frankfurter Stadtparlament, Frankfurt a. M. 1907

FLESCH, KARL, Die Wohnungsverhältnisse in Frankfurt a. M. in: Schriften des Vereins f. Sozialpolitik XXX, 1886, S. 57–91.

ders., Zur Kenntnis des Armenwesens und zur Armenstatistik in Frankfurt a. M., Frankfurt a. M. 1890.

ders. (Hrsg.), Frankfurter Arbeiter-Budget, Schriften des Freien deutschen Hochstiftes. Frankfurt a. M. 1890.

ders., Kommunale Wohnungspolitik und kommunales Wahlrecht, in: Soziale Praxis Nr. 17, 1896, S. 460f.

ders., Zur Aufgabe der Stiftungen in der Wohnungsfrage, in: Deutsche Volksstimme, 11. Jg., 1900, S. 165–169.

ders. und ZIRNDORFER, Das Mietrecht in Deutschland, in: Schriften des Vereins f. Sozialpolitik XCV, Bd. 1, Leipzig 1901, S. 275–320.

FLUCHTLINIENGESETZ, Das Straßen- und Baufluchtengesetz v. 2.7.1875. Kommentar von R. Friedrichs, Berlin und Leipzig 1882; Carl Ottermann, Berlin 1897 und von Otto Meyer und Carl Saß, Berlin, Leipzig 1934 (2. Auflage).

FOUCAULT, MICHEL, Dispositive der Macht, Berlin 1978.

FRANKE, BERTHOLD, Die Kleinbürger. Begriff, Ideologie, Politik, Frankfurt a. M. und New York 1988.

FRANKFURT A. M., Das Wohnungswesen der Stadt Frankfurt a. M., 1930

FRANKFURT A. M., Monographien deutscher Städte: Frankfurt a. M., hrsg. von Oberbürgermeister Voigt und Erwin Stein, Frankfurt a. M. 1914.

FRANKFURT A. M., Das städtische Tiefbauwesen in Frankfurt a. M., 1903 und 1909.

FRANKFURT A. M., eine Stadt im Grünen, hrsg. im Auftrage des Magistrats, Frankfurt a. M. 1955., und Entwicklung der Gärten und Grünflächen in Frankfurt a. M., hrsg. v. Martin Heinzberger, Petra Meyer und Thomas Meyer, Frankfurt a. M. 1988.

FRANKFURTER Verkehrsprobleme und Beiträge zur Lösung, im Auftrag des Magistrats Frankfurt a. M., Frankfurt 1925.

FRANKFURTER ZEITUNG, Geschichte der Frankfurter Zeitung, Frankfurt a. M. 1911.

FRASER, DEREK und A. Sutcliffe (Hrsg.), The Pursuit of Urban History, London 1983.

FRIEDRICHS, JÜRGEN, Stadtanalyse. Soziale und räumliche Organisation der Gesellschaft, Hamburg 1977.

FRISCH, MICHAEL H., „To Market, to Market", Changing Patterns of Food Distribution in the Capitalsit City, Nashville, Tenn. 1981 (Manuskript).

FRITZSCHE, BRUNO, Grundstückspreise als Determinanten städtischer Strukturen: Bern im 19. Jahrhundert, in: ZSSD, 4. Jg., H. 1, 1977, S. 36–54.

ders., Das Quartier als Lebensraum, in: Arbeiterexistenz im 19. Jahrhundert., hrsg. von W. Conze und U. Engelhardt, Stuttgart 1981, S. 92–113.

ders., Mechanismen der sozialen Segregation, in: H. J. Teuteberg (Hrsg.), 1985, S. 155–168.

Fuchs, Carl Johannes, Referat gehalten beim Verein f. öffentliche Gesundheitspflege zum Thema „Gartenstadt", in: Deutsche Vierteljahrsschrift f. öffentliche Gesundheitspflege, 40. Bd., 1908, S. 91–102.

Gall, Lothar, Liberalismus und „Bürgerliche Gesellschaft", in: Historische Zeitschrift, H. 220, 1975, S. 324–356.

ders., „ich wünschte ein Bürger zu sein". Zum Selbstverständnis des deutschen Bürgertums im 19. Jahrhundert, in: Historische Zeitschrift, H. 245, 1987, S. 601–625.

ders. (Hrsg.), Stadt und Bürgertum im 19. Jahrhundert, Historische Zeitschrift, Beiheft 12, München 1990.

Gassert, Gottlieb, Die berufliche Struktur der deutschen Großstädte nach der Berufszählung von 1907. Diss., Heidelberg, Greifswald 1917.

Geddes, Patrick, Cities in Evolution, 1915.

Geertz, Clifford, Dichte Beschreibung. Beiträge zum Verstehen kultureller Systeme, Frankfurt a. M. 1983.

Geisler, Hans Wolfgang, Die Bedeutung der Industrialisierung von Frankfurt a. M. für den Handwerkerstand, Frankfurt a. M. (Diss.) 1926.

Gemeindeverfassungsgesetz, Das G. der Stadt Frankfurt a. M. v. 25.3.1867 mit Zuständigkeitsgesetzen vom 1.8.1883 und 1.3.1891, Frankfurt a. M. 1898.

Geschichtliche Grundbegriffe, Historisches Lexikon zur politisch-sozialen Sprache in Deutschland, hrsg. v. Otto Brunner, Werner Conze und Reinhart Koselleck, Stuttgart 1972ff.

Gley, Wolfgang, Grundriß und Wachstum der Stadt Frankfurt a. M. in: Festschrift f. Hundertjahrfeier des Vereins f. Geographie und Statistik zu Frankfurt a. M., Frankfurt a. M. 1936.

Göbel, Heinz Christian, Arbeitsstättenwanderungen. Ein Beitrag zur Frage der Binnenwanderung, dargestellt an den im Juli 1912 aufgenommenen Verhältnissen im rhein-mainischen Wirtschaftsgebiet, in: Zeitschrift f. die ges. Staatswissenschaften, Bd. 74, 1919, S. 141–208.

Goecke, Theodor, Verkehrsstraße und Wohnstraße, in: Preussische Jahrbücher, Bd. 73, 1893.

Golz, Hans, Die Wohnungsinspektion und ihre Ausgestaltung durch das Reich, hrsg. v. Verein Reichswohnungsgesetz, Göttingen 1900.

Grandhomme, Wilhelm, Die Theerfarben-Fabriken der AG Farbwerke vorm. Lucius & Brüning zu Höchst in sanitärer und socialer Beziehung, 1883.

Gransche, Elisabeth und Rothenbacher, Franz, Wohnbedingungen in der 2. Hälfte des 19. Jahrhunderts, 1861–1910, in: Geschichte und Gesellschaft, 14. Jg., 1988, S. 64–95.

Grimm, Dieter, Recht und Staat der bürgerlichen Gesellschaft, Frankfurt a. M. 1987.

ders., Bürgerlichkeit im Recht, in: J. Kocka (Hrsg.), Bürger und Bürgerlichkeit ..., 1987, S. 149–188.

Grossstadt, Die, Vorträge und Aufsätze zur Stadteausstellung 1903 in Dresden, 1903.

Grote, Ludwig (Hrsg.), Die deutsche Stadt im 19. Jahrhundert. Stadtplanung und Baugestaltung im industriellen Zeitalter, München 1974.

Gruber, Franz v., Die neue Bauordnung der Außenstadt Frankfurt a. M. nebst Bebauungsplan und andere. ... in: Zeitschrift des Österreichischen Ingenieur- und Architekten-Vereines, XLIV. Jg., 1892, Nr. 45, S. 573ff. und Nr. 46, S. 589.

Grundeigentum, Das, Zeitschrift f. Hausbesitzer und Grundbesitzer, 1894.

Gurlitt, Cornelius, Der deutsche Städtebau, in: Die deutschen Städte, hrsg. von R. Wuttke, Bd. 1., 1904, S. 23ff.

Gutman, Herbert G., Work, Culture and Society in Industrializing America, New York 1977.

Häussermann, Hartmut und Siebel, Walter, Neue Urbanität, Frankfurt a. M. 1987.

Haltern, Utz, Bürgerliche Gesellschaft. Sozialtheoretische und sozialhistorische Aspekte, Darmstadt 1985.

Hamm, Bernd, Betrifft: Nachbarschaft. Verständigung über Inhalt und Gebrauch eines vieldeutigen Begriffs, (Bauwelt Fundamente 40), Düsseldorf 1973.

ders., Einführung in die Siedlungssoziologie, München 1982.

HANDELSKAMMER zu Frankfurt a. M. (1707–1908), Geschichte der, hrsg. v. ders., 1908.

HANDELSKAMMER, 1908–1958, Weitere fünfzig Jahre. Industrie- und Handelskammer Frankfurt a. M., bearbeitet von ERICH Achterberg, 1960.

HANDELSKAMMER, Mitteilungen aus der Handelskammer Frankfurt a. M., Jahrgänge 1906–1913.

HANDWÖRTERBUCH der Kommunalwissenschaften, J. Brix, J. Lindemann, O. Most, H. Preuss und A. Südekum (Hrsg.), Bd. 1–4, 1918–1924.

HANDWÖRTERBUCH der Sozialen Hygiene: A. Grotjahn und J. Kamp (Hrsg.), Leipzig 1912.

HARDTWIG, WOLFGANG, Großstadt und Bürgerlichkeit in der politischen Ordnung des Kaiserreichs, in: Stadt und Bürgertum im 19. Jahrhundert, hrsg. v. L. Gall, Historische Zeitschrift, Beiheft 12, München 1990, S. 19–64.

ders. und KLAUS TENFELDE (Hrsg.), Soziale Räume in der Urbanisierung. Studien zur Geschichte Münchens, München 1990.

HARTMANN, KRISTIANA, Deutsche Gartenstadtbewegung. Kulturpolitik und Gesellschaftsreform, München 1978.

HARTOG, RUDOLF, Stadterweiterungen im 19. Jahrhundert, 1962.

HAUPT, H. G. (Hrsg.), Bourgeois und Volk zugleich? Zur Geschichte des Kleinbürgertums, Frankfurt a. M. und New York 1978.

ders., Kleinhändler und Arbeiter in Bremen zwischen 1890 und 1914, in: Archiv f. Sozialgeschichte, XXII. Bd., 1982, S. 95–132.

ders., Kleine und große Bürger in Deutschland und Frankreich am Ende des 19. Jahrhunderts, in: Bürgertum ..., hrsg. v. J. Kocka, Bd. 2, München 1988, S. 252–275.

HEBERLE, RUDOLF und F. MEYER, Die Großstädte im Strome der Binnenwanderung, Leipzig 1937.

HEFFTER, HEINRICH, Die deutsche Selbstverwaltung im 19. Jahrhundert. Geschichte der Ideen und Institutionen, Stuttgart 1950.

HEGEMANN, WERNER, Der Städtebau nach den Ergebnissen der allg. Städtebau-Ausstellung in Berlin, nebst einem Anhang: die Internationale Städtebau-Ausstellung in Düsseldorf, Bd. 1, 1911 und Bd. 2, 1913.

HEILIGENTHAL, R., Deutscher Städtebau, Heidelberg 1921.

HEINEBERG, HEINZ (Hrsg.), Innerstädtische Differenzierung und Prozesse im 19. und 20. Jahrhundert, Köln, Wien 1987.

HEINZE, G. WOLFGANG, Verkehr schafft Verkehr. Ansätze zu einer Theorie des Verkehrswachstums als Selbstinduktion, in: Berichte zur Raumforschung und Raumplanung, 23. Jg., H. 415, 1979, S. 9–32.

HELLER, HARTMUT, Gartenstädte als Teil deutscher Großstädte in: Großstadt. Aspekte empirischer Kulturforschung, hrsg. v. Theodor Kohlmann und Hermann Bausinger, Berlin 1985, S. 49–56.

HENNING, FRIEDRICH-WILHELM, Die Stadterweiterung unter dem Einfluß der Industrialisierung, in: Zwei Jahrtausende Kölner Wirtschaft, hrsg. v. H. Kellenbenz, Bd. 2, Köln 1975, S. 268–349.

HENRICI, KARL, Künstlerischer Städtebau um die Jahrhundertwende. Der Beitrag von KARL Henrici, hrsg. v. Gerhard Curdes und Renate Oehmischen, Köln u.a., 1981, S. 56–58.

HERSHBERG, THEODORE (Hrsg.), Work, Space, Family and Group Experience in the 19th Century. Essays toward an Interdisciplinary History of the City, New York und Oxford 1981.

ders., The Future of Urban History, in: The Pursuit of Urban History, hrsg. v. A. Sutcliffe, London 1983. S. 427–440.

HERZFELD, HANS und ENGELI, CHRISTIAN, Neue Forschungsansätze in der modernen Stadtgeschichte, in: Archiv f. Kommunalwissenschaften, 14. Jg., 1975, S. 1–19.

HETTLING, MANFRED, Bürgertum und Liberalismus im deutschen Kaiserreich, in: liberal, Jg. 33, 1991, H. 1, S. 62–69.

ders., Bericht über „Stadtgeschichtliche Forschungen an der Universität Bielefeld", in: Informationen zur Modernen Stadtgeschichte, 1991, H. 1., S. 8–14.
HEUER, HANS, Sozioökonomische Bestimmungsfaktoren der Stadtentwicklung, Stuttgart u.a. 1972.
HIN, (Stadtrat), Straßen- und Vorortbahnen in Frankfurt a. M., in: Zeitschrift f. Polizei- und Verwaltungsbeamte, XVII. Jg., Nr. 33, vom 20.11.1909.
HIRSCH, PAUL, Kommunale Wohnungspolitik, Berlin 1906.
HIRSCHMAN, ALBERT, Engagement und Enttäuschung. Über das Schwanken der Bürger zwischen Privatwohl und Gemeinwohl, Frankfurt a. M. 1988 (1984).
HÖLSCHER, LUCIAN, „Öffentlichkeit" in: Geschichtliche Grundbegriffe, Bd. 4, Stuttgart 1978, S. 413–467.
HÖPFNER, Verbesserung der Verkehrs- und Gesundheitsverhältnisse durch Niederlegung alter Stadtteile, in: Technisches Gemeindeblatt, 1900, S. 163–167 und S. 181–183.
HOFMANN, WOLFGANG, Zwischen Rathaus und Reichskanzlei. Die Oberbürgermeister in der Kommunal- und Staatspolitik des Deutschen Reiches 1890–1933, Stuttgart 1974.
ders., Preussische Stadtverordneten-Versammlungen als Repräsentativ-Organe, in: Die deutsche Stadt im Industriezeitalter, hrsg. v. J. Reulecke, Wuppertal 1978, S. 31–56.
ders., Die Entwicklung der kommunalen Selbstverwaltung von 1848–1918, in: Handbuch der kommunalen Wissenschaften, hrsg. v. G. Püttner, Bd. 1, Berlin u.a. 1981 (2. Auflage), S. 71–85.
ders., Aufgaben und Struktur der kommunalen Selbstverwaltung in der Zeit der Hochindustrialisierung, in: K. Jeserich, H. Pohl und G. C. v. Unruh (Hrsg.), Deutsche Verwaltungsgeschichte, Bd. 3, 1984, S. 578–645.
HORSFALL, T. C., The Improvements of the Dwellings and Surroundings of the People: The Example of Germany, Machester 1904.
HYGIENE, Die hygienischen Einrichtungen von Frankfurt a. M., bearbeitet unter Mitwirkung der Stadträte Behnke, Lindley und Spiess, Frankfurt a. M. 1888.
IPSEN, G., „Stadt", in: Handwörterbuch der Sozialwissenschaften, Bd. 9, Stuttgart u.a. 1956.
JACOBS, JANE, Tod und Leben großer amerikanischer Städte, Berlin 1963.
JÄGER, EUGEN, Die Wohnungsfrage, Bd. 1, Berlin 1902.
JÄGER, HELMUT (Hrsg.), Probleme des Städtewesens im industriellen Zeitalter, Köln und Wien 1978.
JAHRBUCH der Wohnungsreform, Deutschen Verein f. Wohnungsreform (Hrsg.), Bd. 1–7, Göttingen (1904–1913).
JASPER, K., Der Urbanisierungsprozeß – dargestellt am Beispiel der Stadt Köln, Köln 1977.
KAASE, MAX, Politische Beteiligung und politische Ungleichheit, in: Lothar Albertin und Werner Link (Hrsg.), Politische Parteien auf dem Weg zur parlamentarischen Demokratie in Deutschland, Düsseldorf 1981, S. 363–377.
KABEL, ERICH, Baufreiheit und Raumordnung. Die Verflechtung von Baurecht und Bauentwicklung im deutschen Städtebau, Ravensburg 1949.
KAELBLE, HARTMUT, Industrialisierung und soziale Ungleichheit, 1983.
KAMPHOEFNER, WALTER DEAN, Soziale und demographische Strukturen der Zuwanderung in deutsche Großstädte des späten 19. Jahrhunderts, in: H. J. Teuteberg (Hrsg.), 1983, S. 95–116.
KANNGIESSER, OTTO, Frankfurter Gegenwart und nächste Zukunft. Eine Denkschrift, Frankfurt a. M. 1892.
KANTZOW, WOLFGANG TH., Stadtentwicklung und Bodeneigentum – Zu den Grundlagen stadtsoziologischer Forschung, Diss. Gießen 1979, jetzt: Sozialgeschichte der deutschen Städte und ihres Boden- und Baurechts bis 1918, Frankfurt/New York 1980.
KASCHUBA, WOLFGANG, Deutsche Bürgerlichkeit nach 1800. Kultur als symbolische Praxis, in: Bürgertum im 19. Jahrhundert, hrsg. v. Jürgen Kocka, unter Mitarbeit v. U. Frevert, Bd. 3, München 1988, S. 9–44.

Kehnen, Peter, Stadtwachstum aus der Sicht der ökologischen Theorie, in: ZSSD 1975, S. 80–92.
Keim, Karl-Dieter, Stadtkultur heute. Vom gesellschaftlichen Wandel des Urbanitätsverständnisses, Neue Rundschau, H. 4, 1988, S. 144–158.
Kielmannsegg, Peter, Die demokratische Revolution und die Spielräume politischen Handelns, in: HZ, H. 237, 1983, S. 529–558.
Kiesewetter, Hubert, Erklärungshypothesen zur regionalen Industrialisierung in Deutschland im 19. Jahrhundert, in: VSWG 67, 1980, S. 305–333.
Klages, Helmut, Planung – Entwicklung – Entscheidung: Wird die Geschichte herstellbar, in: HZ, H. 226, 1978.
Klar, Emil, Die erste Baulanderschließung nach dem Frankfurter Umlegungsgesetz, o. J. (1912).
ders., Die Entwicklung des Wohnungswesens von 1870–1914, in: Das Wohnungswesen der Stadt Frankfurt a. M. 1930, S. 55–91.
Klötzer, Wolfgang, Franz Adickes, in: Männer der deutschen Verwaltung, Köln und Berlin 1963, S. 245–259.
ders., Das Wilhelminische Frankfurt a. M., in: Archiv für Frankfurts Geschichte und Kunst H. 53, 1973, S. 161–182.
ders., Franz Adickes. Frankfurter Oberbürgermeister 1891–1912, In: Deutsche Führungsschichten der Neuzeit, Bd. 13, Sammelband „Oberbürgermeister". Büdinger Forschungen zur Sozialgeschichte, hrsg. v. Klaus Schwabe, Boppard 1981, S. 39–56.
ders., „Wahrlich eine schöne und lebendige Stadt ...", Kleine Schriften zur Frankfurter Kulturgeschichte, (Archiv f. Frankfurts Geschichte und Kunst 60), Frankfurt a. M. 1985.
Koch, Rainer, Staat oder Gemeinde? Zu einem politischen Zielkonflikt in der bürgerlichen Bewegung des 19. Jahrhunderts, in: HZ, H. 236, 1983, S. 73–96.
Kocka, Jürgen, Unternehmer in der deutschen Industrie, Göttingen 1975.
Kocka, Jürgen und B. Mütter, Wirtschaft und Gesellschaft im Zeitalter der Industrialisierung, München 1980.
ders., Handwerker – Arbeiter: Übergangs- und Anpassungssprobleme. Einführung und Auswertung in: Handwerker in der Industrialisierung, hrsg. v. U.Engelhardt, Stuttgart 1984, S. 461–468.
ders., Sozialgeschichte. Begriff – Entwicklung – Probleme, Göttingen 1986 (2. Auflage).
ders., Bürger und Arbeiter. Brennpunkte und Ergebnisse der Diskussion, in: Ders. (Hrsg.), unter Mitarbeit von E. Müller-Luckner, Arbeiter und Bürger im 19. Jahrhundert. Varianten ihres Verhältnisses im europäischen Vergleich., München 1986, S. 325–339.
ders., Bürgertum und Bürgerlichkeit als Probleme der deutschen Geschichte vom späten 18. zum frühen 20. Jahrhundert, in: Bürger und Bürgerlichkeit im 19. Jahrhundert, hrsg. v. J. Kocka, Göttingen 1987, S. 21–63.
ders., Bürgertum und bürgerliche Gesellschaft im 19. Jahrhundert. Europäische Entwicklungen und deutsche Eigenarten. in: Bürgertum im 19. Jahrhundert, hrsg. v. ders. unter Mitarbeit von Ute Frevert, Bd. 1, München 1988, S. 11–78.
Köhler, Gabriele und Schäfers, Bernhard, Leitbilder der Stadtentwicklung in der Bundesrep. Deutschland, in: Aus Politik und Zeitgeschichte, B. 46–47, 1986, S. 29–39.
Köllmann, Wolfgang, Sozialgeschichte der Stadt Barmen im 19. Jahrhundert, Tübingen 1960.
ders. und P. Marschalck (Hrsg.), Bevölkerungsgeschichte, Köln 1972.
ders., Industrialisierung, Binnenwanderung und „soziale Frage", in: Ders., Bevölkerung in der industriellen Revolution , Göttingen 1974, S. 106–123.
ders., Bevölkerung in der Industriellen Revolution, Göttingen 1974.
ders., Zur Bedeutung der Regionalgeschichte im Rahmen struktur- und sozialgeschichtlicher Konzeptionen, in: Archiv f. Sozialgeschichte, Bd. XV, 1975, S. 43–50.

ders., Versuch des Entwurfs einer historisch-soziologischen Wanderungstheorie in: U. Engelhardt und W. Köllmann (Hrsg.), Soziale Bewegungen und politische Verfassung, 1976, S. 260–269.
Korte, Hermann, Stadtsoziologie. Forschungsprobleme und Forschungsergebnisse der 70er Jahre, Darmstadt 1986.
Koselleck, Reinhart, „Fortschritt", in: Geschichtliche Grundbegriffe. Historisches Lexikon zur politisch-sozialen Sprache in Deutschland, Bd. 2, Stuttgart 1975, S. 351–423.
ders., Erfahrungsraum und Erwartungshorizont – zwei historische Kategorien, in: Ders., Vergangene Zukunft, Frankfurt a. M. (2. Auflage) 1984, S. 349–375.
Krabbe, Wolfgang R., Munizipalsozialismus und Interventionsstaat, in: Geschichte in Wissenschaft und Unterricht 5/1979, S. 265–283.
ders., Eingemeindungsprobleme vor dem Ersten Weltkrieg: Motive, Widerstände und Verfahrensweisen, in: Die alte Stadt, Jg. 7, 1980, S. 368–387.
ders., Die Entfaltung der modernen Leistungsverwaltung in den deutschen Städten des späten 19. Jahrhunderts, in: H. J. Teuteberg 1983, S. 373–392.
ders., Die Anfänge des „sozialen Wohnnungsbaus" vor dem 1. Weltkrieg, in: VSWG, 71. Bd., 1984, S. 30–58.
ders., Der Bürgermeister in der Preussischen Magistratsverfassung, in: Die alte Stadt 1/1984, S. 41–47.
ders., Die Wohnungsfrage in der Kommunalpolitik vor dem 1. Weltkrieg, in: GWU 6/1985, S. 426–438.
ders., Kommunalpolitik und Industrialisierung. Die Entfaltung der städtischen Leistungsverwaltung im 19. und frühen 20. Jahrhundert, Fallstudien zu Dortmund und Münster, Stuttgart 1985.
ders., Die deutsche Stadt im 19. und 20.Jahrhundert, Göttingen 1989.
Kracauer, Siegfried, Ginster, in: Schriften, Bd. 7, Frankfurt a. M.1973.
Kramer, Henriette, Die Anfänge des sozialen Wohnungsbaus in Frankfurt a. M. 1860–1914, in: Archiv f. Frankfurts Geschichte und Kunst, H. 56, 1978, S. 123–190.
Kramer, W., Die altfrankfurter Art zu leben, Frankfurt a. M. 1974.
Kropat, Wolf-Arno, Frankfurt zwischen Provinzialismus und Nationalismus. Die Eingliederung der „Freien Stadt" in den preussischen Staat, Frankfurt a. M. 1971.
Kujath, Hans Joachim, Reorbanisierung? – Zur Organisation von Wohnen und Leben am Ende des städtischen Wachstums, in: Leviathan, Nr. 1/1988, S. 23–43.
Kurella, Hans, Wohnungsnot und Wohnungsjammer, Frankfurt a. M. 1900
Langewiesche, Dieter, Wanderungsbewegungen in der Hochindustrialisierungsperiode, in: VSWG, 64. Bd., 1977, S. 1–40.
ders., Mobilität in deutschen Mitttel- und Großstädten. Aspekte der Binnenwanderung im 19. und 20. Jahrhundert, in: W. Conze und U. Engelhardt (Hrsg.), Arbeiter im Industrialisierungsprozeß, Stuttgart 1979, S. 70–93.
ders., Sozialgeschichte und Politische Geschichte, in: Sozialgeschichte in Deutschland, hrsg. v. W. Schieder und V. Sellin, Bd.1, Göttingen 1986, S. 9–32.
ders., Liberalismus in Deutschland, Frankfurt a. M. 1988.
Laux, Hans Dieter, Demographische Folgen des Verstädterungssprozesses: Zur Bevölkerungsstruktur und natürlichen Bevölkerungsentwicklung deutscher Städtetypen 1871–1914, in: H. J. Teuteberg (Hrsg.), 1983, S. 65–94.
Lee, J. J., Aspects of Urbanisation and Economic Developent in Germany 1815–1914, in: Towns in Societies. Essays in Economic History and Historical Sociology, hrsg. v. Ph. Abram und E. A. Wrigley, Cambridge 1978, S. 279–293.
Lees, Lynn, Metropolitan Types, in: H. J. Dyos und M. Wolff (Hrsg.), 1973, S. 413–428.
Lenger, Friedrich, Sozialgeschichte der deutschen Handwerker seit 1800, Frankfurt a. M. 1988.

Lepsius, M. Rainer, Bürgertum als Gegenstand der Sozialgeschichte, in: Sozialgeschichte in Deutschland, hrsg. v. W. Schieder und K. Sellin, Bd. 4, 1987, S. 61–80.
ders., Zur Soziologie des Bürgertums und der Bürgerlichkeit, in: J. Kocka (Hrsg.), Bürger und Bürgerlichkeit ..., Göttingen 1987, S. 79–100.
Lerner, Franz, Das tätige Frankfurt, im Wirtschaftsleben dreier Jahrhunderte (1648–1955), Frankfurt a. M. 1955.
ders., Wirtschafts- und Sozialgeschichte des Nassauischen Raumes 1816–1964, Wiesbaden 1965.
Lidke, Vernon L., Burghers, Workers and Problems of Class Relationships 1870 to 1914: Germany in Comparative Perspektive, in: J. Kocka und E. Müller-Luckner (Hrsg.), 1986, S. 29–46.
Lindemann, Karl Hugo, Die deutsche Städteverwaltung. Ihre Aufgaben auf dem Gebiet der Volkshygiene, des Städtebaus und des Wohnungswesens, Stuttgart 1901.
Lönholdt, Julius Hermann, Ausgestaltung von Fluchtlinienplänen und örtlichen Verschönerungen in den Städten, in: Verhandlungen der gemeinsamen Tagung des Nassauischen und Hess. Städtetages zu Biebrich a. Rhein, hrsg. im Auftrage der beiden Städtetage, Kassel 1909, S. 27–48.
Logan, Thomas Harvey, The Invention of Zoning in the Emerging Planning Profession of Late 19th Century Germany, Chapel Hill (Diss), 1972.
Luppe, Hermann, Leitsätze: Bericht über den 2. Deutschen Wohnungskongreß 1911, Göttingen 1912.
ders., Mein Leben, Nürnberg 1977.
Lynch, Kevin, Das Bild der Stadt, (Bauwelt Fundamente 16), Gütersloh, Berlin und München 1968.
Mäckler, Christoph, Frankfurt-Projekt, (Deutsches Architekturmuseum), Frankfurt a. M. 1987.
Mai, Ekkehard, Jürgen Paul und Stephan Waetzoldt (Hrsg.), Das Rathaus im Kaiserreich, Berlin 1982.
Maly, Karl, Die Macht der Honoratioren. Geschichte der Frankfurter Stadtverordnetenversammlung (Veröff. d. Frankf. Hist. Komm. XVIII/1), Frankfurt a. M. 1992.
Mangoldt, K. v., Die Ursachen der städtischen Wohnungsnot. Sozialpolitisches Centralblatt IV. Jg., Nr. 24, 1895.
ders., Die Aufgaben kommunaler Wohnungspolitik, in: Soziale Praxis Nr. 29, 1895, S. 396–399.
ders., Die städtische Bodenfrage, Göttingen 1904.
Marschalk, Peter, Zur Rolle der Stadt für den Industrialisierungsprozeß in Deutschland in der 2. Hälfte des 19. Jahrhunderts, in: Die deutsche Stadt im Industriezeitalter, hrsg. von J. Reulecke, Wuppertal 1978, S. 57–66.
ders., Bevölkerungsgeschichte Deutschlands im 19. und 20. Jahrhundert, Frankfurt a. M. 1984.
Maturana, Humberto R., Biologie der Sozialität, in: Der Diskurs des Radikalen Konstruktivismus, hrsg. v. Siegfried J. Schmidt, Frankfurt a. M. 1988, S. 287–302.
Matzerath, Horst, Von der Stadt zur Gemeinde. Zur Entwicklung des rechtlichen Stadtbegriffs im 19. und 20. Jahrhundert. In: Archiv f. Kommunalwissenschaften, 13. Jahrg., 1974, S. 17–46.
ders., Städtewachstum und Eingemeindungen im 19 Jh. in: Die deutsche Stadt im Industriezeitalter, hrsg. v. J. Reulecke, Wuppertal 1978, S. 67–89.
ders., Industrialisierung, Mobilität und sozialer Wandel am Beispiel der Städte Rheydt und Rheindalen, in: Probleme der Modernisierung in Deutschland, hrsg. v. H. Kaelble, H. Matzerath u.a., Opladen 1978.
ders., (Hrsg.) Städtewachstum und innerstädtische Strukturveränderungen. Probleme der Urbanisierungsprozesses im 19. und 20. Jahrhundert, Stuttgart 1985.
ders., Urbanisierung in Preußen 1815–1914, Stuttgart u.a. 1985.
ders., Lokalgeschichte, Stadtgeschichte, Historische Urbanisierungsforschung? in: GG 15, 1989, S. 62–88.

MEIER, CHRISTIAN, Notizen zum Verhältnis von Makro- und Mikrogeschichte, in: Teil und Ganzes, hrsg. v. K. Acham und W. Schulze (Theorie der Geschichte. Beiträge zur Historik, Band 6), München 1990, S. 111–140.

MEINERT, HERMANN, Franz Adickes. In: Neue deutsche Biographie, 1. Bd., hrsg. von der Historischen Kommission bei der Bayerischen Akademie der Wissenschaften, Berlin 1953, S. 67f.

MERTEN, KLAUS und CHRISTOPH MOHR, Das Frankfurter Westend, München 1974.

MERTEN, KLAUS, Die großbürgerliche Villa im Frankfurter Westend, in: Die deutsche Stadt im 19. Jahrhundert, hrsg. v. L. Grote, München 1974, S. 257–272.

MEYN, E., Stadterweiterungen in rechtlicher Beziehung, Berlin 1893.

MICHELKE, HORST und CLAUDE JEANMARIE, Hundert Jahre Frankfurter Straßenbahnen 1872–1899–1972, 1972.

MIETVEREIN, Flugschriften des Frankfurter Mietervereins. Das Wohnungselend und seine Abhilfe in Frankfurt, dargestellt nach einer Untersuchung des Mietervereins v. Herbst 1897, 1898.

MIETVEREIN Frankfurt a. M., Die Wohnungsverhältnisse der ärmsten Klassen in Frankfurt und ihre Reform durch kommunale Fürsorge (Denkschrift des Frankfurter Mietervereins), 1899.

MIETVEREIN, I. Jahresbericht des Mieter-Schutz-Vereins e.V., Frankfurt a. M. 1911.

MIQUEL, JOHANNES, Die Wohnungsverhältnisse der ärmeren Klassen in deutschen Großstädten., Bd. 30 der Schriften des Vereins f. Sozialpolitik, Leipzig 1887.

ders., und R. BAUMEISTER, Maßregeln zur Erreichung gesunden Wohnens. 14. Vers. des Vereins f. öffentliche Gesundheitspflege, Frankfurt a. M. 1888 in: Deut. Vierteljahrsschrift f. öffentl. Gesundheitspflege, Bd. 21, 1889, S. 12–24.

MOCK, WOLFGANG, Die Wiederentdeckung der Armut in der Phase der „mature economy“. Das Beispiel Charles Booth. in: W. Mommsen und W. Schulze (Hrsg.), Vom Elend der Handarbeit, 1981, S. 418–441.

MOHR, CHRISTOPH und MICHAEL MÜLLER, Funktionalismus und Moderne. Das Neue Frankfurt a. M. und seine Bauten 1925–1933, Köln 1984.

MOMMSEN, HANS, Die Auflösung des Bürgertums seit dem späten 19. Jahrhunderts, in: J. Kocka (Hrsg.), Bürger ..., 1987, S. 288–315.

MOMMSEN, WOLFGANG J., Wandlungen der liberalen Idee im Zeitalter des Imperialismus, in: Liberalismus und imperialistischer Staat, hrsg. v. Karl Holl und Günther List, Göttingen 1975.

ders., Das deutsche Kaiserreich als System umgangener Entscheidungen, in: Festschrift f. Th. Schieder. Vom Staat des Ancien Régime zum modernen Parteienstaat, Müchen Wien, 1978.

ders., Die liberale Idee in einer sich wandelnden Gesellschaft. Der deutsche Liberalismus von seinen Anfängen bis zur Gegenwart, in: Aus Politik und Zeitgeschichte, B 23/1979, S. 3–14.

ders. und WINFRIED SCHULZE (Hrsg.), Vom Elend der Handarbeit. Probleme historischer Unterschichtenforschung, Stuttgart 1981.

ders. und W. MOCK (Hrsg.), Die Entstehung des Wohlfahrtsstaates in Großbritannien und Deutschland 1850–1950, Stuttgart 1982.

MOORE, BARRINGTON, Ungerechtigkeit. Die sozialen Ursachen von Unterordnung und Widerstand, Frankfurt a. M. 1982.

MOOSER, Josef, Arbeiterleben in Deutschland 1900–1970, Frankfurt a. M. 1984.

NEULOH, OTTO, Zum Bezugsrahemen von sozialer Innovation und sozialem Konflikt, in: Ders. (Hrsg.), Soziale Innovation und sozialer Konflikt, Göttingen 1977, S. 9–30.

NIETHAMMER, LUTZ und FRANZ BRÜGGEMEIER, Wie wohnten Arbeiter im Kaiserreich? In: Archiv f. Sozialgeschichte XVI Bd., 1976, S. 61–134.

ders., Ein langer Marsch durch die Institutionen. Zur Vorgeschichte des preußischen Wohnungsgesetzes von 1918, in: Wohnen im Wandel, hrsg. v. ders., Wuppertal 1979, S. 363–384.

ders., Stadtgeschichte in einer urbanisierten Gesellschaft, in: Sozialgeschichte in Deutschland, hrsg. v. W. Schieder und V. Sellin, Bd. 2, 1986, S. 113–136.

ders., Kein Reichswohnungsgesetz! Zum Ansatz deutscher Wohnungspolitik 1890–1914, in: J. Rodriguez-Lores und G. Fehl (Hrsg.), 1988, S. 52–73.
NIPPERDEY, THOMAS, Die Organisation der bürgerlichen Parteien in Deutschland vor 1918, in: Ders., Gesellschaft, ... Göttingen 1976, S. 279–318.
ders., Verein als soziale Struktur in Deutschland im späten 18. und frühen 19. Jahrhundert, in: Ders., Gesellschaft, Kultur, Theorie, Göttingen 1976, S. 174–205.
ders., War die Wilhelminische Gesellschaft eine Untertanen-Gesellschaft? In: Frage und europäisches Gleichgewicht. Festschrift f. Andreas Hillgruber, hrsg. v. Klaus Hildebrandt und Reiner Pommerin, Köln 1985, S. 67–82.
ders., Aspekte der Verbürgerlichung, in: J.Kocka und E. Müller-Luckner (Hrsg.), 1986, S. 49–52.
ders., Deutsche Geschichte 1866–1918, Bd.I, Arbeitswelt und Bürgergeist, München 1990.
NOLL, ADOLF, Wirtschaftliche und soziale Entwicklung der Handwerker in der zweiten Phase der Industrialisierung, in: H. G. Haupt (Hrsg.), 1978, S. 90–112.
NOLTE, PAUL, Eingemeindungen und kommunale Neugliederungen in Deutschland und den USA bis 1930, in: Archiv für Kommunalwissenschaften I, 1988, S. 14–42.
ders., Effizienz oder „self-government“? Amerikanische Wahrnehmungen deutscher Städte und das Problem der Demokratie 1900–1930, in: Die alte Stadt, 15. Jg., 3. Heft, 1988, S. 261–288.
NUSSBAUM, HANS CHRISTIAN, Die Hygiene des Städtebaus, Leipzig 1907.
PARK, R. E., Burgess u. McKenzie, The City, Chicago 1925.
PAUL, JÜRGEN, Das Rathaus, in: Funkkolleg Kunst, hrsg. v. Werner Busch, Bd. 2, 1987, S. 392–423.
PFEIL, ELISABETH, Großstadtforschung. Entwicklung und gegenwärtiger Stand, Hannover 1972 (2. Aufl.).
PICCINATO, GIORGIO, Die Rolle der Stadtplaung beim Aufbau der kapitalistischen Stadt in: G. Fehl u. Juan Rodriguez-Lores (Hrsg.), Städtebau um die Jahrhundertwende (Schriftenreihe: Politik und Planung Bd. 10), Köln, Stuttgart u.a. 1980, S. 28–35.
ders., Städtebau in Deutschland 1871–1914. Genese einer wissenschaftlichen Disziplin, Braunschweig – Wiesbaden 1983
PINKNEY, DAVID H., Napoleon III and the Rebuilding of Paris, Princeton 1958.
POLIZEI-VERORDNUNGEN, für die Stadt Frankfurt a. M. nebst einer Anzahl der wichtigsten preusssischen und Reichsgesetze, begründet v. M. Ewald, zusammengestellt v. E. Stoelcker, Frankfurt a. M. 1910 (4. Auflage).
POSENER, JULIUS, Anfänge des Funktionalismus, (Bauwelt Fundamente 11), Berlin 1964.
ders., Neue Gedanken im Städtebau um 1910, in: Arch+ 53, 1980, S. 4f.
ders., Vorlesungen zur Geschichte der Neuen Architektur (IV), in: Arch+ Nr. 63/64, 1982.
PRIGGE, Die Ansiedlung von Arbeitern in den Vororten und auf dem Lande, in: Die Wohnungsnot in Frankfurt a. M., ihre Ursachen und ihre Abhilfe, Selbstverlag des Sozialen Museums. Frankfurt a. M. 1912, S. 21–28.
PULS, OTTO, Zur Erinnerung an die Eröffnung der Mainkanalisierung und der Frankfurter Hafenanlagen. Im Auftrage der Handelskammer Frankfurt a. M., 1886.
ders., Denkschrift über die Verkehrsverhältnisse der östlichen Stadtteile von Frankfurt a. M.. Im Auftrag der Handelskammer zu Frankfurt a. M. und aufgrund der Mitteilungen und Wünsche der Interessenten des Ostendvereins, Frankfurt a. M. 1887.
RASCHKE, JOACHIM, Soziale Bewegungen. Ein historisch-systematischer Grundriß, Frankfurt a. M. 1985.
REBENTISCH, DIETER, Anfänge der Raumordnung und Regionalplanung im Rhein-Main-Gebiet, in: Hessisches Jahrbuch f. Landesgeschichte, 25. Bd., 1975, S. 307–339.
ders., Industrialisierung, Bevölkerungswachstum und Eingemeindungen. Das Beispiel Frankfurt a. M. 1870–1914, in: Die deutsche Stadt im Industriezeitalter, hrsg. v. J. Reulecke, Wuppertal 1978, S. 90–113.

ders., Politik und Raumplanung im Rhein-Main-Gebiet. Kontinuität und Wandel seit 100 Jahren, in: Archiv f. Frankfurts Geschichte und Kunst, H. 56, 1978, S. 191–210.

ders., Regional Planning and its Institutional Framework: An Illustration from the Rhine Main Area, 1890–1945, in: GORDON E. Cherry (Hrsg.), 1980.

REINARTZ, H., Die Befugnisse der Polizeibehörden bei Anlegung und Veränderung von Straßen in Städten und ländlichen Ortschaften, in: Preussisches Verwaltungs-Blatt, Jg. XIX, Nr. 23, 1898.

ders., Drei Abhandlungen über das Straßenanlegungsgesetz vom 2.7.1875. Sonderdruck aus dem Preuss. Verwaltungs-Blatt 1897, S. 233ff. und 393ff. und 1899, S. 91ff.

REULECKE, JÜRGEN (Hrsg.), Die deutsche Stadt im Industriezeitalter. Beiträge zur modernen deutschen Stadtgeschichte, Wuppertal 1978

ders., Pauperismus, „social learning" und die Anfänge der Sozialstatistik in Deutschland, in: W. J. Mommsen und W. Schulze (Hrsg.), Stuttgart 1981, S. 358–373.

ders., Stadtgeschichtsschreibung zwischen Ideologie und Kommerz. Ein Überblick, in: Gechichtsdidaktik, Jg. 7, 1982, S. 1–18.

ders., Geschichte der Urbanisierung in Deutschland, Frankfurt a. M. 1985.

ders., Stadtentwicklung und Urbanisierung: Aktuelle Diskussion. In: Sozialwissenschaftliche Informationen f. Unterricht und Studium H. 2, 1987, S. 73–78.

ders., Moderne Stadtgeschichtsforschung in der Bundesrepublik Deutschland, in: Moderne Stadtgeschichtsforschung in Europa, USA und Japan, hrsg. v. Chr. Engeli und Horst Matzerath, Stuttgart u.a. 1989, S. 21–36.

REUTER, HANS-GEORG, Stadtgeschichtsschreibung im Wandel, in: Archiv f. Kommunalwissenschaften, Jg. 17. 1978, S. 68–81.

RIEDEL, MANFRED, Art. „Bürger, Staatsbürger, Bürgertum", in: O. Brunner, u.a. (Hrsg.), Geschichtliche Grundbegriffe. Historisches Lexikon zur politisch-sozialen Sprache in Deutschland Bd. 1, Stuttgart 1972, S. 672–725.

RINGER, FRITZ K., Die Gelehrten. Der Niedergang der deutschen Mandarine, 1890–1933, Stuttgart 1983.

RITTER, GERHARD A. (Hrsg.), Das Deutsche Kaiserreich 1871–1914. Ein historisches Lesebuch, Göttingen 1975.

ders., Staat und Arbeiterschaft in Deutschland von der Revolution 1848/49 bis zur nationalsozialistischen Machtergreifung, in: HZ, H. 231, 1980, S. 325–368.

RODENSTEIN, MARIANNE, „Mehr Licht, mehr Luft". Gesundheitskonzepte im Städtebau seit 1750, Frankfurt a. M. und New York 1988.

RODRIGUEZ-LORES, JUAN, Die Grundfrage der Grundrente. Stadtplanung von I. Cerda für Barcelona und James Hobrecht für Berlin, in: Stadtbauwelt 65, 1980, S. 29–50.

ders., „Gerade oder krumme Straßen?". Von den irrationalen Ursprüngen des modernen modernen Städtebaues, in: G. Fehl und ders., 1983, S. 101–134.

ders. und GERHARD FEHL (Hrsg.), Städtebaureform 1865–1900, (Stadt – Planung – Geschichte, Bd. 5, I und II), Hamburg 1985.

ders., Stadthygiene und Städtebau: Zur Dialektik von Ordnung und Unordnung in den Auseinandersetz8ungen des Deutschen Vereins für Öffentliche Gesundheitspflege, in: Ders. und G. Fehl, 1985, Bd. 1, S. 19–58.

ders. und GERHARD FEHL (Hrsg.), Die Kleinwohnungsfrage. Zu den Ursprüngen des sozialen Wohnungsbaus in Europa, (Stadt – Planung – Geschichte 8), Hamburg 1988.

ders., Die Zonenplanung- Ein Instrument zur Steuerung des Kleinwohnungsmarktes?, in: Ders. und G. Fehl, 1988, S. 157–207.

RÖDEL, VOLKER, Ingenieurbaukunst in Frankfurt a. M. 1806–1914, Frankfurt a. M. 1983.

ders., Fabrikarchitektur in Frankfurt a. M. 1774–1924. Die Geschichte der Industrialisierung im 19. Jahrhundert Frankfurt a. M. Beiträge zur Stadtentwicklung, Frankfurt a. M. 1986.

Rönnebeck, Th., Stadterweiterung und Verkehr im 19. Jahrhundert, Stuttgart 1971.
Rössler, Heinrich, Die Aufgaben von Reich und Staat in der Wohnungsfrage, in: Der Kampf gegen die Wohnungsnot, hrsg. v. Verein Reichswohnungsgesetz, Frankfurt a. M. 1903.
Rolling, John, Liberals, Socialists and the City Government in Imperial Germany: The Case of Frankfurt a. M. 1900–1918. Diss., Wisconsin-Madison 1979 (Micro Film).
ders., Das Problem der „Politisierung" der kommunalen Selbstverwaltung in Frankfurt a. M. 1900–1918, in: Archiv f. Frankfurts Geschichte und Kunst, H. 57, 1980, S. 167–186.
Rothenberger, Julius, Von Miquel bis Adickes. Kommunalpolitische Erinnerungen. In: Jahrbuch der Frankfurter Bürgerschaft, 1926, S. 121–130.
Rowald, Die neueren Formen des städtischen Wohnhauses in Deutschand, gesammelt v. Verbande deut. Architekten- und Ing.-Vereine, Hannover 1889.
Rüschemeyer, Dietrich, Bougeoisie, Staat und Bildungsbürgertum. Idealtypische Modelle für die vergleichende Erforschung von Bürgertum und Bürgerlichkeit, in: Bürger und Bürgerlichkeit, hrsg. v. J. Kocka, Göttingen 1987, S. 101–120.
Rupp, Fritz, Der allgemeine Bebauungsplan mit besonderer Beziehung auf Frankfurt a. M., 1913.
Ruppert, Wolfgang, Die Fabrik. Geschichte von Arbeit und Industrialisierung in Deutschland, München 1983.
Saldern, Adelheid von, Kommunalpolitik und Arbeiterwohnungsbau im Deutschen Kaisereich, in: Lutz Niethammer (Hrsg.), Wohnen im Wandel ..., Wuppertal 1979, S. 344–362.
ders., SPD und Kommunalpolitik im Deutschen Reich, in: Archiv f. Kommunalwissenschaften, 23. Jg., 2. Halbband, 1984, S. 193–214.
ders., Kommunale Wohnungs- und Bodenpolitik in Preußen 1890–1914, in: J. Rodriguez-Lores und G. Fehl (Hrsg.), 1988, S. 74–94
Scharpf, Fritz W., Planung als politischer Prozeß, Aufsätze zur Theorie der Planenden Demokratie, Frankfurt a. M. 1973.
Scheuner, Ulrich, Zur Neubestimmung der kommunalen Selbstverwaltung, in: Archiv f. Kommunalwissenschaften, 12. Jg., 1973, S. 1–44.
ders., Grundbegriffe der Selbstverwaltung, in: Handbuch d. kommunalen Wissenschaften, hrsg. v. G. Püttner, Bd. 1, Berlin u.a. 1981 (2. Auflage), S. 7–23.
Schilling, Otto, Innere Stadterweiterung, Berlin 1921.
Schivelbusch, Wolfgang, Geschichte der Eisenbahnreise, München, Wien 1977.
ders., Lichtblicke: Zur Geschichte der künstlichen Helligkeit, Frankfurt a. M. 19862.
Schluchter, Wolfgang, Aspekte bürokratischer Herrschaft, München 1972.
Schmals, Klaus M. (Hrsg.), Stadt und Gesellschaft. Reihe Stadt- und Regionalsoziologie Bd. 1/2, München 1983.
Schmidt, Hermann, Citybildung und Bevölkerungsdichte in Großstädten, Diss. München 1909.
Schmidt, Paul Ferdinand, Neue Baukunst in Frankfurt a. M. in: Die Rheinlande, Bd. 14, 1907.
Schmoller, Gustav, Was verstehen wir unter dem Mittelstande?, Verhandlungen des 8. Evangelisch-sozialen Kongresses 1897, Göttingen 1897, S. 132–161.
Schneider, Dieter, Zwischen Römer und Revolution, 1869–1969. 100 Jahre Sozialdemokraten in Frankfurt a. M., 1969.
Schöller, Peter, Die deutschen Städte, Wisbaden 1980 (1967).
ders., Prinzipien und Probleme ungeplanter Städtebildung in industriebestimmten offenen Urbanisationsfeldern, in: Stadt und Stadtraum. Veröffentlichungen der Akademie f. Raumforschung und Landesplanung, Hannover 1974, S. 75–113.
ders., Grundsätze der Städtebildung in Industriegebieten, in: H. Jäger (Hrsg.), Probleme des Städtewesens ..., Köln und Wien 1978, S. 99–107.
Schomann, Heinz, Der Frankfurter Hauptbahnhof, Frankfurt a. M. 1983.
ders., Das Frankfurter Bahnhofsviertel und die Kaiserstraße, Stuttgart 1988.

SCHOMERUS, HEILWIG, Saisonarbeit und Fluktuation in: Arbeiter im Industrialisierungsprozeß. Herkunft, Lage und Verhalten, hrsg. v. W. Conze u. U. Engelhardt , Stuttgart 1979.
SCHOTT, SIGMUND, Die großstädtische Agglomeration des Deutschen Reiches 1871–1910, Breslau 1912.
SCHULZ, GERHARD, Über Entstehung und Formen von Interessengruppen in Deutschland seit Beginn der Industrialisierung, in: Interessenverbände, hrsg. v. H. J. Varain, Köln 1973, S. 25–54.
SCHULZ-KLEESSEN, WOLF-E., Die Frankfurter Zonenbauordnung von 1891 als Steuerungsinstrument. Soziale und politische Hintergründe, in: J. Rodriguez-Lores und G. Fehl (Hrsg.), 1985, Teil 2, S. 315–342.
SCHUURMAN, E., Der neue Osthafen, in: Zeitschrift des Vereins deutscher Ingenieure Nr. 21, Bd. 56, 1912.
SCHWIPPE, HEINRICH J. und CHRISTIAN ZEIDLER, Die Dimensionen der sozialräumlichen Differenzierung in Berlin und Hamburg im Industrialisierungsprozeß des 19. Jahrhunderts. in: H. Matzerath (Hrsg.), Städtewachstum ..., 1984, S. 197–260.
SELLIN, VOLKER, Begriff „Politik" in: Grundbegriffe ..., Bd. 4, Stuttgart 1978, S. 789–875.
SENNET, RICHARD, Verfall und Ende des öffentlichen Lebens. Die Tyrannei der Intimität, Frankfurt a. M. 1983.
SHEEHAN, JAMES J., Liberalism and the City in 19th Century Germany, in: Past & Present, Nr. 51, Oxford 1971, S. 116–137.
ders., What is German History? Reflections on the Role of the Nation in German History and Historiographic, in: Journal of Modern History 53, 1981, S. 1–23.
ders., Der deutsche Liberalismus. Von den Anfängen im 18. Jahrhundert bis zum 1. Weltkrieg. 1770–1914, München 1983.
ders., Klasse und Partei im Kaiserreich: Einige Gedanken zur Sozialgeschichte der deutschen Politik, in: Innenpolitische Probleme des Bismarckreiches, hrsg. v. Otto Pflanze, München und Wien 1983, S. 1–24.
ders., Wie bürgerlich war der deutsche Liberalismus? in: Liberalismus im 19. Jahrhundert. Deutschland im europäischen Vergleich, hrsg. v. D. Langewiesche, Göttingen 1988, S. 28–44.
SIEWERT, H.-JÖRG, Zur Thematisierung des Vereinswesens in der deutschen Soziologie, in: HZ, Beiheft 9, Müchen 1984, S. 151–180.
SIMMEL, GEORG, Über sociale Differenzierung, Leipzig 1890.
ders., Die Großstädter und das Geistesleben, in: Die Großstadt, Jahrbuch der Gehe-Stiftung, Bd. IX, Dresden 1903.
ders., Der Raum und die räumlichen Ordnungen der Gesellschaft, in: Ders., Soziologie. Untersuchungen über die Formen der Vergesellschaftung, 1968, (1908), S. 460–526.
ders., Die Arbeitsteilung als Ursache für das Auseinandertreten der subjektiven und objektiven Kultur (1900), in: Ders., Schriften zur Soziologie, hrsg. von J. J. Dahme und O. Rammstedt, Frankfurt a. M. 1983, S. 95–130.
SIMSON, JOHN VON, Water Sypply and Sewerage in Berlin, London and Paris: Developments in the 19th Century, in: H. J. Teuteberg, 1983, S. 429–440.
SITTE, CAMILLO, Der Städtebau nach seinen künstlerischen Grundsätzen, Wien (1889), ND Wien 1972.
SLOTERDIJK, PETER, Eurotaoismus. Zur Kritik der politischen Kinetik, Frankfurt a. M. 1989.
SOZIALDEMOKRATISCHER Verein f. den Wahlkreis Frankfurt a. M. Tätigkeitsberichte 1906–1911, Frankfurt a. M. 1907–1911.
SPIETHOFF, ARTHUR, „Krisen", in: Handwörterbuch d. Staatswissenschaften, 6. Bd., 1925, S. 52ff.
ders., Boden und Wohnung, Jena 1934.
STÄDTEBAU, Der, Handbuch der Architektur, 4. Teil, 9. Halbband, hrsg. v. J. Stübben, Stuttgart 1907 (2. Auflage).

Stedman-Jones, Gareth, Kultur und Politik der Arbeiterklasse in London 1870 bis 1900, in: Wahrnehmungsformen und Protestverhalten. Studien zur Lage der Unterschichten im 18. und 19. Jahrhundert, hrsg. v. D. Puls, Frankfurt a. M. 1979, S. 317–368.
Stein, Ph. (Hrsg.), Zur Lage der Arbeiter im Schneider- und Schuhmachergewerbe in Frankfurt a. M., Schriften des Freien Hochstifts, VIII, Frankfurt a. M. 1896.
Steinbach, Peter, Modernisierungstheorie und politische Beteiligung. Zur Analyse politischer Partizipation im langfristigen Wandel, Manuskript, 1986.
ders. (Hrsg.), Einleitung zu: Probleme politischer Partizipation im Modernisierungsprozeß, Stuttgart 1982, S. 7–22.
Steitz, Walter, Kommunale Wohnungspolitik im Kaiserreich am Beispiel der Stadt Frankfurt a. M. in: H. J. Teuteberg, 1983, S. 393–428.
ders. unter Mitwirkung von W. R. Krabbe, Kommunale Wohnungspolitik deutscher Großstädte 1871–1914, in: H. J. Teuteberg (Hrsg.), 1985, S. 421–446.
Steuer- und Gebührenordnung, Stadtgemeinde Frankfurt a. M., 1905 und Ausgabe 1912.
Stoob, Heinz, Zur Städtebildung in Mitteleuropa im industriellen Zeitalter, in: Helmut Jäger (Hrsg.), Probleme des Städtewesens, Köln und Wien 1978, S. 316–341.
ders. (Hrsg.), Die Stadt. Gestalt und Wandel bis zum industriellen Zeitalter, Köln und Wien 1979.
Stöber, G., Struktur und Funktion der Frankfurter City, Frankfurt a. M. 1964.
Strassenbahn in Frankfurt a. M., Die, 1872–1922, hrsg. v. der Direktion der Straßenbahn und der Waldbahn, 1922.
Strassenbahn, 60 Jahre elektrische Straßenbahn in Frankfurt a. M., hrsg. v. der Straßenbahn der Stadt Frankfurt a. M., 1959.
Strassenbahn, A. Wiedenbauer und H. J. Hoyer (Hrsg.), Fahrt in die Zukunft. Die Geschichte der Frankfurter Straßenbahn, Frankfurt a. M. 1968.
Stübben, Josef, Paris in Bezug auf Straßenbau und Stadterweiterung, in: Zeitschrift f. Bauwesen, Jg. XXVIII und XXIX, Berlin 1878 und 1879, S. 375–412.
ders., Die neue Baupolizeiordnung für die Berliner Vororte v. 5.12.1892, in: Blätter f. Soziale Praxis, 1. Jg., v. 25.1.1893, S. 29ff.
ders., Enteigungsrecht der Städte bei Stadterweiterungen und Stadtverbesserungen, Leipzig 1894.
ders., Hygiene des Städtebaus, in: Handbuch der Hygiene, hrsg. v. Theodor Weyl, 4. Bd., 2. Abt., Jena 1896.
ders., Stadtbauplan und Stadtbauordnung in besonderer Rücksicht auf die Ermöglichung guter und billiger kleiner Wohnungen, in: Technisches Gemeindeblatt, Nr. 18 und Nr. 19, 1898, S. 273ff. u. S. 294ff.
ders., Der Stadterweiterungsplan und seine Durchführung, in: Schriften des Vereins für Sozialpolitik XCV, 1. Bd., Leipzig 1901, S. 120ff.
ders., Die Bedeutung der Bauordnungen und Bebauungspläne für das Wohnungswesen, Göttingen 1902.
ders., Der Städtebau. Handbuch der Architektur, 4. T., 9. Hbd., Stuttgart 19072 (1890).
ders., Über den Zusammenhang zwischen Bebauungsplan und Bauordnung, Berlin 1909.
Sutcliffe, Anthony, The Autumn of Central Paris. The Defeat of Town Planning 1850–1970, London 1970.
ders., Vorstadtplanung im Vergleich mit anderen Ländern. Die geplante Wanderung an die Peripherie als Reformmoment um die Jahrhundertwende, Bauwelt H. 12, 1980, (Stadtbauwelt 65), S. 48–53.
ders. (Hrsg.), The Rise of Modern Urban Planning 1800–1914, 1980.
ders., Towards the Planned City. Germany, Britain, the United States and France. 1780–1914, Oxford 1981.

SUTCLIFFE, ANTHONY: Planung und Entwicklung der Groß-Städte in England und Frankreich zwischen 1850 bis 1875 und ihr Einfluß auf Deutschland, in: G. Fehl und J. Rodriguez-Lores (Hrsg.), Teil 1, 1983, S. 35–54.

ders. (Hrsg.), Metropolis 1890–1940, London 1984

TENFELDE, KLAUS, Arbeiterschaft, Arbeitsmarkt und Kommunikationsstrukturen im Ruhrgebiet in den 50er Jahren des 19.Jahrhunderts, in: Archiv f. Sozialgeschichte Bd. XVI, 1976, S. 1–60.

ders., Anmerkungen zur Arbeiterkultur, in: Erinnerungsarbeit. Geschichte und demokratische Identität in Deutschland, hrsg. von Wolfgang Ruppert., Opladen 1982, S. 107–134.

ders., Die Entfaltung des Vereinswesens während der Industriellen Revolution in Deutschland (1850–1873), in: HZ, Beiheft 9, Vereinswesen und bürgerliche Gesellschaft in Deutschland, hrsg. v. O. Dann, München 1984, S. 55–114.

ders. (Hrsg.), Arbeiter und Arbeiterbewegung im Vergleich, 1986.

TENNSTEDT, FLORIAN, Sozialgeschichte der Sozialpolitik in Deutschland, Göttingen 1981.

TEUTEBERG, HANS JÜRGEN, Historische Apekte der Urbanisierung: Forschungsstand und Probleme in: Ders. (Hrsg.), Urbanisierung im 19. und 20. Jahrhundert, Köln und Wien 1983, S. 2–34.

ders. (Hrsg.), Homo habitans. Zur Sozialgeschichte des ländlichen und städtischen Wohnens in der Neuzeit, Münster 1985.

ders. und CLEMENS WISCHERMANN, Wohnalltag in Deutschland 1850–1914, Münster 1985.

ders., Die Debatte der deutschen Nationalökonomie im Verein f. Sozialpolitik über die Ursachen der „Wohnungsfrage“ und die Stuerungsmittel einer Wohnungsreform im späten 19. Jahrhundert, in: Ders. (Hrsg.), Stadtwachstum, Industrialisierung, Sozialer Wandel, Berlin 1986, S. 13–60.

ders., Eigenheim oder Mietskaserne: Ein Zielkonflikt deutscher Wohnungsreformer, 1950–1914, in: Heinz Heineberg (Hrsg.), 1987, S. 21–56.

THIENEL, INGRID, Verstädterung, städtische Infrastruktur und Stadtplanung. Berlin zwischen 1850–1914, in: ZSSD, 4. Jg., H. 1, 1977.

TIEFBAUAMT, Das städtische Tiefbauamt in Frankfurt a. M., hrsg. v. städtischen Tiefbauamt, Frankfurt a. M. 1903.

TIEFBAUAMT, Denkschrift über die Erbauung eines neuen Handels- und Industriehafens im Osten des Stadt Frankfurt a. M., bearbeitet v. städtischen Tiefbauamt, Frankfurt a. M. 1907.

TILLY, RICHARD, Verkehrs- und Nachrichtenwesen, Handel-, Geld-, Kredit- und Versicherungswesen 1850–1914, in: H. Aubin/W. Zorn (Hrsg.), Handbuch der deutschen Wirtschafts- und Sozialgeschichte, Bd. 2, Stuttgart 1976.

TRIMBORN, KARL und OTTO THISSEN, Die Tätigkeit der Gemeinden auf sozialem Gebiete, (Verein f. Arbeiterwohl), Köln 1900.

ULRICH, PETER, Transformation der ökonomischen Vernunft, Fortschrittsperspektiven der modernen Industriegesellschaft, Bern und Stuttgart 1986.

UNRUH, G.-CHR. V., Kommunale Selbstverwaltung im Zeitalter der Industriegesellschaft, in: GWU 12/1984, S. 846–859.

VARRENTRAPP, ADOLF, Drei Oberbürgermeister von Frankfurt a. M., Mumm, Miquel, Adickes, 1915.

VOIGT, FRITZ, Die gestaltende Kraft der Verkehrsmittel in wirtschaftlichen Wachstumsprozessen, 1959.

ders., Verkehr, 2 Bände, Berlin 1965.

WEBER, MAX, Gesammelte Aufsätze zur Soziologie und Sozialpolitik, Tübingen 1924.

WEHLING, HANS-GEORG (Hrsg.), Kommunalpolitik, Hamburg 1975.

WEHLER, HANS ULRICH, Sozialdarwinismus im expandierenden Industriestaat, in: Festschrift f. F. Fischer zum 65. Geburtstag, hrsg. v. I. Geiss und B. J. Wendt, Deutschland in der Weltpolitik des 19. u. 20. Jahrhundert, Düsseldorf 1973, S. 133–142.

ders., Bürger, Arbeiter und das Problem der Klassenbildung 1800–1870. Deutschland im internationalen Vergleich, in: J. Kocka und E. Müller-Luckner (Hrsg.), 1986, S. 1–28.

WEILAND, ANDREAS, Die Frankfurter Zonenbauordnung von 1891. -eine „fortschrittliche" Bauordnung? Versuch einer Entmystifizierung, in: J. Rodriguez-Lores und G. Fehl (Hrsg.), 1985, Teil 2, S. 343–388.

WIRTH, LOUIS, Urbanität als Lebensform, in: Klaus Schmals (Hrsg.), Stadt und Gesellschaft, München 1983, S. 341–358.

WISCHERMANN, CLEMENS, Wohnen in Hamburg vor dem Ersten Weltkrieg, Münster 1983.

ders., Wohnen und soziale Lage in der Urbanisierung. Die Wohnverhältnisse Hamburgischer Unter- und Mittelschichten um die Jahrhundertwende, in: H. J. Teuteberg (Hrsg.), 1983, S. 309–337.

ders., „Familiengerechtes Wohnen": Anspruch und Wirklichkeit in Deutschland vor dem Ersten Weltkrieg, in: H. J. Teuteberg (Hrsg.), 1985, S. 169–198.

ders., Wohnungsmarkt, Wohnungsversorgung und Wohnmobilität in deutschen Großstädten 1870–1913, in: Stadtwachstum ..., hrsg. v. H. J. Teuteberg (Hrsg.), 1986, S. 101–134.

WOHNUNGSNOT, Die Wohnungsnot in Frankfurt a. M., ihnre Ursachen und ihre Abhilfe, hrsg. v. Institut f. Gemeinwohl, dem Sozialen Museum, Verein f. Förderung des Arbeiterwohnungswesens ..., Frankfurt a. M. 1912.

WOLF, SIEGBERT, Liberalismus in Frankfurt a. M.. Vom Ende der Freien Stadt bos zum 1. Weltkrieg 1866–1914, Studien zur Frankfurter Geschichte, Bd. 23, Frankfurt a. M. 1987.

WOLLMANN, HELLMUT, Städtebaurecht und privates Grundeigentum. Zur politischen Ökonomie der Gemeinde, in: Kommunalpolitik, hrsg. v. H. G. Wehling, Hamburg 1975, S. 183–240.

WUNDER, BERND, Geschichte der Bürokratie in Deutschland, Frankfurt a. M. 1986.

WURZER, RUDOLF, Die Gestaltung der deutschen Stadt im 19. Jahrhundert, in: Die deutsche Stadt im 19. Jahrhundert- Stadtplanung und Baugestaltung im industriellen Zeitalter, (Studien zur Kunst d. 19. Jahrhunderts, Bd. 24), Passau 1974, S. 9–32.

ZWAHR, HARTMUT, Zum Gestaltwandel von gewerblichen Untenehmern und kapitalabhängigen Produzenten. Entwicklungstypen gewerblicher Warenproduktion in Deutschland in: Jahrbuch f. Geschichte, Bd. 32, 1985, S. 9–64.

ZWEITE Industrielle Revolution, Die, Frankfurt und die Elektrizität 1800–1914. Bearbeitet von Jürgen Steen, Frankfurt a. M. 1981.